汤墅村志

常州市武进区洛阳镇汤墅村民委员会 编

方志出版社
Publishing House of Local Records

图书在版编目（CIP）数据

汤墅村志／常州市武进区洛阳镇汤墅村民委员会编
.——北京：方志出版社，2018.9

ISBN 978-7-5144-3264-0

Ⅰ.①汤… Ⅱ.①常… Ⅲ.①村史－武进区 Ⅳ.
①K295.35

中国版本图书馆CIP数据核字（2018）第214407号

汤墅村志

编　　者：常州市武进区洛阳镇汤墅村民委员会

责任编辑：刘　珊

出 版 者：方志出版社

地址　北京市朝阳区潘家园东里9号（国家方志馆4层）

邮编　100021

网址　http://www.fzph.org

发　　行：方志出版社图书经销中心

电话（010）67110500

经　　销：各地新华书店

印　　刷：常州市武进第三印刷有限公司

开　　本：889×1194　1/16

印　　张：28.5

字　　数：588千字

版　　次：2018年9月第1版　2018年9月第1次印刷

印　　数：0001～1500册

ISBN 978-7-5144-3264-0　定价：298.00元

《汤墅村志》编纂委员会

序　一

以史为镜，可以知兴替。村志是一个村域历史和现状的真实记录，也是一个村社会经济发展历程的再现。编志宗旨是穿越时光隧道，忠实记载汤墅各个村落的盛衰变迁、风俗习惯和文化传承，供后人在继承和吸收的基础上，作为修心立身、齐家治世和服务国家社会的镜鉴。

汤墅历史悠久，汤墅之名起源于南宋故相汤思退曾经在域内建别墅，距今已有八百多年的历史。岁月沧桑，今非昔比。

汤墅村作为常州市武进区洛阳镇东南部毗邻镇区的一个行政村，不仅是广大干群"乐观自信、艰苦创业"的美丽家园，也是"敢为人先、勇创辉煌"的一方乐土。汤墅村既有传统农业，又有特色副业，更有起步早、发展稳健的工业。二零一六年初，中共洛阳镇汤墅村总支部、村民委员会为了推动汤墅农副工产业、社会事业全面协调健康发展，保存汤墅村民的记忆和乡愁，决定组织编纂《汤墅村志》。观史思治，修志谋远。眼前这部六十余万言的《汤墅村志》，汇集了充满着乡土气息的重要史料，既记载汤墅发展变革的重要历程，又保留汤墅村落的历史文化，全面系统地记载汤墅日新月异的现状，融思想性与资料性、专业性与知识性于一书，真实地再现了汤墅村的风貌，揭示了村落文化赓绵、社会荣枯变迁的历史规律。《汤墅村志》为今人乃至后人了解、研究汤墅提供一份可资借鉴参考的宝贵资料，充分发挥志书存史、资政、育人的功能和传承文明、促进发展、融合社会的重要作用，对揭示汤墅发展的历史规律，准确把握未来发展趋势，建设文明汤墅、和谐汤墅村有着极其重要的历史意义和现实意义。

通过这部结构科学合理、内容丰实简洁的村志，既可以让大家感受人世沧桑，感知村庄的变迁历史，获得生活启示，又可以从我村发展的曲折历程中折射出伟大祖国改革创新、跨越发展的矫健步伐，聆听到中华民族在新时代披荆斩棘、迈向富强的厚重足音。能使我们更加坚定地拥护党和国家的各项路线方针政策，增强凝聚力和向心力，增强村民的集体荣誉感和归属感，充分调动村民参与社会主义新农村建设，振兴乡村的积极性和创造性。《汤墅村志》不但可以流传在本村本土，还可以让更多的域外人士了解汤墅、认识汤墅、宣传汤墅村的资源和优势。我相信，这部村志将成为汤墅村的具有历史价值、文化价值和学术价值的珍贵名片。

《汤墅村志》是一部乡土气息浓郁、广接地气的志书。但愿这部村志能给读者带来阅读的愉悦、人文的滋养，情感的通融和心灵的升华，让美丽的汤墅村永远保持向善向美的力量，永远保持蓬勃发展、风清气正的活力。

盛世修志，志载盛世。我们正处在一个千载难逢的改革时代，愿汤墅人民鉴古知今、继往开来，真正实现“工业发达，农业安全，生活幸福”的美好愿景。

在《汤墅村志》付梓之际，我谨代表中共洛阳镇汤墅村总支部、汤墅村民委员会，对编纂出版汤墅首部村志给予关心、支持和帮助的各级领导、专家、顾问、编辑、村民、有关人士及编委会成员表示诚挚的感谢！

中共洛阳镇汤墅村总支部书记王建平

二零一八年十二月十二日

岁在己亥时值孟夏　上官鹤锦抄写

古今乡贤行孝地　中国农改典型村

——祝武进区洛阳镇汤墅村志玉成

（代序二）

（一）

洛阳汤墅，这是个历史悠久、含意深远的地名。武进洛阳与中国河南省的洛阳，音同字同。武进的洛阳原名永安里，北宋大文豪、龙图阁大学士秦观第五世孙秦宗贤定居于此，第六世孙秦禹夫，出任河南洛阳县尉卒于经所，禹夫的儿子秦春扶梓于永安里，秦春哀痛尽孝其父死于任所洛阳，便改永安里为洛阳，已有800多年历史。600多年前汤墅就有秦氏宗祠。清《光绪武进阳湖县志》有“汤墅庵，在汤墅”的记载，1983年《武进县地名录》载“汤墅谈家头，清光绪志名汤墅。原有汤墅庵，在谈家头附近，故名。”1988年《武进县志》载：1929年（民国18年），武进全县分10个区、363个乡。其中第六区名定安，驻坂上，辖39个乡，汤墅乡是其中之一。汤墅谈氏第十三世谈闿（字苍崖）于乾隆二十六年（1761年）撰写的《汤墅祠堂记》记载：“汤墅者，南宋故相汤思退之别墅也，村东孝思庵旁更有墓焉，宋亡，为元所抄，塚与宅荡灭无存，虽日久而村落仍旷如也。”2010年出版的《辞海》（1837页）有如下记载：“汤思退（？—1164）（浙江省景宁畲族自治县志载汤思退生卒年份为1117—1164），南宋处州（今浙江丽水市西）人，字进之。绍兴十五年（1145年）中博学宏词科，除秘书省正字。依附秦桧，官至签书枢密院事兼权参知政事。桧死，被擢为相，不久被劾罢。孝宗隆兴元年（1163年）北伐失败，废相，力主和议，让割海、泗、唐、邓四州，撤除战备，排斥张浚。次年金兵渡淮胁和，言官论其求和撤备之罪，遂被贬斥，忧悸而死。”经考证，在《宋史》《浙江通志》《二十六史大辞典》中都有对历史有重大影响的大名人汤思退的记述。根据这次编纂的《汤墅村志》对汤墅和汤思退的二则民间传说，及2018年4月2日最新发现的文物等推论，笔者认为：一、从汤墅村的石马照片经文管专家认定，证实石马为石像生，即帝王和重臣陵墓前安设的石兽，以壮排场和声威。根据这个石像生的外形和配饰来推测，陵墓的主人可能为五品左右的官员，年代则可能早至南北朝时期，这和《武进县志》载“南朝宋元嘉二十二年（445年）治理阳湖，成良田数百顷。”这说法基本吻合。二、相传南宋有姓汤的官员，丞相汤思退罢相（这是主战派和议和派之间的斗争，忠于君主的主和派丞相实为皇帝的替罪羊）期间，来到今洛阳东面的谈家头，选地隐居为别墅，又孝顺其母建佛堂，称孝思庵。笔者认为也可能是汤思退的亲人在此建庵。总之汤墅村村名之来历，和汤思退有直接的关系。我认为汤墅村是宋秦观及汤思退后裔行孝之地，是传承中国优秀传统文化的风水宝地，是值得传承、考证、研究、深化的常武地区历史文化名村。

（二）

汤墅村，是从古至今众多乡贤聚居之地。2001年由庄陈、皇范合并而新建的汤墅村，其中的庄陈村是国内外闻名的中国农村改革的典范村，1988年出版的《武进县志》第六编农业收录《洛阳乡庄陈村多种经营情况》一文，1985年，中国农村发展研究中心国际联络部和农牧渔业部外事司组织撰写的长篇调查《水乡春秋——从江苏武进庄陈村的变化看中国农村的改革》，被译成英文送交联合国粮农组织，作为向国外宣传中国农村改革之用，并被上海社会科学院出版社出版的《江苏，名镇》（上册）选编。

《汤墅村志》记载了汤墅人，自南朝宋以来1500多年的光辉历史。仅以该志记载的人物来讲，为保家卫国，建设家乡，造福桑梓作出贡献的乡贤之多，在常武地区乃至全省来讲，都非常突出。

不忘初心，方得始终。我们永远不会忘记汤墅的苏文秀、苏福根、黄兴南三位为国为民献出生命的革命烈士和抗日时期参加共产党的革命干部苏超等的丰功伟绩；我们永远不会忘记1949年至2016年光荣参加中国人民解放军的谈成林等130位退役军人，为保卫祖国所作出的贡献；我们永远不会忘记汤墅131个姓氏的列祖列宗中的乡贤，为我们留下的宝贵的优良家风族规，养育了一代代的汤墅人。如清康熙年间汤墅谈家头谈峰之妻胡氏，经皇帝同意为她立石牌坊。谈峰32岁病故，家中四壁萧然，又遇二子殇殒。胡氏勤纺织，以余赀赎田数亩，供粥养活全家。对亲族无不敬重，以礼相待。又如乡贤朱元发为教育救国，实业救国，创办雪堰道南中学、洛阳中学所作的贡献。我们更不能忘记中华人民共和国成立以来，汤墅涌现的谈伯兴等乡贤为建设家乡，发展经济，提高群众生活水平做出的贡献。我们更不能忘记近四十年改革开放中涌现出来的历届党政领导干部和众多企业家，他们团结奋斗，勇创一流，为强村富民作出的巨大贡献。

2018年，江苏省政协原秘书长、全国知名“三农”学者吴镕曾在延陵季子文化学术论坛暨纪念洛阳中心小学季子礼学院成立十周年活动时，撰文并演讲称“弘扬以古代乡贤季札的精神，推进乡贤文化……洛阳原来就有个乡贤谈伯兴。他顶住当时左的压力，发动农民搞副业，天上飞的，地上走的，水中游的，都养殖。对西德长毛兔的生长繁殖规律，历历如数家珍，尤其是发动养蚌珠，培育了几百位珍珠姑娘，到外地外省传授育蚌珠经验，还开发了生产珍珠粉……。”早在1981年9月13日，《人民日报》二版头条以“副业通——谈伯兴”为题报道他的先进事迹，还加发《编者按》，号召全国干部向他学习。谈伯兴1985年被中国科协评为乡、大队“农村科普先进工作者”；1988年被江苏省科协评为“科普先进个人”。“总之，他为致富洛阳农民，费尽一生心思。这种乡贤，是继承了季子的民本、爱民思想。我看可以为谈伯兴塑像纪念。”笔者认为洛阳汤墅村，确实是季札对名利如“秋风过耳”的热心为民的乡贤的聚居地，建议将修成的《汤墅村志》中记载的丞相汤思退等名人的传说故事，村中各姓氏的优良族规家训；众多乡贤的先进事迹摄影撰文；并为已故乡贤谈伯兴等树碑、塑像；利用空房建立汤墅村史博物馆，为发掘和培育更多乡贤，为振兴汤墅，复兴中华作出更大的贡献！

（三）

在王建平和陆玉石分别担任正副主任的《汤墅村志》编纂委员会领导下，由朱永清、谈俊荣等人的精心编纂，一部洋洋60余万字的村志由方志出版社公开出版，这是笔者从事近四十年直接参与撰编审核的300多部史、志、鉴、谱等地方文献书籍中，继武进已公开出版的《湖塘镇榨树沟村志》《湖塘镇三勤村志》《湖塘镇东华村志》《湖塘镇夏雷村志》《南夏墅街道南周村志》《郑陆镇查家村志》《武进高新区贺北村志》之后的第八部村志，由于主持者的开明贤达，编纂者的虚心好学，做到对早出的村志扬长避短，力求做到优秀志书“一全”“二精”“三特”“四美”[1]的要求，我认为《汤墅村志》是至今常武地区乃至江苏省内外最有影响的良志之一。《汤墅村志》的修志同仁是坚持共和常武文化·文献流派[2]做人治学的学术风格：即“三立三创、经世致用、注重考证、全精特美、和清诚慎”二十字风格[3]的好学者。让我们为弘扬社会主义核心价值观，传承中华优秀传统文化，革命文化，社会主义先进文化，作出更大努力！

由于本人才疏学浅，文笔笨拙，深感为《汤墅村志》作序力不从心，谨以此拙文代序。

张尚金

2018 年 10 月 1 日

（作者：江苏省地方志办公室市县指导处原处长、常州市武进地方文献研究会会长、苏州大学社会学院兼职教授、《武进县志》总纂）

注　释

[1]“全精特美”：一全，地方综合志书必须做到全面记述该区域自然、社会的历史与现状；二精：资料精确，文字精炼；三特：具有鲜明的时代特色、地方特色、专业特色；四美：做到思想美、体例美、文字语言美、装帧美。

[2] 共和常武文化·文献流派，很可能这是近百年来，已逐步形成类似与常州武进历史上影响较大的“春秋季子文化”“南宋齐梁文化”“宋朝科举（或称进士）文化”“清代学派（即常州今文学派、阳湖学派、常州词派、毗陵画派、孟河医派）文化”那样的“共和常武文化”学术体系，而常武文献流派也像常武方言那样，是“共和常武文化”的基本支流之一。

[3]“三立”即立德、立公、立言。“三创”即创新、创优、创业。

凡 例

一、本志以马克思列宁主义、毛泽东思想、邓小平理论、“三个代表”重要思想、科学发展观、习近平新时代中国特色社会主义思想为指导，坚持辩证唯物主义和历史唯物主义的立场、观点和方法，遵循“存真求实”原则，全面客观记述汤墅的历史与现状。

二、本志记述范围为今汤墅行政村所管辖的行政区域，对历史上曾隶属汤墅范围的企业或单位作适当记述，以反映全貌。

三、本志上限一般至武进解放初，为贯通古今，有的适当追溯，下限至2016年，重大事情延至2018年。解放前、后以1949年4月23日为界，新中国成立前、后以1949年10月1日为界，重点记述1978年后改革开放的历史。文中“今”、“现”指2016年，“中共”指中国共产党，“共青团”指中国共产主义青年团，中华人民共和国简称新中国。

四、本志内容横向排列，纵向记述，全志共15章，分章、节、目3个层次。志首设编志机构、图、照、序、凡例、概述、大事记，志末设专记、附录、编后等。

五、本志采用述、记、志、传、图、表、录等多种形式。正文用语体文，力求文约意丰，具有可读性。民间传说和民间故事保留方言和口语。

六、本志坚持生不立传原则。人物章设传略、名录2节。传略收录汤墅籍和曾在汤墅长期工作过的对社会有较大贡献的历史人物、革命烈士、副科级及其以上干部、中级职称及其以上人员和1958年后任本大队、村委党支部书记、大队长、主任中的已故干部；名录收录汤墅籍副处级及其以上（含军队副团级及以上）干部、常州市级及其以上先进劳模、区级及其以上党代表、人大代表、政协委员、副高级职称及其以上技术人员的在世人物，汤墅籍科级干部及中级职称技术人员，硕士博士学位和在读研究生、博士生以及其他知名人士。

七、本志纪年，辛亥革命前采用中国历史纪年，括注公元纪年；民国时期采用民国纪年，括注公元纪年；中华人民共和国成立后采用公元纪年。地名用武进地名办的规范地名，古地名括注今地名。

八、本志采用的数据以统计部门的数据为准，统计部门未统计的以有关单位提供的为准，有统计意义的用阿拉伯数字表示。计量单位除历史上使用不宜换算的按习惯（土地按“亩”）记述外，其余均以《中华人民共和国法定计量单位》为准。

九、本志资料采集自年鉴、志书、家谱、报刊及1985年内部编印的《洛阳乡志》、2012年新编出版的《洛阳镇志》等档案文献资料，并经社会调查鉴别核实，一般不注出处。

汤墅村及各自然村在洛阳镇的位置图

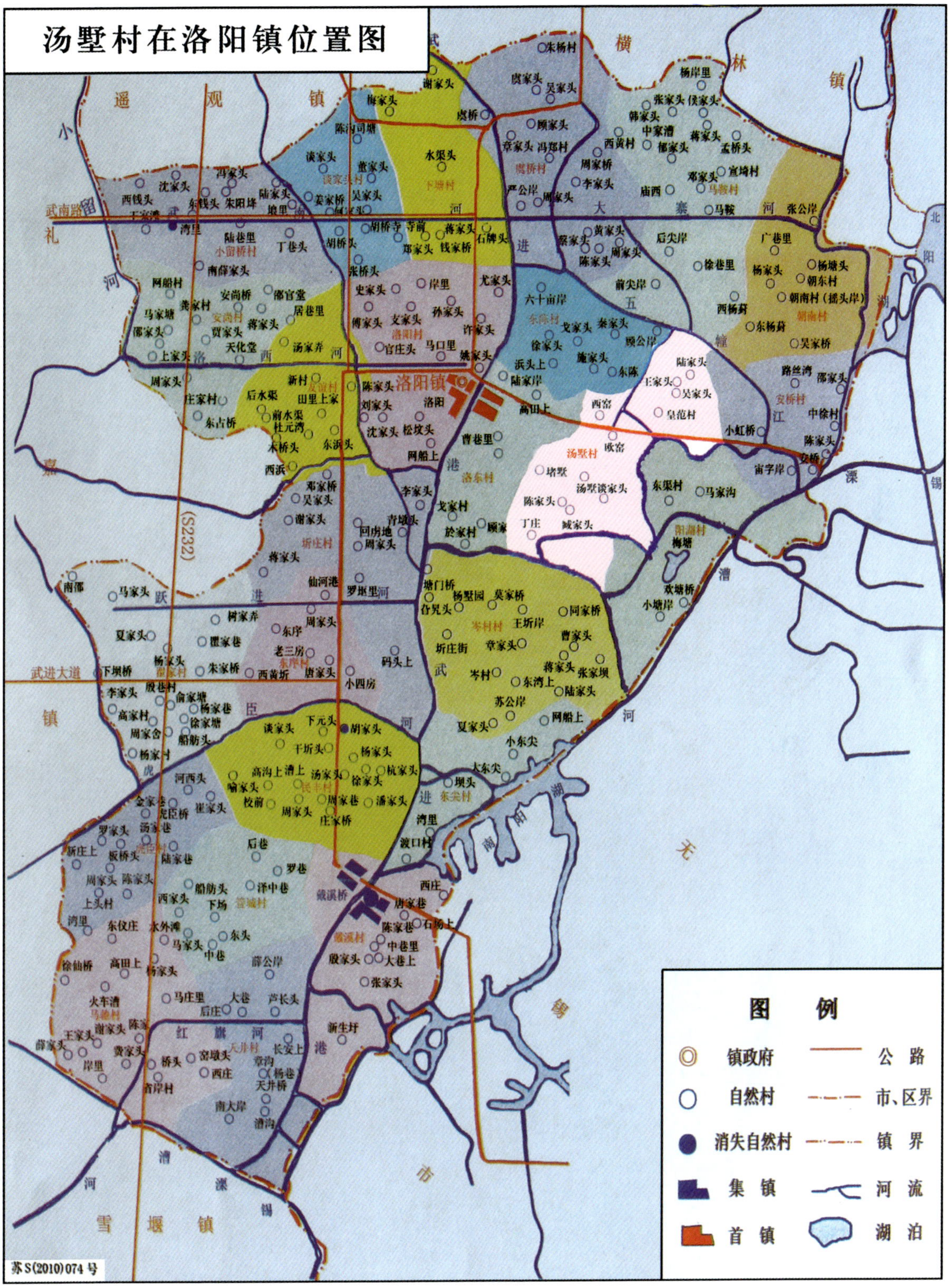

汤墅村档案室供图

汤墅村自然村落分布图

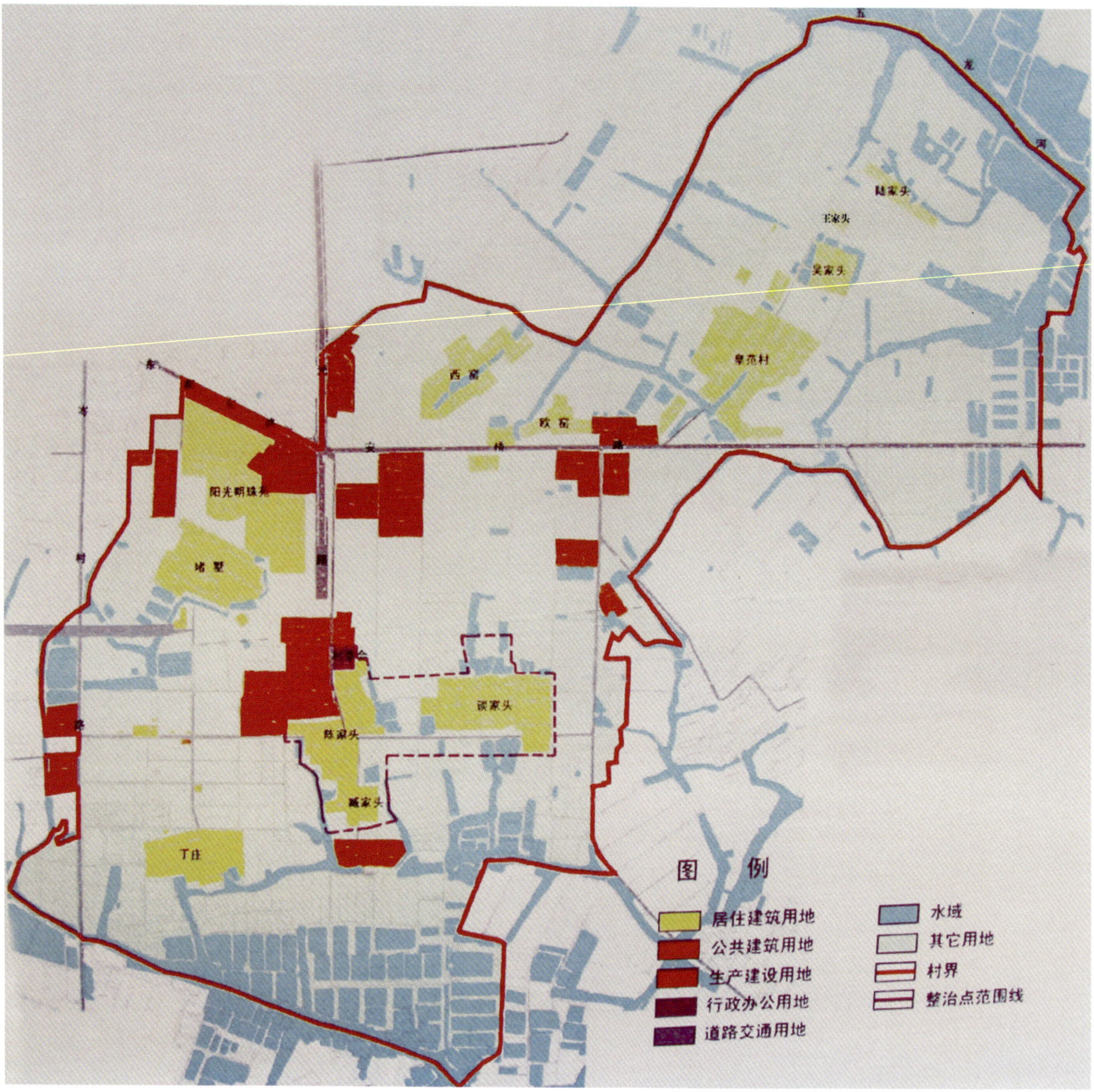

汤墅村档案室供图

洛阳镇汤墅村土地利用规划图

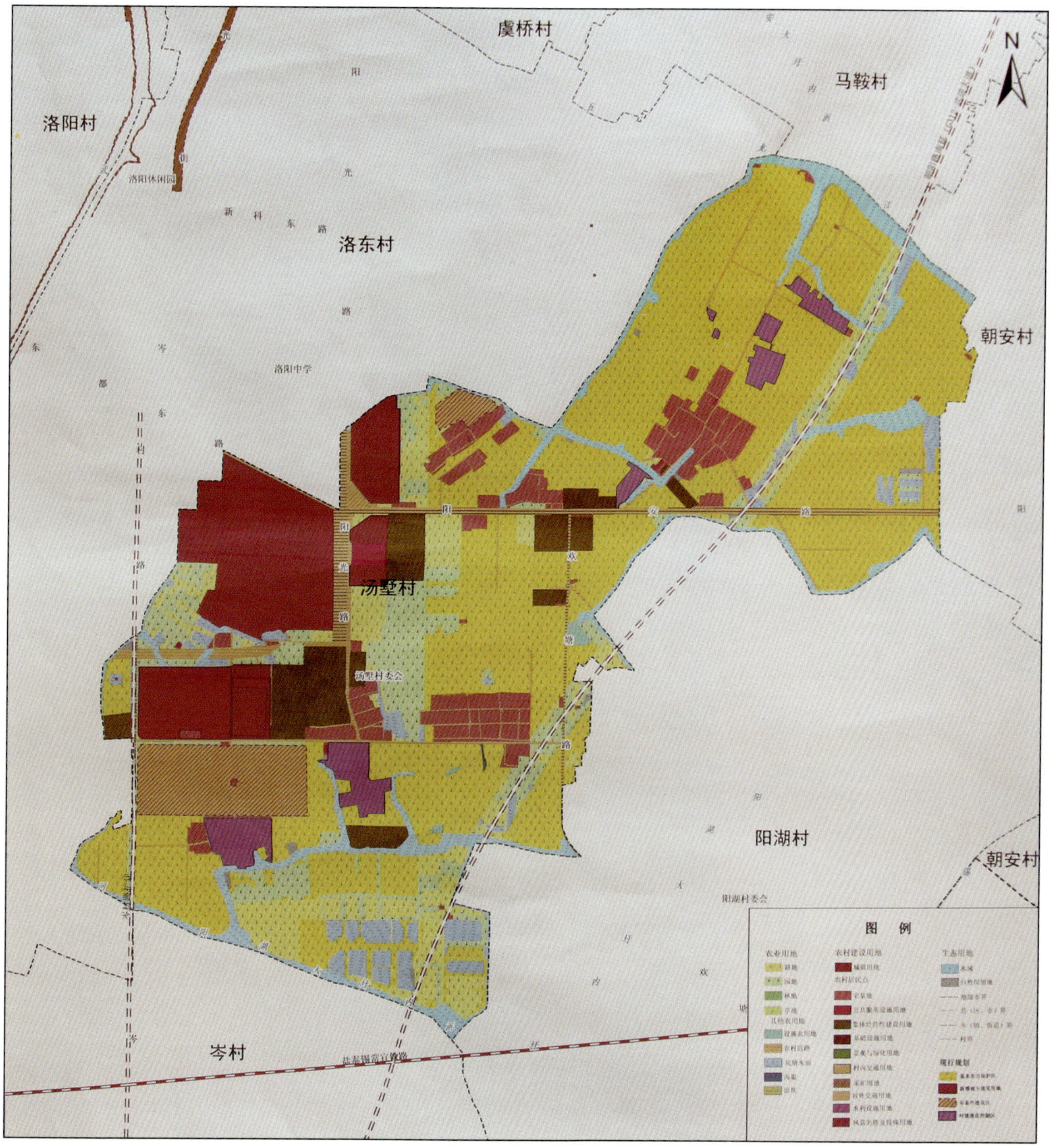

汤墅村档案室供图

汤墅村影像图

汤墅村档案室供图

汤墅村农业产业园区规划图

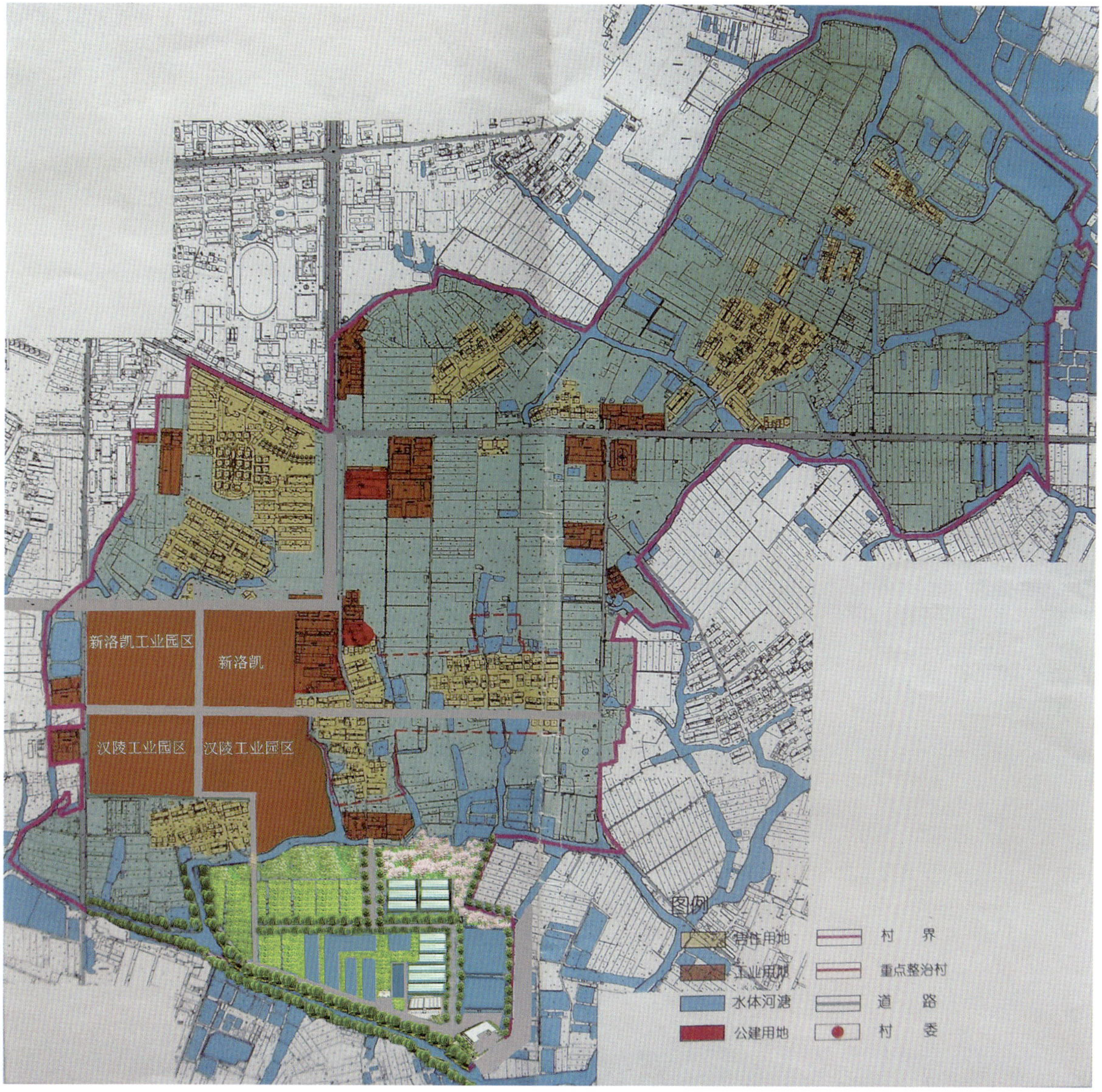

汤墅村档案室供图

汤墅村村标

汤墅村档案室供图

新农村建设示范村（2017年10月23日摄）

文艺活动场所（2018 年 7 月 16 日摄）

丁庄健身广场（2018 年 6 月 25 日摄）

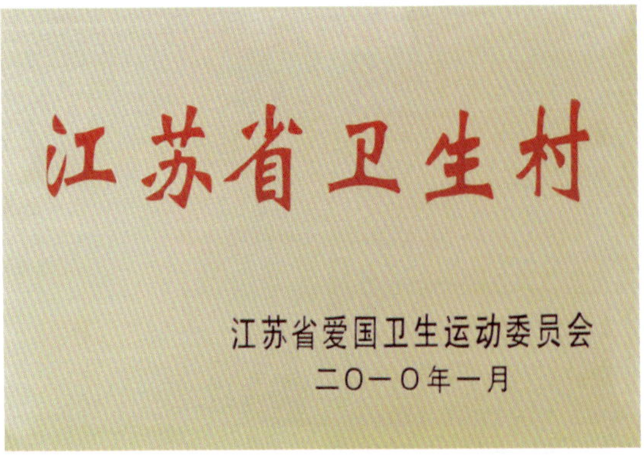

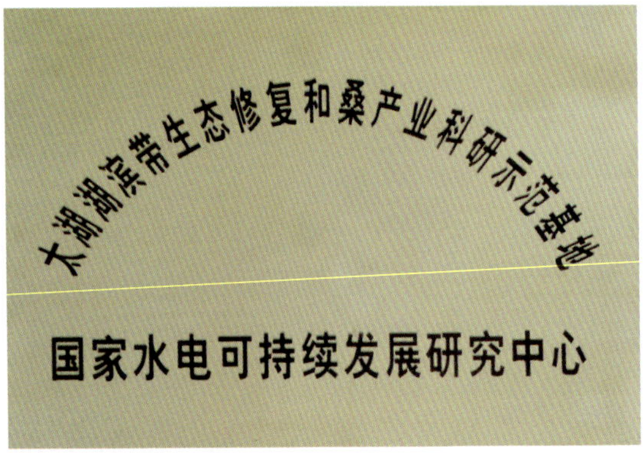

2014 年 7 月 16 日授牌

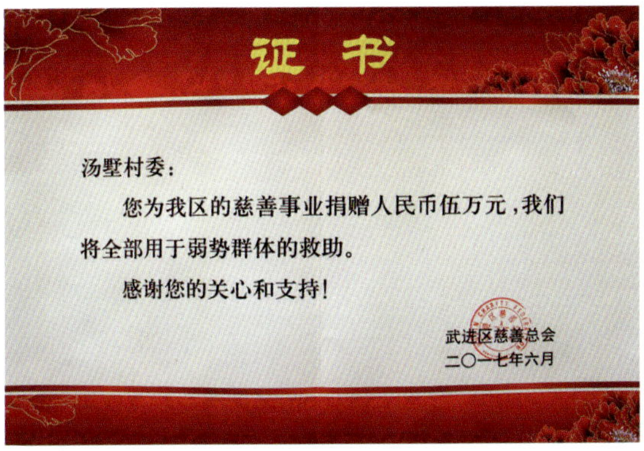
证书
汤墅村委：
您为我区的慈善事业捐赠人民币伍万元，我们将全部用于弱势群体的救助。
感谢您的关心和支持！
武进区慈善总会
二〇一七年六月

奖状
洛阳镇　汤墅村：
2005年度你村被评为
“安全生产工作先进村”
特发此状，以资鼓励。

2014年度人民调解工作
先进村(社区)
常州市武进区司法局
二〇一五年三月

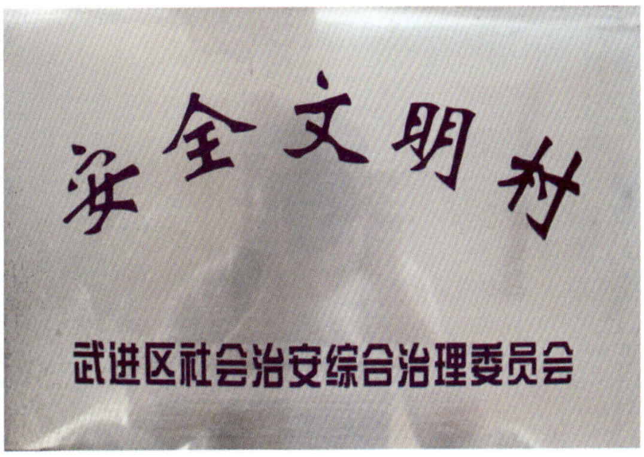
安全文明村
武进区社会治安综合治理委员会

2002 年获评

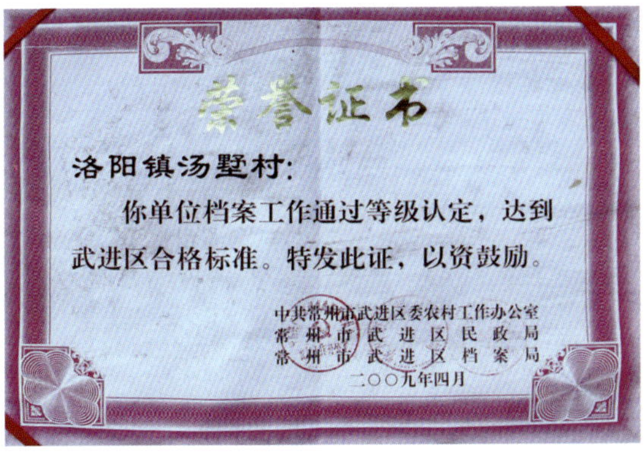
荣誉证书
洛阳镇汤墅村：
你单位档案工作通过等级认定，达到武进区合格标准。特发此证，以资鼓励。
中共常州市武进区委农村工作办公室
常州市武进区民政局
常州市武进区档案局
二〇〇九年四月

荣誉证书
HONORARY CREDENTIAL
2015年度洛阳镇抗洪救灾先进集体。
特发此证，以资鼓励。
中共洛阳镇委员会
洛阳镇人民政府
二〇一五年八月

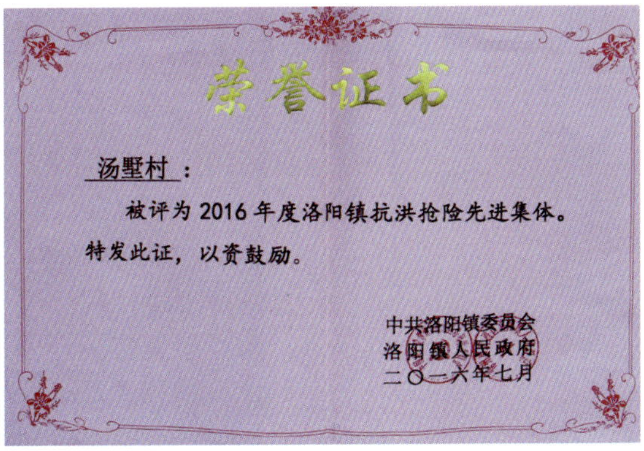
荣誉证书
汤墅村：
被评为2016年度洛阳镇抗洪抢险先进集体。
特发此证，以资鼓励。
中共洛阳镇委员会
洛阳镇人民政府
二〇一六年七月

中国社会组织评估等级证书
证书编号：武民社〔2016〕第041号
常州市武进区洛阳镇汤墅村居家养老服务站：
你单位被评为全国规范化评估AA级社会组织，特发此证。
常州市武进区民政局
（有效期：2016年1月至2021年1月）

武进区关心下一代工作
先进村
常州市武进区关心下一代工作委员会
二〇〇九年三月

武进区关心下一代工作
先进集体
中共常州市武进区委组织部
常州市武进区精神文明建设指导委员会办公室
常州市武进区关心下一代工作委员会
二〇一八年八月

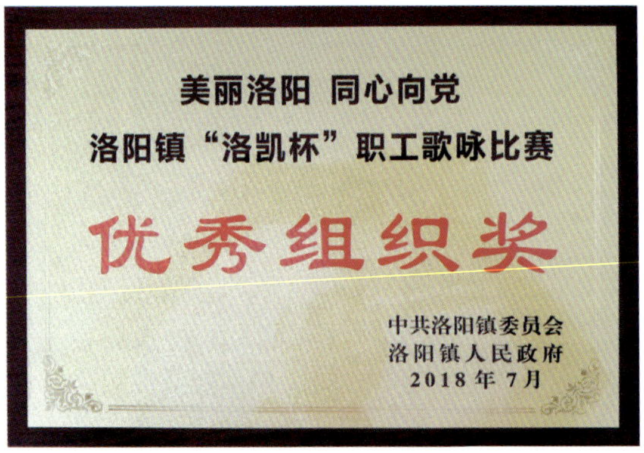
美丽洛阳 同心向党
洛阳镇“洛凯杯”职工歌咏比赛
优秀组织奖
中共洛阳镇委员会
洛阳镇人民政府
2018年7月

规范化人民调解委员会
武进区司法局
二〇〇六年二月

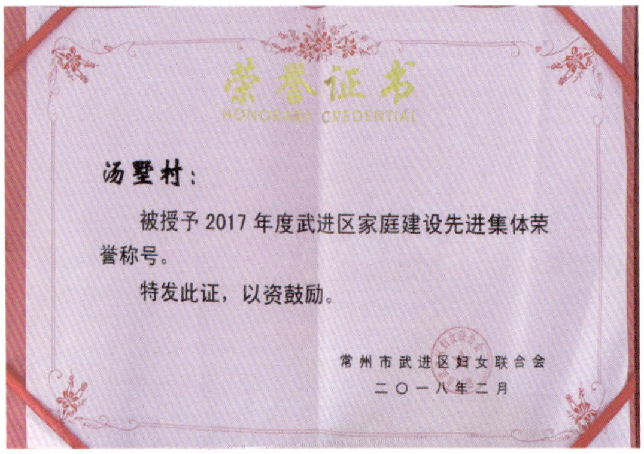
荣誉证书
HONORARY CREDENTIAL
汤墅村：
被授予2017年度武进区家庭建设先进集体荣誉称号。
特发此证，以资鼓励。
常州市武进区妇女联合会
二〇一八年二月

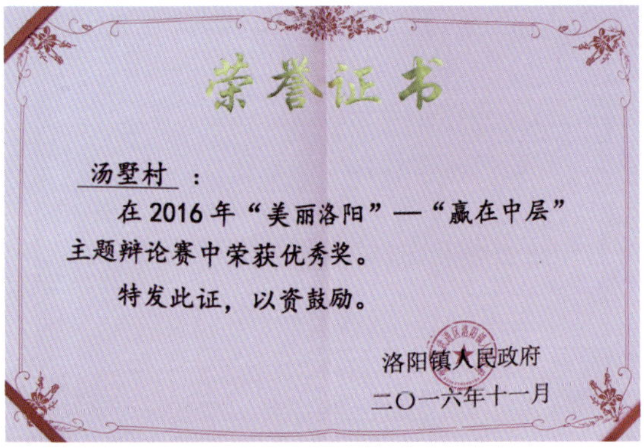
荣誉证书
汤墅村：
在2016年“美丽洛阳”—“赢在中层”主题辩论赛中荣获优秀奖。
特发此证，以资鼓励。
洛阳镇人民政府
二〇一六年十一月

模范职工之家
常州市武进区总工会
二〇一八年一月

合格村工会
洛阳镇工会联合会
二〇〇五年三月

2017 年 10 月 17 日上午，常州市市长丁纯、武进区区长戴士福等领导参加江苏洛凯机电股份有限公司在上海证券交易所的上市仪式

2016 年 3 月 9 日，江苏省人大常委会副主任、省总工会主席邢春宁一行实地调研汤墅村企业

2016 年 3 月 2 日，中共武进区委书记周斌一行专题调研汤墅村重点企业，视察江苏洛凯机电股份有限公司，听取企业的意见和建议。区领导江建文、华飞、徐萍、刘亦鸣、张美、朱建康、王友诚以及洛阳镇党委书记朱红兴参加调研

2016 年 5 月 31 日，农业部农业产业化办公室禤燕庆处长调研汤墅村土地流转试点项目

2016 年 3 月 24 日，中共常州市委副书记戴源在区、镇领导陪同下考察常州市汤墅农副产品专业合作社

2015 年 8 月 19 日，常州市政协副主席朱晓敏在区政协领导的陪同下调研汤墅农副产品专业合作社

2016年4月13日，国家水电可持续发展研究中心主任黄真理（右一）视察调研常州市汤墅农副产品专业合作社

中共汤墅村总支部、村委领导班子合影（2018年7月2日摄）

左起：丁靖乾、秦静娴、虞亚红、王建平、陆玉石、苏光华、谈成林

中共汤墅村（总）支部历届书记合影（2018 年 6 月 1 日摄）

前排左起：林培清、谈焕良

后排左起：王建平、谈洪荣、陈幸福、吴选英

汤墅村历届村主任（大队长）合影（2018 年 6 月 1 日摄）

前排左起：朱列健、陆玉石、谈洪荣、谈兴根、臧浩初、张兆兴

后排左起：詹南勤、苏仲林、顾俊伟、陈幸福、谈一平

汤墅村历届村（大队）会计合影（2018 年 6 月 1 日摄）

前排左起：秦静娴、吴选英、黄荣昌、谈兴根、秦锡兴

后排左起：王建平、蔡　晶、丁健生、臧浩初

汤墅村党总支书记王建平（中）为《汤墅村志》特约编审张尚金（右一）、杜仁彬（左一）颁发聘书（2016 年 7 月 30 日摄）

《汤墅村志》顾问委员会合影（2018 年 6 月 1 日摄）

前排左起：谈洪荣、谈焕良、张兆兴

后排左起：秦锡兴、陈幸福、苏仲林、丁健生

《汤墅村志》评审人员合影（2018 年 11 月 10 日摄）

前排左起：上官鹤锦、谈洪荣、朱永清、张尚金、杜仁彬、万向阳、朱国清

后排左起：谈稼农、谈俊荣、臧浩初、黄荣昌、陆玉石、王建平、谈兴根、蒋跃

汤墅村领导班子成员与《汤墅村志》编纂人员合影（2018 年 6 月 1 日摄）
前排左起：黄荣昌、谈兴根、朱永清、谈俊荣、臧浩初、谈稼农
后排左起：苏光华、丁靖乾、秦静娴、王建平、陆玉石、谈成林

（2018 年 7 月 23 日摄）

三月江南 汤墅新貌　张冬桥画

张冬桥　常州市美术家协会副主席兼秘书长

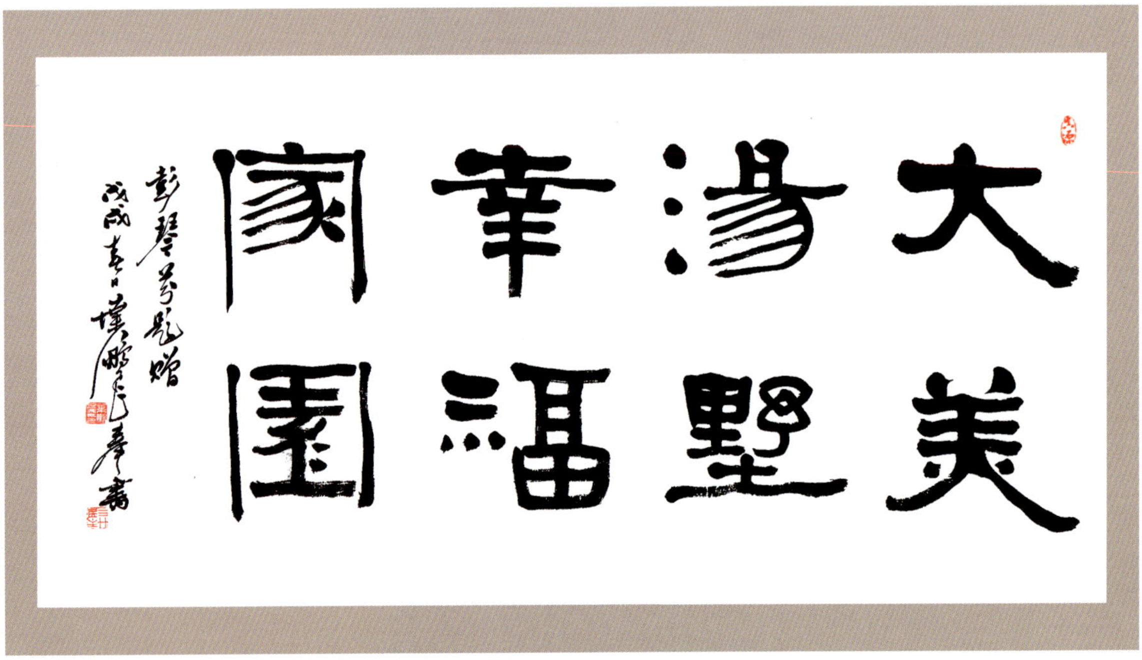

彭琴芬题　叶鹏飞书

叶鹏飞　常州市书法家协会主席

彭琴芬　常州市文联副秘书长、事业处处长、常州市文学艺术研究院院长、常州翠苑杂志社社长兼主编

苏海国题　吴小平书

苏海国　全国人大常委会办公厅人民大会堂管理局机要处副处长

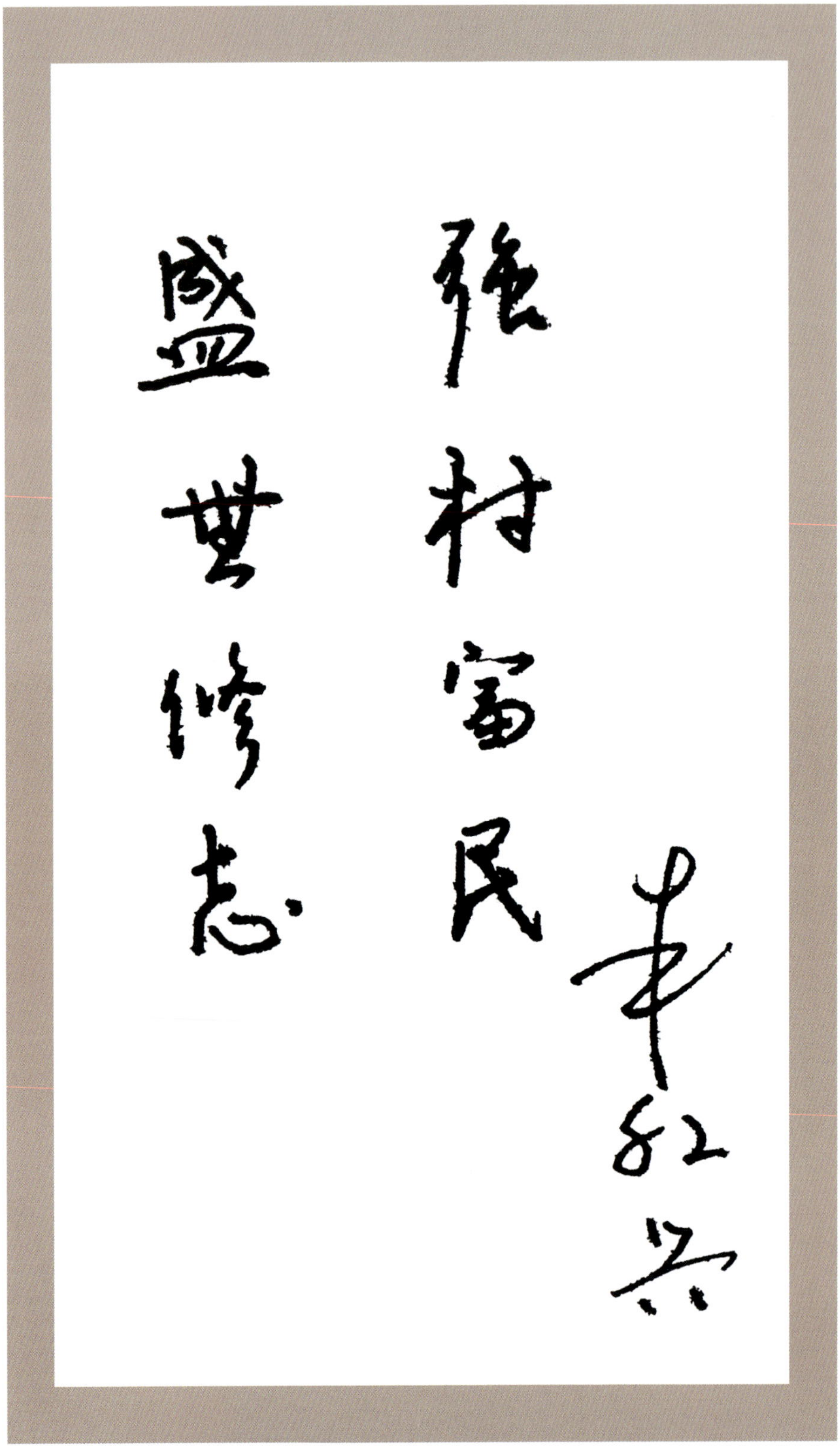

朱红兴　中共常州市武进区洛阳镇委书记、人大主席

贺　信

欣闻洛阳镇第一部村志《汤墅村志》即将出版发行，兴奋之余，致以热烈的祝贺。

我生在汤墅，成长在汤墅，亲身经历了新中国成立以来翻天覆地的巨大变化。农村城市化持续推进，全村面貌日新月异。农业生产打破几千年低收入的稻麦生产模式，改为种植经济作物的高效农业。工业生产蓬勃发展，村民上班当工人，下班当农民，经济收入从一元化转变为多样化，收入大大增加；家庭实现电气化、信息化，轿车进农家，旅游成时尚。这些成就，是在党的领导下，由全体村民努力奋斗的结果。

希望汤墅村再接再厉，再创辉煌！

许焕良

2017年12月31日

作者系本志顾问、中共庄陈大队第一任支部书记

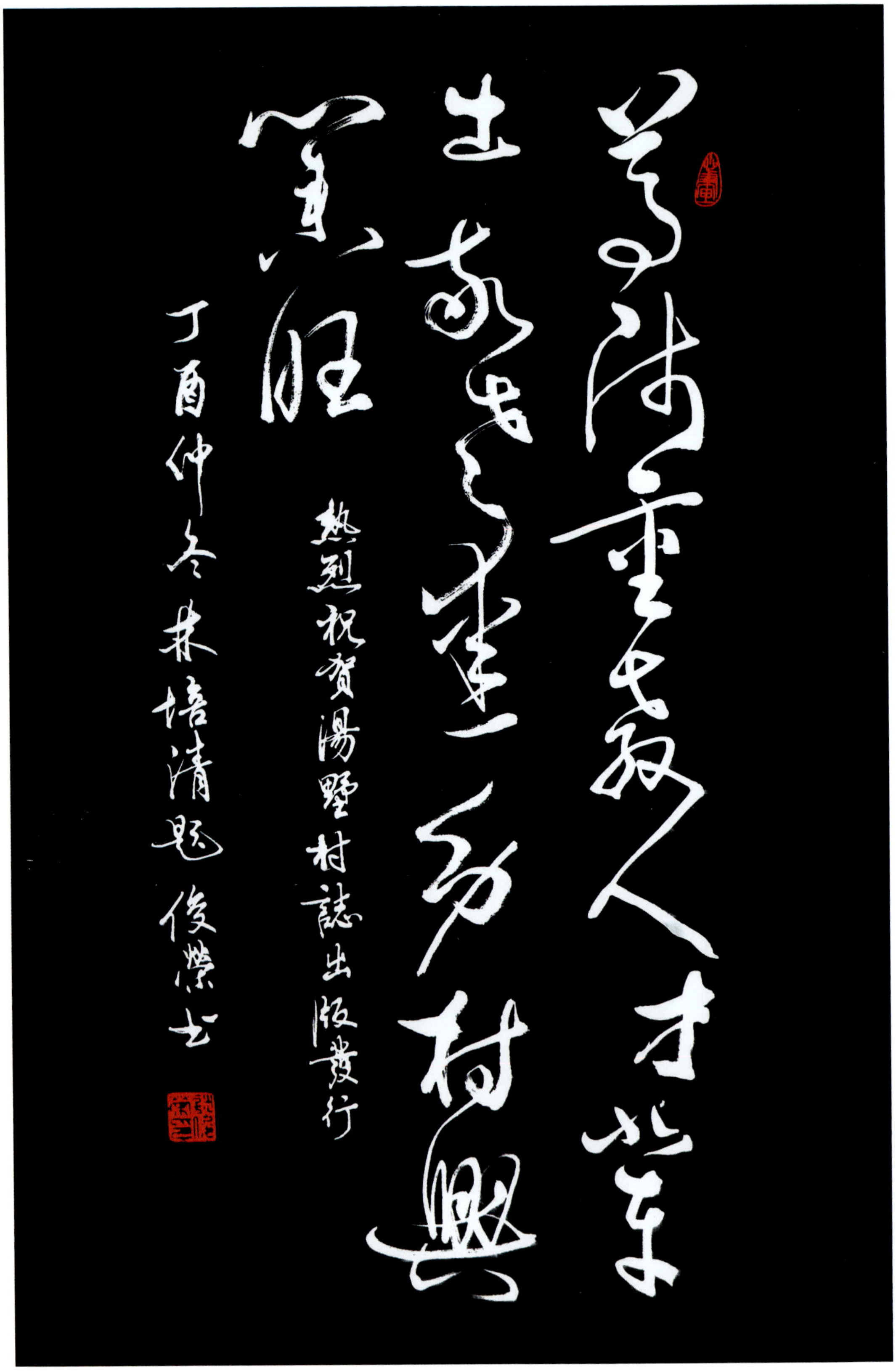

尊师重教、人才辈出、敬老爱幼、村兴业旺　　　　林培清贺词 谈俊荣书

林培清　中共皇范大队支部书记，洛阳中学校长、中共支部书记

祝贺汤墅村志出版

故里日月明
家园天地新

汤墅军人谈焕兴
（原陆军导弹学院训练部）
副部长、副教授
2017年11月7日

谈焕兴贺词

热烈祝贺：

《汤墅村志》出版发行！

衷心祝愿汤墅村：

农工副全面发展！百姓安居乐业！

生态环境优美！社会繁荣昌盛！

谈行

2018.1.8.

谈行　江苏洛凯机电股份有限公司董事长

江苏省人民医院　南京医科大学第一附属医院

Jiangsu Province Hospital　The First Affiliated Hospital with Nanjing Medical University

常州洛阳汤墅村是我可爱的故乡，在那里有幼年的记忆和浓浓的乡愁。虽在宁工作数年，仍牵挂其变化与发展，真诚祝愿故乡的明天更加美好！

占尹扬

写于《汤墅村志》出版发行时

2017.12.18

地址：南京市广州路300号　邮编：210029　电话：(025)83718836　83714511

传真：(025)83724440　网址：http://www.jsph.net　Jiangsu Province Hospital　The First Affiliated Hospital with Nanjing Medical University

占尹扬　江苏省人民医院副院长、党委委员、教授、主任医师、博士生导师

贺汤墅村志正式出版发行

铭史励志

永续发展

二〇一八年春节

谈群玉于哈尔滨

谈群玉　黑龙江省工业和信息化委员会综合处处长

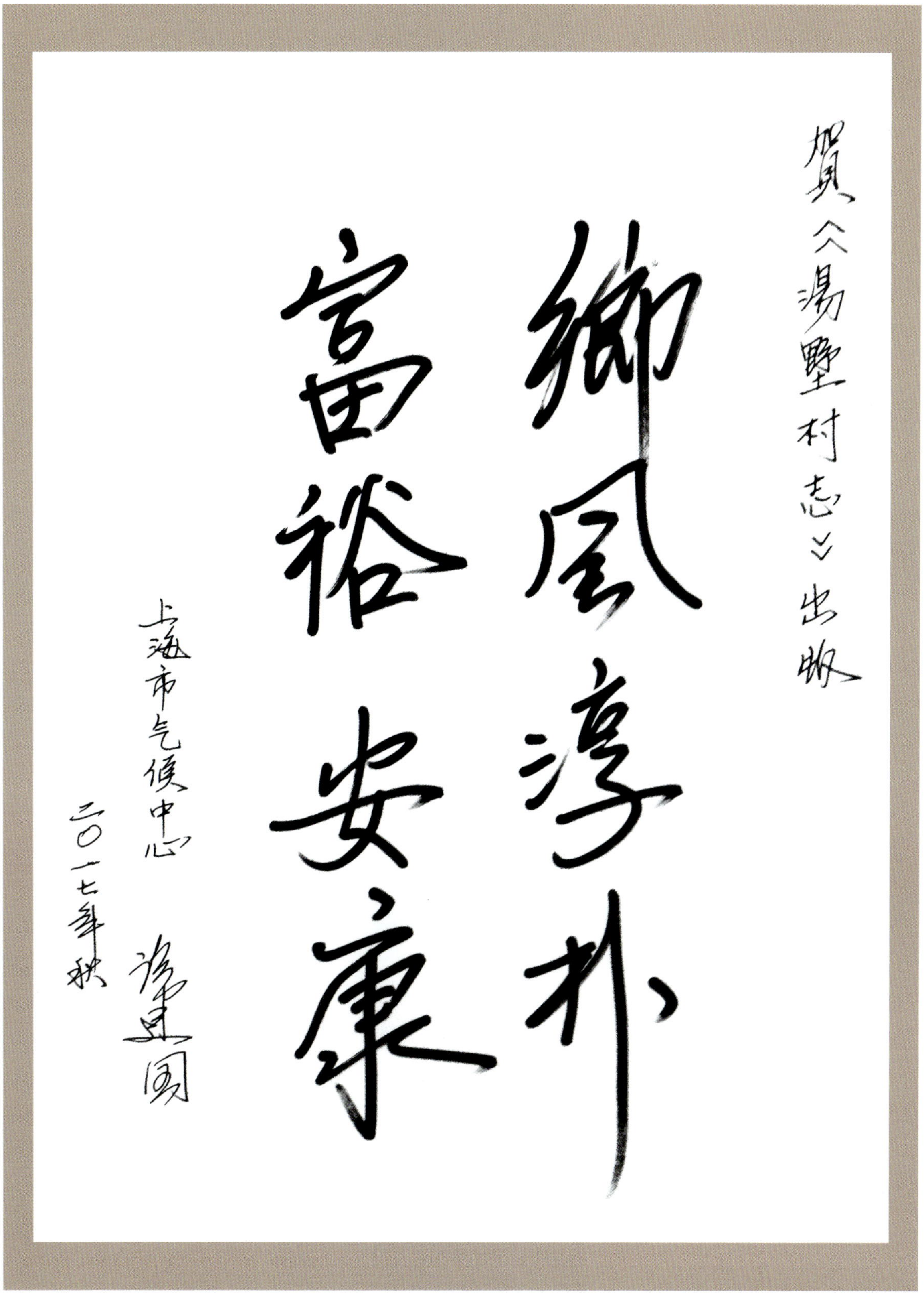

谈建国　上海市气象科学研究所所长、博士

祝賀汤墅村志编纂出版

祝愿我的家乡繁荣昌盛

人们生活幸福美好！

黄中茂

二〇一八年一月一日

黄中茂　江苏省财政厅税政处处长，高级会计师

湯墅村誌新修玉成

願古老文明的家鄉更美麗，
經濟更發達，父老鄉親生活
更幸福。

虞小平敬賀
二零一八年元旦於南京

虞小平　江苏省建设信息中心总工程师，高级工程师

贺 信

《汤墅村志》编委会：

修志立谱，顺应昌世，惠泽后人，功在当代，利在千秋。恭贺《汤墅村志》圆满编纂完成。

《汤墅村志》的问世，无论是远离故土的游子，抑或天天坚守着古老热土的父老乡亲，都会为之欢欣鼓舞。细细品读，可了解家乡的历史变迁，更可感知国家的发展壮大。既是留给每位汤墅子孙后代的一份珍贵史料，也是献给每位想认识汤墅村、了解汤墅村的同仁们的一份特殊礼物。

值此《汤墅村志》编纂完成之际，向《汤墅村志》编委会表示衷心感谢，向家乡人民表示祝贺，祝汤墅村代代相传，历久不衰，祝愿家乡人民更加精诚团结，奋发图强，富庶繁荣！

核工业理化工程研究院　研究员级高级工程师

激光技术研究所科技委主任

2017.11.28 天津

目 录

第一章 建置区划

第二章 自然地理

第三章 人口与生育

第四章 村级建设

第五章 环境保护

第六章 农　业

第七章　水　利

第八章　工　业

第九章　村级组织

第十章　教　育

第十一章　文化体育

第十二章 医疗卫生

第十三章 社会生活

第十四章 风俗民情

第十五章 人 物

概述

GAI SHU

汤墅村位于常州市武进区洛阳镇东部，西与洛阳镇镇区相连，北隔五龙江与洛阳镇马鞍村相依，东北邻朝安村，东南接阳湖村，南以黄圻河（域内称“南大河”）为界，与岑村相邻。沪宁高速、京沪高铁、232省道、武南路、横洛公路通达该村，交通十分便捷。汤墅村面积2.77平方公里，有可耕地2517.89亩，常住居民853户，户籍人口2527人。域内水泥路四通八达，林果繁茂飘香，风景秀美，空气清新，是创业安居的一方乐土。

汤墅村历史悠久。据有关资料记载，汤墅之名，起源于宋故相汤思退在此建造别墅，以期安度晚年。“南朝宋元嘉二十二年（445年），治理阳湖，成良田数百顷”。至2016年有1572年历史。汉初，境域在延陵县东南，晋、隋、唐、宋、元属晋陵县管辖，明代至清雍正三年（1725年）属武进县，清雍正四年（1726年）至清宣统三年（1911）年11月8日属阳湖县。域内秦氏宗谱记载，秦氏始迁祖秦正甫（黼）由毗陵新塘乡秦村（今雪堰）自元朝至正年间（1341—1368年）迁至汤墅堵墅，繁衍生息，至2016年，有649—676年历史。据域内谈氏宗谱记载，谈氏始迁祖谈贤二于明洪武二年（1369年）由宜兴万金乡黄塘迁至汤墅谈家头，代代相传，至2016年也有648年历史。清光绪《阳湖县志》有“汤墅庵，在汤墅”的记述。民国18年（1929年）境域属汤墅乡。新中国成立，境域属礼嘉区。1961年4月，境域从阳湖大队分出，新建皇范大队、庄陈大队，设大队部和中共支部。2001年9月，庄陈、皇范两行政村被撤销，新建汤墅行政村和中共支部。2007年4月建立中共汤墅村总支部。汤墅村辖11个自然村，17个村民小组。

汤墅村地势低平，土地房屋，均在阳湖、马鞍两大圩区之内。1954年以前，水涝灾害严重。黄梅雨季，大片芦荡田多数年份沉浸于大水中，洪水茫茫，芦花飘零，较低田块或减产，或颗粒无收。自1954年冬起，礼嘉区人民政府统一部署，各邻近乡镇大力支持，汤墅人民全力参与，相继筑起阳湖大圩和马鞍大圩，后逐年加高加固，增添排涝设施，至2016年，已全部建成旱涝保丰收的良田。

汤墅的农业生产，20世纪60年代以前，是延续几千年来的种植稻麦，辅以养猪、养鸡、养蚕等家庭副业的模式。农民“上磨肩膀，下磨脚底”“脸朝黄泥背朝天，半段烂泥半段水”，生产方式陈旧，工具落后，劳动强度大，经济效益低下。自20世纪60年代中期起，庄陈、皇范两大队坚决贯彻执行从中央到地方关于“调整、巩固、充实、提高”“以粮为纲，多种经营，全面发展”等正确方针政策，坚持实事求是的原则，及时纠正浮夸风、平调风、极左思潮，域内粮食产量逐步走上稳产高产之路，集体经济不断巩固壮大。1959年实现灌溉、排涝电气化。1966年，开始试种双季稻，推行“稻—稻—麦、豆”三熟制。但16年的实践证明，种双季稻，弊大于利。1982年，域内全面实行联产承包责任制后，结束了双季稻“三熟制”种植模式，恢复稻麦种植两熟制。至20世纪80年代中期，逐步实现耕田、耙地、收割、脱粒机械化。在“以粮为纲”，花大力气抓好粮食生产的同时，庄陈、皇范两大队（村委）对多种经营生产指导与管理毫不放松，使之富有特色。1964—1969年的桑苗繁殖培育，1965年起河蚌育珠在常武地区率先培育成功及以后的全面推广，20世纪70年代种猪场的创办与配种，1981年西德长毛兔的引进与培育成功并支援外县、外省，20世纪80年代初在湖北省1000亩水面联营珍珠培育，从20世纪60年代起，大力发展青、草、鲢、鳊常规鱼养殖，从80年代起，大力发展青虾、甲鱼、鱼蚌混养等特种水产养殖，壮大了1981年前生产队的集体经济，使1982年后的农副业生产专业户致富，对周边乡镇、外县外省的副业生产起到引领作用，为1995年洛阳镇获评“全国珍珠之乡”做出贡献。种植模式的最大变化起源于农业产业结构的调整。1984年，域内引进葡萄种植，将部分水稻田改种葡萄，两年后获得成功，当时种葡萄的经济效益是种稻麦的5倍以上。在专业户带动下，以后逐年推广，种植面积不断扩大，并不断引进新品种。1984年，庄陈大队申请到7.5万元无息贷款，在低洼低产的芦荡田开挖出232亩鱼塘，用于养鱼育珠，经济效益大幅提升。20世纪90年代至21世纪初，域内继续认真贯彻洛阳镇农业生产结构调整的部署，粮田绝大部分种上葡萄、水蜜桃等林果，规模经营的专业户享受到每亩300~500元补贴。2014年，汤墅村新建常州市汤墅村农副产品专业合作社，由汤墅村委、洛凯机电股份有限公司和村民共同入股，依托汤墅村农地股份专业合作社实行土地流转。至2016年，汤墅村结束延续几千年的稻麦生产种植模式，粮田改种400亩水蜜桃和1400亩葡萄等林果，年产水蜜桃600吨、葡萄2100吨，农业生产走向高效化。然而，随着汤墅村工业经济的迅速崛起，域内从事农副业生产的劳力越来越少。至2016年，汤墅1176个劳动力仅有37人从事农副业生产，专门从事农副业的劳动力只占总劳力的3.15%，且年龄偏大。

汤墅村的集体工业生产始于1967年8月，庄陈大队创办首家集体工厂——庄陈五金胶木厂。1970年8月，该厂被洛阳公社有偿接收，11月创建庄陈大队农机具修配工场。1971年，红卫大队创办大队农机具修配厂。1978年以后，村办工业获得“身份证”，迅猛发展。至1993年底，汤墅域内先后创办16家集体企业，工业产值3645万元。庄陈村作为武进县试点单位，率先将洛阳开关厂改制成洛阳首家股份合作制企业，1998年转制结束。皇范村1995年对企业实行产权制度改革，1997年结束。自1998年起，汤墅域内多种形式的非公有制经济，特别是个私民营经济很快发展。2002年，村工业总产值突破1亿元，达11724万元。2016年，汤墅村有工业企业103家，产值超1000万元的有9家；有外向型企业3家，外贸出口总额893万美元，完成工业总产值86634万元，实现工业增加值17791万元。

工农业经济的发展，加快村民脱贫致富的步伐，使他们提前过上小康生活。饮食方面，1958年农村开办食堂，提倡“放开肚皮吃饭，鼓足干劲生产”，后在国民经济严重困难时期，村民度过3年艰苦生活。最艰苦的年份，人均每天只有3两6钱粮食，大量糠、菜、野草用来充饥。1961年起实行超产奖励，口粮标准逐年提高。村民真正解决吃饭问题是在1982年全面实现联产承包责任制以后。20世纪80年代解决吃饱，90年代开始吃好，进入21世纪讲究吃得科学合理。在衣着方面，20世纪60年代到1984年，布票定量供应，数量偏少，最少年份每人只发1.6尺。只能“新三年，旧三年，缝缝补补再三年”。1984年后取消布票，敞开供应，满足穿暖，90年代能够穿暖穿好，21世纪开始讲究时尚新潮。在居住方面，新中国成立初人均住房只有六、七平方米，且多数是低矮的平房。20世纪70年代末期，域内翻建的楼房数与平屋数持平，2000年起，村民逐渐到洛阳集镇、湖塘、常州或大城市购买商品房。2016年，汤墅村人均住房面积达82.58平方米。在出行方面，1982年起各自然村通沙石路，1993年镇通村黑色油路，21世纪初通水泥路，村民80年代多骑自行车，90年代多骑摩托车，21世纪起轿车迅速增多，到2016年，75%的家庭拥有轿车。1971年全村实现电灯照明，1994年庄陈村建成电话村，1996年普及有线电视，2004年全部用上自来水，2008年93%的家庭用上管道天然气。2016年，全村居民人均年收入28023元。企业职工参加职工社会保险，农村居民参加新农保和新型合作医疗保险，失地农民有生活保障，重大疾病有救助。村有图书室、老年活动室、5个健身广场。村民过上小康型生活。

汤墅村人文荟萃。明朝时出过抚州通判，福州知事，诗人。清朝康熙年间，出过两位贞节忠孝女子，勤俭持家，教子勤读，为旌表其事迹与精神，汤墅谈家头建有两座贞节牌坊。晚晴时出过秀才。20世纪40年代，解放战争时期有3位革命烈士为国捐躯，抗美援朝时有5位热血青年参加志愿军。实行兵役制后，有130名青年应征入伍，为保卫祖国做出贡献。汤墅人才辈出与汤墅人尊师重教的优良传统密不可分。尊师重教的氛围催浓汤墅子女勤奋好学的热情。至2016年底，汤墅村有大专及大专以上学历者467人，按2016年户籍人口计算，平均每5.5人中就有1名大学生，其中还有13位硕士、8位博士为祖国和家乡的繁荣和安宁做出较大贡献。

天道酬勤，日新月异。回眸新中国成立以来的历史，勤劳朴实的汤墅人民在艰难曲折中奋勇拼搏，使全村实现了农业生产机械化，经济增长主要靠工业，村民收入多元化，生活现代化。放眼中共“十九大”召开后的未来，汤墅村一定会在村党总支和村委会带领下，把村庄建设得更加富强美丽、企业发展得更加兴旺繁荣，人民生活一定会更加幸福安康。

商

域内属泰伯仲雍所建“勾吴”古国。

周

武王封周章（泰伯之后第五世）。周章少子赟继封于安阳（属晋陵县安尚乡）。

东晋

废帝太和六年（371 年）

6 月，大水，稻稼荡没，闹饥荒。

南北朝

南朝宋元嘉二十二年（445 年）

治理阳湖，成良田数百顷。

萧梁时（502—557 年）

阳湖泛溢，晋陵、无锡两县县令（吴、许）亲视堤堰，遂溺焉。邦人在阳湖岸边为两位县令立祠。

唐

周武则天长安二年（702 年）

域内遭灾饥饿，瘟疫流行。

长安三年（703年）

域内瘟病流行，病死者甚多。

宋

晋陵、武进两县分治，共设36个乡，其中晋陵20个，武进16个。

真宗咸平二年（999年）

9月，常州地震达5.5级，震中西郊，许多房屋损坏。

孝宗隆兴二年（1164年）

7月，域内大水，浸淹村庄，人溺死者甚多。

乾道元年（1165年）

2月，域内严寒，庄稼冻死，大饥，逃荒者不可胜计。

宁宗庆元六年（1200年）

5月，大旱，冬大饥，待食饥民众多。

嘉泰二年（1202年）

域内大旱，飞蝗严重，若烟雾蔽天，其群落时绵延十多里。常州捕蝗8000余石。

理宗宝庆三年（1227年）

永安里改名洛阳。

度宗咸淳四年（1268年）

域内属晋陵县安尚乡。

恭宗德祐元年（1275年）

11月，宋、元两军激战在虞桥，宋军溃败。宋军的阵亡将士集葬于指挥作战的土墩上，名为骨成墩。

元

武宗至大元年（1308年）

域内大旱加蝗灾，草根树皮均为饥民吃尽。

文宗天历二年（1329年）

旱气如焚，瘟疫大流行，民多饥死。

明

惠帝建文四年（1402年）

域内大旱灾，飞蝗严重。

成祖永乐三年（1405年）

域内大水引发饥荒，米价猛涨，民多饿死。

宣宗宣德九年（1434年）

夏，旱灾，饥民摘草叶，剥榆树皮，拌以豆饼为食。

英宗正统九年（1444年）

夏，连降大雨，圩区几复湖形，圩民断食失卧。

代宗景泰六年（1455年）

夏，大旱，死于饥饿和瘟疫者甚多。

宪宗成化十五年（1479年）

5月，地震，地生白毛，细如发，长尺余。

孝宗弘治十四年（1501年）

10月17日3时许，地震，域内有震感。

弘治十八年（1505 年）

9 月 13 日 1 时许，地震，域内有震感。

武宗正德十四年（1519 年）

正月初七日，常州地震，房屋摇动，波及域内。

世宗嘉靖三十四年（1555 年）

域内大水淹圩田，舟行可入民居。

穆宗隆庆元年（1567 年）

八月初一日，大风雨六昼夜，洪水暴涨，稻禾尽淹。

神宗万历十六年（1588 年）

大旱，疫。翌年，夏秋不雨，河塘俱涸。

熹宗天启三年（1623 年）

2 月 10 日，地中有声如雷，屋舍晃动。

天启四年（1624 年）

1 月 28 日，武进大地震，房屋倒塌。

天启六年（1626 年）

域内大旱，土地龟裂成焦土，地面植物无存。

思宗崇祯元年（1628 年）

八月，虫灾，庄稼尽枯，民多饥死。

崇祯十二年（1639 年）

春，蝗滋生遍地。

7 月，飞蝗蔽天。

崇祯十四年（1641 年）

春夏，大水。

秋，大旱，又遭蝗灾，每石米价涨至银 3 两，饿死者不少。

崇祯十五年（1642 年）

大疫，死者甚多。

清

世祖顺治十五年（1658 年）

5 月 27 日，暴风拔木，骤雨经旬，田禾淹没，民食观音土。

圣祖康熙七年（1668 年）

6 月 17 日，武进地震，房屋倒塌无数。

康熙十八年（1679 年）

大干旱，疾病流行，米价高昂，村民生活疾苦，吃树皮草根。

康熙十九年（1680 年）

洪水泛滥，灾荒饥疫，浮尸遍野。

康熙四十六年（1707 年）

大旱，河湖涸。

康熙五十五年（1716 年）

大旱，刮尽榆树皮以民食。

雍正四年（1726 年）

武进、阳湖两县分治，武进领 17 个乡，阳湖领 18 个乡。域内属阳湖县。

高宗乾隆元年至二年（1736—1737 年）

连续两年水灾，民被水厄，断食失卧。

乾隆十七年（1752 年）

四月初四日，吴县地震，余震十余天，域内有震感。

乾隆二十年（1755 年）

域内大旱，赤地无苗，米、麦价暴涨。大饥，以树皮、乌土充饥。

乾隆二十一年（1756 年）

水稻成熟前，突然下重霜，都变成瘪稻。

乾隆二十四年（1759 年）

8 月，无雨，酷热如伏，田间缩水，禾渐枯萎，民大饥。

仁宗嘉庆十九年（1814 年）

春夏，无雨，呈现大旱，塘河干涸，地生白毛，青苗槁枯，民不聊生。

嘉庆二十四年（1819 年）

域内大干旱，受灾严重。

宣宗道光三年（1823 年）

6 月，大雨如注，江河泛滥，烈风拔木，房屋倒塌。

道光五年（1825 年）

大水灾。

道光二十六年（1846 年）

6 月 12 日，武进、阳湖地震，地中有声，房屋摇动，连震数日，河中水沸有声。

文宗咸丰二年（1852 年）

5 月，地生白毛。

10 月，地震。

咸丰三年（1853 年）

三月初八，黄海发生 6.75 级地震，域内有声如吼，房屋倒塌甚多。

域内遭受蝗灾，饥民遍地。

咸丰四年（1854 年）

12 月，域内发生地震。

咸丰六年（1856 年）

春夏两季无降雨，河流断流，底裂如图案，旱灾严重。

8 月，飞蝗严重，所过之处，寸草不留，民困日窘。

咸丰十年（1860 年）

四月初六，太平军入境。村民称太平军为“长毛”。

穆宗同治三年（1864 年）

5 月 19 日，李鸿章上奏清廷，请免武进、阳湖赋额 3 年。

太平军败退，躲避战乱的难民陆续回乡。

瘟疫大流行。

同治六年（1867 年）

饥荒。清廷蠲 [juān] 恤武进、阳湖抛荒田地漕额，对熟田漕粮，也减免 4 成。

同治十一年（1872 年）

7 月 24 日，地震。

德宗光绪元年（1875 年）

春末夏初，蝗虫灾害严重。

光绪三年（1877 年）

6 月 8 日，飞蝗遍境，蝗灾严重。

光绪四年（1878 年）

域内农家种桑养蚕盛行。

常州设立茧行。

光绪五年（1879 年）

5 月 2 日，域内大雨、降雹，夏熟作物遭灾。

光绪七年（1881 年）

9 月 22 日，地震。

光绪八年（1882 年）

域内流行滩簧，即常锡文戏（后称锡剧）。

光绪十八年（1892 年）

旱灾、蝗灾。

光绪二十四年（1898 年）

旱荒，粮价昂贵，抢米风潮迭起。

光绪二十七年（1901 年）

6—7 月，阴雨连绵，发生大水灾，疫病流行。

光绪二十九年（1903 年）

5 月 10 日，常州成立不缠足会，开始呼吁妇女放脚。

霍乱病流行。

光绪三十二年（1906 年）

夏，暴雨成灾。

宣统三年（1911 年）

11 月 9 日，常州军政分府成立，武进、阳湖合并为武进县，域内属武进县。

是年，堵墅始建关帝庙。

中华民国

民国元年（1912年）

1月，中华民国成立，两千多年的封建君主制度被推翻。

7月24日，县、乡教育联合会成立。

民国4年（1915年）

6月27—29日，大雨倾盆，发生大水灾，低田一片汪洋。

霍乱流行。

民国6年（1917年）

1月24日上午8时03分，发生地震，震感明显，人站立不稳。

秋，大旱，河塘水涸，河底开井汲水。

民国7年（1918年）

1月，土布免税3年，城乡土布生产迅速发展。

2—17日，天气奇寒，河道冰封断航。

民国8年（1919年）

创立“武进县安尚乡第四国民学校”（洛阳中心小学前身）。

民国9年（1920年）

8月，霍乱流行。

10月15日，安尚、政成、升东、丰北、丰南、大宁6乡在安尚乡成立纱布公所，公推张翰卿为会长。

民国10年（1921年）

12月1日下午6时42分，黄海发生6.25级地震，波及域内。

民国11年（1922年）

7月，旱灾、蝗灾。

民国 13 年（1924 年）

夏，雨水稀少，干旱严重，禾苗枯黄。

民国 14 年（1925 年）

秋，水灾。

民国 15 年（1926 年）

夏，霍乱大流行。

常州新生轮船局在洛阳、戴溪街镇设立轮船客运代办站。

民国 16 年（1927 年）

北伐军到达域内。

民国 17 年（1928 年）

蝗灾，飞蝗过境，遮天蔽日，食害水稻、黄豆等作物。人们异常惊慌，不敢捕捉，焚香点烛拜佛，演戏谢神。

民国 18 年（1929 年）

8 月，霍乱蔓延。

11 月，实行新的组织法，乡镇以下废都、图，设闾、邻。废安尚、昇西等行政局，改大乡为小乡，汤墅乡和洛阳镇、戴溪镇同属武进县第六区（定安区）。

开始使用柴油机。

民国 20 年（1931 年）

7 月，连续暴雨，发生大水灾，圩区颗粒无收。

民国 21 年（1932 年）

1 月 1 日，废除度量衡旧制，实行度量衡新制（市制），米、稻计量未实行。

普及教育，亩捐由 4 分增至 8 分。

开展户口清查和社会统计。

民国 22 年（1933 年）

洛阳镇及岑村等附近村庄发展共青团员 20 多名，建立 3 个团支部，这是域内最早的中国共产主义青年团组织。

国民政府创办的常州邮政局在洛阳设置邮政代办所。

民国 23 年（1934 年）

夏秋期间，连续 70 多天未下透雨，南大河至西桥头的河床干涸，有人在干旱后的五龙江中念佛求雨，人力车水艰难，农田无法耕种，民众饥困。

下半年，汤墅乡、欢塘乡、岑村乡合并成阳湖乡；洛西乡、洛东乡、洛阳镇合并成洛阳镇；尚黎乡、马鞍乡合并成马鞍乡。

秋冬，乡镇以下废闾、邻，改保甲制。

民国 24 年（1935 年）

清明后大雪成灾，夏季干旱。

民国 25 年（1936 年）

70 余天未下雨，造成旱灾，严重减产，米价暴涨。

国民政府颁布《征兵令》，实行征兵制。

民国 26 年（1937 年）

1 月 1 日，开征商业所得税。

春，按国民政府《征兵令》实施第一次征兵。

夏，旱灾；8—9 月间，台风暴雨成灾。

11 月下旬，日军侵占常州，域内沦陷。日军修筑常州至戴溪、虞桥至安桥的战备公路。

是年，恢复安尚乡建制，乡以下仍设都图。

民国 27 年 (1938 年)

7 月 18 日，日军到洛阳扫荡，烧毁兴教寺及民房 300 多间，杀死平民 17 人，域内村民躲藏旷野。

民国 28 年（1939 年）

汤墅小学创办于汤墅庵。

民国 29 年（1940 年）

秋，久旱，无雨，河塘干涸，农业歉收。

民国 30 年（1941 年）

6 月，中共领导的武南县抗日民主政府成立，域内属武南县。

民国 31 年（1942 年）

9 月，武南县礼嘉区抗日民主政府成立，域内属礼嘉区管辖。

民国 32 年（1943 年）

夏秋之交，久旱无雨，飞蝗遮天，稻禾受损。

8 月，食盐奇缺，盐商囤积居奇，在黑市出售，民不堪其苦。

冬，普遍成立民兵基干队。

民国 33 年（1944 年）

皇范小学在皇范虞家祠堂创办。

年初，民兵基干队改为游击小组。

夏征，洛阳区抗日民主政府搞“二五”减租，实行发串征粮。

民国 34 年（1945 年）

8 月 15 日，日军投降，抗日战争胜利，汪伪政府覆灭，洛阳区政府在坂上大刘寺开庆祝大会，到会 5000 余人，会上 200 多人报名参加新四军。

9 月 27 日，开始征收屠宰税。

9 月，国民政府恢复武进县第六区建制。

9 月，物价猛涨，大米每石价 2850 元，至 11 月涨到 8255 元。

洛阳地区三民主义青年团组织建立，属武进县第六区。

霍乱流行。

民国 35 年（1946 年）

3 月 28 日，粮价暴涨，大米每石 4 万元，比 1 月上涨 2 倍多。

夏，瘟疫流行，域内丁庄村死亡 6 人。

民国 36 年（1947 年）

1 月，三民主义青年团并入中国国民党，成立武进县青年社，洛阳成立分社。

2 月 1 日，开展房屋普查，以开征住户房捐。

春夏，瘟疫流行。

夏季，“二五减租”改为“三七减租”。

9 月 19 日，物价飞涨，粳米每石 54 万元，面粉每袋 15.9 万元。

11 月 17 日，国民政府调整区乡，原六区撤销，成立戚墅堰区署。戴溪、圻林合并为林溪乡，属戚墅堰区署管辖。

12 月 10 日，国民政府增发关金券，票面有 1000 元、2000 元、5000 元，即日在市场流通，引起物价猛涨，民众纷纷抢购食米，米价超过沪、锡两地。

民国 37 年（1948 年）

夏季，国民政府实行“联保切结”和“联保连坐”法，年满 18 周岁的人都发“公民证”。

7 月 19 日，国民政府增发大面额关金券，票面有 1 万元、2 万元、5 万元、25 万元 4 种，在当地流通。

8 月 20 日，国民政府改革币制，发行金圆券（1 元抵算法币 300 万元）。金圆券在当地市场流通。

8 月，粮价剧烈上涨，抢米风潮屡有发生，部分零售米商停止营业，引起居民恐慌。

11 月 21 日，法币在当地停止流通。

12 月，各乡、镇长以“征兵、征粮责重事繁，不堪胜任”为由，纷纷向县政府请求辞职。

民国 38 年（1949 年）

1 月 4 日上午 10 时 30 分，黄海发生 5.75 级地震，波及域内。

2 月 5 日，当地物价暴涨，商店关门拒售，市场混乱，民众惶惶不安。

4 月 22 日，物价继续猛涨，粳米每石 182 万元、面粉每袋 55 万元、豆油每担 85 万元。

4 月 23 日，中国人民解放军解放武进县城，洛阳、戴溪属礼嘉区管辖。各小乡下设行政村，并成立民兵中队和新民主主义青年团支部。

4 月 28 日，武进县人民政府在戚墅堰成立。

5 月，人民政府接管域内学校。

6 月，天降大雨，发生大水灾，低田受淹，阳湖周边大小村子进水。

中华人民共和国

1949 年 10—12 月

10 月 1 日，中华人民共和国成立。

10 月 13 日，建立中国少年儿童队。

冬，开展减租减息运动。

开展借粮、献粮运动，支援前线及解决贫雇农吃粮问题。

1950 年

春，全民免费种牛痘。

4 月，域内村民参加阳湖乡、洛阳乡组织的庆“五一”游行活动，由汤墅谈家头谈根海领队的单刀队参与表演。

7 月，宣传贯彻《中华人民共和国婚姻法》，实行男女婚姻自由。

8 月，洛阳小教系统建立教育工会。

秋，开展土地改革运动，划分阶级成份（1951 年春结束）。

冬，掀起抗美援朝运动，动员青年参加中国人民志愿军。

自然村普遍开办冬学，扫盲识字。

农村普遍建立业余剧团。

1951 年

2 月，中央人民政府公布《中华人民共和国惩治反革命条例》，掀起镇压反革命运动。

5 月 30 日，武进县中粮公司在洛阳设立粮食营业所，将秦家祠堂作为收纳库。

8 月，成立洛阳供销合作社，域内农民参股。

9 月，建立互助组，实行农业合作化。

洛阳联合诊所成立。

洛阳邮政代办所建立

12 月，开展“三反”运动（反贪污、反浪费、反官僚主义）。

1952 年

5 月，开展取缔反动道会门运动。

7 月 25 日—8 月 5 日，蝗虫害严重，掀起全民捉蝗虫运动。

1953年

1月5日，常州专区撤销，域内随武进划归镇江专区。

5月6日下午4时，严重雹灾，房屋及农作物受损。

5月—11月，开展第一次全国人口普查。

6月27日，中国少年儿童队改名为中国少年先锋队，队歌同步改名。

8月，开展普选工作，发选民证，阳湖乡召开第一届人民代表大会（后称人代会），选举谈伯兴为阳湖乡乡长。

12月10日起，大张旗鼓宣传贯彻过渡时期总路线，迎接社会主义“一化三改造（工业化，农业、手工业和资本主义工商业的社会主义改造）”。

12月，县政府对粮商进行社会主义改造，粮食购销业务由供销社代购代销。

开始实行粮食统购统销。

1954年

6月，暴雨成灾。夏熟作物和稻秧受淹，低田歉收。

9月15日，国家对棉布实行统购统销和棉花实行统购，棉布凭布票供应。

冬，阳湖大圩工程始建。

汤墅谈家头谈焕良等18户农民成立阳湖乡第一个初级农业合作社。自然村办互助组。

洛阳镇办集体砻坊。

洛阳信用合作社建立。

1955年

1月5日，大雪，积雪厚达15厘米。7日，奇寒，最低温度达零下15.5℃，为常武地区历史上所罕见，“三麦”受到严重冻害。

1月31日，洛阳镇改为洛阳乡。

3月1日，中国人民银行发行的新人民币开始流通，同时收回旧人民币。新旧币的兑换率为1∶10000。

9月，开展声势浩大的“肃反”运动。

是年，丁庄丁产保等9户农民成立九星初级农业生产合作社。农村实行粮食“三定（定产、定购、定销）”政策。

是年，颁布中华人民共和国《兵役法》，志愿兵役制改为义务兵役制。

是年，洛阳乡阳湖大圩筑成。

1956年

春，沈根元、杨洪培两人分别代表阳湖、建新初级合作社出席江苏省农业生产合作社先进代表大会，各获奖状和一头耕牛。

农业合作化运动进入高潮，有95%以上的农户入社，初级社合并成高级社。九星高级农业合作社、阳湖高级农业合作社成立。

3月，礼嘉区撤销。阳湖乡、洛阳乡合并为洛阳乡。

冬，学习贯彻《全国农业发展纲要（草案）》，即“四十条”。

是年，小乡合并。乡人民政府改称乡人民委员会，并成立团总支部。

是年，开展第二次普选工作。

是年，洛阳乡成立铁木竹业生产合作社。

是年，洛阳初级中学创办。

是年，洛阳乡围筑马鞍大圩竣工。

1957年

5月，中国新民主主义青年团改名为中国共产主义青年团（简称共青团）。

11月，开展整风反右运动。由于反右派斗争的严重扩大化，错划的右派分子到1985年落实政策，全部改正。

开展扫盲工作。

是年，建丁庄桥。

1958年

3月，洛阳乡建立有线广播站。

5月，贯彻农业“八字宪法”（水、肥、土、种、密、工、保、管）。

5月—7月，连续86天无透雨，旱灾。

8月，中国农业银行武进支行在洛阳设立营业所，与信用合作社合署营业。

9月11日，洛阳人民公社成立，下设生产大队，汤墅村域内自然村均属阳湖大队。阳湖大队共青团支部同时建立，首任共青团支部书记为秦松焕。

10月，掀起“大跃进”高潮，农村实行并村，搞军事化大兵团作战，集体住宿，集体劳动，吃饭在田头，延误种麦时节，造成粮食大减产。为了积肥，家家拆灶头（老式灶主要用土坯砌成）。生产队办食堂，社员吃饭不要钱，提出“鼓足干劲生产，放开肚皮吃饭”的口号。

冬忙至1959年上半年，洛阳公社实行军事编制，全社为一个民兵团，成立人民武装部。

是年，洛阳公社阳湖大队的丁庄、皇范自然村率先办幼儿班，1960 年均停办。

是年，洛阳镇上通电。粮油加工、农田灌溉开始实行电力化。洛阳、下庄、古仙庵等地始办粮食加工厂，社员常常摇着生产队的船加载稻谷去加工。

是年，大搞炼钢炼铁。洛阳创办综合加工厂。

是年，洛阳粮管所成立。

是年，洛阳、岑村、马鞍 3 所农业中学创办。

是年，洛阳公社医院建立。洛阳私营药店实行公私合营。

是年，开展“除四害”（鼠、蚊、蝇、麻雀）运动。

1959 年

1 月 23—25 日，3 天内发生流行性麻疹。

4 月，洛阳邮电支局成立（1962 年改名为邮政所）。

4 月 5 日，洛东电灌站通电运行，南至岑村苏公岸、阳光陆家头，东至阳湖、安桥，域内受益。

8 月，洛阳镇开始用电灯照明。

9 月，域内村民参加洛阳公社组织的中华人民共和国建立 10 周年庆祝活动，汤墅谈家头单刀队参与表演。

下半年，洛阳公社撤销军事编制，全社分为 13 个大队。域内属洛阳公社阳湖大队。

洛阳公社打造第一艘轮船，启动运输服务工作。

是年，社员吃定粮，发饭票，去食堂领取粥、饭。

1960 年

1 月 4 日，发行《毛泽东选集》，掀起学习毛泽东著作热潮。

6 月，学习贯彻《全国农业发展纲要》。

民间生活困苦，域内有浮肿病者，部分患病农民在汤墅庵内休养，优待食用“健康饼（米糠烙的饼）”。

1961 年

1 月，人民公社化运动创办的食堂解散，民众回原村分户起灶。

4 月，从阳湖大队分出皇范大队、庄陈大队。陈金明任皇范大队党支部负责人，任职至 1962 年 7 月。谈焕良任庄陈大队党支部负责人，任职至 1970 年。

4 月，皇范大队、庄陈大队建立团支部。皇范大队（村）首任团支部书记为陈国兴；庄陈大队（村）首任团支部书记为朱云清。

6月，贯彻中共中央关于国民经济“调整、巩固、充实、提高”的八字方针，工厂实行必要的关、停、并、转，并精简职工下放务农。

9月，丁国兴任庄陈大队（行政村）负责人，任职至1963年。

秋，虞才德任皇范大队（行政村）负责人，任职至1963年春。

武进县设区，洛阳公社隶属横林区管辖。

12月，开展整社整风运动。

洛阳有线广播站停办。

1962年

8月，林培清任皇范大队党支部负责人，任职至1969年。

9月5—7日，台风过境，连降暴雨，6日一天降雨量达165毫米，受灾严重。

10月，贯彻中共中央9月27日通过的《农村人民公社工作条例（修正草案）》，即《人民公社六十条》。对农业普遍实行“三包（包工、包本、包产量）一奖（超产奖）”制，恢复以队为基础的三级所有制。农村人口享有自留地，以弥补口粮不足，解决温饱。

12月1日，使用全省通用的侨汇物资供应票及侨汇专用票。

兴建农田水利基本建设，发展多种经营和开展增产节约运动。

1963年

3月5日，开展向雷锋同志学习活动。

4月，陈金明任皇范大队（行政村）负责人，任职至1969年3月。

谈焕良任庄陈大队（行政村）负责人，任职至1969年4月。

5月10日，自4月初起，阴雨连绵，降雨总量达292.4毫米，部分麦田被淹。

8月，开展“五反”（反贪污盗窃、投机倒把、铺张浪费、分散主义和官僚主义）运动。

1964年

1月，在农村开展“四清”（清政治、经济、组织、思想）运动，即社会主义教育运动。

10月，农村普遍推行质量工分制、定额计酬的劳动管理。

是年，中共中央发出“农业学大寨”的号召。

是年，开展全国第二次人口普查工作。

是年，洛阳小虹桥排涝站建成，域内受益。

是年，庄陈大队的谈西、堵东生产队河蚌育珠试验获得初步成功。

是年，皇范大队成立业余剧团。

是年，恢复有线广播。

1965 年

2 月，组织广大干部群众学习中共中央关于《农村社会主义教育运动中目前提出的一些问题》，即 23 条。

春，开始从浙江引进绿萍，放养稻田，以充肥源。开始种植水稻高产品种“农垦 58”（世界稻）。

12 月，掀起“农业学大寨”运动，大搞农田基本建设，平整土地，格田成方，开设灌排沟渠。

是年，学习王杰一不怕苦、二不怕死的革命精神。

是年，洛阳公社成立农业科学技术推广站。

是年，洛阳公社成立贫下中农协会。

冬，谈西队、堵东队河蚌育珠试验成功，收获湖蚌珍珠 150 克。

1966 年

2 月，开展学习焦裕禄活动，以焦裕禄为榜样，“一心为革命，一心为人民”。

6 月 13 日至 8 月 15 日，连续 64 天未降透雨，旱情严重。

6 月，各中小学校贴出批判“三家村（邓拓、吴晗、廖沫沙）”大字报。

7 月，革命造反派开展“横扫一切牛鬼蛇神”、破“四旧（旧思想、旧文化、旧风俗、旧习惯）”运动。民间珍藏的古典书籍、古玩文物遭到严重破坏。

8 月 8 日，中共中央通过《关于无产阶级文化大革命的决定》。全国开展史无前例的无产阶级“文化大革命”（简称“文革”）运动。学校成立红卫兵组织，中小学停课闹革命，进行“大鸣、大放、大字报、大串联”，揭批所谓“牛鬼蛇神”“反动学术权威”。

10 月，红卫兵组织选派师生代表分批赴京接受毛泽东主席检阅。

12 月，汤墅谈家头西队上官荷娣去世后，用农船运至殡仪馆火化，为庄陈大队首例火化者。

是年，域内引进双季稻，稻麦两熟制逐渐改为麦 - 稻 - 稻、麦 - 豆 - 稻等形式的三熟制，称“双三制”。

是年，洛阳公社成立教育革命领导小组。

是年，洛阳公社开始种植双季稻。

是年，洛阳清明、农历三月半和农历七月三十庙会节均被取缔。

是年，洛阳架设广播专线，做到队队通广播。

是年，开展大规模平田整地运动。

是年，城镇知识青年开始下乡插队劳动。

1967 年

1 月，大队成立“革命生产领导小组”，负责全面工作。

5 月，中、小学复课闹革命。

8 月，庄陈大队谈焕良、臧浩初、秦仲林等在谈伯兴的支持下在堵墅秦家祠堂筹办起第一个队办工厂——五金胶木厂（也称庄陈胶木厂），安装第一台手盘胶木压机，用电玉粉制成纽扣和瓶盖。职工是名副其实的农民工，薪酬交到职工所在生产队兑换工分。其间，谈文彬夫妇给予技术、原材料、供销等关键支持。

8 月，掀起活学活用毛泽东思想高潮。

秋，批斗所谓“走资本主义道路当权派”运动全面开展，党政机关瘫痪。

皇范大队创建大队渔场。

1968 年

5 月，陈金明任红卫大队（行政村）负责人，任职至 1969 年 3 月。

8 月，洛阳中学增设高中部，改名为“武进县洛阳中学”。

11 月，皇范大队改名红卫大队。

是年，皇范小学更名为红卫小学。

城镇知识青年响应“上山下乡”号召，各生产队接纳老三届（1966、1967、1968 届）城镇初、高中毕业生到家乡插队落户。

是年，时任无锡无线电专用设备厂革命生产领导小组组长（相当于厂长）的谈嘉祥（汤墅谈家头谈东小队人），调拨该厂淘汰的旧铝线支援家乡，从堵墅的大队胶木厂竖杆架线，汤墅谈家头开始通电。

1969 年

少先队组织被红小兵组织替代。

创办庄陈加工厂。

创办庄陈小学。

庄陈大队、红卫大队建立合作医疗站，配有“赤脚医生”1~2 人。

农村开展整党运动。

域内各生产队普遍推广河蚌育珠。

4 月，苏仲林任红卫大队（行政村）负责人，任职至 1973 年 10 月。

4月29日，红卫大队率先在洛阳公社成立革命委员会，庄陈大队也相继成立革命委员会。推行“忠”字化，全体社员每天早、中、晚3次向毛泽东主席像三鞠躬，称为早请示，晚汇报。

5月，秦松焕任庄陈大队（行政村）负责人，任职至1972年6月。

秋，红卫大队举办篮球锦标邀请赛，周边20多个球队参赛。

是年，陈金明任红卫大队党支部负责人，任职至1978年。

年末，庄陈大队开办代购代销店。

1970年

1月30日，庄陈大队、红卫大队成立民兵营。

3月12日，普降大雪，造成雪灾，部分电杆被积雪压倒。

3月，开展“一打三反”（打击现行反革命破坏活动、反对贪污盗窃、反对投机倒把、反对铺张浪费）运动。

6月，谈洪荣任庄陈大队革命委员会副主任，任职至1972年6月。

8月，庄陈胶木厂被公社接收，由队办上升为社办，迁址洛阳农业中学并更名为洛阳胶木厂。谈焕良随调公社工业公司任职，公社拨给大队8.34万元作为回报。同年11月，庄陈大队用此款创办农机具修配工场，扩建粮食加工厂和庄陈小学校舍，购置100千伏安变压器，建造庄陈电灌站。

8月，开展“深挖五一六反革命阴谋集团”运动。受迫害人员直至1974年12月后，才陆续纠错平反。

谈甫兴任大队党支部负责人，任职至1972年。

是年，庄陈大队所属生产队始用电动稻麦两用脱粒机脱粒，手扶拖拉机耕田。

1971年

是年，红卫大队创办农机具修配厂。

5月，红卫大队开办双代店（农村代购代销店）。

10月，开展“批林整风”运动。

11月，开展“批林批孔”运动。至1974年，“批林批孔”运动结束。

是年，庄陈大队、红卫大队实现电灯照明。

1972年

7月，秦松焕任庄陈大队（村）党支部负责人，任职至1990年3月。

7月，谈洪荣任庄陈大队（行政村）负责人，任职至1990年3月。

是年，江苏新闻电影制片厂和长春电影制片厂分别来洛阳拍摄鱼珠混养的科教片和新闻片，汤墅谈家头小沟头养殖珍珠的场景入镜，谈英华、谈爱琴等做示范操作。

暑假，庄陈大队开办庄陈幼儿园，红卫大队开办皇范幼儿园。

是年，庄陈大队创办庄陈珍珠层粉厂。1976年，该厂被洛阳公社多种经营办公室兼并。

1973 年

11 月，詹南勤任红卫大队（行政村）负责人，任职至 1980 年 11 月。

是年，庄陈大队、红卫大队的各生产队组织社员参加洛阳公社开挖大寨河（东入北阳湖，西接武进港，全长 3.2 公里）。

庄陈大队农机具修配工场更名为庄陈大队农机具修配厂。

红卫大队建造第一座电灌站。

庄陈大队、皇范大队遵照 7 月 6 日武进县革命委员会发出的《关于放养“三水”大会战动员令》，从浙江引进水花生。

1974 年

4 月 22 日 8 时 29 分，溧阳上沛发生 5.5 级地震，域内有震感，部分社员夜宿室外。

8 月，推行火葬。

是年，电视机进入农村家庭。

是年，域内第二次平整土地，格田成方。

是年，红卫大队安装第一台变压器（50 千伏安）。

1975 年

4 月，在党员干部中开展“一学、三批、五大讲（学毛泽东思想；批判资本主义、修正主义、资产阶级派性；讲党性、讲团结、讲纪律、讲风格、讲原则）”群众性自我教育运动。

是年，庄陈大队农机具修配厂更名为庄陈农机厂。

是年，庄陈大队对堵墅浜进行疏浚。

是年，洛阳公社建立沼气办公室，庄陈大队、皇范大队大面积推广沼气池，用沼气烧饭、照明。

是年，开展所谓“反击右倾翻案风”运动。

是年，洛阳架设电话专线，庄陈大队、红卫大队使用电话不再受广播时间的制约。

1976 年

1 月 8 日，周恩来总理逝世，人民群众举行悼念活动。

5 月，庄陈大队开办双代店（农村代购代销店）。

夏，放养“三水一绿”（水花生、水葫芦、水浮莲和绿萍）作为肥料和猪饲料。

7 月 28 日凌晨 3 点 42 分，河北唐山发生 7.8 级大地震。8 月，为防止本地发生大地震，大部分农户晚上住进简易防震棚。

9 月 18 日，庄陈大队在堵东蚕室、皇范大队在欧窑蚕室分别设灵堂，举行毛泽东主席逝世悼念活动。

10 月，庄陈大队、红卫大队和各生产队干部参加洛阳公社庆祝粉碎“四人帮”（王洪文、张春桥、江青、姚文元反革命集团）的伟大胜利的集会。

冬，域内社员参与武进港疏浚工程。

是年至 1977 年，庄陈大队开河贯通汤墅谈家头浜至南大河，将多处转弯的老河改造成精养鱼池。新开三水岸沿阳湖地域至王圻河（南大河），方便当地农船的进出。红卫大队组织劳力开挖新开河一条，贯通阳湖大圩和马鞍大圩，便于域内的灌溉和排涝。

1977 年

9 月 29 日，洛阳至常州通汽车，域内村民至常州、戚墅堰等地开始可乘公共汽车。

10 月，洛阳大桥竣工。

10 月 22 日晨，洛阳中学师生数十人渡河去范家芦荡校办农场劳动，摆渡时雾重，渡船被无锡杨墅公社农用挂浆船撞翻，11 名高中女生落水死亡，其中有 1 名女学生为域内红卫大队王家头人。

12 月 14 日，洛阳公社用电站建立。

12 月，最低温度零下 13℃，三麦受冻害歉收。

是年，域内开始种植杂交稻。

是年，学校恢复招生考试制度。

是年，开展揭批“四人帮”群众运动。

是年，庄陈大队、红卫大队通往洛阳公社集镇的公路筑成。

1978 年

秋，周边东陈大队的东陈村和施家头肝炎流行，发病者达 100 多人。后经救治，基本痊愈。域内由于重视预防，未曾流行。

是年，庄陈大队创办庄陈压铸厂。

是年，庄陈谈西队等生产队开始繁育小蚌。

是年，苏金林任红卫大队（村）党支部负责人，任职至1990年10月。

是年，红卫大队重建皇范桥。

是年，庄陈大队始用收割机收割稻麦，用插秧机插秧。

1979年

春，公社成立落实政策办公室，逐步落实政策。域内为“四类”分子（地主、富农、反革命、坏分子）和右派分子摘帽，地、富子女改变为社员成分。

5月，对在“文化大革命”期间受错判、错定的人员进行平反，并退还“文化大革命”中的查抄物资。

7月9日18时57分，溧阳上沛发生6级地震，域内受影响。

9月，开始申领独生子女光荣证，政府提倡一对夫妇只生一个孩子。

是年，庄陈大队新开占塘浜，解决谈西生产队和陈家头生产队、堵东生产队部分田块的灌溉。

是年，恢复洛阳清明、农历七月三十和马鞍农历三月半传统庙会节。

是年，洛阳公社创办兔种场，红卫大队苏敖元任接种员。

是年，邮政编码启用。

是年，红卫大队围建东墩，扩建大队渔场30亩。

1980年

1月底，受强冷空气影响，30日最低气温为零下9.8℃，三麦油菜等越冬作物严重冻害。

5—6月，连日下雨，小麦无法收割，发生霉烂，粮食损失严重。

12月，张兆兴任红卫大队（行政村）负责人，任职至1992年7月。

是年，域内大力培育珍珠，洛阳公社珍珠产量占全省一半。

是年，实行多种形式的农业生产责任制。

冬，庄陈大队8个生产队和猪种场等10个单位、红卫大队部分生产队到湖北省联营培育珍珠，至1981年冬结束。庄陈大队分得珍珠150千克，为集体增收10.5万元。

1981年

江苏电视台在洛阳拍摄题为“致富之路”的电视科教片，汤墅谈家头谈西小队小蚌池繁殖入镜，村民谈产兴、谈稼农等做示范。

6月，公社体制改革，公社革命委员会改称公社管理委员会，大队革命委员会改称大队。

10月8日，武政发〔1981〕128号文件，对洛阳公社10个生产大队名称正式更改，红卫大队恢复皇范大队名称。

是年，红卫小学更名为皇范小学。

是年，域内自繁自育三角蚌成功。快速培育优质珍珠的“三小”（小蚌、小针、小片）工艺新技术推广。

是年，域内引进优质西德长毛兔种。

1982 年

6 月，恢复种植单季稻，结束种植双季稻的“双三制”。

7 月 1 日，开展全国第三次人口普查工作。

11 月，武进自行车配件厂生产的 26 寸接头被江苏省自行车公司定为定点产品。汤墅谈家头谈志仁时任厂长。

12 月，农业生产普遍落实“双包”（包公共积累、农业税、水电费；包上交粮食任务）责任制。全面实行联产承包到户责任制。

12 月，开展党员干部冬训，大队干部、生产队长、共产党员参加冬训班，此后每年举行。

是年，洛阳公社成立计划生育领导小组，大队相应成立领导小组。

1983 年

4 月，洛阳公社社队企业开始全面推广和完善经济承包责任制。

5—7 月，公社体制改革，公社管理委员会改称乡人民政府；大队、小队分别改称村民委员会、村民小组。

7 月，庄陈大队改称庄陈村；皇范大队改称皇范村。

1984 年

1 月 15—18 日，连降大雪，积雪厚达 22 厘米，造成大雪灾，洛阳乡压断电杆 100 余根，工厂停工，损失严重。

3 月，汤墅谈家头谈一方、谈道兴等 7 户农民引进巨峰葡萄种植。

5 月 21 日晚 11 时 38 分，黄海地区发生 6.8 级地震，域内震感明显，未造成重大损失。

7 月 12 日，贯彻执行县委、县政府《进一步发展乡镇企业的规定》，全面实行经济承包责任制，改干部任免制为选聘制，改固定用工制为合同制，改固定工资制为浮动工资制，同时实行厂长负责制。

7 月，开展“五讲、四美、三热爱”（讲文明、礼貌、卫生、秩序、道德；心灵美、语言美、行为美、环境美；热爱祖国、热爱社会主义、热爱中国共产党）活动。

1985 年

3 月，中国农村发展研究中心国际联络部和农村渔业部外事司的领导到庄陈村调查。

9 月 10 日，洛阳公社庆祝首届教师节。村委领导到庄陈小学、皇范小学慰问教师。

10 月 8 日—11 月 10 日，水稻收获季节连续降雨 32 天，稻谷霉烂，损失严重。

11 月，机关、学校系统开展整党工作，至 1986 年 5 月结束。

11 月，“三麦”种植推广免耕法。

是年，中共武进县委农工部、宣传部、县地方志办公室到庄陈村调查，形成《水乡春秋——从江苏武进庄陈村的变化看中国农村的改革》长篇调查报告，推荐给联合国粮农组织，作为向国外宣传中国农村改革之用，并入编上海社会科学院出版社出版的《江苏名镇》（上册）。

1986 年

2 月 24 日，中共中央政治局委员、中央军委常务副主席杨尚昆在南京军区司令员向守志陪同下，到武进自行车配件厂（时任厂长为汤墅谈家头谈志仁）、武进第二玻钢厂（时任副厂长为汤墅堵墅秦敖大，该厂前身为庄陈胶木厂）视察，并题词“农副工全面发展”。

12 月，洛阳乡开设珍珠交易服务所，域内培育珍珠的村民可到服务所交易。

1987 年

2 月中旬，气候异常，11—12 日，最高气温达 26.7℃，18—19 日又突然降到零下 2—4℃，并降中雪。

2 月 22 日，洛阳乡撤乡建镇，实行镇管村体制。

2 月，在粮食定议购合同中，实行粮肥、粮油挂钩，发证到户，凭证购买，并发放预购定金。

2 月，全面开展非农业用地清理工作。

9 月 2 日，武进县自行车配件厂厂长、汤墅村籍谈志仁被中华人民共和国农牧渔业部授予“优秀农民企业家”称号。

9 月 29 日，首批居民身份证颁发。

10 月 4 日，开征农林特产税。

洛阳庄陈压铸厂被武进县人民政府授予乡镇工业先进企业称号。

冬，洛阳镇拓宽改造洛阳至安桥路，该路穿越皇范村域内。

1988年

7月3日，洛阳镇政府征地5.8亩，建造敬老院，1990年建成，域内先后有5名老人进入该敬老院。

7月7日，恢复征收地方电力筹资费，集资建设电网。

是年，庄陈村始为中小学生资助学杂费，并奖励优秀学生。

江苏移动公司在洛阳开通电信发射塔，总机更换为100门的半自动式区电交换机。

1989年

7月，贯彻执行《武进县实施九年制义务教育规划》。

8月4日，13号强热带风暴伴雨袭击域内。

9月，开展整党运动。

9月16—17日，遭受23号台风外围影响，域内受损。

1990年

3月，臧浩初任庄陈村（行政村）负责人，任职至1995年3月。

3月，谈洪荣任庄陈村党支部负责人，任职至1998年3月。

7月1日，开展全国第四次人口普查工作。

8月31日傍晚，遭受15号台风袭击，最大风力9级，24小时降雨量达143.2毫米，域内农作物受损严重。

11月，吴选英任皇范村党支部负责人，任职至1994年6月。

是年，洛阳镇通过江苏省普及九年制义务教育验收。

是年，阳湖、马鞍大圩复堤工程竣工，域内受益。

1991年

6月13日至8月8日，发生3次洪涝灾害，普降暴雨22天，平均日降雨量为284毫米，洪水位达吴淞5.25米，创历史最高。圩区、村庄、农田普遍受淹，损失严重，造成特大洪涝灾害。

12月25—28日，普降大雪，积雪达17厘米，严寒天气历史罕见，农作物冻害严重。

1992年

1月5日，武进自行车配件厂厂长、汤墅籍谈志仁被中华人民共和国农业部授予“全国乡镇企业家”称号。

6月下旬—7月底，基本无雨，域内旱情严重。

8月1日，洛阳镇建客运中心，便利村民往返城乡。

8月12日，农村推行社会养老保险。

8月，陆元茂任皇范村（行政村）负责人，任职至1994年7月。

10月，村通镇黑色公路建成。

10月，19号强热带风暴影响域内，大片稻棵倒伏，受害严重。

是年，庄陈村社会总产值超千万元，人均收入1200元以上，被列入《江苏名村志》。

是年，洛阳镇600门纵横制自动交换机投入使用，域内用户受益。

是年，农村推进吨粮田建设。

1993年

8月18—20日，普降暴雨，大风刮倒树木、电杆等，受损严重。

是年，庄陈村被评为武进县“村级工作先进单位”。

是年，庄陈村作为武进县的试点率先进行乡镇企业改制，将庄陈农机厂改制成洛阳镇第一家股份合作制企业。

是年，国家取消粮油计划供应，全面放开粮油市场。

是年，中国联通公司在洛阳开通信号发射塔。

是年，中国工商银行、中国银行、中国建设银行分别在洛阳镇设立办事处。

1994年

3月18日，洛阳卫生院破土动工，域内西窑村部分土地被征用，1996年3月28日落成。

7月，陆元茂任皇范村党支部负责人，至2001年9月。

7月，顾俊伟任皇范村（行政村）负责人，任职至1998年4月。

8月19日，突降暴雨，日均降水量达196.2毫米。

8月28日零时整，洛阳实现电话自动化，电话号码由6位升至7位，2007年8月18日升至8位。

8月，庄陈村率先建成电话村。

10月9日20时到次日上午8时，域内降下40多年来最大的一场秋雨，降雨量达324毫米，造成水灾，部分水稻受淹。

10月，国、地税分设。乡镇分税制的财政管理体制建立。

12月31日，据气象资料，1994年是130多年来最暖和的年份之一。

是年，庄陈村被评为武进县“社会治安五无村”和“先进集体”。

是年，庄陈小学、皇范小学（曾用名红卫小学）合并为汤墅小学。

是年，庄陈村打深井，将自来水通向各户。

是年，贯彻执行《武进县农村社会养老保险暂行办法》。

是年，通过域内的洛杨公路建成沥青路。

1995年

3月，洛阳镇被中国特产之乡命名宣传活动组委会授予首批百家“中国珍珠之乡”称号。

4月，陈幸福任庄陈村（行政村）负责人，任职至1998年3月。

4月，臧浩初任庄陈村党支部副书记，任职至1998年2月。

5月1日起，机关实行每周5天工作制。

是年，农户安装有线电视，武进有线电视正式开播。

是年，庄陈村被武进县授予“农业现代化试点村”。

是年，武进撤县建市。

是年，庄陈村每户有1~2人在工厂做工，每户工资年收入逾万元，形成当时“吃饭依靠自己种田，花钱依靠业余种植，积累依靠工资收入”的农村家庭生活新模式。

1996年

2月17日，暴雪，道路交通受阻。

9—10月，洛阳镇成立企业产权制度改革工作领导小组，镇、村集体企业全面进行经营体制改革工作。

10月底至11月中旬，连续阴雨，稻谷不能及时登场，稻谷发芽。

1997年

5—9月，开展禁毒专项斗争。

6月11—24日，连续高温无雨，旱情严重，历史上罕见。

是年，庄陈村党支部被评为武进市“五好”村党支部。

1998年

3月19日，突降大雪，气温骤降10℃以上。

4月，陈幸福任庄陈村党支部负责人，任职至2001年9月。

4月，谈兴根任庄陈村（行政村）负责人，任职至2001年9月。

5月，虞仲金任皇范村（行政村）负责人，任职至2001年9月。

是年，开展第二轮土地承包工作，农村土地承包期为30年不变，并给承包农户颁发“农村集体土地承包经营权证书”。

1999年

1月，洛阳镇培育的白花水蜜桃、藤稔葡萄通过江苏省农林厅组织的专家组验收，评定为省优质果品。域内村民受益。

2月5日至4月底，开展村干部精简工作，对村干部实行定编、定员、定责、定酬。

6月26—28日，连降暴雨，日降雨量达165.7毫米，最高水位达吴淞5.2米，由于阳湖大圩的加固加高，圩内受害损失轻微。

11月24日，洛阳、戴溪两镇撤销，新建洛阳镇，辖34个行政村和2个居委会，镇政府驻地洛阳路15号。

是年，庄陈村党支部被中共洛阳镇委员会评为“先进党支部”。

2000年

9月，城镇职工医疗保险制度改革工作全面启动。

11月1日至12月10日，开展全国第五次人口普查工作。

是年，安桥村的虹桥小学被撤并入汤墅小学。

是年，皇范村筑成村委通向村民小组的水泥路。

2001年

1月10日，开展农村税费改革。

1月，在党员干部中开展“三个代表”（代表中国先进生产力的发展要求、代表中国先进文化的前进方向、代表中国最广大人民群众的根本利益）重要思想学习教育活动。

2月，禁止开采地下水，按计划实施封井工作。到2005年，域内完成封井任务。

上半年，洛阳镇中心幼儿园易地于域内堵墅北侧新建。

9月26日，洛阳镇村级区域调整，原34个行政村调整为25个行政村，庄陈村、皇范村合并为汤墅村。

10月，陈幸福任汤墅村党支部书记，任职至2007年3月。

10月，陆元茂任汤墅村党支部副书记，任职至2003年10月。

10月，陆元茂任汤墅村（行政村）负责人，任职至2003年8月。

10月，新建汤墅村共青团支部，首任团支部书记为苏光华。

10月，庄陈幼儿园与皇范幼儿园合并，新建汤墅幼儿园。

11月9日，洛阳镇商会成立，汤墅村部分企业入会。

2002年

是年，开展全国基本单位普查工作，至12月结束。

是年，汤墅村获2002年度安全文明村称号。

是年，启动河道疏浚和节水渠工程。

是年，建小岸桥和堵墅桥。

是年，东渠村的阳湖小学被撤并入汤墅小学。

是年，汤墅村工业总产值实现超亿元，达到1.17亿元。

2003年

3月8日，天然气工程洛阳镇门站开工建设，解决天然气供给（12月15日，岑村分输站和东序门站开通）。

4月5日，开展农村保持共产党员先进性教育活动。

4月25日，武进区洛阳镇工会联合会批准成立汤墅村工会联合会。

4月，开展“非典型肺炎”防治工作。

9月，洛阳中心小学乔迁位于友谊村的新校区。11月，该校升格为江苏省实验小学。

9月，谈一平任汤墅村（行政村）负责人，任职至2009年6月。

是年，常州市洛凯机电制造有限公司被武进区人民政府授予工业先进企业称号。

是年，汤墅村的谈建平、秦全伟、虞惠忠被评为2003年度洛阳镇“五好”文明家庭。

是年，长江引水工程洛阳段主干道埋设工程竣工。

是年，518公交客运线（湖塘——洛阳）开通。

是年，中国电信在洛阳开设发射塔。

2004年

2月，国家开始免征农业税，延续数千年农民头上的皇粮国税开始免征。

4月，洛阳邮政支局设立。

5月，汤墅村工会联合会被武进区总工会、洛阳镇工会联合会分别评为合格村工会。

6月，洛阳镇社会矛盾纠纷调处中心成立，村成立相应的组织。

7月，绿阳果品合作社创办的洛阳水蜜桃示范园通过国家级考核验收。洛阳水蜜桃、葡萄被认定为江苏省无公害农产品，并注册“洛丰”商标。

7月，汤墅村第一次全国经济普查工作开展。

8月10日，洛阳镇农村土地流转服务站建立。

9月，建立被征地农民基本生活保障制度。

9月，汤墅幼儿园并入洛阳中心幼儿园。

武进市洛凯机电制造有限公司获“武进百强企业”称号。

2005年

3月2日，洛阳镇人民政府发出《关于洛阳镇第七届村民委员会换届选举结果的通报》，谈一平当选为汤墅村委会主任；黄荣昌、秦林初当选为汤墅村委会委员。

9月12日晚，15号台风“卡努”过境，狂风暴雨，数家屋脊刮掉，不少树木吹断。

10月24日，换发第二代居民身份证工作启动。

10月，洛阳镇社区卫生服务中心成立。

10月，农村集体经济股份合作制改革工作启动。

11月，开展防控“禽流感”疫情工作。

是年，皇范桥重建。

2006年

1月，汤墅村被常州市武进区安全生产委员会评为安全生产工作先进村。

6月20日，武进区首家天然气汽车加气站在洛阳竣工投运。

是年，在政府的统一部署下，汤墅村开始农村集体经济股份合作制改革，建立股东代表大会、董事会、监事会，健全内部管理制度。

汤墅村获2005—2006年度武进区文明村称号。

武进市洛凯机电制造有限公司获“武进百强企业”称号。

常州市洛凯机电制造集团有限公司生产的DW450低压断路器被评为“江苏省优质产品”。同年获国家机械工业科学技术奖一等奖。

2007年

常州洛凯机电制造有限公司被常州市企业信用协会评为2002—2007年AAA级重合同守信用企业。

常州市洛凯机电制造有限公司“洛凯”商标获评洛阳知名、著名商标。

2月27日，中国绿色时报发表《一对农民夫妇的“世外桃源”》一文报道汤墅谈家头谈稼农夫妇绿化美化村北的戈家坟（又名戈家墩）成为小花园的事迹。谈稼农家庭被常州市、武进区分别评为绿色家庭和平安家庭。

4月，汤墅村党支部撤销，汤墅村党总支成立，下辖工业（新洛凯支部）、综合、老年3个支部。陈幸福任汤墅村党总支负责人，任职至2013年。

6月，实现有线电视户户通。

9月，62路公交客运线（常州—戴溪、常州—安桥）开通。

是年，域内常州市苏常鲜精品水果种植园的“苏常鲜”品牌鲜食葡萄被评为常州市名牌产品。

是年，谈建平、秦全伟、虞惠忠被评为2007年度洛阳镇“和谐文明家庭”标兵户。

2008年

1月25—28日，连降暴雪，积雪达47厘米，为1952年以来56年中最大的暴雪，造成道路车辆中断，灾情严重。

1月，64路公交客运线路（常州经洛阳至戴溪）开通。

3月21日下午，洛阳镇召开“三清一绿（清垃圾、清粪污、清河塘和村庄绿化）”“五化三有（道路硬化、村庄绿化、卫生洁化、河塘净化、环境美化、有公共服务中心、有长效管理机制、有乡村文化）”达标创建现场推进会。全镇25个行政村、全体机关干部及相关部门负责人共100多人参观汤墅村绿化庭院和村庄内部整治。

4月，实现有线电视数字化整体转换，整转率达98%。

5月，72A路公交客运线（武进公交中心站经汤墅村至阳湖村）开通，域内村民受益。

7月，洛阳客运枢纽站建成营运。

8月8日，汤墅村原庄陈大队村民在洛阳镇率先用上天然气。

常州市洛凯机电制造有限公司获2007—2008年度武进区文明单位称号。

汤墅村获2007—2008年度武进区文明村称号。

全村电信用户连接因特网。

汤墅村捐赠汶川地震灾区112652元，其中党员交纳特殊党费7310元，个人捐款16080元，村内企业捐款89262元。

12月，域内全部接通天然气。

是年，汤墅谈家头村后小公园列入汤墅村健身休闲绿地。

2009年

2月15日上午，汤墅村委领导陪同洛阳镇老龄协会、镇团委负责人，到汤墅村堵墅119号，为五世同堂的百岁老人张阿大祝寿，并与老人合影。

4月，汤墅村档案工作通过等级认定，达到武进区合格标准。

6月，汤墅村通过市、区两级“五化三有”验收达标。

11月，汤墅村创建省级卫生村工作通过验收达标。

是年，汤墅村被评为武进区生态创建先进村。

是年，域内全部接通长江水。

是年，常洛果品专业合作社选送的“醉金香”“金手指”葡萄获“全国优质产品奖”。

2010年

2月，汤墅村委被武进区安委办评为2009年度天然气安全管理先进集体。

8月，全国开展第六次人口普查，至2010年11月1日零时，汤墅村户籍人数2395人。

8月13日，气温高达38.6℃，高温持续达25天。

10月26日，洛阳镇级机关机构改革，建立“三办五中心”（党政办公室、社会治安综合治理办公室、财经办公室、农业服务中心、工业和科技环保服务中心、商贸服务中心、社会事业服务中心、村镇建设管理服务中心）。

10—12月，域内基本无雨。

12月，朱列健任汤墅村（行政村）负责人，任职至2013年6月。

是年，汤墅村被评为武进区生态文明（示范）村。

是年，在上海举行的全国早中熟葡萄评比中，常洛果品专业合作社选送的夏黑品种获金奖。

2011年

3月8日，汤墅谈家头谈西村民小组谈英华家庭获得全国妇联授予的“全国低碳生活创新明星家庭”称号。

5月3日，汤墅村被常州市依法治市领导小组办公室、常州市法制宣传教育领导小组办公室、常州市民政局、常州市司法局命名为市级“民主法治村（社区）”。

8—9月，暴雨，部分工厂内涝。

10月，汤墅村委统一组织协调，为全村597人60周岁以上老年人体检。本村籍长沙医学院中医学系学生王紫燕利用假期志愿参加体检工作。

11月，汤墅村谈西村民小组谈英华获常州市“幸福家庭示范户”称号。

是年，汤墅小学并入洛阳中心小学。

是年，“苏常鲜”牌葡萄被评为江苏省名牌产品。

2012年

2月24日，洛阳镇汤墅村谈西村民小组谈一平被评为全国“绿色小康户”。

8月8日，台风“海葵”过境，刮倒部分树木。

10月16日，武进区民政局局长邹建中、洛阳镇镇长朱剑波、副镇长朱慧峰到汤墅村堵墅亲切慰问百岁老人秦阿林，送上轮椅和被子等慰问品，祝福重阳节。

是年，在无锡举办的江苏省第五届“中山杯”优质早熟葡萄评比中，地产“金田美指”葡萄获银奖。

是年，在江苏省农业委员会组织的第六届“神园杯”优质果品评比中，常洛果品专业合作社选送的“金田美指”葡萄和猕猴桃分获银奖和金奖。

2013 年

1 月，汤墅村被常州市武进区精神文明建设指导委员会办公室、中共常州市武进区委农村工作办公室评为武进区 2012 年度和谐村庄达标村。

11 月，汤墅村组织村妇女组长参观第八届中国花卉博览会。

是年，汤墅村完成全国第三次经济普查工作。

是年，王建平任汤墅村党总支负责人，2016 年党总支换届选举续任。

是年，陆玉石任汤墅村（行政村）负责人，2016 年村委换届选举续任。

冬，马鞍大圩五龙江段疏浚清淤；皇范陆家头西浜疏浚清淤，建木桩生态护坡 800 米。

2014 年

2 月，汤墅村开展村民小组组长换届选举工作，涉及 15 个村民小组，2100 多个村民。

3 月，常州市汤墅农副产品专业合作社成立。

5 月 23 日上午，海门市司法局副局长施建胜一行在汤墅村开展村居综合治理研讨交流活动。

6 月 3 日晚 7 点，武进凤凰艺术团在汤墅村委健身广场进行“大气武进、大美武进、大爱武进”系列活动基层巡演。

6 月，汤墅村创建江苏首个太湖湿地生态桑示范基地，一期 100 亩湖桑及 80 亩鱼池基本建成。成立常州汤墅农副产品合作社，出资 1000 万元开发建设太湖湿地农业项目。整个项目占地 600 亩，涵盖无公害蔬菜生产示范基地、生态果园示范基地、生态桑示范基地及绿色养殖示范基地。

7 月 1 日，《常州日报》以《老谈建“公园”》为题报道汤墅村谈西村民小组谈稼农，图文并茂介绍谈稼农修建村北谈氏宗祠旁小公园的事迹。

7 月 25 日上午，汤墅村迎来大学生村官蔡晶，任命其为村会计，副镇长荆成、组织委员许芸、安监科科长钮俊峰、经管站站长秦志强等人参加会计任职会议。

8 月 12 日，汤墅村谈西村民小组谈英华应邀参加中共常州市委宣传部、常州市教育局等部门共同开展的“传承家风家训，培育文明风尚”主题活动，畅谈《朱柏庐治家格言》为治家之道，传承优良家风的观点。《常州日报》以《让优秀家风一直“吹”下去》一文对此作了报道。

8月28日下午，洛阳镇党委书记朱红兴，党委副书记、政协工委主任龚新宇，组织委员许芸等到汤墅村委对汤墅村的基本情况进行调研。汤墅村党总支书记王建平介绍汤墅村的基本情况。

8月31日，解放军第102医院肛肠外科医生在汤墅村为村民免费义诊，并热情为村民提供日常健康问题咨询。

8月31日，汤墅村取缔无证托幼儿园。洛阳镇副镇长沈霞、文广教体科科长许小林，汤墅村领导王建平、陆玉石，对位于西窑的有安全隐患的无证托幼儿园“阳湖幼儿园”取缔清理，对已收取学费的学生家长做好解释和退款工作，并安排学生就近入园。

11月3日上午，汤墅村开展一事一议工程监理审核。由常州市晟泽咨询有限公司监理审核汤墅村陈家头至岑洛路村道工程，对村道工程的质量严格把关。

11月27日上午，武进区水利局、武进区财政局、洛阳镇水利站一行7人到汤墅村农副产品专业合作社，对汤墅村农业园区电灌站作竣工验收并获得通过。

12月12日，常州市国土局验收组到汤墅村对该村2014年度土地复耕项目进行验收，汤墅村2014年度122亩土地的复耕项目全部完工，并通过验收。

12月13日下午2时，汤墅农村社区股份合作社成立大会暨第一届股东代表大会召开，股民代表到会87人，会议由村党总支书记王建平主持。大会选举产生理事会成员5人：王建平、陆玉石、苏光华、谈成林、秦静娴。理事长由王建平担任。监事会成员3人：黄荣昌、蔡晶、张进，监事长由黄荣昌担任。

是年，汤墅村创建成常州市级生态村。

是年，开展党的群众路线教育实践活动。

是年，江苏洛凯机电有限公司捐助常州市武进区树人教育发展基金10万元；捐助常州市武进区红十字会1000元；捐助洛阳镇同心共建光彩基金20万元；向洛阳中心小学“六一”活动捐赠8000元；篮球赛赞助费129692元。

2015年

1月27日下午，武进区农工办组织开展对汤墅村土地流转工作的调研。

2月17日，汤墅村太湖湿地生态桑产业示范基地生产的桑饲生态鱼新鲜上市。

3月，汤墅村被武进区司法局授予2014年度人民调解工作先进村（社区）称号。

3月19日上午，武进区水利局一行5人对汤墅村皇范电灌站考察验收。

3月29日下午4点多，汤墅村皇范村民王荷琴、陈秀娟、苏晓红在皇范河救出落水男孩康康。

4月8日始，汤墅村各村民小组全面启动河道清淤行动，谈东村民小组首先展开。

4月28日晚7点半左右，突降冰雹，历时15分钟，一般为小石子大，最大的有鸡蛋大，桃树、葡萄受害，有的汽车挡风玻璃被砸破。

6月8日，汤墅农副专业合作社第一批生态西瓜新鲜上市。

7月4日下午，洛阳镇领导走访汤墅村受灾困难家庭。前往暴雨受灾及困难群众家中慰问，了解受灾情况，做好孤寡老人汛期搬迁、林果受淹的保险赔偿等抗洪救灾工作。

8月，汤墅村被中共洛阳镇委员会、洛阳镇人民政府评为“2015年度洛阳镇抗洪救灾先进集体”。

8月17日上午10时，汤墅村西窑村民小组33号住户老太在家祭祖烧锡箔引发火灾，烧毁包括左邻右居在内的房屋共3间，无人员伤亡。

8月19日上午，常州市政协副主席朱晓敏视察汤墅村农副产品生产基地。

8月，汤墅村土地确权工作有过半的农户完成指界测量。

10月27日下午，中共常州市武进区委党校宣传处至洛阳镇对接，商讨成立洛阳镇汤墅村堵墅生活污水处理设施为生态创建亮点示范基地事宜。

10月30日，洛阳镇汤墅村太湖湿地生态桑示范基地一期建成，包括25亩单体大棚和13亩连体大棚、100亩的生态桑园等。

12月3日下午，常州市环保局自然生态保护处和武进区环保局自然科对汤墅村创建省级生态村实地查看、考评和预验收。

12月，汤墅村通过省级生态村达标验收，成功创建江苏省生态村。

12月27日，第十二届全国人大常委会第十八次会议通过关于修改人口与计划生育法的决定。2016年1月1日起，国家提倡一对夫妻生育两个子女。

是年，江苏洛凯机电有限公司捐助常州市武进区树人教育发展基金20万元，捐助洛阳镇同心共建光彩基金20万元，捐助武进区洛阳镇商会光彩行动基金3万元。

2016年

1月，汤墅村居家养老服务站被评为全国规范化评估AA级社会组织，获得常州市武进区民政局颁发的中国社会组织评估等级证书。

1月，武进区洛阳中心小学赠予汤墅舞动风韵舞蹈健身队“热心舞蹈健身，弘扬精神文明”锦旗。

1月18日下午，汤墅村民主理财小组成员汤国银、黄荣昌、杨金波与村会计共同完成2015年第四季度民主理财工作。

1月19日上午，武进区农工办到汤墅村调研农副产品专业合作社发展情况。

1月26日上午，汤墅村委主任陆玉石和村会计蔡晶带着慰问品分别到11户低保户家中送温暖。

1月29日下午2时，在洛阳镇公共资源交易管理站开标室举行汤墅村红卫桥改建工程招投标会，确定中标单位。

2月2日，汤墅村重点企业江苏洛凯机电股份有限公司2016年春节联欢晚会在洛凯阶梯会议室举行。

2月3日上午，洛阳镇妇联、汤墅村开展“岁末送温暖”爱心慰问活动，洛阳镇副镇长沈霞、妇联主席费叶青等为贫困家庭送慰问物品和慰问金。

2月，谈行获武进区“优秀企业家”称号。

3月，谈行“爱国敬业创新诚信守法贡献”先进事迹受到武进区表彰。

3月2日，中共常州市武进区委书记周斌专题调研汤墅村重点企业江苏洛凯机电股份有限公司，听取企业的意见和建议。

3月4日下午，洛阳中心小学组织小记者到汤墅村江苏洛凯机电股份有限公司参观。

3月8日上午，全村开展企业安全生产大检查。

3月9日，江苏省人大常委会副主任、总工会主席邢春宁实地调研汤墅村企业，为江苏洛凯机电股份有限公司“全国模范职工之家”授牌。

3月15日下午，汤墅村联合洛阳卫生院举办以“急救知识”为主题的健康知识讲座。

3月24日上午，中共常州市委副书记戴源考察汤墅村农副产品专业合作社，参观合作社“禽→桑→鱼”的特色系统。中共洛阳镇党委书记朱红兴参加，汤墅村党总支书记王建平介绍汤墅村农副产品专业合作社的整体布局和股份构成情况。

3月28日下午，汤墅村召开农村土地确权工作会议，村委主任陆玉石主持，15个村民小组长参加。

4月13日，国家水电可持续发展研究中心主任黄真理视察调研常州市汤墅农副产品专业合作社。

5月4日上午，江苏省农委农业产业化发展指导处处长倪锡林调研汤墅村农副产品专业合作社的土地流转情况，对汤墅村土地流转的模式给予充分肯定。汤墅村党总支书记王建平汇报汤墅农副产品专业合作社的基本情况、股权构成、风险防范措施、经营状况。

5月，汤墅村谈西村民小组谈英华家庭被评为武进区最美家庭。

5月31日上午，中华人民共和国农业部产业化办公室褟燕庆处长对汤墅村土地流转试点和产业化经营情况调研，到汤墅村农副产品专业合作社实地调查，了解汤墅村“工业反哺农业”情况。江苏省农委、常州市农委、武进区农业局、中共武进区委、武进区农工办等领导参加调研，汤墅村党总支书记王建平、江苏洛凯机电股份有限公司董事长谈行汇报情况。

6月12日上午，汤墅村召开村史编写筹备会议，全村老干部参加。会议由汤墅村党总支书记王建平主持。确定《汤墅村志》编写组组长：王建平；村史编写组办公室主任：陆玉石；村老干部为顾问。由朱永清老师担任主编。

6月17日，汤墅谈家头村民谈友德父子上互联网常州化龙巷出售自产水蜜桃，成为村内首次发现的网上销售自产水蜜桃的村民。

6月23日，江苏洛凯机电股份有限公司披露首次公开发行股票招股说明书（申报稿）。

6月底，连续暴雨，水位猛涨，汤墅村组织企业职工20余人，到阳湖大圩危险地段抢险。

7月，汤墅村被中共洛阳镇委员会、洛阳镇人民政府评为2016年度洛阳镇抗洪抢险先进集体。

7月19日下午，武进区副区长薛红霞到汤墅村调研生态农业，了解汤墅村土地流转情况和汤墅村农副产品专业合作社运行状况。

8月，汤墅村在洛阳镇第一届农民运动会健身操舞比赛中获得金奖，洛阳镇人民政府颁发奖牌。

8月，洛阳镇2016年“同心大舞台，社区天天乐”最后一场文艺会演在汤墅村圆满落下帷幕。

8月13日上午，汤墅村举行“三好学生”暨抗洪抢险先进个人表彰大会。

9月10日，王建平、陆玉石、虞亚红当选为中共汤墅村党总支第四届委员会委员，王建平当选中共汤墅村总支书记。

9月14日，汤墅村召开洛阳镇首部村志《汤墅村志》修编推进会，省、市专家特邀编审张尚金、杜仁彬参加，镇党委领导、汤墅村老干部及各企业负责人、村民组长和全体编写人员参加会议。

9月18日，汤墅村健身广场、汤墅村皇范健身广场确定为洛阳镇晨晚练健身活动点，有交谊舞、健身舞、篮球、乒乓球等项目。

10月28日下午，响水县考察团来汤墅村调研集体经济发展情况。

11月，汤墅村在2016年“美丽洛阳”——“赢在中层”主题辩论赛中获优秀奖，获得洛阳镇人民政府颁发的荣誉证书。

11月，洛阳镇汤墅村堵墅生活污水处理设施项目落成。原址是垃圾堆、臭水河，有关部门投入215.6万元，采用AO+人工湿地处理模式，建设日处理能力495吨污水处理设施，接纳周边3个自然村和阳光明珠苑北区、江苏南方通讯有限公司的生活污水，出水水质达相关排放标准。该项目每年可为地方处理近20万吨生活污水。

11月，武进区见义勇为基金会在洛阳中心小学为刘子欣颁发武进区见义勇为积极分子荣誉证书和2000元见义勇为奖金。《常州晚报》、武进电视台相继报道汤墅村丁庄村民小组6岁男孩刘子欣智救5岁落水女孩希希的事迹。

11月27日，汤墅村第十一届村民选举委员会公告，陆玉石当选第十一届村民委员会主任，秦静娴、谈成林、丁靖乾、苏光华当选委员。

12月13日，汤墅村获评2016年度江苏省农村信息化应用示范基地，是2016年常州市唯一获评单位。全村宽带覆盖率达到100%。

是年，江苏洛凯机电股份有限公司捐助常州市武进区树人教育发展基金10万元；捐助洛阳镇同心共建光彩基金20万元；捐助武进区光彩事业促进会洛阳小学教育基金25万元；赞助江苏常奥体育发展有限公司（马拉松）1万元。

2017年

2月，谈行在常州市企业“创市争星、做强做优”活动中，获“常州市明星企业家”称号。

3月10日，江苏省政协副主席范燕青一行在常州市领导俞志平、徐伟南和区领导江建文、陆雅芬等陪同下视察江苏洛凯机电股份有限公司。

3月，汤墅村谈西村民小组谈英华家庭被评为常州市文明家庭。同年6月，常州电视台拍摄专题片《自费数万元改造荒地，绿树成荫惠及乡亲》。

4月26日下午，中共武进区委农工办土地承包管理科科长何泽新、江苏理工学院调研人员到汤墅村调研集体土地承包经营权入股课题。汤墅村党总支书记王建平介绍情况。调研组联系汤墅村实际，探讨土地承包经营权入股的概况、土地承包经营权入股的意义、土地承包经营权入股存在的问题，实地参观汤墅村合作社农场。

4月，江苏洛凯机电股份有限公司获得2016年度江苏省五一劳动奖状。

4月，谈行被授予“武进区第二届优秀中国特色社会主义事业建设者”称号。

4月，江苏洛凯机电股份有限公司工具车间主任谢燕林获得2016年度江苏省五一劳动奖章。

4月，江苏洛凯机电股份有限公司质量副总经理姜国栋被评为“武进区2014—2016年度劳动模范”。

4—5月，完成堵墅浜的疏浚清淤及120米生态护坡；完成丁庄内浜、臧家头内浜的疏浚清淤。

6月，汤墅村向武进区慈善总会捐款5万元。

6月，江苏洛凯机电股份有限公司获得2016年度区长质量奖奖牌。

6月，汤墅村党总支获得中共常州市武进区委员会授予的2016—2017年度先进基层党组织称号。

6月9日上午，四川省社会科学院副院长郭晓鸣率评估组4人到洛阳镇汤墅村评估调研农村土地承包经营权入股经营相关情况。中共常州市委农工办副主任陶亚仁、中共武进区委农工办副主任姚志平、洛阳镇副镇长王小虎等参加评估调研活动。评估组听取了汤墅村党总支书记王建平的全村农村土地承包经营权入股经营工作汇报，就进展成效、面临问题、经验价值、政策诉求等方面回答评估组提出的问题。评估组随后到汤墅村农副产品合作社生产基地实地考评。

6月29日，常州电视台采访汤墅村党总支书记王建平，授予“三个参股”——电视台采访留念牌。

7月，江苏洛凯机电股份有限公司捐助武进区慈善总会8万元。

7月，完成汤墅谈家头内浜的疏浚清淤。

7月，利用原汤墅小学场地，建成喜宴堂，两套大型LED电子屏、红布套饰的旋转圆台、椅子一应俱全，可设筵席100多桌。

7月9日，《常州日报》刊登《武进汤墅村“参股法”破解发展难题纪事》一文，记述汤墅村民参股经营、共同致富做法。

7月11—29日，域内连续高温18天。7月21—25日连续5天最高气温在39℃以上。7月22日、23日、24日、27日最高气温分别达到40.4℃、40.6℃、40.3℃、40.2℃，无雨。域内部分农作物枯死。

8月，在丁庄、皇范新建健身广场，安装健身器材，汤墅村的健身广场增加至5个。

8月28日《江苏经济报》报道《汤墅村：趟出农村产业融合发展新路》。

8月29日，江苏洛凯机电股份有限公司（公司简称洛凯股份）首次公开发行股票并上市项目，通过中国证监会审核。

9月28日，洛凯股份（股票代码：603829）在上海证券交易所上市发行，网上发行1600万股，网下配售2400万股，总发行量4000万股。

10月17日上午，江苏洛凯机电股份有限公司在上海证券交易所挂牌上市，为洛阳镇首家在上海证券交易所主板上市A股的企业。常州市市长丁纯、洛凯股份董事长谈行共同为企业上市鸣锣。市、区领导曹佳中、杭勇、戴士福、陆秋明出席挂牌仪式。

11月，完成阳湖大圩汤墅村段（南大河）的疏浚清淤。

11月，污水处理工程汤墅村段启动，路面开挖。

是年，汤墅村获洛阳镇第二届农民运动会健身操舞展示大会优秀表演奖。

2018年1—3月

1月3日，汤墅农村社区股份合作社换届选举，王建平当选第二届理事会理事长，黄荣昌当选为监事会监事长。

1月19日，汤墅村工会联合会获得常州市武进区总工会授予的2017年度武进区

“模范职工之家”称号。

2月22日，武进区召开表彰大会，江苏汉凌控股集团有限公司被评为2017年度武进区纳税大户银奖企业；谈行被评为2017年度武进区优秀企业家；江苏洛凯机电股份有限公司为武进区2017年度6家上市企业之一被表彰。

3月1日，中共常州市委、市政府召开“重大项目增效年”动员大会，域内企业和个人获得表彰：江苏洛凯机电股份有限公司被评为2017年度全市“创新争星、做强做优”活动优胜企业——工业三星企业；2017年度全市“创新争星、做强做优”活动优胜企业——企业上市奖企业。谈行被评为2017年度全市“创新争星、做强做优”活动企业家。

3月，汤墅村获得中共武进区洛阳镇委员会、武进区洛阳镇人民政府授予的“服务发展先进单位”称号。

【第一章】 建置区划

JIAN ZHI QU HUA

汤墅村位于洛阳镇东南方向，紧邻镇区，清光绪即有汤墅之名。现汤墅村，东与朝安村、阳湖村相望，西与镇区及洛东村相靠，南与岑村村相连，北与马鞍村相邻。2001 年 9 月，撤销原皇范村、庄陈村，新建汤墅村。2016 年，区域面积 2.77 平方公里，常住居民 853 户，2527 人。

第一节　建　置

一、新中国成立以前

汉初，“高祖以百户为里，五里为乡，四家为邻，四邻为都，在邑为坊，在野为村”，境域在延陵县东南。晋、隋、唐、宋、元为晋陵县辖地。明、清为武进县或阳湖县辖地，其中清雍正四年（1726 年）至清宣统三年（1911 年）11 月 8 日为阳湖县辖地，境域在安尚乡洛阳桥东偏南。

据南宋咸淳《毗陵志》载，安尚乡在晋陵县东南五十里，晋陵县村坊四十有四，洛阳、胡桥、虞桥属之。清道光《武进阳湖合志》载：安尚乡在阳湖县东南五十里，统四都，二十八图。四都为十九、二十、二十一、二十二都，共 258 村。域内属安尚乡十九都六图、七图，二十二都六图。

民国元年（1912 年），境域属武进县安尚乡。民国 16 年（1927 年），改安尚乡为安尚行政局，废都图，改设街、村、闾、邻。辖 8 街 74 村。

民国 18 年（1929 年），六区（定安区）辖 7 个镇 39 个乡。7 镇：洛阳、戴溪桥、坂上、礼嘉桥、横林、遥观巷、塘桥。境域属 39 个乡中的汤墅乡。

民国 21 年（1932 年），武进县 10 个区增为 19 个区。境域属第五区，区公所在洛阳镇。

民国 23 年（1934 年），废闾邻制，改保甲制。汤墅乡、欢塘乡、岑村乡合并为阳湖乡。

民国 26 年（1937 年），日本全面侵华，11 月苏南沦陷。改称安尚乡，废保甲，乡以下仍设都图。民国 27 年（1938 年），国民政府设地下区公所（背包区公所），

光绪、武进、阳湖县安尚乡图

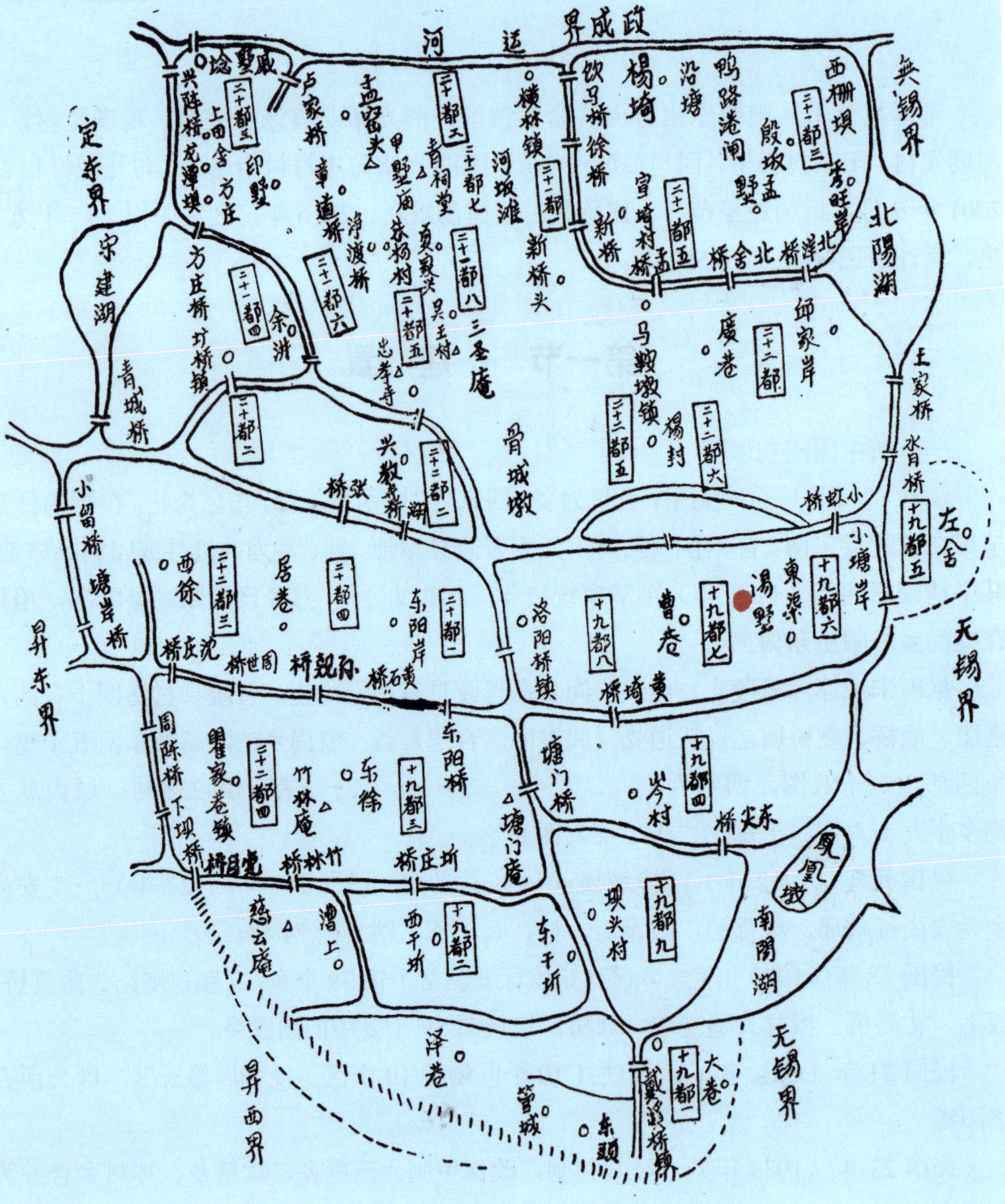

所址先设戴溪桥，后迁至坂上，1940年解散。民国29年（1940年）3月，汪伪政府废乡设区，第八区驻地在洛阳镇，恢复保甲制。

民国31年（1942年）10月，武南县礼嘉区抗日民主政府成立，境域属礼嘉区。民国32年（1943年）7月，武南县洛阳区抗日民主政府成立，境域属洛阳区。

民国34年（1945年）10月，抗日战争胜利，国民政府承抗战前建制，境域属第六区。

民国36年（1947年）11月，武进县分4个区，境域属戚墅堰区署。

二、新中国成立后

新中国成立初，域内属礼嘉区。1956年，堵墅、丁庄、臧家头、陈家头4个自然村归属成立的九星高级农业生产合作社；汤墅谈家头、皇范、欧窑、西窑、吴家头、王家头、陆家头等自然村归属成立的阳湖高级农业生产合作社。1961年4月，从阳湖大队分出皇范大队、臧陈大队。1983年7月，庄陈大队改称庄陈村；皇范大队改称皇范村。2001年9月，行政村区域调整，洛阳镇下辖34个行政村调整为25个行政村，庄陈、皇范两个行政村撤销，新建汤墅村。

现汤墅村办公楼（2017年4月1日摄）

第二节　区　划

一、境域沿革

中华人民共和国成立初期，汤墅村属武进县礼嘉区管辖。礼嘉区下辖3镇10乡，即：礼嘉镇、戴溪镇、洛阳镇，留井乡、圻林乡、小留乡、庙桥乡、坂上乡、东坂乡、虞桥乡、白塔乡、马鞍乡、阳湖乡。域内汤墅谈家头、欧窑、西窑属阳湖乡第十行政村，皇范村属阳湖乡第十一行政村，臧家头、陈家头、堵墅、丁庄属洛阳乡第四行政村，吴家头、王家头、陆家头属马鞍乡第五行政村。

1956年，成立高级农业生产合作社（简称高级社），汤墅谈家头、皇范村、欧窑、西窑、吴家头、王家头、陆家头属阳湖高

20世纪80年代庄陈大队（村）办公地点（2017年4月1日摄）

20 世纪 90 年代庄陈村办公地点
（2017 年 4 月 1 日摄）

20 世纪 70 年代皇范大队办公地点
（2017 年 3 月 27 日摄）

20 世纪 80 年代皇范大队（村）办公地点
（2018 年 6 月 11 日摄）

级社，臧家头、陈家头、丁庄、堵墅属九星高级社，当年属九星高级社的还有现洛东村的顾家头、於家头、戈家村 3 个自然村。1958 年，成立人民公社，原属阳湖高级社的汤墅谈家头、皇范村、欧窑、西窑、吴家头、王家头、陆家头和原属九星高级社的臧家头、陈家头、丁庄、堵墅划入洛阳公社第四大队（又名阳湖大队）。

1961 年 4 月，汤墅谈家头、臧家头、陈家头、丁庄、堵墅从阳湖大队分出，成立臧陈大队（后为书写方便，且“臧”与“庄”方音相同，将“臧”改成“庄”，写成“庄陈大队”）。皇范村、欧窑、西窑、吴家头、王家头、陆家头从阳湖大队分出，成立皇范大队（又名皇坂大队）。1969 年，皇范大队、庄陈大队分别成立革命委员会，皇范大队改名为红卫大队。1981 年 10 月，武政发〔1981〕128 号文件，对洛阳公社 10 个生产大队名称更改，红卫大队恢复皇范大队名称。

1983 年 7 月，农村体制改革，庄陈大队更名为庄陈村，皇范大队更名为皇范村，各生产队更名为村民小组。

2001 年 9 月，洛阳镇行政村区域调整，撤销庄陈村、皇范村，新建汤墅村，下辖谈东、谈西、臧家头、陈家头、丁庄、堵东、堵墅、堵西、欧窑、西窑、前巷、西巷、北巷、中巷、南巷、吴家头、陆家头 17 个村民小组，分布于汤墅谈家头、臧家头、陈家头、丁庄、堵墅、陆家头、吴家头、王家头、皇范、欧窑、西窑等 11 个自然村。2002 年 4 月，武进撤市设为常州市武进区，该村始为常州市武进区洛阳镇汤墅村。

二、自然村概况

汤墅谈家头

汤墅谈家头，清《光绪武进阳湖县志》载有，现名汤墅，又名汤墅里。位于今汤墅村委驻地东300米，分谈东、谈西2个村民小组。村东、南与阳湖村以欢塘路、芦长岸南头河为界，西接臧家头、陈家头，北与欧窑接壤。村东有原建于南宋时期的汤墅庵（又名孝思庵）、土地堂，村中前巷原有谈氏宗祠，名“思成堂”，祠前有清代贞节牌坊两座。庵、祠堂、牌坊均在20世纪60年代“文化大革命”前后被拆除。现汤墅庵已于2012年由该村及周边各村众多热心人士捐资重建，谈氏宗祠由谈行等众多族贤捐集资金，于2013年移址村北小沟头河北重建。村后原有通往洛阳镇区的青砖石板路和难摩桥，是阳湖村及无锡保健村等到洛阳镇的必经之路，现该路已被C708岑汤路、欢塘路、阳安路等公路替代，交通便利，远胜于昔。

该村主要姓氏为谈姓，王姓和刘姓于中华人民共和国成立后土地改革时在村编籍落户。谈氏始迁祖谈贤二原居宜兴黄塘，于明洪武二年（1369年）奉旨移民，徙居汤墅编籍居住，至今已647年。谈家头的村名一直冠以汤墅，故历史上有“先有汤、后有谈”之说。

新中国成立初，汤墅谈家头隶属阳湖乡第十行政村。1954年，谈焕良等18户村民率先成立阳湖乡第一初级农业生产合作社，1956年扩大为阳湖乡高级农业生产合作社，1958年隶属洛阳公社第四大队（又名阳湖大队），1961年起隶属臧陈大队（村）。同年谈家头分为谈东、谈西两个生产队。自2001年始，隶属汤墅村。

20世纪60至70年代，在“农业学大寨”运动的推动下，村民男女老少齐上阵，肩扛担挑，平田整地，建成沟渠路配套、每3亩为一格的规格化农田300亩（谈东、谈西各150亩），其中以谈东改造丁岗巷、慈山堂基（村民称砖头田）最为艰苦。

栽桑养蚕、栽种桃树，是该村的传统特色副业。桑苗嫁接、珍珠培育、鱼珠混养、小蚌自繁、长毛兔养殖和巨峰葡萄种植，是该村20世纪60—80年代副业生产的6个亮点。江苏新闻电影制片组、江苏电视台分别于1973年和1981年来村拍摄鱼珠混养、小蚌繁育等新闻片、“致富之光”专题片相关镜头。

2016年底，该村有108户，396人（男191人，女205人）其中谈东村民小组52户，

汤墅谈家头村容（2014年3月30日摄）

172人（男84人，女88人）；谈西村民小组56户，224人（男107人，女117人）。有15户村民经营个私企业（谈东7户、谈西8户），其中家庭作坊4户（谈东1户，谈西3户）。进入高校获得大专及以上学历的有102人，其中本科生39人（谈东11人、谈西28人），硕士研究生5人（谈西），博士生3人（谈东1人、谈西2人）。2016年该村有耕地329亩（谈东152亩，谈西177亩），全部用于种植林果。共有劳动力199人，其中从事农副业7人，从事工业168人，从事其他产业24人。

臧家头

清《光绪武进阳湖县志》载有现名。臧家头位于汤墅村委驻地陈家头之南，东与汤墅谈家头为邻，南与汤墅村农副产品专业合作社（又名生态园）隔南头河相望，西与丁庄接壤。汤家浜、南头河、黄滩浜从东、南、西三个方向围绕村庄，村前南头河上的小木板桥名为“小岸桥”，现已改建为钢筋水泥平桥，村东的南北主道北接横贯陈家头的岑汤线村级公路。

臧姓和钱姓是臧家头的两个主要姓氏，据《毗陵汤墅臧氏宗谱》载，元朝历史学家臧荣绪为安阳山干田里（今属无锡市惠山区阳山镇尹城村委）始迁祖，曾任京口（今镇江）教授。其后第十六世臧轼，在清顺治年间（1644—1661年）自干田里迁居本村，后以臧姓为村名。钱姓于清雍正年间（1723—1735年）从北阳湖邱家岸（今属武进区横林镇北湖村委）迁居于此。

新中国成立初，臧家头隶属洛阳乡第四行政村，1956年隶属洛阳乡九星高级农业生产合作社，1958年隶属洛阳公社第四大队（又称阳湖大队），1961年起隶属臧陈大队（村），2001年至今隶属汤墅村。

1960—1969年，臧家头村民家中办有小学初级班，名阳光小学。1976年，庄陈大队在村南头河边建造厂房，大队农机厂从陈家头村西搬迁于此，生产规模日益发展，后又办起庄陈压铸厂、武进洛阳助剂厂等，今全部搬迁新址，老厂房由村委出租。

臧家头在新中国成立前有1户村民在上海开店经商，大部分村民以农耕为业。20世纪60年代至80年代初，精耕细作，广积自然肥料，稻麦亩产量位于庄陈大队前列。1976年，全年“三麦”、水稻亩产789.5公斤，受到武进县政府的表彰，获奖5吨水泥船1条。1985年，美国、德国、墨西哥、日本等国家的旅游团到洛阳镇参观考察珍

臧家头村容（2018年6月25日摄）

珠培育，曾多次到家居条件较好的钱晓侦、臧国城等村民家中参观。

2016 年底，臧家头共有 37 户，165 人。其中男 76 人，女 89 人。有 9 户村民经营个私企业（其中家庭作坊 4 户）。进入高校获得大专及其以上学历的有 32 人，其中本科生 17 人。

2016 年，该村有耕地面积 81.36 亩，其中林果 49 亩。有劳动力 82 人，其中从事农副业 1 人、从事工业 69 人、从事其他产业 12 人。

陈家头

清《光绪武进阳湖县志》载有现名。陈家头东邻汤墅谈家头，南连臧家头，西与丁庄、北与堵墅接壤。村西南原来有陈氏宗祠（已拆除），村西北原经堵墅去洛阳镇的小路已经消失，现东西向岑汤线村级公路穿村而过，村中主道与镇级公路阳光路、阳安路相接，直通镇区、城区。

新中国成立初期，陈家头隶属洛阳乡第四行政村，1956 年隶属九星高级农业生产合作社，1958 年隶属洛阳公社第四大队，1961 起隶属臧陈大队（村），2001 年至今，隶属汤墅村。

陈家头主要有陈、汤、施、黄、丁、臧 6 个姓氏，据宗谱记载，最早迁居陈家头的是陈姓。陈姓于宋仁宗天圣年间（1023—1032 年）自淮阳迁居无锡新塘里，又迁毗陵安尚乡东陈里（今属洛阳镇洛东村委东陈村民小组）。明嘉靖年间（1522—1566 年），始迁祖陈逑自东陈迁入，后来以陈姓为村名，称陈家头。

自 1969 年在该村创建庄陈小学起，陈家头一直是庄陈大队（村）的办公驻地、中心村和工厂集中区。庄陈大队粮食加工厂、庄陈农机修配工场（今江苏洛凯机电股份有限公司的前身）均创办于陈家头的祠堂。1982 年，庄陈农机厂、庄陈压铸厂从臧家头村南搬迁到该村，生产规模逐年扩大，厂房多次扩建。庄陈小学因教学及发展需要在陈家头选址重建。现陈家头有江苏洛凯机电股份有限公司、洛金机械有限公司、洛锐机械有限公司等多家企业，厂房林立，形成规模。以前陈家头村以稻麦生产为主，仅有做豆腐等少量副业，1975 年小麦亩产 297.5 公斤，在洛阳公社名列前茅。2016 年，陈家头户均拥有轿车 1.2 辆，是汤墅村域内户均轿车拥有率最高的自然村。

陈家头村容（2017 年 4 月 1 日摄）

至 2016 年底，全村有 54 户、213 人，其中男 110 人，女 103 人。

有12户村民经营个私企业（其中家庭作坊5户）。进入高校获得大专及其以上学历的有45人，其中本科生24人，硕士生2人。2016年，该村共有耕地37.5亩，全部用于种植林果。共有劳动力92人，其中从事工业80人，从事其他产业12人。

丁　庄

清《光绪武进阳湖县志》载有现名。丁庄村位于汤墅村委西南500米，东邻臧家头、陈家头，南与岑村同家桥隔河相望，西与洛东村的顾家村为邻，北与堵墅村接壤。20世纪60年代前，丁庄只有几条田间小道与陈家头、堵墅相通，南去岑村需到黄圻桥绕行。现水泥村道接通每家每户，村东南的小石桥于2015年由武进区交通局在原地加宽重建为小型公路桥，村中主道南通汤墅村农副产品专业合作社（又名生态园），北通江苏洛凯机电股份有限公司新厂区和汤墅村委，村南、村北各有1条东西向村道与岑洛公路相接，交通十分便利。

该村主要有丁、曹、朱、苏、庄、张、顾、彭8个姓氏，据宗谱记载，丁姓始迁祖于明崇祯年间（1628—1644年）从欧窑迁入。

新中国成立初，丁庄村属洛阳乡第四行政村，1955年，村民丁产宝等9户村民率先成立九星(称“九星”，实为9户人家)初级农业生产合作社，1956年扩大为九星高级社。1958年隶属洛阳公社第四大队，1961年起属臧陈大队（村），分为丁一队（以副业生产为主）、丁庄两个生产队。1969年冬，丁一队并入丁庄队。2001年至今，隶属汤墅村。

20世纪60至80年代，丁庄村在搞好稻麦生产的同时努力发展副业生产，嫁接桑苗、河蚌育珠、养猪、养长毛兔、林果种植等均富有成效，其中以“约克夏”公猪配种最有特色。当年，丁一队和丁庄队都建有公猪饲养场，为洛阳和周边村、镇发展养猪、带动农业增产增收作出贡献。

丁庄锣鼓是该村历史传统文化又一特色。新中国成立前几年，洛阳各村的龙灯队、马灯队在每年春节前都要专程到丁庄，请丁庄锣鼓队配合演出。丁庄锣鼓又称“清锣鼓”，有喜锣、铜锣、大鼓、腰鼓、钹、铃等乐器组成，演出时敲打有序，声音悠扬好听。正月十五元宵节过后，各龙灯队、马灯队的演出告一段落，还要专程到

丁庄村容（2017年3月29日摄）

丁庄表示谢意，称“谢锣鼓”。

2016年底，丁庄村有49户，186人。其中男92人、女94人。有参加抗美援朝保家卫国的志愿军老战士1人。办个私企业的有7户（其中家庭作坊5户）。1949—2016年，获取大专及以上学历的有42人（含本科生18人、硕士生3人、博士生4人），是汤墅村博士最多的一个自然村。

2016年底，该村耕地面积149.46亩，种植林果135亩。有劳动力82人，其中从事农副业5人，从事工商业77人。

堵 墅

清《光绪武进阳湖县志》载有现名，曾用名堵市村。堵墅村位于汤墅村委的西北方向300米，东与西窑、谈西接壤，南与陈家头、丁庄为邻，西与洛东村王家头以庙浜河为界，北与洛东村高田上相靠。村中前巷原有建于明嘉靖年间（1522—1566年）的秦氏宗祠，名“世德堂”。村西南河边原有建于民国以前的关帝庙，当年香火旺盛，庙旁的小河浜因有一个美丽的传说而得名“仙水河”（又称“观音漕”），关帝庙于20世纪60年代末拆除。2009年3月，关帝庙易址重建。

堵墅村的地形东高西低，村庄四周小河围绕。20世纪70年代，村前小河自东向西通向西南大河，村东有东漕，村北小堵墅后面有后漕，村西有庙浜河。村前有小路通陈家头、丁庄，村后有砖石路与通洛阳镇区的大路相接。至2016年，宽阔的阳光路、岑村路、东都东路与堵墅相通。村南有江苏洛凯机电股份有限公司厂区，村西有南方通信控股有限公司厂区，村北有阳光明珠苑居民小区，小区内的别墅群毗邻而建，堵墅已成为颇具现代特色的都市化村庄。

该村主要有秦、朱、王、季4个姓氏，据宗谱记载，秦姓于元朝至正年间（1341—1367年）自新塘乡秦村（旧渎）（今属武进区雪堰镇雪东村委）迁入，距今已有700多年历史，是汤墅村始迁本村历史最早的姓氏。

新中国成立初，堵墅隶属洛阳乡第四行政村，1956年隶属九星农业生产高级合作社，1958年隶属洛阳公社第四大队，1961年起隶属臧陈大队（村），分为堵东、堵西2个生产队，1963年堵西队分为堵市（又名堵中）、堵西2个生产队。从此，堵墅村共有堵东、堵市、堵西3个生产队（村民小组）。2001年至今，隶属汤墅村。

堵墅村容（2017年3月29日摄）

堵墅村民在中华人民共和国成立前生活贫困，人多田少，多数村民在农闲季节换糖（最多时有60副糖担）维持生计，有3户村民开有家庭糖坊。中华人民共和国成立后农业合作化初期，曾组织村民摇船到丁山、长兴等地换糖，以此作为集体副业增加收入。1967年，庄陈大队第一个集体企业——庄陈五金胶木厂在堵墅秦氏宗祠创办并试产成功，该村秦仲林、秦敖大是办厂负责人。1970年，庄陈五金胶木厂迁址洛阳东街，工厂体制由大队经营升级为公社经营。为发展养猪、养蚕、种植蘑菇等副业生产，堵墅村3个生产队都建有猪舍、蚕室（仓库）和蘑菇房。农副业生产领先的是堵东队。1965年，堵东队是洛阳公社河蚌育珠6个试点单位之一（6个试点单位包括：臧陈谈西、堵东、阳湖一队、二队、煤塘鱼池、陆家头鱼池）。1978年，堵东队小麦亩产351.5公斤，受到武进县三麦高产先进表彰大会表彰，获奖状和奖品（板车轮胎4副）。

至2016年底，堵墅村共有98户、380人（男180人，女200人）。其中：堵东42户、153人（男72人，女81人），堵市30户，124人（男59人，女65人），堵西26户，103人（男49人，女54人），办个私企业的村民有16户（堵东6户、堵市5户、堵西5户），其中规模较大的有6户。进入高校取得大专及其以上学历的有45人（堵东17人、堵市14人、堵西14人），其中本科19人(堵东4人、堵市10人、堵西5人)、硕士生1人（堵东），博士生1人（堵市）。

现堵墅村除堵中组保留少量土地外，95%以上的土地已先后被阳光明珠苑居民小区、南方通信控股有限公司、江苏洛凯机电股份有限公司等征用，大多数村民被纳入社保和新农保，退有所养，医有所保，安居乐业，生活小康。2016年，有劳动力175人，其中从事农副业4人，从事工业142人，从事其他产业29人。

欧　窑

清《光绪武进阳湖县志》载有现名，村边曾有欧姓所建古窑，故名。欧窑位于汤墅村委东北方向500米，东与皇范南巷沿阳安路房屋相连，南与谈家头隔田相望，西、北分别与堵墅、西窑接壤。中华人民共和国成立初，村里只有16间平房，坐北朝南呈元宝形。村前的小石板路东接皇范、安桥，西通洛阳镇。1958年洛阳公社修筑洛东电灌站至小虹桥的灌溉总渠，在村前开塘取土筑渠，道路从此改直。现已在渠道的基础上建成洛阳至安桥的镇级公路，名阳安路。

20世纪80年代初，欧窑村已逐年成为大队办厂集中区，公路南侧现有常州市神兔电器有限公司、向阳保温瓶厂、兴汇塑料制品厂等多家企业，有吉祥、好又多、世纪华联3家超市，汽车修理、轮胎修理、电瓶车和摩托车修理门市部4家，武农连锁化肥农药门市部1家。每天下午4~7时，有餐饮小吃、蔬菜、熟食等多个流动摊位形成的夜市。欧窑成为汤墅村有小集市的自然村之一。

丁、朱、陈是欧窑村的3个主要姓氏，据宗谱记载，丁姓于明万历年间（1573—1620年）自洛社华圻迁入，朱姓于清顺治年间（1644—1661年）自洛东高田上迁入，陈姓于明嘉靖年间（1522—1566年）自杜元湾迁入。

新中国成立初，欧窑村属阳湖乡第十行政村，1956年隶属阳湖乡高级农业生产合作社，1958年隶属洛阳公社第四大队，1961年隶属皇范大队（村），2001年至今，隶属汤墅村。

种植稻麦是欧窑村的传统农业，村民在小麦收割后收购麦柴，贩运给遥观、马庄等地的砖瓦窑烧制砖瓦，多位村民从事贩柴副业，有小木船6条（又称“柴船”），该项副业到中华人民共和国成立后农业合作化初期逐渐停止。中华人民共和国成立前在上海等地从事钣金、汽车修理等工作的村民有6人。

1953年，村民黄兴南参加中国人民志愿军，抗美援朝，保家卫国，同年6月牺牲于朝鲜。

1960—1980年欧窑村建有简易猪舍16间，蚕室（仓库）8间。生产队平整土地，格田成方，农业多年高产丰收。有养蚕、养鱼、培育蚌珠、嫁接桑苗、种植蘑菇等多项副业，农副生产位居皇范各自然村前列。

2016年，欧窑有32户、125人，其中男61人，女64人。有10户村民办个私企业（其中家庭作坊5户），开店经商的1户。进入高校获得大专及其以上学历的有18人，其中本科生9人。

欧窑村容（2017年5月22日摄）

2016年，该村有耕地81亩，均种植林果。有劳动力60人，其中从事工业56人，从事其他产业4人。

西　窑

西窑原为欧窑西北之窑，村以窑名，又名詹家头。位于汤墅村委东北方向400米，东与皇范、北与东陈施家头隔河相望，南与欧窑、西与堵墅、高田上接壤。村庄南、东、北三面临河，中华人民共和国成立前有2户詹姓人家在村前小河东南处居住，称小村上。小河中段有小木桥，桥北有詹氏宗祠3间（前1间，后2间），村民在宗祠两边建房居住，称大村上。小木桥于20世纪70年代中期因筑坝养鱼而被拆除。祠堂于1960年前改用于集体养猪，使用至1983年后拆除，现仅存地基。

20 世纪 70 年代以前，村西南有小土路与洛阳至安桥、杨墅的石板路相接，现石板路已被宽阔的镇级公路阳安路、阳光路所替代。水泥村道贯通全村，村中沿河至村西南大路口的主道于 2016 年改造加宽，村民出行更加方便。

苏姓和詹姓是西窑村的两个主要姓氏，据宗谱记载，苏姓于明万历年间（1573—1620 年）自无锡青城乡兰溪里（今属无锡市惠山区洛社镇镇北工业区）迁入，詹姓于明嘉靖年间（1522—1566 年）自苏州迁入。谱载始迁祖詹昂曾任明抚州通判兼福建知事，其妻黄氏诰赠镇南安国夫人。有的詹姓村民为了书写方便，写成“占”。

新中国成立初，西窑村隶属阳湖乡第十行政村，1956 年隶属阳湖高级农业生产合作社，1958 年隶属洛阳公社第四大队，1961 年隶属皇范大队（村），2001 年至今，隶属汤墅村。

民国 19—29 年（1930—1940 年），西窑村办过私塾，1953—1958 年办过小学初级班，办学地点在苏姓的一间公堂屋内。

西窑村民中华人民共和国成立前以农业为主，仅有少量养猪、养蚕等副业，有 2 户村民在上海开小店经商和经营家庭钣金作坊，有 9 人在上海、苏州等地从事厨师、建筑打桩、钣金和纺织等工作。中华人民共和国成立后利用祠堂改建及扩建猪舍用于集体养猪，在村西南建造蚕室（仓库）7 间用于养蚕。在村中小河筑坝开挖成鱼塘 5 亩养鱼、嫁接蚌珠，当时效益较好。

2011 年，村西 73 亩土地被征用建聚荣嘉园小区，村民 117 人纳入社保（其中享受老年补贴 49 人）。

2016 年，西窑村有 62 户 209 人，其中男 102 人，女 107 人。大多数村民进厂务工，办个私企业的有 6 户（含家庭作坊），规模最大的是位于欧窑村南的常州市神兔电器有限公司。经营餐饮的有 2 户。进入高校取得大专及以上学历的有 41 人，其中本科生 32 人、硕士生 1 人。2016 年，该村有耕地 35 亩，其中林果 35 亩。共有劳动力 108 人，其中从事工业 75 人，从事其他产业 33 人。

西窑村容（2018 年 6 月 14 日摄）

陆家头

清《光绪武进阳湖县志》载有现名皇范陆家头。距离汤墅村委 2300 米，是距离汤墅村委最远的自然村，东靠原皇范大队鱼池，南与吴家头仅一田之隔，西与皇范以西浜河为界，北临五龙江，与西杨葑隔河相望。该村在中华人民共和国成立前只有一条村前小道经吴家头与皇范村相通。东浜、鲶鱼塘，西浜、蛇蜒河、后浜、五龙江分别从东、西、北3个方向将村庄双重围绕，村前竹树茂密，村后芦苇连片，地理位置十分偏僻，抗日战争和解放战争时期是中共武南县洛阳区负责人钱革平、陆道南等人从事地下革命活动的秘密落脚点之一。

该村主要有陆、费、姜、顾、陈5个姓氏，据宗谱记载，陆姓于明嘉靖年间（1522—1566年）从礼嘉陆庄迁入，费姓于清康熙年间（1662—1722年）从礼嘉塘岸桥迁入，姜姓于清雍正年间（1723—1735年）从马鞍尖岸桥迁入。顾姓暂无宗谱查考，在陆家头居住的年份现可追溯到150年左右。陈姓原籍苏北兴化，1962年从东渠村迁入。

新中国成立初，陆家头隶属马鞍乡第五行政村，1956年隶属阳湖乡高级农业生产合作社，1958年隶属洛阳公社第四大队，1961年隶属皇范大队（村）。2001年至今，隶属汤墅村。陆家头村民在中华人民共和国成立前以农为主，有3户村民在农闲季节从事麦柴和石子等建材贩运，有木船2条（又称柴船）。在苏州、上海等地从事厨师、钣金等工作的村民有7人，其中费焕大中华人民共和国成立后在上海卷烟厂工作，曾以上海工人代表身份应邀去北京参加国庆观礼。1961—1983年农业集体生产期间，该村在从事农业生产的同时，利用购买外迁村民的2间平房改建成猪舍养猪，并建有蚕室（兼仓库）5间，利用村边的河潭改造成鱼池养鱼和嫁接蚌珠，新开挖鱼池5亩。较有特色的副业是1972年前后的棉花轧制，当时因国家配给的布票数量较少，群众纷纷在自留地上栽种棉花，陆家头购有轧棉花机1台，为本村及周边村民轧制棉花，以棉籽代作加工费，既方便村民，棉籽榨油又能补充本队社员食用油的不足。

1968年，皇范大队由陆林海负责在陆家头试点办厂，绕制电焊机2台，分别销往无锡八士和阳山农场，还砌建土烘炉1座，用于锻打和修理农具。当年还生产一种毛主席语录袋上的铁丝配件，后因被指责为“地下工厂”而停办。陆家头村东还先后办有皇范大队鱼池（场）、社队联办的绿萍场、珍珠养殖场。1974年，皇范大队在村西建电灌站，沿渠修筑机耕大道，陆家头南到皇范，东至黄泥岸的大道由此筑成，1999年改建成水泥路。

陆家头村容（2017年5月22日摄）

2008年，村后后低岸机耕大道筑成。2013年冬，西浜至五龙江的树桩驳岸筑成。

至2016年，陆家头有31户、

104 人，其中男 49 人，女 55 人。共有土地面积 82 亩，其中林果面积 57 亩，外籍村民承包芦蒿种植 20 亩。办个私企业的村民有 7 户（含家庭作坊）。进入高校获得大专及其以上学历的有 14 人，其中本科生 3 人。共有劳动力 44 人，其中从事工业 40 人，从事其他产业 4 人。

吴家头、王家头

吴家头和王家头毗连，距离汤墅村委 2100 米，是距离汤墅村委较远的自然村，位于皇范的东北方向，由吴家头和王家头 2 个小自然村组成吴家头村民小组，东与小虹桥隔河相望，南与皇范接壤，西靠皇范至陆家头的村级主道，北与陆家头为邻。

该村主要有陈、苏、张、吴、顾、黄、王 7 个姓氏，据宗谱记载，陈姓于清雍正年间（1723—1735 年）从安桥迁入，苏姓于明万历年间（1573—1620 年）从洛社兰溪里迁入，张姓于明万历年间（1573—1620 年）从东渠村迁入，吴姓于清顺治年间（1644—1661 年）从西杨葑迁入，顾姓于清咸丰年间（1851—1861 年）从小塘岸迁入。黄姓和王姓暂无宗谱查核。

由于地理位置偏僻，吴家头、王家头在中华人民共和国成立前是中共武南县洛阳区负责人钱革平、陆道南等人从事地下革命活动的秘密据点之一。民国 34 年（1945 年）10 月，新四军北撤时曾有小分队在该村宿营。村民苏文秀于民国 33 年（1944 年）参加革命工作，随军北撤后任排长，民国 35 年（1946 年）11 日在安徽洪湖地区涟北战役中牺牲。苏文铨（1931.9.3—1986），民国 37 年（1948 年）参加革命队伍，中华人民共和国成立后为中国人民解放军昆明军区团级干部。陈金良（1929.12.18—1997.5），又名荣大，民国 37 年（1948 年）10 月参加革命工作，抗美援朝战争期间随部队入朝参战，是汤墅村域内 5 名抗美援朝志愿军战士之一。吴阿金（1923.1.4—2016.8.10）在抗日战争期间参加国民党军队，后转入新四军，解放战争期间参加淮海战役受重

吴家头村容（2017 年 5 月 22 日摄）

王家头村容（2017 年 5 月 22 日摄）

伤，1950年因伤退伍。2015年，中国隆重举行纪念抗日战争胜利七十周年庆典，吴阿金是健在的抗战老兵之一。

新中国成立初，吴家头、王家头和陆家头同属马鞍乡第五行政村，有2户张姓村民属阳湖乡第十一行政村（今皇范村），1956年隶属阳湖乡高级农业生产合作社，1958年隶属洛阳公社第四大队，1961年隶属皇范大队，2001年至今隶属汤墅村。

中华人民共和国成立前，村民以农为主，农闲季节有贩运麦柴、石子的小木船（又称柴船）4条，有多位村民在苏州、上海等地从事厨师、建筑打桩等工作。中华人民共和国成立后农业集体化生产期间，有养猪、养鱼、嫁接蚌珠、桑苗、养蚕等多项副业，生产队建有猪舍8间，蚕室（仓库）4间，均于20世纪80年代实行农业生产承包责任制后拆除。

2016年，共有42户135人，其中男67人，女68人。耕地面积108亩，其中林果面积46亩。经营个私企业的有6户（其中家庭作坊2户）。进入高校获得大专及以上学历的有12人，其中本科生7人，硕士生1人。共有劳动力61人，其中从事农副业2人，从事工业52人，从事其他产业7人。

皇 范

清《光绪武进阳湖县志》载有现名，曾用名王坂村、黄范村、黄坂村、皇坂村。皇范村是汤墅村域内最大的自然村，离汤墅村委2000米，有前巷、西巷、中巷、北巷、南巷5个村民小组。村庄位于汤墅村委东北方向，东邻吴家头、陆家头；南靠洛阳至安桥、杨墅的镇级公路（阳安路），与东渠、马家沟相望；西连欧窑、西窑，以蛇蜒河为界；北临五龙江。

皇范村临河而建，村东南和村西南原有建于明代的坝头桥和万安桥（石桥）。村中和村西各有1座小木桥。村中桥南为前巷、西巷，桥北为中巷、北巷和南巷。皇范河与五龙江相通。中华人民共和国成立前，坝头桥、万安桥是洛阳至安桥、杨墅的必经之桥，1958年，洛阳公社修筑洛东电灌站至小虹桥的灌溉总渠，坝头桥、万安桥等处的部分河道被填平筑渠，渠北筑成大道（现阳安路前身），该两桥后被拆除。

皇范村主要有虞、张、苏、陈、俞、杨6个姓氏，据宗谱记载，虞姓于明永乐年间（1403—1424年）从东渠村迁入，张姓于明嘉靖年间（1522—1566年）从东渠村迁入，苏姓于明万历年间（1573—1620年）从洛社兰溪里迁入，陈姓于清雍正年间（1723—1735年）从杜元湾迁入，俞姓和杨姓于清康熙年间（1662—1722年）分别从阳山杨庄和阳山住基村迁入。

中华人民共和国成立初，该村属阳湖乡第十一行政村，1956年隶属阳湖乡高级农业生产合作社，1958年隶属洛阳公社第四大队，1961年后隶属皇范大队（村），

2001年至今，隶属汤墅村。

民国33年（1944年），该村在一村民家中办有皇范小学初级班，后搬迁至虞氏宗祠。

1969年5月，洛阳公社第一个大队革命委员会在皇范大队成立。

1973年，前巷、南巷靠近阳安路的5亩土地被大队征用办厂，建造厂房，皇范拉丝厂、元钉厂、农机厂等均办于此，现均停办或转制。同年，北巷村边的皇范河浜梢被填平，建稻、麦加工厂。1975年，村中的小木桥改建成水泥平桥，村西的小木桥改建成水泥拱形桥，名红卫桥，该桥于2016年由武进区交通局重建。1999年，皇范建成水泥村道。2002年，村中小桥东段河道由汤墅村委实施环境整治填平。2005年，新建皇范桥，村中主道经该桥接通阳安路。2015年，村道改造加宽，安装路灯。

1961—1980年，皇范村民在从事稻麦生产的同时，努力发展副业生产。各生产队都建有猪舍、蚕室，有养猪、养蚕、养鱼（嫁接蚌珠）、嫁接桑苗、培育蘑菇等多项副业。其中南巷是大队的样板队，在农副业生产上较为领先。该队紧靠欧窑及欢塘路的19亩土地被征用或租用办厂，该地段现已与欧窑村相连，形成小型街市。

村风淳和，长寿老人多是皇范村的特色之一。2016年，汤墅村域内有90~99岁的长寿老人13名，皇范自然村有7名，占46.15%。

2016年，皇范村有165户607人（男304人，女303人）。其中：前巷37户，161人（男77人，女84人），西巷33户，119人（男67人，女52人），北巷28户，88人（男44人，女44人），中巷26户，95人（男47人，女48人），南巷41户，144人（男69人，女75人）。有16户村民经营个私企业（其中家庭作坊3户）。有2户村民从事建筑业，开店经商的村民有2户。进入高校获得大专学历的共48人（前巷7人，西巷11人，北巷1人，中巷11人，南巷18人），获本科学历的43人（前巷13人，西巷11人，北巷7人，中巷5人，南巷7人），硕士生1人（西巷），合计92人。

皇范村容（2017年5月22日摄）

2016年，皇范村耕地面积503亩，其中，前巷94亩，西巷104亩，北巷85亩，中巷80亩，南巷140亩，全部用于种植林果。共有劳动力273人，其中从事农副业18人，从事工业189人，从事其他产业66人。

三、消失的村庄

汤家前头

汤家前头因靠近汤墅谈家头而得名，位于汤墅谈家头村南200米处，汤墅谈家头的村民在口头上称之为汤家前头，在宗谱中则记载为“前村”“村前”，皇范、欧窑的虞姓、朱姓等则称之为汤家村、汤家头。

据陈家头汤姓的《汤氏宗谱》记载，第11世汤闻道于明万历年间（1573—1620年）从遥观湖头村迁居汤墅，地点就是汤墅谈家头村南的这个小村庄。之后，第20世汤和根在此小村上出生，成年后全家搬迁到陈家头村西居住。汤和根生于清光绪二十二年（1896年），推算汤姓在该村居住近300年。其间，汤姓和谈家头的谈姓互有婚嫁，如汤姓第15世汤升侯：“女二，长适上路墩戈，次适后村谈。”这个后村就是该村之北的汤墅谈家头。

顾姓在汤家前头居住的年份早于汤姓，据《顾氏宗谱》记载，第11世顾雯于明万历二十七年（1598年）从戴溪管城赘居汤墅，在此小村居住，清乾隆五十七年至道光十一年（1792—1831年），是顾姓在汤家前头的人口最兴旺时期，第19世有男丁12人，第20世有男丁10人。但由于太平天国战乱等原因，第20世的10人中，结婚终老的仅3人（户），婚后早卒及卒葬失考的3人、未娶4人。至1949年新中国成立时，该村仅剩顾巧焕老夫妻2人居住，有一个女儿嫁欧窑朱阿荣。后顾巧焕于1954年去世，顾巧焕妻毛氏于1962年去世，4间瓦房分别由其女婿等人拆去。从此汤家前头无人居住，顾姓在此居住的历史有365年。

詹家巷、巷里

詹家巷、巷里是位于欧窑东南方向、靠近龙舌尖的两个小村庄，旁有唐家浜、大漕等。20世纪40年代后期，该处仅剩有朝东的8间房屋遗址，其余村巷已成为桑园、旱田和菜地。后经平田整地、修筑水渠、改筑公路和建造厂房，周边村民对该两处村巷遗址已很难辨识。

据欧窑朱姓宗谱记载，朱姓第35世朱道忠出生于清乾隆三十九年（1774年），成年后自洛东高田上迁居该处居住，当时村上已有詹姓和虞姓等村民居住，称詹家巷。朱姓在清嘉庆五年（1800年）第二次续修宗谱时，将詹道忠一支称为詹家巷分支。后来由于该村较为偏僻，治安情况差，村民难以安居，相继迁离。其中朱姓第37世朱岳元迁居宜兴，第38世朱川宜和朱锡国分别迁居欧窑和汤墅谈家头，詹姓、虞姓等其他姓氏村民何时迁出年份不详。至1949年新中国成立，詹家巷、巷里无人居住已有多年，1951年土地改革登记村巷及田块地名，朱川宜、朱锡国等人当年居住的村落、水旱田及菜地地名，均登记巷里。

小堵墅

小堵墅位于堵墅自然村的北面，洛阳镇的东南方向，原址在今洛阳明珠苑小区内。小村有秦东生、秦凯达、秦兴者等数户人家居住，小堵墅村北紧靠一条小河，是该村民用于淘米、洗菜、洗衣等生活水源和植物浇水的生产水源。小堵墅离堵墅村约有400米，20世纪60—70年代，生产队敲锣或吹哨上工，下地劳动，小堵墅的社员们都听不到，生活和劳动有诸多不便。1983年，小堵墅住户在堵东建造新屋，小堵墅渐被拆除。

丁家巷

丁家巷在丁庄村的东北方向，靠臧家头，中间隔一条黄滩浜小河，民国18年(1929年)前，陈家头的丁福荣一家曾在此居住，有朝东房屋5间（前2间，后3间），门前有竹园。据臧家头96岁的臧福梁老人回忆，丁家巷在民国18年（1929年）秋收季节因失火烧毁。失火原因是老人在傍晚提着油灯照看鸡棚，不慎引燃堆放在家中的未脱粒的稻堆，尽管周边众乡亲全力灭火，但还是救之不及，致房屋及稻子等财产全部烧毁。之后，丁福荣家搬迁至陈家头居住。

陈家头汤河賡家也曾在丁家巷居住，何年由汤墅谈家头前的汤家前头迁入，何时迁到陈家头不详。

【第二章】 自然地理

ZI RAN DI LI

汤墅村地处太湖平原地区，地势低平，河塘密布，春、夏、秋、冬四季分明，属海洋性温润气候。土地肥沃，物产丰富，特别适合水稻、“三麦”、林果种植和水产养殖。

第一节　地形地貌

汤墅村地处常州市武进区东部，位于洛阳镇区东侧，村委地理坐标为北纬31°31′，东径120°04′，东与朝安村、阳湖村相连，南隔黄圻河与岑村村相望，西与洛东村及洛阳镇区相靠，北与洛东村和马鞍村相邻，村域面积为2.77平方公里。耕田面积2517.89亩，其中：水旱田1947.36亩，旱地570.53亩。2016年可耕地均种植林果。

一、平　原

汤墅村属于长江三角洲太湖平原地区。域内没有丘陵。20世纪50年代，田野上除有些土墩及河岗外，还有星星点点长满杂草树木的墓葬坟堆。耕地田块高低不平，面积大小不等。1958年人民公社化始，为迎接农业实现机械化，大兵团作战，开始农田挑高垫低，平整土地。20世纪60年代，全国掀起“农业学大寨”运动，域内大搞农田水利基本建设，平田整地，成片农田中的坟墩、土墩，多数被平整。面积在一亩以上的土墩被平整为农田的有窑墩、黄家坟、大古坟、徐家坟、古坟坛等。1974年再次进行平整土地、格田成方，开设灌排沟渠，使农田面貌发生翻天覆地变化。形成一片片沟、渠、路配套的规格化高产良田。20世纪60至70年代，在农田基本建设中，彭家漕、杨家漕、史家漕局部、清水潭、沈马潭等也被垫平成为农田。

五龙江一角（2017年3月27日摄）

二、河　流

汤墅村域内河网稠密，河道四通八达，沟、漕、塘、潭密布，是典型的江南水乡。主要有两条较大的流域性河流五龙江和黄埇河。

五龙江位于村域的最北端，它的最宽处200米在该村与马鞍村、朝安村的交界处。其上游有五条支流在此回合，故称“五龙江”。它的一条支流北接横林镇的红星河，其他支流多分布在马鞍村和虞桥村。它的下游分成两路，一路向东南，一路往东北，都注入北阳湖。域内长度 0.92 公里。分别与该村陆家头东浜、西浜、鲶鱼塘、吴家浜和蛇蜒河相接。蛇蜒河位于与洛东村的交界处，内连西窑浜、欧窑浜和皇范浜。

黄埇河（当地俗称南大河）位于村域的最南端，西接武进港（洛阳河），向东流经洛东、汤墅、岑村、阳湖等村。分成两路：一路向东北，经阳湖大圩东渠水闸注入锡溧运河（欢塘河）；另一路往东南经阳湖大圩岑村段杜家水闸注入南阳湖。黄埇河分别与堵墅浜、庙头浜和南头河相通。南头河与黄埇河呈平行状，自西向东与丁庄自然村的丁庄浜，臧家头、陈家头自然村的黄滩浜、汤家浜，汤墅谈家头自然村的西浜、东浜、官船浜贯通。至阳湖村西桥处与黄埇河会合。

20 世纪 70 年代，汤墅谈家头新开一条长 110 米的新河（未命名）与南头河接通后，南头河汤墅谈家头与臧家头自然村之间的河段，筑坝成池塘，利用水面 15 亩，精养成鱼和培育珍珠。

域内这些河道，历来灌溉着沿岸的田地，一旦发生洪涝灾害时，还能分洪排涝。为域内人民的生产、生活起到重要的作用。

三、圩　区

20 世纪 70 年代洛阳水利站资料显示：汤墅村域内地势低平，地面海拔高度一般在 5.5 米左右。最高 5.9 米，在塘路清水潭处（今洛阳镇中心幼儿园与汤墅小学一带）；最低 3.6 米，在陆家头自然村与朝安村小虹桥北部交界处及臧家头芦荡的白荡里（以上均为吴淞高程）。据洛阳镇建设办资料显示：2008 年，汤墅村地面海拔一般高度 4.6 米，比 20 世纪 70 年代下降 0.9 米。新中国成立前和成立初，丁庄、臧家头、陆家头、吴家头、皇范等自然村局部低洼田，排水不畅，易受水涝。为抵御水灾，村民自发组织铺筑小范围的圩岸，有丁庄岸、大洋岸、汤家岸、后底岸、大皇范岸、黄泥岸、里黄泥岸、上岸、下岸等。由于圩岸低而狭窄，极不牢固，圩岸内的庄稼经常受淹，粮食产量低，遭受严重水灾时，粮食几乎颗粒无收。1954 年，礼嘉区人民政府组织发动群众铺筑大范围的圩岸，建造水闸和排涝站。于 1955 年筑成阳湖大圩，1956 年筑成马鞍大圩。从此，汤墅村域内的田地，均在大圩的包围之中。该村在阳湖大圩的耕地面积有 1907.53 亩，在马鞍大圩的耕地面积有 610.36 亩。20 世纪 60 至 70 年代，丁庄、臧家头、陈家头、皇范等自然村，将自古以来不能种植庄稼的芦荡田共计 165 亩，逐年开发改造，除一部分开挖成池塘养鱼外，其余变成种植稻、麦两熟的良田。

第二节 气候灾异

汤墅村域位于中纬度，离海较近，受海洋影响颇为显著，属副热带季风性湿润气候。每年春、夏、秋、冬四季分明。春季温和，夏季炎热，秋季凉爽，冬季寒冷。四个季节中，又划分与农耕密切相关的二十四个节气。全年农作物生长期可达250天，特别适宜水稻、小麦单季种植。受气候影响，当地易发生水涝、干旱等自然灾害。

一、气 候

雨量 村域雨量充沛，年平均降水量1085.9毫米，降雨主要集中在夏秋两季，其中6—8月占全年降水量的42%，每年有两个降水高峰，其一是6—7月的“梅雨”（一般指芒种入梅，小暑出梅），因南北暖冷气团交汇在长江、太湖一带，降水集中，往往出现连续阴雨天气，时值梅子成熟，故称“梅雨”。少数年份，也会出现“干黄梅”天气(即很少降雨)。另一降水高峰在8—9月间，受台风过境影响，会带来8—12级大风和强降水天气。据气象统计资料记载：新中国成立后，全年降雨量最多的是1991年，为1815.6毫米；最少的年份是1978年，为537.6毫米；日降水量最多的是1994年8月19日的196.2毫米；最长连续降水共15天（1992年3月14日—3月28日）；最长连续无雨期为66天（1974年11月9日—1975年1月13日）。

气温 域内年平均气温为16℃左右。年平均气温最高为19.9℃(1998年)，最低为零下14.5℃（1956年）；月平均气温7月最高，为25℃~30℃，1月份最低，为零下0.9℃；年极端最高温度达40.6℃（2017年7月23日)，年极端最低温度为零下15.5℃（1955年1月7日）。一般每年4月上旬，日平均温度稳定在10℃左右，这时作为春季的开始，6月初气温上升较快，域内惯把端午节作为春夏之交，有“吃了端午粽，可把棉衣藏”之俗语。此时，当日平均气温上升到22℃时，便进入夏季，至白露结束。9月中旬气温逐渐下降，便进入秋季，而且是下一场秋雨就降温一次，民间有“白露身不露”之说。一般在11月上旬出现初霜，来年3月下旬为终霜期，全年无霜期为225天左右。域内俗语说“清明断雪，谷雨断霜”，个别年份偶尔会出现晚霜，农家称之为“暗霜”，对农作物有害。一般冬季降雪，俗称腊雪。平均每年2~3次，降雪期较短，且在1~2天内融化，腊雪能减少越冬作物病虫害。日照时间每年平均达2150小时，

汤墅村雪景（汤墅村档案室供图）

日照以8月最多，平均245小时左右，2月最少，平均131小时左右。每年平均地温16℃以上，以8月最高，1月最低。全年风向以东南风最多，春、夏两季多东南风，秋、冬两季多西北风，每年7—8月受台风影响较大。新中国成立以来域内最大风速为20.3米/秒。

节气 域内村民自古至今十分重视二十四节气，它与农业和日常生活息息相关。所谓节气，是祖先通过观察太阳周年运动轨迹，划分为24等分，每一等分为一个节气，统称“二十四节气”。中国古代以种植业为主，养殖业为辅的生产方式，这种生产方式需要高度依赖自然界，找到与自然和谐相处之道，才能获得好收成。于是古代人们通过长期实践，找到作物生长规律，才有“二十四节气”。因此，“二十四节气”是农耕文明的产物。据史书记载，节气的概念最早出现在春秋时代，只不过当时只有仲春、仲夏、仲秋、仲冬4个节气之分，随后通过历朝历代不断改进与完善，到秦汉年间，才有完整的二十四节气划分。西汉太初元年（公元前104年），由邓平等制定的《太阳历》，正式把二十四节气订于历法。

二十四节气分别代表的意思是：

立春：立是开始的意思，立春就是春季的开始。

雨水：降雨开始，雨量渐增。

惊蛰：春雷乍动，惊醒了蛰伏在土中冬眠的动物。

春分：分是平分的意思，春分表示昼夜平分。

清明：天气晴朗，草木繁茂。

谷雨：雨量充足，谷类茁壮成长。

立夏：夏季的开始。

小满：麦类等夏热作物籽粒开始饱满。

芒种：麦类等有芒作物成熟。

夏至：炎热的夏天来临。

小暑：气候开始炎热。

大暑：一年中最热的时候。

立秋：秋季的开始。

处暑：炎热的夏天结束。

白露：天气转凉，露凝而白。

秋分：昼夜平分。

寒露：露水已寒，将要结冰。

霜降：天气渐冷，开始有霜。

立冬：冬季的开始。

小雪：开始下雪。

大雪：降雪量增多。

冬至：寒冷的冬天来临。

小寒：气候开始寒冷。

大寒 : 一年中最冷的时候。

汤墅民间流传节气歌：“春雨惊春清谷天，夏满芒夏暑相连；秋处露秋寒霜降，冬雪雪冬小大寒”。

二、灾　异

1913—2016 年汤墅村域内及周边地区的各种自然灾害记述：

民国 2 年（1913 年），秋季天旱无雨，禾苗尽枯。

民国 4 年（1915 年），6 月 27—29 日，倾盆大雨，河水陡涨丈余，乡间低桥均闷塞不通，农田受淹。

民国 5 年（1916 年），飞蝗过境，不见天日，水稻被吃尽。

民国 7 年（1918 年），2 月 13 日（农历正月初三）地震，梁间悬物皆动，是年入冬以来，数月未见雨雪，异常寒冷，麦苗、蚕豆大半干冻而死。

民国 11 年（1922 年），自冬至夏，雨水稀少，河沟干涸，吃水困难，黄豆、稻苗枯萎。8 月 6 日大风，禾苗都被吹到，收成减折。

民国 12 年（1923 年），7 月 5 日大雨，至 7 月 14 日放晴，低田受淹。

民国 13 年 （1924 年），夏、秋雨水稀少，干旱严重，禾苗枯黄，取水困难。

民国 14 年（1925 年），春旱，麦苗枯黄，早黄豆种后不出苗。是年水稻又受螟虫危害，白蛸非常严重，收成大减。

民国 17 年（1928 年），飞蝗过境，食害水稻、大豆等农作物，人心惊惶。

民国 20 年（1931 年），5—7 月，连续暴雨，河水猛涨，夏麦欠收，低田水稻颗粒无收。

民国 23 年（1934 年），大旱。河塘干涸，田土龟裂，庄稼枯焦，田地荒芜，为几十年罕见特大旱灾，乡民以种种迷信方式求雨，但无济于事。

民国 33 年（1944 年），黄梅无雨。

民国 35 年（1946 年），春，阴雨连绵，历时 1 月有余，“三麦”减产。

民国 37 年（1948 年），6 月 4 日台风袭击，风雨交加，连续一整天，一些大树连根拔起。

民国 38 年（1949 年）6 月下旬至 7 月上旬，淫雨不断，7 月 10 日，一夜暴雨，平地积水 8 寸，水位上涨 2 至 3 尺，部分村庄家中进水，低田受淹。7 月 24—26 日，水稻螟虫危害，白蛸严重。

1951年7月10日，暴雨侵袭，暴雨量达84毫米，水灾。

1952年，小麦赤霉病特大流行，产量损失20%。同年7月25日，发现蝗虫，政府发动群众捕打，8月5日结束，未造成灾害。8月下旬至9月中旬，阴雨连绵，降雨量206.4毫米，造成秋涝。农历十二月初，寒潮袭击，天气又干旱，“三麦”、蔬菜冻害严重。

1953年5月6日下午，突降冰雹，历时10分钟，最大一块重达1公斤，一般有小石子大，农作物严重受损。

1954年5—6月，连降暴雨，水位猛涨，部分民宅进水，低田受淹，涝灾严重。

1955年1月5日，大雪，积雪厚度达15厘米。7日，奇寒，最低温度零下15.5℃，三麦蔬菜受到严重冻害。

1956年8月1日晚，台风侵袭，风力达10级，部分房屋倒塌，农作物严重受损。

1957年，三化螟危害，水稻白蛸率达6%左右。

1958年，小麦赤霉病发病率达85%，损失率15%。5—7月，连续86天无透雨，旱灾。

1959年7—10月连续4个月未下透雨，由于公社电灌站抗旱，灾情减轻。

1960年4月16日，晚霜侵袭，“三麦”、蚕豆生长和产量受到影响。

1961年4月15日，晚霜，农作物受冻害严重。6月中旬后，40天不下雨，10月3日—5日，第26号台风袭击，风力8级，阵风10级，伴有暴雨，农作物受风涝灾害。

1962年8月，虞桥突发龙卷风，域内多家烟囱刮掉。9月5日—7日，第14号台风过境，带来暴雨，9月6日一天降雨量165毫米，农作物普遍受风、涝灾害。

1963年4月初起至5月10日，阴雨连绵，降雨总量为292.4毫米，部分麦田受淹。

1964年4—6月雨水多，雨量大，3个月共降雨48天，雨量625.6毫米，“三麦”受涝，秧苗受淹。

1965年9月19—20日，13号台风过境，风力7~8级，并伴有暴雨和龙卷风。

1970年3月12日上午9时至13日6时，降大雪，积雪深7厘米，电话线、广播线压倒不少。7月中旬，总降雨量334.6毫米，尤其是7月12日下午暴雨，一昼夜雨量188.2毫米，受涝严重。

1971年8月25日傍晚，遭受暴风雨袭击，水泥电杆、广播线刮倒。9月23日—25日，受23号台风影响，最大风速19~22米/秒，晚稻正值扬花期，受到严重影响。

1973年，小麦赤霉病和水稻褐飞虱大面积发生，小麦、水稻受灾严重。

1974年，4月22日8时29分，溧阳上沛地震，震级5.5级，波及域内，房屋轻微摇动，门窗响声较大，水面有晃动。7月26日下午，受暴风雨、冰雹袭击。

1975年6月20日—7月6日，梅雨量总计430.9毫米，水位超警戒线。是年秋，水稻褐飞虱危害严重。

1976年7月28日凌晨3点42分唐山大地震后，洛阳公社召开防震抗灾紧急会议，组织动员家家户户搭建防震棚，多数居民住在屋外，但最终防而未震。

1976年9月13—14日，大风刮倒大树。11月上旬至中旬初，受强冷空气影响，中旬普降早雪，以后温度持续偏低，严重影响越冬作物的生长。

1977年1月降雪日和积雪长达15天，最低温度为零下9.8℃，三麦亩产平均70公斤。9月1—15日，8号强台风侵袭，风速达17米/秒，并伴有大雨，大部分水稻倒伏。

1978年6月26日至7月10日，35℃以上高温持续15天，降水量仅0.3毫米，为1952年以来所未见，由于水利建设不断加强，农业的损失甚微。

1979年7月9日18时57分，溧阳上沛发生6级地震，域内明显有震感，房屋摇动，电灯晃动，人行走不稳。

1980年1月底，受强冷空气影响，30日最低气温为零下9.8℃，“三麦”油菜等越冬作物严重冻害。同年5—6月连日下雨，小麦无法收割，发生霉烂，粮食损失严重。是年，稻飞虱、褐飞虱危害严重。

1981年6月24日下午3—4时，狂风暴雨袭击，持续近20分钟，损失严重。

1983年4月26—28日，连续三天狂风大雨，“三麦”倒伏。6月下旬至7月上旬，域内河水上涨，水位超过吴淞水位警戒线468毫米，10月上旬，连续降雨，降水量216毫米，秋种季节推迟。

1984年1月15—18日，大雪，致交通、电话、电力中断，工厂停工，损失严重。5月21日晚11时38分，黄海地区发生6.8级地震，域内震感明显，未造成损失。

1985年10月8—11月10日，秋收期间连续降雨32天，稻谷霉烂发芽，米变质。

1987年2月中旬，气候异常，11—12日，最高气温达26.7℃，18—19日，气温又突然降到零下2℃至零下4℃，并降中雪。

1990年8月31日傍晚，遭受15号台风袭击，最大风力9级，24小时降雨量达143.2毫米，农作物受损严重。

1991年7月2日12时起，连续暴雨，创历史最高水位5.25米（吴淞水位标准）。圩区警戒线达3.8米以上连续41天。7月份，降雨量446.2毫米，农田、鱼池及部分工厂受淹，损失严重。汤墅村原庄陈村组织企业职工50余人，去阳湖大圩曹巷坝（二河隔一坝）抢险。12月25—28日，降大雪，积雪达17厘米，严寒天气历史罕见，农作物冻害严重。

1992年6月下旬至7月底，基本无雨，域内旱情严重。是年10月，19号强热带风暴影响，大片稻棵倒伏。

1993年8月18—20日狂风暴雨，刮倒树木、电杆等，受损严重。

1994 年 8 月 19 日，突降暴雨，日均降水量达 196.2 毫米。10 月 9 日 20 时到次日上午 8 时，一场秋雨，降水量达 324 毫米，造成水灾，部分水稻受淹。

1996 年 2 月 17 日，暴雪，道路交通受阻。10 月底至 11 月中旬，连续阴雨，稻谷不能及时登场，稻谷发芽。

1997 年 6 月 11—24 日，连续高温无雨，旱情严重，为历史罕见。

1998 年 3 月 19 日，大雪。部分简易房屋压倒，电网受损，早麦油菜减产，林果受害。

1999 年 6 月 26—28 日，连降暴雨，日降雨量达 165.7 毫米，发生特大洪涝灾害。最高水位达 5.20 米（吴淞水位标准），由于阳湖大圩的加固加高，圩内受害损失轻微。

2005 年 9 月 12 日晚，第 15 号台风“卡努”过境，狂风暴雨，数家屋脊刮掉，无数树木吹断。

2008 年 1 月 25—28 日，连降暴雪，积雪达 47 厘米，为历史罕见雪灾，域内交通、电力中断，工厂被迫停工。此次雪灾时间长，危害严重。

2010 年 10—12 月，3 个月基本无雨。

2011 年 8—9 月，暴雨，部分工厂内涝。

2012 年 8 月 8 日，台风“海葵”过境，刮倒部分树木。

2015 年 4 月 28 日晚 7 点半，突降冰雹，历时 15 分钟，一般为小石子大，最大有鸡蛋大，桃树、葡萄受害，多辆汽车挡风玻璃砸破。

2016 年 6 月底，连续暴雨，水位猛涨，汤墅村组织企业职工 20 余人，到阳湖大圩危险地段抢险。

第三节　土壤物产

汤墅村地处长江三角洲太湖平原地区，土地肥沃，物产富饶。

一、土　壤

汤墅村域土壤属于肥沃的近代冲积土。长期以来，人们在这片土地上年复一年辛勤耕耘，已培育成适宜稻麦生长的“水稻土”。据 1982 年土壤普查资料记载，庄陈、皇范大队土壤种类有乌山土、黄泥土、白泥土等几种类型。

土壤特征和农作物关系：

乌山土　土色呈乌黑，有团粒结构，通透性好，能蓄水保肥，肥力高，有利于作物早发，后期不早衰，为一等土壤。

黄泥土　土色浅黄，粘性较重，蓄水保肥能力尚好，但含有机质较少，作物一般早发，后期不早衰，土壤肥力中等。

白泥土　土色灰白，团粒结构较差，属粉砂质，通透性不好，保水保肥能力不强，地表水不易渗透，易结板，土中缺磷钾，后期供肥能力差，作物后期易早衰，属低产土壤。

1982年洛阳公社农科所土壤普查情况表

表2-1　　单位：亩

大队	乌山土	黄泥土	白心黄	小计
庄陈	155	531	274	960
皇范	80	678	140	898
合计	235	1209	414	1858

1982年全村集体稻田1858亩，其中属乌山土面积235亩，黄泥土面积1209亩，白心黄土面积414亩。白心黄土性能次于黄泥土，但要好于白泥土。

庄陈、皇范大队1982年土壤普查养分分级统计表

表2-2　　单位：亩

大队名称	调查面积	PH值		有机质			
		6.0	6.5—7.0	>3.0	2.5—3.0	2.0—2.5	1.5—2.0
		面积	面积	面积	面积	面积	面积
庄陈	960	659	301	90	516	354	—
皇范	898	—	898	40	280	538	40
合计	1858	659	1199	130	796	892	40

续表2-2　　单位：亩

大队名称	调查面积	速效磷PPM					有机质			
		>20	15—20	10—15	10—5	>5	>200	150—200	100—150	50—100
		面积	面积	面积	面积	面积	面积	面积	面积	面积
庄陈	960	378	70	512	—	—	40	211	709	—
皇范	898	—	—	120	738	40	—	—	520	378
合计	1858	378	70	632	738	40	40	211	1229	378

二、物　产

汤墅村的物产以稻麦为主。粮食油料作物大面积种植，蔬菜、瓜果等作物各家各户少量选种一部分。动物养殖主要是常见的家禽和家畜。因池塘水面较多，水产也较丰富。另外，野生的植物和动物种类繁多，主要物产分类略举如下：

粮油类：粳稻、籼稻、糯稻、小麦、元麦、大麦、山芋、芋头、油菜、芝麻。其中山芋于20世纪50年代中期引进开始种植。油菜在20世纪60年代初引进种植。

豆类：黄豆、蚕豆、赤豆、绿豆、豇豆等。

蔬菜类：青菜、大白菜、花菜、乌塌菜、甜菜、芥菜、金花菜、香菜、空菜、榨菜、包菜、生菜、菠菜、韭菜、大蒜、胡葱、洋葱头、水芹、旱芹、药芹、雪里蕻、西红柿、茄子、菜椒、辣椒、白萝卜、胡萝卜、红萝卜、荸荠、茨菇、茭白、莴苣、马铃薯、葫芦、蘑菇、菱、藕、黄瓜、菜瓜、丝瓜、笋瓜、四季豆、扁豆、长豇豆、豌豆、刀豆等。其中大白菜、花菜、包菜、生菜、西红柿、白萝卜、马铃薯等都是中华人民共和国成立后才开始种植。四季豆在20世纪60年代从南方引进种植。

瓜果类：冬瓜、西瓜、香瓜、水瓜、南瓜、苦瓜、哈密瓜、桃、梨、梅、杏、柿、葡萄、石榴、枣子、嘉庆子、甘蔗、樱桃、橘子、银杏、油桃。其中哈密瓜、梨、油桃等在20世纪80年代才引进种植。

葡萄（2014年8月2日摄）

树木类：桑树、杨树、柳树、柏树、楝树、榉树、油树、槐树、松树、檀树、谷树、水杉树、梧桐树、泡桐树、乌臼树、香樟树、棕榈树、银杏树、桃树、梨树、柿树、桔树、石榴树、梅树、杏树、枣树、桂树。其中桑树是为了养蚕而种植，在旱田连片种植，村前屋后也有种植，于20世纪80年代末、90年代初渐被淘汰，目前仅留下少数野桑树；水杉树于1974年从浙江引进种植；香樟树、棕榈树、桂树为绿化树种。

水蜜桃（2018年6月14日摄）

花木类：牡丹、月季、芍药、凤仙、丁香、玫瑰、鸡冠、海棠、兰花、菊花、太阳花、梅花、桂花、樱花、仙人掌、美人蕉、白玉兰、广玉兰、水仙、茉莉、芙蓉、天竹、含笑、木兰。

棉麻类：棉花、麻，于20世纪60年代引进种植，但种植时间短。

药材类：

1. 植物：芦根、白茅根、桔子皮、冬瓜皮、丝瓜筋、马兰、桃仁、益母草（苦草）、牛筋草、马齿苋、蒲公英、荷叶、车前草、半夏莲、薄荷、金银花、玉米须、金钱草、蚂蚁草、紫苏、白菊花、野菊花、月季花、凤仙花、玫瑰花、黄疸树、南瓜子、冬瓜子、丝瓜子、棉花子、韭菜子、女贞子、银杏、淡竹叶、大蒜头、生姜、辣椒、茴香、野苋菜。

2. 动物：鳖甲、龟板、蜘蛛、蛇胆、龙衣（蛇壳）、鸡黄皮、僵蚕、蝉脱、牛黄、狗宝、猪胆汁、蜂蜜、蜈蚣、壁虎、地鳖虫、珠蚌等。

禽类：

1. 家养：鸡、鸭、鹅、鸽、鹌鹑。

2. 野生：麻雀、燕子、白头翁、猫头鹰、老鹰、啄木鸟、布谷鸟、喜鹊、乌鸦、山雀、百灵鸟、翠鸟、黄鹂、黄莺、黄头子、三大头、鹦鹉、斑鸠、画眉、八哥、叫天子、鹁鸪、鹭鸶、雁、乌春、野鸡、野鸭。

畜兽类：

1. 家养：猪、山羊、绵羊、兔、水牛、黄牛、狗、猫。其中猪的品种有“黑猪”与“白猪”之分。黑猪是原本地主要品种，白猪是中华人民共和国成立后从苏联引进“约克夏”种猪（域内是从上海崇明农场引进），逐年杂交繁育出来的猪种。白猪较黑猪有吃粗饲料、体型大、生长快的特点，取而代之成为当地主要品种。

2. 野生：鼠、黄鼠狼、刺猬、水貂、野兔、野猫。

水产类：青鱼、草鱼、鲢鱼、鳊鱼、鲫鱼、鲤鱼、白鱼、鲶鱼、黑（乌）鱼、鳗鱼、白条、川条、鳑鲏、痴古、昂公、肉鼓郎、黄鳝、甲鱼、乌龟、大虾、糠虾、蟹、河蚌、蟛蜞、蚬子、田螺、丝螺、蚌珠。其中蚌珠于1964年开始河蚌人工培育。

蛇虫类：

1. 蛇：毒蛇有蝮蛇（土灰蛇）、火赤链、竹叶青；无毒蛇有水蛇、风啸蛇、四脚蛇。

2. 虫：蚕（天虫）、壁虎、蜘蛛、知了、纺织娘、绿纱婆、蚯蚓、蚂蝗、青蛙、蛤蟆、蝌蚪、蜗牛、天牛、金龟子、萤火虫、蝴蝶、蝙蝠、蜻蜓、蜜蜂、螟蛾、蟑螂、跳蚤、臭虫、蚱蜢、蝼蛄、蚂蚁、蟋蟀、苍蝇、蚊子、刺毛、蜒蚰、蚜虫、粘虫、土蚕、稻飞虱、稻叶蝉、稻蓟马、纵卷叶虫。

珍珠出售（1994年摄）

【第三章】 人口与生育

REN KOU YU SHENG YU

据汤墅村近年来姓氏家谱续修资料记载，宋、元、明、清年间，由于姓氏的先后移徙与繁衍，域内人口逐年增加。民国时期，人口高出生、高死亡、增长缓慢。新中国成立60多年来，汤墅村人口发展经历两个不同的时期：一是实行计划生育政策之前，人口发展处于无计划自发的高增长时期；二是实行计划生育政策之后，人口发展逐步走向有计划可控制的平稳增长时期。

第一节　人口状况

一、人口总量

据有关资料记载，中国是世界上最早统计人口的国家之一。中国人口调查始于公元前16世纪的商代，由于户口登记和统计的主要目的是征收赋税，所以登记和统计的重点是与征税对象有关的部分，其结果是户口统计的人口通常不包括全部人口。清康熙五十一年（1712年）以后，虽然登记与赋税已不再有直接联系，但由于赋税制度的长期影响和户籍管理体系的不完备，户籍人口与实际人口存在差距的状况仍未改变。民国时期（1912—1949年），人口登记由早期的警察人口登记制度，到民国23年（1934年）改为保甲人口登记制度。这两种人口登记制度，由于自始至终的缺陷，都不能真正完全有效而准确地统计并反映全国乃至地方的人口数。新中国成立后，1958年1月9日实施《中华人民共和国户口登记条例》，人口管理逐步健全。公社、大队以户为单位建立户口登记簿，办理户籍人口的迁入、迁出、出生、死亡等手续。1986年12月起，户籍由公安派出所管理。20世纪90年代中期，户口簿颁发到户。

据户籍资料显示：1995年，庄陈村有350户，总人口1252人。其中男性613人，女性639人，性别比为95.93 ∶ 100；皇范村有353户，总人口1098人。其中男性540人，女性558人，性别比为96.77 ∶ 100。2010年，汤墅村有777户，总人口2393人。其中男性1174人，女性1219人，性别比96.31 ∶ 100。2016年汤墅村有853户，总人口2527人。其中男性1235人，女性1292人，性别比为95.59 ∶ 100。

1992—2000 年庄陈、皇范村人口总量情况表

表 3-1　　　　单位：人

年份	庄陈村				皇范村			
	总户数	总人口			总户数	总人口		
		合计	男	女		合计	男	女
1992	348	1243	612	631	353	1079	535	544
1993	355	1264	612	652	353	1085	533	552
1994	355	1266	610	656	353	1096	540	556
1995	350	1252	613	639	353	1098	540	558
1996	348	1242	611	631	343	1117	552	565
1997	344	1220	598	622	335	1110	545	565
1998	347	1217	593	624	338	1114	551	563
1999	352	1202	587	615	343	1112	552	560
2000	350	1179	581	598	340	1096	539	557

说明：以上数据均为洛阳派出所登记数

2001—2016 年汤墅村人口总量情况表

表 3-2　　　　单位：人

年份	总户数	总人口			年份	总户数	总人口		
		合计	男	女			合计	男	女
2001	690	2268	1114	1154	2009	750	2369	1161	1208
2002	696	2226	1098	1128	2010	777	2393	1174	1219
2003	706	2257	1096	1161	2011	793	2413	1180	1233
2004	708	2268	1108	1160	2012	817	2395	1184	1211
2005	720	2328	1139	1189	2013	834	2417	1188	1229
2006	726	2346	1145	1201	2014	834	2417	1188	1229
2007	708	2365	1158	1207	2015	843	2471	1209	1262
2008	708	2372	1161	1211	2016	853	2527	1235	1292

说明：以上数据均为洛阳派出所登记数

二、人口变动

中华人民共和国成立初期，政府曾一度号召多生多育，人口快速增长。国民经济严重困难时期（1959—1961 年），人口自然增长率大幅下降。1963 年经济复苏后，人口出现无计划高速增长状态。1970 年，国家提倡计划生育，人口高速增长的势头得到了有效控制。1982 年，计划生育列入中国的一项基本国策，人口进入平稳增长阶段。据相关资料显示：1964 年，庄陈大队出生 15 人、死亡 7 人，人口自然增长率为 8.44‰；皇范大队出生 9 人、死亡 4 人，人口自然增长率为 5.83‰。1995 年，庄陈村出生 14 人、死亡 9 人，人口自然增长率为 3.99‰；皇范村出生 15 人、死亡 9 人，人口自然增长率 5.46‰。2010 年，汤墅村出生 21 人，死亡 24 人，人口自然增长率为负 1.25‰。2016 年，汤墅村出生 18 人、死亡 13 人，人口自然增长率为 1.91‰。

1992—2000 年庄陈、皇范村出生、死亡人口情况一览表

表 3-3　　单位：人

年份	庄陈村						皇范村					
	年末总人数	出生人数	死亡人数	出生率‰	死亡率‰	人口自然增长率‰	年末总人数	出生人数	死亡人数	出生率‰	死亡率‰	人口自然增长率‰
1992	1243	16	8	12.87	6.44	6.44	1079	15	8	13.90	7.41	6.49
1993	1264	24	8	18.99	6.33	12.66	1085	14	9	12.90	8.29	4.61
1994	1266	11	12	8.69	9.48	-0.79	1096	23	9	20.99	8.21	12.77
1995	1252	14	9	11.18	7.19	3.99	1098	15	9	13.66	8.20	5.46
1996	1242	7	11	5.64	8.86	-3.22	1117	20	7	17.91	6.27	11.64
1997	1220	8	6	6.56	4.92	1.64	1110	12	2	10.81	1.80	9.01
1998	1217	19	9	15.61	7.40	8.22	1114	23	12	20.65	10.77	9.87
1999	1202	8	5	6.66	4.16	2.50	1112	2	3	1.80	2.70	-0.90
2000	1179	8	6	6.79	5.09	1.70	1096	9	8	8.21	7.30	0.91

说明：以上数据均为洛阳派出所登记数

2001—2016年汤墅村出生、死亡人口情况表

表3-4 单位：人

年份	期末总人数	出生人数	死亡人数	出生率‰	死亡率‰	人口自然增长率‰
2001	2268	13	14	5.73	6.17	-0.44
2002	2226	15	18	6.74	8.09	-1.35
2003	2257	20	21	8.86	9.30	-0.44
2004	2268	23	29	10.14	12.79	-2.65
2005	2328	17	12	7.30	5.15	2.15
2006	2346	16	20	6.82	8.53	-1.71
2007	2365	15	16	6.34	6.77	-0.42
2008	2372	9	12	3.79	5.06	-1.21
2009	2369	14	25	5.91	10.55	-4.64
2010	2393	21	24	8.78	10.03	-1.25
2011	2413	13	13	5.39	5.39	0.00
2012	2395	19	23	7.93	9.60	-1.67
2013	2417	19	23	7.86	9.52	-1.65
2014	2417	19	23	7.86	9.52	-1.65
2015	2471	22	16	8.90	6.48	2.43
2016	2527	18	13	7.12	5.14	1.98

说明：以上数据均为洛阳派出所登记数

三、老龄人口

中华人民共和国成立前，汤墅村年满70岁（当地习惯为虚岁）以上的老人不多，有“人生七十古来稀”之说。中华人民共和国成立后，随着社会的安定、人民生活水平的逐年提高以及医疗条件的逐步改善，人寿普遍延长，该村已经进入老龄化社会。据统计资料显示，2016年年末，该村共有60岁以上老人761人，占全村总人口的30.11%，共有70岁以上的老人329人，占全村总人口的13.02%。

老龄化社会是指老年人口占总人口达到或超过一定的比例的人口结构模型。按照联合国的传统标准是一个地区 60 岁以上老人达到总人口的 10%，新标准是 65 岁老人占总人口的 7%，即该地区视为进入老龄化社会。

1974—2016 年汤墅村已故 90 岁以上老年人名录（虚龄）

表 3-5

姓名	性别	出生年月	死亡年月	年龄	所在村民小组
马福珍	女	1883.2	1974.9	92	西巷
顾秀英	女	1881.5	1977.6	97	吴家头
谈耀炳	男	1886.7	1978.3	93	谈东
费世大	男	1897.4	1987.6	91	陆家头
黄祥英	女	1899.2	1988.7	90	丁庄
顾根娣	女	1899.9	1988.8	90	吴家头
陈丫头	女	1899.12	1991.4	93	臧家头
虞三大	女	1900.7	1992.5	93	陈家头
秦三葆	女	1901.4	1992.8	92	臧家头
张雪坤	男	1902.6	1992.1	91	中巷
虞梅生	男	1900.7	1993.3	94	南巷
苏兰英	女	1901.11	1994.12	94	北巷
陈盘娣	女	1904.6	1994.2	91	谈西
王桂珍	女	1904.5	1994.8	91	谈西
秦五大	女	1898.4	1995.6	98	西巷
顾杏妹	女	1907.8	1996.12	90	北巷
丁福荣	男	1906.5	1997.8	92	陈家头
王腊凤	女	1908.9	1998.11	91	堵市
钮杏珍	女	1908.6	1999.7	92	堵市

表 3-5 续

姓名	性别	出生年月	死亡年月	年龄	所在村民小组
虞洪元	男	1908.5	1999.9	92	前巷
顾爱凤	女	1907.3	2000.6	94	西巷
虞武魁	男	1905.8	2000.9	96	南巷
秦小大	女	1912.5	2001.2	90	西窑
沈根娣	女	1906.6	2001.1	96	北巷
吴四大	女	1912.8	2001.2	90	西窑
张雪定	男	1912.10	2002.4	91	西窑
沈五妹	女	1913.10	2002.8	90	前巷
丁宏良	男	1913.9	2002.10	90	欧窑
詹潮大	男	1912.2	2002.2	91	西窑
臧志远	男	1908.6	2002.11	95	臧家头
张小梅	女	1910.3	2003.2	94	欧窑
钱祥大	男	1906.4	2003.5	98	前巷
莫六宝	女	1913.6	2004.1	92	中巷
沈胖英	女	1914.7	2004.3	91	前巷
王文芳	女	1915.6	2004.3	90	北巷
杨金明	男	1914.8	2004.5	91	前巷
虞梅玲	女	1911.7	2005.1	95	丁庄
杨荣法	男	1915.9	2006.8	92	中巷

表 3-5 续 1

姓名	性别	出生年月	死亡年月	年龄	所在村民小组
虞春大	男	1915.7	2006.9	92	南巷
秦产明	男	1917.6	2007.12	91	堵西
朱梅金	女	1915.9	2008.12	94	欧窑
臧洪海	男	1919.2	2008.3	90	臧家头
詹秀宝	女	1911.10	2008.8	98	西窑
虞洪仁	男	1906.1	2008	103	前巷
於桂大	女	1917.8	2009.7	93	丁庄
虞巧生	男	1918.6	2009.8	92	南巷
苏小妹	女	1920.8	2009.1	90	西窑
王长娣	女	1918.5	2009.2	92	西巷
张秀珍	女	1919.6	2010.3	92	臧家头
沈素珍	女	1910.8	2010.9	101	西窑
钱玉珍	女	1916.3	2010.10	95	欧窑
蒋凤英	女	1921.6	2011.1	91	丁庄
杨仁法	男	1923.9	2012.3	90	中巷
刘阿菊	女	1917.9	2012.6	96	堵西
谈荣才	男	1921.9	2013.4	93	谈东
王阿菊	女	1919.8	2013.6	95	堵西
朱阿毛	女	1922.1	2013.1	92	臧家头
秦阿林	男	1912.7	2013.10	102	堵东
苏阿毛	女	1923.9	2014.6	92	中巷
吴菊妹	女	1917.8	2014.6	98	西巷

表 3-5 续 2

姓名	性别	出生年月	死亡年月	年龄	所在村民小组
戈金娣	女	1919.11	2015.1	97	陈家头
顾凤英	女	1926.9	2015.3	90	堵西
陆仁娣	女	1920.3	2015.9	96	欧窑
谈玉娥	女	1926.3	2015.10	90	丁庄
张云生	男	1925.6	2015.11	91	北巷
张阿大	女	1910.11	2016.1	107	堵市
丁产宝	男	1923.6	2016.1	94	丁庄
陈仁祖	男	1925.7	2016.4	92	陈家头
秦洪发	男	1918.7	2016.4	99	堵西
虞巧林	男	1921.12	2016.5	96	南巷
吴阿金	男	1923.1	2016.8	94	吴家头

2016 年汤墅村在世 90 岁以上老人名录

表 3-6

姓名	性别	出生年月	所在村民小组	姓名	性别	出生年月	所在村民小组
毛彩娣	女	1926.12	谈西	沈胖丫头	女	1926.7	前巷
臧福梁	男	1922.8	臧家头	杨菊宝	女	1918.9	西巷
潘宝珍	女	1925.8	陈家头	虞祥麟	男	1919.2	西巷
周四大	女	1922.2	丁庄	王秀英	女	1927.6	西巷
秦兰秀	女	1923.5	堵东	杨阿根	女	1926.12	西巷
唐玉珍	女	1923	吴家头	虞锡载	男	1921.12	南巷
秦玉珍	女	1922.6	前巷	—	—	—	—

四、外来人口

中华人民共和国成立前，苏北少数人来到洛阳以及周边地区，以帮干农活为主，维持生计。中华人民共和国成立后，在汤墅村域内落户定居的，已成为该村的常住人口。20世纪80年代，随着改革开放政策进一步完善，庄陈、皇范村办工业蓬勃发展，一小部分外地人开始到这里租房打工。1993年，庄陈、皇范村办集体企业实行产权制度改革，促进该村个体私营经济迅猛发展，域内劳动力已不能满足企业用工需求，企业开始招收外地职工，外来人口逐年增多。据统计，2016年年末，汤墅村有外来人口718人，主要来自安徽、四川、云南、贵州等省和省内苏北地区。除少数人从事农业（承包土地经营）外，大多数集中在工业企业、建筑业以及第三产业等劳动密集型行业。

第二节　人口普查

据资料记载，中华人民共和国成立后，先后进行六次全国人口普查。人口普查的对象是具有中华人民共和国国籍，并在中华人民共和国域内常住的人口。每个人都在常住地进行普查登记。应在本地进行登记的人包括：

1. 居住本乡、镇、街道，户口在本乡、镇、街道的人。
2. 居住本乡、镇、街道半年以上，户口在外乡、镇、街道的人。
3. 在本乡、镇、街道居住不满半年，离开户口登记地半年以上的人。
4. 居住本乡、镇、街道，户口待定的人。
5. 原住本乡、镇、街道现在国外工作或学习，暂无户口的人。

人口普查的内容主要包括：姓名、性别、年龄、民族、户口登记状况、受教育程度、行业、职业、迁移流动、社会保障、婚姻、生育、死亡、住房等。

人口普查一般分为三个阶段。即普查准备阶段、普查登记和复查阶段、数据整理和发布阶段。人口普查的重点是准备阶段。要成立领导机构、制定普查工作规则、普查试点，划分普查地理区域、绘制区域地图、编制地址代码、宣传发动、户口整顿、选调培训普查员和普查指导员等。普查登记和复查是关键阶段。普查员需进村入户，逐户逐人登记（一般不超过15天），参加人员多，之后采取自查、互查、抽查等形式进行全面复查，发现差错及时改正，把差错降到最低限度，尤其是要防止人口出生、死亡的漏登、重登现象的发生，工作量大。数据整理和发布阶段是人口普查的收获阶段。

历次全国人口普查基本情况

表 3-7　　单位：亿

名称	标准时间	总人口
第一次全国人口普查	1953 年 6 月 30 日 24 时	6.02
第二次全国人口普查	1964 年 6 月 30 日 24 时	7.23
第三次全国人口普查	1982 年 7 月 1 日 0 时	10.32
第四次全国人口普查	1990 年 7 月 1 日 0 时	11.60
第五次全国人口普查	2000 年 11 月 1 日 0 时	12.95
第六次全国人口普查	2010 年 11 月 1 日 0 时	13.33

说明：全国人口普查不包括港、澳、台人口数在内

庄陈、皇范大队第二次全国人口普查情况表

表 3-8　　单位：人

大队	总户数	1964 年 6 月 30 日总人口			1964 年 1 月 1 日至 6 月 30 日人口变动			
		合计	男	女	出生	死亡	迁入	迁出
庄陈	229	963	466	497	15	7	12	11
皇范	209	859	443	416	9	4	9	12
合计	438	1822	909	913	24	11	21	23

庄陈、皇范大队第三次全国人口普查情况表

表 3-9　　单位：人

大队	总户数	实际人口			普查登记人口		
		合计	男	女	合计	男	女
庄陈	304	1201	582	619	1191	577	614
皇范	275	1108	551	557	1097	547	550
合计	579	2309	1133	1176	2288	1124	1164

庄陈、皇范大队第四次全国人口普查情况表

表 3-10　　单位：人

大队	总户数	实际人口			普查人口		
		合计	男	女	合计	男	女
庄陈	337	1258	625	633	1267	629	638
皇范	304	1128	561	567	1132	563	569
合计	641	2386	1186	1200	2399	1192	1207

说明：此表由武进区档案馆提供

汤墅村第六次全国人口普查汤墅普查区情况表

表 3-11　　单位：人

本村（居）委会户籍人数	摸底时住在本户的人数	户口在本村（居）委会人数	户口在其他村（居）委会人数	其中：		户口待定人数	本户户籍人口中				2009.11.1—2010.10.31	
				离开户口登记地半年以上人数	户口登记地在省外人数		现居住在本村（居）委会其他普查小区人数	离开本村（居）委会不满半年人数	离开本村（居）委会半年以上人数	其中：现在省外人数	出生人数	死亡人数
甲	1	2	3	4	5	6	7	8	9	10	11	12
2395	3072	1969	1091	1040	751	12	—	28	398	25	15	14

逻辑关系：1. 摸底时住在本户的人数（1）=（2）+（3）+（6）
2. 本村（居）委会户籍人口 =（2）+（8）+（9）

据第一次至第六次人口普查资料显示，汤墅村全部人口均为汉族

第三节　人口控制

新中国成立后，社会安定，经济发展，人民生活水平及医疗卫生条件不断改善，人口出现迅速增长趋势。加上政府一度号召多生多育，奖励“光荣妈妈”，出现人口生育高峰。1957 年，洛阳乡开始宣传节制生育的意义，传授节制生育的知识和方法，并在医院、药店免费供应避孕药和避孕套。1962 年，中共中央、国务院联合发布《关于认真提倡计划生育的指示》，开始提倡计划生育，域内一些大队干部敢于冲破“多子多福”“不孝有三，无后为大”等传统思想观念束缚，采取节育措施。如男性结扎，其中庄陈大队的谈伯兴（公社干部），皇范大队的虞仲清、张敖兴等，分别为庄陈、皇范大队实行计划生育带了头。

一、计划生育的推行

20 世纪 70 年代初，为控制人口过快增长，缓解人口与经济社会、资源环境的紧张关系，国务院下发《关于做好计划生育的报告》，深入推行计划生育工作，提出“晚、稀、少”的生育要求。晚：指晚婚，提倡男子结婚年龄 25 周岁，女子结婚年龄 24 周岁；稀：指第一个孩子出生后到第二个孩子生育间隔要 48 个月；少：指一对夫妇只生一个孩子，最多生两个孩子。根据“晚、稀、少”的生育要求，庄陈、皇范大队都把计划生育的重点放在女性，对各生产队摸底，排出重点对象，选配合适人员，上门做思想动员工作。

独生子女证（2018 年 8 月 29 日摄）

推行结扎、放环、服药、外用药、戴避孕套等各种节育措施。同时规定：节育者免收手术费并给予假期；休假期间照发工资或照记工分；免费发放避孕药和避孕套。20 世纪 80 年代初，中共中央发出《关于控制我国人口增长问题致全体共产党员、共青团员的公开信》，要求全体共产党员、共青团员响应“一对夫妇只生一个孩子”的号召，对只生一个孩子的夫妇颁发独生子女光荣证，独生子女父母从孩子出生至 14 周岁可享受奖励金每年 40 元。同时对独生子女家庭在自留地、住房审批面积、招工等方面作出相关规定，享受权益和优先照顾。1982 年，中共十二大报告中提出“实行计划生育是我国的一项基本国策”。为了加强计划生育政策的实施，国家进一步把计划生育纳入宪法和婚姻法，规定“夫妻双方有实行计划生育的义务”。20 世纪 90 年代初，政府把计划生育主要指标列入行政村主要干部的工作考核。2010 年，全国第六次人口普查资料显示，中国人口步入老龄化社会，人口性别比偏高。因此，适度放宽生育政策势在必行。2011 年 11 月，中国全面实施双独二孩政策，2013 年 12 月，全面实施单独二孩政策。两次调整计划生育政策后，汤墅村虽出生人口有所增加，但效果并不十分理想。2015 年 10 月，中共中央第十八届五次全体会议公报指出：坚持计划生育基本国策，积极开展应对人口老龄化行动，实施全面二孩政策。2015 年 12 月 27 日，第十二届全国人大常委会第十八次会议通过“关于修改人口与计划生育法的决定”。于 2016 年 1 月 1 日起，国家提倡一对夫妻生育两个子女。二孩政策是中国实行的一种计划生育政策，规定符合条件的夫妇允许生育第二胎，因为是二孩政策，故第一胎为多孩的，不可生育第二胎。汤墅村组织认真学习、贯彻执行这项政策。

二、计划生育干部

庄陈村历任计划生育干部：梅明珠、张玉娥、虞亚红、秦静娴

皇范村历任计划生育干部：虞杏宝、马秋娣、沈惠英

2016 年汤墅村计划生育协会：

会　长：王建平

副会长：陆玉石

秘书长：秦静娴

常务理事：蔡　晶　苏光华　谈成林　丁靖乾

2016年汤墅村计划生育村民自治网络

表3-12

组名	组长	组名	组长
谈东	王盘凤	吴家头	戴金娣
谈西	夏建英	前巷	沈云娣
臧家头	刘玉秀	西巷	沈惠英
陈家头	沈桂英	北巷	戈菊英
丁庄	杨琴芬	中巷	秦亚珍
堵东	秦桃英	南巷	庄惠琴
堵市	范华珍	欧窑	朱如珍
堵西	秦爱珍	西窑	韦福香
陆家头	朱玉华	—	—

三、现　状

至2016年年末，汤墅村计划生育现状如下：

（一）2016年年末全村共有已婚育龄妇女563人。其中：离婚、丧偶、绝症、不孕症的有23人，生育、怀孕、哺乳的有19人，结扎、上环节育的有365人，采取药具避孕的有156人，节育率为92.87%。

（二）2016年年末全村只生一个孩子的育龄妇女共397人，占已婚育龄妇女的70.52%，其中领取独生子女补贴的有132人。

（三）2016年，全村出生人数16人，其中计划内一孩12人、计划内二孩4人。

2015年10月，二孩政策全面实施以后，到2016年年末，汤墅村对只生一个孩子的397对育龄夫妇调查显示，有过半数以上的夫妇无生育二胎的意愿，主要是因为他们有的生育年龄偏高，大多数育龄夫妇担心生育二胎后，负担子女教育、医疗、住房等的经济压力太大。

2016年汤墅村独生子女统计表

表3-13

村民小组	独生子女数（人）	村民小组	独生子女数（人）
谈东	9	吴家头	7
谈西	8	前巷	8
臧家头	9	西巷	7
陈家头	13	北巷	8
丁庄	8	中巷	3
堵东	8	南巷	6
堵市	11	欧窑	6
堵西	3	西窑	10
陆家头	8	合计	132

【第四章】 村庄建设

CUNZHUANG JIANSHE

随着工业经济的迅猛发展，集体经济力量不断增强，20 世纪 70 年代起，汤墅村对村级建设精心规划，投入大量资金。到 2016 年，域内座座桥梁可通汽车，个个自然村通水泥公路，条条公路有路灯照明，户户通自来水，92.06% 人家通天然气。学校建设也投入大量资金。

第一节　规划设计

1973—2004 年，洛阳镇先后作过 5 次规划，在这段时间内，各大队（村）也相应作过规划，但由于各种因素制约，规划未能全部实施。2016 年，洛阳镇政府根据汤墅村现状进行新的规划。具体规划如下：皇范片拆除陆家头、王家头、吴家头、欧窑、西窑，保留皇范村。庄陈片拆除丁庄、堵墅、臧家头、陈家头，保留汤墅谈家头。

第二节　设施建设

一、道　路

中华人民共和国成立前，域内农村绝大多数都是土路，弯弯曲曲，宽窄不一，高低不平。即使是通往乡镇的主路，也只有少数路段路中间间断性铺有一些石块。雨天泥泞不堪，晴天刮风，尘土飞扬。人们出行多为步行，如需带货，只能肩挑背扛，雨天就更加难行。域内有条主要道路叫塘路，位于欧窑、西窑自然村南，汤墅谈家头、陈家头、堵墅自然村以北，东起东渠村行路桥，经汤墅谈家头难摩桥，逐步斜向西北，经清水潭、东岳庙坝、大圣庵至洛阳街上，路宽 1 米，路面断续铺有青石、黄石，少数路段用青砖侧铺。塘路与汤墅谈家头村东的土路相连，通欢

道路绿化（汤墅村档案室供图）

村庄绿化（汤墅村档案室供图）

塘桥、杨墅园至无锡。此路不仅是洛阳东村民到洛阳街镇必经之路，也是一条部队行军路线。民国26年（1937年）上海8·13淞沪抗战失败后，国民党军队从上海经无锡通过此路退往南京。1949年，解放军某部渡过长江后择此路直奔无锡、杭州。20世纪60年代，解放军野营拉练两次经过此路。此路在军用地图上标注得十分清楚，沿路的某村、某潭、某墩也都有标注。1958年，洛阳公社建造洛东电灌站，筑灌水渠道直通安桥、阳湖，加上平整土地格田成方，此路遂废，村民到洛阳街，都在渠道上行走，但都是土路。域内其他各自然村均有小土路相连。

中华人民共和国成立后，经过土地改革，废除土地私有制，农业走上集体化道路。为统一规划，修筑道路创造条件。随着社会经济的发展，乡村的小路逐步被宽阔的机耕大道、公路所代替。1975年，洛阳公社开始对计划修筑的公路、大道进行测量，制订规划，修建路基。1976年，连接312国道的横洛公路（横林—洛阳镇）建成。1977年9月，常州到洛阳的客运汽车正式通车运营，域内村民去常州等地可到洛阳镇乘车。1982年起，洛阳公社筑起通村大道150公里，其中在原洛东电灌站向东的水渠的基础上，向南北两侧扩大，填沟夯实，上面铺沙石，形成洛阳街镇通庄陈、皇范、岑村大队（村）的沙石简易公路，极大地改善了村民出行及货物运输的条件。与此同时，庄陈、皇范两大队分别规划，修筑大队（村）通达镇主干道的大道，修筑大队（村）通往各生产队（村民小组）的机耕大道，方便村民出行，使农业机械（小、中型拖拉机）能顺利进入农田作业，减轻农民的劳动强度。1992年10月19日，洛阳镇完成43公里的沙石公路改造成黑色油路工程，全镇19个村全部改成黑色油路。1993年，原庄陈村村委于6月始，想方设法自筹资金97950元，于12月筑成村通镇、村通各自然村的黑色油路，全长2公里，多数路段宽3米，少数路段宽7米。2003年洛阳镇对阳安路（洛阳—安桥）进行改造，将原来8米宽的黑色油路改造成12米的C25的水泥路。在道路改造中，涉及本村5个村民小组，征用土地30.36亩，拆除原皇范村委办公二层楼一间。

2008年，洛阳镇各村开展村庄整治（“五化三有”）工作。2008年10月汤墅村通过武进区、洛阳镇“五化三有”工作达标验收。汤墅村建成村至村民小组的水泥路共11条，总长度4.902公里，投入资金143.67万元。村民小组内部道路共21条，总长度7.09公里，投入资金108.81万元。2010年，对原陈家头—南环路的原黑油路改建摊铺沥青路，长222米，宽9.5米，投入资金21万元。2014年，改造陈家头—岑村路，原黑油路改为水泥路，原宽3米扩至5米，长420米，投入资金35万元。

2015 年 12 月，新筑西接岑村路向东经丁庄后至汤墅村生态园的水泥路，宽 5 米，长 380 米，投入资金 28 万元。2015 年，对原皇范村部分主干道（皇范桥至加工厂）进行改造，原宽 3 米扩至 5 米，长 200 米，投入资金 12 万元。2016 年，对臧家头到村生态园的道路进行改造，原宽 3 米，扩至 5 米，长 250 米，投入资金 18 万元。

2016 年，村委至镇区有宽阔的水泥公路，交通顺畅，至各自然村也有水泥路相通，轿车可直达每家每户门口，夜间有路灯照明，路旁实现绿化美化。

二、桥　梁

汤墅村属江南水乡，河流纵横交错。从古至今，在河道上架桥，以方便人们出行与农田耕种，桥是空中的道，水上的路，是人们出村入境的重要通道，也是江南水乡的一大特色。

中华人民共和国成立前，汤墅村共有桥梁 8 座，多为石桥。详见下表：

1949 年前汤墅村桥梁情况表

表 4-1

原皇范					原庄陈				
序号	桥梁名称	座落	桥形	跨越河道	序号	桥梁名称	座落	桥形	跨越河道
1	万安桥	皇范村	石拱桥	阳湖大圩支河	1	小岸桥	臧家头	平桥	阳湖大圩内浜
2	坝头桥	皇范村	平桥	阳湖大圩支河	2	丁庄桥	丁庄	平桥	阳湖大圩内浜
3	陆家头桥	陆家头	平桥	陆家浜	3	堵墅桥	堵墅	平桥	阳湖大圩内浜
4	皇范桥	皇范村	平桥	马鞍大圩支河	4	难摩桥	谈家头	平桥	史家漕

至 20 世纪 90 年代，1949 年前的老桥均已不复存在。有的被拆除，有的重建，如堵墅桥拆除重建后现仅存两个桥墩，凡是改建的都建成钢筋水泥农用桥或公路桥。至 2016 年，汤墅村域内共有桥梁 6 座。见下表：

2016 年汤墅村桥梁情况表

表 4-2

序号	桥梁名称	坐落（自然村）	桥长（米）	桥宽（米）	跨越河道	建桥时间	用途
1	红卫桥	皇范村	14	6	皇范浜	1978 年始建，2016 年重建	农桥公路桥
2	皇范桥	皇范村	26	7	皇范浜	2005 年	公路桥
3	丁庄桥	丁庄	10	6	阳湖大圩支河	1957 年始建，2014 年 6 月重建	农桥公路桥
4	丁庄桥	丁庄	15	7	阳湖大圩支河	1959 年始建，2010 年重建	公路桥
5	小岸桥	臧家头	15	5	阳湖大圩支河	2002 年重建	农桥
6	堵墅桥	堵墅	12	5	堵墅浜	2002 年重建	农桥

三、供 水

水是生命之源，它孕育出世间万物，人类的生存发展一天也离不开水。20世纪60年代前，域内大小河流里的水清澈见人，水质优良，无污染。当时村民大多数饮用河水，有井的村庄，村民也饮用井水，淘米洗菜也都用河水。70年代初，在京杭大运河上游的一些制药厂、化肥厂、造纸厂、农药厂等相继诞生，污水顺流而下，河水开始受到污染，加上当地社队工业的兴办及农村大面积种植双季稻，农药化肥量成倍增加，更加重河水污染程度。70年代中后期，镇属马鞍大圩，曾多次发生因水质污染致使大圩内的鱼大量死亡事件。此时河水已完全不能饮用。70年代起，各生产队自筹资金开挖容积较大的新井，解决村民的日常生活用水。域内共计新开井26口，其中原庄陈大队（村）14口，原皇范大队（村）12口。80年代中后期到90年代初，为方便用水，部分村民开始在自家门口或天井内开挖15~20米的小井或小机井，在自家屋内高处或阳台上放一只存水缸，并效仿自来水装置开启水龙头即能使用，生活用水更为方便，但实质上使用的水仍属浅层地下水。1994年，原庄陈村开始筹建村自来水厂，由南京地质勘探队负责测量定位设计，用钻机开挖深达120~130米的深井1口，成为洛阳镇饮用深井水的第二个村。村共投入资金6.23万元。具体实施方案，村到组的供水管道由村级负担，组到户的水管及1只水表、1只水龙头由村民小组负担，如用户要多装水龙头，一切材料费用自理。从此庄陈村的村民开始用上干净、清澈且卫生的深井自来水，安装入户率达98%以上，310户村民使用深井自来水直到2009年。

原皇范村9个村民小组供水情况：2000年4月，洛阳镇19个行政村22公里的自来水主管网铺设完毕。2001年3月，洛阳镇在筹建深井的基础上成立洛阳给供水厂。2002年8月，皇范村开始饮用洛阳给供水厂的深井自来水，共计安装298户，入户率达99%，投入资金23.84万元，其中村级投入（每户补贴500元）共计8.94万元。2003年8月，洛阳给供水厂与长江水接通。2004年，原皇范村民开始饮用长江水。

2009年，原庄陈村按上级规定，为控制地面下沉，限时填埋老深井，原庄陈自来水厂深井被填埋。重新铺设新管道，341户接通长江水，入户率100%，共投入资金30.69万元，其中村级投入10.23万元。

四、供 电

在没有电力照明前，域内农村农户祖祖辈辈都用“油灯”或红、白蜡烛来照明。“油灯”即在购买或自制的铁架或木架上放一汤碗口大小的铁盘，里面装上食油，用几根灯草放入油盏内，露出一小段，点火后即能发光，俗称“油盏头”。后来有火油，百姓们称“洋油”，油灯逐步被火油灯盏所替代，当时习惯上叫“洋油灯”。火油灯可购买或自制，即用一空玻璃瓶，用一空心小铁管，内装火纸或棉纱头，固定或盖在瓶口上，瓶底有一铁托板与瓶颈联接便于手提，瓶内加入火油，点着后用来照明，少数富裕人家用“美孚灯”，因其灯芯完全被玻璃罩罩住，稍有风也不影响使用。其光亮度比油灯、煤油灯要亮得多。当时人家如有红白喜事、裁缝等开夜工都是用“美孚灯”来照明。上述照明器具一般为家庭室内使用。夜晚外出照明使用灯笼、桅灯（也称马灯）、手电筒，如村上有大型活动或文艺演出，则用村民自筹资金购买的汽油灯（烧的煤油），该灯光照范围大，灯光白炽，亮度也高，但要定时打气，油耗也大。

20 世纪 50、60 年代中后期，域内的村民绝大多数仍用煤油灯照明。庄陈大队家庭用电照明较早， 1968 年，域内堵墅自然村率先开始用电灯照明，随着电力设施的增加，其余各自然村也先后通电，至 1971 年全部使用电灯照明。皇范大队陆家头、吴家头先于 1970 年使用电灯照明，电源由当时洛阳公社的小虹桥排涝站提供。电杆用花岗岩石柱接一根棺材木头架设而成。至 1971 年，其余各自然村也先后通电，全部使用电灯照明。

随着社会的发展，农业上耕灌、种收的要求逐步提高，原有的农用生产资料已不能适应生产力的发展，加上社队工业的逐步兴起发展壮大，用电供需矛盾逐步显现。20 世纪 70 年代初，各大队（村）开始自筹资金购置变压器。庄陈大队于 1970 年冬在臧、陈家头，安装 100 千伏安的变压器一台，建造庄陈电灌站，以后又分别在臧家头、堵墅各增添 160 千伏安变压器一台，在陈家祠堂内建成粮食加工厂，此时装机容量为 420 千伏安。电力主要用于农田灌溉、稻麦脱粒、粮食加工及队办工业用电。皇范大队于 1966 年通电，但仅供农忙时脱粒和场头照明。1973 年在皇范北浜斗建造电灌站，在皇范浜尾先安装 50 千伏安后增至 100 千伏安变压器 1 台，1974 年在皇范浜尾建造粮食加工厂。1975 年在皇范浜尾又建造一小电灌站，并在皇范大队厂内增设 100 千伏安变压器 1 台。1991 年在欧窑东边新增 200 千伏安变压器 1 台，此时装机总容量为 400 千伏安。

20 世纪 80、90 年代是社队工业发展最为迅速的一个时期。当时，农用电、家庭生活用电、工业用电供需矛盾十分突出。为缓解电力供需矛盾，庄陈大队（村）先后购置交流发电机 5 台，总容量 655 千瓦，皇范大队（村）购置交流发电机 3 台，总容量 185 千瓦。通过以上措施，基本缓解农用、家用、工业用电矛盾。随着村办企业发展壮大，人民生活的不断提高，家用电器逐步增多，特别是空调进入普通人家，给农村用电增加了新的压力。对此，国家采取一系列有效措施加大投入，无偿在农村实行农网改造。

1998 年 12 月，武进市召开农村电网改造动员大会。洛阳镇作为全市的试点镇，1999 年全面展开农网改造工程。农网改造主要是对原变压器增容，新增变压器，改造原来的低压线路及更新设备。通过农网改造，在汤墅村域内，新增配变 9 台，新增总容量2350千伏安。对原变压器增容6台，增加总容量1230千伏安，及时解决农村的用电问题。至2016年全村共有变压器（不含企业用的）20台，其中皇范片变压器11台，总容量2810千伏安，庄陈片变压器9台，总容量2370千伏安。全村民用配变总容量5180千伏安。

2016年汤墅村庄陈片变压器分布情况表

表4-3

序号	名称	地点	变压器容量（千伏安）			配变容量（千伏安）
			原容量	增容量	新置容量	总计
1	丁庄变	丁庄	—	—	250	250
2	臧家头变	臧家头（助剂厂内）	160	240	—	400
3	电灌站变	庄陈电站	100	300	—	400
4	陈家头变	陈家头	—	—	250	250
5	谈家头变	谈家头西	160	—	—	160
6	谈家头变	谈家头东	—	—	250	250
7	堵墅变	堵墅	160	—	—	160
8	堵墅	堵墅	—	—	250	250
9	生态园变	生态园	—	—	250	250
合计	—	—	580	540	1250	2370

2016年汤墅村皇范片变压器分布情况表

表4-4

序号	名称	地点	变压器容量（千伏安）			配变容量（千伏安）
			原容量	增容量	新置容量	总计
1	北站变	皇范加工厂	100	100	—	200
2	南站变	皇范村委内	160	—	—	160
3	村安变	欧窑东	200	200	—	400
4	西窑变	西窑村南路口	160	240	—	400
5	西窑变	西窑村东北	—	—	400	400
6	吴陆变	吴家头西路口	250	—	—	250
7	陆家头表	陆家头	—	—	200	200
8	渔池变	皇范渔池	50	150	—	200
9	西巷变	西巷	—	—	250	250
10	南巷变	红卫桥北	—	—	250	250
11	南巷变	皇范桥西南	100	—	—	100
合计	—	—	1020	690	1100	2810

村级企业共有变压器11台，总容量5390千伏安，其中庄陈片6台，总容量4075千伏安。皇范片5台，总容量1315千伏安。村级企业共有变压器11台，总容量5390千伏安，其中庄陈片6台，总容量4075千伏安。皇范片5台，总容量1315千伏安。

汤墅村含原庄陈、皇范大队（村）电工人员名单：

庄陈先后是：臧祖泉、丁亚明

皇范先后是：陆元清、黄金昌、张优福、虞伦

新建汤墅村后电工是：虞伦

2016年汤墅村企业变压器情况表

表4-5

序号	企业名称	变压器容量（千伏安）	备注
1	常州市洛阳压铸有限公司	315	—
2	常州市洛金机械有限公司 常州市洛峰机械有限公司	500	原科凌棉业公司厂内
3	江苏洛凯机电股份有限公司	3260	其中：630千伏安2台 1000千伏安 2台
4	常州市科星塑料厂	250	—
5	常州市神兔电器制造有限公司	250	—
6	常州市晨马塑料厂	250	—
7	常州市兴汇塑料有限公司	565	其中：250千伏安1台， 315千伏安1台
合计	—	5390	—

五、供 气

沼气 20世纪70年代中后期，为缓解农村柴草紧缺问题，增加秸秆还田，改良土壤，肥田增产，1978年洛阳乡成立沼气办公室，号召大办沼气，开始以点带面，逐步推广，由农户开挖沼气池，乡政府给予适当补贴。每建一座沼气池，补贴40元及供应分配价建池材料（8×5红砖、水泥、石灰）。建沼气池，利用沼气烧饭点灯。最初建的沼气池，为圆柱形，用“二合土”即生泥与风化石灰拌和夯实后作池壁，池顶为拱形，用8×5红砖、水泥封顶。每座沼气池分设进料口、出料口，顶部留有金属出气管道通池外，再以塑料管连接，通达厨房，接入专门设计的网眼点火装置，放入灶堂内，开启阀门，即可使用。沼气基料，主要是用人畜粪、绿肥杂草等，通过进料口，

进入池内发酵，产生气体，上升到顶部储存，到一定压力后，点燃即产生蓝色火焰。随着建池技术的改进，建池不再用“二合土”，全部改用 8×5 红砖水泥建造，俗称“洋沼气池”。至 1982 年底，域内累计建沼气池 185 座，其中皇范 64 座，庄陈 121 座，但由于沼气使用一段时间后，产生漏气、渗水，导致供气不稳，压力不足，沼气池进出料比较麻烦，当时农户也没有足够的基料填补，很难维持长期使用。后因农村实行联产承包责任制，柴草已不再紧张。村民使用沼气嫌麻烦，农户不再使用沼气。

瓶装液化气 1987 年 9 月，洛阳供销社接收洛阳多种经营服务公司气站，以虞桥加油站为供应点，向洛阳及周边地区供应液化气。1991 年 12 月 29 日，批准建立洛阳镇瓶装液化气供应站，在东都东路选址建站，后因经营亏损，无法生存，转给洛阳供销社。洛阳供销社液化气站撤至加油站供气。瓶装液化气，使用方便，只要接通灶具，点火即可使用。汤墅域内 60% 的人家开始使用瓶装液化气，有 3 个个体户经营瓶装液化气配送。2007 年，域内的瓶装液化气都由个体户经营，用电瓶车送气上门服务。

天然气 国家“西气东输”工程，2002 年主管道经横林进入洛阳，经过汤墅域内。汤墅村在 2007 年 11 月 8 日与常州新奥燃气工程有限公司签订天然气安装合同。至 2008 年 12 月全部安装完成，并通气使用，成为洛阳镇第一个使用天然气的行政村。使用天然气经济实惠，价格是瓶装液化气的三分之一，且清洁方便，减少污染，有利身心健康，深受广大村民欢迎。据村委决议，凡是农村居民户，可享受村级补贴每户 1240 元（内含 IC 卡补差款 240 元），城镇居民户口在村上居住的，不享受村级补贴，有子女但父母另立户口的，如需安装的也不能享受村级补贴。各村民小组据小组经济状况也给予各安装户适当补贴，标准由组自定，但属居民户口的也不给予补贴。当时全村共有 642 户，安装 591 户，入户率达 92.06%，全村共投入资金 250.28 万元，其中村级 114 万元，组级 50.45 万元，村民自付 85.83 万元，详见附表。

2008 年汤墅村天然气安装情况表

表 4-6　　　　单位：户

序号	组别	安装户数	序号	组别	安装户数
1	谈东	38	10	吴家头	31
2	谈西	51	11	前巷	38
3	臧家头	33	12	西巷	28
4	陈家头	51	13	北巷	22
5	丁庄	46	14	中巷	16
6	堵东	38	15	南巷	37
7	堵西	26	16	欧窑	31
8	堵市	27	17	西窑	53
9	陆家头	24	18	洛凯食堂	1
合计			—		591

六、住　房

新中国建立前，域内村民居住的房屋，绝大多数是砖木结构的平房，少数富裕人家建有两层楼房，还有少量困难户住草房。平房都比较低矮，狭窄，潮湿，破旧，屋内多为泥土地，少量人家铺有砖地，室内无装潢，仅用石灰粉刷而已。1949 年全村（原皇范、庄陈）有平房 743 间，楼房 53 间，草房 17.5 间。

20 世纪 50、60 年代末，住房情况变化不大，仅有少量村民新建房屋（绝大多数为平房）。70 年代开始，村民翻建新建房屋逐步增加。80、90 年代形成建房高潮，新建房屋多数为两层楼房，少数农户也有建三层楼房，房屋质量也逐步提高。20 世纪 90 年代中后期至世纪末，逐步从空斗墙向实砌墙过渡，少数条件好的已用框架结构建房，提高防震抗震能力。外墙装潢从原来的汰黄沙过渡到汰石子、贴瓷砖、贴马赛克、贴墙砖，阳台从原来的开放型水泥栏杆，逐步过渡到用铝合金或塑钢型材建成全封闭阳台。室内装潢由原来的涂料逐步过渡到楼上吊平顶、贴墙纸、贴瓷砖，地上用花岗岩、地砖铺地。水泥地、泥土地已基本绝迹。少数经济实力雄厚人家，开始到城镇自购土地建房或购买商品房，村民的住房条件有了翻天覆地的变化。至 2016 年，全村有两层楼房 1775.5 间，三层楼 197.5 间，商品房 29894 平方米。

七、学　校

皇范小学　为适应教育需要，改善学校条件，提高教育质量，1969 年秋，拆除虞家祠堂，改建成相向两排各 8 间的新校舍。当时大队集体资金薄弱，建校材料也很难解决，只能利用拆除的旧材料，采取自购土坯，用煤烧制红砖，加用块石、乱砖建成。人工工资由大队负责，投入资金 7200 元。

1994 年竣工的汤墅小学

庄陈小学　1969 年，庄陈大队响应上级“小学下放到大队来办”的号召，先后共建校舍 16 间（平房），投入资金 9600 余元。1987 年为创办完小，在陈家头北面易地新建庄陈小学，校舍 11 间，两层楼房，投入资金 53.76 万元。

1994 年，洛阳镇镇长周建新在汤墅小学落成典礼上致贺词

汤墅小学　1993 年，由洛阳镇主管教育的领导与皇范村、庄陈村共同商量，决定将庄陈小学、皇范小学合并，由洛阳

建筑公司承建新的汤墅小学，1994年竣工。学校占地9000平方米，建筑面积1196.6平方米，总投资212.36万元。其中：政府出资82.36万元，其余均由皇范、庄陈共同负担，投入资金98万元。1996年，庄陈村在汤墅小学内投入32万元，新建庄陈幼儿园，2004年9月并入洛阳镇中心幼儿园。

八、建筑业知名人士

新中国建立后，从20世纪70年代开始，居民建房逐步兴起，加上社队工业的创办及发展壮大，建筑业也随之迅猛发展，20世纪80年代至21世纪初为盛期。在这段时期，汤墅村域内出现不少能工巧匠，脱颖而出较有代表性的有张国庆、臧焕云、张祥龙等。他们均从事建筑业30年以上，虚心好学，刻苦钻研，重质量，守信誉，文明施工，安全生产，在洛阳镇及周边地区有较大的知名度。张国庆，1966年7月生，初中学历，汤墅村前巷组人。1983年从师虞坤元，学瓦工，至2016年从事建筑业已达34年。现任横林建筑公司项目部经理，1999年3月，获镇村建筑从业资格证书。起初以民房建筑为主，1994年开始承建企业厂房，至2016年先后独立承建多家企业厂房50幢以上。2006年承建春雪冷库厂的厂房，建筑面积达8000多平方米，工程造价448万余元，被评为优质工程。其他优质工程有常州市气体充装厂、信誉电器厂等。外资企业（美资）雷勃电器厂被评为常州市级优质工程，获外企信任建筑公司称号，张国庆也受到建筑公司的嘉奖。臧焕云（1947.5—2003），汤墅村陈家头人。1964年从师顾全大，学瓦工，从事建筑业38年，1999年获镇村建筑从业资格证书。起初以建民房为主，1976年开始，独立承建原庄陈大队（村）的农机厂。以后逐年承建庄陈大队办公大楼、庄陈小学及洛阳压铸厂、助剂厂、洛阳开关厂、东南电器、科凌棉业有限公司等厂房。域外曾承建常州市自行车接头厂、洛阳乡种畜场等部分工程。工程质量均达到当时监管部门的质量要求，建筑总面积达25000余平方米。自从事建筑业以后，坚持质量第一，安全施工。在几十年工程施工中，未发生重大安全事故。

【第五章】环境保护

HUANJING BAOHU

20世纪50年代前，村域内无工业污染，其他污染也甚少。空气清新，晴天蓝天白云，夜间满天星辰。河水清澈见底，能直接饮用，河中鱼蟹，鲜美可口。但群众卫生意识较差，各自然村落四周，房前屋后，环境卫生状况较差，室内外生活设施落后。当时村民的家禽鸡、鸭、鹅等均为散养，禽粪、牛、羊粪随处可见。房前屋后常见露天粪缸、存放生活垃圾的灰堆、灰潭。门前场地大多为泥地，极少数人家有砖场。因受封建迷信思想影响，屋内地面低于屋外场地，以便流进财气。雨季满场污水，如遇大雨，污水甚至倒灌屋内。夏季蚊蝇成群，导致一些肠道疾病时有发生，对村民的生活、身体健康造成一定的影响。新中国成立后，村民的生活环境状况开始引起中国共产党和人民政府的关注与重视，并采取一系列针对性措施，着手改善农村的生活、生态、生产环境。

第一节　环境卫生

一、爱国卫生运动

1952年，毛泽东主席提出“动员起来，讲究卫生，减少疾病，提高健康水平”的号召。各级政府积极响应，广泛进行以“讲卫生为荣，不讲卫生为耻”的宣传教育。1954年全民动员，开展轰轰烈烈的除“四害”（苍蝇、蚊子、老鼠、麻雀）运动。当时的村干部用划片分工相互协作方法，制定措施：用鼠闸，毒饵消灭老鼠，敲锣驱雀，药水灭蝇，烟熏灭蚊。人人有指标，以鼠尾，雀脚数，蝇蛆蛹斤两统计。各自然村结合群众生产积肥，逢年过节打扫卫生，大扫除的传统习俗，搞好村庄周围、室内外环境卫生。同时开展以粪水管理为主的治理工作，露天粪坑加盖，严禁在生活用水河塘内洗马桶，实行分塘用水。宣传饮水消毒，勿喝生水，预防肠道传染病。1956年始，每年开展群众性“挖蛹、灭雀、灭蚊、灭蝇”运动月活动。1958年开展除“八害”（增加钉螺、蟑螂、跳蚤、毒蛇）运动，对家庭卫生进行检查，检查结果按“最清洁”“清洁”“尚清洁”“不清洁”的分类贴在各户的门楣上。通过大搞爱国卫生运动，农村的卫生面貌有较大的改变，村民的卫生意识、健康水平也有较大的提高。20世纪70年代初，各大队配合公社继续开展“两管”（管粪、管水）工作。管粪是把露天粪缸搬离房前屋后迁至生产队指定地点，由生产队派人专人管理。管水是各生产队集体开井，鼓励有条件的农户自家开井，村民全部饮用井水。据调查统计，庄陈大队、皇范大队11个自然村共计开挖新井26口。20世纪80年代起，农村开展“二管五改”（管水、管粪、改环境、改畜圈、改灶、改水井、改厕所）活动。大队（村）做大量细致有效的工作，用漂白粉精片消毒饮用水，村庄周围环境也有进一步改善，有条件的且卫生意识较强的农户，开始在自家天井内打15——20米深小井或小机井。为进一步改善村民用水质量，1994年庄陈村自筹资金创办自来水厂。2002年，皇范村开始饮用洛阳自来水厂的深井水。

到2009年，汤墅村村民100%饮用自来水（长江水）。

二、“三清”工作

2003年7月，汤墅村按照洛阳镇全面开展“三清”（即清理村庄、清理河道、清理家园）工程的部署，成立“三清”工作领导小组，由村党支部书记任组长，全面负责协调全村的“三清”工作，成员由村委干部、村民小组长、妇女小组长组成。每个村干部，包括书记在内，分别包干2~3个村民小组，并制定“三清”工作进度时间表，明确各自的目标任务。

便民码头（2017年4月24日摄）

为“三清”工程顺利开展，村委召开村、组两级宣传动员大会，要求干部党员做好表率作用。发放宣传资料到户，形成干群上下合力，人人参与，齐抓共管的局面。2004年10月15日，汤墅村“三清”工程通过武进区卫生局、环保局、建设局、水利局合格验收。在为期5个多月的时间内，汤墅村“三清”工程共投入资金82.14万元，其中，建垃圾收集房66只（新建52只），投入资金64680元。清运建筑垃圾、生活垃圾、水花生等共计1050车，投入资金19866元。清理生活用水河塘22个，投入资金11108元，浇筑水泥路6695平方米，投入资金435206元，建三格式化粪池431只，投入资金129300元，参加“三清”工作人员397人，计2962工日，支付工资59240元，安装路灯85盏，投入资金102000元。

三、“五化三有”工作

2008年1月，汤墅村按照武进区、洛阳镇两级政府部署全面开展整治村庄环境，共建美好家园的“五化三有”（即道路硬化、卫生洁化、河塘净化、村庄绿化、环境美化；有公共服务中心，有长效管理机制，有乡村文化设施）工作。村委成立村庄整治领导小组，村党总支部书记任组长，全面负责工作，村主任任副组长，负责制定整治计划，实施方案及目标措施。其余村干部为成员，各人都有工作责任区。各村民小组长为该组的责任人，配合村委负责所在组的整治进度、质量、人员安排。村委多次召开村干部、村民小组长、村民代表及全体党员动员大会，积极宣传发动，每户发送“整治村庄，共建美好家园”专项行动倡议书，做到家喻户晓，人人参与，党员干部带头。2008 年 10 月，汤墅村通过由常州市、武进区、洛阳镇三级政府“五化三有”达标验收，成为洛阳镇较早通过“五化三有”达标验收的村。

汤墅村在开展村庄整治“五化三有”专项行动中投入资金 682 万元和大量的人力物力。

改造前的堵墅河（2017 年 3 月 29 日摄）

改造后的堵墅河（2017 年 10 月 30 日摄）

2008 年汤墅村村庄整治“五化三有”专项行动资金投入统计一览表

表 5-1　　单位：万元

项目	投入明细	投入资金	合计
道路硬化	村通组 18569 平方米	143.67	262.88
	组通组 19532 平方米	108.81	
	路灯 102 盏	10.4	
卫生洁化	公厕 1 座	1.3	56.5
	改厕补贴	17.01	
	自来水补贴	19.26	
	垃圾箱及垃圾桶	5.27	
	新建排水渠	13.66	
河塘净化	清淤 17.06 立方米	56.3	132.09
	石驳 1182 米	75.79	

续表 5-1　　　　单位：万元

项目	投入明细	投入资金	合计
村庄绿化	公共绿地	9.5	33.5
	道路绿化	8.5	
	片林	8.75	
	河道绿化	2.5	
	房前屋后绿化	4.25	
环境美化	拆除乱搭建，收购建材	12.36	70.03
	墙体刷白 23058 平方米	18.45	
	整治费用（工资、拖车运费及挖掘机费用）	39.22	
天然气工程	安装 591 户	114	114
公共服务中心	健身广场、图书室等	13	13
合计	—	—	682 其中：当年投入 410.07

道路硬化、亮化

汤墅村在“五化三有”工作中，域内的村通组主干道、组到户的村内道路进一步完善，共计投入资金 262.88 万元。完成村通组主干道 18569 平方米，投入资金 143.67 万元。通组到户道路 19532 平方米，投入资金 108.81 万元。两项共投资 252.48 万元。道路宽度有 3 米、3.5 米、4 米、4.5 米、5 米，厚度 10~20 厘米。

村通组主干道

1、东都路—堵墅村口，380 米 ×5 米 =1900 平方米，投入资金 14.4 万元。

2、陈家头—阳湖路（经谈东、谈西），共 700 米 (2960 平方米)，其中 160 米 ×5 米 =800 平方米，540 米 ×4 米 =2160 平方米，投入资金 32.45 万元。

3、陈家头—小岸桥，350 米 ×4 米 =1400 平方米，投入资金 7 万元。

4、杨洛公路—西窑，150 米 ×3 米 =450 平方米，杨洛公路—谈西 200 米 ×5 米 =1000 平方米，总投入资金 7.7 万元。

5、杨洛公路—陆家头，1100 米 ×3 米 =3300 平方米，投入资金 21.15 万元。

6、杨洛公路—皇范中巷，300 米 ×3 米 =900 平方米，投入资金 4.05 万元。

7、杨洛公路—前巷西巷—加工厂，450 米 ×3 米 =1350 平方米，投入资金 6.08 万元。

8、岑村路—丁庄—堵墅，350 米 ×3.6 米，1250 平方米，投入资金 9.13 万元。

9、杨洛公路—南巷，202 米 ×4.5 米 =909 平方米，投入资金 11.43 万元。

10、丁庄—岑村路，270 米 ×5 米 =1350 平方米，投入资金 13.48 万元。

11、丁庄—堵市路口，450 米 ×4 米 =1800 平方米，投入资金 16.8 万元。

组到户道路

1、堵西—堵东，180 米 ×3.5 米 =630 平方米，投入资金 3.47 万元。

2、谈东，600 米 ×2.8 米 =1680 平方米，投入资金 9.24 万元。

3、谈西，704.5 米 ×2.7 米 =1902 平方米，投入资金 10.46 万元。

4、臧家头，548 米 ×2.7 米 =1480 平方米，投入资金 8.14 万元。

5、陈家头，618 米 ×2.9 米 =1793 平方米，投入资金 9.26 万元。

6、丁庄，480 米 ×3 米 =1438 平方米，投入资金 7.9 万元。

7、堵东，495 米 ×2.8 米 =1385 平方米，投入资金 7.63 万元。

8、堵市，478 米 ×2.8 米 =1339 平方米，投入资金 7.39 万元。

9、堵西，460 米 ×2.8 米 =1289 平方米，投入资金 7.08 万元。

10、前巷—西巷。200 米 ×2.5 米 =500 平方米，投入资金 2.25 万元。

11、吴家头，220 米 ×3 米 =660 平方米，投入资金 2.97 万元。

12、北巷—中巷，200 米 ×3 米 =600 平方米，投入资金 2.7 万元。

13、陆家头，60 米 ×3 米 =180 平方米，投入资金 0.8 万元。

14、西窑，200 米 ×3 米 =600 平方米，投入资金 2.7 万元。

15、谈西，589 米 ×2 米 =1178 平方米，投入资金 7.65 万元。

16、堵墅，100 米 ×2.5 米 =250 平方米，投入资金 1.63 万元。

17、陆家头，203 米 ×3 米 =609 平方米，投入资金 3.96 万元。

18、欧窑，328 米 ×3 米 =984 平方米，投入资金 6.4 万元。

19、吴家头，45 米 ×3 米 =135 平方米，投入资金 0.88 万元。

20、丁庄，150 米 ×3 米 =450 平方米，投入资金 3.15 万元。

21、西窑，150 米 ×3 米 =450 平方米，投入资金 3.15 万元。

亮化

全村共安装 10 米高杆路灯 102 盏，总投资 10.4 万元。

卫生洁化

在“五化三有”工作中，汤墅村共计投入资金 56.5 万元，全村共 642 户完成改厕。卫生厕所改厕率达 100%，615 户建成无害化户厕，普及率达 95.8%。共建三格式化粪池 611 座，改厕补贴 17.01 万元。在外来人员居住稠密的欧窑组，新建水冲式公厕一座，投入资金 1.3 万元。自来水饮用普及率达 100%，投入资金 19.26 万元。先后建垃圾收集房 63 个，放置活动垃圾桶 30 只，投入资金 5.27 万元，垃圾入房率、清运率达100%。新建砖砌水渠1768米，投入资金13.66万元。2008年12月，全村完成天然气安装工程，并通气使用。共计安装591户，入户率达92.06%，全村共计投入资金250万元，其中村级补贴农户投入114万元。至2008年10月，全村安装太阳能热水器385户。

2008年汤墅村改厕、使用卫生厕所情况一览表

表5-2　　单位：户

序号	组名	卫生厕所		无害化卫生户厕				
		户数	改厕率	户数	普及率	三格化粪池式	使用联户、三格式户	使用公厕户数
1	谈东	49	100%	48	98%	48	—	1
2	谈西	50	100%	48	96%	48	—	2
3	臧家头	37	100%	33	89.20%	33	—	4
4	陈家头	53	100%	50	94.30%	50	—	3
5	丁庄	56	100%	54	96.40%	51	3	2
6	堵东	41	100%	40	97%	40	—	1
7	堵市	29	100%	29	100%	29	—	—
8	堵西	26	100%	21	80.80%	20	1	5
9	西窑	56	100%	54	96%	54	—	2
10	欧窑	31	100%	31	100%	31	—	—
11	南巷	34	100%	33	97%	33	—	1
12	中巷	25	100%	24	96%	24	—	1
13	北巷	24	100%	22	91.70%	22	—	2
14	前巷	37	100%	36	97%	36	—	1
15	西巷	31	100%	30	96.70%	30	—	1
16	吴家头	36	100%	35	97.20%	35	—	1
17	陆家头	27	100%	27	100%	27	—	—
合计		642	100%	615	95.80%	611	4	27

2008 年汤墅村自来水入户情况汇总表

表 5-3　　单位：户、人

组名	总户数	总人口	长江水入户情况				长江水 %	
			已安装		未安装		受益率	入户率
			户数	人数	户数	人数		
谈东	49	167	49	167	—	—	100%	100%
谈西	50	186	50	186	—	—	100%	100%
臧家头	37	149	37	149	—	—	100%	100%
陈家头	53	191	53	191	—	—	100%	100%
丁庄	56	200	56	200	—	—	100%	100%
堵东	41	160	41	160	—	—	100%	100%
堵市	29	114	29	114	—	—	100%	100%
堵西	26	102	26	102	—	—	100%	100%
西窑	56	188	56	188	—	—	100%	100%
欧窑	31	115	31	115	—	—	100%	100%
南巷	34	150	34	150	—	—	100%	100%
中巷	25	92	25	92	—	—	100%	100%
北巷	24	91	24	91	—	—	100%	100%
前巷	37	137	37	137	—	—	100%	100%
西巷	31	108	31	108	—	—	100%	100%
吴家头	36	130	36	130	—	—	100%	100%
陆家头	27	99	27	99	—	—	100%	100%
合计	642	2379	642	2379	—	—	100%	100%

2008 年汤墅村垃圾箱分布情况表

表 5-4　　单位：个

组名	垃圾箱数量	塑料垃圾桶	组名	垃圾箱数量	塑料垃圾桶
谈东	4	—	南巷	3	6
谈西	4	—	中巷	1	—
臧家头	3	—	北巷	1	—
陈家头	5	—	前巷	3	6
丁庄	5	—	西巷	2	—
堵东	4	—	吴家头	2	—
堵市	1	—	陆家头	3	—
堵西	2	—	企业	12	—
西窑	4	2	合计	63	30
欧窑	4	16	—	—	—

2008 年汤墅村新建排水渠情况表

表 5-5

组名	修建方法	总长度（米）	每米价格（元）	总价（万元）
丁庄	砖砌水渠	58	65	0.38
谈东	砖砌水渠	200	65	1.3
谈东	砖砌水渠	400	130	5.2
谈西	砖砌水渠	300	65	1.95
谈西	水泥管	120	45	0.54
臧家头	水泥管	100	45	0.45
堵东	砖砌水渠	80	65	0.52
欧窑	砖砌水渠	450	65	2.93
吴家头	砖砌水渠	60	65	0.39
总计		1768	—	13.66

河塘净化

2008年，在“五化三有”工作中，汤墅村共计投入132.09万元，对全村的生活用水河道、塘、浜进行清淤，共清淤河道、塘、浜30条，总长度6479米，清淤量170592.86立方米，水面积221.98亩，投入资金56.3万元。清淤后对7条河浜进行砖砌或石驳，共计3545立方米，投入资金75.79万元。

石河整治前（汤墅村档案室供图）

石河整治后（汤墅村档案室供图）

河道绿化（汤墅村档案室供图）

堵墅生态护岸（2017年6月5日摄）

2008年汤墅村河道河塘整治清淤情况表

表5-6

序号	河道（塘坝）名称	河道长度（米）	平均水面宽度（米）	平均淤积深度（米）	水面积（亩）	淤积量（立方米）	投入资金（万元）
1	王家滩（丁庄浜）	2000	25	1	75	50000	16.5
2	皇范站浜	163	13	0.7	3.18	1483.3	0.49
3	皇范东浜	393	17	1	10.02	6681	2.2

续表 5-6

序号	河道（塘坝）名称	河道长度（米）	平均水面宽度（米）	平均淤积深度（米）	水面积（亩）	淤积量（立方米）	投入资金（万元）
4	堵市浜	1000	20	1.3	30	26000	8.58
5	西窑塘	239	22.5	1	8.06	5377.5	1.77
6	南巷河	60	12.7	1.5	1.14	1143	0.38
7	欧窑浜	500	21	1.3	15.8	13650	4.5
8	船方区	89	15	0.8	2	1068	0.35
9	王古浜	70	28.6	1.5	3	3003	0.99
10	王介潭	30	20	0.8	0.9	480	0.16
11	皇范浜	800	26	1.5	31.2	31200	10.3
12	皇范桥池	80	16.7	0.7	2	935.2	0.31
13	胡口浜	31	21.5	0.8	1	533.2	0.18
14	仙水河	60	22.3	1.3	2	1739.4	0.57
15	东漕	45	30	1.5	2	2025	0.67
16	林浜	60	25	1	2.25	1500	0.5
17	东浜池（堵东）	50	20	0.6	1.5	600	0.2
18	马头口	45	30	1.3	2	1755	0.58
19	臧家头东池	40	25	0.8	1.5	800	0.26
20	杨家潭	100	26.7	1.2	4	3204	1.06
21	彭古潭	55	33.4	1	2.5	1837	0.61
22	徐洪潭	38	35.2	1.1	2	1471.36	0.49
23	西浜池	80	33.5	1.2	4	3216	1.06
24	西史家漕	75	26.7	1	3	2002.5	0.66

续表 5-6

序号	河道（塘坝）名称	河道长度（米）	平均水面宽度（米）	平均淤积深度（米）	水面积（亩）	淤积量（立方米）	投入资金（万元）
25	东浜池（谈东）	80	50	1.2	6	4800	1.58
26	小沟池	40	17	1	1	680	0.22
27	西巷池	20	16	0.9	0.48	288	0.1
28	西巷南池	50	20	0.8	1.5	800	0.26
29	前巷池	26	14	1.1	0.55	400.4	0.13
30	前巷南池	160	10	1.2	2.4	1920	0.63
	合计	6479	—	—	221.98	170592.86	56.29

村庄绿化

2008 年，在“五化三有”工作中，汤墅村共计投入资金 33.5 万元。

村庄周围做到见缝插针，应绿尽绿，栽植各类绿化树木。品种有：大叶黄杨、小叶黄杨、金边黄杨、紫薇、茶花、紫玉兰、杜鹃、金叶女贞、小叶女贞、月季花、茶梅、红叶小檗等。投入资金 4.25 万元。

道路绿化 4920 米，绿化率 100%，投入资金 8.5 万元。种植香樟树 1065 棵，水杉 162 棵。建花台 12 个，色块 60 平方米，大叶黄杨 1182 棵，月季花 46 棵，红枫 3 棵，塔松 91 棵，棕榈树 4 棵，剑麻 47 棵，紫薇 123 棵。

河道绿化：绿化率 100%，投入资金 2.5 万元。河道两旁种植大叶黄杨、广玉兰、紫薇，共计 3325 棵。

新植片林 25 亩，位于原汤墅小学南，种植香樟 4395 棵，紫薇 1120 棵，投入资金 8.75 万元。

建立公共绿地 1908 平方米，投入资金 9.5 万元，其中：休闲园绿地 1668 平方米。中心村健身绿地 240 平方米。村庄周围林果绿化面积 97 亩，全村绿化覆盖面积 127.61 亩，绿化覆盖率达 32.54%。全村拥有乔木 140181 棵，人均占有 59 棵，户均占有 218 棵。

环境美化

在“五化三有”工作中，汤墅村环境美化共计投入 70.03 万元。2008 年初，根据武进区整治村庄环境，共创美好家园要求，认真开展整治工作。此项工作工作量大、矛盾多、任务重、难度大，村委专门成立 50 人的专业队伍，分 3 个小组，其中一个小组主要负责搞沟渠配套及部分小范围硬化。另两个小组主要负责搞整治、拆除违章建筑、搬掉乱堆放杂物，拖运建筑垃圾和突击绿化等工作。全村共拆除鸡鸭棚舍103个，拆除破旧老屋、违章建筑62处，共计843平方米，墙体刷白23058平方米。资金投入明细：墙体刷白18.45万元，拆除违章、乱搭建、收购建筑材料等12.36万元，整治费用（包括工资、拖运费及挖掘机费用等）39.22万元。通过整治，村庄无乱搭乱建，无断墙残壁，道路整洁、河塘清洁、绿化美观。

建立公共服务中心

村建立公共服务中心，共计投入资金13万元。室外有健身活动场所3处，配置音响2台，有篮球场，健身器材20件，面积达1200平方米。至2016年，室外健身场所已达5个，健身器材50多件，室内总面积达206.8平方米，有棋牌室2个，乒乓室、阅览室、健身房各1个，村图书室1个，藏书1500册。并设立社区教育中心，新型农民科技培训学校，配置远程教育设施。不定期开展村民科技培训。

四、长效管理

“三清”工程

每户村民实行“门前三包责任制”，每户粘贴（镇制）门前三包牌，按牌上要求执行。

宣传发动，做到村民人人动手、相互监督，养成爱清洁、讲卫生的好习惯。

落实各项管理制度，做到责任到人，专人负责。

全村配备17名专职保洁员，即每个村民小组一名负责组域内的保洁工作，做好白色垃圾收集、垃圾入房、道路两侧及生活用水河塘的除草工作和垃圾收集房内的蚊蝇消杀工作。

“五化三有”

2008年，全村开展“五化三有”长效管理工作。

成立领导小组。组长：谈一平，成员：秦林初、苏光华、朱列健、虞亚红及各村民小组组长。

全村分庄陈、皇范两大片，每片有一专职保洁员。每月工资500元，各人负责自己域内的保洁工作。要求村内道路无白色垃圾、生活用水河塘无漂浮物、水花生、杂草等，保持道路整洁、河塘清洁、垃圾房四周无垃圾及其它杂物。

垃圾收集房管理，全村有一名垃圾清运员，要求5—10月份垃圾收集房的垃圾必须日产日清，11月至次年4月，隔日清运，并要保持垃圾收集房内外清洁干净。如发现垃圾清运不到位，一次口头督促，二次发出书面警告，三次扣除总工资的10%。

检查督促：由村领导小组成员负责每月定期检查一次，不定期检查若干次，检查结果做好台账，一项不到位扣1分，对不到的地方用口头或书面方式通知保洁员，令其改正。

奖惩措施：如保洁员每次检查都符合要求，年终可得奖金 800 元；据全年检查扣分累计数，每分扣 20 元。

实施“三清”工程及“五化三有”专项行动后，全村的生活环境大变样，广大村民的生活质量得到更好的保障和提高。

第二节　创建卫生村、生态村

一、江苏省卫生村

2001 年，洛阳镇成为江苏省卫生镇后，为进一步提高全镇卫生水平，净化、美化、绿化、亮化镇村面貌，改善人民群众的生产、生活环境，提高人民的健康水平，加快建设富强、生态、优美、文明、和谐的新洛阳，中共洛阳镇党委、镇政府决定 2008 年创建国家级卫生镇，同时要求各村创建江苏省卫生村。

农村生活污水处理工程
(2018 年 6 月 12 日摄)

2008 年，汤墅村开展整治村庄环境、共建美好家园——“五化三有”专项行动的同时，结合创建江苏省卫生村要求，展开创建省级卫生村工作。中共汤墅村党总支、村委会十分重视，进行广泛宣传，充分发动群众，发放资料到户，党员干部带头，村开设健康教育宣传橱窗，内容定期更新，有健康教育专职人员，建立健康教育组织网络，村委每年组织 2~3 次骨干培训。积极开展除“四害”活动，正确使用国家规定的药物，有效控制鼠、蝇、蚊、蟑螂的密度，在垃圾收集房旁设置毒饵站，不遗漏田边、河边，灭鼠药发放到户，每年进行 2~3 次灭鼠工作。2009 年 11 月，汤墅村通过江苏省卫生村达标验收。

二、江苏省生态村

遵照中共洛阳镇党委、政府部署，汤墅村在 2009 年创建成武进区生态村，2014 年创建成常州市级生态村。按进一步提档、升级的要求，2015 年 1 月，开始创建省级生态村。

中共汤墅村党总支、村委多次召开村组两级会议，发放资料，广泛宣传，倡导生态文明，提高广大村民的环保意识，促使村民能自觉遵守环保法律法规和有关规定，为创省级生态村共同努力。

村成立领导小组，由村党总支书记王建平任组长，村委主任陆玉石任副组长，村委其他干部为成员，制定创建计划、措施，组建环保队伍，明确分工，责任到人。

2012—2014年投入资金400万元，建造生活污水处理站。分别在皇范、臧家头、陈家头、欧窑、汤墅谈家头、堵墅6个自然村，建造6个生活污水处理站，配套管网长达20000米，生活污水日处理量129.1吨，生活污水处理率达68%，惠及12个村民小组，村民1694人。其他自然村有条件的已接入镇生活污水管网集中处理。2008年12月，全村591户开始使用清洁能源天然气，入户率达92.06%。至2015年，天然气入户率提升至98.6%。村庄绿化覆盖率从2008年的32.54%提高到33.24%，全村745户100%饮用自来水，饮用水卫生合格率达100%。全村完成无害化卫生户厕改厕工作，普及率从2008年的95.8%提高到99.6%。河塘清淤，在2008年清淤30个的基础上，2015—2016年，又清淤河塘11个，面积35亩。所有河塘有专人管理，并签订管护协议，保持河面无漂浮物，无岸边垃圾，整体水面清洁，河塘美观，河塘四周种植花木，绿化率100%。至2015年，全村完成村到组、组到户道路硬化工程，道路硬化率100%，2008年前完成38101平方米，2009—2015年完成3899平方米，硬化面积4.2万平方米，道路两侧绿化率达100%。垃圾无害化处理，村有1名专职垃圾清运员，按“组保洁、村收集、镇运转、区处理”的垃圾一体化处理模式处置垃圾，域内无暴露垃圾。全村建有垃圾收集房51个，放置活动垃圾箱30只，发现垃圾收集房门窗破损及时进行修补更换，活动垃圾箱丢失损坏后及时更补。制定垃圾清运员考核办法及奖惩措施。垃圾清运做到日产日清，保持垃圾收集房四周干净整洁，垃圾收集运转率达100%。按长效管理制度定期检查，发现问题，及时处理。

农村生活污水管网施工现场
（2017年7月18日摄）

整治工业污染，村域内工业企业分别采用雨污分流等有关方式，处理工业污染排放物。工业污染物排放处理率达100%。

据统计，2015年全村工业产值达80017万元，村、组两级收入500万元（其中村级150万元，组级350万元）。2015年全村村民人均收入27773元。

2015年12月，汤墅村通过省级生态村考核验收。

【第六章】 农业 NONG YE

汤墅村地处江南水乡，地形平坦，水网密布，气候适宜，土地肥沃。农业生产具有优越的自然条件。新中国成立前受旧生产关系的束缚，水利条件差，生产技术落后，工具陈旧，耕作方法古老，粮食品种单一。农业生产呈现靠天吃饭的状况，遇到灾年有的田块甚至颗粒无收。

新中国成立后，在中国共产党和人民政府的领导下通过土地改革、农业合作化、家庭联产承包责任制等经济制度的改革，建立符合实际的生产关系，生产力得到解放。广大群众大搞农田基本建设，挑高填低，开河筑渠，实现河网化和灌溉机电化，增强抗御自然灾害的能力，加上农业科学技术的不断发展，良种和新的栽培技术得到推广，大部分农田变成高产稳产田，粮食产量逐年上升。但在人民公社成立后的一段时间里，由于受左倾思想的影响，1959—1961 年国民经济处于严重困难时期，粮食产量下降，农业生产水平有所倒退。

中共十一届三中全会后，域内 1981 年推行家庭联产计酬责任制，到 1982 年全部实行家庭联产承包责任制，“双三制”改为稻麦“两熟制”，多种经营迅猛发展，农业生产效率快速提高。1984 年和 1990 年分别进行两次产业结构重大调整，以种植稻、麦为主改为水产养殖和林果种植为主，实现由传统农业向现代化农业的大跨越。到 2016 年，汤墅全村的水稻种植面积已不足 30 亩，其余全部种上林果。主要优质产品有水蜜桃、葡萄等。

第一节　农业生产关系

一、土地私有制

中华人民共和国成立前，域内的土地全部为私有制，农民占有土地多少不等，还有少数外来户没有土地，靠租用少量土地、打短工、捕鱼等来维持生计，遇上荒年民不聊生。

二、土地集体所有制

土地改革、互助组和初级社时期

1950 年秋，汤墅域内开始土地改革准备工作，进行土地登记、清理、核实。12 月根据苏南行政公署发出的《关于放手发动群众，组织土地改革运动高潮的指示》，把“土改”运动推向高潮，域内“土改”运动全面展开。对“土改”对象的土地情况、出租情况和人口财产情况进行清理核实，对不法地主和破坏“土改”的坏分子进行打击。对农民进行阶级教育，划分阶级成份，贯彻“依靠贫雇农，团结中农，中立富农，消灭封建制度”的总路线和总政策，孤立和分化地主，按照《中华人民共和国土地法》和中央人民政府政务院《关于划分阶级成份的决定》先划地主，后划富农。中农、贫农的成份实行自报互评，然后由村农委通过（地主成份由乡通过），各村阶级成份划分后，由乡农委和乡政府复评核实批准，出榜公布。据统计，汤墅域内评出1户工商地主，2户富农。原庄陈域内没收地主土地30亩，祠堂公有田8亩，征收小量土地出租者土地15亩。1951年8月“土改”转入全面复查阶段，对查出来的问题进行妥善解决。政府根据“土改”后各户土地房屋占有情况，颁发土地房屋所有证，从法律上承认农民土地房屋的所有权，“土改”运动结束。

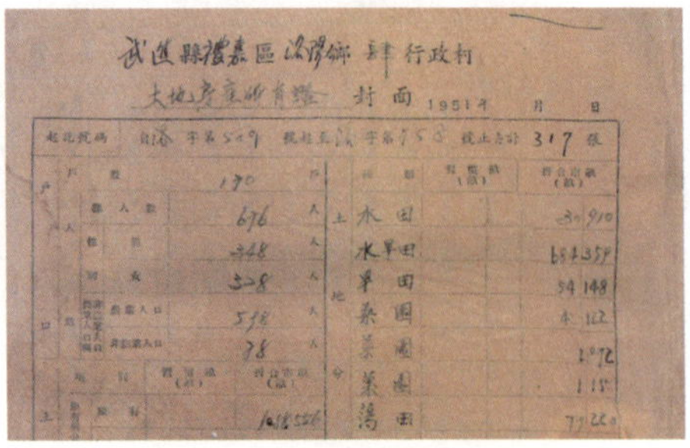

1951年洛阳乡四行政村
土地房产所有证

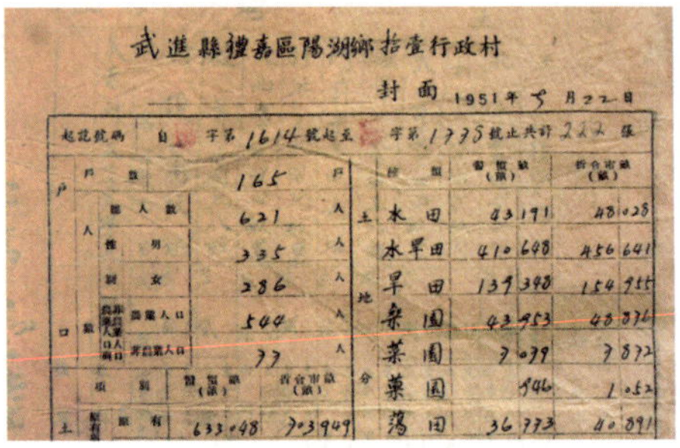

1951年阳湖乡十一行政村
土地房产所有证

“土改”运动结束后，农民自己有土地，生产积极性高涨，生活水平有所提高。但对于一家一户的小农经济方式，劳动力和生产资料不足，生产发展有一定困难，仍无力抗拒自然灾害，部分农民有出卖土地的现象。为从根本上摆脱贫困，彻底解放生产力，必须组织起来，走互助合作共同富裕的道路。在自愿的基础上产生季节性和长年性互助组，实行土地私有，共同劳动，换工互助，协商计酬。1954年汤墅谈家头谈焕良等18户农民（刘荣福、谈景林、谈金才、谈荣才、谈志才、谈听大、谈锡洪、谈锡林、谈富宜、谈加美、谈永泉、谈产荣、谈宝善、谈康明、谈志仁、谈焕良、谈伯兴、谈甫兴）成立阳湖乡第一个初级农业生产合作社。1955年丁庄丁产保等9户农民（丁汉生、顾加元、丁产保、丁六保、谈祥娣、彭全生、薛本大、丁祥保、丁根海）成立九星初级农业生产合作社。皇范顾敬益等10户农民（顾敬益、虞锡载、黄仁林、黄金林、吴长生、陈土生、虞保康、虞桂生、虞根林、杨金明）成立皇范农业初级合作社。合作社实行土地合并，大型农具折价入社，统一经营，收益归社，按入股土地和劳动力比例分红。同时各农业合作社不断总结经验，经营管理逐步完善，合作化运动不断发展。

土地改革、互助组和初级社时期，域内土地所有制仍为私有制。

高级社和人民公社

1956年，域内成立九星和阳湖2个高级农业生产合作社，完成对生产资料私有制的社会主义改造。高级社和初级社主要区别在于，初级社有土地分红，土地仍属私有；高级社取消土地分红，表示土地公有。高级社有效统一使用土地、劳力，实行因地制宜种植，改良土壤，生产水平提高较快。在经营管理上，高级社划分成小队，小队实行“三包一奖”（即包产、包工、包本）和对超产部分粮食由小队和国家“四六分成”（小队四成，国家六成），纳入国家征购任务。以小队为单位实行按劳分配，多劳多得，少劳少得。依靠组织起来的力量，办好以往小农经济无法办到的事情。

1958 年，根据中共中央《关于在农村建立人民公社问题的决议》，洛阳人民公社于 9 月 11 日成立。人民公社分级设大队和生产队。建立初期，一律实行以公社为核算单位，劳力、土地、房屋、耕畜、农机等全部属公社所有，由公社统一调度、使用、核算和分配，取消高级合作社建立起来的社员按劳动工分分配制度，实行以供给制为主的分配制度。

贯彻社会主义建设总路线不久，开始“大跃进”运动。运动中夸大主观意志和主观努力的作用，违反客观经济规律，以高指标、浮夸风和共产风为主要指标的“左”的错误严重泛滥。把劳力投放到大炼钢铁、大搞水利上去，生产上瞎指挥，提倡少种多收，搞违反科学规律的深翻和荒唐的密植，导致劳力比例严重失调，土地荒废，收获甚少。在“放开肚皮吃饭，鼓足干劲生产”的口号下，农业生产大兵团作战，社员集体住宿，私有房屋归集体安排使用，私养猪、羊归集体统一饲养；办公共食堂，搞包吃、包住、包读书、包治病、包剃头等“十包”。以上经济制度的变革和推行，加上自然灾害的影响，使农村经济蒙受重大损失。

1962 年 9 月 27 日，中共中央通过《农村人民公社工作条例（修正草案）》（即“六十条”），恢复生产队核算，实行生产资料固定到生产队，粮食则搞“三定”（定产量、定征购、定留粮），解散公共食堂，退还社员自留地，执行按劳分配，农业生产得以恢复正常。1964 年中共中央发出“农业学大寨”的号召，1965 年大搞农田基本建设，域内在欧窑南、西窑村南、堵墅村东、陈家头、汤墅谈家头北的一片土地上进行大规模的改造，挑高填低，挑坟塞河，格田成方，动用大量的劳动力，经过几年的艰苦努力，建成 500 亩高产稳产农田。至今这片土地还发挥着它独特的优势，为农业增产增收奠定了一定的基础。1983 年人民公社体制相继撤销。

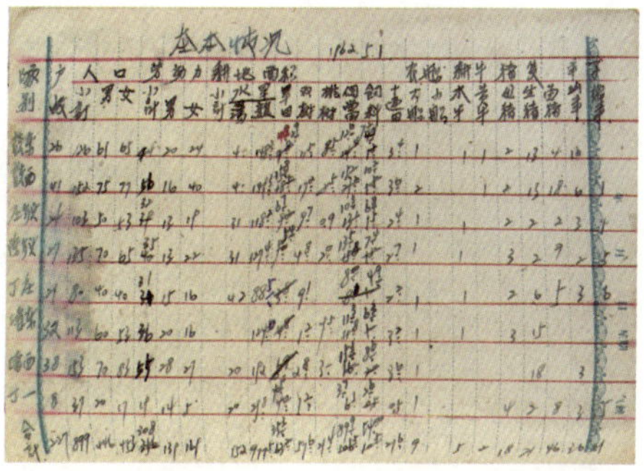

庄陈大队各生产队 1962 年基本情况

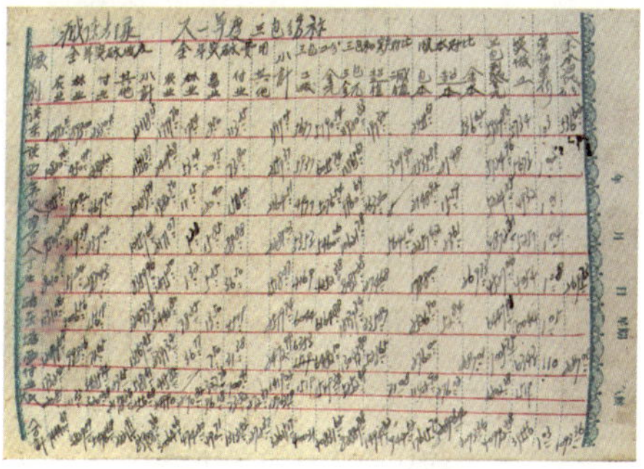

庄陈大队各生产队 1961 年结算

高级社、人民公社时期至今，域内土地所有制为集体所有制。

三、家庭联产承包责任制

1978年后，国家逐步调整和制定农村的各项政策，农业生产责任制逐步推开。1981年域内普遍推行“联产到劳，统一分配”的责任制形式，把原来高度集中的经营方式改为“统分结合”的双层经营结构，把原来“三级所有，队为基础”的体制改为多种经济体制并存，把生产经营自主权交给农民，有效克服了“大锅饭”和平均主义，集体经济优越性和农民个人积极性得到充分发挥，进一步解放生产力。1982年起域内实行“包产到户”的家庭联产承包责任制。农民按承包耕地上交征购粮、农业税、公积金、公益金和管理费用；在完成国家的留着集体的之后，余下都是自己的，真正体现“按劳取酬，多劳多得”的分配原则，深受农民欢迎。

1981—1983年庄陈大队大包干落实情况一览表

表6-1　　单位：公斤

队别	77—79年三年平均总产	大包干总产	比“三定”（定口粮、产量、征购）增%	包干数							
				农村留粮							
				留种	饲料			口粮		
					集体	社员	小计	人口	平均	粮数
谈东	87567	82300	26.9	5140	3500	4115	7615	170	300	5100
谈西	87667.5	84100	23.5	5140	3500	4115	7615	195	270	52650
臧家头	89194.5	83100	42	4510	3150	3530	6680	163	300	48900
陈家头	87099	76660	26	4660	3150	3750	6900	143	300	42900
丁庄	91291.5	85100	30.7	4955	3390	3950	7340	181	300	54300
堵东	72268.5	68650	23.6	4252.5	2900	3395	6295	147	268.5	39543.5
堵市	55382	52050	20.3	3512.5	2395	2800	5195	102	279	28458
堵西	57560	54100	27.1	3330	2270	2650	4920	96	300	28800
合计	628036.5	586060	27	35500	24255	28305	52560	1197	289.5	481551.5

续表 6-1 单位：公斤

队别	包干数		三购任务	尚有余粮
	农村留粮			
	其他	留粮合计		
谈东	450	64205	18000	95
谈西	450	65855	18184	61
臧家头	400	60490	22500	110
陈家头	400	54860	21650	150
丁庄	450	67045	18000	55
堵东	400	50491	17881	278
堵市	400	37565.5	14350	134.5
堵西	400	37450	16413	237
合计	3350	437961.5	146978	1120.5

在落实土地承包的同时，以集体经营的多种经营项目也实行承包责任制，确定承包项目、范围和上交金额；集体房屋出租或折价变现，集体农具折价归户，场地、场头机械分组使用、或折价归户。总之宜包则包，宜分则分，宜卖则卖。土地的承包，生产队都分成口粮田和劳力田两种。即按人口承包口粮田，按劳动力承包劳力田；对于人口和劳动力变化，政府规定可在一个承包周期结束时按照大稳定小调整的原则，落实和调整农户承包田，1983 年土地承包期初定 3 年，1985 年延长 3 年，1988 年延长 10 年，1998 年中央提出“在原定的耕地承包期到期后，再延长 30 年不变”的政策。按照上级的统一部署，1998 年，域内在第一轮土地家庭承包经营的基础上进行顺延承包，发给农户“农村集体土地承包经营权证书”。第二轮土地承包的主要目的是明确所有权，稳定承包权，搞活使用权。

四、农村股份合作制

实行家庭联产承包责任制以后，农村集体经济的快速发展与收益分配的不规范引起新的矛盾，各村民小组分配方式各异，没有统一标准，人员增减，土地变动成为引发矛盾的主要原因。2006 年，在政府的统一部署下，汤墅村开始农村集体经济股份合作制改革，建立股东代表大会、董事会、监事会，健全内部管理制度。将集体资产折价量化到人，村民人人持股，明晰产权，创新资产经营管理制度，年终按股分红，促进农民增收，保持农村稳定。

到2016年，汤墅村17个村民小组中已有14个进行土地确权，另外3个村民小组（堵东、堵西、西窑）因大部分土地被征用，不须确权。

2016年域内在工商所注册的专业合作社、种植园的法人代表：

常州市汤墅农副产品专业合作社：王建平

常州市武进区洛阳镇汤墅农地股份专业合作社：陆玉石

常州市汤墅劳务专业合作社：王建平

常州市苏常鲜精品水果种植园：谈一平

常州市常洛果品专业合作社：谈剑波

常州市武进区洛阳丁庄葡萄园：顾建伟

第二节　耕作制度和产业结构

一、耕作制度

稻麦两熟制是域内长期以来的传统耕作制度，即夏熟种“三麦”，秋熟种水稻，其中部分田块秋播种油菜和绿肥（紫云英，俗称荷花郎）。1966年引进双季稻，稻麦两熟制逐渐改为麦—稻—稻、麦—豆—稻等形式的三熟制。1976年全大队100%种上双季稻，是双季稻种植面积最多的一年。当时三熟制比两熟制每亩增产75~100公斤，但需多用种子25公斤，多用人工50个，多用化肥（碳铵）75公斤，又因季节、劳力、肥料、气候等因素，有的年份后季稻产量很低，并不能达到增产增收的目的。双季稻米质较差，价格低于粳稻，经济效益差。种植双季稻使生产队在劳力、季节、肥料等各方面的矛盾突出，影响农、副、工生产的协调发展，还造成肥料不足，地力变瘦，病虫孳生，栽培季节延误等问题。

1977年，域内开始种植杂交稻，面积逐年扩大，粮食产量逐年增加。由于扩种杂交稻，促使“三麦”适时播种，再加上宁麦、扬麦等优良品种的推广，“三麦”产量迅速回升。1978年，域内堵东生产队的“三麦”单产达到350公斤，受到武进县政府的嘉奖。1982年全村恢复一年两熟的耕作制度，结束“双三制”（双季稻、麦，一年三熟）。20世纪80年代后期，杂交稻逐渐淘汰，单季晚稻成为当家品种。20世纪90年代中期，部分农户每年只种一熟水稻。随着产业结构的逐渐调整，域内农田的种粮面积越来越少。

二、产业结构

新中国成立前和成立初期，农业以生产粮食为主，副业生产主要以为种粮服务以及关系到国计民生的一些大宗产品；如养猪、牛、羊、鸡、鸭、鹅，栽桑养蚕等，项目比较单一。1978年后，国家制定一系列发展农业生产的政策，调动域内农民的生产积极性，在落实家庭联产承包责任制的基础上，粮食连年丰收，剩余劳动力增加，为多种经营的快速发展创造条件，从而开始以农村产业结构调整为内容的农村经济体制的第二步改革。

1983年，中共武进县委、县政府下发《关于放宽当前农村经济政策的若干规定》，要求大力发展承包集体多种经营的或者自营的专业户、重点户，鼓励社员积极发展各种家庭副业。域内各生产队将原集体经营的养猪、养蚕、养鱼、育蚌、培育珍珠等各个项目全部落入到户、到人。1984年，庄陈大队统一部署，进行第一次产业结构重大调整，将大队南部一片比较低洼的芦荡田开挖成鱼池，总面积232亩，其中：大队猪桑场80亩，丁庄59亩，臧家头50亩，陈家头25亩，谈西12亩，堵墅6亩。由各生产队的养鱼专业户承包。经济效益可观的繁育小蚌、培育珍珠副业项目达到高峰期。由于经营体制的转换，集体和个人都获得比较好的效益。

1990年冬，农业产业结构再一次进行调整，域内庄陈村调整144亩，皇范村调整135亩，主要用来种植葡萄、桃树，之后种植葡萄、桃树的面积一直在逐年增加。至2016年，汤墅全村1455亩粮田都种上葡萄、桃树等林果，水稻种植面积仅30亩。

第三节 农业技术推广

一、耕作技术发展历程

水 稻

耕地 域内种植水稻的耕耙田，在20世纪60年代中期前以人翻畜耕为主，到60年代后期开始采用手扶拖拉机耕耙，到70年代中后期，耕耙基本实现机械化。

育秧 在20世纪50年代时将种子用蒲包装着在河里浸种，秧田上水后，耙碎泥块，用门板夹平后，秧沟则用脚踩一条条脚迹，分成畦，便于落谷和管理。20世纪60年代开始，做秧田每畦一条沟，水做水育，同时推广稀播育壮秧技术，即“落谷稀”，种子处理上也有所改进。20世纪70年代由于“双三制”（双季稻、麦，一年三熟）的大面积种植，对秧田需要量不断增加，为解决秧田不足的矛盾，在场地、旱田、桑田内盲目搞起旱田育秧，但由于双季早稻育秧气温低，稻种不易发芽，所以采用地窖或温室催芽，且落谷后须盖上塑料薄膜，操作极不方便。20世纪80年代初，随着家庭联产承包责任制的落实，育秧由各农户自己负责，集体种田时需一星期下秧时间，转眼间只需一个傍晚或一个早上的时间，由于播种及时，为统一管水，统一施肥，统一防治病虫害，统一除草创造条件，对培育壮秧极为有利。

栽插　2001年前，均采用人工栽插方式。水稻栽插株行距约为“6寸×6寸”方形、“5寸×6寸”方形，称“斗板横”，每亩栽插密度为1.5万穴。20世纪60年代，逐步增加栽植密度，促使稻株个体与群体生长协调。20世纪70年代，为保证栽插密度，搞起拉线定点莳秧（线上作好标记，两人专门拉线，栽秧的按线上标记栽插）。20世纪80年代以后，常规单晚稻一般密度株行距为“4寸×5寸”方形，每亩栽三万穴左右。杂交稻株行距为“4寸×7寸”方形，每亩栽插2万穴左右。2002年域内开始推广机器栽秧。2007年，绝大部分稻田采用机器栽秧，结束农民几千年来“脸朝黄泥背朝天，半身黄泥半身水”人工插秧的辛苦劳作方式。

除草　在“双三制”（双季稻、麦，一年三熟）推广前，耘耥除草一直使用老办法，即稻田除草要求耘耥三次，头耥为横耥，二耥为竖耥，三耥即干稻；干稻后要两次拔除杂草。双季稻种植时强调一种就管，栽插后秧苗刚活棵就要除草。种植杂交稻后，用化学除草代替耘耥拔草。2007年，稻田全部采用化学除草。

搁田　搁田是控制无效分蘖，防止倒伏的重要措施。长期以来搁田只是脱水，不开沟，致使田块软硬不一，四周虽已裂缝，中间还是陷脚。20世纪70年代开始开沟搁田，开好穿心沟和围沟，以利搁的快，满田都搁上。搁田程度为中间不陷脚，四周不发白，叶色退淡，叶子挺起。

三　麦

耕翻　新中国成立前后，种麦耕翻习惯6棵稻根桩宽的包心埨，即两边各锄2棵，中间包2棵，面积利用率低。1956年逐步改包心埨为普翻，埨宽约2米。1958年要求麦埨深翻，既浪费劳力，贻误农时，而且将黄土生泥翻上来，熟土压在底层，影响“三麦”生长，造成“三麦”减产。20世纪70年代　宽改为约3米，耕翻推行薄片深翻条龙式，将翻出的泥土堆成4条，埨形做成公路型，使麦埨通气透光，为“三麦”生长争“五苗”（早、全、齐、匀、壮）创造有利条件，对“三麦”增产起到一些 积极作用。但薄片深翻条垄式费力太大，费工太多。1977年以后耕翻都以机耕为主。1985年在科学实践的基础上开始提倡免耕。1986年夏季获得大丰收。实践证明，只要加强管理，免耕不仅省工，而且早发，穗大而整齐。

播种　“三麦”播种传统上采用按埨撒播的方法，少数田块种植移栽麦和条播麦。后随着麦埨的逐步加宽，大面积的种植，仍然采用撒播，撒种时采取来回3次进行，以免漏播。

开沟　麦田排水在新中国成立前后一直延用老办法，田内无沟系，主要靠埨沟排水。20世纪60年代开始，在麦田内开挖一尺左右深的明沟，以后逐渐加深，并逐步推广“塘桥式”，实行每埨一条沟。为提高土地利用率，1974年开始，部分田块试用暗沟排水沟，但人工开挖暗沟劳动强度大，有违农时，并且暗沟容易淤塞，不便疏通，后未被推广。20世纪80年代开始，一般田内开骨干“丰”字沟，深达1.6尺，做到三沟配套。

沟沟相通，雨停田干。由于田内排水沟和内外三沟配套的完善，“三麦”产量不断提高。

2016年，域内良田面积绝大多数种上葡萄，水蜜桃，采用新技术种植高产优质林果。

汤墅村历任农技员

庄陈大队（村）		皇范大队（村）	
陈仁祖	—1975	陆元清	—1974
陈幸福	1975—1994	虞仲金	1975—1979
谈春焕	1979—1980	陆元茂	1979—1990
臧岳南	1983—1983	苏建元	1983—1985
秦林初	1995—2001		1990—1999
		虞仲金	2000—2001
汤墅村			
秦林初	2002—2012	陆玉石	2012—2013
谈成林	2014—		

二、新品种推广

水　稻

单季稻　新中国成立前后，种植的水稻主要有：凤凰稻、芦冠白、牛毛黄、四一二、黄壳早、红芒糯等品种，一般亩产为250公斤。20世纪50年代至60年代初期以种植老来青与苏埂二号为主。老来青耐肥抗倒，生育期长，成熟晚，产量较高。苏粳二号的产量可达300~350公斤。20世纪60年代中期推广种植农垦58（世界稻），该品种分蘖率强，结实率高，米质极好，最高亩产可达500公斤，创造当时的历史最高纪录。但由于选种原因，该品种逐渐退化，产量逐渐下降，最终被淘汰。

双季稻　双季稻品种分早、中、晚三种。早熟品种有矮脚南特，矮南早、二九青、二九南，其中以二九青为主，成熟期比矮南早推迟2~3天，产量略高于矮南早。中熟品种有矮南早39、原丰早、二幅早，成熟期比早熟品种又迟了3~4天。晚熟品种有广陆矮4号，全生育期150天左右，产量优于早、中熟品种，但成熟期迟，影响后作的产量。后季稻都是以早熟晚梗、晚糯为主，品种有武农早、葛后二号、双丰一号、武糯一号、复红六号等。1977年起以种植杂交稻为主，当时流传有“一斤种，一担秧，一亩田”之说，称赞栽种杂交稻既省种又省工。品种以南优二号为主，该品种全生育期为148天左右。1980年推广泗优。1981年水稻种植以泗优为主，同时搭配种植武香梗，并逐渐替代杂交稻。1995年，引进“9325”“992”等品种，1996年“9325”推广。2001年推广“9983”，并示范“9998”。2003年推广“9998”，少量种植糯稻“8333”。之后，由于产业结构的不断调整，域内水稻面积逐步减少。

三　麦

小麦　新中国成立初期主要种植以“蚕老麦”品种为主，该品种在春蚕缚茧时收获。20 世纪 50、60 年代，由地方品种红芒硝、白芒硝、二四一九过渡到华东六号、吉利、万年二号、阿夫等。亩产一般为 125 公斤左右。20 世纪 70 年代引进武麦，一般亩产达 175 公斤。1978 年后，由宁麦 3 号、扬麦 4 号当家。宁麦 3 号全生育期 225 天左右，极耐肥，杆高 90 厘米，粗壮不易倒伏，分蘖率强，成穗率高，成熟期晚，产量较高。1982 年后，主要以宁麦 3 号种植为主，亩产可达 260~280 公斤。

元麦　1965 年前，以“立夏黄”为当家品种，以后种植“737”品种。1970 年引进“立新”元麦。1974 年引进“114”元麦。1978 年种植“浙 -114”品种，亩产可达 250 公斤左右，但抗冻性不强，不能过早播种，易冬前拔节，主茎受冻害而死，全生育期 210 天左右。20 世纪 80 年代中后期，种植面积逐渐减少。

大麦　20 世纪 60 年代，主要种植六棱大麦、矮白杨、尺八 214 等品种，亩产 150 公斤左右。1975 年开始，由早熟三号取代，该品种属春性品种，播期弹性大，成穗率高，杆高，全生育期 210 天左右，亩产可达 250 公斤左右。20 世纪 80 年代以后，很少种植。

三、肥料和施肥技术

有机肥料

传统的自然肥料有：猪灰、粪肥、家杂肥、草塘泥、绿肥、豆饼等。稻田肥料以河泥、绿肥为主，少数较富有人家垩豆饼，搭配家杂肥。麦田肥料以猪灰为主，搭配粪肥。当时域内有 70%~80% 的农户养猪，主要是肥田（当时有流传：养猪不赚钱，回来看看田）。长期使用自然有机肥料，能促进土壤团粒结构的形成，保持和改善土壤肥力。

20 世纪 70 年代，域内大搞放养“三水一绿”（水浮莲、水花生、水葫芦和绿萍）。1976 年放养量最多，其中绿萍放养面积占水稻面积的 60%，“三水”放养量占可放“三水”河道面积的 85%，对增肥改土有较大作用。但其中水花生因繁殖生长能力超强，到 20 世纪 90 年代成为田间、河道的草害，直到 2016 年还没全部除尽。

化学肥料

化学肥料种类很多，有碳酸氢铵、氯化铵、硫酸铵、尿素、过磷酸钙、钙镁磷肥、复合肥等。随着工业生产的发展，化肥生产产量增加，品种不断增多。在大面积种植双季稻年代，化肥得到广泛使用，国家分配的化肥不能满足农业生产的需求。域内每年组织劳力、农船去上海运回大量工业废氨水，施用在农田里，使一大部分土地碱性程度偏高，土壤板结，严重破坏土壤肥力。实行农业生产责任制后，强调要正确处理好用地与养地的矛盾，鼓励社员多施自然肥料，提倡稻草还田，扩种绿肥，使土壤肥力不断恢复。

施肥技术

20 世纪 70 年代开始，随着化肥的普遍使用，施肥方式不断改进。

碳氨深施　碳酸氢铵为域内使用最多的化肥，施入土壤后，被作物吸收利用，不残留有害物质。但化学性质很不稳定，易分解，因此肥效损失严重。20 世纪 70 年代起，除面施外，逐步采用深施的办法，“三麦”基肥在翻田前撒施，以促冬前分蘖。1~2 月打洞穴施，作为拔节孕穗肥。穴施规格 5 寸 ×6 寸，洞深 3 寸左右，施肥后，洞口盖上土，肥效明显延长。

增施磷肥　随着生产水平的提高，对磷肥的需求量逐渐增加，尤其是“三麦”。土壤中的含磷量远远不能满足“三麦”的生长的需要。20 世纪 70 年代后期，普遍重视施用过磷酸钙，每亩 25 公斤左右。

根外施肥　20 世纪 80 年代开始运用。主要用尿素、磷酸二氢钾等化肥，加水后进行叶面喷施。每亩用量视作物的品种及生长情况而定，一般每亩用尿素 0.5~1 公斤，磷肥 1~2.5 公斤，能促使作物生长旺盛，籽粒饱满。

巧施追肥

水稻断奶肥　在一叶一心前使用，增加秧苗抗性，促使早生分蘖；起身肥，在移栽前 3~4 天施，提高植株氮素水平，使秧苗移栽后根力强，活棵转青快；穗肥，1978 年运用到常规稻上，具体方法是：在稻苗最后第二叶生出一半到全展时期使用，用量为硫氨标准 10 公斤左右，称为“保花肥”。在此以前，由于没有重视中期稳长，幼穗开始分化前后，施用氮肥过多，导致 7 月下旬叶色退淡不足，造成剑叶过长生穗包颈，成熟期推迟，空瘪粒增加，易早衰等。虽有好长相，却无好产量。改施“保花肥”后，以中期稳长，叶色退淡为基础，因苗因时看叶色确定用量及施肥时间。如果“保花肥”施不下，可在破口时施用或推迟到齐穗使用。穗肥的巧施起到减少颖化退化提高结实率，增加千粒重，活熟不早衰等作用，一般增产 1~2 成。

肥料与施肥技术巧施追肥油菜
（2017 年 3 月 27 日摄）

三麦　3 月底、4 月初，看苗撒施剑叶肥，以尿素、硫氨为主，保证后期不早衰，增粒重。

油菜　在 1975 年以后逐步使用化肥，用碳铵深施作苔肥，后期喷施硼肥，有增产作用。

四、病虫害与杂草防治

病虫害的防治

新中国成立前和成立初期，由于农民缺乏科学知识，把病虫害视为天意。20 世纪 50 年代起才给予科学的解释，发起掘稻根运动，后又点诱蛾灯，捉卵块，但收效甚微，仅坚持一、二年就停止。20 世纪 60 年代初，植物保护这门科学逐步被人们所认识。随着生产的发展，特别是“双三制”的扩大，病虫种类逐渐增加，危害也日趋严重，其中以稻飞虱为典型，1971 年、1973 年、1977 年和 1978 年受其危害严重的田块减产三至四成。

植保工作是项积极的以预防为主结合化学防治的技术防治，域内坚持“三结合”，即农业防治与药剂防治相结合，预测预报与突击防治相结合，联合防治与重点防治相结合。这对防治病虫害，夺取农业丰收起重要作用。

20 世纪 60—90 年代域内农作物主要病虫害的发生危害和防治情况一览表

表 6-2

病虫分类	危害对象	发生时间及危害情况	防治方法
稻蓟马	水稻	三熟制时期，4 月底开始危害直到 9 月底。一般 5 月底。秧苗处二、三叶期开始危害直到 7 月初	4% 乐果乳剂稀释为 2% 浓度喷雾
螟虫	水稻	秧苗期有零星危害，二化螟、三化螟至 7 月底造成枯心塘，大螟可至 9 月初，田埂周围虫害严重，后期造成白梢	杀螟松或杀螟威，每亩 150 克；1605 或 203 乳剂每亩 100 克均可，冲水 10 担兑水泼浇
纵卷叶虫	水稻	7 月上旬开始直至 8 月下旬，三代卷叶虫造成白叶危害，严重的要减产一至二成	杀虫醚，每亩 200 克，冲水 10 担泼浇
稻飞虱	水稻	一、二代由南方迁飞而来。繁殖二至三代，有白背虱、褐飞虱、灰飞虱三种。尤以三代、四代褐飞虱危害最为严重	泯灭威、叶蝉散、混合粉，每亩 2.5 公斤喷粉或 1605、223 乳剂、甲胺磷，每亩 100~150 克兑水泼浇
白叶枯病	水稻	一般在 8 月下旬发病，如风雨多更为严重，蔓延迅速	2% 敌枯双浸种，发病后，用同样浓度叶面喷治
纹枯病	水稻、“三麦”	双季稻从 7 月上中旬开始，杂交稻从 7 月底开始发病。“三麦”3 月份发病，可一直危害到收割，造成灌浆不足，倒伏，严重的死亡	五万单位井岗霉素，每亩 150~200 克兑水浇泼
稻瘟病	水稻	水稻分蘖盛期和孕穗、抽穗期最易感病，这阶段如连续低温阴雨，有利病菌生长繁殖，如果后期复肥过多，穗颈瘟则较重	用 40% 稻瘟净 150 克加水 75 公斤喷雾，隔 7~10 天喷 1 次，连续喷 2 次
蚜虫	“三麦”、油菜	“三麦”、油菜苗期及生长嫩绿、晚熟的“三麦”、油菜	同稻蓟马的防治法
粘虫	“三麦”	5 月中下旬爆发性危害，吃食叶片	每亩用敌百虫粉 2~2.5 公斤或混合粉 1.5~2 公斤喷粉

续表 6-2

病虫分类	危害对象	发生时间及危害情况	防治方法
菌核病	油菜	5月上旬发病，遇多雨更为严重。造成烂茎、烂叶、烂角	在油菜始花、盛花期，每亩用25%多菌灵250克冲水75公斤，喷雾预防2次
赤霉病	“三麦”	危害麦的幼苗、茎部和麦穗。发病初期小穗颖壳先出现粉红色病斑逐渐蔓延全小穗，麦成熟期出现煤屑状黑色小颗粒	每亩用20%多菌灵250克加水50公斤在麦始花期和盛花期分别喷雾防治

杂草的防治

草害在水稻、“三麦”、油菜田都有，在水稻田并不突出，在“三麦”田主要由于种植杂交水稻后，播期提前，草害突出，严重的形成草荒，造成草多苗少，病多穗少，穗小倒伏等，以至造成减产。从20世纪80年代起，开始采用化学除草。

水稻田杂草的防治

秧田防治　秧田用除草醚可以防除球花碱草、牛毛草、节节草、鸭舌草、陌上草、稗草。防治方法：每亩用25%除草醚400克加湿细土25公斤，拌和堆闷一昼夜。使用时采取“三边法”，即边落谷、边塌谷、边撒药土。落谷后的3天内秧板不能积水，以防药害。也可采用喷雾法，在塌谷后，每亩秧田用除草醚加水40~50公斤用喷雾机将药液均匀地喷洒到秧板上，除草效果更好。

大田防治　每亩用400~500克除草醚拌和干湿土25公斤，堆闷一昼夜，在秧苗移栽后的3~5天内撒施，撒药时田内应保持1.5~2寸水，持续3天。

“三麦”田杂草的防治

使用绿麦隆可以防治看麦娘（磨磨青）。防治方法：每亩用绿麦隆200~250克拌和干湿土25公斤在“三麦”播种后1~3天内撒药土防治，也可用200~250克绿麦隆加水50~60公斤在小麦二叶期时喷药除草。

另外用二甲四氯或苯达松可防治麦田中的双子叶杂草，如鸡肚肠草、莉豆籽草等。防治方法：每亩用150克二甲四氯、100克苯达松兑水50~60公斤喷雾，效果最佳。喷药时保持隔离区，以防危害附近豆类、蔬菜等敏感植物。

油菜田杂草的防治

油菜田的杂草品种有看麦娘、繁缕（鸡肚肠草）、大巢菜（莉豆籽）、猪殃殃、水仙草等，早期使用“稳杀得”，后来增加“盖草能”，效果都比较好。

冬季油菜的单子叶草用15%稳杀得50~60毫升或12.5%盖草能80毫升加水25公斤均匀喷雾；春季单子叶草、双子叶草用12.5%盖草能80毫升加30%好实多40毫升加水30公斤均匀喷雾。

1961—1981年庄陈大队粮食产量情况一览表

表 6-3

时间＼目录＼队别	谈东			谈西			臧家头			陈家头		
	面积	单产	总产	面积	单产	总产	面积	单产	总产	面积	单产	总产
1961年	148.3	317	47011	147.3	307.5	45295	119.2	335	39932	128.4	309.5	39740
1962年	148.3	376.5	55835	147.3	429.5	63265	119.2	385	45892	128.4	404	51874
1963年	148.3	414.5	61470	147.3	477	70262	119.2	483	57574	128.4	430	55212
1964年	148.3	456.5	67699	147.3	543	79984	119.2	502.5	59898	128.4	497.5	63879
1965年	146	482.5	70445	145	535.5	77648	117	525.5	61484	126.5	516	65274
1966年	146	528.5	77161	145	593	85985	117	639	74763	125.5	596.5	74861
1967年	146	420	61320	145	466	67570	117	520.5	60899	125.5	494	61997
1968年	146	426	62196	145	455	65975	117	471.5	55166	125.5	419	52585
1969年	146	447	65262	145	500	72500	117	523	61191	125.5	483.5	60679
1970年	146	442	64532	145	509	73805	117	486	56862	125.5	464.5	58295
1971年	139	567	78813	139	647.5	90003	122	580	70760	126	590.5	74403
1972年	139	577.5	80273	139	671.5	93339	122	612	74664	126	602.5	75915
1973年	139	561	77979	139	670	93130	122	612.5	74725	126	615.5	77553
1974年	139	624.5	86806	139	671.5	93339	122	683	83326	126	636	80136
1975年	139	594	82566	139	650.5	90420	122	685.5	83631	126	709.5	89397
1976年	139	717.5	99733	139	752.5	104598	122	789.5	96319	126	753	94878
1977年	139	514	71446	139	563	78257	122	583	71126	126	604	76104
1978年	139	728	101192	139	710	98690	122	841	102602	126	810	102060
1979年	139	645	89655	139	630	87570	122	764	93208	126	657	82782
1980年	139	642	89238	139	630	87570	122	752	91744	126	663	83538
1981年	139	606	84234	139	601	83539	122	497	60634	126	565	71190

单位：亩、公斤

丁庄			堵东			堵市			堵西			合计		
面积	单产	总产	面积	单产	总产	面积	单产	总产	面积	单产	总产	面积	单产	总产
118.3	331	39157	124	380.5	47182	—	—	—	192	271.5	52128	977.5	317.6	310445
118.3	466	55128	124	457	56668	—	—	—	192	366.5	70368	977.5	408	399030
118.3	629	74411	124	504	62496	98.4	412	40541	93.6	421	39406	977.5	472	461372
118.3	684	80917	124	527	65348	98.4	476.5	46888	93.6	412.5	38610	977.5	514.8	503223
116.7	729	85074	122.2	579.5	70815	97	488.5	47385	93.6	502	46987	964	544.7	525112
116	779	90364	122	620.5	75701	96.5	570	55005	92	585.5	53866	960	612.2	587706
116	666	77256	122	532.5	64965	96.5	464	44776	92	487.5	44850	960	504	483633
116	568	65888	122	457	55754	96.5	393.5	37973	92	426	39192	960	452.8	434729
116	657	76212	122	512	62464	96.5	485.5	46851	92	508.5	46782	960	512	491941
116	622	72152	122	516.5	63013	96.5	460	44390	92	514.5	47334	960	500	480383
134	644	86296	115	660	75900	95	592	56240	90	607.5	54675	960	611.5	587090
134	650	87100	115	670.5	77107	95	594	56430	90	632	56880	960	627	601708
134	638	85492	115	620	71300	95	630.5	59898	90	604	54360	960	619	594437
134	721	96614	115	660.5	75958	95	601	57095	90	630.5	56745	960	656	630019
134	672	90048	115	666	76590	95	562.5	53438	90	638	57420	960	649.5	623510
134	753	100902	115	698.5	80328	95	683	64885	90	660	59400	960	730	701043
134	578	77452	115	538	61870	95	503	47785	90	562.5	50625	960	557	534665
134	786	105324	115	730	83950	95	664	63080	90	727.5	65475	960	752.5	722373
134	675	90450	115	612	70380	95	577.5	54863	90	623	56070	960	651	624978
134	707.5	94805	115	677.5	77913	95	529	50255	90	639	57510	960	659	632573
134	547	73298	115	545	62675	95	455.5	43273	90	466	41940	960	542.5	520783

第四节　农机农具

一、发展概况

新中国成立前，域内农业生产从耕田、耙田到收割、脱粒，主要以人力为主，少数人家辅以畜力的方式，“脸朝黄泥背朝天，弯腰曲背几千年”，生产力极低，真可谓“白米饭好吃田难种”。新中国成立后，随着集体经济不断壮大，1959 年，开始实现电力灌溉，农机农具得到不断发展。

1968 年，庄陈大队购进 1 台稻、麦两用清谷脱粒机，轮流到各生产队辅助脱粒，但主要脱粒任务还是以脚踏轧稻机为主。同时各生产队陆续购进电动脱粒机。1969 年起，大队购进轧米机，开始解决全大队的轧米（此前农户稻轧米要用船运载到小虹桥、洛阳、杨墅的南村头等地）。1970 年庄陈大队购进第一台柴油机，用于芦荡低洼田排水。1971 年购进第一台手扶拖拉机（8 匹）仅能用于水田耙田。1973 年购进第一台中拖（25 匹），用于耕田。1974—1975 年逐渐购进手扶拖拉机 8 台（12 匹），达到每生产队一台，能用于耕田、耙田，结束用铁耙人工翻田的历史。稻麦脱粒全部用电动脱粒机，每个生产队购进大炮车一台，结束鞭秸头、扬乱草的历史，节省人工。1978 年购进第二台中拖（丰收 35），同样用于耕田、耙田。1981 年购进第三台中拖（丰收 50），后又陆续增购 2 台丰收 50 拖拉机，彻底结束人工收割稻麦。到 20 世纪 80 年代中后期，庄陈大队耕耙田，收割脱粒，全部实现机械化。从 1975—1993 年庄陈被定为武进县农业机械化试点村。1989—1995 年上级政府对庄陈购买农业机械共补贴 51000 元（县补贴 10200 元，镇补贴 40800 元），其余资金都由村（大队）承担。

皇范大队从 1974—1975 年购进手扶拖拉机 2 台（全套）用于耕田、耙田。20 世纪 80 年代以后开始购买中拖，并逐渐增购到 2 台（全套）。20 世纪 80 年代末、90 年代初，皇范大队耕田、耙田、收割、脱粒全部实现农业机械化。1990—1995 年，上级政府对皇范村购买农业机械共补贴 15800 元（县补贴 6600 元，镇补贴 9200 元），其余资金都由村（大队）承担。1997 年，由农机专业户购买洋马稻麦两用收割机 1 台，获政府补贴 5 万元（镇补贴 2 万元，市补贴 3 万元）。

前排：谈甫兴（左一）、苏仲林（左二）
（1974 年 1 月摄）

二、农机站

随着农业机械的不断增加，农机队伍逐渐壮大，日益成为农业现代化的重要力量。为加强农机管理，妥善保管农业机械，为维修创造好的环境，庄陈村于 1992 年投资 5.09 万元建造农机站库房 6 间两层楼底层。皇范村于 20 世纪 90 年代建造农机站库房平房 2 间。

农机站负责人：庄陈钱世兴、朱丙太、陈幸福、秦林初。皇范苏坤法、顾三焕、陈建良；汤墅陈建良。

三、消亡的农机具

新中国成立后，特别是 1978 年中共十一届三中全会以后，农业机械化程度不断提高，几千年来农民使用的传统农业生产工具逐渐被现代化农业机械替代。

谈洪荣忆绘史家漕车水图

谈洪荣忆绘牛推水图

耥

罱河泥

鞭连枷

稻床

轧稻

稻锯（割稻子用）

碌碡（滚粮轴）

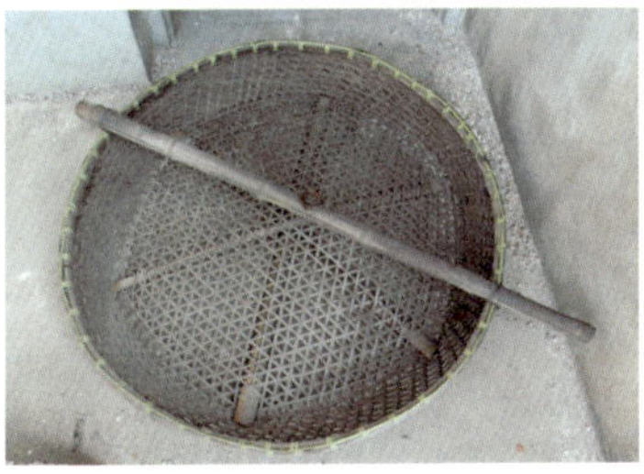
笪

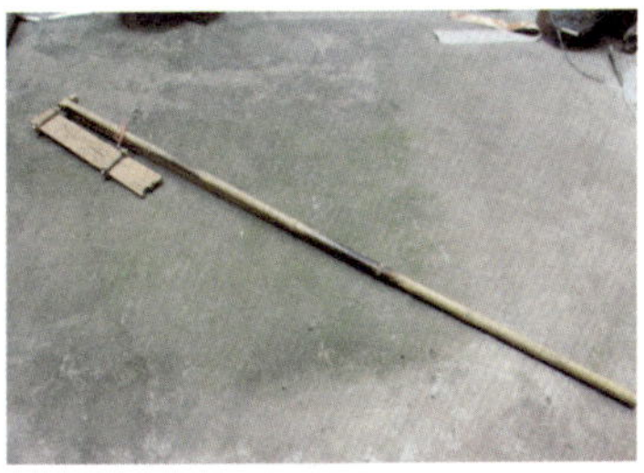
连枷

箩

田尺

栈条

翻耙

斗

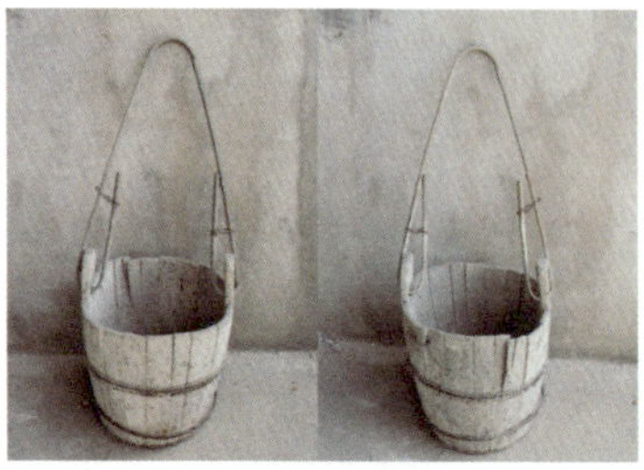
粪桶

铁耙和鸭脚齿耙

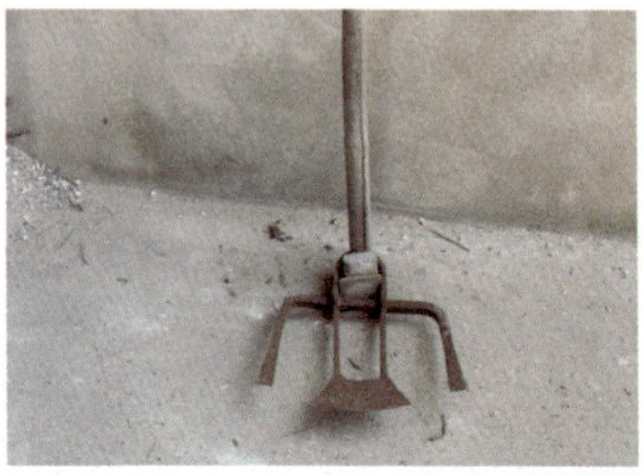
套口

小钉耙

土笪

种蚕豆镐

秧凳

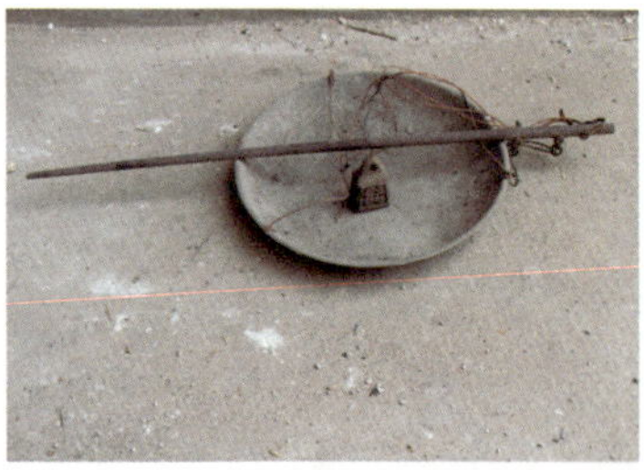
盘秤

打草木榔头

桃笼

锯

木工工具

木工舞钻

牵钻

嗨兜（渔具）

克篓（渔具）

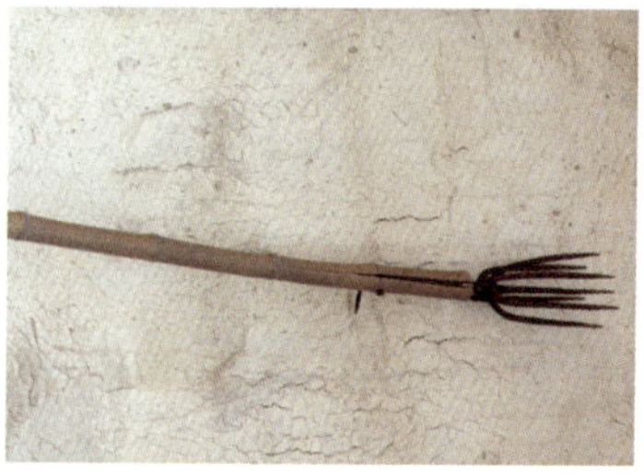
鱼叉

第五节　多种经营

一、传统项目

种桑养蚕

新中国成立前，汤墅域内农户就有栽桑养蚕的传统，养蚕成为一项重要的家庭副业。

蚕作茧的草龙

蚕匾

蚕台

新中国成立后，人民政府十分重视栽桑养蚕，蚕茧产量不断提高。1962年起，国家对交售蚕茧实行奖励政策，按出售蚕茧数量奖给粮食、布票、化肥等物。省内外种桑养蚕掀起高潮，因此出现桑苗奇缺现象。培育桑苗并出售成为当时农民的大好商机。中共洛阳公社委员会派洛阳公社副主任谈伯兴带领3名青年农民到浙江学习桑苗嫁接，然后在阳光大队张古坝搞试验，同时聘请浙江有经验的师傅现场指导。1964年春召开全公社现场会大力推广。1966—1969年，域内每年用小广秧破皮袋接法新技术嫁接培育桑苗15万株，不仅满足域内扩种桑田的桑苗需求，还为苏北地区及江西、山东、河南等省解决桑苗奇缺的燃眉之急，生产队集体收入增加。1969年，是全公社，也是域内蚕茧产

堵墅西队的蘑菇房（原堵墅蚕室）
（2017 年 3 月 29 日摄）

集体生产时的谈东村民小组蚕室
（2017 年 10 月 8 日摄）

量历史上最高的一年，桑田面积增加至 340 亩，蚕茧产量 1.78 万公斤。1970 年，桑苗开始滞销，桑苗培育渐止。20 世纪 70 年代中期，以粮为纲，大面积推广和种植“双三制”（双季稻、麦，一年三熟），出现粮食与蚕桑争土地、争肥料、争劳力的矛盾。同时粮田用药量增加，用药次数增多，不少桑叶沾染药毒，家蚕的中毒现象时有发生，养蚕安全无法保障，致使养蚕热不断降温。

随着水产养殖的兴起，各生产队把养鱼、养蚌育珠作为主攻副业项目，其经济效益看好，再加上林果栽培的经济效益远超种桑养蚕，因此种桑养蚕受到严重的制约，20 世纪 70 年代末，域内种桑养蚕逐渐被淘汰。

饲养家畜

养猪 养猪是域内的一项家庭传统副业。20 世纪 90 年代前，一般农户每年养 1—2 头，有少数人家养母猪，品种都是黑猪，肉猪一般养至 65 公斤宰杀或出售。饲料为大麦、豆饼、麸皮、米糠和青饲料。“养猪不赚钱，回头看看田”，养猪主要为大田积肥，同时也是增加农民收入的一项家庭副业。

1958 年，受“左”的思想影响，域内所有生产队不论有无条件，全部办起集体养猪场，将农民私人养猪全部砍光。但集体管理不善，养猪量日趋下降，猪肉供不应求情况日趋严重。1963 年恢复私人养猪，规定饲养母猪的农户有饲料田 0.5 亩，饲养肉猪的农户有饲料田 0.2 亩，同时对出售的肉猪按猪的重量实行粮食奖励。

庄陈大队猪桑场旧址（2017 年 11 月 26 日摄）

20 世纪 60 年代末，随着“双三制”（双季稻、麦，一年三熟）种植面积不断扩大，域内所有的生产队先后办起集体养猪场。洛阳公社要求每 20 亩田饲养一头母猪，每一亩田饲养一头肉猪。特别是 20 世纪

70年代中期百分之百种植双季稻那几年，集体养猪达到高潮。

20世纪80年代初联产承包责任制的实行，产业结构不断调整，集体养猪场陆续解散，集体饲养的猪折价归社员，公养转为私养，同时由于生猪收购价格的提高，激发社员的养猪热情，有的开始规模专业养猪，办起百头养猪场、千头养猪场。至2016年，由于环境整治等原因，绝大多数农户已不再私人养猪。

养兔 新中国成立前，域内农户有养兔的习惯，最初以养殖皮兔为主，另有日本大耳兔、青紫蓝、安哥拉长毛兔等。当时政府不收购兔毛，养兔主要是为积肥和食用。新中国成立后，养兔事业迅速发展，到20世纪70年代，域内农户都饲养有几只至几十只大小不等的兔，兔毛由政府收购，兔种除满足本地饲养，还向外省、市、县供应。1981年引进西德长毛兔，由于西德长毛兔的产毛量高，群众的养兔积极性再次高涨，每户养几十只，多的达100多只，养兔业达到高潮。当时在群众中流传着“家养一只兔，不愁油、盐、醋，家养十只兔，开支靠得住”的佳话。养兔在当时是社员的主要家庭副业。20世纪90年代，由于兔毛收购商的竞争日趋激烈，奸商弄虚作假，有以次充好的现象出现，造成兔毛出口受阻，养兔户逐渐减少。2016年，域内只有极少数农户养有少量皮兔。

1981年，上海电影制品厂来洛阳镇拍摄西德长毛兔人工受精。图为汤墅籍西窑村苏敖元技术员（后排左二）和全体饲养员合影

饲养家禽

汤墅域内农家历来有饲养家禽的习惯，其中以养鸡、鸭为主，也养一些鹅。鸡的品种有草鸡、乌骨鸡、白洛克鸡等；鸭的品种有土鸭、北京鸭等。一般为农户家庭饲养，每户养2～5只不等，也有少数农户养几十只。近年来，随着农村环境整治的不断深入，要求广大农民少养或不养。至2016年，域内农户大多数已不饲养，只有少数农户在承包田里饲养。

养 蜂

20世纪70年代，汤墅域内皇范大队、庄陈大队都有农户养蜂，他们向国家出售蜂蜜、皇浆、蜂蜡，同时也为自己创造效益。养蜂是一项技术性强、流动性大的行业，放蜂人员常年奔波全国各地，追花夺蜜。20世纪80年代，随着乡镇工业的迅速崛起，多种经营的发展，养蜂专业户逐渐放弃辛苦奔波、转战八方的养蜂事业，转向工厂企业或搞多种经营。2016年域内仍有少数农户传承着传统的养蜂业。

水产养殖

汤墅村地处江南水乡，域内河道纵横，沟塘密布，给发展水产养殖提供了有利的条件。但在新中国成立前，域内很少有人利用资源，鱼靠其自生自繁，也有农户在小池小塘放些鱼苗，但也不加管理，只在过年过节时干池捕捉食用，收益甚少。

新中国成立后，养鱼事业逐渐发展起来。1956年，在上级政府的统一部署下，域内庄陈大队、皇范大队和其他兄弟大队一起在阳湖大圩、马鞍大圩外建筑拦鱼设施，由阳湖大圩、马鞍大圩域内各生产队合股集体放养、管理。1964年，按照武进县多种经营管理局提出改进养殖方法，扩大内塘放养面积的建议，域内有条件的生产队对外河浜进行拦截改造，改成内塘，并进行整修、扩大。在公社多种经营管理办公室的指导下，采用科学的养殖方式，各生产队都有以副队长为主的管理人员，对青、草、鳊、鲤、鲫的放养进行搭配，鲢、鳙鱼的放养在原有基础上减少40%，同时每亩吊养800~900只珍珠蚌，充分利用水面资源，提高经济效益。

种植业

果树 新中国成立前，域内种植的果树品种有桃树和梨树，当时主要是在屋前宅旁零星种植。20世纪50年代，果树种植有较大发展，域内水蜜桃颇负盛名，主要品种有红花桃、白花桃和蟠桃，曾远销上海、无锡等地。农业合作化以后，个人已无土地种植，集体种植又缺少管理，种植面积减少，“文化大革命”期间，规定每户不得超过3棵桃树，多余的一律砍掉，所剩桃树寥寥无几。

1978年，中共十一届三中全会以后，允许并鼓励农民劳动致富，汤墅域内农民的果树种植逐渐增多。1981年农村实行联产承包责任制，除种粮食外，桃树、葡萄的种植面积不断扩大，大多数农户都种有桃树、葡萄、梨树等果树。2016年，域内的农田全部种上了桃树、梨树、葡萄等优质水果。

蔬菜 长期以来，域内农民一直有种植各种蔬菜的习惯，主要是供自己食用。农业合作化以后，在自留田上种蔬菜，仍以自己食用为主，只有靠近集镇的少数农民将自用多余的蔬菜运到街上去卖。20世纪80年代，随着农村生产结构的调整，种菜专业户不断出现，并有采用塑料大棚培育等新技术，2016年陆家头生产队种植新品种蔬菜芦蒿22亩，蔬菜产量高，经济效益好。另外由小商贩从各地批发市场运回供应，市场供、销两旺。

芦蒿规模种植（2017年3月27日摄）

红薯（域内称山芋，北方称地瓜，也有称番薯） 新中国成立前，域内不种红薯。20世纪50年代开始，从宜兴农场引进红薯苗。由于栽培容易，产量高，能用来弥补口粮不足和用来养猪，因此红薯种植面积越来越多。60 年代初，域内红薯苗能够自己培育。到 1962 年有少量红薯苗开始外销，培育红薯苗成为当时各生产队的一项重要副业。1969 年开始种植再生红薯苗，将红薯苗插栽闲置空地，成活后摘芯栽培，一枝可分出多枝，待分枝长至 8 寸左右剪下出售。20 世纪 80 年代，实行联产承包责任制以后，种植红薯和育红薯苗得以快速发展，红薯苗开始大量外调。20 世纪 90 年代开始，由于养猪农户逐渐减少，红薯种植相应减少。到 2016 年，大多数农户仍在自留地上种有少量红薯，多个品种的红薯进入超市，成为人们不可缺少的食品。

二、特产与特色

培育珍珠

1965 年春，由洛阳公社统一组织，在时任洛阳公社管委会副主任谈伯兴的牵头下，域内庄陈大队的谈西队、堵东队和阳光大队的陆家头鱼池，在常武地区率先搞起河蚌人工培育珍珠试点。技术上由江苏省水产部门技术员具体指导。一开始遇到挫折，这年冬天，仅收获湖蚌珠 150 克，且珍珠质量较差。面对挫折，主管领导总结经验教训，派技术骨干到苏州东山太湖地区水产研究中心培训，请省水产专家到洛阳讲课。在试点生产队取得成功经验之后，1969 年在庄陈大队的其他 6 个生产队全面推广。这一年，庄陈大队 8 个生产队有 120 人学习嫁接珍珠技术，鱼蚌混养面积达 80 亩，1970 年收获珍珠 10 公斤，价值 1 万元。以后 10 年中，珍珠质量不断提高，产量逐年增加，为生产队增加集体收入和社员分配作出很大贡献。1980 年前，域内嫁接珍珠的河蚌主要从周围其他县市、苏北、浙江等外县市、外省购进，由于运输路途远，易造成损伤死亡，价格也不断攀升，育珠成本高。1978 年，庄陈大队派技术骨干到吴县等地学习小蚌繁育、流水管

皇范珍珠养殖场及培训点原址
（2017 年 3 月 27 日摄）

珍珠嫁接（1993 年 3 月摄）

鱼珠混养（1992 年 4 月摄）

理新技术。1981年，谈西队28平方米的三角蚌简易育蚌室，用8分水面自育小湖蚌，两人管理，年内出售小蚌获3万余元，全队平均每人增加收入150元。同时域内庄陈、皇范两大队各生产队均开展自繁自育小蚌，不仅解决自身蚌源不足的困难，还为外地提供大量蚌源，大幅增加生产队集体收入。

自繁自育小蚌成功后，庄陈大队、皇范大队又组织引导各生产队进行河蚌育珠三项技术创新：微流水加肥水快速培养小蚌；同年童龄蚌接种；采用快速培育优质珍珠的“三小”（小蚌、小针、小片）工艺。三项新技术的推广，缩短了培育珍珠的周期，大大提高了优质珍珠的比率。庄陈大队、皇范大队成为洛阳公社珍珠培育的主要基地之一，也是洛阳公社成为“珍珠之乡”的重要力量，培育珍珠为增加生产队集体收入、社员分配立过汗马功劳。1981年是生产队集体分配的最后一年，这一年庄陈大队谈西队劳动单价每工3元，比1972年的每工1.50元增加1倍。20世纪90年代在万元户还为数不多的情况下，会嫁接珍珠的1名女性社员，年收入就能达到6000~8000元。

由于育珠水面连续多年养蚌容易出现蚌瘟病，且随着育珠热情日益高涨，该大队水面远远不能满足育珠的需求，庄陈、皇范大队发动群众到外县、外省找水面，采用承包、联营两种方式发展珍珠生产。1980年冬到1983年，在湖北等外地联营水面3000亩，为外地培养出一批育珠专业技术人才，同时收获珍珠375公斤，增加收入30万元。

1983年，随着农村家庭联产承包责任制的不断深入，养蚌育珠转为私人承包，之后逐渐出现万元户，有的育珠户年收入数十万元。于是有些村民急红了眼，盲目地到外县、外省承包大量水面养蚌育珠，而当时浙江、安徽、江西、湖北等省养蚌育珠也逐渐形成热潮，全国珍珠产量大增，大大超过市场需求，珍珠价格直线下降，到2016年，1983年时每公斤可卖7000元的珍珠只能卖300~400元。2016年，域内仅有两户仍在南京、丹阳等地承包300~500亩水面，其余都已转向林果栽培或工业企业。

养殖长毛兔

域内养长毛兔有悠久历史，20世纪40年代，引进安哥拉长毛兔。1956年引进法系兔，养兔量和兔毛产量不断上升。域内养兔事业十分兴旺，1981年，域内引进优质西德长毛兔，在谈西队谈一平家设立人工配种点，为该大队及周边社员家的优质种兔配种，为长毛兔生产升级换代打下基础，配种成功率达90%以上，70%以上为母兔。域内户户养长毛兔，多的达100只。1981—1984年是养兔最兴旺的时期，兔毛交售量由3000公斤增加到4000公斤，有力地支援国家外贸出口。由于种兔优质和饲养数量增加，根据外地养兔事业发展的需要，1982—1984年外调优质长毛种兔1250只，支援外地养兔事业。

20世纪80年代后期，兔毛收购竞争激烈，少数个体奸商弄虚作假，使出口堆放仓库的兔毛发霉变质，日本商人停收部分地区兔毛，使兔毛出口受阻，养兔户锐减。20世纪90年代初，洛阳供销社停止收购兔毛，养兔业降温。2016年，域内仅有少数养兔户为积肥或食兔肉饲养少量皮兔。

种植优质林果

1981 年实行联产承包责任制后，域内生产结构开始逐步调整。全村 1920 亩耕地，稻麦稳产高产，但经济效益不高。1984 年起，庄陈、皇范两村村委贯彻中共武进县委、县政府“决不放松粮食生产，积极发展多种经营”的指导方针，在土地增效、农民增收上想办法，引导农民发展林果产业。

优质葡萄　1984 年 3 月，经参观学习，庄陈村谈一方、谈道兴等 7 户农民引进巨峰葡萄种植，村委及时安排他们聆听葡萄种植专家、教授来洛阳的讲课，并协助他们与专家建立热线电话。1985 年，第一批引进的 20 多亩巨峰葡萄结果，1987 年取得较好的经济效益，许多农民跟着种植。1990 年冬，庄陈村调整 144 亩水稻田改种葡萄。2001 年，洛阳镇党委、镇政府立足资源优势，以“优化结构、培育支持、打造品牌、提高效益”为目标，大力推进“万亩果园计划”，庄陈、皇范两村积极响应，增加葡萄种植面积。果农享受到 2002 年和 2010 年洛阳镇出台的发展林果业的扶助政策，分别享受到每亩 200 元和 600 元的奖励。葡萄种植面积不断扩大，品种不断优化。先引进红富士，1994 年又引进藤稔（颗粒大，产量高），2000 年引进夏黑（无核，品质口味好），2006 年引进醉金香，无核化栽培。在专家和果农的共同努力下，汤墅村的葡萄在市、省乃至全国评比中屡获殊荣。2009 年，常洛果品专业合作社选送的“醉金香”“金手指”葡萄获“全国优质产品奖”。2010 年，在上海举行的全国早中熟葡萄评比中，常洛果品专业合作社选送的夏黑品种获金奖。2011 年，“苏常鲜”牌葡萄被评为江苏省名牌产品。2012 年，在无锡举办的江苏省第五届“中

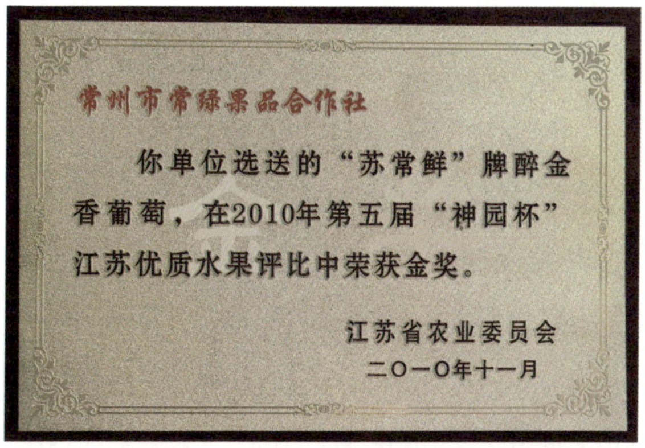

“苏常鲜”牌醉金香葡萄获金奖

“苏常鲜”牌红阳猕猴桃获金奖

早、中熟优质葡萄获全国银奖

山杯”优质早熟葡萄评比中，“金田美指”葡萄获银奖。同年在江苏省农业委员会组织的第六届“神园杯”优质果品评比中，常洛果品专业合作社选送的“金田美指”葡萄获银奖。

2011—2016年，汤墅村葡萄种植面积逐步增加到1400亩（含该村农民在外地承包的面积）。主要品种有藤稔，亩产2000~2500公斤，每公斤3~4元，亩产值6000~8000元。夏黑亩产1500公斤，每公斤6~9元，亩产值8000~10000元。醉金香亩产1000公斤，每公斤12~30元，亩产值1万~2万元。2016年，汤墅村葡萄年产量2100吨，不仅使广大消费者在炎炎酷暑能品尝甜美的新鲜葡萄，还为家家户户自行酿制葡萄酒提供价廉物美的葡萄，同时也为辛辛苦苦的葡农带来实实在在的经济效益。

水蜜桃　水蜜桃是汤墅村的传统优质水果，素有“人间仙桃”之美称，中华人民共和国成立前就有种植。人民公社化后，集体种植，管理不善。“文化大革命”期间，每户自留田上最多种3棵，种第四棵便是“资本主义的尾巴”，一律砍掉。

水蜜桃（2014年3月30日摄）

1979年贯彻中共十一届三中全会政策，域内新种桃树逐渐增多。1984年，洛阳西谈家头成为公社桃园示范基地后，由于党的政策鼓励支持，种桃专业户的榜样效应，专家的具体指导，攻关组攻克历史上从未解决的桃树流胶病，不断改良引进新品种，不仅面积不断扩大，果品质量也大幅提高。2016年，汤墅村水蜜桃种植面积400亩（含本村村民在外地承包的面积），一般亩产值0.8~1万元，高的超过1.5万元。品种有早、中、晚三个：早熟品种有雨花露、朝霞、8183，5月20日前后开始上市；中熟品种有白凤、湖景，7月上市；晚熟品种有白花、晚湖景，8月上市。2016年，汤墅村水蜜桃年产量300吨，给广大消费者带来甜甜蜜蜜的口福，也给辛苦的桃农带来实实惠惠的经济收入。

猕猴桃　2012年，常洛果品专业合作社选送的猕猴桃在江苏省农业委员会组织的“神园杯”优质果品评比中获金奖。

养殖特种水产

1984年，庄陈村有一次大的农业产业结构调整。在低洼的芦荡田（原种植稻麦）开挖鱼池232亩，用于养鱼、养蚌珠，后因养常规鱼及珍珠养殖效益降低，21世纪初部分鱼池改为青虾养殖，取得较好经济效益。

1979年，皇范大队在五龙江边修筑开挖鱼池30亩。同年10月，该大队与洛阳公社副业办公室共同建立洛阳公社珍珠培育培训基地，为地方培养出一大批珍珠嫁接能手。2016 年汤墅村有水面 119 亩，用于特种水产养殖，养殖青虾、河蟹、黑鱼、白鱼。

农业生态园（又名农业产业园，注册名：常州市汤墅农副产品专业合作社）

常州市汤墅农副产品专业合作社于 2014 年 3 月成立，现有入股成员人数为 650 名，其中汤墅村委单位团体成员（汤墅村委、洛凯股份公司）2 名，其余为农民成员，覆盖全村。

常州市汤墅农业产业园（生态园）
（2017 年 8 月 21 日摄）

合作社一期占地 603 亩，由村、企、民联合投资，总股数为 1000 股，每股 1 万元，合作社出资总额人民币 1000 万元。其中：村委、企业单位成员出资 740 万元；以村民小组为代表成员，全村 17 个村民小组代表成员共出资 260 万元。凡出地量化折股统一流转的村民拥有合作社个人股（500 元 / 人）股份，成为合作社正式股东，享受合作社收益股份分红。

汤墅农业生态园俯视（汤墅村档案室供图）

合作社以国家水电可持续发展中心为技术支撑，依托常州市武进区洛阳镇汤墅村农地股份专业合作社土地流转，联合创建太湖湖滨带生态修复和桑产业科研示范基地。该生态示范基地现总面积为 680 亩，主产品有鱼类、畜类、禽类、蔬菜、时令水果等，向生态观光农业拓展。在基地总体规划中，建设 80 亩高标准桑产业生态种植区，80 亩高标准水产生态养殖区，100 亩时令水果生态种植区，50 亩高标准的蔬菜生态种植区（其中建 20 亩单体钢架大棚、10 亩连体钢架大棚），以及完整的水利灌溉配套设施等。合作社的农副产品采用种植草桑、养殖家畜、家禽、鱼相结合的生态循环农业生产方式，消除农业面源污染，提升农副产品质量和安全性。

汤墅农业生态园大棚机耕
（2017 年 8 月 21 日摄）

历年合作社负责人：陈幸福（2013—2014.12）、王建清（2015.1—2016.6）、蒋宏昌（2016.7—2018.8）

汤墅农业生态园一角（汤墅村档案室供图）

合作社部分产品图片：

汤墅农副产品专业

蔬菜种植（一）（2016 年 6 月摄）

蔬菜种植（二）（2016 年 6 月摄）

蔬菜种植（三）（2016 年 6 月摄）

蛋白桑种植（2017 年 8 月摄）

生态鸡（2017 年 11 月摄）

养殖生态猪（2017 年 11 月摄）

生态养羊（2017 年 8 月摄）

生态养鹅（2017 年 8 月摄）

域外经营

2016 年，域内农民到域外特色经营的主要有：

堵东村民小组秦惠昌，20 世纪 80 年代中期开始到丹阳等地承包较多水面养鱼、养蟹、培育珍珠，对当地的农民致富起引领作用。

北巷村民小组张文良，1992 年起，在南京多地连续多年承包百亩以上水面培育珍珠，其中一次产珍珠 1000 公斤。

丁庄村民小组顾建伟在浙江省长兴县建有“长兴画溪顾记水蜜桃种植园”，种植、销售早、中、晚多个品种水蜜桃，在当地起示范带头作用，深受当地政府和农民的欢迎。

谈西村民小组谈剑波大学毕业后，辞去较优厚待遇的汽车销售工作，于 2007 年 11 月毅然回到家乡创办“常州市常洛果品专业合作社”，创新培育葡萄、火龙果、哈密瓜、猕猴桃、油桃等珍稀品种，在自己取得成功经验和较好的经济效益后，于 2016 年创办江苏省常州市武进区新型职业农民培育实验基地（农村田间学校），每年对合作社社员及周边农户培训 2~4 次，2017 年度被中共江苏省委组织部等 8 个部门评定为江苏省乡土人才“三带”新秀。

丁庄村民小组朱伟民 1998 年开始做珍珠生意，后从事珍珠工艺品销售。2010 年起，在武进淹城（现国家 AAAAA 级旅游景点）创办销售各种档次的珍珠工艺品的商店，使“洛阳珍珠”（洛阳镇为中国“珍珠之乡”）更加闻名遐迩，使广大百姓饱享珍珠之福。

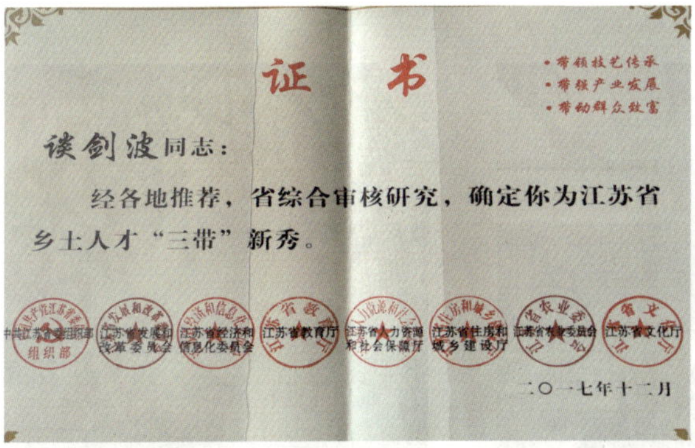

谈剑波为江苏省乡土人才“三带”新秀

常洛果品合作社奖牌一

常洛果品合作社奖牌二

常洛果品合作社奖牌三

火龙果（2018 年 7 月摄）

哈密瓜（2016 年 10 月摄）

猕猴桃（2015 年 9 月摄）

淡水珍珠（1995 年摄）

珍珠胸花（2018 年 3 月摄）

珍珠挂件（2018 年 3 月摄）

珍珠项链、手链
（2018 年 3 月摄）

珍珠塔（2018 年 3 月摄）

珍珠熊猫（2017 年 12 月摄）

汤墅村地处太湖流域，域内河道纵横，沟塘密布，为典型的江南水乡。水利条件与农业生产发展有着重大的关联。新中国成立前，水利基础薄弱，时有灾害发生。域内南面地势低洼处，黄梅季节，河水上涨，泛滥成灾，禾苗被淹，10 年中有 3 年被淹，颗粒无收。地势高的田块易受旱灾，靠人工车水，大田不能全部栽秧，有的田块栽了禾苗也会枯死。农民为抢水，时有争吵现象发生。

新中国成立后，中国共产党和人民政府领导群众兴修水利，投入大量的人力和物力，改善水利条件，提高抗御旱涝灾害的能力。20 世纪 50 年代构筑圩堤，建造水闸，加强防洪能力。20 世纪 60、70 年代，重点加固圩堤，开展农田基本建设，移墩填河，平整土地，开挖河道，实现河网化，发展电力灌溉，使农田能灌能排，旱涝保收。20 世纪 80 年代以后至 2016 年，加强河道整治、石驳等圩堤加固防汛防洪工程。经过多年努力，水利设施综合抗灾能力大大提高，为农业生产的发展提供极为有利的条件。

第一节　　圩区建设

一、阳湖大圩

新中国成立前及成立初期，域内无大的圩堤，仅有农民自发组织筑成的小堤，抗洪能力差，农业生产极不稳定，雨季一片水，庄稼全淹死；旱天一片黄，禾苗全枯死，大片农田减产，有的田块颗粒无收。1954 年冬，阳湖乡乡长谈伯兴提议修筑阳湖大圩，由礼嘉区人民政府统一部署，委派区生产助理毛亮、毛青松现场指导。各小乡都以行政村为单位，按人口、田亩分配地段土方。1955 年，经过阳湖、洛阳两乡 2000 多民工的艰苦奋战，把阳湖、庄陈、皇范、安桥、洛东、岑村、下庄、东尖 8 个大队的大部份地区围起，修筑成阳湖大圩，圩内有良田万亩。大圩堤坝长达

阳湖大圩小塘岸排涝站
(2018 年 6 月 15 日摄)

7354米，顶宽2~2.5米，底宽5.5米，内外坡度比为1:2，工程土方达25万立方米，当时达到日雨量150毫米不受涝。同年5月，为节制水位和解决圩内群众对外水路交通和到外河积肥等困难，先后在堤坝出口处建造东渠闸、东尖闸。1958年和1964年分别建造黄圻闸和杜家闸。修筑大圩和建闸资金按田亩摊派，田亩仍按直接受益和间接受益两类，间接受益折半计算。

阳湖大圩堤岸
（2018年6月15日摄）

二、马鞍大圩

为彻底解决马鞍、朝南、墅上、虞桥、东陈、皇范、安桥一带和横林北湖3600亩土地的拦水抗洪能力，1956年，洛阳组织1000多名民工，调集大批资金和物资，围筑马鞍大圩，历时40多天，筑成长达4034米的域内第二大圩，汤墅在圩内有610亩良田。1958年和1964年修建红星闸和小虹桥排涝站，提高马鞍大圩抗洪能力。

阳湖、马鞍两大圩筑成以后，大大地提高了圩区内抵御洪涝灾害的能力，确保圩区内工农业生产和人民生命财产不受损失。随着时间的变迁，每年的洪水不断冲击堤岸，削弱堤岸的围水抗洪能力，为确保圩区内的安全，洛阳每年组织力量对大圩堤坝进行整修，每隔3~5年大修一次，将原来堤坝加固加高，在险要地段筑石驳岸。至1981年，共筑石驳岸4500米，确保堤坝的拦水抗洪能力。

1991年，阳湖、马鞍两大圩经受百年未遇的洪水袭击，圩区内未受到重大损失，人民的生产、生活井然有序。但对有些暴露出来的问题，洛阳镇政府再次采取有效的治理措施，对圩堤进行全面整修、加固。

马鞍大圩旧址（2017年3月27日摄）

2016年，连日暴雨袭击域内，汤墅村委组织青年突击队，确保全村不受影响，还支援岑村等域外单位抗洪救灾。

第二节　河道建设

一、村级河道

为改变域内河网分布不均匀、水系较乱的状况，增强抗洪能力，改善灌排条件，方便各生产队船只的通行，1975年，庄陈大队对堵墅浜进行疏浚，为堵墅3个生产队船只进出提供方便。1976—1977年新开小河1条，贯通汤墅谈家头浜至南头河，新开三水岸沿阳湖地域至黄圻河（当地称南大河），方便当地农船的进出。1979年新开占塘浜，解决谈西生产队全部、陈家头生产队、堵东生产队部份田块的灌溉。

1976年，皇范大队组织劳力开挖新开河1条，计划贯通阳湖大圩和马鞍大圩，便于域内的灌溉和排涝，后因多种原因，仅完成中间一段。汤墅村委对各村民小组所有的用水河进行改造，河塘淤泥经常清理，用水河四周都砌起驳岸，每条用水河均设多个码头，便利村民使用。

至2016年汤墅村各村民小组用水河改造情况一览表

表7-1

组别	驳岸（米）	码头（个）	清淤（次）
谈东	310	4	2
谈西	1012	8	2
臧家头	350	4	3
陈家头	750	7	2
丁庄	580	9	2
堵东	230	3	2
堵市、堵西	180	2	2
陆家头	—	3	1
吴家头	159	7	1
前巷	20	4	1
西巷	50	—	1
南巷	210	7	1
欧窑	82	3	1
西窑	242	9	1

二、援外工程

在上级党和政府的统一领导下，汤墅村在改造域内水利工程的同时，组织人力、物力，支援国家水利工程建设。

1959—1985年汤墅村援外水利工程情况一览表

表7-2

年份	工程名称	地点
1959	大运河	谏壁
1963	大运河	九里
1965	新孟河	小河
1965	老孟河	小河石桥
1966	新孟河	西夏墅
1970	太滆河	潘家桥
1972	德胜河	魏村
1972	滆湖围湖筑坝	蠡河
1973	大寨河	洛阳
1974	浦河	万绥
1975	洛西河	洛阳
1975	武进港（三山港）	方庄桥
1976	鱼种场开鱼池	洛阳范家芦荡
1978	武进港	洛阳
1979	武进港	雪堰
1980	扁担河	卜弋
1985	湟里河	湟里

第三节　农田水利建设

一、平整土地

新中国成立前，域内大多数农田高低不平，相邻的田块之间有的落差可达0.5~0.6米，而且田块零乱不规则，土墩、土坟、荒滩到处都有，在很大程度上影响农业生产的发展。

1958年人民公社化运动以后，域内农民在公社、大队的组织领导下，依靠集体的力量，大搞平田整地，格田成方。大队对队与队之间穿插的田块进行调整，以便利耕种管理。1964年，中共中央发出“农业学大寨”的号召，域内再次进行大规模的农田基本建设，塞沟塘、迁坟地建公墓、挑高填低，不少坟地和小沟小塘变成良田，种上农作物。20世纪70年代平整土地运动又掀起高潮，各生产队都组织劳力，对高低田块逐个过堂，进行改造。到20世纪80年代初，域内建成1920亩规格化良田。

二、沟渠配套

为解决农田灌溉、排水问题，在平田整地的同时，开始沟渠配套建设。1976年至2001年年末，全村农田都有灌沟、排沟，所有排沟通大河，做到雨停田干，不留积水，形成灌排齐全的沟渠配套体系。

1958年建成的洛东电灌站旧址
(2017年3月27日摄)

三、灌排设施

新中国成立前，农田灌溉靠人力、畜力完成。水车是域内农田灌溉的主要工具。一般有两种形式：一种是人力车水，有轴、车箱、斗板、水架、塔枕等组成；另一种是牛推车水，由车盘、座子、车箱、水架、斗板等组成。由于灌溉工具效力差，如遇久不下雨，就不能满足田间栽秧所需水量，导致水稻产量下降。新中国成立后，随着合作化运动的不断发展，机灌、电灌逐

20世纪70年代的庄陈电灌站(2017年4月1日摄)

20 世纪 70 年代的皇范电灌站（2017 年 3 月 27 日摄）

步代替人、畜力灌溉。先由机船到各车坨基进行抽水灌溉，当时有后庵浜、新水沟、西坝头、汤公岸、西头岸、岸里、蒋家坝、北浜斗、后底岸等 10 余个用于机船抽水灌溉的车坨基。1959 年建成洛东、洛西两个电灌站，域内大部分农田由洛东电灌站经渠道送水灌溉。经过几年实践，大站灌溉线路长，渗漏大，沿途有大量水浪费，造成低田水满外溢，高田供水不足，甚至有少量灌溉不上的田块。此后逐步取消大站灌溉。在洛阳公社统一规划下，域内庄陈大队建有庄陈电灌站，并有后庵浜，慈山堂、占塘浜、汤公岸、西头岸等多个小站。皇范大队建有皇范电灌站，并建有蒋家坝、欧窑、王泥岸、后底岸、前巷、西巷等多个小站，确保域内农田灌溉。

在排涝方面，汤墅村地处阳湖、马鞍两大圩内，阳湖大圩有排涝站 4 座（小虹桥排涝站、东尖排涝站、洛东排涝站、小塘岸排涝站）；马鞍大圩有 4 座（朝南排涝站、马鞍排涝站、中徐排涝站、六十亩岸排涝站）。这些排涝站，汛期有专人值班。在镇、村各级负责人指挥下，能做到预降水位或马上排涝，在 1991 年的特大洪涝灾害和 2016 年的洪涝灾害中，全村农田未受到大的影响和灾害。

【第八章】工业

GONG YE

民国时期至新中国成立初期，汤墅域内老百姓以农耕为主，仅有民间传统家庭手工业和简单的粮油加工作坊，还有少数人从事地方小手工业。1967年8月，庄陈大队创办首家集体工厂——武进县洛阳庄陈大队五金胶木厂。1970年7月，该厂被洛阳公社有偿接收，11月，庄陈大队创建武进县洛阳公社庄陈大队农机具修配工场。1971年，红卫大队创办武进县洛阳公社红卫大队农机具修配厂。“文化大革命”时期，由于极左路线干扰，对社队工业的限制层层升级，社队工业处于进退两难境地，难以发展。1978年12月，中共十一届三中全会召开，中共中央、国务院下发《关于农村社队工业若干问题的决定试行草案》，给社队工业颁发“出生证”和“身份证”，为社队工业注入新的动力，社队工业开始丢掉包袱，轻装前进。20世纪80年代，地方各级政府从政策、财力、物力各方面支持社队工业的发展。规定新办企业免税3年，从地方财政和农业贷款中为社队企业提供启动资金和周转资金。在计划经济的大环境下，要求计划部门统一考虑，将社队工业纳入各行业的生产计划，物资部门对社队工业所需的材料作出安排，城市工业有计划地向社队工业“脱壳”扩散。这些积极措施，推动社队企业步入快速发展时期。汤墅域内先后创办17家集体企业。其中庄陈大队（村）7家、皇范大队（村）10家。

1993年，庄陈村作为武进县的试点，率先进行乡镇企业体制改革，将武进县洛阳开关厂改制成洛阳首家股份合作制企业。至1998年，该村企业转制结束。皇范村1995年对企业实行产权制度改革，1997年全部结束。通过改制，企业以原来“集体为主”的所有制结构，转变为产权关系明晰的多元化混合所有制结构，形成多种经济成份共存的新格局。从此，汤墅域内庄陈、皇范村多种形式的非公有制经济，特别是个私民营经济蓬勃发展。1998年，庄陈村工业总产值2815万元，皇范村工业总产值972万元。2001年9月，行政区域调整，新建汤墅村。2002年，汤墅村工业总产值突破1亿元，达到11724万元。

2016年，汤墅村在工商部门注册的工业企业有103家。产值达1亿元以上的企业1家，产值达1000万元的企业9家，外向型企业3家，外贸出口额893万美元，出口产品有PB2机构、LED节能灯、浴缸按摩水泵等。工业门类有机械、电机、电器、塑料、冶金等行业。主要产品有高低压断路器操作机构、抽（框）架、LED节能灯、浴缸按摩水泵、空调多极泵、电机、塑料制品、柴油机配件等。拥有工业总资产74273万元，其中固定资产15911万元，所有者权益39560万元，其中实收资本15269万元，工业总产值86634万元，销售收入86381万元，利润总额8737万元，利税总额12238万元，工业增加值17791万元，从业职工1484人，工资总额5353万元。另外，汤墅村有户籍在本村，初创时或创业后在村域外周边地区发展的企业8家。

第一节　手工业

汤墅村手工业的历史源远流长。中华人民共和国成立初期，域内仍有家庭利用传统手摇纱车和木制脚踏手拉投梭织布机，自纺自织狭幅粗纱布，以补充家用。家庭开设的粮油加工小型作坊有磨坊、油坊、豆腐坊等。虞福生、谈耀炳、臧盘生、朱洪康、秦产锡等家庭开设磨坊，谈听大等家庭开设油坊，依靠牛作为动力，合以人力加工面粉和制作黄豆油。陈家头自然村的豆腐坊较多，陈产清家制作的豆腐、百叶等豆制品在域内小有名气。这些家庭小型作坊，设备简陋，技术落后，规模较小，收益甚低。1955年，中国共产党和人民政府对手工业和私营工业的社会主义改造后，域内家庭作坊逐渐退出历史舞台。域内一小部分人从事地方小手工业。有瓦匠、木匠、竹匠、白铁匠、裁缝等，俗称“五匠”。他们流动于街头巷尾与乡村之间，上门为人们的生活做工服务。一些有田地的手艺人，农闲时外出做工，农忙时在家耕种，农艺兼顾。1958年人民公社化后，在集体生产时期，年终，这些“五匠”手艺人都要向所在生产队“交钱记工”（五匠交钱记工属于地方规定至1978年终止）。1983年，农村实行家庭联产承包责任制，“五匠”手艺人成为个体经营者。随着社会的不断进步，尤其是农村工业经济的快速发展，教育事业的普及和提高，就业机会增多，全村学“五匠”手艺的年轻人越来越少。

第二节　集体工业

一、大队（村）办企业

庄陈大队（村）

武进县洛阳庄陈大队五金胶木厂　创办于1967年8月。当时正处“文化大革命”初期，城市工矿企业“停产闹革命”，造成生产资料和生活用品的严重匮乏。在毛泽东主席“农民以农为主------，有条件的时候，也要由集体办些小工厂---

后排 谈成林 黄荣昌 臧浩初 谈兴根 陈岳明 秦泉佩 张浩良 王宝坤 臧焕伯 秦泉平 苏国茂 王贵泉 秦国兆 谈友良 秦炳焕 臧国钱 蔡 晶 秦静娴 谈稼农 朱永清

中排 谈玉珍 王宝金 秦国新 苏仁兴 郭梅英 秦敖大 谈焕良 秦锡兴 王建平 陆玉石 谈洪荣 秦玉梅 胡菊娥 张凤玉 秦菊凤 周坤娣 谈伯勤

前排 刘 珍 张毛娣 秦荷英 陈菊英 秦金娣 臧巧凤 谈多娣 陈惠英 杨杏珍 秦亚珍 秦听娣 顾金妹 陈玉英 秦杏凤 秦玲珠 汤阿兴

汤墅村首家企业——原庄陈大队胶木厂部分老职工与村委领导、汤墅村志编委合影

---”“五·七”指示发表后，庄陈大队党支部书记谈焕良带领秦仲林、臧岳兴、秦敖大、臧浩初等在洛阳公社管委会副主任谈伯兴的支持下，创办起第一个大队集体企业武进县洛阳庄陈大队五金胶木厂。由于当时大队集体经济十分薄弱，向生产队借款，筹集2000元作为办厂启动资金，因地制宜选择距离洛东电灌站变压器较近的堵墅秦家祠堂作为厂房，除采购部分水泥电杆、旧铝线外，利用毛竹、石条等因陋就简解决工厂用电设施。经聘请的供销员黄建峰（江阴人）介绍，用农用水泥船去无锡运回生产设备压力机底座（铸件毛坯）。设备的主要零部件如横梁、导柱、丝杆、碰盘等分别由乡办企业洛阳铁木业社和洛阳农机厂制造加工而成。办厂的基本条件具备后，面临产品和销路等工厂生存发展的关键问题。当时，得到谈文彬、徐菊仁夫妇的帮助（原籍汤墅谈家头谈西生产队，谈文彬为常州七一电机厂工程师；徐菊仁时任常州市低压电器厂现金出纳会计）。经徐菊仁引荐，常州市低压电器厂同意提供原料和模具为其加工中山装服装“纽扣”。因为加工业务利润率较低，工厂难以生存，大队党支部书记谈焕良与秦仲林辗转上海、常州等地，千方百计寻找门路，通过位于上海新闸路的上海生物制药厂介绍，为上海黄浦中药厂配套生产药品瓶盖。经内部框算，药品瓶盖产品利润空间较大，

庄陈农机厂领导干部和部分老职工合影（1978年12月摄）

左起前排：丁仁芳 曹根产 臧浩初 秦国兴 臧焕荣

左起后排：汤国银 汤国产 丁六宝 谈 行 臧岳雷

20 世纪 70 年代庄陈农机厂旧址
（2017 年 4 月 1 日摄）

即投入生产。为了按时交货，组织工人不分昼夜加班加点生产，工厂的生存才得以转机。之后，业务拓展到为柴油机厂配套生产支架、滑盘等产品。历时 3 年的奋斗，该厂拥有压力机 6 台，职工 57 人，经济效益连年翻番。1969 年，大队利用公共积累，兴办集体事业。新建庄陈小学校舍 8 间，大队办公室和合作医疗医务室各 1 间。1970 年 8 月，武进县洛阳庄陈五金胶木厂被洛阳公社有偿接收，厂名变更为武进县洛阳胶木厂。企业性质由大队集体变更为公社集体。双方通过资产清理、盘点、计量、评估，全部净资产为 8.34 万元，确定作为转让金额。由洛阳公社分期（3 年）偿付给庄陈大队。公社同意接收该厂在职职工 57 人。

1968—1970 年庄陈大队五金胶木厂经济情况一览表

表 8-1　　　　单位：元

年份	销售收入	利润总额	利税总额
1968	13600	-6700	-4000
1969	65800	12700	19200
1970	101380	22400	30900

说明：1、表中 1968 年数据为 1967 年 8 月与 1968 年全年合并后的数据。
2、表中 1970 年数据，仅为 1 至 8 月的数据。
3、上表数据摘自时任庄陈大队会计秦锡兴笔记本的原始记录。

武进县洛阳公社庄陈大队加工厂　创办于 1970 年，厂址坐落在陈家头陈氏祠堂。庄陈大队 5 个自然村仅有堵墅自然村通电，从堵墅秦家祠堂至陈家头陈氏祠堂架设的电线得到谈嘉祥的帮助（谈嘉祥为汤墅谈家头谈东生产队人，时任无锡无线电专用设备厂革命生产领导小组组长），调拨该厂的旧铝线支援家乡。开办初，设备有轧米机、面粉机各 1 台。1971 年，该大队利用公共积累，在陈氏祠堂前新建厂房 3 间，添置砻谷车、粉碎机等设备，为社员加工粮食和猪饲料。谈锡林、臧焕章先后担任负责人。工人有丁伯平、秦盘兴、秦玉林、张荣兴等。1983年，该厂承包给臧焕章经营。1998年，粮食加工由个体户经营，大队加工厂停办。

武进县洛阳公社庄陈大队农机具修配工场　1970年8月，武进县洛阳庄陈大队五金胶木厂被公社接收后，庄陈大队立即选派谈梅春、谈行、丁六宝、秦祥兴等具体负责筹建新厂。1970年11月，武进县洛阳公社庄陈大队农机具修配工场成立，设在陈家头陈氏祠堂，经营农机具修理。1971年，洛阳公社管委会副主任谈伯兴协调，用Φ120 45#钢材到无锡县杨墅公社农机厂兑换仪表车床5台，与洛阳胶木厂配套加工柴油机滤芯器中的天心螺丝、嵌件等。当年，实现销售收入3.1万元，利润1.01万元，利税总额1.63万元。1972年，为常州市低压电器厂来料加工铜串帽、铜螺丝等。1973年，在庄陈小学西侧建造4间厂房，工场迁移至该新址，同年更名为武进县洛阳庄陈大队农机具修配厂。1975年，厂名变更为武进县洛阳庄陈农机厂。1976年，在臧家头小岸桥北埦新建厂房28间，并再次迁移厂址。添置发电机、C6136车床、仪表车等机器机械设备，为武进县农机公司、安徽阜阳、宿县、陕西安康等柴油机厂配套生产S195柴油机零件。增设电瓶车间，生产12伏、24伏型号电瓶及铅片。1980年，实现销售收入140.15万元，利润43.25万元。1988年，在靠庄陈压铸厂北面建造厂房3000平方米，第三次厂址易地搬迁。同年8月，武进县洛阳庄陈农机厂创办武进县洛阳开关厂，实行一套班子管理，两本账核算模式。主要生产DW10杠杆和DW15操作机构等产品。1990年武进县洛阳庄陈农机厂注销，沿用武进县洛阳开关厂厂名。1992年，完成工业总产值580.28万元，销售收入527.18万元，利润总额2.33万元，利税总额22.36万元。负责人依次为谈永泉（1970—1971年）、秦祥兴（1971—1975年）、谈行（1975—1978年）、臧浩初（1978—1979年）、丁六宝（1979—1984年）、臧岳雷（1984—1993年）。1993年8月转制。在1978—1986年，该厂先后创办武进县洛阳庄陈压铸厂、武进县洛阳助剂厂、武进申达电机厂集体企业。

武进县洛阳公社庄陈大队珍珠层粉厂　1972年创办，地址在原庄陈小学内。设备有粉碎机、球磨机、消毒柜等。生产珍珠层粉产品，负责人谈梅春。1976年，被洛阳公社多种经营办公室兼并。

武进县洛阳庄陈压铸厂　1976年，武进县洛阳庄陈农机厂谈行等设计制造电动卧式压铸机。1978年试制成功后，武进县洛阳庄陈农机厂增挂武进县洛阳庄陈铜铝制品厂牌子，实行一套班子两块牌子统一经营与核算的办法。主要生产CJ10低压电器开关壳、侧板等产品（铝压铸件）。1980年，电风扇市场热销，该厂抓住机遇，生产电风扇电机前后端盖、连接头等产品供不应求，客户纷纷上门预约订货，依次排队带款提货。为满足客户需求，向武进县支行、洛阳信用社贷款3万元，向无锡县杨墅电扇厂借款 1 万元，购置江苏灌南县压铸机制造厂生产的 J113-A 型 125 吨压铸机两台，招收职工，实行三班制生产。将原有的电瓶车间改造成翻砂车间，专门生产电风扇（台式）的立柱、底板、后风罩等零件。1982 年，武进县洛阳庄陈铜铝制品厂与武进县洛阳庄陈农机厂分开经营。厂址迁移于原庄陈小学北面新建的 28 间厂房内。生产 CJ10-60A、CJ10-100A、CJ10-150A 电器开关铝底座等产品。1983 年 8 月更名为武进县洛阳庄陈压铸厂。1993 年，工业总产值 1437 万元，利润总额 11 万元，利税总额 41 万元。同年创办武进县东南电器厂，采用一套班子管理两本账核算的办法。1996 年 6 月，与东南电器厂分开经营。1998 年改制时，武进县洛阳庄陈压铸厂被洛阳开关厂收购。负责人谈壮行（1982—1985 年）、秦国兴（1985—1996 年）、曹根培（1996—1998 年）。

武进县洛阳助剂厂　1983 年由武进县洛阳庄陈农机厂创办。在武进县洛阳庄陈农机厂厂区沿南头河旁建造 8 间厂房（锅炉房 2 间，生产车间 6 间），设备有锅炉 1 台，反应釜 2 台。生产印染助剂“六羟树脂”“2D 树脂”等产品。1984 年，与武进县洛阳庄陈农机厂分开经营并各自独立核算。1993 年该厂在域外坂上乡(坂上桥西侧）创办武进县恒昌化工厂，生产药物中间体“三氟硝基苯”。由于产品单一且市场销售价格大幅下跌，1995 年底关停。1995 年，工业产值 394.29 万元，销售收入 376.58 万元，利润 0.18 万元，利税总额 14.70 万元。丁六宝（1984—1986 年）、施志洪（1986—1998 年）先后担任负责人。1998 年下半年转制。

武进申达电机厂　1986 年由武进县洛阳庄陈农机厂创办。当时，聘请上海南洋电机厂 8 名退休工程师设计开发汽车直流电机产品，并与武进县洛阳农机厂合作制造电瓶三轮汽车。历时 1 年多，汽车直流电机与电瓶三轮汽车虽然试制成功，但电瓶质量存在严重问题，加上没有电瓶充电公共设施，电瓶三轮汽车经过反复测试，单次行驶里程不满 15 公里，市场前景堪忧，遂决定该项目下马。经营范围变更为修理电动机。1988 年，在靠新建的庄陈小学北面建造厂房 20 间，厂房搬迁于新址，并与庄陈农机厂分开经营。 1992 年工业产值 59.57 万元，销售收入 56.17 万元，利润 0.75 万元，利税总额 2.75 万元。负责人谈壮行。1993 年 3 月转制。

武进市东南电器厂　1993 年由武进县洛阳庄陈压铸厂创办，实行一套班子经营两本账核算办法。初创时，厂名为武进县东南电器厂，1995 年底，更名为武进市东南电器厂。1996 年 6 月两厂分开经营与核算。厂址坐落在原庄陈小学拆除后重建的新厂房内，生产 CJ10 接触器等产品，负责人秦国兴。1997 年 1 月转制。

1971—1999年庄陈大队（村）集体企业情况一览表

表8-2　　单位：万元

年份	工业产值	销售收入	利润总额	利税总额
1971	3	3	1	2
1972	8	8	3	5
1973	10	10	3	5
1974	17	17	6	9
1975	18	18	7	9
1976	21	21	10	12
1977	25	25	10	12
1978	36	36	9	9
1979	29	29	6	7
1980	140	140	43	44
1981	126	126	37	48
1982	69	69	7	10
1983	99	99	16	24
1984	192	192	12	33
1985	482	469	58	86
1986	472	470	42	61
1987	599	583	22	49
1988	577	533	3	28
1989	837	856	70	132
1990	929	892	20	69
1991	1188	1374	-2	55
1992	2009	1707	8	82
1993	3012	3196	43	198
1994	2366	2143	-37	95
1995	2218	2194	-8	113
1996	2887	2744	—	132
1997	3004	2933	—	145
1998	2815	2703	—	173
1999	2806	2825	—	178

皇范（红卫）大队（村）

20 世纪 80 年代中期，皇范村（大队）利用土地资源、地理优势，招商引资，吸引域外人投资创业。武进县洛阳电子器材厂、武进县洛阳振兴电子仪表厂、常州市兴汇塑料厂、常州市荣康阳湖塑料制品厂等企业相继落户，成为该村工业经济新的增长点。2000 年，皇范村工业总产值 3276 万元，销售收入 3276 万元，利润总额 194 万元，利税总额 348 万元，职工 279 人，工资总额 281 万元。

20 世纪 70 年代红卫农机厂旧址
（2018 年 6 月 19 日摄）

武进县洛阳公社红卫大队农机具修配厂　1971 年创建。坐落在皇范自然村红卫小学内。开办初，以修理农机具为主。同时生产经营圆钉、船钉以及盘元（线材）拉丝、校直等业务。1974 年在原皇范桥东侧新建厂房 20 间。同年，厂址易地搬迁。产品有铜铝铸件、塑料制品等。1981 年厂名变更为武进县洛阳皇范大队农机厂。1983 年更名为武进县洛阳皇范农机厂。先后由虞才德、陆林海、詹兴祥、苏尚贤担任负责人。

武进县洛阳公社红卫大队加工厂　1974 年创办。设备有轧米机、砻谷车、面粉机、粉碎机等。为社员加工粮食和为生产队集体养猪、社员家庭养猪加工饲料。负责人虞才德。1999 年停办。

武进县洛阳红卫电子元件厂　1978 年创办。产品有石英玻璃、石英针等。1983 年更名为武进县洛阳皇范电子元件厂，负责人先后为陆林海、詹兴祥、苏尚贤。1990 年停办。

武进县洛阳红卫塑料厂　1980 年创办。生产油壶盖等产品。1983 年更名为武进县洛阳皇范塑料厂，陆林海、苏坤法先后担任负责人。1986 年关停。

武进县洛阳皇范电表厂　1981 年与洛阳公社多种经营办公室联合创办。生产 DD-24 型电表。负责人苏尚贤。1983 年停办。

武进县洛阳电子器材厂　1983 年创办。与常州市第五无线电厂配套生产录音机拉杆天线。负责人为张全海。1988 年该厂营业执照转给无锡县杨墅镇勤余村苏大年个人经营。

武进县洛阳皇范电讯配件厂　1984 年创办。生产冲压件。负责人先后由张伯才、张福海、苏尚贤担任。1995 年转制。

武进县洛阳电脑设备厂　1986 年创办。负责人苏尚贤。生产电脑指脉仪产品。1989 年停办。

武进县洛阳泡沫塑料厂 1987年创办。生产海绵、泡沫塑料等产品。负责人詹兴祥（1987—1990年）、虞德康（1990—1994年）、虞仲金（1994—1995年）。于1995年转制。

武进县洛阳第二社会福利厂 经武进县计划委员会批准，于1988年2月成立，企业性质为镇办集体，定名为洛阳第二社会福利厂，厂址设在皇范村。主营充气轮胎防戳垫，兼营五金、汽车软垫、沙发软垫。该厂安置20个有劳动能力且持有残疾证的残疾人就业，享受国家税收优惠政策。负责人苏尚贤（1989—1991年）、陆元茂（1991—1997年）。1997年体制改革后变更为民营企业。

1983—2000年皇范村集体企业部分年份情况一览表

表8-3　　单位：万元

年份	工业产值	销售收入	利润总额
1983	28	28	5
1984	28	28	1
1985	53	53	15
1988	85	81	—
1993	633	644	—
1994	830	698	—
1995	677	659	—
1996	871	819	—
1997	920	839	—
1998	972	915	—
1999	1399	1369	—
2000	3276	3276	194

二、校办企业

20世纪70年代，域内有庄陈小学和红卫小学两所小学，当时，办学经费不足部分由大队集体经济给予支持。20世纪80年代，国家允许学校创办企业，对校办企业实行税收优惠政策。最初，校办企业由武进县计委审批，后改为县教育局审批。

1981年，庄陈小学向庄陈大队借款3万元，利用部分空余校舍创办企业，承接对外加工业务，由于缺少企业管理经验，企业出现资金运行不畅，经济效益不佳等状况，1983年停办。1988年，庄陈小学采用社队企业挂靠学校牌子的形式，将社队企业列入校办企业行列，学校与校办企业双方签订协议，企业每年按税收优惠部分的一定比例上缴学校，学校利用这笔资金，补充教育经费，优化办学条件，改善师生福利。庄陈小学挂牌的企业先后有武进申达电机厂、常州市碳酸钙厂和武进洛阳华兴塑料包装厂。通过校企合作，实现利益双赢。

1987年，红卫小学创办武进县洛阳红卫胶粘厂，企业法人代表苏海明，企业性质为校办集体。产品有环氧树脂固化剂和柔软剂等。企业每年按国家减免税款和盈利部分的一定比例分配给学校，剩余部分留作企业的发展基金。1995年厂名变更为常州市红卫胶粘厂。1998年，企业转制为个体私营企业。

第三节　企业管理与体制改革

20世纪70年代初，汤墅域内工业企业依靠大队的一点集体积累，从无到有，从小到大逐步发展起来。企业性质为大队集体所有制，大队领导班子直接参与企业的投资、经营项目、干部任免、招收职工、生产销售、利润分配等企业管理和决策。1973年，洛阳公社成立社队工业管理办公室，为社队企业提供企业管理方面的业务指导。当时，庄陈大队、红卫大队均由1名主要干部负责企业的行政管理。大队对于企业职工报酬实行的是“交钱记工”。年终，企业将职工全年的收入转划到职工所在生产队，生产队则把在社队企业的职工收入纳入年度总收入，企业职工分别按生产队同等劳动力靠工记工，按所在生产队每工单价计算报酬，与社员统一分配（粮草、经济）。以后又改为按全大队平均工分值提高10%计酬。1978年，大队企业开始实行工资制。1980年，为打破企业“大锅饭”，打破分配上的平均主义，转换企业经营机制，采用“三定一奖”（即定产值、定利润、定上交及超额完成指标实行奖励）生产经营责任制，企业的分配直接与企业的经济效益挂钩，提高干部职工劳动生产积极性。1983年，洛阳乡成立工业联合公司，加强对乡村企业的管理，特别是企业财务管理。组织企业财会人员业务培训，经考试合格，颁发财会人员专业资格证书。庄陈、皇范村委推荐人员参加培训，均配备有持证上岗的专职财会人员。1985年，庄陈、皇范村办企业普遍实行“五定一奖”（即定产值、定利润、定上交、定人员、定工资总额及超额奖励）生产经营责任制形式，签订经济承包合同。企业内部相应把经济责任细化落实到车间、班组及个人，实行奖勤罚懒的管理制度。1986年，村办企业推行无锡县堰桥乡“一包三改”经验。“一包”就是实行经营承包责任制，“三改”即改干部任命制为选聘制，改固定工制为合同工制，改固定工资制为浮动工资制。同时，企业实行厂长负责制（即厂长对生产经营和行政工作负全部责任）。根据武进县政府出台的相关政策，明确赋于厂长有组阁权、管理权、计划权、技改权、人事权、财务权、奖惩权等自主权。通过所有权归集体、经营权归企业，两权适当分离，多权下放，实现政企分开。使企业责、权、利结合成为独立核算、自负盈亏的生产经营和分配的单位，为企业发展增添活力。1987年11月，中共武进县委、县政府下发《关于深化乡、村企业改革完善经营责任制的意见》，对乡村企业在承包经营上进一步放开，把竞争机制引入承包经营，明确国家、集体、个人三者关系。庄陈、皇范村级企业普遍实行厂长负责制、任期目标制、内部审计制相配套的经营承包责任制，化解个别企业在承包经营模式中逐渐暴露的经营行为短期化，资金运作不佳，经营不善，三者关系兼顾不周等种种弊端，使村级工业经济在经营机制不断改革中稳步前进。1990年，洛阳工业公司组织乡村企业七项基础管理工作学习培训（即标准化、计量、信息管理、定额管理、规章制度、基础教育、班组建设等基础管理工作）。域内大部分企业通过“七基”管理达标验收，提高企业内部管理的理念和水平。

1992年春，邓小平视察南方的重要谈话发表，下半年中共十四大召开，明确提出建立社会主义市场经济体制的战略目标。国家出台一系列支持和鼓励乡镇企业的政策措施，推动解放思想，造就加快开放步伐，加快经济发展良好的政治环境。1993年3月，根据武进县政府《关于乡镇小型企业拍卖和租赁经营办法（试行）》文件和洛阳镇政府有关企业产权制度改革的意见，庄陈村作为武进县的试点，率先进行村办企业产权制度改革。专门召开庄陈村民代表（社员代表）大会，采用举手表决的方法，选举由村委提出的村产权制度改革工作小组候选人名单。由7人组成村产权制度改革工作小组。组长谈洪荣；副组长臧浩初；组员为陈幸福、谈兴根、秦锡兴、朱福元、秦惠明。村产权制度改革工作小组直接授权于村民（社员）代表大会，定时向村民（社员）代表大会报告工作情况，所作出的决定以工作小组全体成员多数通过为有效。重要文件由工作小组成员集体签字，使用村委会或村经济合作社印章。村产权制度改革工作小组为村级企业产权制度改革时期的专项性临时机构，任期随村级集体企业改革结束而终止。产权制度改革工作小组责权：负责企业全部资产的界定、清理、计量、评估，确定资产转让（拍卖）标的；确定企业占地、厂房附属建筑物、水电基础设施等的租赁办法和租金计算等；决定资产转让（拍卖）中标对象和签约时限以及中标者签约时缴付现金数额、借款数额、借款期限和借款年利率；与中标者签订资产转让（拍卖）、资产租赁、借款等协议书；清理核实企业在职职工工龄，计算和兑付一次性卖断职工工龄退休补偿金；办理企业转制申报、鉴证、公证等手续及有关转制所有文件、资料的归档；办理企业转制后的工商变更登记、股权设置、股本募集以及处理转制未尽事宜。会议通过决议：转制采用动产转让（拍卖），不动产租赁先售后股等形式；招标范围：凡户籍在本村的该企业在职职工均可投标，若在投标期限内无人报名投标，则在本村范围内公开招标；以具有经营、业务、组织能力者优先，投标报价最高者优先的原则确定中标者，中标者必须无条件承诺，在改制后不得随意辞退企业原在职职工。

产权制度改革工作小组在企业转制过程中，遵循实事求是、公开、公平、公正原则，根据企业原账面资产、负债、所有者权益；经盘点、清理、计量后的资产、负债、所有者权益；经工作小组评估后的资产、负债、所有者权益；确定资产转让（拍卖）标的；投标期限；决定的中标者；与中标者签约时间等先后分别以公告形式，张榜公布于众，接受职工在规定期限内对企业资产进行监督、查询，提出疑问和异议，职工可以参与竞标。

1998年底，庄陈村办集体所有制企业武进市洛阳开关厂、武进市洛阳庄陈压铸厂、武进市洛阳助剂厂、武进申达电机厂、武进市东南电器厂全部改制结束，企业性质均变更为股份合作制企业（其中武进市庄陈压铸厂被武进市洛阳开关厂收购）。

1994年，皇范村开始对村办企业进行产权制度改革，成立村产权制度改革工作小组，分别采取动产转让（拍卖）不动产租赁和全部资产转让（拍卖）两种形式。对各个企业开展资产确认、审计、评估，确定中标者并与中标者签订资产转让协议和租赁协议，办理改制企业工商变更登记。1997年底，皇范村办企业（武进市皇范电讯配件厂、武进市洛阳泡沫塑料厂、武进市洛阳第二社会福利厂）全部改制完成，变更成为民营企业。

20世纪90年代末期，与社会主义市场经济体制相适应的乡镇企业新体制初步形成。庄陈、皇范村级企业逐步成为自主经营、自负盈亏、自我约束、自我发展的经济实体和市场竞争主体。随着村级企业产权关系的明晰，解脱了村对企业的无限责任，实现政企分开。行政村的职能也由以往直接干预企业转变为服务于企业。年初帮助企业落实全年经济指标、签订劳动合同企业安全合同，并定期组织检查督促；帮助企业经营项目的市场调研；企业重大决策的建议；企业管理体系的论证；为企业在用地、工商、税务、金融、法律等方面的沟通和服务；协调企业与所在村民小组、企业与企业、企业与政府有关部门的关系；帮助企业搞好年终分配。

第四节　个私民营企业

20世纪80年代，乡镇企业进入快速发展时期。汤墅域内善于掌握先机的村民，按照国家出台的相关政策，由工商部门审批，办起个体私营企业。钱晓侦、杨兆生等都有木匠手艺，利用自己的一技之长，个人投资，于20世纪80年代中期分别办庄陈家具厂和红卫家具厂，都在洛阳街上开设家具门店，销售各种家具。1988年，庄陈家具厂改行，变更为庄陈塑料制品厂，主营塑料制品。1983年，臧岳兴个人出资在家里开办庄陈塑胶五金厂，生产电子接插件。这些个私企业规模较小，相应投入的资金也少，管理精细，所获取的经济效益相当实惠。

20世纪90年代，随着国家宏观经济政策的调控，改革开放的步子加大，各级党委政府把发展个体私营企业作为加快区域经济的重要举措。县、镇政府相应出台发展个体私营工业经济的意见。加大宣传力度，营造放手发展个体私营经济的浓厚氛围，减少前置审查，简化审批程序。当时，兴办个体私营企业，只要洛阳乡经济联合委员会批准，即可到工商行政管理部门领取营业执照。放宽个体私营经济市场准入领域，明确规定“凡是国家法律法规没有明令禁止的，都允许个体私营经济生产经营”。由于个体私营企业发展政策环境的改善，促进域内个体私营企业的迅猛发展，村级工业经济由集体企业为骨干逐步形成以个私民营企业为主体的格局。

1998年，域内庄陈、皇范村办企业体制改革全面完成，个私民营企业成为工业经济领域和社会主义市场经济竞争的主体。汤墅村个私民营企业在30多年的发展过程中，在观念上实现新的转变，从注重产值增长转向注重提高经济效益，从外延扩大为主转向内涵挖潜为主，从内向型经济为主逐步转为内外向结合型经济发展。加大智力开发力度，培养大批有文化懂技术的青年员工队伍，提高企业核心竞争力。狠抓技术进步，以提高产品质量为中心，进行装备的升级换代，引进先进工艺，主动与大专院校、科研单位加强合作，增强技术开发和创新能力，提高产品的科技含量。转型创新，推进调整产品结构的同时，调整经济结构，开拓国内国际两个市场。2016年，汤墅村个私民营企业规模扩大，管理与技术水平提高，经济效益及自身积累增长，外向型经济崭露头角，在国际市场上占有一席之地。

2016 年注册在汤墅村的工业企业名单

表 8-4

序号	企业名称	序号	企业名称
1	江苏洛凯机电股份有限公司	26	常州洛诗博机电科技有限公司
2	常州市洛锐电器有限公司	27	常州市武进阳湖塑料制品有限公司
3	常州市兴汇塑料有限公司	28	常州市美标电器配件有限公司
4	常州三顶电机电器有限公司	29	常州市高博特塑业有限公司
5	常州神兔电器制造有限公司	30	常州金宝利制冷设备有限公司
6	常州永龙电器制造有限公司	31	常州杰汇电器有限公司
7	江苏汉霸机械有限公司	32	常州市佳特利塑业有限公司
8	常州市洛阳压铸有限公司	33	常州育松电气有限公司
9	江苏汉凌控股集团有限公司	34	常州市巨飞金属制品有限公司
10	常州市洛德机械数控加工有限公司	35	常州市永鹏塑料制品有限公司
11	常州市武进申达电机有限公司	36	常州市红旭塑料制品有限公司
12	常州市益裕电机有限公司	37	常州市山峰制冷设备有限公司
13	常州市洛信机械有限公司	38	常州冠森国际贸易有限公司
14	常州市洛金机械有限公司	39	常州顺浦电机有限公司
15	常州市顶佳电器有限公司	40	常州市汤墅机械配件厂
16	常州洛合精密机械有限公司	41	常州市晨马塑料五金厂
17	常州市洛昕热处理有限公司	42	常州市康盛车辆配件厂
18	常州市万通塑料制品有限公司	43	常州市荣康阳湖塑料厂
19	常州市凯米机械有限公司	44	常州市中杰塑料厂
20	常州洛磊机械有限公司	45	常州市顶益塑料厂
21	常州市华达恒祥电器有限公司	46	常州鑫恒塑料厂
22	常州市雅仕科电子有限公司	47	常州市乐伟机械配件厂
23	常州市永伦机械有限公司	48	常州市洛明金属制品厂
24	常州洛轩电器有限公司	49	常州市庄陈塑料制品厂
25	常州市武进东南电器有限公司	50	常州市武进洛阳永伟冲件厂

续表 8-4

序号	企业名称	序号	企业名称
51	常州市顺杰电器配件厂	78	武进区洛阳维京模具厂
52	常州市敏刚电器厂	79	武进区洛阳国良机械配件厂
53	常州方信塑料制品厂	80	武进区洛阳洛方机械配件厂
54	武进洛阳常乐冷藏设备厂	81	武进区洛阳琴华灯具配件厂
55	常州市科星塑料制品厂	82	武进区洛阳洛创灯具配件厂
56	常州市健销机械配件厂	83	武进区洛阳润峰塑料制品厂
57	常州市汇鼎电器厂	84	武进区洛阳王亮电动车配件厂
58	常州市普泽焊接设备厂	85	武进区洛阳浩良模具厂
59	常州市希蕾保温容器厂	86	武进区洛阳联丰模型厂
60	常州市宗硕金属制品厂	87	武进区洛阳皇范西窑电器配件厂
61	常州市洛阳海绵厂	88	武进区洛阳斐荣泡沫包装厂
62	常州润谊波纹管厂	89	武进区洛阳成成钣金厂
63	常州市东渠电机厂	90	武进区洛阳天恩金属制品厂
64	常州市武进区洛阳阳湖印刷厂	91	常州市武进区洛阳文娟电子元件加工厂
65	常州市武进区洛阳旺达复膜厂	92	常州市武进区洛阳海宏模具加工厂
66	常州市武进区洛阳东创塑料电器厂	93	常州市武进区洛阳纳克模具加工厂
67	常州市武进洛阳永新车辆配件厂	94	常州市武进区洛阳栋梁钣金加工厂
68	常州煌明钟表厂	95	常州市武进区洛阳焕荣焊接加工厂
69	常州市武进区洛阳列奇机械配件厂	96	武进区洛阳敏强冲压件加工厂
70	常州市武进区洛阳凯丰机械配件厂	97	武进区洛阳优创塑料加工厂
71	武进区洛阳焱吉成套设备厂	98	武进区洛阳琪伟五金加工厂
72	武进区洛阳凯鹏电机配件厂	99	武进区洛阳春晖数控加工厂
73	武进区洛阳乐天电器配件厂	100	武进区洛阳丁文静电子元件加工厂
74	武进区洛阳可宜电子配件厂	101	武进区洛阳夯德五金加工厂
75	武进区洛阳汤墅电器配件厂	102	武进区洛阳柯宇五金加工厂
76	武进区洛阳吴瑞机械配件厂	103	武进区洛阳爱珍线切割加工厂
77	武进区洛阳凯钧机械配件厂		

2001—2016 年汤墅村工业经济情况一览表

表 8-5　　单位：万元

年份	工业产值	销售收入	利润总额	利税总额	职工人数	工资总额
2001	9285	9290	—	355	1014	—
2002	11724	12270	—	1154	1044	—
2003	16786	16774	—	1414	945	—
2004	21920	21386	—	1610	1042	—
2005	23044	22968	—	1247	759	—
2006	27582	26999	—	1726	1342	—
2007	31713	31682	1020	1982	1234	1836
2008	39230	38604	1258	2418	1252	2442
2009	48407	47500	2398	3660	1266	2397
2010	57657	55385	4023	5625	1291	2685
2011	47503	46505	4874	5243	883	2719
2012	58903	59936	4588	6633	1330	4039
2013	61939	61939	12375	14419	1409	4370
2014	72602	72602	6321	9034	1395	5350
2015	80017	79215	8018	11048	1387	4582
2016	86381	86381	8737	12238	1484	5353

第五节　企业风采

一、江苏洛凯机电股份有限公司

江苏洛凯机电股份有限公司创建于2010年10月，是为实现公司上市目标，由江苏洛凯机电制造集团有限公司全体股东与上海电科创业投资有限公司、上海添盈投资有限公司、常州市润凯投资有限公司共同出资组建的。初创时，公司名称为江苏新洛凯机电制造有限公司，2015年6月，股份制改造完成后，更名为江苏洛凯机电股份有限公司。公司于2017年9月28日顺利通过中国证监会的IPO审核，10月17日成功登录上海证券交易所，成为一家A股主板上市企业，圆满实现企业的历史性跨越。为洛阳镇第一家在国内A股主板上市的企业。

董事长　谈　行
（洛凯股份供图 2018 年 5 月 28 日摄）

总经理　臧文明
（洛凯股份供图 2018 年 6 月 19 日摄）

公司坐落于历史悠久、人文荟萃、经济繁荣的长江三角洲中心地带——常州市武进区，毗邻上海、南京、杭州，区位优越，交通发达便捷。

2017年底，公司注册资本为12000万元，总资产为86368万元，净资产为61008万元，公司总占地面积73636平方米，建筑面积为47933平方米。员工665人，其中工程技术人员95人，占总员工数的14.3%。2017年度公司实现销售收入56860万元，税后净利5365万元，缴纳税收3159万元。

洛凯股份厂区
（洛凯股份供图 2017 年 9 月 21 日摄）

专注专业，行业领先

1992年进入配电电器行业，专注于低压、中高压断路器及其他配电类开关设备操作机构、抽（框）架和附件等关键部附件的研发、生产、销售及服务。拥有专业的研发队伍、先进的工艺技术、科学的经营管理、优质的客户资源。经过多年发展，在技术、产品、规模、质量等多方面拥有较强行业竞争优势，确立稳固的市场地位。“ROCOI/ 洛凯 ”品牌在业内具有较高知名度和美誉度，是中国配电电器部附件行业的领军企业之一。

优秀产品，优质客户

配电电器产品应用广泛，产品因使用环境和工况条件不同而具有多样化、定制化的特点。作为断路器及其他配电类开关设备的关键部附件专业提供商，公司始终定位于国内外行业的中高端市场。主要产品有低压断路器框（抽）架、低压断路器操作机构、中高压断路器操作机构、其他配电类开关设备操作机构及附件等。

装配车间

（洛凯股份供图 2017 年 11 月 4 日摄）

公司凭借优质的产品和满足客户个性化需求的研发、制造、服务能力，积累长期稳定的国内外优质客户群，先后与上海电器股份有限公司人民电器厂、上海良信电器、浙江正泰电器集团、德力西电器集团、许继电气、美国通用电气（GE）、法国施耐德（schneider）、德国西门子（siemens）、瑞士 ABB、韩国现代重工及 LS 等国内外知名电器制造商建立长期的合作关系，成为其战略合作伙伴。产品在供应国内市场的同时，出口到美国、法国、荷兰、印度、意大利、韩国等国家。

数控折弯机

（洛凯股份供图 2017 年摄）

精良装备，先进管理

公司长期以来注重工艺创新、技术改造和装备升级。先后引进瑞士米克朗 HEM 800 高速立式加工中心和 HAUSER 高精度数控坐标磨床；日本森铁工精冲压力机和 Amada 激光切割机、日本松下焊接机器人、日本 AIDA 伺服数控冲床、日

激光切割机

（洛凯股份供图 2017 年摄）

本井上五轴纵切车床等多台套先进加工设备。在行业内率先使用精冲技术，形成精冲模具的开发、设计、制造的完整能力，达到领先地位。

焊接机器人
（洛凯股份供图 2017 年摄）

该公司坚持优化企业管理，建立完善的现代企业管理制度和质量管理体系，强化过程控制。已通过 ISO9001 质量管理体系、ISO14001 环境管理体系、OHSAS18001 职业健康安全管理体系的三大认证。拥有包括精密测量仪器设施、金属材料化学成分及金相分析仪器、多种材料力学实验设备在内的先进的检试设备，对产品生产的来料、过程及最终环节的符合性质量进行检试和控制，有效保证各类产品的性能及可靠性。在引进国外先进管理理念的基础上，建立具有洛凯特色的 3E7S 管理模式，形成独特的企业文化。

成果丰硕，屡获荣誉

作为高新技术企业，该公司始终把提升研发和工艺技术实力作为培育企业核心竞争力的关键。2010—2016 年，先后成立江苏省工程技术研究中心（输配电用智能断路器关键部件）和江苏省研究生工作站，以产、学、研方式加快开发新技术、新工艺和新产品，打造一支富有创新和竞争力的的技术研发团队。

产品陈列室
（洛凯股份供图 2017 年 9 月摄）

该公司经过多年积累，创新和研发能力提高并取得成果。到 2017 年底，累计获得国家授权专利 123 项，其中发明专利 5 项。J45II 系列智能型低压万能式断路器操作机构、CJ45II 系列智能型低压万能式断路器抽架、中压断路器关键部件（J-VSH、J-VS1…）等 9 个系列的产品先后被江苏省科学技术厅、常州市科学技术局认定为高新技术产品。

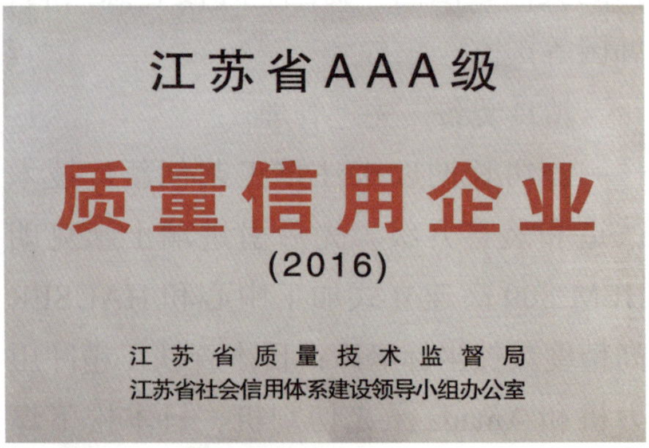

江苏省 AAA 级质量信用企业

领先的创新研发，持续的新品设计，

高新技术企业证书

江苏省著名商标

过硬的产品质量为公司赢得客户信赖，同时为公司带来荣誉。公司先后被评为“江苏省民营科技企业”“高新技术企业”“江苏省高成长型中小企业”“江苏省信息化与工业化融合试点企业”“江苏省管理创新优秀企业”“江苏省工业企业质量信用等级AAA级企业”。“Rocoi”商标被评为江苏省著名商标。

新启征程，逐梦百年

该公司遵循“诚信务实，团结合作，科技为先，追求创新，兼顾利益，和谐发展”的企业价值观。抓住国家智能电网和配网自动化建设的历史机遇，巩固低压业务，大力发展中、高压断路器及其他配电类开关设备关键部件、智能型附件业务。扩大市场规模，提升核心竞争能力。在全球经济一体化的环境下，走国际化道路。推进和提升自动化和智能制造水平，形成新的技术、质量和市场优势，为顾客提供及时、优质的产品及服务。为实现“成为全球高低压断路器部附件行业领导者”的企业愿景和“双百两翼”梦想而奋勇前行！为人类电工事业做出应有贡献！

二、江苏汉凌控股集团有限公司

江苏汉凌控股集团有限公司成立于2013年9月，是在始建于1970年11月的原企业母体基础上多次更名而设立的，也是汤墅村现存企业中创办时间最早、存续时间最长的企业，已有48年的历史。公司坐落在常州市武进区洛阳镇汤墅村，占地面积31756平方米，建筑面积33218平方米。注册资本5180.76万元（自然人股东42人出资，出资额4179.09万元，占注册资本的84.14%）。属于由自然人控股的有限公司。江苏汉凌控股集团有限公司的前身母企业——武进县洛阳公社庄陈大队农机具修配工场，始创于1970年

董事长　汤国产
(2018年5月21日摄)

11月20日，经武进县革命生产领导小组批准成立，属于庄陈大队集体投资创办的企业，成为改革开放后被史学家称之为乡镇企业“苏南模式”探索者的先驱。

1975年企业更名为武进县洛阳庄陈农机厂。1976年企业开拓铝压铸业务，1982年1月铝压铸业务单独划出，成立武进县洛阳公社庄陈铜铝制品厂，1983年8月更名为武进县洛阳庄陈压铸厂。1983年4月企业投资组建洛阳助剂厂并独立运营。1985年企业开拓电机制造业务，1986年将电机业务单独划出成立武进申达电机厂。1988年6月更名为武进县洛阳开关厂。1992年在原有低压电器零部件业务基础上，通过与上海电器科学研究所和上海人民电器厂合作，承接低压智能断路器操作机构及抽屉架业务，跨入低压配电电器行业主流业务领域。1993年8月10日，由村领导主持，企业主要领导参与，经过村民代表大会表决通过，企业转制为股份合作企业，注册资本为221.4万元，其中村集体出资100万元，占总股本的45%，所有自然人出资121.40万元，占总股本的55%。

1995年8月更名为武进市洛阳开关厂。12月，企业内部股权调整，村集体股权减持占比为15.5%，自然人增持占比为84.5%。企业性质转变为以民营为主、集体参股的企业。

1996年5月更名为常州市洛阳开关厂。7月，投资建立常州市洛阳电机厂。2001年进行股份制改造，常州市洛阳开关厂由独资变更为参股。2006年该厂更名为常州市洛锐电器有限公司。

2000年1月，以常州市洛阳开关厂为基础，新设立常州市洛凯机电制造有限公司。

2003年11月，常州市洛阳开关厂歇业注销。2001年5月，与部分自然人合资组建江苏凯隆电器有限公司。2002年6月，常州市洛凯机电制造有限公司将机械加工车间、钣金车间及模具车间分别进行股份制改造，由常州市洛凯机电制造有限公司分别与3位员工合资成立：常州市洛信机械有限公司、常州市洛德机械数控加工有限公司、常州市洛正模具有限公司，分别承担洛凯公司的零部件和工夹模具的加工任务，从原来的车间转变成为供应商。

2006年9月，与部分自然人合资（控股）组建常州市迪斯曼普电控家具有限公司。2007年1月，与部分自然人合资（控股）组建常州市凯宇汽车电器有限公司。2007年5月，企业组建为集团公司并更名为江苏洛凯机电制造集团有限公司。2009年8月，以常州市迪斯曼普电控家具有限公司控股的方式与部分自然人组建常州市迪普医疗器械科技有限公司。2010年10月，为实现公司上市的目标，将江苏洛凯机电制造集团有限公司的核心制造业务——中低压配电电器部附件业务单独剥离，以此为基础通过洛凯集团公司全体股东与上海电科创投有限公司、上海添盈投资有限公司、常州润凯投资有限公司共同出资，设立江苏新洛凯机电制造有限公司，从洛凯集团收购与中低压配电电器部附件生产业务有关的所有资产及债权债务，继续进行中低压配电电器部附件的经营。洛凯集团本部的制造性业务终止。

2011 年 12 月，江苏洛凯集团公司参股常州市三顶电机电器有限公司。2013 年 9 月，江苏洛凯机电制造集团有限公司更名为江苏汉凌控股集团有限公司。

2014 年 3 月，汉凌控股集团以控股方式参与投资组建常州市汤墅农副产品专业合作社。2014 年 11 月，汉凌控股集团参股投资成立常州市凯斯特制冷设备有限公司。2015 年 2 月，汉凌控股集团投资成立江苏汉霸机械有限公司。

2010 年 10 月以后，随着中低压配电电器关键部附件业务完全转移给江苏洛凯机电股份有限公司继续经营，江苏汉凌控股集团有限公司本部已经没有实体制造性业务，公司的经营范围变为实业投资及咨询服务、房屋租赁、物业管理等。

汤墅村原庄陈大队（村）现存的主要工业企业都是沿着江苏汉凌控股集团这条工业实体主线的历史轨迹演变而来并发展至今。江苏汉凌控股集团通过投资拥有参股或控股的主要企业 6 家：日本电产凯宇汽车电器（江苏）有限公司、常州三顶电机电器有限公司、常州市洛锐电器有限公司、江苏汉霸机械有限公司、常州凯斯特制冷设备有限公司、常州市迪普医疗器械有限公司。控股常州市汤墅农副产品专业合作社。集团以汉凌工业园为载体，利用自有固定资产——土地、厂房、办公楼等物业租赁给集团内部的子公司 3 家和外部的个私民营企业 8 家进行物业经营并创造收入。集团拥有财务管理部和一支物业管理队伍，为集团参股、控股企业实施统一的财务管理，并为汉凌工业园区内入驻企业提供优质的物业管理及服务。

2016 年度纳税大户奖

三、常州市洛锐电器有限公司

常州市洛锐电器有限公司成立于 1996 年 7 月，是一家民营股份制企业。创业初，企业名称为武进市洛阳电机厂。2006 年更名为常州市洛锐电器有限公司。公司坐落于常州市武进区洛阳镇汤墅村 71 号，占地面积 2050 平方米，建筑面积 5000 平方米。注册资本 500 万元。2018 年有固定资产 950 万元，全员职工 65 人。公司遵循“顾客至上，质量第一”的宗旨，

总经理 臧 伟
（洛锐电器有限公司供图）

始终坚持以产品品质为根本，竭诚为客户提供全新的、满意的产品与服务。

装配车间
（洛锐电器有限公司供图 2018 年 4 月 20 日摄）

该公司专业配套于机械、空调暖通两个行业。专业从事机床设备用循环冷却多级离心泵系列和浸入式循环泵系列、户式中央空调及空气能热水器用多级离心泵系列、嵌入式空调用冷凝排水泵系列、直流变频屏蔽泵等系列产品的开发、设计、制造、销售和服务。

产品陈列室
（洛锐电器有限公司供图 2018 年 4 月 20 日摄）

该公司拥有生产设备电机定子自动生产流水线 5 条（包括绝缘纸成型插入机、全自动绕线机、线圈嵌入机、线圈整形机、线圈全自动绑扎机）、半自动电机及水泵装配线 6 条、电机定子全自动沉浸机、全自动焊接设备、数控车床等。拥有检测、试验设备电机定子综合测试仪、转子平衡仪、水泵叶片平衡仪、无损探伤、水泵综合性能测试系统、智能型电器安全综合测试系统、盐雾腐蚀试验箱、高低温试验箱、灼热丝试验箱（用于检测线束及塑料件的耐高温性）、程控变频电源等。

全自动绕线嵌线机
（洛锐电器有限公司供图 2016 年 6 月 14 日摄）

该公司重视对员工的技能培训，拥有一支素质较高的职工队伍。具有中专以上学历人数占公司总人数的 70%，拥有水泵、交直流电机设计及制造、机械设计及制造等专业技术人员 15 人。已开发制造 10 大类 100 多个品种和规格的产品，具备较强的制造能力和生产规模。

该公司拥有长期稳定的国内外众多知名客户群。

该公司已经建立多个内部计算机局域网络：使用西门子公司旗下的 NX 系列三维软件进行产品设计；使用中山大学的电机优化设计软件进行电机性能模拟设计；使用台湾神州数码公司的易拓软件开展内部 ERP 管理和数据管理等 。

该公司注重内部管理和供应商管理。建立销售、质量信息跟踪、售后服务等用户服务管理体系，具备较为完善的质量管理体系和较强的质量保证能力。2000 年取得中国国家质量认证中心颁发的 ISO9001 质量体系认证证书，又通过 ISO14001 环境管理体系认证；产品已通过 CCC(中国)、TUV(德国)、CE(欧盟) 等国内外安全认证以及欧盟的 RoHS（在电子电气设备中限制使用某些有害物质指令）、REACH（欧盟法规“化学品的注册、评估、授权和限制”）、ERP（为能源相关产品生态设计要求建立框架的指令）。先后获得中华人民共国国家知识产权局颁发的 15 项专利证书。

该公司将致力于其他领域更高端的电动机及水泵产品的研发与制造，打造中华民族精品水泵品牌！

四、常州三顶电机电器有限公司

常州三顶电机电器有限公司于 1999 年 5 月成立，创办初为武进市顶新电机电器厂。公司坐落常州市武进区洛阳镇汤墅村，占地面积 4000 平方米，建筑面积 15000 平方米，有固定资产 480 万元，7 条生产流水线。注册资本 1000 万元，法人代表秦晓钟。现有职工 160 人。下辖三顶电机、顶佳电器、顶益塑料 3 家支公司。公司专业生产按摩浴缸、游泳池、SPA 和婴儿浴缸专用的水泵、风泵、电脑控制器等其它附件，整合行业有关资源，生产系列配套产品，成为国内唯一的专业配件生产企业。公司有专业技术人员 12 名，创办以来与东南大学电气工程学院、广州中山大学、上海大学等高校保持技术合作关系，公司技术部的实验室为东南大学企业研究生工作站。

总经理 秦晓钟
（三顶电机电器有限公司供图）

厂房
（三顶电机电器有限公司供图 2017 年 8 月 30 日摄）

该公司拥有自主的“DXD”“CNCSPA”“CHIBA 池霸”品牌商标，并获得国内的 CCC 认证，美国的 UL 认证，欧盟的 TUV 和 CE 认证，韩国的 KC、澳大利亚的 SAA、加拿大的 CSA 以及 ISO 质量体系认证，使得“DXD”系列产品适用于全球任何一个国家和地区。公司产品除国内畅销外，还销往美国、英国、法国、德国、澳大利亚、加拿大、哥伦比亚、智利、韩国、多米尼加、泰国、乌克兰、印度等多个国家。2016 年度外销收入 135 万美元。

该公司先后获得中华人民共和国国家知识产权局颁发的多项专利证书：风泵外观设计，专利号：ZL2006 3 0086820.3、ZL2012 3 0303945.2、ZL2012 2 0328383.1。静音风泵的结构，专利号：ZL2013 2 0501082.9。无管道冲浪泵，专利号：ZL2015 2 0651489.9。卫浴控制器，专利号：ZL2016 2 1122678.8。

DXD—1 A

DXD—6E

DXD—6X

DXD—310A

DXD—310H

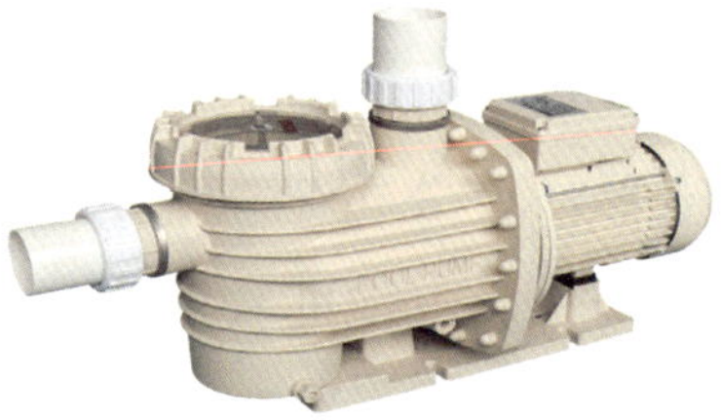
DXD—320ZM

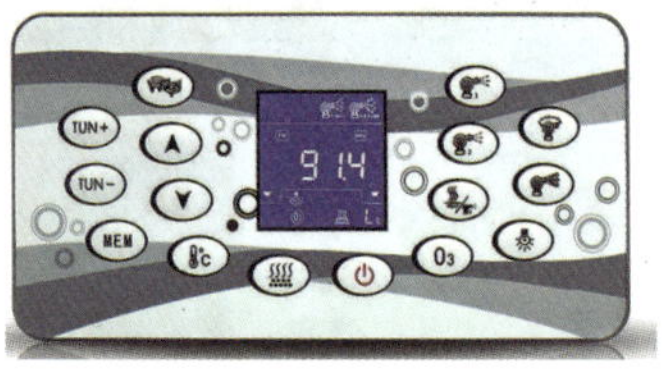
DXD—A008—C

DXD—A008—H

DXD—A032—A

DXD—A009—H

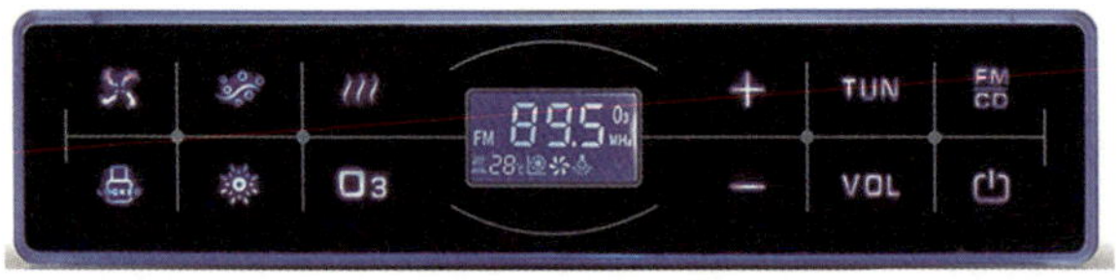

DXD—A026—A

产品系列　　（洛锐电器有限公司供图）

五、常州市兴汇塑料有限公司

常州市兴汇塑料有限公司，起源于 1988 年费社兴夫妇在阳湖村创办的常州市武进阳湖塑料制品有限公司，1999 年 10 月易地至汤墅域内皇范村新建厂房。2004 年 8 月创办常州市万邦纺织有限公司。法人代表臧惠芳，总经理费社兴。2006 年 10 月更名为常州市兴汇塑料有限公司。公司坐落在洛阳镇阳安路86号，位于洛阳镇东面镇村结合部，交通十分便利。公司注册资本580万元，占地面积10000平方米，建筑面积6800平方米。经营范围为塑料制品、电器配件、机械零部件加工。

总经理　费社兴
(2018年5月7日摄)

2016年，公司拥有资产总额3130万元，净资产1881.56万元，其中固定资产472万元，销售收入4093万元。利润总额117.46万元，利税总额230.26万元，多年来均为汤墅村规模以上企业。主要设备有精密注塑机35台，其中1300吨的大注塑机6台。公司主要生产汽车车灯等塑料制品。长期为常州星宇车灯股份有限公司、梅特勤—托利多（常州）测量技术有限公司、常州佳创电子有限公司等多家企业供货，产品质量优良，深受客户信任。

法人代表　臧惠芳
(2018年5月7日摄)

公司有员工100名，2005年始为员工办理“五险”（养老、医疗、失业、工伤、生育）。2016年，固定、长期在公司工作的50名员工办理“五险”。

生产车间
(2018年5月7日摄)

公司获得的荣誉：2004年获中国互联网新闻中心AAA级信用企业。2008年获江苏远东国际评估咨询有限公司AAAAA级使用企业。公司热心公益事业，履行社会责任与义务。2002年、2008年阳湖村委筑路时捐赠5万元。2008年四川汶川大地震时捐赠1.25万元，法人代表臧惠芳以个人名义，捐赠2万元。2011年向武进慈善总会捐赠5万元。

六、常州永龙电器制造有限公司

常州永龙电器制造有限公司成立于2005年11月，是一家民营股份制企业。创办初，公司法定代表人秦国兴，2013年公司增资扩股后，法定代表人变更为丁亚光。公司坐落在常州市武进区洛阳镇汤墅村陈家头64号，占地面积5000平方米，建筑面积5200平方米。注册资本410万元。全员职工人数59人。

该公司拥有一支技术精良的员工队伍，其中专业技术人员6人。专业经营铝压铸件、高压水泵、低压电器开关的制造、加工。主要产品有：168F、178F、178FA、186F、186FA、186FC、192FA等风冷发电机部件；TR180W、TR185W、TR192W等水冷发电机部件；1100柴油机部件；紧线机等。拥有DCC-280T压铸机1台、BEE-200T自动压铸机2台、J1120-200T普通压铸机2台、160T压铸机1台、CWD-200电炉6台、TOM850A切削加工中心5台、LK40S数控车床15台、J425数控铣床1台等机器机械设备。

该公司是集模具设计、制造与产品制造、加工于一体的企业。2014年通过

总经理 丁亚光
(2018年5月9日摄)

厂容
(2018年5月9日摄)

车间一角（2018年5月9日摄）

主要产品1（2018年5月9日摄）

主要产品2（2018年5月9日摄）

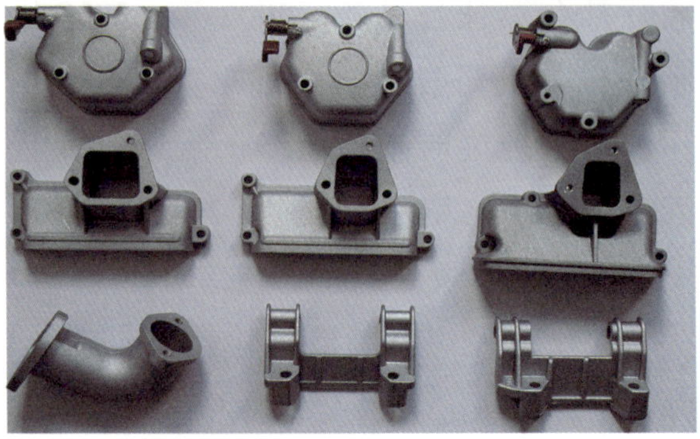

主要产品3（2018年5月9日摄）

ISO9001 质量体系认证，生产的产品具有外型美观，质量上乘的特点。与国内 50 多家客商建立长期稳定的合作关系。生产的紧线机产品出口到澳大利亚。

七、江苏广利投资管理有限公司

江苏广利投资管理有限公司成立于 2015 年，由常州宝沃迪锅炉成套设备有限公司、常州双舟家具有限公司、江苏雅峰机械有限公司联合创立，公司注册资金 3000 万元，主要经营与能源投资管理相关的投资项目。江苏广利投资管理有限公司执行董事彭苗根，1987 年政府机关任职，1996 年航天认证中心江苏中心任职，2003 年任无锡锡能集团市场部经理，2011 年任常州宝沃迪锅炉成套设备有限公司经理。总经理黄文亮，1987 年在广州远洋公司任职，1999 年创办常州双舟

执行董事　彭苗根
（广利投资管理有限公司供图）

总经理　黄文亮
（广利投资管理有限公司供图）

2016 年广利公司为江苏尚科新材料科技公司投资建设的生物质供热能源管理项目
（广利投资管理有限公司供图）

2017 年江苏广利与华峰重庆化工园合作的 45 吨蒸汽供热项目
（广利投资管理有限公司供图）

家具有限公司，任董事、总经理，2011年与荷兰丹尼沃集团合作成立丹尼沃（常州）健身康复器材有限公司，任董事、总经理。运行总监居钢锋，1998年任职于江苏雅峰机械有限公司，2012年任江苏雅峰机械有限公司董事长、总经理。2015年，三者联合创办江苏广利投资管理有限公司。

（广利投资管理有限公司供图）

江苏广利投资管理有限公司遵循诚信、规范、稳健的经营方针，倡导严谨、求实、高效的管理作风，专业、专注、创新的运营方式管理和运用相关资产，与国内多家公司建立良好的合作伙伴关系，为企业提供专业、高效、增值的服务，为受托资金创造最大回报。

八、武进区洛阳龙涵建筑工程队

武进区洛阳龙涵建筑工程队，1999年3月获镇村建筑资格证书。负责人张祥龙，汤墅村前巷村民小组人。1965年3月出生，1980年起从师虞焕泉，从事建筑业已达36年。开始以建民居为主，20世纪90年代中后期，独立承建企业厂房、办公楼。曾承建常州市神兔电器制造有限公司厂房、戴溪集装箱厂厂房、常州市兴旋电机厂厂房、常州市国林冷库厂高层车间、常州市雪科制冷厂厂房及办公楼、常州市洛阳压铸有限公司厂房等，建筑总面积12万平方米。

负责人　张祥龙
（2018年5月9日摄）

武进区洛阳龙涵建筑工程队以质量求生存，安全第一，文明施工，完成的工程得到客户的好评。2013年后，每年承接2.5~3万平方米的工程，年工程总额2000万元以上。工程建筑设备和其他辅助设施、技术人员配备与时俱进，拓展在建筑行业中的生存发展空间。负责人张祥龙不忘社会责任，用爱心回报社会，乐助公益事业。

施工现场（2018年5月9日摄）

九、常州市洛阳压铸有限公司

常州市洛阳压铸有限公司的前身为武进县洛阳庄陈压铸厂，创办于 1978 年。公司位于常州市武进区洛阳镇汤墅村陈家头 68 号，注册资本 550 万元，有员工 40 人，法定代表人谈军勇。

总经理　谈军勇
（2014 年 8 月 24 日摄）

公司拥有相关专业人才及相关产品模具设计、模具开发、压铸生产、金加工等配套专业设备。拥有抗检抗压测试及三坐标等检测设备，已通过 ISO9001 质量管理体系认证。公司设置模具车间、压铸车间、整修车间、金加工车间，对产品有全工序结束的能力。科学的管理、精良的设备、技术质检专业人员的配备使该公司成为一家上规模的专业压铸件生产企业。常年为上海人民电器厂、上海良信、上海沪工焊接集团、无锡新宏泰、江苏洛凯机电等上市公司提供优质压铸产品及服务。2016 年，完成销售总额 1000 万元。

产品一（2018 年 5 月 21 日摄）

产品二（2018 年 5 月 21 日摄）

车间（2018 年 5 月 21 日摄）

厂容（2018 年 5 月 9 日摄）

十、常州市中杰塑料厂

常州市中杰塑料厂成立于2001年，位于汤墅村阳光路5号，于2012年搬迁至戴洛路122号，占地面积4000平方米，建筑面积8000平方米。专业生产制造塑料制品、空调配件、塑料原料、机械零部件、制冷配件和制冷设备。2015年成立中之纯制冷设备有限公司，专业生产制造和销售制冷配件、制冷设备、冷库用专用机组和冷风机、电机配件和设备制造、五金零部件、塑料制品、机械设备和零部件。

法人代表　吴维艳
（常州市中杰塑料厂供图2018年5月9日摄）

生产车间
（常州市中杰塑料厂供图2018年5月9日摄）

该公司有专用精密注塑机13台（65克至2500克）、高速精密冲床2台和弯管机、胀管机、折弯机数台。2016年注册中之纯商标，2018年2月取得商标注册证。

10多年的发展历程，公司以诚信立业为根本，始终坚持品质、服务、创新、感恩为理念，严把质量关，全方位跟踪服务。2016年，完成工业总产值300万元。

十一、常州市洛玺机械有限公司

常州市洛玺机械有限公司的前身为常州市洛信机械有限公司，2018年8月更名。创办于2002年6月，法人代表谈慕耀。坐落于洛阳镇汤墅村44-1号，占地面积1500平方米，建筑面积1600平方米，注册资本150万元，固定资产203万元。2006年3月法人代表变更为谈屹峰。2016年，有职工25人，专业技术人员3名，完成工业总产值500万元。公司是机械零部件制造、加工的专业化厂家，主要生产电器开关上的转轴、杠杆、拐臂、连杆、轴等配件，是江苏洛凯机电股份有限公司制造、加工零部件的定点单位。

总经理　谈屹峰
（2018年5月21日摄）

十二、常州市神兔电器制造有限公司

常州市神兔电器制造有限公司成立于1998年9月，位于武进区洛阳镇汤墅村（阳安路83号）。占地面积9093平方米，建筑面积12000平方米。公司注册资本50万元。2016年有职工98人，其中专业技术人员5人，法定代表人为苏小平。

总经理 苏小平
(2018年5月21日摄)

公司主要生产电子节能灯、照明电器、铝铸件制造，自营和代理各类商品及技术的进出口业务（国家限定企业经营和禁止进出口的商品和技术除外）。专业从事电子节能灯（5W～120W）、LED灯具配件（球泡灯）、电子镇流器的制造、销售和服务。拥有生产设备6条节能灯生产流水线、4条插件生产线、14条装配生产线、注塑机14台等。检测设备：智能电参数测量仪、光谱分析系统等。2005年，通过ISO9001质量管理体系认证。拥有国家工商行政管理总局（商标局）核定的Feiou菲欧和浦利特(PULITE)注册商标。公司生产的电子节能灯，自行出口销往中东地区埃及、摩洛哥等国家。2014年完成外贸出口额8350万元（人民币）。

厂容
(2018年5月21日摄)

十三、常州市科星塑料制品厂

常州市科星塑料制品厂法人代表陈建云，1996年开始在皇范小学内创办企业，1998年企业迁入皇范村老厂区内，主要经营模具加工。2006年3月正式定现名，注册资金40万元。2008年收购常州市海龙节能电器厂，进行扩建重建。工厂坐落在洛阳镇东阳安路81号。占地面积5656平方米，建筑面积6000平方米，固定资产300万元。经营范围塑料制品（除医用塑料制品），模具、机械零部件制造加工。

法人代表 陈建云
(2018年5月7日摄)

企业主要设备有精密注塑机15台，数控车床、磨床、线切割、电脉冲等模具加工设备。主要产品为电动车充电器外壳等塑料制品。

生产车间
(2018年5月7日摄)

企业坚持质量第一，以诚取信，重合同守信用，为客户提供满意产品。2016年，配套单位有江苏、浙江、安徽、深圳、山东等省内外数十家电动车企业，完成销售收入124万元。

企业不忘社会责任，热心公益事业。在1999年皇范村委筑路及2008年四川汶川大地震时都有捐助。

十四、常州市康盛车辆配件厂

常州市康盛车辆配件厂创办于2002年6月。原厂名为常州市万盛冷藏设备厂，2003年更名为常州市康盛车辆配件厂，位于洛阳镇岑村路50号，占地面积4935平方米，建筑面积3500平方米，法人代表朱勤国。

法人代表　朱勤国
(2018年5月9日摄)

企业专业从事自行车配件、摩托车配件、机械零部件制造加工。拥有数控车床、自动切管机、自动拉管机等大中型设备80台（套）。主要生产自行车、电动车前叉竖杆、车把、车把把立管和车立管等。产品质量已通过日本自行车产业振兴协会技术研究所、日本车辆检查协会大阪检查所、上海华测品标检测技术有限公司、国家轻工业自行车质量监督检测常州站、捷安特中国有限公司品保部的审核、检测和认证。与捷安特昆山有限公司、昆山金隆车业有限公司、太仓信隆车业有限公司建立长期稳定的合作关系。2016年主营业务收入1108万元，利税总额95万元，资产总额793万元。历年来多次为公益及慈善事业慷慨捐赠。

生产车间
(2018年5月9日摄)

十五、常州市巨飞金属制品有限公司

总经理　陆国中
(2018 年 6 月 19 日摄)

常州市巨飞金属制品有限公司位于洛阳阳安路 86 号（原皇范村委大院内），法人代表陆国中。公司前身为武进洛阳皇范电讯配件厂，创办于 1988 年，1997 年 3 月转制为私营企业，2005 年更名为常州市巨飞金属制品有限公司，注册资金 58 万元。

公司主要经营五金冲压件，电机、电器配件，机械加工。客户群为电机、电器及机械公司，面向全国市场。遵循质量第一、信誉第一的经营理念，以专业、成熟的生产技术和科学的管理方式，赢得客户的满意和信任。主要为常州、无锡等地多家公司配套生产电机机壳、配件。

生产车间
(2018 年 5 月 7 日摄)

2016 年，产值 330 万元，资产总额 227 万元，厂房改建、技改和设备投资等 120 万元。历年来多次为公益及慈善事业慷慨捐赠。

十六、常州市洛阳海绵厂

法人代表　虞德康
(2018 年 5 月 21 日摄)

常州市洛阳海绵厂创办于 1994 年 11 月，为个人独资企业，法人代表虞德康。该厂专业生产海绵与海绵制品。创办时租用洛阳镇马鞍村委房屋。1998 年 12 月，迁入皇范村委，租用村委厂房。占地面积 600 平方米，建筑面积 480 平方米，坐落在洛阳镇阳安路 80-2 号，交通十分便利。

企业主要设备有发泡机 1 台及各种海绵制品模具。主要产品是汽车座椅海绵、各种灯具用外包装等海绵制品。配套单位有江苏中意汽车有限公司、江苏中意御廷汽车有限公司、常州市乐潼智能家居有限公司、润达照明电器有限公司、鸿安电器有限公司等。

企业遵循“质量第一，客户至上”的宗旨，为用户提供满意产品，深受用户欢迎。企业热心公益事业。

十七、常州市益裕电机有限公司

法人代表　谈　君
(2018 年 6 月 20 日摄)

常州市益裕电机有限公司创办于1993年12月，原名武进市洛阳申华电机电器厂，法人代表：谈忠良。坐落于汤墅村陈家头70号，占地1000平方米，建筑面积780平方米。2010年7月，变更为常州市益裕电机有限公司，2016年4月，法人代表变更为谈君。

该企业主要从事电机、电器制造、电机修理，冲压件加工。在直流电机修理行业中有较好的信誉。2016年完成销售收入65万元。企业热心公益事业。

十八、常州凯斯特制冷设备有限公司

总经理　耿伟强
(2018 年 5 月 7 日摄)

生产车间
(2018 年 5 月 7 日摄)

常州凯斯特制冷设备有限公司于2015年5月成立。公司位于江苏省常州市武进区洛阳镇开发区创新路14号，注册资本900万元，法定代表人耿伟强。是特种制冷产品、各种热交换器、整套空调外机钣金和制冷配件的专业生产厂家。拥有固定资产3000多万元。引进先进的热交换器生产线、测试设备，有工程技术人员20多人，生产设备先进，技术力量雄厚，产品质量可靠。公司与多所大专院校、科技单位技术挂钩，引进国外的先进技术共同研制开发高科技、高效率、低成本的各种热交换器。产品应用于中央空调、精密空调、移动空调、军用空调、工业空调、商业制冷、冷冻冷藏、保险设备、冷藏集装箱、冷却塔、地铁、巴士、火车、轮船、坦克、大型控制柜、工业烘干设备、空气净化系统等场合，有能力根据用户要求设计加工非标产品。

通过ISO9001质量体系认证，ISO14000环境体系认证，TS16949严格控制、氟代氢制冷装置用翅片换热器生产许可证，吸收和运用国内外新技术、新工艺，创造新产品。2016 年，有职工 73 人，产值 5000 万元，销售 4450 万元。

十九、常州市洛昕热处理有限公司

常州市洛昕热处理有限公司创立于 2011 年，公司坐落于洛阳镇汤墅村，是一家专业从事热处理加工的企业，现有职工 32 人，其中专业技术人员 6 名，建筑面积 3000 平方米，注册资本 500 万元。总经理：马刚。

总经理 马 刚
（2018 年 5 月 21 日摄）

公司拥有全自动多用炉、QPQ 盐浴复合炉、气体氮化炉、气体渗碳炉、网带炉、自动高频炉等热处理设备，具备包括材料化学分析、金相分析、机械性能分析、显微硬度分析等检测手段及设施。可以承揽各种规格、型号的黑色金属、有色金属热处理加工业务，包括调质、退火、正火、回火、淬火、渗碳、碳氮共渗、高频、气体氮化、QPQ 盐浴复合处理、深冷处理等，年加工能力 3000 余吨，主要为国内外知名企业合作配套。通过 ISO 9001 认证。2016 年，公司拥有固定资产 580 万元，完成总产值 500 万元。公司以稳定的质量，优良的服务受到客户的信赖和好评。

生产车间
（2018 年 9 月 25 日摄）

二十、常州市洛金机械有限公司

常州市洛金机械有限公司创办于 2002 年 6 月，公司位于武进区洛阳镇汤墅村 44-1 号，占地面积 1600 平方米，建筑面积 1700 平方米，注册资本 50 万元，有固定资产 200 万元，职工 30 人，法定代表人臧驾星，总经理钱正伟。

该公司主要经营机械零部件制造、加工，是江苏洛凯机电股份有限公司制造、加工零部件的定点企业。拥有数控车床、数控铣床、焊接设备等 60 台套。以专业的技术、优质的配套服务赢得客户信赖。2014 年获江苏洛凯机电有限公司授予供应商技术合

总经理 钱正伟
（2018 年 6 月 4 日摄）

作奖。公司成立以来，多次为公益事业慷慨捐助。2016 年，完成销售总额 700 万元。

二十一、南方通信控股有限公司

南方通信(股票代码：1617.HK)，国内领先的通信传输解决方案提供商。创建于 1992 年，位于江苏省常州市武进区洛阳镇岑村路 1 号，董事会主席於金来。2016 年公司进行上市重组，在香港成立南方通信控股有限公司。下设江苏南方通信科技有限公司、江苏盈科通信科技有限公司、江苏南方光纤科技有限公司、敏博投资有限公司。2016 年 12 月 12 日南方通信控股有限公司在香港股票交易市场挂牌上市。

董事长　於金来
（南方通信控股有限公司供图）

南方通信厂区
（南方通信控股有限公司供图）

2010 年获得国家高新技术企业称号；2011 年取得省级企业技术中心；2013 年商标获中国驰名商标；2015 年被评为“中国通信光电缆优质供应商”；2016 年获全国五一品牌建设奖—创新企业、中国最具潜力企业入围奖；2017 年获得杰出上市企业奖项。2018 年股票纳入 MSCI 中国小型股指数，并且获得年度上市企业奖。2016 年，完成销售收入 8.06 亿元。

公司热心参与社会公益事业，带领员工践行社会责任。与洛阳中心小学成立“南方通信奖学金”，为优秀学生及老师提供帮助，与洛阳镇共建教育百万光彩基金。公司参与各类捐助计划：与武进区大病救助合作捐助，与汤墅村成立“南方通信光彩基金”。每年因特殊天气造成通信障碍，公司通过提供光缆物资或捐款的方式资助灾害地区恢复生产、生活。企业对外开放，向社会各界提供学习、参观和交流的开放平台。

【第九章】村级组织

CUN JI ZU ZHI

1956年，域内始建中共支部，2007年始建中共汤墅村总支部。2016年有综合、工业、老年3个中共支部，党员103名。

1961年春，域内始建庄陈大队、皇范大队。1983年，大队改建行政村，设村民委员会。2001年撤庄陈、皇范行政村，建汤墅村，辖17个村民小组。

1958年，域内始建共青团支部、农村基层妇女代表会，各生产队设妇女小组长1名。

此外，域内还设有村级民兵营组织和治保调解组织、工会组织。

第一节　中国共产党村级组织

一、中共大队（村）级组织

新中国成立初到成立高级社前，域内无中共基层组织（中共支部）。1956年成立高级社，汤墅谈家头、皇范、陆家头、吴家头、王家头、欧窑、西窑属阳湖高级农业合作社，始设中共支部，中共支部书记沈根元。丁庄、堵墅、臧家头、陈家头属九星高级农业合作社，该社未建中共支部。1958年9月11日，成立洛阳人民公社。公社以下设大队，以大队为单位建立中共支部，现村域内17个村民小组当时均属阳湖大队。首任中共支部书记为谈伯兴，1960年由沈根元接任。

1961年春，阳湖大队一分为三，分别为皇范、庄陈、阳湖三个大队。各大队分别建立中共支部，庄陈、皇范共有中共党员15名。庄陈大队中共支部书记为谈焕良，皇范大队中共支部书记为陈金明。庄陈大队中共支部有中共党员9名：谈焕良、谈甫兴、梅明珠、秦产锡、庄南兴、丁国兴、丁根海、苏全茂、曹洪海。皇范大队中共支部有中共党员6名：陈金明、顾敬益、黄仁林、吴庚大、陆林海、苏文海。

2001年9月，村级区域调整，新建中共汤墅村支部，书记为陈幸福。2007年4月，撤销中共汤墅村支部，成立中共汤墅村总支部，下辖工业、综合、老年3个支部。中共汤墅村总支部书记为陈幸福。

1961—2001年中共庄陈大队（村）历任支部书记、副书记情况一览表

表9-1

书记		副书记	
姓名	任职时间	姓名	任职时间
谈焕良	1961.4—1970	臧浩初	1995.4—1998.2
谈甫兴	1970—1972（负责人）	—	—
秦松焕	1972.7—1990.3	—	—
谈洪荣	1990.3—1998.3	—	—
陈幸福	1998.4—2001.9	—	—

1961—2001年中共皇范大队（村）历任支部书记情况

表9-2

姓名	任职时间	姓名	任职时间
陈金明	1961.4—1962.7	林培清	1962.8—1969
陈金明	1969—1978	苏金林	1978—1990.10
吴选英	1990.11—1994.6	陆元茂	1994.7—2001.9

2001—2007年中共汤墅村支部历任正、副书记委员情况一览表

表9-3

书记		副书记		支委姓名
姓名	任职时间	姓名	任职时间	
陈幸福	2001.10—2007.3	陆元茂	2001.10—2003.10	陆元茂、黄荣昌 谈兴根、谈一平

历任中共汤墅村总支部书记及下辖各支部书记情况(2007年4月—2016年12月)：陈幸福，2007.4—2013任党总支书记，总支部委员为谈一平、黄荣昌、朱列健、王建平、虞亚红。

王建平，2013—，任党总支书记，总支委员为王建平、虞亚红、陆玉石。

中共汤墅村总支部下辖3个党支部：

综合支部，历任支部书记先后为：陈幸福、王建平。

工业支部（新洛凯支部），历任支部书记先后为：谈一平、臧浩初、陈幸福、臧文明。

老年支部，历任支部书记先后为：谈洪荣、陆元茂、谈兴根。

二、中共党员

2001年10月—2001年12月，全村共有党员58人。

谈东：谈洪荣、徐金娣

谈西：谈焕良、谈有道、谈伟俊、谈兴根、谈兴全、顾建良、谈健、谈志金、谈一平

臧家头：梅明珠、臧浩初、臧浩兴

陈家头：陈幸福、徐国英

丁庄：庄南兴、丁国兴、曹洪海

堵东：秦松焕、秦产雪、秦锡兴、秦泉佩、秦雄侠

堵西：秦敖大、秦惠明、秦建波、秦建华

堵市：秦加春

陆家头：陆林海、陆元贤、陆元茂

吴家头：黄荣昌、苏建平

前巷：虞建华、代培芝

西巷：虞祥林、杨菊宝、虞仲良、张伯才、张伯元、虞德伟、虞仲金

北巷：虞杏宝、虞龙贤

中巷：陈建良、张兆兴

南巷：苏仲林、虞炳焕

欧窑：丁永兴、丁伟方、丁爱华、耿惠荣

西窑：苏来源、苏光华、苏尚贤、苏建元、苏浩

2007—2016年中共汤墅村总支部下辖各支部党员，合计103名：

综合支部有党员45名：谈伟俊、徐国英、秦雄侠、秦建波、秦惠明、秦加春、王建平、钱晓明、黄荣昌、苏建平、虞建华、张伯泉、张伯元、虞龙贤、陈建良、耿惠荣、朱加兴、苏建元、苏光华、苏浩、虞德伟、庄黎蛟、谈成林、朱列健、施湘玲、虞俊侠、苏淼、苏伟林、张莺、谈英华、谈年鑫、苏婷、施婷玉、张彬、詹瑾、詹涛、臧晓玲、苏小菊、蔡晶、丁靖乾、苏燚、陆玉石、虞丽萍、虞亚红、秦静娴

工业支部有党员24名：臧文明、陈幸福、顾建良、谈健、谈文忠、臧浩兴、秦雪莲、秦建华、吴维艳、谈佳磊、黄华、苏正东、汤琪峰、臧铭辉、谈建平、孙卫东、邵家旭、陈明、王玮、汤晔彬、臧伟、谈军勇、臧浩初、谈建新（预备党员）

老年支部有党员34名：谈洪荣、谈焕良、梅明珠、秦锡兴、秦敖大、张玉良、庄南兴、陆林海、陈金元、张伯才、虞祥林、杨菊宝、虞仲良、虞杏宝、丁文忠、朱永清、张兆兴、苏仲林、丁永兴、苏志锡、苏尚贤、陆元贤、丁伟方、丁爱华、虞惠明、谈兴根、代培芝、谈兴全、秦泉佩、丁健生、秦伯林、虞仲金、陆元茂、秦松焕

三、党代会代表

汤墅村（庄陈、皇范）第一届至第八届洛阳乡（镇）党代会代表名录

表 9-4

届次	时间	乡镇党委书记	大队（村）党员代表姓名		届次	日期	党委书记	大队（村）党员代表姓名	
			庄陈	皇范				庄陈	皇范
1	1958.8	孙祖法	未查到	未查到	2	1960	孙祖法	未查到	未查到
3	1971	许志泉	未查到	未查到	4	1973.3	许志泉	未查到	未查到
5	1983.7	陈文荣	秦松焕 臧浩初	苏金林 虞建华	6	1986.9	陈文荣	未查到	未查到
7	1990.9	戚国平	谈洪荣 秦惠民	吴选英 张伯才	8	1994.9	戚国平	谈洪荣 秦惠民	陆元茂 陈建良
9	1998.9	戚国平	谈洪荣 陈幸福	陆元茂 苏光华	—	—	—	—	—

2000 ～ 2016 年洛阳镇历届党代会汤墅村党员代表名录

表 9-5

届次	时间	乡镇党委书记	汤墅村党员代表姓名	届次	日期	党委书记	汤墅村党员代表姓名
1	2000.11	陆小玉	陈幸福　秦惠民 陆元茂　苏光华	2	2004.11	陶建良	陈幸福　谈一平 黄荣昌　苏光华
3	2011.3	刘志峰	陈幸福 王建平　虞亚红	4	2016.5	朱红兴	王建平 虞亚红　蔡晶

第二节　　村民自治组织

一、大队（村民）委员会

1978 年庄陈大队领导与部分生产队长合影

左起前排：谈洪荣、秦松焕、秦锡兴、谈行

左起后排：周仁海、秦志兆、曹根培、臧岳南、秦林初

民国 38 年（1949 年）4 月 23 日，武进县解放，村域内属第六区，10 月后属礼嘉区，区以下设乡，乡以下设行政村，同时废保甲制。由乡、行政村两级行使行政权力。域内丁庄、堵墅、陈家头、臧家头 4 个自然村属洛阳乡第四行政村。陆家头、王家头、吴家头 3 个自然村属马鞍乡第五行政村。汤墅谈家头、欧窑、西窑 3 个自然村属阳湖乡第十行政村。皇范自然村属阳湖乡第十一行政村。

1953 年，实行第一次普选，将行政村改为选区，选区代替村级机构。1954 年 11 月废除村长制，村长的职能由选区代表取代。随着农业合作化运动的发展，土地改革后，农村由互助组发展到初级社。1956 年开始成立高级社，设正、副社长。社长职能替代选区代表。

汤墅谈家头、皇范、陆家头、吴家头、王家头、欧窑、西窑 7 个自然村属阳湖社，社长为谈焕良。丁庄、堵墅、臧家头、陈家头 4 个自然村属九星社，社长秦仲林。1958 年 9 月 11 日。成立洛阳人民公社，政社合一。乡以下设大队，大队设正、副大队长，大队以下设生产队，生产队设正、副队长。现汤墅村 17 个村民小组，当时均属阳湖大队，大队长先后为施根祥、张伯清。

1961 年春，阳湖大队一分为三，分别为阳湖大队、庄陈大队、皇范大队。

1966 年至 1967 年，因受“文化大革命”冲击，公社及大队，处于瘫痪、半瘫痪状态。1968 年初，实行军事管制，公社由人武部拿“总”，全面负责公社领导工作，大队成立“抓革命，促生产”领导小组，由大队民兵营长全面负责大队工作。

1968 年 11 月至 1981 年 9 月，皇范大队更名为红卫大队。1981 年 10 月 8 日据武政发 [1981] 第 128 号文件恢复为皇范大队。

1969 年 4 月 29 日，红卫大队成立革命委员会。

1969 年 5 月，庄陈大队成立革命委员会。

1981 年 6 月，大队革命委员会改称大队。

1983 年 7 月，大队改村，村民委员会设主任 1 人，委员 3 ～ 5 人，同时设村经济合作社，设理事长 1 人，委员 2 ～ 3 人。各生产队改为村民小组，设小组长 1 人。

2001 年 9 月 26 日，撤销皇范村、庄陈村，新建汤墅村。

大队长、革委会主任、村主任、副主任、大队（村）会计（含联队会计）

1961 年春—2001 年 9 月庄陈大队、革委会、村历任大队长、革委会主任、村委主任、副主任情况一览表

表 9-6

姓名	职务	任职时间	姓名	职务	任职时间
丁国兴	大队长	1961.9—1963	臧浩初	村主任	1990.3—1995.3
谈焕良	大队长	1963—1969.4	陈幸福	村主任	1995.4—1998.3
秦松焕	革委会主任	1969.5—1972.6	谈兴根	村主任	1998.4—2001.9
谈洪荣	村主任	1972.7—1990.3	谈洪荣	副主任	1970—1972.6

1961 年春—2001 年 9 月皇范大队、革委会、村、历任大队长、革委会主任、村委主任情况一览表

表 9-7

姓名	职务	任职时间	姓名	职务	任职时间
虞才德	大队长	1961—1963	张兆兴	村主任	1980.12—1992.7
陈金明	大队长（兼）	1964—1969.3	陆元茂	村主任	1992.8—1994.7
苏仲林	革委会主任	1969.4—1973.10	顾俊伟	村主任	1994.7—1998.4
詹南勤	革委会主任	1973.11—1980.11	虞仲金	村主任	1998.5—2001.9

2001 年 10 月—2016 年 12 月汤墅村历任村主任情况一览表

表 9-8

姓名	任职时间	姓名	任职时间
陆元茂	2001.10—2003.8	谈一平	2003.9—2009.6
朱列健	2010.11—2013.6	陆玉石	2013—

2001—2010 年汤墅村历任副主任情况一览表

表 9-9

姓名	任职时间	姓名	任职时间
谈兴根	2001.10—2005	朱列健	2009.10—2010.10

1961 年—2001 年 9 月庄陈大队（村）历任会计情况一览表

表 9-10

姓名	任职时间	姓名	任职时间
秦锡兴	1961—1995.3	谈兴根	1995.4—1998.3
臧浩初	1998.4—2001.9	—	—

1961 年—2001 年 9 月皇范大队（村）历任会计情况一览表

表 9-11

姓名	任职时间	姓名	任职时间
朱振邦	1961—1962.7	陈金明	1962.8—1969
苏金林	1969—1978	丁健生	1978—1987
吴选英	1988—1990.9	虞仲金	1990.10—1998.4
黄荣昌	1998.5—2001.9	—	—

2001 年 10 月—2016 年汤墅村历任会计情况一览表

表 9-12

姓名	任职时间	姓名	任职时间
黄荣昌	2001.10—2011.5	王建平	2011.6—2013.6
秦　涛	2013.7—2014.6	蔡　晶	2014.7—2016.12

1984 年—2001 年 9 月庄陈村联队会计情况一览表

表 9-13

姓名	任职时间	姓名	任职时间
谈兴根	1983—1995	朱福元	1983—1988
张福良	1995—1997	谈兴根	1998—2001.9 兼职
臧浩初	1998—2001.9 兼职	—	—

1984 年—2001 年 9 月皇范村联队会计情况一览表

表 9-14

姓名	任职时间	姓名	任职时间
苏建元	1984—2001.9	吴剑英	1984—1985
苏仲高	1985—2003	—	—

2001 年 10 月—2016 年汤墅村联队会计情况一览表

表 9-15

姓名	任职时间	姓名	任职时间
谈兴根	2001.10—2007（庄陈）	黄荣昌	2001.10—2002（庄陈）
沈惠英	2001.10—2008.6（皇范）	苏光华	2003—2013（皇范）
虞亚红	2007—2012（庄陈）	秦涛	2012—2013.6
秦静娴	2014—2016	—	—

人大代表

洛阳公社（乡）第一届至第八届人代会汤墅村（庄陈、皇范）代表情况一览表

表 9-16

届次	召开时间	乡、镇长	大队（村）人大代表姓名		届次	召开时间	乡、镇长	大队（村）人大代表姓名	
			庄陈	皇范				庄陈	皇范
1	1953.8	谈伯兴	未查到	未查到	2	1956	谈伯兴	未查到	未查到
3	1958.9	周焕林	未查到	未查到	4	1961	张洪元	未查到	未查到
5	1963.5	许志泉	未查到	未查到	6	1965.12	殷东昇	未查到	未查到
7	1981.4	杨祥兴	谈洪荣 秦祥兴	张兆兴 虞彩娥 陆元茂	8	1984.5	杨祥兴	秦松焕 谈洪荣 秦锡兴	苏金林 张兆兴 丁健生
9	1987.3	杨祥兴	谈伯兴 谈洪荣 秦国兴	张兆兴 虞仲金	10	1990.3	杨祥兴	谈洪荣 秦锡兴	吴选银 虞仲清
11	1993	顾竹轩	臧浩初 秦国兴 朱福元	陆元茂 周金凤 沈惠英	12	1996.1	陶建良	陈幸福 朱福元	虞仲金 沈惠英
13	1999.1	陶建良	施志洪 朱福元	虞仲金 沈惠英	—	—	—	—	—

注：汤墅村区人大代表：谈洪荣当选武进区第十一届人大代表。谈行当选武进区第十四届、第十五届、第十六届人大代表。梅京燕当选为武进区第十五届人大代表。谈英华当选武进区第十四届人大代表

2002—2016 年洛阳镇历届汤墅村人大代表情况一览表

表 9-17

届次	召开时间	镇长	汤墅村镇人大代表姓名
1	2002.1	姚纪伟	陆元茂 虞亚红 陈幸福 谈一平 黄荣昌 苏光华
2	2007.12	刘金甫 丁晓红 2010.12 起	谈一平 虞亚红
3	2011.3	朱剑波	朱列健 虞亚红 臧伟
4	2016	龚新宇	陆玉石 秦静娴 张进

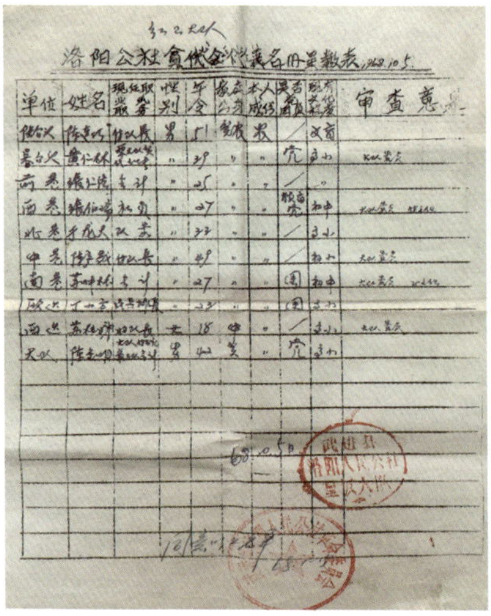

1968年各大队成立贫下中农代表会，图为红卫大队贫代会代表名册

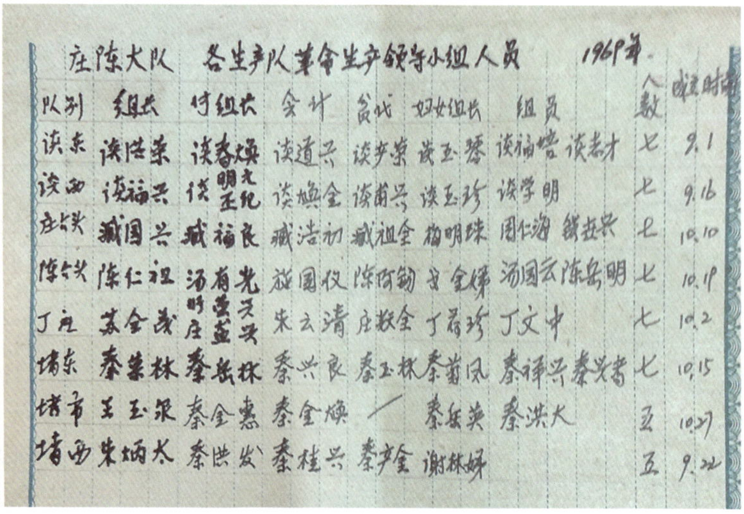

庄陈大队 各生产队革命生产领导小组人员 1969年								
队别	组长	付组长	会计	贫代	妇女组长	组员	人数	成立时间
谈东	谈洪荣	谈春焕	谈道兴	谈步荣	谈玉琴	谈福培 谈老才	七	9.1
谈西	谈福兴	谈明元 谈玉纪	谈焕金	谈甫兴	谈玉珍	谈学明	七	9.16
庄家头	臧国兴	臧福良	臧浩初	臧祖金	杨明珠	周仁海 钱森兴	七	10.10
陈家头	陈仁祖	汤有光	徐国权	陈阿钧	史金娣	汤国云 陈岳明	七	10.19
丁庄	苏全茂	张荣兴 庄盘兴	朱云清	庄秋全	丁荷珍	丁文中	七	10.2
墙东	秦荣林	秦银林	秦兴良	秦玉林	秦菊凤	秦祥兴 秦兴書	七	10.15
墙中	王玉泉	秦金惠	秦金焕	/	秦岳英	秦洪大	五	10.27
墙西	朱炳大	秦世发	秦桂兴	秦产金	谢林娣		五	9.22

1969年庄陈大队各生产队革命生产领导小组人员名单

生产队（村民小组）长、会计、妇女队长

生产队长（村民小组长）自1961年春—2016年

汤墅村成立前（1961—2001.9）庄陈大队（村）历任生产队长、村民小组长：

谈东：谈锡林 1961.4—1963.12　谈产福 1963—1964.12
谈洪荣 1965.1—1969.12　谈永泉 1970.1—1972.12
谈春焕 1973.1—1979.5　谈福培 1979.6—1981.3
王建明 1982.1—1982.12　谈春焕 1983.1—1999.12
谈斐荣 2001.1—2001.9

谈西：谈甫兴 1961.4—1965.12　谈伯勤 1966.1—1969.8
谈福兴 1969.9—1970.8　谈焕景 1970.9—1975.7
谈幸福 1975.8—1980.9　谈兴根 1980.10—1995.3
谈焕景 1995.4—2001.9

臧家头：臧福樑 1961—1963　臧洪海 1963—1968
臧国兴 1968—1970　臧浩初 1970—1978
周仁海 1978—1994　臧浩兴 1994—1998
钱晓侦 1998—2002.2　臧焕柏 2001.3—2001.9

陈家头：陈仁祖 1961—1961　丁云章 1961—1963
陈仁祖 1963—1974　臧岳南 1974—1998
陈云海 1998—2001.9

丁庄：苏全茂 1961—1969　张荣兴（丁二）1961—1969
庄盘兴 1969—1974　曹根培 1974—1979

朱福元 1979—1998　　张福良 1998—2002.3

堵东：秦荣生 1961—1963　　秦松焕 1963—1966

秦玉林 1966—1969　　秦荣林 1969—1971

秦岳林 1971—1973　　秦荣林 1973—1974

秦林初 1974—1981　　秦祥海 1981—1983

秦惠昌 1983—1993　　秦林初 1993—2001.9

堵西：秦敖大 1961—1966　　朱炳太 1966—1975

秦炳泉 1975—1980　　秦全兴 1980—1984

朱福清 1984—1996　　秦惠明 1996—2001.9

堵市：秦敖大 1961—1963　　秦根大 1963—1965

秦兴焕 1965—1967　　秦玉坤 1967—1969

王玉泉 1969—1974　　秦洪大 1974—1976

秦志兆 1976—1982　　秦金焕 1982—1995

秦加兆 1995—1996　　秦洪兴 1996—2001.9

汤墅村成立前（1961—2001.9）皇范大队（村）历任生产队长（村民小组长）：

陆家头：陆林海 1961—1971.3　　费荣林 1971.4—1980.9

姜来星 1980.10—1985.9　　陆元福 1985.10—1995.11

费荣林 1995.11—2001.9

吴家头：黄金林 1961—1962　　吴庚大 1962.3—1965.12

张志林 1966.1—1975.9　　黄金昌 1975.10—1977.12

陈建忠 1978.1—1984.12　　吴剑英 1985.1—1995.12

陈建忠 1996.1—2001.9

前巷：虞仲清 1961—1966　　虞雪清 1966—1967

张伯兴 1967—1976　　张平华 1976—1978

张岳田 1978—1980　　虞国平 1981—1984

张仁法 1985—1990　　张平华 1990—1996

虞建平 1997—2001.9

西巷：虞才德 1961.4—1963　　虞汉青 1963—1964

苏金林 1964—1968　　张伯才 1968—1969

俞介英 1969—1979　　张伯才 1979—1980

虞忠贤 1980—1984　　虞惠忠 1984—1992

虞德伟 1992—1996　　虞仲金 1996—1998（兼）

虞惠忠 1998—2001.9

北巷：张志昌 1961.11—1974.10　陈国良 1974.11—1982.10
张林海 1982.11—1989.10　陈国良 1989.11—2001.9

中巷：陈产茂 1961.4—1961.12　杨志成 1962—1964
杨祥生 1965—1966　张阿良 1967—1968
张细南 1968—1970　虞仲生 1971—1972
张兆兴 1973—1979　陈福良 1980.1—1980.12
虞德华 1981—1981.12　虞德海 1982—1982.12
张金福 1983—2001.9

南巷：苏文海 1961—1962　虞志焕 1962—1970
虞双大 1971—1974　苏仲高 1974—2001.9

欧窑：朱正帮 1961.4—1969.5　陈国兴 1969.6—1971.5
丁健生 1971.6—1974.8　朱俊兴 1974.8—1975.4
丁小方 1975.5—1983.6　丁永雪 1983.6—1988.9
丁才金 1988.9—1996.5　丁福元 1996.5—2001.9

西窑：苏永坤 1961.4—1966.7　苏坤法 1966.8—1973.8
詹南勤 1973.9—1974.12　张福海 1974.12—1979.10
詹金龙 1979.10—1980.7　詹兴祥 1980.7—1981.7
詹国忠 1981.7—1990.8　苏建元 1990.8—1997.9
苏建平 1997.9—2001.9

汤墅村（2001.10—2016.12）村民小组长：

谈东：谈斐荣 2002.3—2016

谈西：谈焕景 2001.10—2003.12　谈文国 2004.1—2010.12
谈益明 2011.1—2014.3　谈幸福 2014.4—

臧家头：臧焕柏 2002.3—2016

陈家头：陈云海 2001.10—2005　汤国英 2005—2014　丁建元 2014—

丁庄：庄振球 2002.3—2004　朱福兴 2004—2010　丁志勇 2010—

堵东：秦林初 2001.10—

堵西：秦惠明 2001.10—

堵市：秦洪兴 2001.10—2002　王建清 2002—

陆家头：费荣林 2001.10—2016.12

吴家头：陈建忠 2001.10—2012.12　张国华 2013—

前巷：虞建平 2001.10—2016

西巷：虞惠忠 2001.10—

北巷：陈国良 2001.10—2011.10　　张　进 2011.11—
中巷：张金福 2001.10—2003.12　　杨念生 2004—2012
杨金波 2013—
南巷：苏仲高 2001.10—2012.11　　虞国才 2012.12—
欧窑：丁福元 2001.10—2004.4　　朱列健 2004.5—2010.8
丁才国 2010.8—2013.9　　朱列健 2013.10—2016
西窑：詹兴三 2001.10—2008.5　　詹卫祖 2008.5—

生产队会计（1961 年春—1984 年）：

皇范大队（村）、庄陈大队（村）各队会计任职情况（1983 年后实行联队会计制度）：

谈东：谈洪荣 1961—1962.12　　谈志瑞 1963.1—1963.12
谈洪荣 1964.1—1964.12　　谈道兴 1965.1—1969.12
谈国兴 1970.1—1977　　谈斐荣 1977—1978.12
谈兴荣 1979.1—1983.12
谈西：谈壮行 1961—1963.12　　谈伯勤 1964.1—1966.12
谈焕景 1967.1—1970.1　　谈国明 1971—1972.8
谈兴根 1972.9—1980.9　　谈加林 1980.10—1983
臧家头：臧焕荣 1961—1968　　臧浩初 1968—1970
周仁海 1970—1978　　钱全兴 1978—1983
陈家头：施国仪 1961—1975　　陈冠福 1975—1981
陈益明 1981—1983
丁庄：（丁一）苏国茂 1961—1964　　丁晓华 1965—1966
丁仁芳 1966—1969
（说明：丁一队 1969 年冬并入丁二队，合称丁庄队。）
（丁二）朱云清 1961—1972.6　　丁仁芳 1972.6—1974
朱福元 1975—1979　　张福良 1979—1983
堵东：秦玉林 1961—1966　　秦祥兴 1966—1969
秦兴良 1969—1974　　秦祥海 1974—1981
秦惠昌 1981—1983
堵西：秦炳焕 1961—1968　　秦桂兴 1969—1974
秦全林 1975—1978　　秦惠明 1979—1983
堵市：秦炳焕 1961—1963　　秦仲林 1963—1965
秦金焕 1965—1983
陆家头：顾祥英 1961—1963　　陆元清 1963—1968

陆元春 1968—1979　　陆元福 1979—1984

吴家头：顾敬益 1961—1962　　张志林 1962—1965

王金泉 1966—1975　　吴剑英 1975—1984

前巷：张仁法 1961—1980　　虞建华 1981—1984

西巷：虞德根 1961—1962　　周维玉 1962—1963

虞彩娥 1963—1966　　虞德荣 1966—1977

虞惠忠 1977—1984

北巷：张建生 1961—1974.10　　张林海 1974.11—1984

中巷：张兆兴 1961.4—1961.12　　杨兆生 1962—1964

虞德华 1965—1966　　张细南 1967—1970

陈荣良 1970—1972　　杨凤生 1973—1978

张金福 1979—1984

南巷：虞志焕 1961—1962　　苏文海：1962—1966

苏仲林 1966—1970　　虞双大 1970—1972

苏仲高 1972—1974　　虞洪根 1975—1980

张中兴 1981—1984

欧窑：丁荣桢 1961.4—1969.8　　陈国贤 1969.8—1972.5

朱俊兴 1972.5—1975.8　　叶仁娣 1975.8—1976.9

朱俊兴 1976.9—1984

西窑：詹永庆 1961—1973　　詹兴祥 1973—1981

苏建元 1981—1984

妇女队长（1961 年春—2016 年）

汤墅村成立前（1961 年—2001 年 9 月）庄陈大队（村）、皇范大队（村）各队（村民小组）妇女队长：

庄陈大队（村）：

谈东：吴梅娣、贺祥娣、谈玉琴、邵春梅、杨宝茹、王盘凤 1998—2001.9

谈西：毛来娣 1961—1968　　谈玉珍 1969—1970

毛来娣 1971—1975　　顾浓英 1976—1985

夏建英 1986—2001.9

臧家头：梅明珠 1961—1971　　臧惠芳 1971—1982

刘玉秀 1994—2001.9　　该组 1983—1993 年妇女队长缺

陈家头：戈金娣 1961—1974　　陈来英 1975—1982

沈桂英 1990—2001.9　　该组 1983—1989 年无妇女组长

丁庄：瞿小娥 1961—1965　　丁荷珍 1965—1969
谈荷芳 1969—1979　　张小英 1979—2001.9

堵东：徐巧凤 1961—1969　　秦菊凤 1969—1974
秦凤娣 1974—1998　　秦桃英 1998—2001.9

堵西：朱惠芳 1961—1969　　谢林娣 1969—1970
秦美媛 1970—1975　　朱惠芳 1976—1995
张燕敏 1996—2001.9

堵市：朱惠芳 1961—1963　　秦听娣 1963—1965
殷岳英 1965—1995　　范华珍 1995—2001.9

皇范大队（村）：

陆家头：顾祥英 1961—1964　　陆华英 1964—1967
朱玉华 1967—2001.9

吴家头：陈浓秀 1961—1965　　朱菊娣 1966—1975
黄惠娟 1976—1978　　顾亚娟 1979—1981
戴金娣 1982—2001.9

前巷：朱杏娣 1961—1962　　施农珍 1963—1967
陈玉凤 1967—1976　　沈云娣 1977—2001.9

西巷：朱杏娣 1961—1967　　虞阿菊 1967—1968
虞杏娣 1968—1969　　於金娣 1969—2001.9

北巷：苏兰英 1961—1974.10　　郑菊英 1974.11—1982
马秋娣 1983—1988　　邓燕媛 1989—2001.9

中巷：施彩凤 1961—1966　　杨杏珍 1967—1973
杨雪珍 1974—1976　　张桂娥 1977—1978
张钱妹 1979—1981　　藉来芳 1982—2001.9

南巷：虞荷妹 1961—1963　　苏浓珍 1964—1970
虞月琴 1971—1972　　钱菊媛 1973—2001.9

欧窑：朱燕鸣 1961.4—1963.10　　丁爱华 1963.10—1965.8
丁金娣 1965.8—1968.12　　丁惠琴 1968.12—1970
丁燕萍 1971—1973　　吴彩琴 1973—1975.11
朱如珍 1975.12—2001.9

西窑：谈荷娣 1961—1973　　苏桂娣 1973—1985
苏浓娣 1985—1990　　顾玉娣 1990—2001.9

汤墅村（2001.10—2016）各村民小组妇女队长：

谈东：王盘凤 2001.10—

谈西：夏建英 2001.10—

臧家头：刘玉秀 2001.10—

陈家头：沈桂英 2001.10—

丁庄：张小英 2001.10—2004　　杨琴芬 2004—

堵东：秦桃英 2001.10—2016

堵西：张燕敏 2001.10—2001.12　　秦爱珍 2002.1—

堵市：范华珍 2001.10—2002　　秦玉凤 2002—2005　　范华珍 2005—2016

陆家头：朱玉华 2001.10—2016

吴家头：戴金娣 2001.10—

前巷：沈云娣 2001.10—

西巷：於金娣 2001.10—2013　　沈惠英 2013—

北巷：邓燕媛 2001.10—2011.10　　戈菊英 2011.11—

中巷：籍来芳 2001.10—2014　　秦亚珍 2015—

南巷：钱菊媛 2001.10—2012.11　　庄惠琴 2012.12—

欧窑：朱如珍 2001.10—2016

西窑：周金凤 2001.10—2014　　韦福香 2014—

二、村集体经济组织

1983 年 7 月，实行镇管村体制，大队改为村民委员会，同时设村级集体经济组织机构，建立村经济合作社。

2001 年 9 月，洛阳镇对所辖行政村进行调整，新建汤墅村民委员会及汤墅村经济合作社。

皇范村经济合作社历任理事长先后为：苏金林、吴选英、陆元茂。

庄陈村经济合作社历任理事长先后为：秦松焕、谈洪荣、陈幸福。

村集体经济组织、村民主理财小组工作中
汤墅村档案室供图（2014 年 10 月 10 日摄）

汤墅村经济合作社历任理事长先后为：陈幸福、王建平。

2014 年 5 月，根据中共常州市武进区委、武进区政府《关于进一步深化全区农村集体经济产权制度改革的意见》，汤墅村对原集体经济组织进行改革，同年 12 月完成改革后，常州市武进区洛阳镇汤墅村经济合作社更名为常州市武进区汤墅农村社区股份合作社。

汤墅农村社区股份合作社按章程第三章第十二条设置股东代表大会、理事会、监事会。汤墅农村社区股份合作社第一届理事会成员 5 人，理事长王建平，成员为陆玉石、苏光华、谈成林、秦静娴。第一届监事会成员 3 人，监事长黄荣昌，成员为蔡晶、张进。

至 2016 年，村集体经济组织机构领导人员未有变动。

第三节　民兵　治保　调解组织

一、民兵组织

新中国成立初，各乡设 1 名民兵中队长，各行政村成立民兵分队。民兵工作由各乡、村负责人兼管，民兵组织经过 1952 年、1958 年、1981 年 3 次整组。1958 年洛阳人民公社成立人民武装部，各大队成立民兵营，生产队成立民兵排。至 2016 年，汤墅村仍建有民兵营组织。

民兵分为基干民兵、普通民兵和预备役兵三类。凡 25—29 周岁为基干民兵，36—47 周岁为普通民兵。部队退伍的为预备役兵，年龄 25—29 周岁。农村 18—20 周岁的民兵为二类预备役兵。

民兵的主要任务是：1、积极参加社会主义建设，带头完成各项生产和工作任务；2、担负战备值勤，保卫海陆边防，维护社会治安；3、随时准备参军参战，打击侵略者，保卫祖国。

民兵营长每年带领基干民兵参加乡、镇人武部组织的训练，内容是进行战备形势、爱国主义、革命英雄主义教育。同时进行队列动作、步枪使用、实弹投掷，实弹射击等基础军事项目训练。民兵营长配合乡、镇人武部做好每年的征兵工作。

1961 年至 2001 年 9 月庄陈大队（村）历任民兵营长情况表

表 9-18

姓名	任职时间	姓名	任职时间
庄南兴	1961—1964.1	谈福兴	1972—1981
王岳泉	1964.2—1964.12	秦洪大	1982—1997
秦洪大	1965.8—1968	秦林初	1998—2001.9
朱永清	1969—1971	—	—

1961春—2001年9月皇范大队（村）历任民兵营长情况表

表9-19

姓名	任职时间	姓名	任职时间
陈国兴	1961—1963年	虞德伟	1980—1981年
虞志福	1964—1967年	苏浩	1982—1983年
虞志才	1968—1970年	吴选英	1984—1985年
张伯才	1971—1972年	苏建元	1986—1996年
詹南勤	1973—1975年	苏光华	1996—2001.9年
丁健生	1976—1979年	—	—

2001年9月汤墅村成立后的历任民兵营长：秦林初（2001年10月—2007年），苏光华（2007年—2013年），谈成林（2014年至今）。

二、治保、调解组织

治保、调解是村级行政工作的一部分，也是为保一方平安构建社会主义法治社会、和谐社会的重要工作。中华人民共和国成立初，行政村的治保、调解一般由农会、高级社干部兼任，后来大队、村委有专人负责全村的治安保卫调解工作。

2001年9月（汤墅村成立）前庄陈、皇范村历任治保主任：

庄陈大队（村）历任治保、调解负责人先后是：庄南兴、王岳泉、秦洪大、谈梅春、谈福兴、秦林初。

皇范大队（村）历任治保、调解负责人先后是：陈国兴、虞志福、张伯才、虞志才、陆元茂、苏建元、苏光华。

汤墅村2001年10月至2016年，历任治保主任是秦林初、苏光华、谈成林。调解主任先后是：苏光华、陆玉石、谈成林。

治保组织

中华人民共和国成立初期，洛阳乡设有派出所，负责全乡治安保卫工作。1952年冬，派出所撤销，治安工作由乡民兵中队负责。乡以下的行政村设有专职治保人员，重点配合乡做好剿匪肃特、镇压反革命、打击土匪恶霸、反动党团骨干和反动道会门头子及防特、防盗、防火、防事故的四防工作。20世纪50—70年代，对未改造好的“四类分子”（地主分子、富农分子、反革命分子和坏分子）进行监督改造。每年春节，大队组织人员到各自然村进行巡查，严禁赌博。每逢节场，抽调人员，配合公社治安人员到节场上进行巡逻，维持秩序，打击投机倒把、流氓犯罪和赌博等非法活动。1965年各大队设置治保组织。“文化大革命”开始后，治保组织停止活动，公社由红色治安指挥部负责全公社的治安保卫工作，大队由红色治安小组负责全大队的治保工作。1968年，公社、大队又重新恢复治保组织。

20 世纪 80 年代起，大队（村）治保工作重点是协助乡、镇公安机关展开的禁毒、禁嫖娼、治爆、缉枪、打黑除恶的严打整治工作。

20 世纪 90 年代中期，村级成立联防队，协助镇派出所、联防队做好本村的治保工作。皇范村有联防队员 5 人，分别是苏光华、苏仲高、苏建元、虞勤勇、陈忠明；庄陈村有联防队员 5 人，分别是秦林初、汤琪龙、秦志林、臧晓俊。各村配有电警棍 2 支。夜间进行巡逻，确保社会治安稳定。2005—2006 年，汤墅村曾获中共常州市武进区委、区政府“文明村”及武进区社会治安综合治理委员会“安全文明村”等荣誉。2007 年在域内自然村重要进村路口，安装治保电子监控设备 7 套。2016 年，全村共安装监控设备 152 套。域内未发生重大盗窃案件。

调解组织

中华人民共和国成立前，民间发生纠纷，凡属兄弟纠纷的家庭矛盾，一般多由娘舅出面进行调解，以娘舅说的话为准，俗称“天上老鹰大，地上娘舅大”。宗族纠纷，由族长主持按族规处理。矛盾突出及与他族发生矛盾的，则请乡董或乡保长负责调处，也有请当时所谓的“大先生”出面调解的。如调解无效，则向地方官府起诉，俗称“打官司”。

中华人民共和国成立初期，村级无调解组织。1978 年 4 月 20 日，洛阳公社成立调解委员会。1979 年根据上级统一部署，各大队（村）成立调解委员会，设调解主任 1 名。30 多年来，调委会做了大量繁琐、复杂的工作，如：村民家庭中的财产问题、赡养问题、婚姻问题以及邻里的建房、自留地、土地承包权、经营权等引起的矛盾，以及本地村民与外来人员之间矛盾纠纷等。调委会都能坚持原则、以理服人，以事实为依据、法律为准绳，不带观点、秉公处理。发现苗头，及时做好工作，把问题解决在萌芽状态，为创建“和谐村庄”创造条件，打好基础。2014 年度汤墅村被洛阳镇评为人民调解工作先进村。2015 年 3 月，被武进区司法局授予 2014 年度人民调解工作先进村（社区）称号。

第四节　群团组织

一、工会（村工会联合会和企业工会）

村级工会组织随着村级工业的发展而诞生。2003 年 4 月 25 日，经武进区洛阳镇工会联合会批准，成立汤墅村工会联合会。至 2016 年底，江苏洛凯机电股份有限公司、常州市荣康阳湖塑料厂、常州市神兔电器制造有限公司、常州市永龙电器制造有限公司、常州市兴汇塑料有限公司 5 家企业成立基层工会委员会。

汤墅村工会联合会成立后，本着促进经济社会和企业发展、依法维护职工权益这一宗旨，协助村域内的企业及企业基层工会做了大量卓有成效的工作。如：与企业主协商工人工资，签订集体劳动合同；督促企业为职工办理“五险一金”（即：

养老保险、工伤保险、医疗保险、生育保险、失业保险和住房公积金）；协助处理工伤事故和劳资纠纷调解仲裁等，深入企业了解、调查困难职工情况，为困难职工排忧解难。每年年末，对困难职工进行一定的经济补贴。2004 年，汤墅村工会联合会被武进区总工会、洛阳镇工会联合会分别评为“合格村工会”。江苏洛凯机电股份有限公司工会经常组织职工学习国家有关法律法规，对职工进行职业道德、劳动技能等方面培训，提高职工的综合素质，组织开展文体活动，组织篮球比赛、自排自演文艺节目等，丰富职工的业余文化生活。2009 年获得武进区总工会创新成果一等奖。2015 年获得“全国模范职工之家”的荣誉称号。

2003 年汤墅村工会联合会第一届委员会：主席为陈幸福，副主席为陆元茂，委员为谈兴根、朱福元、陈惠芬。

2013—2016 年工会联合会主席王建平，委员陆玉石、秦静娴、谈成林、丁靖乾、苏光华。

2016 年汤墅村各基层工会情况表

表 9-20

企业名称	组建工会时间	工会主席	会员数	经审会主任
江苏洛凯机电股份有限公司	2003.12	黄　华	650	秦梅芳
常州市荣康阳湖塑料厂	2004.2	彭灵燕	28	—
常州市神兔电器有限公司	2004.2	杨巧英	76	苏平波
常州市兴汇塑料有限公司	2004.2	费志荣	69	张志林
常州市永龙电器制造有限公司	2004.2	沈　健	58	—
合计	—	—	881	—

2015 年，武进区总工会筹划在全区各级工会组织中推行工会服务卡（简称“工会卡”），以工会卡为服务载体，为全区广大会员和职工提供普惠式帮扶服务。

工会卡可通过信息化手段，识别职工身份，了解职工所在单位基本情况，掌握职工就业分工和流动情况，实行信息化动态管理，功能涉及职工生活和工作的各方面，包括组织管理功能、普惠服务功能、金融服务功能和市政服务功能等。

普惠服务方面，在职职工在激活工会卡后，每年可免费获赠一份会员专享保障：患特重大疾病可获会员免费专享保障补助金 5000 元。发生严重工伤（工亡、一级、二级工伤）的会员可获赠最高 1 万元的保障补助金；三级、四级工伤，可获保障补助金 8000 元；五级、六级工伤，可获保障补助金 5000 元。工会发放的劳模津贴、困难补助金、金秋助学金、大病互助金、专享保障金、临时救助金等都将直接打入工会卡账户，安全便捷。持卡可享受工会组织提供的政策咨询、职业介绍、法律服务、维护帮扶、心理咨询等免费服务，还可享受工会组织所属机构提供的设施免费或优惠服务。持卡会员职工在工会特约商户刷卡消费，还可获得消费补贴或折扣。每年为住院后自付超过 1000 元的职工一次性补贴住院慰问金 200 元。

2016 年，汤墅村已办理工会服务卡 1000 张，其中村工会联合会 400 余张，江苏洛凯机电股份有限公司 600 张。

二、共青团支部

人民公社成立前，域内无共青团组织。1958 年 9 月，洛阳人民公社成立，设有团总支，各大队建立团支部。阳湖大队首任共青团支部书记秦松焕。

1961 年春，阳湖大队一分为三，分别为庄陈、皇范、阳湖 3 个大队，各大队重新建立团支部。庄陈大队（村）历任团支部书记先后为：朱云清、臧浩初、陈婉芬、秦美媛，曹根培、谈幸福、秦仁良、秦桃英、施志峰、秦梅芳、谈建平。皇范大队（村）历任团支部书记先后为：陈国兴、虞祥玉、苏海明、张伯才、虞仲金、吴选英、苏浩、陈梅凤、苏菊芬、杨健忠、苏光华。

2001 年 9 月，区域调整，新建汤墅村团支部。团支部书记先后是：苏光华、臧铭辉、谈成林、丁靖乾。

历届团支部在大队（村）党支部的领导下，在教育培养青年、配合党支部各阶段的中心工作等方面，发挥积极作用。

加强团组织自身建设，不断壮大团组织队伍。历届团支部坚持开展各种形式的活动，组织团员、青年积极分子接受党团知识、党的路线、方针、政策和所处历史时期的形势任务教育，增强其光荣感、责任感和使命感，并做好发展团员工作，先后有数百名青年入团，在各个岗位上发挥积极作用。

组织团员、青年积极分子广泛开展文体活动。在 20 世纪 60—70 年代尤为活跃。庄陈大队、皇范大队的青年成立“毛泽东思想宣传队”，不计报酬，不计得失，利用夜间，结合当时形势自编自演各种文艺节目，如：快板、三句半、革命样板戏等，内容丰富，雅俗共赏。皇范大队曾成功演出《红灯记》《智取威虎山》等大型剧目，深受群众欢迎，还应邀到周边公社、大队及无锡县的一些地方演出。

配合大队（村）的中心工作，发挥助手和突击队的作用。如：在兴修水利、抗险救灾、农田基本建设、应征入伍、拥军优属、宣传计划生育等，发挥模范带头作用。

共青团工作的蓬勃发展也使团支部成为培养年轻人的学校。许多曾任大队（村）团支部书记的青年成长为村主要干部或村级企业的负责人，如秦松焕、臧浩初、曹根培、虞仲金、吴选英等。

2016 年，汤墅村有共青团员 350 名。

三、妇代会

1958 年洛阳人民公社成立，设“妇女联合会”（简称“妇联”），大队（村）设农村基层妇女代表会（简称“妇代会”），设妇女主任1名。各生产队（村民小组）有妇女代表小组，各小组设妇女小组长（妇女队长）1名。

历届妇代会以维护妇女儿童的合法权益，配合中国共产党在各个时期的中心工作为己任。在大队（村）党支部、党总支的领导下，结合妇女工作自身的特点、重点开展工作，为社会的发展进步作出贡献。20世纪50—60年代，宣传贯彻落实《中华人民共和国婚姻法》。组织妇女参加扫盲，学习文化知识，提倡男女平等，婚姻自主，走出家庭参加农业生产劳动，发挥妇女“半边天”的作用。20世纪70年代起，妇女工作重点转向“计划生育”国策的落实，从晚、稀、少到提倡最好1个、最多2个再到提倡只生1个，“硬着头皮，厚着脸皮，磨破嘴皮，走破鞋皮”是当时妇女工作的真实写照。在宣传落实国家人口、政策方面，妇联做了大量卓有成效的工作。20世纪80年代，计划生育工作已趋稳定，进入常态，独生子女家庭普遍化。之后，妇女工作重点为优生优育优教、避孕节育、生殖保健服务。配合上级有关部门，每年进行一次免费妇检（妇女病普查）。2009年开始，两年一次，组织妇女进行“两癌”（子宫癌、乳腺癌）筛查工作，使患病妇女能早发现、早治疗，提高广大农村妇女的生存时间与健康程度。1992年，宣传贯彻《中华人民共和国妇女权益保障法》。同时大力宣传社会主义核心价值观、家庭美德、社会公德、职业道德。开展创建“五好家庭”“文明新风户”等活动，促进汤墅村的和谐发展。村妇代会真正起到党和政府联系妇女群众的纽带作用，为新农村建设发挥重要作用。

进入21世纪，妇女工作实施规范化管理，关心、维护妇女、儿童的合法权益，关心青少年健康成长。村委大力支持妇代会倡议，购买音响设备、光碟、健身器材等，组织中老年妇女开展文艺、健身活动，如：跳广场舞、文艺节目表演等。2016年8月，汤墅村参加洛阳镇举办的第一届农民运动会健身舞蹈比赛，获得金奖。

1962—2016年域内历任妇代会主任情况表

表9-21

妇代会名称	妇代会主任	任职时间	妇代会名称	妇代会主任	任职时间
庄陈大队（村）	瞿小娥	1962—1968	皇范大队（村）	虞杏宝	1962—1987
	秦美媛	1968—1974		马秋娣	1988—1990.11
	梅明珠	1975—1988.12		沈惠英	1990.12—2001.9
	张玉娥	1989.1—1999.6	汤墅村	沈惠英	2001.10—2008.6
	虞亚红	1999.7—2001.9		虞亚红	2008.6—2013
				秦静娴	2014—

【第十章】 教育 JIAOYU

汤墅域内的私塾教育在20世纪30—40年代处于鼎盛时期，几乎村村有私塾。幼儿教育起步于1958年，兴盛始于1972年。小学教育在抗日战争中后期先后创办汤墅小学、皇范小学，1969年创办庄陈小学，1994年庄陈小学与皇范小学合并，新建汤墅小学。2011年汤墅小学并入洛阳中心小学。在创建新校和整个办学过程中，大队（村委）千方百计投入大量财力、物力、人力，尊师重教蔚然成风。扫盲教育在洛阳成为推广榜样，新技术学习和职业教育使农民和企业受益匪浅。

至2016年，汤墅域内已有大专及大专以上学历人数467人，占当年人口总数18.48%，其中获得硕士学位13人、博士学位8人。

第一节　私塾教育

一、发展概况

清朝中央政府设立的国子监（太学）及地方县州设立的学府、县学，一般农村学童无缘入学。私塾开始遍及县境城乡。私塾教育的发展随着时代风云变幻或兴或衰。清光绪三十一年（1905年），清政府下令废科举、兴学堂，私塾、学堂勉强相安无事。民国初年，私塾与小学矛盾加深，当局采取限制私塾措施，规定设私塾需离小学1.5公里，塾师须经考试合格并授有许可状。民国8年（1919年）“五四运动”后，私塾与学校矛盾更加尖锐。县成立取缔私塾委员会，订定私塾设立7条标准，对塾师进行甄别考试。全县塾师组织塾师联合会进行对抗，但仍缩减不少私塾。

抗日战争爆发，城镇许多学校被迫停办，乡村私塾剧增。伪维新省政府把奖励私塾视为“普及民教”的重要途径之一。民国29年（1940年）10月，汪伪省政府教育厅发布《江苏省各县县立小学辅导私塾暂行办法》后，私塾越办越多。汤墅域内私塾达鼎盛时期，每个自然村均办有私塾。汤墅谈家头私塾还教唱校歌：“村名汤墅，校名汤墅，阳湖之北乡。南望安阳，北达大江，山高水又长。户口繁盛，学子纯良，七甲一保长。汤墅汤墅，大好汤墅，快起图改良。”

民国34年（1945年）抗日战争胜利前后，小学纷纷复校和兴办，私塾数量锐减，汤墅域内民国 28 年（1939 年）创办汤墅小学，民国 33 年（1944 年）创办皇范小学。1948 年汤墅域内私塾全部停办，被小学替代。

二、塾师、学生、课程

私塾一般是塾师私人所办，还有数家联办和少数富人单独请塾师教子女的，共 3 种形式。塾师由秀才或当地有学问的人担当。塾师的工资（束修）由学童家长负担，少数由公产补贴不足，一年中大致分清明、端午、中秋、重阳 4 个时节致送，少数也按月致送。塾师伙食，由东家或学童轮流供给一日三餐，清明至重阳加送点心。初春开学，年假放假，另备酒席接送。但塾师待遇较差，职业无保障，受聘解雇，权在东家，薪俸低薄，一般每月 4 元，也有用米替代，一年 10 余担。

民国时期私塾学生正在听课

私塾招收的学生，6~7 岁至 12~13 岁，人数 4~5 个到 20~30 个不定，地点设在塾师家中或公祠内，也有设在房子较大的人家。教学方法采用个别教授，以熟读背诵为主，没有规定年限。有钱多读几年，穷苦人家只读 1~2 年，会识字写几个字和自己的名字即辍学，在“不识人头无饭吃，不识字头照样有饭吃”的低俗观念和男尊女卑的封建传统以及贫穷落后的现状影响下，女孩子成文盲的就更多了。私塾中规章很严，订有跪香、立壁角、打手心、打屁股等罚规。

私塾所设的课程为读书、习字，农村加学珠算。读书从《三字经》《百家姓》《千家诗》之类韵文书开始，也有的教“四书”，先从《大学》《中庸》读起，再读《论语》《孟子》；习字由描红、印本到临帖；珠算学加、减、乘、除；作文，年长学生要求作对，对词到对句子，作文题目多为“忠君”“孝亲”“礼义廉耻”等内容。

三、民国时期汤墅域内私塾情况

1925—1948 年汤墅域内私塾情况一览表

表 10-1

自然村	私塾名	地点	学生数（人）	办学时间	塾师姓名
汤墅谈家头	谈家头私塾	谈氏祠堂等	8~12	民国 14—25 年（1925-1936 年） 民国 26—29 年（1937-1940 年）	谈荣生 谈宝兴 谈康民
臧家头	臧家头私塾	臧仁炳家	6~10	20 世纪 30 年代	张邦达

续表 10-1

自然村	私塾名	地点	学生数（人）	办学时间	塾师姓名
臧家头	臧家头私塾	臧锡铿家	6~10	20 世纪 30 年代末	臧金海
		钱福生家	8~16	20 世纪 40 年代初	黄祖范
		臧锡铿家	8~16	20 世纪 40 年代末	顾银生
陈家头	陈家头私塾	施阿者家	5~10	20 世纪 40 年代	孙家承 顾志义
丁庄	丁庄私塾	丁阿罗家	10~15	20 世纪 30 年代	蒋世生 张万能
		朱莜康家	8~15	20 世纪 30 年代末 40 年代末	朱莜康
堵墅	堵墅私塾	秦浩泉家	12	民国 29—32 年 （1940-1943 年）	陈林生
		秦永仁家	15	民国 33—34 年 （1944-1945 年）	张公岸人
		秦菊生家	20	民国 36—37 年 （1947-1948 年）	杨国金
		秦仲铨家	10~12	20 世纪 40 年代	杨国金
皇范	皇范私塾	张义方家	10~13	20 世纪 30 年代末	张义方
		虞则郑家	10~13	20 世纪 30 年代 -40 年代初	虞则郑
		虞金文家	8~10	20 世纪 30 年代末 40 年代初	苏济生
		虞玉庭家	8~10	20 世纪 30 年代末 40 年代初	虞玉庭
吴家头	吴家头私塾	顾荣生家	7~10	20 世纪 30 年代末 40 年代初	顾荣生
西窑	西窑私塾	西窑	5~10	20 世纪 30 年代末 40 年代中期	苏全根
欧窑	欧窑私塾	丁炳法家	10	民国 29—32 年 （1940-1943 年）	夏荣生
		丁炳洪家	8	民国 33—36 年 （1944-1947 年）	谈永华
陆家头	陆家头私塾	陆林海家	10~15	民国 30—37 年 （1941-1948 年）	虞则郑

第二节　幼儿教育

一、发展概况

清朝末年，废科举兴学堂后始有幼儿教育，称蒙养院。民国34年（1945年）抗日战争胜利后，洛阳小学附设幼年级（半年级），春季招生，每班20人，无统一教学要求。

1949年新中国成立以后，人民政府接管幼年级。1952年春，幼年级改称幼儿班，开始秋季招生。1958年“大跃进”运动中，大量劳力进入城镇大炼钢铁，大办工业。妇女参加公社、大队民兵营“大兵团作战”，孩子缺人照料，各大队因地制宜办起幼儿园。后因国民经济严重困难，幼教事业的发展超越社队集体负担，1960年秋停办。

1966年“文化大革命”开始后，幼儿班被诬为“培育修正主义苗子的温室”。洛阳公社顶住“左”的干扰，1972年，各大队恢复一批幼儿园，选派优秀知识青年到幼儿园当教员。1978年，中共十一届三中全会后，幼儿教育健康发展。1983年，幼儿教养员改称幼儿教师。1985年始，大队办幼儿班由乡幼教教研组辅导业务，乡妇联经常在思想上、组织上给予关注和帮助，经费由大队负担。2007年12月，洛阳中心幼儿园创建成“江苏省示范实验幼儿园”，一些村办幼儿园先后撤并入该园。

二、大队办幼儿班、园简介

1958年，域内的丁庄、皇范自然村率先办起幼儿班。丁庄的幼儿班办在庄和梅家，教养员是庄和梅、陈培清，有15~20名幼儿，来自丁庄、堵墅、臧家头、陈家头4个自然村。皇范村的幼儿班办在欧窑的朱金茂、朱根茂家，教养员是朱燕琴，有10~20名幼儿，来自欧窑、西窑、皇范等自然村。这2个幼儿班均在1960年国民经济严重困难时停办。

1972年暑假，庄陈大队、皇范大队，选派优秀知识青年当教养员，恢复办起庄陈幼儿园、皇范幼儿园。

庄陈大队在庄陈小学内办起庄陈幼儿园，选派邓菊仙、臧婉婉为幼儿园教师。开始时50名幼儿，后扩展到103名幼儿，2个班级。在老师邓菊仙带领下，幼儿学识字，学唱歌，学跳舞，农忙到田间拾麦穗、表演节目。在全公社19个大队幼儿节目表演中获好评，邓菊仙被选为公社幼儿教育教研组长，并被评为武进县幼教先进工作者获表彰。1979年落实有关知识

20世纪70—80年代皇范幼儿园旧址
（2017年3月27日摄）

20 世纪 90 年代中、后期庄陈幼儿园旧址
(2017 年 2 月 27 日摄)

青年政策，邓菊仙回城，徐国英、臧琴芬先后被选派进庄陈幼儿园。大队领导经常到幼儿园看望幼儿与教师，为幼儿园添置设备，关心幼儿与教师。统一购买席梦思床等，设备优于洛阳镇内各大队幼儿园。横林区教育视导组组织各公社代表 120 人到庄陈幼儿园听观摩课。徐国英被选为幼儿教师中东片片长，连续 6 年被评为洛阳镇先进工作者。庄陈幼儿园被誉为比赛好、听课好、收费低、群众反映好的大队办幼儿园。

皇范大队先后选派费金仙、苏爱娟、陈梅凤、陈亚芬、郑宝华、虞红玉、杨雪琴、苏小菊、刘中菊、郝惠翔到大队幼儿园任教，地点先在西巷杨光法家、张祥大家。皇范小学建造新校舍后搬至小学内，幼儿有 80~105 人。时任领导十分关心幼儿的成长，落实教师待遇。幼儿园的台凳全部由大队请木匠加工而成。

2001 年 10 月，庄陈幼儿园与皇范幼儿园合并，新建汤墅幼儿园，办在新建的汤墅小学内，教师有徐国英、臧琴芬、郝惠翔 3 人。

2004 年 9 月，汤墅幼儿园并入洛阳中心幼儿园。

第三节 小学教育

一、发展概况

清光绪三十一年（1905 年）8 月，清政府谕“立停科举，以广学校”。清光绪三十二年（1906 年）汤墅周围开始创办小学，有戴溪初等小学堂等。民国元年（1912 年），省令学堂改称学校，“县行政机关全力注重小学，规划推广。”周围办学风渐盛。民国元年（1912 年）竹林庵办起初等学校。民国 6 年（1917 年）岑村初小始办、民国 6 年（1917 年）马鞍办起正谊小学（马鞍小学前身）。民国 8 年（1919 年）洛阳镇上办起安尚乡第四国民学校（洛阳小学前身）。民国 25 年（1936 年）3 月 18—19 日，县府连续发布强迫学龄儿童入学布告及训令。抗日战争后期，武南县抗日民主政府洛阳区文教股长于希平发动群众支持学校坚持上课，进行抗日爱国教育。国民党地下县政府教育科人员也在农村部分学校活动。民国 28 年（1939 年），域内在汤墅庵创办汤墅小学，民国 33 年（1944 年），在皇范自然村创办皇范小学。民国 34 年（1945 年）9 月，抗日战争胜利，汤墅周围洛阳地区已有 23 所小学，校舍大多数借用庵堂庙宇、祠堂或民房。教师待遇很低，冬米夏麦，教育局仅发每班 6~8 元班级费。

1949年4月23日，域内解放。人民政府按照“维新与改造”方针接管小学。1953年，对小学进行整顿，取消春季班，全部改为秋季招生。1960—1962年国民经济严重困难时期，小学生入学率下降至80%~90%之间。1965年，洛阳公社普及小学教育。

1966年5月，“文化大革命”开始，学校贴满大字报，“反革命”“右派”“蜕化变节分子”“走资派”帽子众多，领导班子瘫痪，学生数减少。1968年，中央提出“复课闹革命”，学校复课。1969年，推行“小学下放到大队办”“上学不出村”，强调教师回户籍大队任教。大校化小，教学秩序混乱。

1976年10月，粉粹江青反革命集团后，小学教育重获新生。文教战线批判“两个估计”（即“文化大革命”前17年的教育路线基本上是黑线统治，学校的知识分子基本上是资产阶级的），落实党的知识分子政策，摘掉“臭老九”帽子。1980年起，贯彻中共十一届三中全会制定的“调整、改革、整顿、提高”八字方针，小学布局作较大调整。

1985年9月10日，洛阳乡人民政府集会庆祝首届教师节，各大队均组织慰问教师。1986年起洛阳乡根据中共武进县委、县政府部署，按照《中华人民共和国义务教育法》对普及九年制义务教育开展试点工作，积累成功经验。1990年，洛阳镇通过普及九年制义务教育验收。1997年12月，洛阳镇被江苏省教育委员会评为江苏省实现教育现代化工程先进乡镇。2003年，洛阳镇单双班村小和初级小学陆续被全部撤并，结束小学单双班复式教学历史。洛阳镇被常州市人民政府评为常州市基础教育先进乡镇。2005年，免收外来民工子女借读费、择校费，外来民工子弟收费标准与当地学生相同。2006年，免收义务教育阶段学生学杂费，2007年免收义务教育阶段学生课本费。小学入学率、毕业率均为100%。2011年8月，洛阳6所完全小学全部并入洛阳中心校。汤墅村也和全镇各村一样不再设小学。

二、学制与课程

学制　民国时期，学制屡有变革。民国元年（1912年）的壬子学制，规定小学办7年，初等4年，高等3年。民国11年（1922年）的壬戌学制，改为小学6年，初级4年，高级2年，“四、二”分段。

1949年10月中华人民共和国成立，全国小学沿用“四、二”分段制，武进不分初级、高级两段。“文化大革命”初期，1966—1968年，学制没有变动。1969年，小学下放到大队办以后，武进县域内小学全部改为五年一贯制。1983年秋决定，全县小学的学制由5年制分两年过渡到6年制，至今未变。

课程　民国26年（1937年），抗日战争全面爆发，县境沦陷。课程设置沿用旧制，教材采用商务、中华书局版本。县境内中国共产党领导的民主政权普遍强化抗日救国内容。

抗日战争胜利后，初级小学设国语、算术、常识、美术、童子军体育等课程，高级小学设国语、算术、地理、历史、自然、珠算等课程，沿用到1949年中华人民共和国成立。

民国38年（1949年）4月，执行“苏南行政区”规定的课程，设国语、算术、常识、音乐、体育、美术、劳作。1953年后，各年级增设手工劳动。1957年，小学高级增设农业常识课。

1966年“文化大革命”开始后，学校以阶级斗争为主课。1970年，音乐美术课改为革命文艺课，体育课改为军事体育课。1976年粉碎江青反革命集团以后，武进县革命委员会教育局于1978年提出《小学课时安排意见》。

1983年后，小学学制由5年过渡为6年，教学计划相应调整。1986年，县教育局遵照教育部“通知”精神，在小学各年级加强普通话教学和汉语拼音教学。1987年，根据国家教委“试行草案”从三年级起开设一节劳动课。1993—1998年，实行江苏省暂行教学计划。1995年5月1日起，全县各级各类学校实行每周5天半（即大小礼拜）工作制。1999年秋季，武进市小学五年级统一开设英语，统一使用人教、译林版，每周3小时。五、六年级农忙假取消。2002年秋季开始，武进市小学均从三年级开设英语，每周3节。2004年，小学三年级开始，每周开设1节信息技术课，共70课时，完成小学信息技术教学任务。2007年，小学课程改革全面到位。

三、小学简介

汤墅小学（1939–1969年）

抗日战争中、后期，武南县抗日民主政府发动群众支持办学，进行抗日爱国教育。民国28年（1939年），任阳湖乡乡长（1941—1942年）的沈杨与中共党员毛铮等发动群众，拉倒汤墅庵内部分菩萨，把庵内前排西边两间屋作为教室，创办汤墅小学。刚开始学生为1~3年级一个复式班，后逐渐扩展为两个班，学生最多时东边土地堂内还安排10多位学生就读。施教区范围扩展到东至欢塘桥、小塘岸、左舍里，北至皇范村，东北至安桥，西至堵墅、丁庄等自然村，学生有80~90人。分1~6个年级。据《汤墅谈氏宗谱》记载：汤墅庵内西半边的房子改建成汤墅小学，屋前建围墙，内植梧桐树数棵，中间开校门，设屏风。西边设办公室1间，再往西是课堂2间，头进后檐开Ω型园门，上书“做、教、学”

20世纪30年代后期至50年代初的汤墅小学
(2014年谈洪荣绘图)

三字，背墙书“礼义廉耻”四字。庭园有 70 平方米。靠西朝东有侧厢 2 间做教室。庭园北边有 3 间大殿做礼堂，设讲堂。校门前建有操场，竖有篮球架，划有田径跑道，举办过阳湖乡小学生田径比赛。中华人民共和国成立前每年农历二月初二，百姓常请戏班在此唱戏，连续数天。

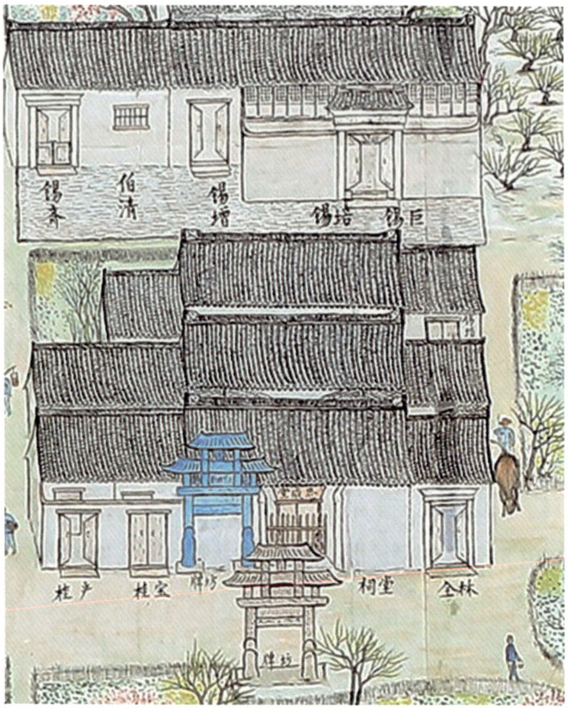

1956 年搬至汤墅谈家头谈氏宗祠的汤墅小学
（2014 年谈洪荣绘图）

1953 年，汤墅小学五、六年级搬到东渠小学就读，剩下 1~4 年级。1956 年，阳湖高级农业合作社设办公地点，部分房屋又照顾无房困难户居住，1~4 年级搬迁至汤墅谈家头祠堂，曾搬至谈沛基家，仍称汤墅小学，直到 1969 年庄陈大队建造校舍，与原办在臧家头钱永兴等家里的阳光小学合并改称庄陈小学为止。

办在汤墅庵内 17 年的汤墅小学负责人和教师是沈杨、毛铮、章焕文、狄雨霆、李淑敏、薛鉴清、庄剑平、费通、薛华益、沈洁颖。搬至谈家头 13 年的汤墅小学负责人和教师是庄剑平、俞宇钦、赵琪镛、陆中明、宋伟良。

皇范小学

皇范小学创办于抗日战争胜利前夕的民国 33 年（1944 年），开始办在皇范村张和尚家，后由于村民培养子女热情渐高，生源增加，一年后搬迁至皇范村虞氏宗祠，开设 2 个班，1~4 年级，学生有 60~87 人，教师 2 名。生源来自皇范、吴家头、陆家头、欧窑、西窑等自然村。这种办学规模一直延续到 20 世纪 60 年代。1968 年，大队名称更名为红卫大队，皇范小学更名为红卫小学。1969 年，红卫大队革命委员会决定拆除虞氏祠堂，建造两排各 8 间平屋。当时集体经济相当困难，建筑材料也十分缺乏。革委会发动群众在附近用泥坯土法烧砖，不少村民自发拾乱砖，做义工。16 间平屋建成后，办学条件有所改善，形成 2 个教室、1 间办公室、1 间宿舍，其余为医疗站、小店、大队办公室等。

1969—1994 年皇范小学（2017 年 3 月 27 日摄）

两排平房间的两侧筑起围墙。1973 年起，红卫小学开设完小，为村民子女就近读小学高年级创造有利条件。

1981 年 10 月，红卫大队经武进县政府批准，更名为皇范大队。同年，红卫小学也获准更名为皇范小学。1983 年，因学生人数减少，生源不足，皇范小学变更为初小，5~6 年级到洛阳中心小学就读。1994 年暑假，创办整整 50 周年的皇范小学，与庄陈小学合并为汤墅小学。

皇范小学历任负责人：李秀明（1944 年）、苏全根、虞韶成、费政、邵文成、徐元任、夏才、邵金坤、费君达（1958—1969 年）、陆元松（1969—1970 年）、刘志成（1971—1977 年）、朱仲义（1978—1984 年）、金秀英（1985—1994 年）。

丁庄的小学初小班

1950 年春，由东黄圻小学分设 1 个班级到丁庄村丁根海家，起初为半年级到三年级，后搬迁至朱永清家，设 1~4 年级，学生最多时设 2 个班，增设朱福兴家教室 1 个，仍为 1~4 年级，学生最多时有 50~60 人。来自堵墅、臧家头、陈家头、丁庄 4 个自然村。五、六年级的学生到镇上洛阳小学就读。这两个班级一直办到 1960 年，迁至臧家头钱永兴家。以上提供办学的人家，均不收一分房租。丁庄小学初小班的教师有於耀枢、朱葆华、邵守仁、曹根欣。

堵墅的春季班

1958 年春，堵墅关帝庙内创办一个初小班，招收堵墅、丁庄、臧家头、陈家头 4 个自然村 30 多位儿童，读小学一年级。教师曹根欣。一学期后并入丁庄的小学初小班，少数学生读二年级，多数学生仍读一年级。

臧家头的初小班（也称阳光小学）

1960 年 9 月，丁庄的初小班搬至臧家头钱永兴家，学生来自臧家头、陈家头、丁庄、堵墅 4 个自然村，30~40 名学生，一个复式班，1~2 个教师。他们是曹根欣、顾志峰。直到 1969 年庄陈大队建造校舍后与汤墅谈家头的汤墅小学合并称庄陈小学。

庄陈小学

1969 年，庄陈大队响应上级“小学下放到大队办”“上小学不出村”的号召，自力更生，发动群众，在财力、物力相当薄弱的情况下，在陈家头西侧，先后花两年时间建造两排平房。当时砌墙的砖头一部分靠拆下的汤墅庵大殿墙的乱砖（阳湖大队先拆去一部分）砌成。

1987—1993 年的庄陈小学和部分老师

椽子大部分是杂树棍子。南边一排先造，造好后便把办在汤墅谈家头的汤墅小学以及办在臧家头的阳光小学合并称庄陈小学，1~4 年级，开设两个班级，教师为宋伟良、曹根欣。

1987 年秋，武进县教育局局长夏诚（前排左四）、横林区教育视导组组长莫炳泉（前排右二）参加庄陈小学落成典礼

1971 年，庄陈大队在 1969 年造好南边一排平房的基础上，北边又造出一排平房，其中有 3 个教室，为办完全小学打下基础。1972 年 9 月，庄陈小学创建成完全小学，共 3 个班级。1987 年，为改善办学条件，庄陈大队出资在陈家头村北建造 11 间两层楼。1988 年春，小学从简陋的平房里搬进崭新、漂亮、坚固的新校舍。班级数也从 3 个班扩展到 4 ~ 5 个班。历任校长是：沈焕勤（1971.9—1982.8）、曹根欣（1982.9—1987.8）、许一鸣 (1987.9—1994.8)。

汤墅小学（1994—2011 年）

为贯彻武进县教育局逐步撤并复式教育的单双班的决策，改善办学条件，更好地提高教学质量，1993 年，由洛阳镇人民政府主管教育的领导与中共庄陈村支部书记谈洪荣、中共皇范村支部书记陆元茂等共同商议，将庄陈小学和皇范小学合并。商议决定：1. 新校址选在庄陈大队与皇范大队接壤的公路交界处，方便学生就近上学；2. 经费由庄陈、皇范两村委共同承担； 3. 校名，既不称庄陈小学，也不称皇范小学，因庄陈域内原有汤墅小学，汤墅的名气较大，故仍称武进汤墅小学。

1994—2011 年的汤墅小学（2017 年 2 月 27 日摄）

1994 年竣工的汤墅小学。时任区教育视导组、镇中心校、汤墅村委、汤墅小学领导合影

新建的汤墅小学从 1993 年动工，1994 年竣工，新建 12 间两层楼，一处运动田径场。武进县领导、教育局领导参加竣工典礼。后又在楼房北建 18 间平房。1994 年 9 月，皇范小学 2 个班级 44 名学生、

2位教师并入庄陈小学，称武进汤墅小学。2000年，虹桥小学3个班级、73名学生、3位教师并入汤墅小学。2002年，阳湖小学4个班级、113名学生、5位教师并入汤墅小学。至此，汤墅小学有12个班级430~450名学生，19位教师。每年教师节、春节、“六一”儿童节，村委领导都会来到汤墅小学看望学生，慰问教师。村里还为三好学生、优秀学生每学期分别颁发30、20元奖学金。有时电力供应紧张，大队企业还部分停产保证师生中午饭的电力供应。汤墅小学在洛阳镇小学学科竞赛、体育比赛等多种活动中取得优秀成绩。2004年，洛阳初中600名初三学生中成绩前20名的来自汤墅小学的学生占11名。

1994年秋，时任校长许一鸣在汤墅小学落成典礼上讲话。

2011年8月，为贯彻执行武进区教育局调整布局的有关规定，汤墅小学并入新建成的洛阳中心小学。汤墅村结束办小学的历史。汤墅小学历任负责人是许一鸣（1994.9—2001.8）、黄勇（2001.9—2002.8）、端敏明（2002.9—2003.8）、黄映芳（2003.9—2006.8）、倪来富（2006.8—2011.8）。

第四节　成人教育

一、扫　盲

帝国主义的入侵与连年战乱造成贫穷落后的旧中国，贫穷落后的旧中国给新中国留下很多青中年文盲，加上封建社会重男轻女的影响，妇女中文盲更多。中华人民共和国成立初期，庄陈、皇范域内农村开始举办以扫除文盲为主要目的的各种业余教育。

冬学

中华人民共和国成立初，根据农村特点，各行政村利用冬闲时间，办起冬学。地址设在当地小学或地方大一点的祠堂、村民家中。时间一般是晚上，学员是文盲、半文盲的农民，男女年龄不限。点亮汽油灯，由学校教师义务教农民识字、写字，有统一的识字课本。贫苦农民生平第一次享受这种免费教育，热情高涨，气氛热烈。1950—1951年，各行政村均办起冬学，域内有340名学员，10名小学教师自愿参加义务教学，有的轮流担任两所冬学的教员。

民校和识字班

1953年，以行政村为单位，在冬学的基础上开办常年民校，吸收各自然村半文盲男女青年入学。由通过培训的民师任教，每天下午学习，教授语文、数学等基础知识。后考虑农民白天田间劳作繁忙，改为夜校。1954年，选区成立扫盲小组，在扫盲小组的组织动员下，45岁以下的文盲和半文盲克服种种纠缠和牵连，大多数报名上学。每个选区开设1个识字班，每个识字班分1~3个小组，入学人数160人。1960年9月至1964年10月，洛阳公社邵金坤任专职扫盲教师时，在堵墅村、东陈村开设扫盲识字班，开过几次现场会，向全公社推广，各生产队都开办扫盲识字班，对少数由于种种原因不能参加学习的家庭妇女，由小学教师进门包教包学，效果较好。1963年后，域内出现大组学，小组学，个人包教多种形式，形成夫妻互帮，小学生教父母，邻里、兄弟、妯娌互帮互教学习文化的新局面。

1966年"文化大革命"开始，扫盲机构瘫痪，学文化小组改成"学习毛泽东选集小组"。1970年，恢复扫盲工作。1976年粉碎江青反革命集团以后，扫盲工作又重新走上正轨。1977年，经过考核，域内基本扫除青壮年文盲。有的基层干部参加公社举办的政治夜校，既脱掉文盲帽子，又提高政治素质。

二、职业技术培训

20世纪70年代中期，农村多种经营迅猛发展，农民渴求农业科技知识，许多农民陆续进入社队集体企业，社队企业也迫切需要技术工人。1980年，农村文盲已经扫除。1981年开始实行联产承包责任制，农民教育转入以农业科技教育为主。洛阳公社办起公社中心农业技术学校，校址设在农科站，属公社领导。根据农村发展多种经营的需要，公社每年请农大教授，水产、林果专家来公社、镇成人教育中心上课。庄陈大队、皇范大队有1200人次参加珍珠培育、鱼虾养殖等特种水产和葡萄、水蜜桃林果种植的培训与交流。

职业技术培训洛凯班全体成员（洛凯股份供图 2017年5月摄）

江苏洛凯机电股份有限公司于2011年与洛阳成人中心校联合办班，聘请大专院校教师授课，主要专业有机电一体化及财会等专业，至2016年，已办5届，向企业输送3个班级84名大专学历的技术人才。

第五节　文化程度

一、文化程度对照表

1949 年域内各村民小组文化程度情况一览表

表 10-2　　单位：人

组别	村民数	私塾两年及以上	小学	初中	高中、中专、中技	大专	本科	硕士	博士
谈东	91	12	15	—	—	—	—	—	—
谈西	142	32	33	3	1	—	—	—	—
堵东	70	7	4	—	—	—	—	—	—
堵市	53	11	2	—	—	—	—	—	—
堵西	60	1	13	—	—	—	—	—	—
陈家头	93	29	6	—	—	—	—	—	—
臧家头	108	20	4	1	—	—	—	—	—
丁庄	99	15	5	—	—	—	—	—	—
欧窑	93	18	20	—	—	—	—	—	—
西窑	90	11	10	—	—	—	—	—	—
前巷	73	12	7	—	—	—	—	—	—
西巷	68	4	6	—	—	—	—	—	—
中巷	71	16	8	2	—	—	—	—	—
南巷	134	10	5	3	—	—	—	—	—
北巷	64	10	6	—	—	—	—	—	—
吴家头	60	14	15	4	—	—	—	—	—
陆家头	73	20	4	3	—	—	—	—	—
合计	1442	242	163	16	1	—	—	—	—

1977 年域内各村民小组文化程度情况一览表

表 10-3　　单位：人

组别	村民数	私塾两年及以上	小学	初中	高中、中专、中技	大专	本科	硕士	博士
谈东	132	6	60	33	2	—	—	—	—
谈西	195	11	64	76	12	3	1	—	—
堵东	125	6	50	38	5	—	—	—	—
堵市	92	11	20	24	4	—	—	—	—
堵西	89	8	46	33	7	2	—	—	—
陈家头	135	19	21	56	9	—	—	—	—
臧家头	132	15	30	47	4	—	—	—	—
丁庄	170	16	41	42	10	1	—	—	—
欧窑	108	5	24	57	10	—	—	—	—
西窑	160	10	38	18	1	2	—	—	—
前巷	114	10	39	19	7	—	—	—	—
西巷	109	6	33	28	5	—	—	—	—
中巷	89	4	11	38	14	3	—	—	—
南巷	87	6	38	5	3	—	—	—	—
北巷	116	10	33	25	—	—	—	—	—
吴家头	122	10	28	62	19	1	—	—	—
陆家头	95	1	4	31	7	1	—	—	—
合 计	2070	154	580	632	119	13	1	—	—

2016年域内各村民小组文化程度情况一览表

表 10-4　　　　单位：人

组别	村民数	私塾两年及以上	小学	初中	高中、中专、中技	大专	本科	硕士	博士
谈东	172	1	39	67	27	12	11	—	1
谈西	224	—	45	70	26	43	29	4	2
堵东	153	5	28	62	22	12	4	1	—
堵市	124	1	21	38	27	13	10	—	1
堵西	103	—	25	37	17	9	6	—	—
陈家头	213	1	40	75	40	21	24	2	—
臧家头	165	4	26	73	25	15	17	—	—
丁庄	193	4	28	78	28	17	18	3	4
欧窑	125	—	18	75	9	9	9	—	—
西窑	209	6	42	81	38	8	32	1	—
前巷	161	6	44	31	48	7	13	—	—
西巷	119	4	22	46	22	11	11	1	—
中巷	95	—	10	52	13	11	5	—	—
南巷	144	2	6	38	18	18	7	—	—
北巷	88	3	16	39	15	1	7	—	—
吴家头	135	6	20	53	41	12	7	1	—
陆家头	104	—	7	43	22	14	3	—	—
合 计	2527	43	437	958	438	233	213	13	8

从1949年、1977年、2016年村民文化程度情况表中可以清楚看出：1949年，域内1442人中仅有初中生16人，高中生1人；1977年，2070人中有初中生632人，高中生119人，大专生13人，本科生1人；2016年，2527人中已有初中生958人，高中生438人，大专生233人，本科生213人，硕士生13人，博士生8人。

二、大学生名录

1949—2015年域内大专以上学历人员情况一览表

表10-5

组别	姓名	性别	出生年月	学历	毕业院校	工作单位	职务职称
谈东	谈秋凤	女	1980.9.13	本科	苏州大学	常州市蓝托电机厂	—
谈东	谈金昌	男	1987.7.8	大专	无锡商业学校	欧凯电器	—
谈东	蒋姗姗	女	1986.10.19	大专	无锡商业学校	常州协和炉机商贸有限公司	—
谈东	李红霞	女	1988.9.8	大专	南京审计学院	永安电机厂	—
谈东	谈小兴	男	1986.10.22	本科	无锡江南太湖学院	洛锐电器	—
谈东	李　涟	女	1990.9.8	本科	南京林业学院	奥兰通标识有限公司	—
谈东	刘晓强	男	1990.12.12	本科	南京农业大学	无锡凡华半导体材料厂	—
谈东	谈鹏飞	男	1995.1.8	本科	湖南涉外经济学院	江苏中欧生态环保有限公司	—
谈东	高苗苗	女	1985.10.14	大专	山东曲阜师范大学	常州康尔达进出口有限公司	—
谈东	谈王星	女	1986.10	大专	无锡商业大学	常州亚创制冷设备厂	—
谈东	姜娟峰	女	1986.5.30	本科	南京工业大学	洛凯股份	—
谈东	谈成林	男	1987.6.27	大专	郑州大学	汤墅村委	—
谈东	梅　珠	女	1989.2	大专	苏州农业科技大学	常州市立高金属材料厂	—
谈东	王　炜	男	1992.9.12	大专	刘国钧专科学院	个体广告策划	—
谈东	谈露玲	女	1995.4.10	本科	南京师范学院	洛凯股份	—
谈东	谈思佳	女	1993.1.23	本科	上海金融学院	上海荟行网络科技	—
谈东	谈茜娜	女	1993.2.28	大专	常州旅游商贸高等职业学院	洛阳凯旋汽修厂	—
谈东	顾　鸯	女	1987.4.5	大专	南京审计学院	永安电机厂	—

续表 10-5

组别	姓 名	性别	出生年月	学历	毕业院校	工作单位	职务职称
谈东	谈锦桦	男	1996.5.21	大专	扬州大学	洛凯股份	—
谈东	谈仁忠	男	1986.10.16	大专	扬州大学	洛凯股份	—
谈东	谈永强	男	1991.5.28	大专	常州交通技师学院	常州众成汽车销售	—
谈东	谈柯桢	男	1998.3.10	大专	湖塘纺织中心	在读	—
谈东	谈逸凯	男	1992.9.12	大专	苏州科技大学	洛凯股份	—
谈东	陆 妍	女	1992.11.28	大专	常州幼儿师范	湖塘中心幼儿园	—
谈东	谈建平	男	1970.6.4	本科	扬州大学	洛凯股份	—
谈东	谈小虎	男	1969.10.17	博士	核工业理化工程研究院	见名录	—
谈东	谈俊荣	男	1952.8.29	大专	中国人民解放军后勤工程学院	退休	—
谈东	谈佳琪	女	1992.1	本科	南京三江学院	洛凯股份	—
谈东	谈露文	女	1990.2	大专	南京理工大学	平安保险公司	—
谈西	谈志福	男	1934.7.19	本科	南京地质学院	退休	—
谈西	谈志诚	男	1942.11.12	大专	最高人民法院业余大学	退休	—
谈西	谈焕兴	男	1943.10.21	大专	炮兵指挥学院	退休	—
谈西	谈志烈	男	1937.12.23	大专	湖北冶金工业专科学校	退休	—
谈西	刘 柱	男	1975.11.2	大专	扬州大学	新科空调厂	—
谈西	谈梦晗	女	1996.12.17	本科	江苏师范大学	在读	—
谈西	谈 逸	女	1973.2.24	大专	常州电视大学	洛阳医院	—

续表 10-5

组别	姓名	性别	出生年月	学历	毕业院校	工作单位	职务职称
谈西	谈　雁	女	1978.10.18	本科	苏州外国语学院	常州周线巷个体时装店	—
谈西	庄静飞	女	1973.9.5	本科	中共中央党校	—	—
谈西	谈　姣	女	1988.11.12	大专	武进电大	常州凯斯特制冷设备厂	—
谈西	谈可为	女	1981.10.21	大专	南京理工大学	安徽天长市红星拉丝模厂	—
谈西	谈晨阳	男	1987.7.16	大专	南通航运学院	永龙电器有限公司	—
谈西	於　佳	女	1987.7.17	大专	刘国钧高职学校	—	—
谈西	谈琳艳	女	1989.11.18	本科	常州大学	常州苏乐节能科技有限公司	—
谈西	谈晓钰	女	1995.6.30	大专	刘国钧高职学校	洛凯股份	—
谈西	谈建东	男	1976.12.5	本科	湖南南华大学	常州公路管理处设计院	—
谈西	谈建华	女	1972.11.29	大专	南京财经大学	江苏金土地建设集团	—
谈西	谈文雅	女	1971	本科	中央电视大学	武进法院	—
谈西	谈建国	男	1969.5.22	博士生	南京信息工程大学	见名录	—
谈西	谈　婷	女	1990.9.20	研究生	南京林业大学	南京基蛋生物科技	—
谈西	谈伶倩	女	1993.4.28	本科	湖北师范大学	洛阳中心小学	—
谈西	谈军峰	男	1975.5.20	本科	中国人民解放军通信工程学院	武进国税局	—
谈西	张莉艳	女	1976.4.6	大专	南京指挥学院	常州武美薄板厂	—
谈西	梅京燕	女	1977.2.2	本科	南京政治学院	国联薄板厂	—
谈西	谈承昊	男	1997.9.28	本科	南京理工大学	在读	—

续表 10-5

组别	姓 名	性别	出生年月	学历	毕业院校	工作单位	职务职称
谈西	谈金磊	男	1989.12.30	研究生	上海复旦大学	上海移动公司	—
谈西	谈 锦	男	1996.10.16	本科	成都信息工程大学	在读	—
谈西	谈敏杰	男	1964.12.10	大专	常州党校	—	—
谈西	谈峰伟	男	1981.12.26	大专	南京工程学院	个体数控机械加工	—
谈西	谈峰明	男	1987.4.13	本科	扬州大学	常州艾迈斯电子有限公司	—
谈西	谈毅超	男	1994.2.17	本科	南京信息学院	常州市洛阳压铸有限公司	—
谈西	谈丽洁	女	1976.8.19	本科	南京财经大学	洛阳镇政府	—
谈西	刘文彬	女	1990	研究生	上海大学	上海静安社区服务协会	—
谈西	谈烨波	男	1988.11.20	本科	南京邮电大学	常州国美电器	—
谈西	谈晓丹	女	1988.5.21	大专	徐州医学院	常州二院阳湖院区	—
谈西	谈群玉	男	1967.11.12	本科	黑龙江工业大学	见名录	—
谈西	谈星云	女	1982.11.25	大专	苏州美术工艺专科学校	专升本在读	—
谈西	谈敏辉	男	1978.8.9	本科	南京理工大学	中国伯兴集团房地产销售科	—
谈西	谈敏健	男	1980.10.21	大专	扬州大学	个体数控机械加工	—
谈西	胡 洁	女	1980.2.2	大专	扬州大学	伯兴集团文员	—
谈西	谈佳鑫	男	1988.3.1	本科	徐州工程学院	洛凯股份	—
谈西	谈佳磊	男	1988.1.25	大专	武进电大	洛凯股份	—
谈西	谈玲琪	女	1995.8.31	本科	天津工业大学	在读	—

续表 10-5

组别	姓 名	性别	出生年月	学历	毕业院校	工作单位	职务职称
谈西	谈能飞	女	1979.8.22	大专	中国财经大学	常州顶毅金属制品厂	—
谈西	谈齐飞	女	1978.9.19	本科	西南大学	洛阳初级中学	—
谈西	谈齐循	女	1990.5.10	本科	湖北中医学大学	洛凯股份	—
谈西	谈波亮	男	1979.4.11	本科	西安公路交通大学	武进交通局	—
谈西	邓琳玉	女	1980.11.06	本科	重庆大学	武进江南农商行	—
谈西	谈伟新	男	1958.1.26	大专	武进党校	湖塘镇政府	—
谈西	谈笑一	女	1988.10.13	本科	上海财经大学	—	—
谈西	谈　斌	男	1979.10.16	博士生	石家庄军械工程学院	—	—
谈西	谈珂宇	男	1999.9.16	大专	武进职教中心	在读	—
谈西	谈波宇	男	1982.10.25	本科	南京医科大学	常州一院	—
谈西	谈周雯	女	1998.10.2	大专	武进电大	在读	—
谈西	谈晓聪	男	1993.9.22	大专	南京工业职业技术学院	常州天之杰机械科技	—
谈西	谈晓娟	女	1988.9.30	大专	常州轻工学院	常海玻纤公司	—
谈西	谈宏波	男	1984.12.20	大专	江苏电大武进学院	洛凯股份	—
谈西	谈剑波	男	1988.9.30	大专	江苏机电职业技术学院	见名录	—
谈西	沈　颖	女	1990.12.21	本科	西南大学	洛阳中心幼儿园	—
谈西	谈皎月	女	1991.9.19	大专	江苏技术师范学院	常州市月仙冷库厂	—
谈西	吴鸣波	男	1991.2.28	大专	江苏技术师范学院	无锡振光机械厂	—

续表 10-5

组别	姓 名	性别	出生年月	学历	毕业院校	工作单位	职务职称
谈西	谈军勇	男	1977.10.16	大专	郑州大学	洛阳压铸有限公司	—
谈西	谈皎云	女	1994.8.16	大专	江苏技术师范学院	常州佳利电机厂	—
谈西	谈昀波	男	1990.10.29	大专	江苏联合职业技术学院	常州先达路桥公司	—
谈西	徐 婷	女	1989.5.30	本科	南京师范大学	湖塘实验小学	—
谈西	谈国明	男	1949.7.29	大专	中共武进党校	退休	—
谈西	谈丽芳	女	1963.7.9	本科	南京医学院	丹阳市食品药品监督管理局	—
谈西	谈华峰	男	1965.2.1	本科	南京农业大学	常州市益丰印刷厂	—
谈西	钱 枫	女	1968.10.21	本科	中共中央党校	常州市农业银行	—
谈西	谈云芳	女	1976.8.11	大专	上海科技管理学院	—	—
谈西	谈 行	男	1952.2.3	研究生	南京大学	洛凯股份	董事长
谈西	谈俊杰	男	1984.9.18	大专	武进电大	—	—
谈西	谈俊涛	男	1987.3.17	本科	无锡太湖学院	洛凯股份	—
谈西	谈云恺	男	1990.4.2	本科	河海大学	常州市博瑞电力自动化有限公司	—
谈西	顾松梅	女	1991	本科	南京理工大学	常州博瑞电力自动化公司	—
谈西	徐 佳	女	1986.11.3	大专	武进电大	—	—
谈西	谈云飞	女	1980.11.13	研究生	上海交通大学	华宝基金公司	—
谈西	谈舒婧	女	1998.9.28	大专	刘国钧高职学校	在读	—
谈西	谈一平	男	1964.4.16	本科	江苏农林学院	洛阳农林农技站	站长

续表 10-5

组别	姓 名	性别	出生年月	学历	毕业院校	工作单位	职务职称
谈西	谈泽星	男	1998.2.2	本科	常州工程学院	在读	—
谈西	谈津琰	男	1993.9.28	本科	澳门科技大学	在读	—
谈西	郭晓宇	女	1984.3.17	本科	—	天宁区国税局	—
谈西	谈焕良	男	1935.8.5	大专	江苏农业大学	—	—
堵东	秦伯生	男	1942.8	本科	南京邮电大学	—	—
堵东	秦栋明	男	1981.12.31	大专	常州电大	洛凯股份	—
堵东	周 奕	女	1981.6.5	本科	扬州大学	洛阳高级中学	一级教师数学教研组长
堵东	庄建良	男	1966.8.12	大专	洛阳成校扬州大学	私企	—
堵东	秦建俊	男	1964	本科	西安电子科技大学	南京国管第九二四厂	—
堵东	王少卿	男	1981.11.20	本科	扬州大学	新科	—
堵东	季娟娟	女	1983.7.24	大专	如东县第一职业中学	韩清科技	—
堵东	秦 杰	男	1976.8	大专	南京理工	洛凯股份	—
堵东	秦 科	男	1985.11.28	本科	武汉大学	—	—
堵东	方 激	男	1976.5.8	大专	常工院	新科	—
堵东	秦国振	男	1987.4	硕士生	江苏大学	北汽新能源	—
堵东	吴海燕	女	1980.10	大专	九江高等职校	—	—
堵东	秦维亚	女	1978.6.15	本科	江苏教育学院	岑村小学教师	—
堵东	秦静洁	女	1980.12.9	本科	江苏大学	横林中学	—

续表 10-5

组别	姓 名	性别	出生年月	学历	毕业院校	工作单位	职务职称
堵东	秦栋楠	男	1995.11.11	大专	洛阳成校	洛凯股份	—
堵东	秦 怡	女	1993.10.26	本科	西安邮电	卡文斯动物实验有限公司	—
堵东	秦丽娟	女	1988.1.19	本科	常熟理工学院	洛凯股份	—
堵市	秦玉法	男	1948.11	本科	南京师范大学	洛阳中学	中学高级教师
堵市	王 健	男	1988.5.9	本科	南京理工大学紫景学院	—	—
堵市	秦 蕾	女	1993.10	本科	扬州大学	会计事务所	—
堵市	秦小红	女	1987.4	本科	苏州大学	工行常州分行	—
堵市	秦洪刚	男	1991.4	大专	武进职教中心	—	—
堵市	秦伟刚	男	1984.2.23	大专	南京工业职业技术学院	洛凯股份	—
堵市	秦 军	男	1991.6.19	大专	江苏科技经贸专修学院	无锡康信碳制品	—
堵市	秦中浩	男	1991.7.25	本科	四川交通大学	上海自仪泰雷兹交通自动化系统有限公司	—
堵市	秦中健	男	1989.6.28	大专	武进技校	三顶电机厂	—
堵市	秦 剑	男	1976.12.28	大专	武进电大	—	—
堵市	梁雯艳	女	1976.9.5	大专	武进电大	—	—
堵市	王丽洁	女	1988.10.10	大专	江苏省联合职业技术学院	—	—
堵市	秦梦汝	女	1993.2.26	本科	南京审计学院	—	—
堵市	王紫燕	女	1992.5.9	本科	长沙医学院	丹阳儿童医院	中医师
堵市	秦义人	男	1988.4.17	研究生博士	苏州大学	苏州大学附属第一医院	主治医师

续表 10-5

组别	姓名	性别	出生年月	学历	毕业院校	工作单位	职务职称
堵市	姜小献	女	1965.10.1	大专	扬州大学	—	—
堵市	王建平	男	1966.2.17	本科	南京政治学院	汤墅村委	村书记 工程师
堵市	王冶燕	女	1994.11.17	本科	江苏理工学院	南方通信控股公司	—
堵市	王建荣	男	1982.7.26	本科	苏州大学	洛凯股份	—
堵市	吴春霞	女	1982.2.8	本科	江苏教育学院	洛阳中学	—
堵市	秦金龙	女	1989.11.19	大专	—	永龙公司	—
堵西	秦　娟	男	1982.5	本科	南通大学	生产力促进中心	办公室 主任
堵西	秦建新	男	1967.11	大专	常州工学院	—	—
堵西	秦　杨	女	1994.6.13	本科	浙江文理学院	常州电讯	店长
堵西	秦钟凯	男	1989.12.5	本科	麦考瑞（澳大利亚）	洛凯股份	财务科
堵西	俞中美景	女	1987.10.10	本科	北京科技大学	—	—
堵西	朱　立	男	1987.2.5	本科	江苏警官学院	武进区公安局	科员
堵西	谈敏超	女	1988.6.30	本科	上海大学	武进电视台	—
堵西	秦　婷	女	1987.6.11	本科	安徽财经大学	常州邮政储蓄银行	—
堵西	秦　明	男	1989.10.1	大专	南京江苏经贸	常州月仙冷藏	仓库
堵西	朱小苗	女	1989.2.15	大专	武进电大	常州新欧塑料有限公司	采购
堵西	秦建法	男	1969.8	本科	中国人民解放军电子技术学院	湖塘镇政府	正处级
堵西	秦志良	男	1970.4.10	大专	扬州大学	—	—

续表 10-5

组别	姓 名	性别	出生年月	学历	毕业院校	工作单位	职务职称
堵西	秦星宇	男	1993.10.16	大专	淮安信息技术学院	—	—
堵西	季秋烨	男	1995.8.1	大专	无锡商业职业技术学院	—	—
堵西	秦晓琪	男	1997.2.1	本科	南京晓庄学院	在读	—
陈家头	臧静洁	女	1987.11.11	本科	南京农业大学	洛阳镇政府	—
陈家头	黄　彬	男	1989.6.22	大专	镇江大学	洛凯股份	—
陈家头	陈燕潮	男	1989.6.4	本科	南京邮电大学	军校	—
陈家头	陈明源	男	1989.2.7	本科	山东工商学院	常州	—
陈家头	施晓宁	男	1992.12.9	本科	苏州科技大学	金昌集团	—
陈家头	陈金涛	男	1985.2.28	本科	江苏大学	深圳	—
陈家头	上官敏亚	女	1979.9.15	大专	洛阳农科院	洛凯股份	—
陈家头	陈轶琳	女	1997.1	本科	南京农业大学	在校学生	—
陈家头	施燕波	女	1970.1	大专	常州电子大学	洛阳协税所	—
陈家头	周丽娟	女	1975.1.7	本科	常州教育学院	常州市第四中学	教师
陈家头	沈敏洁	女	1978	本科	郑州大学	在家	—
陈家头	苏小菊	女	1983.9.26	本科	盐城工学院	个体	—
陈家头	汤琪敏	男	1978	本科	常州外贸学院	洛凯股份	—
陈家头	汤梦蓓	女	1992.12.26	大专	戚墅堰铁路学校	个体	—
陈家头	汤俊其	男	1991.7.15	大专	常州机电学校	洛凯股份	—

续表 10-5

组别	姓 名	性别	出生年月	学历	毕业院校	工作单位	职务职称
陈家头	费艳秋	女	1990.10.29	本科	常州工学院	蓝托	—
陈家头	陈 洪	男	1986.9.12	大专	江苏喜剧学校	江阴华西	—
陈家头	李 茜	女	1987.3.26	本科	南京	江阴华西	—
陈家头	汤梦婷	女	1996.11.7	本科	浙江财经大学	在读	—
陈家头	汤晔彬	男	1993.9.23	本科	上海财经大学	洛凯股份	—
陈家头	汤琪峰	男	1990.11.9	大专	重庆大学	洛凯股份	—
陈家头	陈金昌	男	1962.5.3	本科	镇江医学院	武进中医院	脑外科主任
陈家头	周 萍	男	1964	本科	自学	武进中医院	书记
陈家头	施俊杰	男	1980.11.20	本科	盐城工学院	中天钢铁，分厂	副厂长
陈家头	陈 健	男	1979.11.24	本科	徐州工程学院	武进商业银行	—
陈家头	臧铭辉	男	1979.3.9	本科	江苏科技大学	洛凯股份	车间主任
陈家头	臧 伟	男	1976.8.14	大专	武进电大	洛锐	老总
陈家头	丁佳怡	女	1991.2.17	本科	南京理工大学	在读研究生	—
陈家头	丁 淼	女	1990.9.9	本科	常州技术师范	在家	—
陈家头	张立君	女	1979.11.20	本科	常州技术师范	洛阳初中	高级教师
陈家头	陈 栋	男	1982.2.16	大专	常州电大	私人办企业	—
陈家头	陈 程	男	1988.1.10	本科	天津大学	凯隆	—
陈家头	陈文青	男	1984.2.18	研究生	北京某大学	自由职业	—

续表 10-5

组别	姓 名	性别	出生年月	学历	毕业院校	工作单位	职务职称
陈家头	丁健明	男	1985.2.5	本科	上海交通大学	上海外资企业	—
陈家头	丁洁茹	女	1990.6.25	大专	刘国钧高职学校	明都 4S 店	—
陈家头	施钟贤	男	1986.11.5	研究生	江苏大学	家教培训	—
陈家头	丁艳燕	男	1989.5.9	本科	无锡太湖学院	家教	—
陈家头	陈美元	女	1986.10.31	本科	南京紫金学院	博瑞	—
陈家头	毛晓君	女	1990.12.30	本科	盐城师范大学	常州佳辰地板厂	—
陈家头	施栋梁	男	1990.12.30	本科	上海交大	长海化工	—
陈家头	臧源渊	女	1994.10.26	本科	加拿大留学	在读	—
臧家头	臧晓玲	女	1987.5.2	本科	苏州大学	横林华夏银行	—
臧家头	臧梦帆	女	1993.8.15	本科	警官学校	江苏盐城派出所	—
臧家头	臧晓英	女	1985.5.30	本科	南京人事管理院	洛凯股份	财务科
臧家头	臧　婧	女	1993.8.31	本科	湖州师范学院	洛阳中心小学	—
臧家头	臧　珺	女	1989.6.5	本科	南京晓庄学院	武进国茂减速器公司	—
臧家头	臧梦宇	男	1991.12.10	本科	南京理工大学	三顶电器	—
臧家头	臧志强	男	1979.7.8	本科	江南大学	洛凯股份	技术科
臧家头	臧华杰	男	1995.11.22	本科	—	永龙电器	—
臧家头	臧　榛	男	1993.6.29	本科	南京三江学院	常州市凯米机械公司	—
臧家头	臧彦玉	女	1991.10.12	本科	西安美院	常州市凯米机械公司	—

续表 10-5

组别	姓 名	性别	出生年月	学历	毕业院校	工作单位	职务职称
臧家头	臧晓宇	男	1996.12.7	本科	南京滨江学院	在读	—
臧家头	臧红波	男	1982.2.20	本科	江苏理工大学	常州格力博有限公司	—
臧家头	费敏洁	女	1982.1.9	本科	南通大学	一重常州华冶轧辊有限公司	—
臧家头	臧星宇	男	1995.10.13	本科	北京交通大学	在读	—
臧家头	臧晓波	男	1986.8.10	大专	鞍钢大学	中天钢铁	—
臧家头	朱金花	女	1986.12.20	大专	三里职中	体育彩票	—
臧家头	臧舒铭	女	1998.6.27	大专	南京航空航天大学	在读	—
臧家头	臧 渝	男	1986.9.9	本科	江南大学	洛阳模具制造	—
臧家头	戴 丽	女	1986.9.4	本科	无锡南洋大学	江苏究邦电力有限公司	—
臧家头	臧俊皓	男	1986.11.3	大专	南昌理工学校	常州华达恒祥电器有限公司	—
臧家头	顾 婧	女	1987.8.31	大专	武进电视大学	常州华达恒祥电器有限公司	—
臧家头	臧朝伟	男	1982.4.11	大专	常州技工学校	新科空调厂	—
臧家头	臧驾栋	男	1969.11.1	大专	扬州大学	常州市洛德机械有限公司	—
臧家头	王丽萍	女	1971.9.20	本科	江苏教育学院	洛阳小学	—
臧家头	臧国勤	男	1975.9.1	大专	扬州大学	洛凯股份	—
臧家头	万小萍	女	1976.1.13	大专	常州电视大学	常州日晶机械	—
臧家头	秦海鹰	女	1974.8.13	大专	南京农业大学	庄陈塑料制品厂	—
臧家头	郑丽娟	女	1976.9.24	本科	江苏教育学院	洛阳小学	—

续表 10-5

组别	姓 名	性别	出生年月	学历	毕业院校	工作单位	职务职称
臧家头	臧婉伊	女	1989.3.8	大专	南京信息学院	洛锐公司	—
臧家头	臧焱钧	男	1995.8.5	大专	刘国钧高职学校	洛金机械	—
臧家头	臧 晔	男	1998.5.18	本科	南京理工大学	在读华中科技大学研究生	—
臧家头	顾 林	女	1998.2.27	大专	江苏城市建设学院	洛阳晶雪公司	—
臧家头	臧 燕	女	1983.9.5	本科	苏州大学文正学院	中天钢铁	—
丁庄	庄 晨	女	1989	本科	南京医科大学	常州中医院	护师
丁庄	朱敏峰	男	1977.10.13	本科	江苏石油化工学院	洛凯股份	—
丁庄	丁 炜	男	1992.7.2	大专	常州理工大学	洛凯股份	—
丁庄	丁彩玉	女	1990.11	本科	盐城工学院	—	—
丁庄	丁彩琴	女	1994.11	大专	洛阳成校	新科空调	—
丁庄	朱永清	男	1944.3	大专	南京师范学院	洛阳中学	中学 高级教师
丁庄	朱敏炤	男	1992.10	研究生	南京工业大学	上海远景新能源公司	—
丁庄	顾晓霞	女	1992.12	本科	青岛大学	—	—
丁庄	顾晓阳	女	1994.8	大专	刘国钧高职学校	恒泰人民大药房	—
丁庄	庄文佼	男	1987.11	本科	西安交通大学	南京	—
丁庄	张 恒	男	1998.12	大专	武进开放大学	—	—
丁庄	王丽华	女	1980.7	本科	上海电力学院	上海美迪维康生物科技公司	—
丁庄	丁 潇	男	1998.1	本科	铁道警察学院	—	—

续表 10-5

组别	姓 名	性别	出生年月	学历	毕业院校	工作单位	职务职称
丁庄	张敏陶	男	1993.3	大专	武进技校	洛凯股份	—
丁庄	顾　枫	女	1991.2	本科	重庆西南大学	东方红幼儿园	幼师
丁庄	丁宏瑞	男	1993.10	本科	常州建东学院	—	—
丁庄	丁俊芳	女	1992.1	大专	南京技术职业学院	—	—
丁庄	丁俊月	女	1992.6	大专	苏州经贸职业技术学院	—	—
丁庄	丁文中	男	1946.2	大专	南京	退休	—
丁庄	丁撷云	男	1996.1	大专	常州轻工学院	—	—
丁庄	张　洁	女	1988.7	本科	常熟理工学院	—	—
丁庄	郑健宇	男	1986.8	本科	天津大学	—	—
丁庄	庄黎蛟	男	1985.9	本科	苏州科技大学	加拿大	—
丁庄	丁晨可	男	1993.8	本科	淮阴工学院	—	—
丁庄	朱敏娟	女	1980.12	本科	常熟师范学院	洛阳中学	—
丁庄	庄黎丽	女	—	博士	—	江苏农业大学	—
丁庄	朱敏昊	男	1987.9	博士	北京清华大学	上海	—
丁庄	马　佩	女	1988.9	博士	美国	上海理工学院	—
丁庄	丁华众	男	1988.1	研究生	南京邮电大学	南京中兴通讯	—
丁庄	丁华玲	女	1989.1	本科	南京医科大学	常州二院阳湖南院	—
丁庄	丁浩中	男	1941.2	博导	南京医学院	无锡四院（已故）	—

续表 10-5

组别	姓 名	性别	出生年月	学历	毕业院校	工作单位	职务职称
丁庄	朱福祥	男	1940.5	本科	江苏师范学院	徐州（已故）	中学高级教师
丁庄	彭苗根	男	1965.7	大专	江苏公安专科学校	—	—
丁庄	杨凌凤	女	1977.3.23	研究生	苏州大学	南通大学	教师
欧窑	姜小峰	男	1979.11	大专	常州轻工学院	洛凯股份	技术员
欧窑	丁丽华	女	1976.12	本科	南京医科大学	南京第一人民医院	高级护理医师
欧窑	丁靖乾	男	1992.6	本科	扬州大学	汤墅村委	大学生村官
欧窑	丁 镒	男	1995.8	大专	常州轻工学院	自由职业	—
欧窑	耿倩芸	女	1996.10	本科	武进职教中心	凯斯特电机公司	会计
欧窑	朱仕俊	男	1970.9	本科	南京金陵科技学院	常州亚通杰威电机有限公司	技术员
欧窑	陈 曦	女	1988.5	本科	苏州大学	苏州森创建筑设计公司	总经理助理、翻译
欧窑	陈 晔	男	1989.7	大专	武进技校	永柏电镀	主管
欧窑	丁 珂	男	1992.2	大专	常州信息职业技术学院	自由职业	—
欧窑	丁汝佳	女	1996.9	本科	武进职教中心	虞桥索奥机械厂	文员
欧窑	丁丽艳	女	1993.12	本科	南京财经大学通达学院	南京软动力信息技术公司	软件测试工程师
欧窑	詹 丹	女	1992.1	本科	江苏师范大学	无锡万钧机械	技术员
欧窑	陈湘漪	女	1989.11	大专	南京旅游学院常州分校	岑村电镀厂	仓管
欧窑	章红亚	女	1979.11	本科	浙江大学	—	—
欧窑	朱仕勇	男	1992.6	大专	武进职教中心	常州亚通杰威电机有限公司	技术员

续表 10-5

组别	姓名	性别	出生年月	学历	毕业院校	工作单位	职务职称
欧窑	丁　瑶	女	1993.11	大专	武进教师进修学校	补习班	辅导员
西窑	詹一枫	女	1996	本科	扬州大学	在读	—
西窑	詹龙宝	男	1940	本科	南京农学院	广西统计厅	退休干部
西窑	苏敖元	男	1941.5	大专	镇江师范大学	洛阳中学	退休教师
西窑	苏志锡	男	1937	大专	苏州建筑学校	洛阳修建站	退休工程师
西窑	苏　华	男	1966.5	大专	南京工学院	自企工作	—
西窑	苏　江	男	1973.11.3	本科	南京东南大学	常州供电局	职员
西窑	苏志欣	男	1943.10	本科	上海第二军医大学	常州工矿电机厂	厂医
西窑	苏志扬	男	1952	本科	西南工业大学	自办公司	—
西窑	苏晓南	男	1970.7	大专	常州常工院	常州恒力公司	总工程师
西窑	苏　骏	男	1968.10	本科	复旦大学	上海微软公司	高级工程师
西窑	詹琪美	女	1994	本科	常州大学	在读	—
西窑	詹　涛	男	1989	本科	江苏大学	在家	—
西窑	詹梦姣	女	1989	本科	扬州大学	在家	—
西窑	苏　叶	女	1990.5.24	本科	扬州大学	东安初中	教师
西窑	苏华婷	女	1993.12.30	本科	扬州大学	在读	—
西窑	苏冠忠	男	1986.12.18	本科	国外读大学	神兔公司	—
西窑	苏　容	女	1984	本科	常州河海大学	常州移动公司	—

续表 10-5

组别	姓 名	性别	出生年月	学历	毕业院校	工作单位	职务职称
西窑	詹若颖	女	1995.7	本科	南京医科大学	在读	—
西窑	苏 洁	女	1994.8	本科	湖塘纺织学院	洛阳高中	文员
西窑	苏 鹤	男	1981.1	本科	南京体育学院	洛阳小学	教师
西窑	詹 瑾	女	1992	本科	扬州大学	南京	—
西窑	陆晓薇	女	1983.10	本科	苏州大学医学院	横林医院	护士
西窑	詹敏玉	女	1980	本科	江南大学	焦溪小学	教师
西窑	苏 婷	女	1991	本科	南京艺术学院	在家	—
西窑	苏泳佳	男	1991	本科	南京医药大学	横林农商银行	职员
西窑	苏名阳	男	1998	本科	南京工业大学	在读	—
西窑	詹雅屏	女	1996.9	本科	南京林业大学	在读	—
西窑	詹 艳	女	1985	研究生	苏州大学	常州北郊中学	教师
西窑	苏 钰	女	1997	大专	江苏大学	在读	—
西窑	詹 科	男	1996	本科	河南商丘大学	在读	—
西窑	詹 荧	女	1995.7	大专	湖塘职高	幼师	—
西窑	苏盛乾	男	1994.4.15	大专	刘国钧高职学校	苏州同程公司	职员
西窑	苏 瑛	女	1979.10.12	大专	无锡轻工学院	自企	会计
西窑	詹小金	男	1974	大专	无锡税务学院	礼嘉税务所	税务师
西窑	严敏斐	女	1974	大专	自考	洛阳镇政府	—

续表 10-5

组别	姓名	性别	出生年月	学历	毕业院校	工作单位	职务职称
前巷	虞福清	男	—	本科	上海邮电大学	—	高级工程师
前巷	虞　洁	女	1985.10.27	本科	南京大学	自办企业	—
前巷	杨　涛	男	1992.10.7	本科	苏州大学	上海理工在读研究生	—
前巷	张俊超	男	1997.3.13	本科	南京工程学院	在读	—
前巷	张茜阳	女	1990.10.30	本科	南京金陵科技学院	湖塘	职员
前巷	虞晔霞	女	1994.10	本科	常州工学院	在读	—
前巷	虞晓玲	女	1992.12.8	本科	常熟理工大学	南海铜业	—
前巷	张　斌	男	1993.5.21	本科	河北防灾科技学院	光荣入伍	—
前巷	杨佳懿	男	1992.8.19	大专	常州市武进高级技术学院	南方通信电缆有限公司	组长
前巷	张　莺	女	1989.7.22	本科	苏州大学应用科技学院	常州昊诺展览展示有限公司	—
前巷	虞佳丽	女	1995.11.2	本科	常州工学院	在读	—
前巷	虞心怡	女	1993.11.20	大专	武进职教中心	华阳电器	广告设计
前巷	虞永坚	男	1970.12.7	本科	沈阳东北工学院	南京电炉厂	调度室主任
前巷	张　雷	女	1991.5.16	本科	常州医科大学	上海张江高科澎立生物公司	研究员
前巷	虞　波	男	1990.10.24	大专	南京交通职业技术学院	金坛众泰汽车制造厂	职员
前巷	虞凌云	男	1988.9.20	大专	常州轻工职业技术学院	—	生产管理
西巷	虞渊泽	男	1988.1	大专	无锡技校	丽东冷库	工人
西巷	虞　彬	男	1984.9	本科	湖塘	宜信普惠公司	—

续表 10-5

组别	姓 名	性别	出生年月	学历	毕业院校	工作单位	职务职称
西巷	俞满春	男	1979.5	本科	扬州	洛凯股份	研发部经理
西巷	虞　尧	男	1994.9	大专	洛阳成校	洛凯股份	—
西巷	虞诗琦	女	1996.6	大专	武进电视大学	鼎龙环保公司	—
西巷	虞其雷	男	1996.10	本科	苏州科技大学	—	—
西巷	虞　婷	女	1991.10	本科	苏州科技大学	常州	—
西巷	虞　建	男	1985.1	本科	东南大学	常州	—
西巷	虞晨义	男	1979.11	本科	哈尔滨工业大学	珠海	工程师
西巷	虞尧成	男	1994.9	本科	南京工业大学	—	—
西巷	张　震	男	1981.6	研究生	上海大学	—	—
西巷	虞小平	男	1962	本科	重庆建筑工程学院	江苏省建筑委员会	高级工程师
西巷	沈　金	女	1981.7	大专	扬州大学	洛凯股份	—
西巷	虞丽萍	女	1986.5	本科	青岛科技大学	常州市瑞登梅尔	生产部经理
西巷	虞　凯	男	1985.3	大专	金肯职业技术大学	苏州第一建设集团有限公司	员工
西巷	虞春霞	女	1983.3	本科	南京中医药大学	洛阳本地厂	仓库
西巷	虞　薇	女	1996.10	本科	河南工业大学	—	—
西巷	虞　祥	男	1971.8	大专	洛阳成校	—	—
西巷	张宇杰	男	1996.8	本科	南京大学	—	—
西巷	虞建翔	男	1975.5.4	大专	常州电大	常州电脑城	—

续表 10-5

组别	姓名	性别	出生年月	学历	毕业院校	工作单位	职务职称
西巷	万小蓉	女	—	本科	—	洛阳中心幼儿园	—
西巷	苏晓林	男	—	大专	扬州大专	—	—
西巷	朱 叶	女	—	本科	—	洛阳中心幼儿园	—
西巷	谈晓燕	女	1977.1	本科	—	武进南院	—
中巷	张烨波	男	1991.4	本科	苏州医科大学	横林医院	—
中巷	张丽月	女	1996.7	大专	上海技术开发学院	上海浦东电力站	—
中巷	陈华光	男	1978.9	本科	郑州大学	常州	—
中巷	虞嘉豪	男	1996.4.4	大专	常州机电学院	实习	—
中巷	张 洁	女	1991.6	本科	赣南师范大学	小留石英钟厂	—
中巷	张 浩	男	1990.6	大专	扬州大学	洛凯股份	—
中巷	杨春东	男	1981.4	大专	扬州大学	申通快递	—
中巷	陈珠红	女	1986.7	本科	江苏大学	常州电脑城	—
中巷	虞 恬	女	1997.3	本科	苏州大学	苏州实习	—
中巷	张 琪	男	1994.6	大专	南京鼓楼大学	常州新北区	—
中巷	杨金波	男	1983.11.12	大专	西南交通大学	洛德机械	—
南巷	顾惠仙	女	1979.1.15	大专	武进电大	—	—
南巷	张敏杰	男	1989.4.19	大专	常州铁道高等职业技术学校	—	—
南巷	虞静	女	1985.12.14	大专	连云港师范	神兔电器	—

续表 10-5

组别	姓 名	性别	出生年月	学历	毕业院校	工作单位	职务职称
南巷	虞文华	男	1965.10.14	本科	南京政法大学	戚区纪检	—
南巷	顾燕玉	女	1965.8.15	本科	苏州医科大学	常州三院	—
南巷	虞晨阳	女	1990.11.19	本科	南京农业大学	南京农行	—
南巷	虞 佳	女	1994.9.10	大专	常州旅游商贸	常州弦扬广场置业	—
南巷	虞 丹	女	1988.3.10	大专	武进剑湖职高	—	—
南巷	虞圣迪	男	1992.5.29	大专	武进电大	个体	—
南巷	张惠萍	女	1985.3.20	大专	洛阳成校	—	—
南巷	虞成林	男	1993.10.22	大专	江苏理工学院	湖塘 4S 店	—
南巷	虞佳豪	男	1993.8.14	大专	武进职高	—	—
南巷	虞 航	男	1994.7.12	大专	洛阳成校	—	—
南巷	虞秋璐	女	1992.10.24	本科	扬州大学	—	—
南巷	虞芳瀛	女	1988.5.10	本科	云南大学	平安银行	—
南巷	虞天铮	男	1997.2.5	大专	武进交通学校	实习	—
南巷	虞俊侠	男	1987.5.31	本科	南京三江学院	栋梁五金厂	—
南巷	虞 炜	女	1994.2.7	本科	盐城师范	—	—
南巷	王 勇	男	1974.12.11	本科	常熟高专	洛阳中学	—
南巷	苏雪华	女	1977.11.29	大专	常工院	洛阳供电所	所长
南巷	苏 川	男	1986.1.4	大专	南京金融学校	个体企业	—

续表 10-5

组别	姓名	性别	出生年月	学历	毕业院校	工作单位	职务职称
南巷	虞　天	女	1993.8.18	本科	南京艺术学院	常州永林染织厂	—
南巷	虞凌清	男	1989.4.4	本科	武进电视大学	清维饮料	—
南巷	虞　洁	男	1978.8.9	大专	常州物资学校	杰汇电器	—
南巷	耿广丽	女	1980.3.4	本科	南通大学	欧凯电器	—
南巷	陈华晶	女	1989.8.2	本科	南京师范学院	晶晓电子有限公司	—
南巷	虞沪萍	女	1991.12.25	本科	福建工程学院	常州嬉戏谷	—
南巷	虞赟韬	男	1997.2.28	大专	江苏城乡建设职业学院	—	—
南巷	张雷杰	男	1994.3.15	大专	常州铁道高等职业技术学校	—	—
南巷	虞　新	男	1967.9.11	大专	江苏科技大学	江苏洛阳机械厂	技术科长
南巷	虞颖澍	女	199.11.3	本科	常州工学院	派瑞格医疗器械有限公司	—
南巷	虞颖皎	女	1996.7.28	本科	南京信息工程大学	—	—
南巷	虞　凡	男	1995.9.27	本科	苏州大学	在读	—
北巷	杨　明	男	1982.4	本科	南京信息工程大学	溧阳气象站	工程师
北巷	张　怡	女	1990.8	本科	南京金陵科技学院	常州市人才服务中心	员工
北巷	张家杰	男	1994.12	本科	上海交通大学	在读	—
北巷	杨　玲	女	1985	本科	南京医科大学	常州市妇幼保健医院	—
北巷	张　彬	男	1989.7.21	本科	南京航空航天大学	房地产公司	—

续表 10-5

组别	姓名	性别	出生年月	学历	毕业院校	工作单位	职务职称
北巷	虞甘露	男	1994.10.8	本科	四川乐山师范大学	—	—
北巷	陈小伟	男	1981.11.21	大专	扬州工学院	—	—
北巷	陈 浩	男	1990.8.21	本科	南通大学	横山桥卫生院	—
北巷	虞飞鹏	男	1979.6	本科	淮阴师范学院	洛阳高级中学	—
北巷	张志亮	男	1918.12	本科	华东军政学院	退休	工程师
北巷	张文伟	男	1952.10	本科	中国人民公安大学	常州交巡警支队	副处级侦查员
北巷	虞新英	女	1975.12	本科	武进师范	常州博爱小学	教师
北巷	虞嘉东	男	1978.8	研究生	上海交通大学	—	—
吴家头	黄忠茂	男	1965.5.16	本科	江西财经大学	江苏省财政厅	副处长
吴家头	吴国强	男	1966.8	研究生	吉林大学	无锡新能有限公司	副总经理
吴家头	陈霄强	男	1984.4	大专	常州信息技术学院	常州科星塑料	总经理
吴家头	许婷婷	女	1988.3	本科	西安美术学院	常州科星塑料	会计
吴家头	顾永和	男	1957	大专	句容农业学院	武进区科协	副主席
吴家头	黄忠叶	男	1967.9	本科	江苏技术师范学院	常州交通技师学院	教师
吴家头	陈清妍	女	1997	本科	淮安师范	在读	—
吴家头	姚 佳	女	1986.2	大专	常州信息技术学院	工厂	—
吴家头	陈霄红	女	1983.7	本科	南通大学	工厂	—

续表 10-5

组别	姓 名	性别	出生年月	学历	毕业院校	工作单位	职务职称
吴家头	顾晗超	女	1997.1	大专	南京信息学院	在读	—
吴家头	张中立	男	1995.8	本科	河南师范学院	在读	—
吴家头	苏显杰	男	1985.6	本科	扬州大学	工厂	—
吴家头	陈丹婷	女	1985.9	本科	扬州大学	工厂	—
吴家头	黄　芳	女	1989.9	大专	湖塘成校	工厂	—
吴家头	黄新东	男	1978.9	大专	扬州大学	常发公司	全职办
吴家头	周建芬	女	1979.6	大专	扬州大学	洛金机械	出纳
吴家头	吴一丹	女	1995.6	大专	武进开放大学	新科电视	—
吴家头	黄礼平	男	1989.10	大专	常州信息学院	工厂	—
吴家头	黄　枫	男	1996.9	本科	湖北文利学院	在读	—
吴家头	顾金善	男	1934.12	本科	山东工学院	上海钢铁研究所	高级工程师
吴家头	陈三海	男	1953.11	研究生	苏州电校	江苏利电能源集团有限公司	副总经理
吴家头	刘建英	女	1974.7	本科	常州卫校	武进南院	透析
吴家头	吴晓琳	女	1999.1	大专	扬州大学	洛凯股份	—
吴家头	苏显顺	男	1985.9	大专	常州电大	—	—
吴家头	苏彬杰	男	1993.1	大专	常州建东学院	在读	—
吴家头	陈海明	男	1967.2	本科	苏州少体校	武进体育局	副局长

续表 10-5

组别	姓名	性别	出生年月	学历	毕业院校	工作单位	职务职称
吴家头	张珺雪	女	1998.1	大专	江苏电大	在读	—
吴家头	苏显成	男	1985.9	大专	武进电大	中天钢铁	—
吴家头	陈丹红	女	1983.12	本科	苏州科技大学	—	—
吴家头	张家璐	女	1995.5	本科	山东德州学院	—	—
陆家头	陆海元	男	1937.6	本科	西安交大	洛阳矿山机械厂	高级工程师（已故）
陆家头	顾焕玉	男	1938.8	本科	吉林大学	上海机械大学	教授
陆家头	陆金英	女	1942	本科	江苏大学	南京二十六中学	校长 已退休
陆家头	陆　琪	女	1995.4.10	本科	南京财经大学	在读	—
陆家头	姜　静	女	1992.10.29	大专	苏州工艺学院	开店	—
陆家头	顾江泓	女	1995.7.25	本科	苏州大学应用技术学院	在读	—
陆家头	陆如玉	女	1982.4.10	本科	南京艺术学院	南京	—
陆家头	陆飞宇	男	1981.1.11	大专	江苏无锡工学院	常州市巨飞金属制品有限公司	—
陆家头	陆飞月	女	1983.8.10	大专	常州师范	戴溪小学	教师
陆家头	陆飞球	男	1990.12.7	本科	常州大学	常州润谊波纹管厂	—
陆家头	陆飞旭	男	1990.1.10	本科	常州工学院	冷库安装	—
陆家头	顾振铠	男	1997.10.25	本科	南京理工学院	在读	—
陆家头	费　杰	男	1997.7	本科	澳大利亚墨尔本大学	在读	—

2016年高考汤墅村被录取学生名录

表10-6

村组	家长姓名	学生姓名	性别	出生年月	被录取大学系科
谈西	谈军勇	谈承昊	男	1997.9.21	南京大学泰州校区
谈西	谈建春	谈　锦	男	1996.10.16	四川成都信息工程大学
谈西	谈敏中	谈梦晗	女	1996.12.17	江苏师范大学徐州泉山校区
谈西	谈　健	谈泽星	男	1998.2.2	常州工学院
臧家头	臧国勤	臧舒宁	女	1996.12	镇江财经大学
堵西	朱　宏	朱星燚	女	1998.2.24	徐州矿院
堵西	朱　伟	朱振阳	男	1997.12.7	江苏京江学院
丁庄	周文荣	丁梦湉	女	1998.9	扬州科技大学
丁庄	丁志农	丁俊月	女	1998.6	苏州商业学院
西窑	苏银晖	苏铭阳	男	1998.2.10	南京工业大学
欧窑	丁玉中	丁　宁	女	1998.9	山东临沂大学
欧窑	邵金鑫	丁邵彬	女	1997.11	江苏科技大学
欧窑	丁玉初	丁　磊	男	1998.1	武进职业教育中心
欧窑	丁立中	丁　顺	男	1999.1	常州电大
前巷	谢加惠	张俊超	男	1997.3.13	南京工程学院
陆家头	顾俊伟	顾江泓	女	1996.7.25	苏州大学应用技术学院

【第十一章】文化体育

WEN HUA TI YU

汤墅村自古以来人文荟萃，文化底蕴深厚。南宋宰相汤思退在域内修建的汤墅庵（孝思庵）、汤墅谈氏宗祠门前的双牌楼、堵墅的关帝庙、皇范的五龙江闻名乡邻。村民有着广泛的兴趣爱好，业余文化生活和群众体育活动丰富多彩。随着域内工业经济的发展，文化体育活动场所、设施建设、企业文化上新台阶。

第一节　文体设施

一、文化活动场所

2007 年，在原村委办公室创办文化活动室，图书室拥有图书 1500 册。农民们走进文化活动室、图书室，读书看报，下棋打牌，打麻将，上网聊天……农村文化活动室以现代科技手段为农民提供文化娱乐的平台，让农民在娱乐的同时有所学、有所思、有所乐。

洛凯股份室内篮球场（2017 年 11 月 4 日摄）

域内的江苏洛凯机电股份有限公司拥有会场 2016 平方米，配有软垫座椅、灯光舞台和大型 LED 电子屏背景，可供 800 人开会和文艺演出活动。

二、体育活动场所

2007 年，汤墅小学拥有体育活动场地 5500 平方米，人均面积 14.03 平方米，田径直道 60×4 平方米，水泥篮球场 1 面，乒乓球室 1 个。汤墅小学并入洛阳中心小学后，原有体育活动场地和活动设施功能尽失。

洛凯股份室内网球场（2017 年 11 月 4 日摄）

2016 年，域内的江苏洛凯机电股份

有限公司有室内体育活动场所2016平方米，设有室内灯光篮球场、羽毛球场、乒乓球等活动场地和活动设施。

至2016年8月，汤墅村在皇范、丁庄、堵墅、陈家头、汤墅谈家头等自然村设有5个健身广场，安装单杠、双杠、太极推揉器、臂力训练器等多种健身器材。

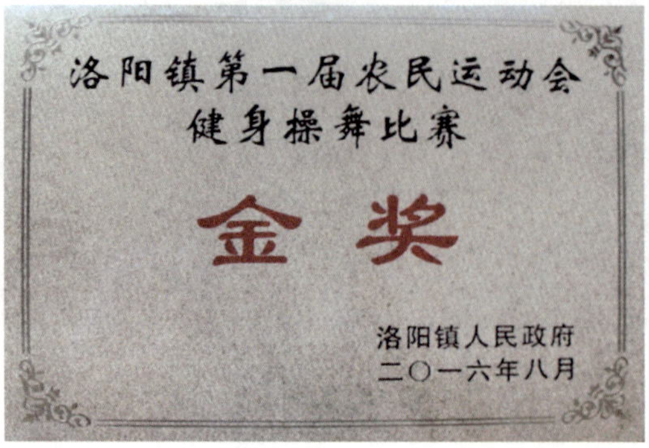

第二节　文艺团队

一、业余剧团

新中国成立初期，各村为配合政治工作任务，各村成立业余剧团，排练锡剧进行演出。1957年，业余剧团演出活动较少了。1958年成立人民公社后，大队成立业余文艺宣传队或文工团，演出一些形式多样的小戏、曲艺节目，大部分是自编自导的演出节目。

二、文艺宣传队

“文化大革命”期间，流行革命样板戏，大队成立“毛泽东思想宣传队”。庄陈大队演出《沙家浜》等，红卫大队演出《智取威虎山》《红灯记》等革命样板戏，深受群众欢迎。1978年后，大队成立文艺宣传队，演出小型多样的节目。至今，随着影剧院的兴起、电影的普及，群众欣赏水平的提高，文艺宣传队逐渐淡出。

第三节　文化活动

一、书　画

汤墅村人文荟萃，文化底蕴深厚，一些书画家积极参与专业培训，提高艺术水平，在各级展览活动中取得佳绩，在参与社会公益活动中作出贡献。

谈俊荣，1952年8月29日生，汤墅谈家头谈东人，斋名芦风堂。自幼习研书画，师从徐浩然、王日曦和陈寿南，真、草、隶、篆、刻字及花鸟画均涉。对摄影摄像亦有爱好，结业于北京广播学院视频制作与采编专业。现为中国书法家协会会员、江苏省书法家协会会员、常州市书法家协

中国书法家协会会员谈俊荣
（2014年4月2日摄）

会会员，常州市刻字协会秘书长，常州市恽南田书画院常务副院长。书法刻字作品分别入展全国第七届、第八届书刻展，在第二届、第三届国际刻字艺术大展赛中连续两次获奖，在江苏省第三届刻字艺术展中获最高奖，应邀入展中国佛门大德书展、中日刻字展，全国书法现代刻字名家邀请展暨海荣杯安徽省第二届现代刻字展等。2013年5月，因连续5年在中国书法家协会主办的展览中成绩显著，受到常州市文联和常州市书法家协会通报表彰和奖励。2014年，参与《毗陵汤墅谈氏宗谱》的采编，与谈稼农合作负责总校对，编写宗谱《艺文卷》，负责人文照片的拍摄采编；完成汤墅谈氏宗祠“思成堂”匾额的题写与镌刻、宗祠厅堂屏风《汤墅谈氏家训》的雕刻制作及祠堂门联“白沙家声远、思成世泽长”的花岗岩镌刻。2015年9月，刻字作品在常州市首届书法篆刻刻字大展中获得金奖。书法作品多次入展中国书画名家邀请展以及省、市、区书法展等展览，作品散见于报刊、杂志和网络，厦门鼓浪屿国际刻字展馆、无锡市博物馆、常州市档案馆等单位均有收藏。

为汤墅谈氏宗祠书写并镌刻的牌匾
（2014年8月2日摄）

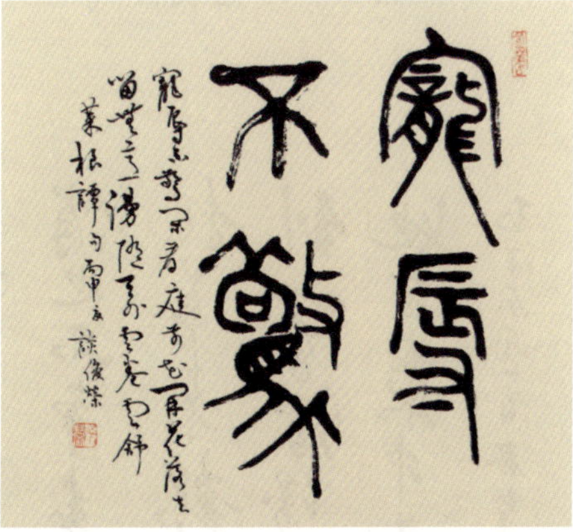
篆书宠辱不惊（2014年4月2日摄）

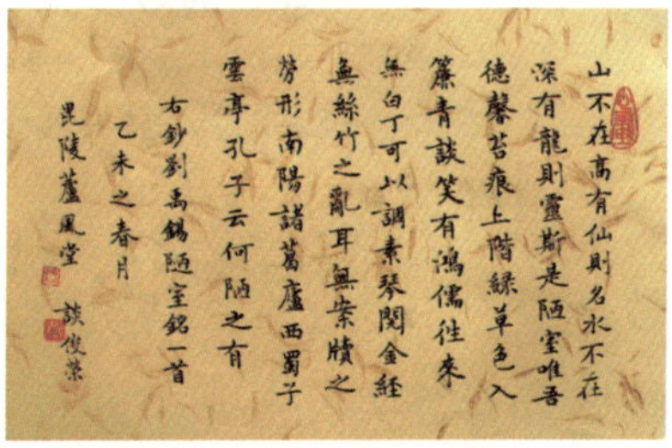
小楷　陋室铭
（2016年5月4日摄）

秦凯达，民国35年（1946年）生，汤墅堵墅人。自幼爱好书法，师从书法家徐浩然。20世纪90年代参加常州市“中国书画函授大学”学习，被评为优秀学员。为全国规范汉字比赛优秀指导老师、江苏省文联书画考级优秀指导老师、中国传统书法家协会会员、恽南田书画研究会会员、常州市书法家协会会员、常州幼儿师范专职书法教师、中华书画研究会会员、中国硬笔书法协会会员。1989年从事书法教学，2000年所任教的学校被评为常州市首批书法特色学校，获得全国规范汉字比赛优秀指导奖，在全国文联组织的书法考级工作中，多年被评为优秀指导老师。书法作品曾获县、市教师书法比赛一等奖、全市“五菱杯”书画大赛二等奖和江苏省“职

常州市书法家协会会员秦凯达
（2017年7月24日摄）

楷书　厚德载物（2017 年 7 月 24 日摄）

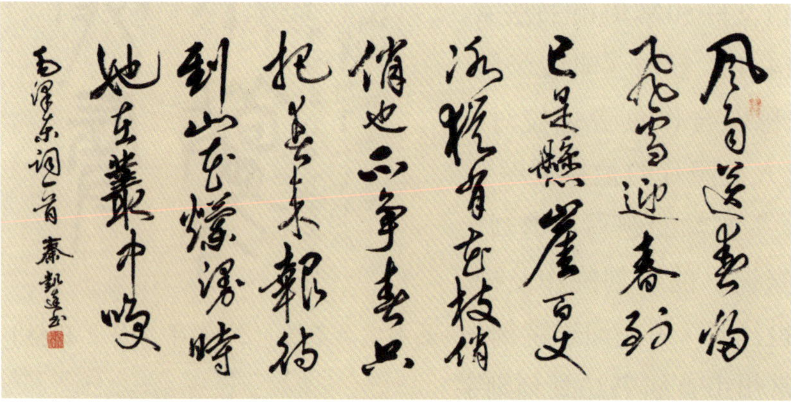

行书　毛泽东词一首（2017 年 7 月 24 日摄）

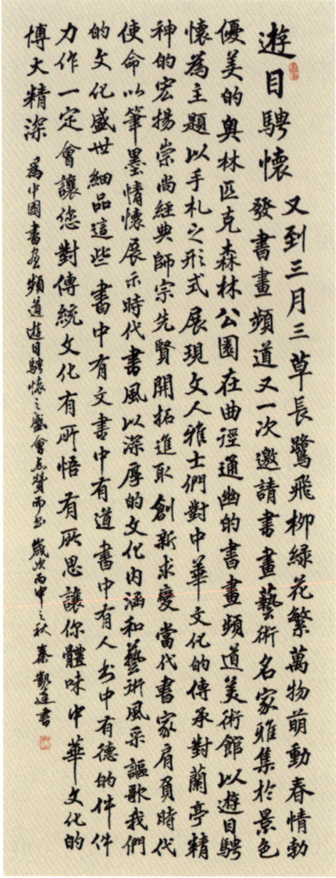

楷书　游目骋怀
（2017 年 7 月 24 日摄）

教之星”书法比赛二等奖及全国教师书法比赛一等奖。2016 年行楷作品获全国诗书画比赛一等奖。

陆元松，曾用名，陆源松，民国 25 年（1936 年）12 月生，汤墅陆家头人。常州市书法家协会会员，武进区书法家协会会员，中国鲁南书画社会员，武进县老干部书画协会会员，淮海艺术函授学院讲师，世界书画家华北协会理事（研究员）。1983 年 12 月出席武进县文学艺术工作者第三次代表大会。1959—1960 年，《武进日报》《新华日报》登载书画宣传作品多幅。1982 年夏，书画作品入展洛阳第一期书画展。1982—1983 年，作品入展武进县书画作品展、常州市书画作品展。1991 年 12 月 28 日—1992 年 1 月 3 日，隶书作品

常州市书法家协会会员陆元松
（2017 年 10 月 9 日摄）

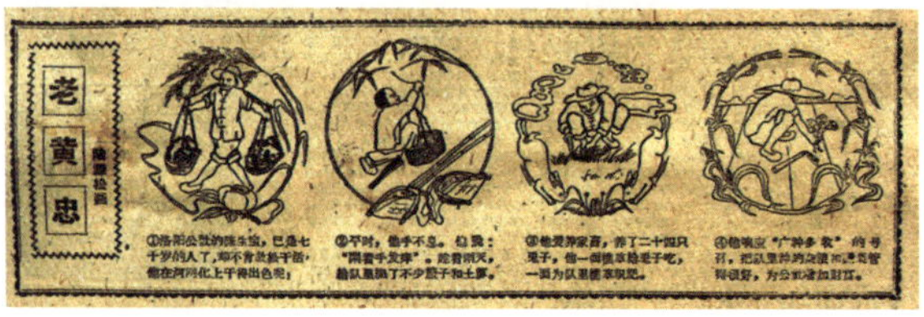

连环画　老黄忠（2017 年 10 月 23 日摄）

国画　绿遍山原
(2017年10月23日摄)

楷书
(2017年10月摄)

篆刻
(2017年10月23日摄)

入选“武进美术、书法、摄影艺术作品展览”。1992年10月，获中外名人研究中心国际现代书法大赛优秀奖。1994年12月，书法《翰墨书盛世》被中国国际文学艺术作品博览会评定为书法类贰级作品。1995年8月，获庆祝中华全国总工会成立70周年暨全国书画摄影艺术大展书法作品一等奖。1995年12月，获首届《全国人体科学研讨会》书画艺术大展中年组书法优秀奖。1997年，行书《天涯归心》入选庆祝香港回归全国书画展，结集出版。1999年6月，获洛阳镇小教毛笔书法一等奖。1999年9月，获武进市首届教工艺术节书画作品优秀奖。2000年10月，获武进市退休职工“夕阳红”书画展书法优秀奖。2002年6月，获“湘楚杯”全国书画大赛三等奖。

陆元清，民国31年（1942年）9月生，汤墅陆家头人。常州市书法家协会会员，武进区书法家协会会员，江苏省老年书画研究会会员，常州市书法家协会老年分会会员。受家庭父、兄及学校老师影响，自幼爱好书法。1974年在洛阳镇编写武进港疏浚工程指挥部《工地战报》。1980年在运村编写武进县农业局举办的“武进县土壤普查展览”。1985—1987年

常州市书法协会会员陆元清
(2017年10月9日摄)

楷书　风和日丽（2017年10月9日摄）

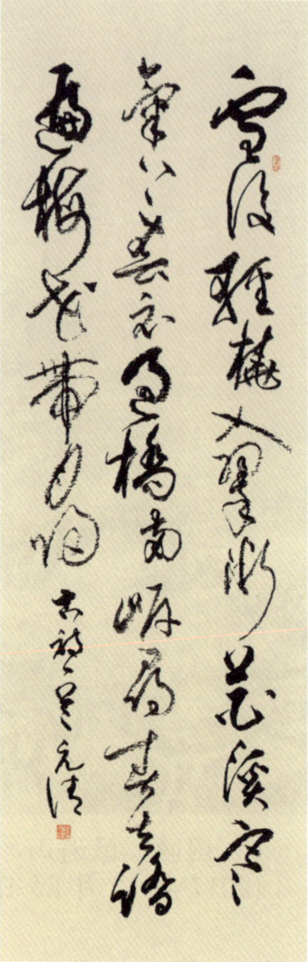

草书　古诗一首（2017年10月9日摄）

在无锡书法艺术专科学校毕业。1997年在全国书法协会教育委员会、中国书协杂志社刊授部举办的中国书法刊授第一届行书班结业。2002—2016年分别在常州老年大学和武进老年大学草书及草书研究班学习。2006年常州老年大学建校20周年、2011年常州老年大学建校25周年专刊入选书法条幅各1幅，结集出版。2008年3月19日，书法条幅被《书法报》第11期常州专刊29版刊用。2011年，条幅录入常州书协老年分会、常州美协老年分会编印的"常州晚晴书画作品集"。2013年，条幅在常州市天宁区老干部书画摄影作品"艺园拾萃"刊出。2016年，条幅录入纪念常州市老干部书画研究会成立10周年作品集《老蚌明珠缀龙城》。2011—2016年，每年12月参加常州市书法家协会老年分会、常州市美术家协会老年分会举办的"晚晴书画精品展"，每年参加洛阳镇文化站组织的义务写春联活动。

二、摄　影

改革开放后，经济建设快速发展，村民收入和生活质量不断提高，不少村民家中拥有照相机，工作之余可以到处捕捉美好的光与影。随着互联网和手机的不断发展，更多的村民喜欢用智能手机即时拍摄感兴趣的人和景，通过网上传输与家人和网友分享。

三、企业文化

企业文化是企业长期生产经营活动中形成的，为员工恪守的经营宗旨、价值观念和道德行为准则的综合反映。2015年7月24日，江苏洛凯机电有限公司的665名员工在洛阳初级中学多功能厅参加以"坚定贯彻3E7S，构建和谐工厂，迎接全球顾客！"为主题的洛凯3E7S活动动员大会，学习宣传贯彻3E7S的活动内容。2016年5月，江苏洛凯股份有限公司创办了自己的职工学校——洛凯员工学院。设置机械识图、金属切削原理与刀具、金属学与热处理、公差与配合、量具与测量、焊接基础知识、电工常识、安全基础知识、设备维护与保养等9门专业基础课及初级车工、初级铣工、初级钳工、初级电工及初级电焊工等5门实训课。首届100名学员全部通过专业基础科目培训，有28名学员通过初级车工的实训考试，有32名学员通过初级铣工的考试，有 61 名学员通过初级钳工的考试，有 15 名学员通过电工初级的考试，有 14 名学员通过初级焊工的考试（有的学员参加多项科目的培训与考试），有 82 名学员通过理论与专业考试，获得洛凯员工学院颁发的结业证书。第二届机械加工班有 73 名新学员入学。

洛凯股份 45 周年庆典——因为我们有梦
洛凯股份供图（2015 年 11 月 20 日摄）

2016 年 11 月 18—19 日，江苏洛凯股份有限公司举办技能竞赛。74 名员工参赛，分钳工、焊工、加工中心和数控车 4 个项目。参赛者须在规定的时间内，按照规程通过编程，操作加工完成工件，评委打分，成绩优异者获得嘉奖。

洛凯梦、劳动美、幸福路
洛凯股份供图

2007 年，洛凯公司开始举办春节联欢会，2015 年起，汉凌公司加入联欢。节目精彩纷呈，现场气氛热烈，展现洛凯员工多才多艺，朝气蓬勃的精神面貌。联欢会上表演的节目有歌舞、相声、小品等，尤为注目的是由副总欧阳虎谱曲、填词的由 85 人共同表演的大合唱“因为我们有梦”，优美动听的旋律和歌声深深地打动着每个员工的心灵，激励着员工为实现“洛凯梦”而努力奋斗。联欢会上的摸奖环节令人兴奋不已，摸奖形式公平、公开、公正，分设一、二、三等奖和普奖。连年举办的春节联欢会被职工誉为“企业春晚”。企业领导在春节联欢会上总结过去一年的工作，表彰先进，提出新的一年奋斗目标。

2018 新春联欢会
洛凯股份供图（2018 年 2 月 9 日摄）

第四节　民间文艺

新中国成立前，农民迫于生计，加上文化水平较低，平时文化活动不多，只是逢年过节搞些掉龙灯、掉马灯、掉狮子、荡湖船、唱滩簧等民间文化娱乐活动。另外，在春节和农历正、二月间，请一些演京剧的“戏班子”在社、庙、庵场上搭台演戏，俗称“人口戏”。汤墅庵、洛阳烈帝庙每年清明演戏两台。

一、滩　簧

新中国成立前叫常锡文戏，现在叫锡剧，是群众喜闻乐见的地方戏。20 世纪 20 年代开始，滩簧从两人对唱发展到多人，采用老簧调演唱，有二胡等简单乐器伴奏。后又发展了大陆调和玲玲调等。演唱节目有《珍珠塔》《白蛇传》《孟姜女》《庵堂相会》《西厢记》《玉蜻蜓》《梁山伯与祝英台》等，深为群众所喜爱。

二、六苏和八弹

六苏在域内较为流行，相传祖师爷为唐明皇。人员 6 人，但并非固定，可临时拼凑。初唱昆曲，称文班。后以京戏为主，称音班或六苏班。演唱内容多为历史传统剧目，如《四郎探母》《空城计》《追韩信》等。这些人能唱不会演，但多能奏弄乐器。主要为婚丧嫁娶、做寿、上梁、祭祖等服务。

八弹是由 8 个人各执一种管弦乐器吹奏曲调，新中国成立前，都是一些有富裕的人家娶亲，请八弹在轿前一路吹奏欢乐的调子，以示大家威风。丧葬亦有请八弹吹奏哀乐以送殡的，20 世纪 70 年代起称为“军乐队”。

三、唱　春

旧时，农历新春，唱春的很多，他们手拿小锣、胡琴等挨家挨户地边敲（拉）边唱，即为唱春。主人家即以糕、团或零钱相送以示酬谢。唱春的内容多为祝贺新年，也有颂唱古人的，如“十二月花名”“四季歌”“孟姜女”“颂门庭”等。善于唱春的人，有一定的文化修养，能看到什么就唱什么。新中国成立后，唱春的人逐渐减少。

四、宣　卷

卷是民间文化程度较高的人根据历代长篇故事编写的手抄本，如《目连救母》《文武香球》《年初一嫁女》等，形式是可以宣唱的七字句。旧时，坐夜或农闲季节，大家相约聚会时，由一位知书识字的人照着手抄本，用歌吟的声调来吟诵，间以说白，领唱者每读完两句，由众人齐颂“南无阿弥陀佛”。这样周而复始，虽抑扬顿挫，但很单调。一般宣卷 1 次，1 个小时左右。宣卷在妇女、老人中较为流行。新中国成立后，宣卷逐渐停止。

五、掉采茶

掉采茶原是山区青年男女在采茶时对唱的情歌，清末传到洛阳，屡经变迁，逐渐演变为载歌载舞的形式表演。到民国年间发展为以地方曲调（无锡景、四季调、老簧调）来演唱，演出古装或时装戏剧，并用锣鼓、管弦乐器伴奏。后又发展用京剧、昆曲的曲调来演出。演出时间一般从农历二月初到清明结束。节目有“掉花灯”“农家乐”“小放牛”“无锡景”“苏州景”“空城计”“捉放曹”等。演奏曲目有“十番锣鼓”“十面埋伏”“紫竹元宵”等。

六、掉龙灯

又称舞龙灯，民间俗称掉龙灯，是域内群众中最盛行的民间传统娱乐活动。新中国成立前及初期，皇范自然村有一条长达100节的龙灯，很受周边地区百姓欢迎。

龙灯用竹篾扎成一个一个的环作为龙骨，把环连串起来成为龙身，加上龙头（龙头有角和长须）龙尾，再套上龙衣（有青、黄颜色），就成为一条鲜亮的龙灯。龙肚下每隔5尺装1个竹柄称为1节。龙灯有9节、11节、13节、16节，最长的32节，人就握着竹柄舞动。龙头前另有一个装着竹柄的圆球称为夜明珠。掉龙灯队伍一般由10~30多人组成，同时根据掉龙灯的人分为男龙、女龙和奶龙。掉龙灯时，有夜明珠在龙头前左右挥舞，引导龙身前进，舞龙时龙灯左右翻滚，上下起伏腾跃很是好看。晚上在龙头、龙肚里点上灯，掉起来更为壮观，因此掉龙灯又分为“日龙”和“夜龙”。掉龙灯前，先要“点睛”，龙进屋时要“闭龙嘴”，歇龙时要“杀龙”。每逢春节期间、迎神出会时，各处龙灯相聚，各显神通，轮流表演，锣鼓喧天，群龙竞舞，热闹万分。掉龙灯是为了祈求人口太平、五谷丰登，故称为“太平龙灯”。有的龙灯为举办公益事业掉灯募捐，人们称为“讨饭龙灯”。

20世纪50年代，在公私合营、人民公社成立等喜庆活动中，掉龙灯曾热闹过一番。在“文化大革命”时期，掉龙灯被当作封建迷信活动而禁锢。1978年以后，域内喜庆活动掉龙灯已多见。

七、舞狮子

域内的舞狮属南狮的一种。狮子的骨架用竹篾扎成，狮子用青布作皮，青麻作毛。掉狮子时两人为一组搭档。一人高些，一人矮些。狮子一般有两只，一雄一雌。表演前舞狮人先披上缀有“狮毛”的套装，一人将“狮头”套于颈肩，另一人钻进“狮皮”，低头用双手操在扮“狮头”的人身上，扮作狮身紧紧跟随“狮头”配合着表演，掉狮子时需两人默契配合。舞狮前需用朱笔“点睛”，然后才开始舞狮。掉时先有雄狮出场，绕场一圈后，引雌狮出来。表演时另有一人手持红绣球，引导狮子进行表演。掉狮人须身强力壮，手腿灵活的人扮演。舞时需模仿狮子表演张嘴、坐立、拥抱接吻、昂头搔痒、纵跳腾挪、翻滚和抢绣球等动作。20世纪50年代舞狮活动较盛，后渐止。

八、掉马灯

马灯是用竹篾制成马的形状，外面罩上白布或用丝棉纸糊上，着上颜色。马灯有日马和夜马之分，表演者将“马”的前、后半身，分别系在腰部进行表演。一般马灯队有12匹“马”组成，一人掉一匹“马”，另有马夫2人，吹军号4人，锣鼓手6人，“拾马粪”小丑1人，以及扯旗子、掮高凳、提灯笼、挑衣服、照应场子的，加上替补人员共50人。中华人民共和国成立前及初期，域内皇范自然村有一马灯表演队，现已消失。

掉马灯如在夜间表演，“马”身内要点燃烛火，表演前，场子四周放高凳 4 张，每张凳结灯笼 1 盏，先由“马夫”翻着筋斗出场，然后由头马领着两队马灯依次上场，表演“穿阵势”，阵势有“梅花阵”“龙门阵”“棋盘阵”“天门阵”等，在军号声和紧锣密鼓声中，双进双出，单进单出，先慢后快，相互穿插，旗手紧跟“马”后，不断挥动旗帜，犹如战场上万马奔腾，战旗猎猎，紧跟马灯队后面上场的“拾马粪”者一副小丑扮相，滑稽的动作表演逗人发笑。掉夜灯时，衣着短装。或扮渔、樵、耕、读角色，马身马尾上点着蜡烛，映得全身通明，马灯掉起来更加惹看。

九、掉百鸟灯和渔婆灯

百鸟灯是用竹篾和彩色纸扎糊成的各种鸟形灯。表演时一般都在晚上，灯内点燃蜡烛。排出多种阵势。表演者手掉各式鸟灯，穿来穿去异常好看。现已消失。

渔婆灯用竹篾做骨，糊上几层丝绵纸，灯下装有竹柄。一般有各式渔灯、蚌灯、虾灯、蟹灯、甲鱼灯和乌龟灯等多种灯。夜晚灯内点燃蜡烛，擎在手中，星星点点，穿来穿去，灯光闪闪，远远望去，犹如许多萤火虫在聚会跳舞。

十、掉财神

掉财神又叫掉小鬼。一般是 1 个判官，4 个小鬼。团场时，先表演武术、打拳、跳台子。拳有少林拳、猴拳和醉八仙等多种，有的拳要摔几个跟头，有的躺在地上，用双脚前后左右翻卷，名为乌鱼卷猪草。跳台子从这边跳到那边，跳过 3 张台子；从 3 张高的台子上跳下来，直立不动；还有截台角，从台角这边跳到那边，起码要跳 4 只台角。武术结束，判官和小鬼出场，先是小鬼对判官嬉闹，表演各种动作，最后判官抽出宝剑杀鬼，团场结束。有的人请判官到家里出剑，以为能驱邪避灾。

掉财神起始于明清时期。新中国成立前后十分流行，“文化大革命”期间被禁演；“文化大革命”后又重新搬上舞台。21 世纪初期，掉财神的内容与形式有新的发展，演变到 1 人扮演财神，身穿大红戏袍，头戴金黄宝冠，足登黑朝靴，上场团场亮相，边唱好运台词，边双手甩袖舞动，并从衣袖中捧出金元宝，恭祝“财运高照”。掉财神时，一般主人在台下等候，表演结束时，财神将金元宝捧给主人，主人即将准备好的红包奉给财神。至 2016 年，域内已无会掉财神者。

十一、掉大头

掉大头也称“大头娃娃”。明末清初民间就已有这种形式出现。原大头壳是用泥捏制而成，画成头像，套在头上。现在采用模具注塑制成。旧时，掉大头是用大头壳彩绘成各类人物头像套在头上，扮成故事中的人物，如《西厢记》中的崔莺莺、红娘和张生；《白蛇传》中的白娘娘、小青和许仙；《西游记》中的猪八戒、孙悟空和唐僧等。团场时先绕场一周，然后表演故事情节，表演完毕后，另有会武术的人表演武功和对打，演出时不亚于戏台上的武戏。该项目一般在庙会活动中出现。民国以后，在春节、闹元宵等节日和喜庆场合中广泛运用。

现在更新为脸带笑容的老头子、老太婆、小姑娘和小孩子，团场表演时先绕场一周，然后相互点头、打招呼或手执红绸带、扇子或手提红灯笼等道具相配，随着音乐节奏即兴表演各种动作，显得活泼可爱，深受人们的欢迎。可以和荡湖船、挑花旦、抬花轿等组合表演。节奏明快，妙趣横生，烘托节日的喜庆氛围。

十二、荡湖船

湖船是用竹子扎成，糊上纸，画上彩色图案，贴上对联。船两旁挂上红绸布、红绸带、珠子等物，把船装饰得如花似锦。荡船时，船中有两位打扮俊俏的姑娘，一个摇船，一个扭帮。船前有两个人拉牵，一个扮老头子，一个扮老太婆，也有一人扮成媒婆模样，扭扭妮妮，引人发笑。船中姑娘边摇边唱多种民歌和山歌曲调，如“无锡景”“梳妆台”“叹五更”等，歌声婉转嘹亮，引人神往。域内荡湖船现已消失。

十三、掮轮车

轮车是用铁条和竹子制成的一个大兜子，四周装饰得五颜六色。兜子里坐着两个化妆的儿童，扮演一出戏里的男女主角，如《白蛇传》中的许仙和白娘子。掮轮车的人要肩力过人，手脚灵活，身穿铁背褡，跟在“迎赛会”的队伍中。到村镇上，要着各种动作，一般有“右腿跪地”“左脚飞踢”“拱手作揖”“三步一坐马”等。轮车重有一百五六十斤。此项活动现已失传。

十四、舞马叉

马叉是用铁打成的 3 个并列扁齿直连着圆铳头的一种舞具。圆铳头串套着 2 个圆铁圈，再装上一根一米长光滑的圆木柄。将木柄舞动，铳上的圆圈就会滚转互击，不断发出“哐啷哐啷”的撞击声。舞马叉的人用左右臂舞滚圆木柄，把叉在两臂上滚转不已，表演出各种动作。如向空中抛掷飞叉舞、穿腹背滚舞、单臂独舞、穿腿舞、穿飞过巷门舞等，各显神技，异常灵活。

每逢“迎赛会”，马叉队作开路先锋，观众纷纷让路，可使“迎赛会”向前行进。新中国成立前及初期，汤墅谈家头有舞马叉表演，现已失传。

十五、走高翘

高翘是用两根小木头，从顶上端向下距一尺左右，各装插上尺把长的踏脚横木即成。高翘有高有低，高的二丈以上，一般在一丈左右。走高翘的人，要胆大心细。脚踩在横木上，将脚膀用布带紧扎在两根木顶上端。起立时，须有两个人护卫，用竹竿搀扶起立，一路行走时，有时用竹竿扶着，有时独立行走。并做“金鸡独立”“单脚飞踢”等动作。现已逐渐失传。

十六、打木棍

打木棍至少要有10多人组成一队。有的拿木棍，有的端拿长矛，有的拿大刀，有的拿3节连环棍等武器。指挥人用哨子一吹，就相互前后舞击着，眼明手快，很有规律，临阵不乱。听到哨子一吹即停止，立正。现已失传。

十七、打腰鼓、扭秧歌

打腰鼓始于新中国成立初。腰鼓队一般在20人以上，多为女性，也有少数男子参加，身穿一色服装，有一领队击大磬引导，击打腰鼓时，鼓点激昂整齐，舞步优美。新中国建立后较盛行，在庆祝翻身解放、土地改革、公私合营、人民公社成立、欢送新兵入伍等庆典活动中均有腰鼓表演。从20世纪90年代起，除喜庆活动外，打腰鼓已成为中老年人的健身活动项目。

扭秧歌始于新中国建立初，也是庆典活动的节目之一。参加者多为妇女，也有少数男子参加，人数和年龄不限。跳舞时舞动红绸带，随着秧歌乐曲边扭边舞前行。20世纪90年代起，扭秧歌深受大家喜爱，成为群众常年参加的健身舞活动项目。

第五节　文物古迹

一、文　物

原汤墅谈氏宗祠思成堂门墩石
(2014年4月2日摄)

原汤墅谈氏宗祠
前牌坊上书有“天恩旌节”的牌匾
(2011年5月3日摄)

原思成堂门前牌坊上的“双龙戏珠”浮雕
(2014年4月2日摄)

原思成堂门前牌坊上的“双狮戏绣球”浮雕
(2014 年 4 月 2 日摄)

原思成堂门前牌坊上的抱柱石
(2014 年 4 月 2 日摄)

原汤墅庵前的石马首
(2014 年 4 月 2 日摄)

发现原位于汤墅谈家头大坟上“谈氏祖墓”石碑
(2018 年 9 月 6 日摄)

二、古　迹

关帝庙　原来庙址在汤墅村堵墅，清宣统三年（1911 年）始建，有房屋两进，前为暖阁，中为 3 间正堂，旁有侧厢 2 间，有僧 1 人。正堂内当中塑有关帝坐像，两旁是周仓和关平立像。东侧塑有神医华佗木雕像，西侧塑有金身观音大士佛像。19 世纪 20—30 年代，庙内香火旺盛，每逢初一、月半，烧香求缘者众多。1958 年为筹办幼儿班，佛像被拆除，部分房屋作为堵墅生产队仓库，部分房屋分为社员住房。1991 年，堵墅村王

新建的堵墅关帝庙
(2017 年 3 月 29 日摄)

兴泉将香港侨胞王桂宝（原堵墅人）买回的关帝画像悬挂在自家后厢（堵墅33号），王兴泉的家人和部分村民在此烧香念佛，人数多时有70多人。2009年春，王兴泉在关帝庙原址西南百米处重建3间平房，后由堵墅及周边群众捐资重塑关帝、观音、华佗等坐像，2009年5月13日开光启用至今。

新建的堵墅关帝庙菩萨
(2017年3月29日摄)

孝思庵（汤墅庵） 位于汤墅谈家头与东渠之间，周边民众皆称汤墅庵，不称孝思庵。据《毗陵汤墅谈氏宗谱》记载，汤墅谈家头以汤墅庵（即孝思庵）而冠名，南宋宰相汤思退曾在此建别墅，后遭元人南侵尽毁，汤墅之名流传至今，但汤思退为浙江丽水人，当时南宋建都临安，如何到此建别墅已无考证，不过在庵前百余米处有官船浜，似与汤墅的背景相关。而汤墅庵本名孝思庵，曾传是汤之家庵，犹如红楼梦中所描写的栊翠庵，但到底始建于何年何朝已失考。

1949年孝思庵（汤墅庵）
鸟瞰图（谈洪荣忆绘）

据传，汤墅庵建在菱地上，因庵后数十米处有荒田漕，形如菱，中有田埂南北相通如菱之茎直达庵基，东西状如菱之角，漕北通一小沟像菱之须根。而“菱”与“灵”谐音，足见风水先生选址之用意。早年香火旺盛，“文化大革命”前，周边村上的老人去世后，家属均要来烧“回头香”。西边庵基瓦砾，规模不小，据老人回忆，庵堂有20多间房子。旧时每年农历二月初二，族人请戏班唱戏，称草台班戏，有名的叫细阿金京戏班，即后来常州市京剧团金剑鹏戏班的前身，一般要连续唱戏并坐夜念佛数天。民国28年(1939年)，当地在此创建汤墅小学。到1949年时庵中已不见尼姑、和尚，却有陈阿金及其义子徐根兴道士一家守庵。1953年，徐根兴携其子徐

2011年原址重建的汤墅庵
(2014年3月30日摄)

汤墅庵菩萨
(2014年8月24日摄)

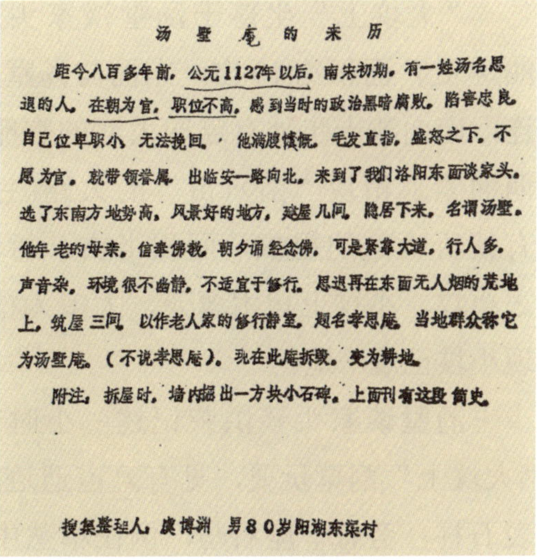

汤墅庵的来历

距今八百多年前，公元1127年以后，南宋初期，有一姓汤名思退的人，在朝为官，职位不高，感到当时的政治黑暗腐败，陷害忠良，自己位卑职小，无法挽回。他满腹愤慨，毛发直指，盛怒之下，不愿为官，就带领眷属，出临安一路向北，来到了我们洛阳东面谈家头，选了东南方地势高，风景好的地方，建屋几间，隐居下来，名谓汤墅。他年老的母亲，信奉佛教，朝夕诵经念佛，可是紧靠大道，行人多，声音杂，环境很不幽静，不适宜于修行。思退再在东面无人烟的荒地上，筑屋三间，以作老人家的修行静室，题名孝思庵，当地群众称它为汤墅庵。（不说孝思庵）。现在此庵拆毁，变为耕地。

附注，拆屋时，墙内掘出一方块小石碑，上面刊有这段简史。

搜集整理人，虞博渊 男80岁阳湖东渠村

虞博渊《汤墅庵的来历》
（2017年2月20日摄）

伯元等全家回到老家章道桥。1961年春，阳湖大队一分为三，即阳湖、皇范、庄陈3个大队，而整个汤墅庵房子亦被一分为三，逐年分批拆除，汤墅小学搬迁至汤墅谈家头祠堂。至此，汤墅庵仅剩庵基遗址。

2011年，村民自发筹资于原址重建孝思庵（汤墅庵），占地1200平方米，建筑面积432平方米，五开间砖混结构琉璃瓦结顶并附设生活用房及广场。新建的孝思庵（汤墅庵）南与林果园毗连，西与洛欢公路相通，北与荒田漕百步相望。周边村民烧香念佛至今。

土地堂 汤墅庵东边即是土地堂，又称万福社。20世纪50年代，周围村上有人死后，其家人须戴孝哭着来此烧回头香。土地堂三间三进，头进正门上有遮檐，先开木栅栏再进山门，左右各有一牵马俑手牵泥塑马，一凶一慈。屋后天井靠西朝东建一惜字炉，旁种瓜子黄杨一株，碗口粗细。第二进三间为大殿，木格扇门窗、粉墙、罗砖铺地，墙上有水墨花草壁画，正厅朝南塑土地老爷坐像，两旁竖肃静迴避牌，皂役数人，手撑竹板、腰挂令牌，靠西塑有土皇老爷坐像，都有黄绫帐幔半遮，下设香案供桌，置功德箱、蒲团垫。第三进三间是破旧老屋，守庵人叫张三老佬，头拖辫子。另有住高洪根一家，土地改革以后，搬到前章家村居住。1961年春，土地堂随汤墅庵一起分批拆除。

汤墅小学遗址 据在世老人回忆，汤墅小学创办于民国28年（1939年）。汤墅小学校舍由汤墅庵西边的房子改建而成，屋前打围墙，内植梧桐树数棵，中间开校门，设屏风，西边办公室1间，再往西教室2间，头进后檐开Ω形院门，上书“做、教、学”三字，背墙书“礼义廉耻”四字。庭院约70平方米，靠西朝东有侧厢2间做课堂，院北朝南3间大殿称礼堂，设讲台，讲台上两旁有小房间，东北角小门通厕所。1951年，当时属于阳湖乡的汤墅小学扩班，周围如左舍里、南村头、欢塘桥、小虹桥、马家沟、皇范、堵墅、丁庄等村的学生都来读高小班（小学四至六年级），把东面土地堂的泥塑及观音等菩萨掀倒填入后庵浜中，遂将庵前操场扩大，加设田径跑道、沙坑，竖篮球架等。1953年取消高小班，留初小班。此后，阳湖乡成立阳湖高级社，在此设大队部，并照顾多户困难户入住，如本村的王五大家、东渠村的张国庆家都曾在此居住过。1961年后，房屋随汤墅庵分批拆除。

“大坟上”遗址 《毗陵汤墅谈氏宗谱》载：汤墅谈氏始迁祖谈贤二，字宗远，卒葬于村东南之檀树坟。这檀树坟即为如今村民所称的“大坟上”，是谈氏族人之祖茔。

"大坟上"遗址
(2019年4月2日摄)

"大坟上"坐落于汤墅谈家头东南80米处，面积约10亩，东面与汤墅庵毗连，南面数十步处有连通大河的官船浜，西面紧靠田块"南六亩"的大路。北面有谈听大家的祖坟，面积半亩，村民称之小坟。小坟上树木葱茏，大多为檀树。现小坟已成平地。

汤墅谈家头谈洪荣记述：小时候在"大坟上"割草玩耍，见有墓道遗迹和华表石柱，旁有一座石马，倒在草丛中。传说石马会偷吃周围麦田里的麦子，因而被人弄倒敲破（石马的首身均已找到，存于谈氏宗祠旁——编者注）。"文化大革命"期间，该墓道设施被谈东小队拆除，石料被砌于蚕室。坟上大部分被垦熟用于种豆、种麦、种桃树。"大坟上"大部分为明代的墓葬群，砖坑石刻密集。汤墅谈氏先祖即使迁居他乡，也要归葬祖茔，叶落归根。以求上祖庇佑，宗谱记述甚多。20世纪60年代，谈东小队在"大坟上"建造集体猪舍，开挖池塘蓄水，出土银制烛台、银制盅、碗、筷、铜镜和1具独木棺。还有1块如罗砖一样的刻有篆书"谈氏墓志铭"字样的墓志铭，但反面未见详文记载。因当年没有文物收藏意识，惜致出土文物悉数散失。至2016年，"大坟上"为村民种植桃树等用地。

石河 "石"字与"族"字，在汤墅谈家头村民的方言中发音相同，因此村民也把石河读写成族河。顾名思义，族河即汤墅谈氏宗族之河。其实石河并非是河，不过是一条宽2~3米、深1米多的沟渠而已。但石河是汤墅谈氏族人重要的生产、生活之河，被汤墅谈氏族人视为生命之河，乃至神圣之河。听老人传说，自古以来石河两岸之土不能乱动，更不准倾倒垃圾填塞，否则不仅会遭族人指责，更会遭受天火烧的灾难。据《毗陵汤墅谈氏宗谱》记载，汤墅谈氏的先祖早已在石河两旁聚居。石河南连西浜、北通史家漕，自古以来是汤墅谈家头村中贯穿南北的重要排灌、消防水利设施。据传，旧时谈氏族人每年吃冬至酒前必须清理一次，如今石河的排灌功能仍然不可替代，经历年的改造，石河的闸门、石驳、栏杆、小桥等设施均已修缮一新。尽管石河的开挖形成年代已经难以考证，但是石河的重要功能却依然如故，惠泽汤墅谈家头的村民。

第六节　汤墅村流传的民间传说

自古以来，汤墅村民中流传着丰富的传说故事。传说是人类历史的记忆，也是社会生活的影子。随着时光的流逝，它仍然留下依稀可辨的岁月的痕迹，提供和勾画出先辈们对精神生活的向往和追求。传说中的奇迹、神力反映劳动人民对自然现象、社会生活的观察和理解。既能劝恶为善，精华心灵，又可以激发人们征服自然的进取心。这就是它们永恒的生命力和魅力所在。

一、五龙江的传说之一 ——五龙江心沉珠轿

洛阳镇东北角上，在汤墅村北边的杨葑村与域内的陆家头之间，有一条五龙江，江面有近百米宽，它有5条支流从5个方向汇集拢来，这5条支流，即是5条龙。五龙江中有东西两墩。东墩面积有10亩，西墩只有台面那么大。两墩均没于水中，西墩较深。

传说在很久很久以前，一对青年男女常在这里相聚，相恋达3年之久，最后海誓山盟，表示婚后永不分离。男的竭尽全力，花费全部家产购买珍珠，串成一顶珠轿，准备用它来抬娶新娘，婚期定在腊月廿八。用珠轿抬新娘的消息在方圆十里传开了，为了观看这顶珠轿，不少青年男女的婚期也都定在腊月廿八。到那天，五龙江两岸人山人海，男的女的，老的少的，贫的富的，推推挤挤，熙熙攘攘，只见黑压压的人头攒动。

这天，风和日丽，江面上静悄悄的，不一会，一只大船在远处江面上出现，船头上载着一顶珠轿，珠光闪烁，耀人眼目。刹那间，5条支流上都出现载着花轿的大船，江水浮动，犹如龙首高昂，游向五龙江。刹那间，欢声雷动，好不热闹。谁知在看热闹的人群中有一个歹徒，闻说珠轿价值连城，早已阴谋劫轿。当珠轿航至西墩时，歹徒驾一叶小舟，飞速驶去，跃上大船，猛砍船工，并从腰间掏出绳索，欲捆珠轿。新娘以为要劫人，即纵身跃入江中。这时，珠轿亦倒入江中，渐渐沉没。新郎见状奋不顾身，跃入江中抢救。岸上的人见新郎新娘挽手浮于水面，渐渐下沉，不复再现。

据说，有朝一日，如果5条支流里均有载着嫁妆，带着新娘的船，同时驶向五龙江汇合，那么新郎新娘也会坐着珠轿出来相会。可惜，数千年过去了，却一直没有遇到这样的机会。

二、五龙江的传说之二——金鸡告状罚五龙

“小小尖岸桥，大大五龙江”，尖岸桥就在顾公岸西面，它早已拆掉了，五龙江在村东。

传说在很久很久以前，村东有5条河。5条河的汇集处有一片宽阔的水面，中间有一土丘。土丘上有一古庙，庙里供着一只金色的公鸡，所以大家把这座庙叫做“金鸡庙”，把土丘称为“金鸡墩”。每逢旱灾，当地百姓就去“金鸡庙”进香。据说只要金鸡在卯时向南天长鸣三声，天上值日的龙就会赶来布雨。

有一年，当地遇上百年罕见的大旱。地被太阳晒裂了，河里干得底朝天。为了解除旱象，人们纷纷到“金鸡庙”进香，祈求金鸡显灵降雨。“金鸡”不忍看着百姓

受苦，到了卯时，就奋力向南天长啼了三声。可那时值日的青龙、白龙、黄龙、黑龙和乌龙正聚在一起喝酒没有在意。金鸡等了半天，却没见下一滴雨，就亲自上天。看见五龙不去施雨，却喝得烂醉如泥，就怒气冲冲地去找玉帝评理。玉帝非常恼怒，就把五龙贬下天界，分别落入“金鸡墩”周围的5条河里，遂形成五龙江。把昔日因触犯天条被贬下界的金鸡重新召回天庭。据说，现在五龙江口还有“金鸡墩”的痕迹，上面还有许多瓦砾呢。

三、汤墅庵的来历

南宋初年，有一姓汤名思退的人，在朝为官，刚开始时职位不高，感到当时的政治黑暗腐败，陷害忠良，自己位卑职小，无法挽回。他满腹慷慨，毛发直指，盛怒之下，不愿为官。就带着家眷，出临安，一路向北，来到洛阳东面谈家头，选了个东南方地势高、风景好的地方，建屋几间，隐居下来，名谓汤墅。他年老的母亲信奉佛教，朝夕诵经念佛，可是这里紧靠大道，行人多，声音杂，环境很不幽静，不适宜于修行，于是思退在东面无人烟的荒地上筑屋3间，以作母亲的修行静室，题名“孝思庵”，当地群众称它为汤墅庵。汤墅庵于20世纪60年代逐渐拆毁，拆屋时墙内挖掘出一方小石碑，上面刊有这段简史。据说这块石碑被抛入河中，此石碑上文字记述内容源自原任匡村中学校长、阳湖乡乡长虞博渊20世纪80年代的记述。汤墅庵现已重建。

四、难摩桥

汤墅谈家头村北的史家漕上有座难摩桥，是桥东各村及无锡县经欢塘桥去洛阳镇的必经之路，并且是绕开驿塘从常州到无锡的内路行军线路。难摩桥在史家漕中段河边砌桥墩，中间搁两块条石与路相平，桥宽约1.5米，犹如坝桥，桥洞下可划小木船通过。为何称难摩桥，传说当初造桥时有一和尚经过，双手合十，口中念念有词，因此称难摩桥。此桥于1969年因谈东、谈西队将史家漕分段扩建渔池而拆除。

五、堵墅的仙水河（观音漕）及关帝庙

堵墅是汤墅域内有文字记载历史最早的自然村之一，村名可以追溯到元朝至正年间（1341—1367年），至今已有650~676多年历史。村西南原有建于民国以前的关帝庙，供奉关帝（关羽）、观音和神医华佗等神像。新中国成立前香火很旺盛，求神拜佛、祛病消灾的人很多。新中国成立后，佛事活动逐渐停止。“文化大革命”期间，山门、神像被毁，庙宇被拆。

仙水河（观音漕）是关帝庙门前的河浜内塘，堵墅小河浜自村西南蜿蜒而来，到村南原老木桥处留下一个浜梢再向东伸展。先辈村民们在此填土筑坝，将浜梢改造成一个蓄水的内塘，以作日常洗刷和架设水车灌溉农田之用。传说在未建关帝庙之前，村民们经常在夜里看见该内塘南面高岗坟的树林中隐隐约约有一盏灯，胆子大的人走近前去

观看，灯即不见。又传说近处树林中还有一条大蛇，盘起来直径有一米多，天阴下雨时会发出吓人的怪叫声。由于科普知识匮乏，人们对磷火等自然现象无法解释，由此产生恐慌心理。后来村民们经常在该内塘的北边空地上点香及焚烧纸钱，祈求村宅平安。久而久之，仙水河（观音漕）的名气逐渐传开，后来有了关帝庙，更是远近皆知。

若干年之后，村民出于对关帝神像的敬重和爱护之心，不忍其在外日晒夜露、餐风饮雪之苦，遂自愿集资建造关帝庙，具体年份和经办人员因历史久远无从考证。据村中长者回忆，该村秦梦熊、秦荣庆、秦焕春等是当时有名的雕花匠人，木工手艺好，精于木雕砖雕，关帝庙门楼（又称花墙门）、暖阁和关帝等神像的砖木雕刻，均出于该祖孙 3 人之手，人们对他们称赞有加。

关帝庙建于堵墅村西仙水河之北，据说风水极好，有“金钩揽月地”之称。有大殿 3 间，大殿前面有东、西厢房各 1 间，中间是通道，前为山门，山门上方嵌竖匾，书“关帝庙”金字。关帝神像供奉于大殿正中，上方有“浩然正气”“普天同德”牌匾两块。神像为坐式木身，关帝美髯垂胸，身着绿袍披风，手持《春秋》，神态威武，端坐于神龛暖阁之中。左右为关平、周仓泥塑彩绘立像，关平捧汉寿亭侯印盒，周仓执青龙偃月刀，护卫两旁。大殿东间供奉神医华佗木身立像，方巾阔服，臂挽青囊。西间供奉观音大士金身立式塑像，手持净瓶，慈容端详。每逢初一、月半，烧香者络绎不绝。一般在进庙前先在仙水河内净手，以河水洒身，敬香、祷告、烧化纸钱后，还要用瓶子等容器装一点仙水河的水回去，据说有求必应，十分灵验。周边各村不仅求雨有赖于关帝，乞求生育、消灾、除病、家庭和睦方面都有求于关帝、观音和神医华佗。传说有的人家将病人送到庙内拜神求治，其中也有患精神疾病的“武痴子”。有的“武痴子”还要打人，甚至爬到大殿内的柱子和屋架上，其家人只好将其捆绑在柱子上，然后再用仙水河的水洒其全身。奇怪的是来的时候挣扎折腾的“武痴子”，捆在庙内，仙水洒身之后，不一会即安静下来。当其家人焚烛进香等诸事完毕后，就乖乖地跟着家人回去。也有极少数人家将危重病人送到庙里，病人不一会儿竟不治而亡，其家人亦不怪罪庙里，且有“已经送他（指病人）到关帝庙了，神仙治不好也没有办法”的自我安慰心理。

新中国成立前漫长的历史阶段，农村缺医少药，没有正规的医院，患重大疾病求医无门，人们在无奈之下求神拜佛，心理得到安慰，对关帝显圣、保界护民、庇佑村宅平安敬信有加。诸神长佑、百姓安康，堵墅是汤墅域内百岁老人最多的长寿村之一。堵墅关帝庙 2009 年 3 月易址 100 米外重建，部分村民集资重塑关帝、观音和华佗神像，房屋虽简陋但香火较旺。

六、汤墅和汤思退

汤墅谈家头古称汤墅，有南宋宰相汤思退建造的别墅，村东的汤墅庵（孝思庵）

是汤思退的家庙，庵西边的大坟上有汤思退家墓，庵前百米外的河浜因当年经常停泊汤思退的官船而得名官船浜。宋末元初，汤思退家的别墅和坟墓尽毁无存，仅留汤墅地名。自谈姓于明洪武二年（1369年）从宜兴黄塘奉拨编籍该村起，关于汤思退的传说流传至今。

汤墅谈氏第十三世谈冈（字苍崖）于乾隆二十六年（1761年）撰写的《汤墅祠堂记》记载："汤墅者，宋南渡时故相汤思退之别墅也，村东孝思庵旁更有墓焉，宋亡，为元所抄，塚与宅俱荡灭无存，虽日久而村落仍旷如也"，这是迄今为止关于汤墅村名由来的最早记载。2011年重建的汤墅庵（孝思庵）有楹联云："汤相如感知，应谢四乡百姓协力重建孝思；菩萨若有灵，当保八方黎庶振兴永享安福"。汤相，即指汤思退。

七、石马吃麦

石马吃麦的传说在汤墅谈家头由来已久，源自村东南大坟上的一对石马。据说石马在大坟上值守护墓年代久远，已经像《西游记》中孙悟空的前身石猴一样，吸纳了大自然日月星辰的精华变身成神。但神马也有调皮的时候，这两匹石马经常在晚上或黎明前无人之际到村边路上溜达，有几次竟吃掉了附近村民的好几亩麦子，有一名起早织布的妇女在河边洗衣时因此受惊，患病不起，一时民怨沸腾，惊动天庭，神仙下凡，将石马予以斩首。其中一匹石马的马头被斩后飞落于谈家头西浜的浜梢滩。又传，在很多年以前，连年歉收，附近村民多亩即将成熟的麦子被人盗割，告官后查究无着，转而怪罪于大坟上的石马，说是麦子被石马吃掉了。村中长辈有口难辩，无奈之下，只好请来石匠将石马的马头凿了下来。事后，又在一只马头的右侧凿了个圆孔，用于架设水车。据谈东村民小组谈荣瑞生前讲述，该石马的一只马头原来在大坟前的官船浜河边，后来才移放到西浜的浜梢滩。1983年，村民谈稼农承包西浜河塘养鱼时，将此石马头抬上岸。2005年，放置于自费筹建的村北小公园供村民观赏。

由于年代久远，大坟上石马镇守的古墓在明万历年间已无从辨识，尚未发现墓碑、墓志铭可以考证。明万历四十四年（1616年），汤墅谈氏第八世谈熙敏（字盘谷）首次创修宗谱，在家训诫勉条例中对此古墓有"墓门屹然，规模开豁"等简要记载。20世纪70年代初，谈东村民小组将大坟上的墓门（俗称鬼门）、盘云石柱和墓道石材等全部拆除，用于建造集体猪舍，但当时已无石马的踪影。新中国成立初，村中长辈们曾看见无头的石马倒卧在荒草之中。

汤墅庵前的石马，身首已分离
（2018年7月10日摄）

2018年4月2日，村民谈海元在原大坟范围的承包地内挖树，发现一匹青石材质的石马残件，挖出后运至2013年新建的汤墅谈氏宗祠旁。经洛阳镇文广教体科科长许小林现场拼凑，该石马除马头和马尾缺失外，身躯及四足完整，马鞍鞍具雕刻精美，高1.2米，重约1吨。巧合的是，将谈稼农放置于小公园的石马马头放至该石马残件的马颈处，两者基本吻合，并且材质相同。由此，传说中的“石马吃麦”增加了重要的物证。但未发现该石马有文字铭刻。

随着石马的出土，有关石马吃麦的传说，一时又成为汤墅村及周边村民热议的话题。

八、官船浜

官船浜位于汤墅谈家头东南的大坟前200米处，紧靠欢塘路西侧。关于官船浜名称的由来，有3个传说。一是在距今800多年前的南宋时期，曾两次出任宰相的汤思退在汤墅营建别墅，在村东南建造孝思庵（又名汤墅庵），供其母拜佛念经。据说汤思退的官船经常停靠在大坟前边的河浜里，久而久之，村民就将此河称为官船浜。

另一种传说是将该河浜与明清年间塑造的戏剧人物汤裱褙联系起来，说汤裱褙恩将仇报，卖主求荣，认大奸贼严嵩为义父，为非作歹，后被朝廷满门抄斩，据说当时有很多官船在此停靠，官船浜由此得名。据谈东村民小组谈荣瑞生前讲述，官船浜还有这样的传说：在很多年以前，村上有一大户人家的儿子，经媒人说合，女方约定吉日前来认亲。当时正值农田耥稻季节，大户的主人因家产并不十分殷实，为了保证认亲成功，就向村上的邻居们求助，约定到时以鸣喜锣为号，让村民们都以帮助耥稻为由到他家吃午饭。因大户前辈积德行善，乐于助人，虽家境欠佳，家风仍续。其子人品端正，用功习读，前途有期。村民们都乐意帮这个忙。是日，认亲的官船如约前来，大户主人早已在岸边拱手相迎。行至离家不远处，只听喜锣声起，正在路边耥稻的村民们一个个放下工具前往大户家。女方询问，均言是帮助耥稻的帮工。女方母亲等人都是有见识的人，俗话说：“家有黄金外有秤”，她们从大户家的房屋门第、室内家具摆饰等处已看出端倪，察觉到和媒人说的有些出入。但看到大户主人和小伙子知书识礼，人缘良好。一家有事，众人乐意帮助，实属难得。遂放心入席，约定良辰吉日，嫁女完婚，美满姻缘，由此而定。正是：官船浜前认亲来，喜锣声声把道开，耥稻村民齐入席，邻里和睦乐开怀。事后，人们将认亲官船停靠的河浜称为官船浜。

传说中的官船浜
（2014年4月2日摄）

九、堵墅今日缘何无堵姓

堵墅是汤墅村面积较大的自然村之一，有堵东、堵市、堵西3个村民小组和秦、朱、王、季4个多数姓氏，其中秦姓人数最多，在堵墅居住的年份可追溯到元朝至正年间（1341—1367年），至今已有656~676年的历史。但让村民们感到不解的是，以堵姓为村名的堵墅村，现在为什么没有堵姓呢？

村庄的冠名，以居住年份最早、人数最多的姓氏为多，如域内的臧家头以臧姓为多，陈家头以陈姓为多，丁庄以丁姓为多，皇范北边的陆家头以陆姓为多。邻近的汤墅谈家头现在已没有汤姓，但该村"先有汤，后有谈"之说已由老一辈口口相传了650多年，并有宗谱记载为佐证。那么，堵墅是否也是最早有堵姓居住，然后才有秦姓等姓氏呢？

据村中长者讲述，堵墅村以前是有堵姓的，村西北有堵家田和堵家坟。武进区档案馆保存的1951年土地房产所有权证存根资料中，堵墅村的堵家田、堵家坟的田名、地名、亩分等均有记载。

在20世纪90年代后期，邻近的洛东村委征用堵市、堵西村民小组的10多亩农田建造电缆车间，在基建施工时曾挖到一座较完好的古墓，有青砖砌的墓门，棺木也很完整。据说曾发现刻有堵姓字样的方砖墓志铭，出土铜镜和开元通宝等钱币。但由于当时缺乏文物保护意识，任凭几个小工在泥水中捞摸了一番即掩埋了之，相关物品散失。

经查阅堵墅清宣统二年（1910年）续修的《秦氏宗谱》，秦姓在元朝至正年间（1341—1367年）至清宣统二年（1910年）的500多年间，共有两次和堵姓通婚的记载。如"第十四世秦树义，生于清康熙三十五年（1696年）……配堵氏，生于清康熙四十八年（1709年）"。该堵氏是堵墅本村人，还是其他村庄人？谱中没有说明。另一人是"第十六世秦英培，生于清乾隆三十一年（1766年），配王氏，生子二：盘铭、汤铭。生女二，长适码头上邵，次适下庄村堵"（下庄村即岑村村章家头，清光绪前称下庄）。

可见，堵墅村曾有堵姓居住是毋庸置疑的。但自秦姓迁居堵墅至今，堵姓少之又少。据1985年出版的《洛阳乡志》记载，1984年12月，洛阳乡有199个姓氏，共31246人，其中堵姓只有6人，但均不住在堵墅。关于堵墅今日缘何无堵姓，或与宋末元初的相关历史事件有关。

南宋德祐元年（1275年），蒙古元兵南侵，元兵统帅伯颜率兵数十万攻陷常州并屠城，常州军民殊死抵抗，战后全城仅剩18户人家，聚居一处后被称为"十八家村"。紧靠汤墅的洛阳虞桥附近，当年曾发生过著名的"骨成墩"抗元大战，战斗非常激烈，抗元将士绝大多数殉国。战后，蒙古元兵镇压汉人十分残酷。洛阳附近各村庄人烟稀少，有的甚至成为废墟。村民们不是逃往外地，就是在战乱中丧生。或许，堵墅的堵姓村民在此兵燹灾难中流离失所。堵墅村的老一辈人如今如此猜测昔日堵姓的去处。

2018 年 4 月，经岑村陆家头堵金海老人的指点，堵墅村民找到一部珍贵的永言堂《堵氏族谱》，复印了部分内容。该谱上届续修年份为清宣统二年（1910 年），每部共计 20 卷（16 册），惜已缺 4 卷（4 册）。该谱堵姓始迁祖堵通五，元代迁宜兴，有东分、西分、锡分 3 派支祖，其中岑村陆家头的堵姓谱载为东分下庄分支。该三支堵姓是否属于堵墅迁移尚待查考。

十、丁庄传奇

汤墅域内的最西南处有一个僻静美丽的村庄，她的名字叫丁庄。查阅丁氏家谱，倾听老人传说，这里有几个传奇故事，有的传说这个村名的来历，有的反映老一辈村民为保卫村里的土地坚持不懈的战斗精神，还有的展现着老一辈村民辛勤劳动的情景。

村名之说　据《武进地名录》记述："清光绪志同现名，又名北丁庄"。在北丁庄南边 5 公里，南阳山西北山脚下，有一个南丁庄。1985 年编修的《洛阳乡志》中记述，丁庄与其东边邻村臧家头、陈家头，北边邻村堵墅、东陈、施家头同属安尚乡 19 都 6 图。但丁庄村名最早起于何时，有谁定名，调查老一辈人，有如下两种说法：一是认为丁姓最早迁入，人数最多，这个村多数是姓丁人住的村庄，所以叫丁庄；二是据庄浩华讲，庄姓迁至丁庄的始迁祖是从他向上 5 代的庄叙福，从坂上毛堰一担挑到该村庄定居，繁衍子孙。该村丁姓人数多，迁入最早，庄姓迁入晚，人数比丁姓少，丁、庄两姓氏合起来称丁庄。

芦荡之战　新中国成立前，丁庄村南 300 米处，有一片 40 多亩的芦荡田，丁庄人对这片芦荡田有着特殊的深厚感情。春天绿草成茵，成为孩子们嬉戏取乐的乐园；夏天，河水漫上滩田，成为青年捕鱼捉虾的胜地；秋天雪白的芦花随风摇曳飘忽，成为人们欣赏美丽秋色的好去处；冬天，成片的芦苇收割成堆，可用作烧柴或编芦扉。抗日战争时期，日本兵到丁庄扰乱，丁庄的男女老少便逃到芦荡田躲藏，把通往芦荡的唯一的一块树板（丁庄小桥桥面）抽掉。更值得一提的是一场芦荡保卫战。领头人是丁氏第二十三世丁行宝，葬团田。行宝年轻时，曾有湖北人到丁庄芦荡田里来垦荒，想占为己有。经劝说无用，行宝就带几个人到芦荡田里与湖北人论理。由于说话难以听懂，湖北人又坚持不肯回家，芦荡田是丁庄人祖辈留下的宝贵财产，岂能容外地人来抢占。于是行宝等人便与湖北人打起群架来，几经拼打，双方都有伤痛。行宝一只脚被打伤，造成终生残疾。当时，因为附近村庄臧陈家头、谈家头、小塘岸、东渠等村庄均发生类似事件，且湖北人扬言要报复到村上放火杀人，几个村有声望的人联合告到县衙，官府派员在谈家头祠堂升堂。最后，湖北人败诉，官府派兵将湖北人赶走。从此，丁庄芦荡得以安宁。新中国建立后，芦荡田被开垦种稻麦，荒滩变良田。20世纪80年代开挖鱼池，养鱼育珠，致富村民。2014年起承包给汤墅农副产品专业合作社，作出新的贡献。

乌龟之美 20世纪40至50年代，丁庄村流传着这样一首歌谣:“丁庄村，黑沉沉，24个乌龟爬窑墩”。不了解丁庄村历史的人，会误认为“乌龟”是骂人的话，有贬低丁庄人的意思，其实不然。这首歌谣产生于20世纪40年代，那时农村没有机器轧米，把稻谷加工成米主要靠牵木砻（木砻直径1.5米，上下两爿，只能牵出糙米，且工效低）为牵砻时消磨时间，常常自编一些顺口溜式的歌谣边牵边唱：“丁庄村，黑沉沉……”就是这样一首歌谣，其中“24个乌龟”实际上是说丁庄村当时只有24户人家，“乌龟”和“黑沉沉”一是说丁庄的天空往往是黑沉沉的，二是说丁庄人偏黑，原因何在？因为丁庄村以前有两座土窑烧砖瓦。一座在今顾建伟家宅基处，一座在今丁文中家宅基处（新中国建立初，此处还有窑墩）。因为烧窑，天空常常黑烟滚滚；因为烧窑，窑工们“满脸尘灰烟火色，两鬓苍苍十指黑”，所以用“黑沉沉”形容那时丁庄天空的情景是逼真的。至于把窑工比作黑乌龟，确是丁庄的祖先们勤劳、艰苦奋斗的真实写照，不仅无贬低之意，却有赞美之情。

十一、皇范村及蛇蜒河的传说

相传很久以前，有来自北方受封建官僚迫害的王姓兄弟两人，智勇双全。一日，兄弟俩乘船沿京杭运河行至常武地区，经大运河进入洛阳镇域内的五龙江中。五龙江位于洛阳镇东北角上，在现朝安村委东、西杨葑自然村与汤墅村委陆家头自然村之间。当天晚上，船停泊在五龙江中最宽的东墩处。此处江面南北宽近150米。水域面积近50亩。五龙江中有东西两墩，东墩大而浅，面积有10亩，西墩小而深，面积仅台面大小，东西两墩相距近200米，两墩均沉没在水中。

次日拂晓，天下着蒙蒙细雨，兄弟两人被轰隆轰隆的声音惊醒。两人立即起来，发现在船停泊的西方（西墩）处发现两条巨蟒，眼如铜铃，闪闪发光，此刻正在江中嬉水，上下翻滚。原来声音由此引起。兄弟两人立即起锚开船，向西行至弓箭有效射程内，两人立在船头，张弓搭箭，双箭齐发，箭中一条巨蟒眼睛，两条巨蟒迅速分离，一条直行向西，往现顾公岸前尖岸桥方向逃窜。一条向西直行一段后，向南沿皇范村与东陈村的界河，顺河道向前逃窜。后人将此河称为蛇蜒河，兄弟两人乘船随后紧追，一直追到五龙江中最宽处，见巨蟒行踪消失，兄弟两人停船后，发现此处竟是昨晚船停泊处。两人觉得此地方不错，四面环水，水路交通十分方便。兄弟俩在追蟒过程中，发现在今前巷村民小组所属的焦枯滩处已有两个窝棚，有几个猎户在此捕鱼打猎，于是兄弟两人决定在此落户定居。子孙繁衍，定村名为王坂村。因“王”与“皇、黄”字“坂”与“范”字在域内方言中同音，王坂村就成了皇范村。

十二、皇范之说

皇范是汤墅域内村落面积最大、村民人数最多的自然村。有南巷、前巷、西巷、中巷、北巷 5 个村民小组。皇范曾用的自然村名有黄范、黄坂、皇坂、王坂。

皇范　清光绪间《武进阳湖县志》（以下简称清光绪志）有皇范地名的记载，皇范村和东渠、马家沟、小虹桥、汤墅谈家头、欧窑、詹家头（现为西窑），同属安尚乡十九都六图。皇范的村名还可以追溯到明朝永乐年间，该村虞姓始迁祖虞赐（字原勋），于明永乐十八年（1420 年）从东渠村迁居皇范，距今已 596 年。虞氏在清乾隆四十九年（1784 年）第五次续修的宗谱中，记载的村名是皇范。此记载比清光绪志早近 100 年。该谱现藏于上海图书馆，是域内目前能查阅到的年份最早的原版宗谱。该村陈姓、杨姓在宗谱中均以皇范为村名。

另据《虞氏宗谱》记载，虞姓远祖虞世南（558—638 年），唐越州余姚人，字伯施，在隋官秘书郎，十年不徙。入唐，官至秘书监。少与兄世基从学于顾野王。太宗称其德行、忠直、博学、文辞、书函，五绝兼具。善书，师沙门智永，妙得其体。偏工行草，而晚年正楷，与欧阳询齐名，并称“欧虞”。卒谥文懿。绘像凌烟阁（唐二十四功臣之一）。皇范支虞姓先祖以虞世南为大唐王朝功臣和楷模，将皇范二字定为村名，希翼后裔学习虞世南的嘉言懿行，承前启后，发扬光大。

黄范　该村张姓在宗谱中记载，其始迁祖张有政，号环溪，是张姓在东渠村第二十二世张大纨的长子：“以居宅狭小不能尽处，遂买居黄范村……。”张姓从东渠村迁居黄范的年份在明嘉靖年间，距今已 450 余年。该村苏姓、俞姓在宗谱中均以黄范为村名，邻村的谈姓、朱姓在宗谱中都有黄范的村名记载。

皇坂　该村名见之于 1961 年成立后的武进县洛阳公社皇坂大队公章。1968 年 10 月 5 日，大队向洛阳公社呈报的大队贫代会代表名单，使用的仍是武进县洛阳公社皇坂大队公章。

黄坂　该村名见之于邻村其他姓氏的宗谱。如汤墅谈家头的《谈氏宗谱》、西窑的《詹氏宗谱》等。西窑詹氏第十五世詹明泰，字思雎，配欧窑陈氏，女二，长适黄圻戈，次适黄坂杨。

王坂　据吴家头村民小组的王姓村民讲述，王姓早年在该组的王家头居住，定村名为王坂，后来因为人丁没有相隔仅几十米的大村上虞姓、张姓兴旺，改称“小王坂上”。该讲述虽暂无王姓的宗谱查考佐证，但与县志记载相符。清光绪志记载:“安尚乡第二十二都 6 图，字号羌，5 村。大尖岸、徐巷、小王坂上、西杨葑、顾家头（现为顾公岸）。”汤墅谈家头谈氏在 1719 年三修和 1763 年四修的宗谱，都有王坂村名的记载，如第十四世谈恒醇，生于康熙五十年（1711 年），娶王坂村苏氏。第十五世谈节谐，生于乾隆二十一年（1756 年），配王坂村吴氏。

不可思议的是王坂、皇范这两个村名，不但在清光绪志中同时记载，在 1951 年皇范村登记土地房产资料时也常常互用，有的在同一份土地房产所有权证中，该两个村名竟同时使用，在房屋座落栏中记载为王坂村，而在最后的备考栏中又记载为皇范村。

1984 年，武进县地名委员会以清光绪志为依据，确定皇范两字为村名，沿用至今。有分析认为，在汤墅域内的方言中，黄、皇、王的字音相同，范、坂的方音也相同，因此才出现黄范、皇坂、黄坂和王坂等曾用名。

皇范是一个历史悠久的村庄。虞氏先祖虞薇山创修于元大德四年（1300 年）的《虞氏宗谱》，为汤墅域内之最。明代就有的万安桥、坝头桥都是域内有名的古桥（该两桥于 1958 年拆除，但遗址和坝头桥的石桥面仍在）。脍炙人口的蛇蜓河传说在村中流传甚广。须全村 100 多人参加表演的皇范白龙灯昔日闻名乡里。据说该龙灯有一百节，每节长 1 米，排起来要从南巷的祠堂弄一直排到中巷的杨家弄，舞龙头需 5 人轮换。村中长者讲起当年百米龙灯表演的盛况，均津津乐道，如数家珍。抗日战争时期，皇范村民们是中共洛阳区委深夜反抢粮和大刀队刀劈汉奸顾鹤亭等事件的亲历者和目击者。民国 34 年（1945 年）春，驻守在洛阳的日伪军苟延残喘，在各村武装抢粮，强倒米囤，将抢来的数万斤粮食强行存放在皇范村。中共领导的洛阳区抗日民主政府区长陆道南等得知消息，组织数百名群众，各带扁担、麻袋，由区大队、短枪班武装警戒，一夜之间肩挑船运，将此数万斤粮食分给群众。同年 6 月 21 日，伪保安队又到东渠村倒米囤抢粮。村民鸣锣求救，马家沟、小虹桥等周边村庄纷纷鸣锣传讯，无锡境内的大刀队闻讯赶来救援东渠村，有数千人之多。伪保安队慑于其“神咒护身，刀枪不入”的神话，望风而逃。有 10 多人慌不择路，溺毙于皇范万安桥南边的河内。臭名昭著的汉奸、伪洛阳镇警察署长顾鹤亭也在这次事件中被大刀队劈死。新中国成立后的皇范村第一任行政村村长（阳湖乡第十一行政村）、年届 96 岁高龄的南巷村民虞锡载老人是这两次事件的亲历者之一。

皇范是汤墅域内两个有名的长寿村之一，汤墅村现有 90~99 岁的长寿老人 13 名，皇范有 6 名，占 46%。其中，西巷村民小组的长寿老人有 4 名，98 岁的虞祥鳞和 99 岁的杨菊宝是有名的长寿夫妻。两位老人都是共产党员，退休前爱岗敬业，认真工作。退休后含饴弄孙，做一些力所能及的家务农事，注意劳逸结合，清淡饮食，安享晚年。

第七节　汤墅村流传的民间故事

汤墅村村民中流传的民间故事，乡土气息浓厚，不乏方言土语的精彩，脍炙人口，不胫而走。先辈们在田间地头、茶余饭后、油盏灯下不断地讲述着，轻松地传承着一种富有趣味的文化和道德思想。本节民间故事均从汤墅村臧家头臧祖林[1]精心收集的《洛阳民间故事》中遴选，并经过删节和修改，读后更使人发出有趣的微笑，微笑中领悟人生的哲理。

一、吃　相

古时，武进有个私塾先生，有一年随带富商家的两个读书儿子，到外地一个村里任教。先生一日三餐，均由学生家轮流供饭。私塾先生带去的两个学生家境富裕，娇生惯养，饭前不论什么菜肴，都要先用手抓尝尝，养成“吃相”不好的坏习惯。未到开饭时间都要提早掀开饭篮（俗称盖篮），看看今天供的什么菜饭。先生实在看不下去，又不敢过于指责。有天早晨供饭学生家送来一盆胖芽豆(浸泡发芽的蚕豆)。先生指着胖芽豆说:“一字笔立直，兜头捡一粒”，说吃菜要有礼义，吃豆用筷一粒一粒捡着吃。两个学生听了你看我，我看你，都动了歪脑筋。一个学生说:“八字两丫杈，兜头抓一把”。先生见他答得对，但抓一把实在不雅观。另一个学生见了抓抓头脱口而出:“九字九曲弯，连盆子一铲”。先生见状，我捡一粒，你抓一把，他连盆子一铲。不觉怒从心上起，也顾不得什么了，说:“十字贼骨头，一人一棒头”，顺手操起桌旁一根棍子，一人一棒头，两个学生木然，从此以后吃东西再也不敢胡来了，逐渐养成循规蹈矩“吃相”的好习惯。

二、胸有碗墨

从前，有个财主的儿子叫张五，在私塾里念了十几年书，斗大的字不识几个。一天，财主正在和客人谈话，张五拿着书本走进来。客人恭维地说:“五少爷是喝墨水的人，学问一定不浅？”财主摇摇头说:“读书十载，胸无点墨，不堪造就。”张五心想，原来自己不会念书，是因为没喝墨水呀！于是，他立刻回到书房，磨了满满一大碗墨，捏着鼻子，“咕咚咕咚”地喝了下去。喝完，他兴冲冲跑到客房里，对父亲说，爹爹，以后可不要对别人说我“胸无点墨”了，我刚才喝了一大碗墨水，已经“胸有碗墨”了。

三、呆大女婿

有个呆大女婿，一天在回家的路上看见一些人披麻带孝，一边走，一边哭，一边散纸钱，8个人抬着一口雕花的红木棺材。呆大女婿觉得奇怪，忍不住笑出了声，这些人气煞了，你一拳他一脚，打得呆大喊爹叫娘。呆大回到家里，把挨打的事向老婆哭诉了一遍。老婆劝他说:“别哭了，以后再碰到抬人的事，你千万勿好笑，只

---

[1] 臧祖林，男，民国29年（1940年）6月13日生，字宜南，笔名余工，武进区洛阳镇汤墅村臧家头人，《舟山日报》新闻记者。2007年，将精选的新闻稿约400万字，编写出版了《大海萍迹》一书，内部发行。2008年，应邀担纲主修《安阳山汤墅西大房臧氏家谱》。2017年，内部发行《洛阳民间故事》。

能哭，这样人家就勿会打你了。”呆大点点头，记牢老婆的话。第二天，呆大碰到一群人吹吹打打，排着队，抬着轿。于是便“呜呜”地哭了起来，这一哭又遭来一顿毒打。呆大慌忙逃回家中，哭着把事情经过对老婆讲了一遍。老婆听后对呆大女婿说：“你呀，真是个呆大，上回人家抬的是死人，这回抬的是新娘子，以后你见白的要哭，见红的要笑。”不久，呆大外出游玩，见一户人家屋顶上喷出红彤彤的火焰，一个小孩拼命敲锣，街坊邻居纷纷提桶拿盆，往火里泼水，唯独这呆大站立一旁，又是笑，又是叫：“好看呀好看！”因为救火要紧，人们也未理他，等扑灭了火，失火的主人见呆大还在那里拍手傻笑，不免火冒三丈，上去给他一个耳光，打得呆大面孔火辣辣的，泪水直往下淌：“你们为啥打我？是我老婆教的，要打打我老婆去！”

四、卖禁屁药

有一天，皇后娘娘陪着皇上在吃饭，勿小心放了个响屁，皇帝很不高兴，认为有失尊严，下旨将皇后赶出了皇宫。皇后带着身孕到了乡下，在乡下生了个儿子。多年以后，儿子长大懂事了。知道母亲被赶出皇宫的事以后，心里很不服气。一天他来到皇宫门前大叫：“卖禁屁药啰，卖禁屁药啰！”皇帝在宫中听到了，觉得十分奇怪，就让太监叫其进来。皇帝问:“你在卖啥药？”“我卖禁屁药！”皇帝笑笑说:“屁怎能禁？”“勿禁要犯法的”皇帝听了哈哈大笑，说:“放屁怎会犯法？”儿子马上说:“勿犯法，十多年前我母亲怎被你赶出了皇宫？”皇帝这才醒悟，派人将皇后接回宫中。

五、岳父过生日

洛阳东北方向的双庙地方，有个员外60岁过生日，要3个女婿以自己职业，用“尖”“仙”“响”“天”为韵脚，吟诗庆贺。大女婿是教书匠，他张口就吟：“一枝毛笔下面尖，写起字来赛神仙；磨起墨来咭格响，砚台头上水连天。”二女婿是摇船做生意人，他接着吟：“一枝篙竹下面尖，撑起船来赛神仙；摇起船来咭格响，船头下面水连天。”轮到三女婿吟诗，他慌了手脚……，此时他看见丈母娘一面用手擦着圩腰布，一面扭着屁股走了出来。三女婿用手拍一下脑门说，我来吟：“丈母娘小脚下面尖，走起路来赛神仙；烧菜做饭咭格响，洗菜池中水连天。”围观者拍手叫好，丈人眼泪笑出，说：3个女婿都有出息。

六、财主过中秋节

很早以前，邻村有个财主，欢喜热闹。有一年过中秋节，他别出花头，要3个女婿以“圆又圆”“缺一半”“闹盈盈”“冷清清”为四句题尾诗庆贺。大女婿说：“中秋月亮圆又圆，中秋一过缺一半；中秋过节闹盈盈，中秋一过冷清清。”二女婿接着吟：“中秋月饼圆又圆，咬掉一口缺一半；吃月饼时闹盈盈，月饼吃光冷清清。”轮到三女婿了，他一时想不出“圆”“半”“盈”“清”诗句来，这时，他看到肚皮圆滚滚的丈母娘，走到胖墩墩丈人旁边，连忙说：“诗词我有了”。“丈人丈母圆又圆，死掉一个缺一半；两人死时闹盈盈，两人死光冷清清。”丈人听后气得四脚朝天，自此以后，他逢年过节再也不请人吃饭闹热了。

七、傻女婿学说话

洛阳东边的一个王家村里，有个傻女婿要去丈母家作客，妻子怕他不会讲话，事先给钱，要他出去学讲话。傻女婿拿了钱，出门不远地方，看到有个人敞开长衫快步向前，嘴里说：“鹰来了，雀儿逃”，认为很好，出钱买了下来。看到有个人在河边锯树，只见他叹了口气说：“哎，河边锯树，有立处没有坐处。”傻女婿认为这话很好，出钱买了下来。傻女婿来到桥边，只见有个人拍拍腰说：“近看青鱼活剥剥，手里无权不好捉。”也用钱买下此话。回到家里，他把学到的话在妻子面前学了一遍。妻子认为很好，又再三叮嘱，去丈母娘家不要多讲话，一切听她指挥……！歇了几天，丈母娘带信叫傻女婿夫妇去作客。村里人听说傻女婿来作客，大人小孩纷纷拥在村口。傻女婿快到村口时，只见他拉着敞开扣子的长衫大步向前，口中大声说：“鹰来了，雀儿逃。”只见看热闹的人纷纷避让。有旁人说：自己比作鹰，别人比小雀。他哪里傻啊！吃饭时，丈人朝南，大女婿朝西，二女婿朝东，大家坐下，唯三女婿没有凳子，只见他叹了口气说：“河边锯树，有了立处没有坐处。”旁人说怎么三公子没有凳子。赶快搬上，刚坐下，第一碗是“串青鱼”，人家都有筷子，就傻女婿没有筷子，只见他不慌不忙，叹口气说：“近看青鱼活剥剥，手里无权不好捉。”旁人说：“怎么三公子没有筷，快给筷。”

八、傻女婿吃饭笑话多

吃饭前，妻子对傻老公说：吃饭人多，要有吃相，不能乱夹菜，于是在他脚上系根绳子。说：我拉一拉，你夹一筷菜，我拉得快，你夹得快，不拉不能夹菜。傻女婿一一牢记。开饭不久，妻子要上厕所，他恐上厕所时无人拉绳，丈夫吃不到菜。于是她看到厨房灶下有只鸡绳子缚着，歇一会，鸡会伸伸脚，妻子就把绳子系在鸡脚上。这时，餐桌上菜也上得差勿多了。傻女婿循规蹈矩。绳子拉一拉，他夹一筷，吃相很好。后因鸡和狗抢食一块肉骨头，狗猛扑过来，吓得鸡惊飞乱跳，拉动系在鸡脚上的绳子。傻女婿以为妻子拉快绳子，开始用筷，后来用手，端起台上的菜拼命往长衫衣兜里倒，引得旁人哈哈大笑。妻子上完厕所出来了，看到丈夫这样子，连忙上前阻止，傻子一把抓住妻子说：出洋相，都怪你，都怪你……！

九、残局对出命案

明朝初年，武进地区有个才子，父母要他在进京赶考前完婚。女方是书香门第，琴棋书画，样样知晓，是个才女。才子去迎亲那天，刚到女方，天降暴雨，河水泛滥决堤，一片汪洋。当时没有航船，中断了才子迎亲回程。但婚期已定，才子只好在女方家结婚。洞房花烛夜，才女要三难新郎，说：“早闻郎君博览全书，学高才富，如能对得如下对联，方可进入洞房。才女出：上联“青山原不老，因雪白头”。才子不加思索，对出下联：“绿水本无忧，因风皱面。”山对水，雪对风。自然界一幅山水画跃然纸上。才女暗暗叫好。又出一联：“乾八卦，坤八卦，八八六十四卦，卦卦乾坤已定。”才子读书很多，记得此联是乾隆元年时，马永图进士的二女儿马月芳择婿(纪晓岚)之联，烂熟于心，随口答道：“鸾九声，凤九声，九九八十一声，”这下联不仅字面对得工整,且有夫妻好合之意。才女当然满意。事不过三。她又出第三联:“一副残局，车无轮，马无足，炮不声响。弃车用炮吃相索后手闷宫将军。”上联一出，才子感到为难,撰文对诗,是他强行,以象棋残局作联,还是头次碰到,然在女子面前,又不甘示弱。他在房门口踱着方步，搜肠刮肚，怎么也想不出下联，此时鸡叫三遍，天快亮了，却连一女子出的联也对不出来，这次进京赶考，看来功名难得。前功尽弃，越想越无脸见人，解下裤带，竟吊死在房门外窗梁上。第二天，才女父亲讯问：女婿上吊，是答不出女儿“吟联”所致。问女儿：“你答得出下联否？”“答勿出！”你既然答勿出下联，为啥要出上联呢？“对啊，我答勿出下联，为啥要出上联呢？”越想越没觉得不该这么要强……，当天晚上，女儿也吊死在自己房内。3年后，有个才子上京赴考，借宿在才女家中，睡到半夜，突然有个披头散发的女鬼，托梦于他，要他对残局下联。说：对不出下联你不用进京赶考，回家再重读诗书；对得出，好让她投胎转世。才子被女鬼追逼得逃进客堂，一头撞在堂内墙上一幅画轴上，猛然醒悟，说下联有了：“一堂古画，虎不啸，猴不跳，花不芬芳。挖藕出水无泥，笑煞蓬头刘海。”才女飘然而去。不用说，这科头名状元，非此才子莫属。

十、腊八粥

古时，汤墅域内有两户相邻的人家，一家主人叫李阿牛，一家主人叫王阿有。说来也巧，李家连儿子多宝在内，共3口，王家带女儿福翠，一双半。阿牛夫妻俩，每日鸡啼，就扛着锄头下地，女的也起来纺纱织布；而阿有夫妻俩，却是“今日有酒今日醉，明日无酒喝冷水。”一天，村里来了个算命先生，人称“小铁口”。阿有老婆和阿牛妻子都请他算命问“八字”。“小铁口”一看阿有老婆白白胖胖，便信口说：“有福之人人肥壮，命好可使人发胖。”说得阿有老婆心里甜滋滋，眼睛笑眯眯。当看到阿牛的妻子时，“小铁口”又说了另一番话：“干瘪瘪。财难积，瘦切切。苦到两脚直。”阿牛老婆一听，咬咬牙走了。穷人家贫志不短。自算命以后，阿牛夫妇起得更早了，做得更勤。屋里积食粮，栏里养猪羊，日子过得一年比一年好。“福大命好”的阿有夫妻，吃好穿好，越发懒惰。“上梁不正下梁歪”，独生女福翠也养成茶来伸手，饭来张口的恶习。俗话说坐吃山空。王阿有家境越来越紧巴。有年夏天的中午,阿有手摇破蒲扇,在大槐树下乘风凉。看见李多宝汗流浃背从田里劳动回来。忽然生了一个念头，把福翠嫁给多宝，我们夫妻俩不是又可享现成福了吗？第二天，媒婆到李家说亲。亲事很快定了。福翠过门后，小夫妻俩好吃懒做。勤俭的阿牛俩老，看不顺眼，心生闷气成疾，相继离世。俩老一死，两家并成一家。4个人喝香吃辣的……没几年，阿牛夫妇辛苦积聚的家业被败得精光，连原先那幢宽大的瓦房也年久失修，摇摇欲倒。又过了几年，正逢腊月初八，大雪飘飘，多宝家里体无遮身衣，盖着破棉被，4个人冻得嗦嗦抖，肚子饿得贴在背脊上。福翠只得把平日散在破箩里的碎米粒，扔在墙角的烂番薯干，缸底里的一些糠，捋在一起搅拌搅拌，烧了一个杂七杂八的粥。4个人真想喝点热“粥”填填肚，暖暖身体，不料一阵狂风，把那歪歪斜斜的破屋吹倒了，4个人都被压进了雪堆里。村里人赶来相救，只在瓦砾中找到4具冻僵了的尸体，还有一锅粘糊糊的杂粮粥。后来，人们为了告诫子孙勤俭持家，不可好吃懒做，每年腊月初八，全家吃一餐“腊八粥”。从此，汤墅及周边地方相沿成俗。

十一、拾来举人

洛阳汤墅东约50里的赵家有个秀才，勿晓得是脑袋生得笨，还是读书勿用功，从年纪轻轻考到胡须花白，也没有考上举人。有一年，这秀才又去应考了，嘿！考试官看见他是老相识啦！熟得连名字叫得出来。考试官问：“余秀才，你秀才做做勿是蛮好吗，介大年纪为啥还要来考呀？”这秀才回答:“启禀主考大人，我家书香门第，祖宗三代都是读书人，到我这一代，只有我一人读书，若考勿出，上对勿起祖宗大人，下难交代后代子孙，我要考下去，一直考到没气为止！”考试官听秀才这么一讲，也蛮感动，就答应他再考。等考试完毕，一看这秀才的文章实在蹩脚，没有法子，只得在考卷子角落里批了几句话：“文在题外，字在格外，念其考试虔心，赐予举人一名。”这样，这秀才得了个“拾来举人”。

十二、太婆的碗

从前有个老太婆，双脚有病，不能下地，要靠媳妇服侍。天长日久，媳妇恨煞了，一日三餐给吃点咸菜剩饭，碗筷从来不给洗刷，慢慢的碗内积了一层厚厚的剩渣残垢。过了几年，孙子成家，孙媳妇很是孝敬太婆，常常背着婆婆问暖问寒，送好吃的东西给太婆，看到太婆的碗筷太不像样，要想换掉，但又怕婆婆见怪。后来她动了个脑筋，叫太婆照她办法做。第二天吃中饭时，婆婆送饭来了，太婆假装失手，把积满剩渣残垢的碗打碎了。婆婆就破口大骂，还想动手打太婆。躲在门外的孙媳妇忙推门进来，拦住婆婆在面前指着太婆说：“你这该死的老太婆，今天怎么把饭碗打碎了？以后我的婆婆老了，我也要用这只碗给婆婆盛饭的。”正在气呼呼骂太婆的婆婆一听，心中好像给啥东西撞了一记，心想：“我还勿老，媳妇已在给我准备年老用的东西了，今天我虐待婆婆，自己年老了也用这碗筷吃饭……”从此以后，她把服侍婆婆的事，交给了媳妇，太婆得到孙媳妇的服侍，病也慢慢好起来。

十三、夫妻打赌

明末清初，附近王家村有一对夫妻，男的叫王阿三，女的叫李阿英。王阿三“怕老婆”，每天早饭都要自己烧。有一日，阿三向老婆提出：“阿英，从明天起，我不烧早饭了。”“为啥？”“我太吃力了，要两人轮着烧。”李阿英皱皱眉头，慢吞吞地说：“我看这样吧，从明天起，一早醒来，谁先开口说话，谁就烧早饭，好不好？”阿三一想，反正打赌是硬碰硬的，就说：“好吧，一言为定！”第二天早上，日高三丈，阿三家门还紧闭着。隔壁张大妈觉得奇怪，用指头戳破窗纸，向里张望，一看吓了一跳，只见他俩夫妻躺在床上，睁着双眼，不会讲话。张大妈又忙去叫来王家阿婶，李家阿婆，踢开大门跑到床前去叫阿三、阿英，他俩还是眼睛看看，不讲话。大家都以为中了邪，赶快去外村请来一个女巫婆驱邪。女巫婆点着香烛，口中念念有词，弯着舌头南腔北调地说阿三、阿英冲犯了当方土地菩萨，要在东北方向供上猪头、鸡、鱼和酒，还要烧两刀锡箔，再加上巫婆驱邪钱，总共要200多元。巫婆说完，叫张大妈去街上买。王阿三一听要这么多钱，急得“嘣”一声跳下眠床，用双手乱摇。吓得大家都往外逃。阿三一看勿对，急着说：“你们不要怕，不要跑，我俩没有病，只是为了不愿烧早饭在打赌。”阿三这么一说，说得大家哭笑不得。

十四、大烙饼

老丈人要做六十大寿，3个女婿都要来拜寿。丈姆娘很势利，暗地里透消息，要3个女婿比一比，啥人送的寿礼最阔气。小女婿愁煞了，自己是个穷书生。比做文章还好，要比送礼就难了，可是赖又赖勿掉，勿送也得送。这可怎么办？小女婿坐在饭桌边，一口饭也咽勿落，东想西想，忽然看见一只食罩罩在桌上，哎，办法有了！当天晚上，小女婿借来一只大扁锅，凑足了几十只鸡蛋，敲碎、加面粉，倒入大锅烙了只八仙桌大的大饼，上面撒上葱花，腊黄，青脆，喷香，用一只大蚕匾盛着，夫妻俩抬着到丈人家里拜寿去了。丈人家里贴着红对联，炮仗放放，客人进进出出。大门口搭着帐蓬，帐蓬下面摆着一张八仙桌，八仙桌上放着大女婿、二女婿挑来的鸡、鸭、鱼、肉、木耳、莲心……众人见小女婿到了，走拢来看热闹，看夫妻俩抬着一只蚕匾盖着一块布，都稀奇煞了。这时，只见小女婿勿慌勿忙放下蚕匾，揭开罩布，把那只烙饼往八仙桌上一摊，正好把大女婿和二女婿送来的礼品全盖住了。众人都服啦，说：“读书人脑子就是灵，硬碰硬把大女婿二女婿盖了下去。”

十五、灯谜与阳春面

从前，无锡西边靠近汤墅有个文人，学识渊博。因此好高骛远，目中无人，他唯恐别人勿晓得他的“才华”，平时往往用刁钻的文字去捉弄人。有年仲春，他来西边武进永安里走亲戚，趁庙会人多，他想显露一下自己的学问。于是，他挖空心思，写了两个灯谜：一个叫“山中藏兔”；一个叫“兔中藏山”。叫人挂在永安桥旁最热闹地方。旁注小字一行：猜中者给阳春面一碗，纹银二两。灯谜挂出后，确实引来不少过往行人。围观者议论纷纷。但不到一个时辰，正当那个文人洋洋得意的时候，就被永安桥西一个姓秦的读书人揭了谜底，说是“中了”。只见他不慌不忙地说:“兔”十二生肖中为‘卯’。山中藏兔者；山字下面加一个‘卯’字，即‘峁’字也；“兔中藏山”者卯字中间加一个‘艮’字，即‘卿’字也。‘艮’为八卦之一，卦形符号代表山也。赢得围观者一片掌声。这个颇为自负的文人，好不容易做了两则灯谜，本想在异乡众人面前炫耀一下自己文采，想不到武进地面有能人，竟轻易地被永安里人猜中，平白折了一碗面和二两纹银还不打紧，可自家这脸面往哪里放？只好低着头溜了。从此以后，他方知天外有天，山外有山，再也不小觑人。

十六、从今以后莫偷牛

很早以前，阴错阳差，一位才女嫁给一个穷书生做妻子，家里虽没隔宿米，夫妻俩还是和睦相处，互相敬重。有一年端午节，丈夫外出，妻子在家身无分文，提笔在墙上作诗：“区区才女嫁穷夫，今日端阳百事无，莫把良辰空过去，权将白水煮菖蒲。”第二日，丈夫回家作诗解释：“昨日端阳我不知，何人墙上乱题诗，石头也有翻身日，懒龙也有上天时。”转眼又是中秋，妻子想起前情，又作诗提醒丈夫：“不觉又到中秋边，岁月相差大半年，石头也有翻身日，懒龙何不早上天？”丈夫一见此诗，觉得再不好好安排日子，就对勿起妻子了。但是佳节即近，身无分文。怎办呢？不觉产生了一个邪念。人家都说，八月十五最好的佳肴莫过于牛肉炒茭白，我何不偷只牛杀了过中秋节呢？于是他瞒着妻子，趁黑夜里悄悄去偷牛。真是福无双至，祸不单行，牛没有偷到，人却被捉去见官了。妻子得知消息，即刻赶到县衙替丈夫请罪说情。县太爷见妇人才华出众，而且如此爱护自己贫穷的丈夫，就同意免用刑罚，不过要妇人连续作诗3首，每首诗里都要有一个“牛”字。妻子欣然答应。县太爷指石砚说：“以此为题，速速作来。”妻子不慌不忙地说：“此物原来是石头，良工造就侍王侯，陈墨磨得粉粉转，常有文光封斗牛。”县太爷喝彩：“妙极了！”又指着象棋盘催她作第二首，妻子不加思索，说：“两国相争誓不休，车马大象满山坡，将相兵卒沿岸走，中间独缺一头牛。”县太爷听得起劲，说：“这下不以物为题了，要以人为题。”随即叫衙役放出她丈夫，要她用诗咏她丈夫偷牛之事。妻子见放出丈夫，不禁撒下两行热泪，念道：“一池清水绿油油，难洗今朝满面羞，此番被释当奋发，从今以后莫偷牛。”县太爷见他们知错能改，好生欢喜，随即叫衙役放他们回家。

十七、穷秀才作客

从前，某地有两个秀才，一个姓张，一个姓马，两个秀才都穷得锅盖也揭不开。好在两人都是光棍，一人吃饱，全家勿饿。有一日，张秀才家里没米下锅，就到马秀才家里去吃午饭。走到马秀才家附近，张秀才停住脚步，就在外边看动静。他想，等马秀才家烟囱冒烟再进去。太早，马秀才饭勿会烧好，太迟，就赶勿上吃饭。过了一会，马秀才家烟囱里果真冒烟了。张秀才一见，高高兴兴走进马秀才家里。马秀才正在烧饭，看见张秀才登门拜访，连忙站起来客套客套："喔，张秀才今日光临敝舍，有失远迎！"张秀才也斯斯文文供手作揖道："勿知马秀才正才烹调做饭，打扰了，打扰了！""哪里，哪里。喔，请坐，请坐。"马秀才见张秀才坐落，心急了，他今日锅里烧饭只有一酒盅米，还勿够自己吃，现在要加上张秀才，这……马秀才想到这里，忙倒了一杯茶递给张秀才，心想，他吃了茶后总会走的。可张秀才喝了茶，还是东搭一句，西扯一句，一点也没要走的意思。马秀才心想，这顿饭看样子是熬勿过了。只得说："中午到了，我饭已烧好，小菜没有，淡饭吃点算了。"张秀才忙回答："吃饭吃饭，又勿是吃小菜，既是马秀才挽留，那我勿客气了。"马秀才总共才烧一小碗多点饭，怎办呢？嘿！秀才毕竟是秀才。马秀才在自己碗底里放了一只酒盅，上面撒了几铲饭，剩下的刚好一碗饭盛给张秀才。两人客套几句就吃起来。马秀才吃得又慢又小心，只怕弄勿好会碰翻酒盅触霉头。张秀才吃得快，一碗饭几口就落肚了。心想等主人添饭，可主人吃来吃去碗底里总有一堆饭。张秀才灵机一动，把碗翻过来，"当当当"敲了几下，说："这只碗啥地方买来的呀？蛮好，敲起来当当响。"意思是我的饭碗空了，请主人给添饭。马秀才一听，计上心来，忙走进灶间，把一只空锅子拎了出来，也"嗒嗒嗒"敲敲，说："诺，这只碗同这只锅子一块买来的。"客人这才晓得主人家的锅也空了，再也变勿出花头，吃了一碗饭只好告辞。

十八、秀才见活鬼

王村有个秀才，白天到四里外的沈家私塾教书。有日夜晚，秀才吃过夜饭，像平常一样慢吞吞踏着方步回家。夜里月色蛮好，加上秀才喝了几杯水酒，兴致也很高，走到半路，路边有个凉亭，秀才就走进凉亭，坐在石凳上休息一会。一阵凉风吹来，秀才的几分醉意醒了一半，他忽然想起，有人讲过：这凉亭曾吊死一个女人。勿想勿要紧，想起来有点汗毛凛凛，急忙站起身来走路。秀才跨出凉亭石阶，无意中一回头，好像地上有一个黑影，秀才以为自己年纪大眼花了，走到路边又偷偷扭头一瞧，这黑影忽然又长又大，还跟着他走哩！秀才心慌了，脚步越来越快。一听，后边还有"沙沙"的声音，像另一个人的脚步声，秀才连头也勿敢回。他走得快，声音响得重，走得慢，声音响得轻，就象粘在他的脚后跟。秀才吓得黄汗嗒嗒滴，大气也勿敢出，直到自己大门口，连滚带爬一头撞进门去，"砰"一声把门关紧，跳上床，钻进被窝里。女儿一见爹爹今日夜里门也勿敲，闲话也勿讲一句，进房就睏好了，勿知出了啥事，紧跟进房去看爹爹，只见爹爹还在嗦嗦抖，嘴巴里含含糊糊讲："啊唷、活鬼、活鬼、跟着我……"第二日天亮，女儿去开门，门缝里"卟"掉下一张粽箬壳。女儿拿着这张粽箬壳去问爹爹："这张粽箬壳为啥夹在门缝里？"秀才这辰光还没起床，想了一夜，还没想出。经女儿一问，这才想出：昨夜里跟在身后的"活鬼"，还是这张粽箬壳发出的声音。原来，秀才在凉亭休息时光，种田人吃点心时扔掉的粽子箬壳粘到了他的鞋后跟，难怪……嗨！于是秀才又神气活现地对女儿说："我早讲过了，天底下没有鬼，就是真有鬼，见了我这样的人也早逃走了！哈哈哈……"

十九、玉佩传奇

元末明初，有个老头钓鱼钓到了一块椭圆形的玉佩，就把玉佩系在潮烟筒上回家了。一天，一个江西来的珠宝客人路过，见到老头潮烟筒上吊着的玉佩，就上前搭讪，请老头到酒店里吃酒，老头贪杯有点醉了，江西人开口说："老伯伯这块玉佩真好看。"老头心存感激，便解下玉佩，递给了江西客人。江西人连忙道谢，并请老头明天再来喝酒，说他就住在酒店楼上。老头口里含着潮烟筒，唱着小曲调，十跌八冲回到家里。他的孙女看见了，连忙扶爷爷睡在床上，拿起潮烟筒想放在桌上，只见潮烟筒上吊着的那快玉佩没有了。孙女就问爷爷："那快玉佩哪里去了？"爷爷告诉她已送给江西客人。孙女一听就急了，她想：介好一块玉佩，白白送给江西客人！马上得去要回来。她一口气跑到酒店楼上，只见江西人已收拾好东西，手里拿着玉佩还在欣赏。孙女说："你几个酒钱就把我爷爷玉佩骗去！"跑上去，一把夺回玉佩，头也不回。一口气跑到家里，对爷爷说："我把玉佩夺回来了。"爷爷责怪孙女不该将送人家的东西再夺回来。孙女说："这块玉很好看，但到底是不是块好玉，可以到当店里去当一当，如果值钱，那一定是宝贝。"爷爷觉得有理，忙向当店里去。孙女拿着玉佩要当 5 两银子，当店朝奉一看这块玉是宝贝，但不知道来历，就给了 5 两银子。孙女心里又想，既然是宝贝，不会只值 5 两银子。下午，孙女又把玉佩赎回来，到杭州去当。祖孙俩到了杭州。拿着玉佩到当店里，要当 50 两银子，当店朝奉对这块玉佩反复看了看，二话没说，就如数给了银子。回到住店，孙女又对爷爷说："当店朝奉把玉佩看得很仔细，没有还价就给了 50 两银子，这宝贝一定很值钱，还是拿到北京去吧！"爷爷感到孙女很聪明，就叫孙女马上又赎回玉佩。祖孙俩到了北京，又拿着玉佩到当店里，要当 500 两银子，70 多岁的老朝奉看了这块玉佩后，就叫祖孙俩人到里面坐下，经双方一翻交流后，朝奉说道："这块玉佩是宝贝，价值连城，当年宋朝小康王被金兀术追杀到那条石桥上，一枪刺到小康王腰上，小康王腰上就挂着这块玉佩，伤玉不伤身，救了小康王的命，玉佩被刺落到桥下了。以后小康王派人到处找，一直没有找到。"后来，祖孙俩把玉佩献给了皇帝，因献宝有功，祖孙俩得到皇上封赏，回家过上了好日子。

二十、四箱银子

早时，有个财主，妻子早已亡故，所生 4 个儿子，先后都娶了媳妇。他想想自己年纪大了，无力经营这份家业，就把全部田地家产分给4个儿子。起先，儿子媳妇待老父倒蛮好，日子久了，老父留下来的一点钱都用光了，再说年老多病，只会吃，勿会做，几房媳妇就对老父嫌憎起来。搡碗掮盏，指鸡骂狗，弄得老父日子难过。后来，连白眼饭也没有地方去吃。老父真是又气又悔，悔勿该把全部家产分给儿子。有一天，他在街上碰到以前在他家里的账房先生。账房先生问："东家为啥弄得这副样子？"财主含着眼泪把儿子媳妇嫌憎虐待的事统统讲给他听。账房先生心里很是不平，眼乌珠一转，想出一条妙计讲给东家听："如此，这般……"老东家听了，心里蛮高兴。过了几天，京城里来了一封信。儿子媳妇得知京城里有信来，急忙赶来，一看，信里写着10天内有4箱银子从京城里送来，儿子媳妇都觉得奇怪。问老父："这是啥银子？"老父讲："以前，京城里有很多店铺字号我都有股东。这4箱银子是我的股金。"儿子媳妇听了，高兴得嘴巴都合勿拢。这辰光，儿子搬凳子请老父坐，媳妇们围拢问长问短，十分亲热。大媳妇拉公公去吃点心，二媳妇要拖公公去吃午饭，三媳妇要另外准备房间给公公住，小媳妇马上去请医生为公公看病，你拖我拉，真热心啊！10天后，果然运来4只贴有封条的木箱子，抬起来重墩墩的。儿子媳妇一看银子介多，连忙把4只箱子抬进门，摆在堂前，要老父分银子。老父讲："慢慢来，要分银子，先请娘舅来。"大媳妇拔脚就走，奔到娘舅屋里，把娘舅拖来。其实，账房先生早向娘舅打了招呼，但娘舅假装勿晓得，一进屋就问老姐夫："姐夫，你大媳妇拖我来做啥？"老父说："今朝京城里运来4箱股东银子，怎样分，请你娘舅作主。"娘舅讲："好！我来讲几句，如今老姐夫只有4箱银子，倘若要分，今后对你们老父一定要孝敬侍奉，哪房媳妇再虐待老父，银子就没份。如果老父死了，要买棺材，做好坟，好好办丧事，等出殡安葬完，再分银子。眼前由我娘舅作主，啥人勿依，就没份。"4个儿子和4房媳妇只好依从。从此以后，老父勿愁吃，勿愁用，不是大媳妇请去喝酒吃饭，就是小媳妇送来点心。三日两头儿子给老父送补药来。一年四季媳妇给阿公轮流做衣服，个个问冷问暖，真是百依百顺。老父真享起了清福。过了几年，老父死了。4个兄弟替老父大办丧事，买来顶好的木头做棺材，坟地做得相当考究。等出殡安葬以后，大媳妇急忙把娘舅请来，4兄弟从老父房里抬出4只箱子，听候娘舅吩咐。娘舅说："你们以前待你老父实在太坏，我做娘舅的也气煞。这几年来，你们倒还像做人的样子，对大人比过去孝敬了，我蛮高兴。今朝由我娘舅作主，这4箱银子，每人分一箱。"娘舅话音刚落，4对夫妻，两人一箱，抬着就走，娘舅看着，感到好笑。一到房里大媳妇急忙把箱子打开，总以为是银子，殊勿晓得却是一箱石子。其余3只箱子里也一样全是石子。每箱石子上面，都有一张纸条，上写4句话："我生儿子，勿及石子，如没石子，饿死老子。"这辰光娘舅讲出实话："这4箱银子，如今变成石子，是你们老父想出的好法子。"四兄弟，你看我，我看你，都感到无地自容。

二十一、小皮匠招亲

一位宰相家里的千金小姐，才貌双全，虽然已到出嫁年纪，可没有看中一个如意郎君。她对父亲说，要出榜招选才郎，在榜上写明课题，啥人对得上，就招为家婿。宰相答应了，按照女儿出的对课题，写好榜文，在大街小巷张贴。榜文贴出，不少王孙才子前来应对，没有一个被选中。有一个聪明机灵的小皮匠，鞋摊摆在一座寺院门口，生意虽然清淡，倒可糊口度日。平时，寺内和尚凡是僧鞋要补洞打掌，全来找他修补妥贴。因此，和尚同小皮匠蛮讲得来。有一天，当家和尚问小皮匠："你年纪已经勿轻了，想勿想讨老婆？"小皮匠说："老婆是想讨，可惜我没爹没娘，没田没屋，啥人肯嫁我？"当家和尚讲："现在有一位相府千金要嫁给你做老婆。"小皮匠勿相信，说和尚取笑他。老和尚把相府出榜招婿的事告诉小皮匠，还说上联的句子是："布长尺短尺量布。"小皮匠讲："我只晓得补鞋打掌，怎会做诗对课！"老和尚教他下联："石重船轻船装石。"并说："如果碰到急难之事，就来找我和尚。"小皮匠经老和尚一鼓动，就大着胆子去揭了榜，来到相府，当面答出下联。相爷听了非常欢喜。他一边上楼告诉女儿，一边吩咐家人挂灯结彩，当即拜堂成亲。在酒席之上，相爷还要面试小皮匠的才学，随口念出一句上联："提羊豪笔，写白鹿字。"小皮匠一听，真是丈二和尚摸勿着头，心想，我从小到大没读过书，捏过笔，只有同牛皮鞋刀打交道。急得没办法，就顺口讲一句："拿马蹄刀，切黄牛皮。"相爷听了呵呵大笑，称赞他果有文才。相爷夫人也出了一个题："金壶装美酒。"小皮匠想，啥格金壶银壶，我只有敲鞋掌的铁脚。便讲："铁脚搽桐油。"夫人听了，也满脸高兴。这辰光，宰相府中，里里外外，上上下下，都讲新姑爷有满肚皮才学，就连状元老爷也勿及他。小皮匠喜酒吃好，由家人陪伴上楼到新房去会新娘子。他刚要抬脚上楼梯，突然窜出几个丫头，拦住去路，要请新姑爷对课："如果对勿出，今夜休想上楼。"一个丫头出了上联："关门落闩乒乓。"小皮匠眉头一皱，心里想想，还是讲做鞋的生活："穿针引线悉嗦。"丫头个个佩服，领他上了楼。小皮匠交关高兴，心想这回可以去会小姐了。走到新房门口，要进新房，又被小姐贴身丫头拦在门外，丫头讲："小姐要你对课，如果对勿出，今晚勿许进洞房。"小皮匠只得硬着头皮请快出题，丫头讲："小姐金玉锁，要等啥人开？"小皮匠想了老半天，对勿出来，心里想，这回只好请和尚了！他就老老实实对丫头讲："姑爷没办法，要等和尚来。"房里小姐一听真高兴，心想，他对得既确切，又文雅，就连说："对得好！对得好！"马上出门迎接，夫妻双双进入洞房。

二十二、巧儿戏举人

王员外听说东村肉店老板张老头的小女巧儿生得聪明伶俐，一心想要她当儿媳妇。这一日，王员外特意去肉店，假装斩肉，对张老头说："我买两斤皮里皮，两斤肉里肉。”张老头呆煞了，斩了一世的肉，从未听见过有买皮里皮，肉里肉呀？他借口溜进后房问巧儿去了。巧儿说：“爹呀，这有啥难的哟，皮里皮是猪的耳朵皮，肉里肉是猪肚里的油呀！”张老头出来就给王员外斩了两斤猪耳朵，两斤板油。王员外晓得这是张老头小女出的主意，这小姑娘果然名不虚传。回到家里，就托人去做媒。张老头和巧儿也答应了。巧儿要出嫁，邻里乡亲听说肉店张老头的小女给王员外当了儿媳，都走去看热闹。新娘子抬来了，吹吹打打，大红花轿，很是气派。王员外家里的厨师傅也出来看新娘子。不好了，等厨师回转厨房，只见一只猫在叼肉，厨师拿起菜刀劈过去，猫头被斩落地！劈死一只猫，本来也是没有大事体，可这只猫偏偏是隔壁举人老爷家的。王员外家娶了个乖媳妇，举人老爷心里就勿爽快，一听家猫被斩死，话柄有了。他先派人使过话来：“这只猫是金丝茶眼猫，银子值一万，怎么办？赔猫还是赔银子？”王员外托人使过话去，今日是大喜日子，3日后再作道理。新娘子晓得了，问王员外:“公公，这户人家同家里有来往伐？”王员外说:“有啊，去年6月借去1只水瓢没还，1支15两3钱小秤借去赖落，正月里一碗荠菜羹送过去，连碗也吞没了。”新娘子说：“有来往就好。公公放心。”3日后，举人老爷带着几个打手果然来了，王员外吓煞，连忙把巧儿叫出来。巧儿端过凳子，说：“举人老爷，你家和我家有来有往，客客气气，快坐，快坐！”举人哼了一声，“我堂堂举人，怎能与你家有来往，快，赔猫还是赔银子？”“举人老爷，你勿要讲得介硬，你家向我家借去1只瓢，1支秤，吃过1碗荠菜羹，连碗也勿还。有伐？”举人老爷被问得面孔黄央央，说：“这3样东西有啥稀奇，勿值3两银子。”“哎呀，举人老爷喃，你勿晓得，我家这只瓢是月亮树上的果子剖的，有九千九百九十年啦，这只瓢放到锅里笃一笃，一锅萝卜变锅肉，银子会值一万六，你这只猫值一万，还要找我六千呀！”举人老爷吃瘪了，眼睛盯着新娘子，闲话一句也讲勿出，新娘子接着说：“举人老爷你眼睛勿用盯，还要赔支15两3钱的小大秤！”举人想想占勿着便宜，还是走掉好，走到大门边，扭头看一眼，新娘子接上又说：“举人老爷你转身勿要看，吃落荠菜羹为啥勿还碗！”从此，举人老爷再也勿敢来找麻烦了。

二十三、巧吟对联

从前，某地有兄弟俩，哥哥是私塾先生，弟弟识字不多，在家种田。每年年底弟弟看到哥哥雇人挑着几担白米回家过年，而自己在家辛苦一年也种不出这么多粮食，心有不服。有年开春，哥哥身体不好，就让弟弟代课。弟弟晓得在异乡客地，定有促狭人，于是，自己画个“U”字，挂在学堂门墙上，心里想：“此字世间没有，要两手抓住两‘结’拉直，叫‘一’字不识。”他对学生说：回去告知家人，凡有人识得门墙上此字，方可进学堂门。不久，弟弟教书名声传遍乡里。这年秋冬，乡里有赵姓建造祠堂，请大先生写楹联，以荣耀家族。弟弟自知胸中墨无半点，对来人说，鄙人才疏学浅，难以担当此任。来人以为弟弟谦虚，用轿子硬把弟弟请去。社会上许多文化名流也趋之若骛，弟弟到现场后，先不与大家喝茶，颂今论古，却四处转游，在村头他看到有4条水牛卧躺在大树下，又看到一农户家有只母狗正在为5只小狗喂奶，即一一记在心头。族长看有关人物都来了，宣布吟联开始。文人们你推我让，稍息接吟："桃李滋培千日永，源流分衍四时春"；有的吟"派衍侯卿似续远，祖安盘石燕治长"；还有的吟"同科文武魁天下，奕世桑劳溯祖风"一片喝彩声。此时弟弟不慌不忙，慢条斯理〈场内鸦雀无声〉吟道："四水〈书〉八角〈阁〉及地〈第〉；五虎〈花〉十眼同窝〈科〉。"〈意思是赵氏家族这块风水宝地上要出"四个尚书、八个阁老、五个探花、十个榜眼"〉此联吟出，场内叫好声此起彼落，掌声满堂。片刻，族长笑咪咪要他把横联也吟出。弟弟踱着方步搜肠括肚，苦苦冥思。突然想起，有年初夏出门，看到一只公鸡，一脚着地，昂首挺胸，不时啄食缸中粪蛆。于是他摇头晃脑吟出"独立朝缸〈纲〉"横联。赵氏族人要出这么多担纲一面的国家栋梁之才，个个眉飞色舞，笑逐眼开，无不倾倒。其他文人也甘拜下风。

二十四、拜江猪

早先，有个年轻和尚，平时吃素念佛装老实，暗地里爬墙吸壁偷女人。不久，事情暴露。当家和尚说他勿守佛规，把他赶出山门。他流露街头，成了野和尚。有一次，他看到有几个念佛女人在经堂里念经拜佛。脑筋一动，走了进去。骗她们说自己是名山和尚，出来化缘，愿意同她们一起念经拜佛。念佛女人一听很高兴，便把他留下。没过多少日子，野和尚七搭八搭与一个念佛女人搭上。不料，他们做的坏事情被观音菩萨看见，观音菩萨真气煞。和尚贪色败坏佛门清规，还算什么和尚！这个念佛女人也勿是好货，观音菩萨当即把他们罚落海里，当了"海猪"。和尚和念佛女人后悔也来勿及，便天天参拜观音菩萨，求菩萨原谅，超渡来世。所以它们总是面对普陀山，把头露出海面"扑通"一声，向观音菩萨一拜！"扑通"一声，向观音菩萨一拜。就这样从外洋一直拜到内江，打鱼人便把它叫作"拜江猪（即海豚）"。

二十五、还债牛与十八罗汉

很早以前，有个老板，很是善良。可有个贼，总来他家地里偷菜。这种菜叫蒜菜，要一瓣一瓣剥着吃，贼每天一瓣一瓣偷剥着。老板知道了只说："几棵菜，就让他偷去吧！"老板家附近有个庙，庙里的和尚对贼说："你这样天天去偷人家的菜，可老板总勿骂你，你下世怎能还得出？"贼说："师傅那怎么办呢？"和尚说："想叫他骂你，我有一个办法，你把菜连根偷掉，他一定会骂你啦！"贼说："这好办！"于是这贼当夜把菜连根偷光啦。翌日，有人告诉老板："老板，这贼每天剥每天剥还勿够，现连根都一块偷走了。"老板听后说："这可糟了！连根拔去，大不了他能吃一个月，这一个月以后他生活怎么过啊？"老板非但一句勿骂，还想贼今后生活怎么办？心地真善良。后来贼饿死，被玉帝罚落到老板家里做了一只还债牛，勤勤恳恳为老板耕作，勿吃田里一点庄稼。有一天，牛忽然对老板讲："我前世是偷菜的贼，今世罚作还债牛。明天有18个强盗要来家里抢东西，你看怎么办？"老板听牛一说，心里想：有18个强盗到家里来抢东西？我明天一早去买鱼买肉，要请这18个人。第二天，老板买好鱼肉菜肴，3张桌子摆好，揩得清清爽爽，叫屋里人把洗脸水、茶水统统准备好。老板自己在大门口立等。不一会，果然有18个人，手里拿着长刀来啦！老板笑脸相迎，说："我晓得你们要来，等了好长时间啦！"把18个人迎进屋里，舀洗脸水、端茶水。强盗看老板这样热情客气，也勿好下手。一个个肚皮也饿了，老板请他们吃饭，18个人分3桌坐下。老板陪着小心说："小菜勿好，老酒有格，请吃好喝好。"老板还亲自重复筛酒，一一夹菜。看18个人吃得差勿多辰光，老板把早准备好的银子，每人一包，送到每人面前说："一点点银两，是我一点心意，你们随便去买点东西吧！"一个强盗问："你准备了介多酒菜，怎么晓得我们要来格？"老板说："是我屋里一头牛说的！"接着，老板就把贼如何偷菜，怎样罚落成还债牛的事讲给18个强盗听。这18个强盗心里想：这个贼就是偷了点菜吃吃，下世罚落做了只还债牛。我们做强盗，要打要杀。这今世苦头定会吃煞。就对老板说："吃的已经吃到肚皮里，银两我们勿要了。18把刀全给你老板去打点锄头钉耙给大家种田用，也算作今天饭钱了。"老板问："你们做啥去？"强盗说："我们上山修仙去！"从此，18个强盗放下屠刀，上山修行，终于修成十八罗汉。

二十六、祭灶、谢年由来

据说，灶神菩萨每年农历十二月廿四要上天向玉皇大帝去禀报，趁机在玉帝面前讲许多凡界百姓的坏话，说他一日三餐，烟熏火炙，辛辛苦苦，却得不到黎民百姓的供奉祭祀，实在太清苦。玉帝听了很同情，马上派福利神下凡调查，要是属实，定要惩办老百姓。福利神接旨下凡，心想：凡间老百姓如此奸刁，我要给他们一点厉害看看。于是，他一出南天门，便刮起狂风，推起巨浪，大雪纷飞，昏天黑地，吓得黎民百姓十分恐慌。土地神嘴快，传出话来，说是灶神上天禀报，下界黎民不肯敬神，现派福利神来调查了。百姓得知此事，家家户户赶紧置办大鱼、大肉、水果、糕点、供奉福利神，借名头为"谢年"。福利神见凡间百姓如此尊敬天神，满心欢喜。于是，他收风息浪，驱散云雾，到各家各户见肉便吃，有酒必醉，等他吃饱喝足，已是十二月廿九。他匆匆赶回天庭，向玉帝禀报，说凡间黎民对天神如何尊敬，供品如何丰盛。他还抹抹嘴巴说："只要看看我这吃得油油的嘴巴，就可知道了！"玉帝看看福利神，责怪灶神不讲实话，要他立即返回人间。灶神虽然感到委屈，但不敢违抗旨谕。到了十二月三十，灶神回来了。百姓知道天神也是喜欢奉承的，所以每年在十二月廿四，家家户户都要祭灶神，用糯米粉和上甜甜的白糖，做成多种祭灶果，点起香烛，好好孝敬灶神菩萨，把他嘴巴抹得甜甜的，还在灶神龛两边写着“上天奏好事，下界保平安”的对子。摺好“纸神马”，送灶君骑着“马”上天。这就是“谢年”“祭灶”的来由。

二十七、真假新娘

从前有一户姓王的人家，儿子成亲那日，新娘子刚进屋里，外头有人慌里慌张地来报：“又来了个新娘子！”怎会有两个新娘子？大家感到奇怪。儿子的父亲和媒人不晓得怎么办好。只得叫媒人到公堂上去告官。俗话说，好事不出门，丑事传千里。原来县官老爷也听说了这件事，正准备到这户人家去看看，忽听堂鼓三声响，有人来告状。告状的正是那家的媒人，县官为把事情的来龙去脉弄清楚，叫媒人先去，自己随后就到，说是要在现场升堂。县官到了王家，就在王家屋前空地上升堂，两个新娘子都哭哭啼啼，向县官喊冤，各自都讲是王家的新娘子，到底哪个是假的？县官看两个新娘子一模一样，很难分出真假。于是他想出一个办法，派两个公差拿出两根二丈高的竹竿，竖在空地上，叫两个新娘子同时爬竹竿，并且说，谁能爬上竹竿，说明她是真的。先来的这个新娘子不哭了，擦干眼泪，马上就去爬竹竿，而且爬得很快，后来的那个新娘子坐在地上，越哭越响。县官想：一般的乡村姑娘不会爬树，现在能爬上二丈高竹竿的新娘子肯定是妖怪。县官就命差人放炮仗，那个爬竹竿的新娘子吓煞了，从竹竿上翻落地上，现出原形。原来这个新娘子是猢狲精变的。这时妖怪除掉了，县官就主持王家儿子和在哭的新娘子拜堂成亲。从那以后，结婚总要先放炮仗，以除邪气，讨个吉利。

二十八、阿弥陀佛

古时，有一后生叫阿弥，家里很穷，就到酒坊老板家里做佣人。阿弥这人很老实，十分勤劳，且打不还手，骂勿还口，脾气也好，老板很相信他。酒坊作场里老酒堆得满屋。作头倌人很坏，专门带了几个长工偷酒喝不算，还偷酒卖钱。阿弥这种事从来勿去做。后来老板发现老酒经常短少。一天老板问作头老倌：“作坊里老酒为啥经常会少？”作头老倌推给阿弥，说是他偷出去的。老板勿相信，阿弥来我家多年手脚一直蛮清爽。老板一查，果然是作头老倌偷的。这样老板就更相信阿弥了。就把作头老倌赶出门，叫阿弥当作头。这老板历年来有一个规矩：每年开春要作佛事3日。这3日之内，过路人都好来吃饭，可以放开肚皮吃，就是不能宿夜。又一年又作佛事。这天上午，有个讨饭和尚也来吃。这和尚是个烂脚，脓水嗒嗒滴，头发又乱又长，生满虱，吃好饭之后，勿肯走。一定要宿夜。阿弥良心好，说：“师傅要宿夜，我没主意，要去问老板！”阿弥去问老板。老板说：“我叫你当家，随便你作主好了。”阿弥听老板这样说，马上把讨饭和尚收留了。阿弥睡觉的房间同住着4个长工，一个头上长虱、脚上流脓的和尚住进来都讨厌煞了。可阿弥是管家的，大家没办法。“要睏，你把自己的床铺给他睏！”阿弥一听，真把自己床铺让给了讨饭和尚，自己打地铺。讨饭和尚这一睏，会吃睏3日。最后一夜，月亮蛮好，讨饭和尚死了。阿弥回来，长工们都埋怨他多管闲事。叫他赶快把死尸背出去。阿弥一看人已经死了，就背着死尸往外走。阿弥背出大门，也勿晓得啥人在讲：“阿弥走好！阿弥走好！”4个长工跟出来，看到阿弥背着死尸，一步一步朝南向半空中走去，奇怪煞了。等长工叫来老板，阿弥的人影也看勿见了。原来这烂脚和尚是个仙人，是来渡阿弥成佛的。这就是佛经上记载，人间善男信女中念的“南无阿弥陀佛”的出处。

二十九、文殊洗肚肠

文殊菩萨母亲怀孕后，荤腥东西一点也勿要吃，不要说闻到，连说到鱼肉荤腥也要吐。小孩子生下来，取名叫文殊。文殊出生后，一直吃素，在家里书念念、字写写。长到十五六岁，从来没有出过家门。有年正月走亲戚，他妈托人把文殊带到他舅舅家里去拜年。舅妈头一次看到外甥，相当客气。见摆在桌上的许多荤菜，文殊一口勿吃，就在给盛饭时，偷偷把两块肉加汁放在饭底下。文殊吃饭吃到近碗底时碰到肉，本想勿吃。心想：头次到舅妈家，也无办法，怕剩下倒掉罪过。只好连饭带肉吃下。刚下肚，就觉得全身痒煞，都是风疹块。不好意思再留下，就给舅妈说：“我身上不大舒服，我要回去了。”舅妈留也留勿牢，拖也拖勿住，只好让文殊走了。文殊走到半路，看到有口山泉，流出来的水，冷天火热，热天冰凉。他身上实在痒煞，就脱掉衣裤跳入泉水。他肚脐眼是空的。就用手指伸进肚脐眼，把肚肠全部拉出，一只手揿住，一只手洗肠。这时，有个老妪路过看见了就喊：“小后生，介冷的天，怎能洗冷水浴？”听到有人呼喊。文殊抬头一看有个女人，好难为情。心一慌，左脚踏着地上的肠子，右脚踏着刚挤出来的粪便。这时天空吹来一阵清风，地上的肠子变成龙蛇，粪便变成了神龟。据说：文殊菩萨两旁的“龟蛇”两将，就是这么来的。文殊也随着这道清风，飘飘荡荡到五台山，修成了佛，人们都称他为文殊菩萨。

三十、七月三十插地香

很早以前，老百姓种田还没有耕牛，只好用人拉犁耕田，人累得死去活来，因而大半农田撂荒着。一遇上天旱水灾之年，老百姓就缺粮挨饿。地藏王菩萨看到后，就上天把凡间百姓种田因无牛荒田缺粮的事禀告玉帝，请玉帝派仙牛下凡，帮百姓耕田。玉帝一听觉得有理，就答应了。但仙牛求告玉帝：“再苦再累的事我能做，就怕凡人吃我肉。”地藏王菩萨生怕意外，就在玉帝面前与仙牛订约：如有凡人吃仙牛肉，就用地藏王菩萨的眼睛挖出来赔仙牛。仙牛见地藏王菩萨介顶真，也就答应了。玉帝见仙牛同意了，就抓起仙牛尾巴，把它推下凡间。凡间有了牛耕田，老百姓的日子越来越好。不知啥人开了杀戒，在春耕以后把牛杀了吃肉，仙牛就把地藏王两只眼睛挖出，扔到河里，变成了田螺。从此以后，地藏王菩萨眼睛瞎了。老百姓可怜地藏王，就在每年农历七月三十晚上，在家门前插地香，让地藏王菩萨闻香上九华山。

三十一、踱八字步

有个秀才，日思暮想弄个官做做，连走路都学做官人的架势和派头，挺胸凸肚，两手叉在背后，一摇一摆，勿紧勿慢，踱着八字步，种田人看见他，都在背后用手指头戳他，笑他是个官迷。有一日，秀才又在村口路上踱八字步，忽然天上撑起乌云，轰隆隆雷声即起，瞬间落起大雨。种田人从田头一路跑进亭子去躲雨，秀才顾勿得面子，也慌慌张张挤到凉亭里躲雨。种田人一看这位老喜欢踱八字步的秀才也跑进来躲雨，说："秀才，你平时走路慢吞吞踱方步，蛮像做官人的样子，今朝怎跟我们种田人一样奔得介快啦？"秀才说："我刚才跟着奔进来？那我！那我！再去重新走过！"说完，冒着大雨，冲出凉亭，走到刚才踱步的地方，挺起肚皮，背着双手，一步一步勿紧勿慢在大雨里踱起八字步来，一直踱到种田人躲雨的凉亭里，说："这回怎样？"种田人早已笑得眼泪流出来，可还是冲着秀才说："秀才，这回像样了，这回像样了！"

三十二、巧妇禁赌

有个人，名字叫阿六，嗜赌如命。就是夜饭米没有也要去赌。一天老婆又劝阿六勿要再赌啦！阿六说："你叫我勿赌，除非你一次也勿叫我阿六名字。"老婆说："我勿叫你阿六名字，顶省力勿过。""你只要有'六'字牵搭着，我总归要去赌。""好格"。夫妻俩讲好，还勾勾手指，象赌东道一样认真。过了3日。叫阿六赌钱的人蛮多。老婆勿叫我阿六，去赌勿来格。他老婆名字叫阿花，阿六故意对老婆说："阿花，我今朝要种绿豆去。"想以绿豆的"绿"字引老婆，因"绿"字也是"六"音。老婆应道："你要种青豆去呀！"绿豆勿叫叫青豆，不牵搭"六"字。又过一日，有3个赌友存心想试试阿六老婆，故意叫阿六走开。在门口喊："阿六嫂"阿六老婆应道："嗳！""阿六哥呢？"如果过去有人这样问，她都是回答:阿六走出去啦！这次她回答："走出去啦！没有在家！"这3人又说："上两日钞票输出，还勿去还，还要上门来讨？"她问："欠你们多少钱？"一个说："欠我六十"，一个说："欠我六十六"，另一个说："欠我一百六十六。"阿六老婆说："等歇他回来后，我告诉他有人来讨赌钱！你们叫啥名字？"一个讲："我叫王阿六"；一个讲："我叫张阿六"；又一个讲："我叫李阿六。"老婆说："好格！回来我告诉他。"夜快，阿六回家。老婆说："今天讨钞票人来啦！你头两天钞票赌输，没有去还人家。"阿六故意问："欠多少钱？"老婆说："一个欠三十双；一个欠三十三双；还有个欠八十三双。""六"字统没牵搭着。阿六又问："叫啥名字？"老婆说："一个叫王二四、一个叫张铜柱，还有一个叫李长三。"阿六爱赌，牌九熟得很。老婆很聪明用牌九点数回答他。二四的牌面是六个点、铜柱的牌面也是六个点，长三又是六个点，阿六听了心服口服，再也没啥话好说啦！第二天，这3

个人又来叫他去赌。阿六说：“这回我是死心了，手指也勾过，服了老婆，再赌就不是人。从此以后，阿六刻苦在家种田，夫妻俩勤俭持家，生活越过越幸福。

三十三、长工三“贬”王先生

很早以前，毗陵有户种田人家有个儿子，自小聪明伶俐，但因家贫念不起书。在他五六岁时，不管刮风下雨，每天都到村上私塾窗口听先生教书，回家后就子乎者也背诵，天长日久，耳濡目染，学得一肚子好文才。到十五六岁时，由人介绍他去邻村一财主家当长工，主要是陪小主人念书。有年，财主家换了一个姓王的教书先生，与长工同住一室。有一次，王先生拉肚子，半夜要上茅坑。心又急，黑暗中打不开房门。口中念念有词：“屁急屎来追，门闩拔勿开”。被惊醒的长工答道：“先生一首好诗（屎）！”“嗨！不仅一手，而且两腿都是了……”天勿亮，先生就在天井打水洗裤子，看到早起来的长工，顿感面红耳赤。有年冬天，先生吃午饭时，突然看到阴暗的天空突然降下雪珠，哔哔卟卟打在天井石板上，立刻诗兴大发：“今日天空落雪珠，落到地上就变水，一番手脚两番做，天空何不直落水。”在一旁端菜的长工听到后，随口答道：“今日先生在吃饭，吃到肚里就变屎，一番手脚两番做，先生何不直吃屎。”同桌一块吃饭的财主听了哈哈大笑。而王先生真是上天无路，入地无门，无地自容。春天到了，先生与小主人等去花园赏花。想起两次被长工戏谑。以老卖老，就以花为题。出口道：“花开花谢，花谢花开；先开先谢，先谢先开。”长工不加思索，马上答道：“人生人死，人死人生；先生先死，先死先生。”先生本想教训下长工的，结果又被长工贬低。真是偷鸡勿着蚀把米，十分尴尬。自己没有脸面留下来再教小主人念书了，只得背包袱走人。自此，长工成了小主人的私塾先生。

三十四、贴“福”字

朱元璋洪武十四年，也就是1381年，金陵过元宵，家家户户都在家门前吊挂各色各样的花灯。那天晚上，朱元璋带着徐达丞相，打扮成普通百姓穿巷走户，到京城各处观看平民百姓的花灯。两人走到一家豆腐店门前，看到一盏奇怪的白象灯，灯下面还藏着一盏垂着头，拖着尾巴，马蹄很大的小马灯。朱元璋停下看了又看，越看越觉得有疑问。这盏灯明明在咒骂自己，上面一盏白象灯，在咒骂我皇帝生得勿像人，下面一盏小马灯，扎得头小脚大勿像样，明明是在说我的马皇后生得难看，是个大脚婆。他越想越气，从袖中拿出笔来，在那家门上写了一个“福”字，气冲冲地走了。朱元璋一声勿响回到宫里。过去回宫，总是先到马娘娘的朝阳宫，和马娘娘谈谈家常。今天回宫怒气冲冲，既勿到朝阳宫，又勿到其他宫去，一直走到御书房，一声勿响地睡在御床上。马娘娘觉得有些奇怪，派人叫来徐达丞相问：“今天万岁出外观灯，碰到什么不如意事，使他闷闷勿乐？”徐丞相就把万岁看花灯，写“福”字的事说了。马娘娘一听，预计到明天那户人家要遭殃了。娘娘要丞相想想办法，救救这家无辜小民。徐丞相听了娘娘的话，想了想说：“今天晚上半夜里，请娘娘暗派100名御林军和20名太监，到金陵街巷里，给每户人家门上都贴上一个‘福’字，把万岁写的那个‘福’字换掉。”马娘娘觉得有理，就连夜依照徐丞相的办法去做。第二天五更三上朝，朱元璋果真派武士去捉那户贴有“福”字的人家，武士找遍金陵，只见家家户户门上都有“福”字。武士禀报洪武皇帝。皇帝头号御林军头目，禀报说：“这是娘娘的懿旨。”退朝后，朱元璋气呼呼地责问皇后，马皇后笑着说:“万岁呀，你肚量要放得大点，圣人尚且有错误，何况是平民百姓？元宵节万岁与民同乐，怎能为几盏灯就起疑心，就随便杀一个平民百姓呢！”朱元璋听了皇后的话，火气减了一半，可是他还是老着脸问：“昨夜的事，大概是徐丞相说给你听的吧！”马皇后笑笑说：“我说一个故事给你听听。我很小的时候，和徐丞相家住得很近，有一次徐丞相的娘和他叔叔为了一块屋基地争吵起来。各勿相让，徐丞相老母争勿过叔叔，就写信给正在外面谋事的儿子，徐丞相看了母亲的信后，回信给他母亲说：“千里写信为基地，让他三尺又何妨。万里长城今犹在，独独不见秦始皇！”你看，当时年轻的徐丞相肚量多么大呀。朱元璋听了马皇后的话，很受感动。从此以后，自己常常穿便服，到各处查访老百姓的苦处，听听老百姓的意见，所以朱元璋晓得民间的事很多很深。从那时开始，那户人家因祸得福，老百姓也都把这个“福”贴在厅堂上，大门上。死了人，还在棺材头板上刻个“福”字，隐喻着因祸得福的意思。

三十五、大小娘过清和桥

有一日，内河航船里乘着3个客人，一个和尚，一个教书先生，还有一个大小娘（大姑娘）。和尚年纪蛮轻，两只眼乌珠光溜溜盯牢大小娘。教书先生也不正经，总想寻大小娘搭腔，便出主意要同和尚、大小娘对诗打赌，啥人赌输啥人付船钱。和尚巴不得同大小娘寻开心，就先讲：“船里打赌三个人，啥人勿讲也算输。”和尚开口出句：“心经念，弥陀盖，念佛修行人人爱，若有人勿爱，西天活佛何处来？”和尚看看大小娘，意思是：我这个西天活佛你爱勿爱？大小娘也看出这个贼秃和尚勿怀好意，但想到大家同乘一条船，只当没听见勿看见。教书先生一听和尚往自己脸上贴金，他就抢着讲：“红字写，黑字盖，读书写字人人爱，若有人勿爱，文武百官哪里来？”大小娘坐在那里闷声勿响，教书先生乘机上去搭腔。“大小娘勿讲，你付船钱。”大小娘肚子气鼓鼓，付几个船钱小事，这口气却咽勿落。就讲：“我家女人少出门，没见过世面，要是讲勿好，勿要见笑。”和尚马上讨好:“勿要紧，尽管讲！”大小娘讲:“水粉妆，蜜糖盖，风流之事人人爱，若有人勿爱，先生、和尚何处来？”船老大一听哈哈大笑，“还是小娘讲得好。”和尚和教书先生明明晓得大小娘在讨便宜，要想报复，没有对策，自认吃亏又勿肯服输。就在这辰光，航船正好摇到清和桥。教书先生一看，肚里打起算盘，断命和尚开头，土里土气给自家贴金，反落得被小娘讨了便宜，这次我要上真格，看你和尚还敢往自家脸上贴金，看你大小娘还有啥本事得罪我？他主意拿定，就开口讲:“前头是清和桥。清河桥3个字，3人各自认定一个字来做文章。”和尚一听马上叫好，说：“教书先生好主意，还是老规矩。”我先讲：“有水也念清，无水也念青，去了清边水，加争便是静。静静修心修过桥，观音渡我上莲台，肩背一只木鱼袋，同到西天见如来。”教书先生接着讲：“有口也念和，无口也念禾，去了和边口，加斗便是科。科科考试飞过桥，一场考中是秀才，肩背一只笔墨袋，连考三场做府台。”和尚声声叫好，眼乌珠盯着大小娘：“看起来今朝要这位大小娘付船钱了！”大小娘理也勿去理他，开口就讲：“有木念桥，无木也念乔，去了桥边木，加女便是娇。娇娇滴滴人人爱，生出两个儿子来，老大西天见如来，老二考中做秀才。”教书先生同和尚让大小娘讲得闷声勿响，船老大本来想笑，但一想勿对，这三人都讲得蛮对，只怕没人付船钱，他就一边摇橹一边唱了起来:“橹带长长，橹叶扁扁，我航船撑过多年，勿怕你们赖我船钱。”

三十六、以恩报怨

从前有个财主，生有3个女儿，个个似花如玉，但个性有异。大女儿和二女儿心胸狭小，喜拍马屁。小女儿心地善良，有主见，并学有一手烹调技艺。有年大年夜，财主把3个女儿叫到堂前。问大丫头：“爹爹养你这么大，你靠谁的福？”大丫头说：“靠爹爹的福。”财主很高兴，说大丫头乖得，诺！这2两银子给你做压岁钱。问二丫头：“爹爹养你这么大，你靠谁的福？”二丫头说：“靠爹爹的福。”财主很高兴，说二丫头乖得，诺！这2两银子给你做压岁钱。问三丫头：“爹爹养你这么大，你靠谁的福？”三丫头说：“牛吃草，鸡吃谷，各人自有各人福，泥塑菩萨住瓦屋。”财主听了，气得胡须直翘，说“细婊只，爹爹养你这么大，一句好话也没有，还说各人自有各人福，泥塑菩萨住瓦屋……好！我让你去住瓦屋享福！”他当即叫来看门长工，说：“明天年初一，开门看到男的叫花子（乞丐）就把他叫进来，把细婊只嫁给他……”母女连心，三丫头在娘怀里通宵哭得死去活来。但在封建礼教男尊女卑的社会里，女子婚姻，均有所谓“父母之命，媒妁之言”定终身。第二天清早，一个年轻俊俏但头脸生有皮肤病的叫花子上门乞讨，看门长工称他“新姑爷”！就把他拉进堂屋。哭哭啼啼的三丫头，三次跪拜母亲后，即嫁鸡随鸡，嫁狗随狗，跟着乞丐去了。乞丐待三丫头很好，把她安顿在流动住所的一只小蓬船里，自己每天外出乞讨，供她膳食。翌年春夏季节，乞丐把船停靠在一座石桥洞下面（可避风雨），自己又上岸去乞讨。三丫头看看天，该是丈夫回船时候了。她把平时乞讨回吃不完的晒干剩饭与菜加水放在锅里，刚烧开，她揭开锅盖，用铲刀来回铲时，突然有条花蛇在桥洞顶破缝里从天而降，不偏不倚正好掉入锅里，三丫头惊呆了。只见花蛇在锅里颠了几下，很快就烧糊了。这时，乞丐也刚回到船。三丫头如实把花蛇如何掉入锅里经过告诉了他。乞丐平时穿巷走户，早就听说，蛇是味药，能治皮肤病。于是他舀出锅里蛇肉粥，为妻子另烧好饭。自己吃蛇肉粥，觉得味道很鲜美，还比平时多吃了半碗。乞丐当晚睡觉，头一着枕头，就进入梦乡，特别香甜。睡在旁边的三丫头翻来覆去，怎么也睡不着。心想，如果花蛇有毒，丈夫吃了中毒死亡，她也不想活了，决心投河。正在她迷迷糊糊将睡着时，只听见身旁的丈夫呀的一声“好舒服啊”！这时，天也亮了。妻子睁眼一看，丈夫判若两人，早先脸面上的“隙皮”不见了。乞丐感到特别轻松，用手一摸，全身新光滴滑。镜子一照，白里透红的脸堂显得更英俊了。真是天赐良药，花蛇粥治好了他的皮肤病，小夫妻不用说有多高兴。从此，俊男美女，小夫妻更加恩爱。外出讨饭，同出同归。有次讨饭，多走了村落，天又阴暗，快要下雨，来不及回船，决定去前面不远处的村落借宿。一进村，不闻鸡鸣狗叫之声，村舍很荒芜。路边有户人家，大门半闭，敲门无人答应，乞丐推门进去，一个好大院落。有“照壁”天井里长满杂草，乞丐抱来柴草，铺在照壁右边厢房地上，用门闩撑好门。乞讨了一天，十分疲劳，刚一睡下就进入梦乡。约到半夜时分，窗外雷声隆隆，大雨倾盆，只听到霹雳一声。侧厢房窗户洞开，跳进一人，惊醒的乞丐借雷电闪光里看到，来人青面獠牙，伸开双手向乞丐扑来。说是迟，那时快，乞丐操起门闩，奋力向魔鬼打去，仅一棍，就把魔鬼打翻，只听见魔鬼大声说：“不要打了、不要打了！我为你们看门多年，今夜‘女菩萨’才来，这是一串钥匙，主人接好。”一跃飞出窗外，消失在夜幕之中……天亮了，太阳出来了。乞丐拿着钥匙，陪着妻子，斗胆穿过厅堂，向里屋走去，他逐一用钥匙对锁开门，有间库房里堆满金银，有的库房里堆满米粮。有把钥匙特别明亮，想是与经常使用有关，打开屋门，见是满圈肉猪……即是“物归原主”。夫妻俩住下后，请人写告示，招聘员工，过起了“各人自有各人福”的生活。不久，某地出了个大善人消息，传遍十里八乡。话分两头。那个年初一“嫁女”出门的财主所在地，连续三年大旱，民不聊生，饿殍遍地。财主到山南大丫头家避荒。大丫头家虽有吃喝，但父母吃住一段时间，她就嚷嚷：“阳山大家当，也要被吃成瘪乱袋，去二丫头家吧！”财主没法，老两口跌跌冲冲来到二丫头家，谁知二丫头家还不如大丫头家，财主住下没几天，二丫头家公婆就相继死亡。女婿说：“真是两个丧门星”，硬是把财主扫地出门。财主平时享惯了衣来伸手，饭来张口的福，落难后，又不会讨饭，去女儿家又受此奚落，后听到某地有个大善人，每天为灾民赈灾施粥，老两口来到该地，拿着碗，从东排队等待施粥，谁知那天从西排队处开始施粥，到财主那里，粥刚好施完。第二天，财主从西排队，等待施粥，那天施粥从东开始，到财主那里，粥刚好施完。第三天，财主排队中间，认为不管从东或从西施粥，我排队中间，一定能施到粥。而那天施粥，却从东西两头向中间施粥，到财主那里，粥也施完了。(每次施粥，三丫头总坐在楼上，有天她看到两个老人，跌跌撞撞在排队等待施粥，从外形看，认定是自己父母，她叫人请来母亲，专门有人服侍她吃住。并商定让父亲“折腾”几天再说，叫母亲不要过问，于是，就精心安排了施粥步骤。)财主连续三天没有施到粥，坐在地上哭着呼喊“天理不公”。三丫头叫人把他扶进屋里，端出财主平时最爱吃的鹅脑子馄饨，财主狼吞虎咽，一只一口，吃到第四只才尝出鹅脑子馅心味道。他哭着说，只有三丫头才能包鹅脑子馄饨我吃，莫非三丫头就是人们传说的女菩萨。我不该年初一逼她出嫁呀！当即泣不成声，后悔莫及。在屏风背后三丫头听到父亲忏悔话语，即上前跪在地上，亲热地叫父亲，说：“过去的事就过去了，别再提它了。从此，你就在我家住下，要吃东西，尽管开口，只要能办到，一定满足你，养你终身。”不久，又把两个姐姐家也搬迁来，全家再享天伦之乐。住了几个月，财主对女儿说，我身体尚可，现只吃不做事，很感无聊，想弄点事情管管。三丫头晓得父亲“心想”。就把整串钥匙交给他，说：“你用钥匙去开门，开到什么，你就管什么。”财主拿着钥匙，看了看，认为最亮的那把钥匙，肯定每天拿金拿银，开得多，所以发亮。于是，他拿那把最亮的钥匙，打开了屋门，见是满圈肉猪。他忽然想起三丫头“牛吃草，鸡吃谷，各人自有各人福，泥塑菩萨住瓦屋”的话，越想自己不该这么势利，欢喜听奉承话，越想越对不住三丫头，就一头撞死在猪圈门上，成了民间的“猪瘟菩萨”。

第八节　楹联　诗词　散文　民歌民谣

一、楹　联

汤墅庵（孝思庵）用联3副：

汤相如感知应谢四乡百姓协力重建孝思，
菩萨若有灵当保八方黎庶振兴永享安福。

宇厦虽简乃是众心所聚，
殿堂不华却续万年香火。

行善积德重今生心正为本，
诵经念佛修来世诚信则灵。

汤墅谈氏宗祠门联

白沙家声远，
思成世泽长。

汤墅谈氏谱祠双修玉成贺联

王亚兴[1]撰联2副：

思广平源远，名区列祖功高德美；
成汤墅族荣，盛世合宗业旺家兴。

思广平源远列祖功高德美，
成汤墅族荣合宗业旺家兴。

吴之光[2]撰联5副：

希文家声远，
白沙世泽长。

黄塘归径源白沙，
阳湖分支在思成。

道德思成堂凝聚正能量，
传统谈宗祠文化大发扬。

美仑美奂宗祠巍然气象新，
克勤克俭祖业传统文化扬。

遥望黄塘明初迁来勿忘祖先创业艰，
近挹清流万历建祠勉励子孙积德高。

---

[1] 王亚兴，1948年12月生，中国楹联学会会员，武进诗联家协会主席。

[2] 吴之光，江苏武进人，2014年2月20日逝世，享年86岁。原武进县地方志（党史）办公室副主任。离休后曾任江苏武进佛学院名誉院长、教师，武进谱牒文化研究会会长、常州市谱牒文化研究会执行会长、兼常州市祠堂文化研究会会长等职。曾为重建汤墅谈氏宗祠撰写碑记，并撰写《汤墅思成堂谈氏宗谱甲午十修序》。

上官鹤锦[1]撰联1副：

思九江白沙归径黄塘祖德藐藐源流长，

成汤墅族亲谱祠双修瓜瓞绵绵孝友扬。

二、诗　词

宋·赵义夫[2]诗1首：

题安阳山[3]

突兀当空特不群，崭然头角起祥氛。

毗陵自古多英俊，可信孤峰解主文。

宋·唐皞[hào][4]诗1首：

题安阳山翠微寺[5]

平地巍峨起一峰，历山西畔隔湖东。

势侵云汉千寻直，影落烟村四面同。

龙窟正当螺髻顶，僧居端在画图中。

邦人不独资观赏，旱岁为霖更有功。

---

[1] 上官鹤锦，常州市谱牒与祠堂文化研究会副会长、常州市武进谱牒文化研究会副会长、常州大学乡贤文化研究所研究员。

[2] 赵义夫（生卒年，事迹不详），曾任毗陵郡辖县县令。

[3] 安阳山位于汤墅南5公里，汤墅村民抬头即见，称之为南阳山。自古至今，每年农历二月十九，村民有游阳山之习俗。安阳山，山名，古时曾属武进，今归无锡。清《武进阳湖合志》引《南徐记》云："安阳山，县东南六十里，中分无锡界，属安尚乡。"安尚乡宋时属晋陵县，清时属阳湖县。安阳山有狮子山、长腰山、大阳山、小阳山组成，山峰突兀，断岩峭壁，曾被明太祖赞为"八面威风"。山间有朝阳洞、清水洞、文笔峰等洞天福地，山顶有古代火山喷发口，尤以公元1246年东渡扶桑创建日本建长寺的一代宗师大觉禅师之碑，而闻名于海内外宗教界。小阳山低矮小巧，窈窕俊秀，狮子山林茂花繁，妩媚动人，长腰山形如卧牛。安阳山盛产水蜜桃，桃熟季节，硕果累累，乍点红唇，色丽香溢，被称为"江南一绝"。

[4] 唐皞（生卒年不详），宋高宗绍兴元年（1131年）任无锡县尉。事见清嘉庆《无锡金匮县志》。

[5] 翠微寺，宋时安阳山有翠微寺，额"翠微"；隔湖东，指相隔在阳湖的东边。

明 • 王珀诗 2 首：

安阳峰翠

空山雨后青峰东，此地芙蓉似岳嵩。
春日会当登绝顶，白云之际尽崆峒。

阳湖鱼艇

渔舟乐唱阳湖边，渔父携鱼换酒钱。
徐饮笑看湖底月，月光映水两头天。

清 • 赵翼诗 3 首：

舟泊太湖

峭凉时节未丹枫，万顷晴波映碧空。
星月满天人半醉，扁舟夜宿太湖中。

阳湖晚归

布帆轻扬晚风微，回首阳山正落晖。
鹭点碧天飞白字，树披红叶赐绯衣。
诗情澄水空无滓，心事闲云淡不飞。
最喜渔歌声欸乃，扣舷一路送人归。

登阳山绝顶

登高想见昔鸿蒙，一片川原纬绘中。
目力穷如天地合，心神超到古今空。
羲轩有号先尧典，混沌初开岂禹功。
至此直思元会始，欲将荄纽问高穹。

清 • 黄永诗词：

满江红　卓人约遇安阳山居

子惠思予，放艇去，绿帆风涨。旧游处，万松精舍，可能无恙。咫尺相看原不厌，到时昏黑终须上。道炊烟，起处有人家，清樽饷。泼泼鲤，偏摇漾。呦呦鹿，如随唱。有杜家遗法，百壶清醸。我醉欲眠徐穉[zhì]榻，君休莫负安期杖。似王维、裴迪辋[wǎng]川游，当年状。

清·王济安[1]诗1首：

安阳夕照

层峦高耸入苍穹，石色斜薰夕照红。
霞映坡明清水洞，烟凝林暗翠微宫。
樵夫欲爨[cuàn]满山火，木叶未霜一岭枫。
因忆首阳情独往，也堪空谷寄高风。

《汤墅谈氏宗谱》摘录2首：

船过汤墅赠湖滨四兄（黄塘弟履杰）

船过城南访洛津，芸窗灯火韻清新。
青缃黄卷承先业，奥义奇文启后人。

又赠五言律（履杰）

高雅蒲溪士，东南近洛阳。
庭前簇兰桂，架上满缥缃。
诗酒襟怀阔，文章事业长。
我登宗远墅，卜整旧衣裳。

谈雪堂诗草8首：

日谋稻粱

灼灼园中桃，青青堤畔柳。
春风竞敷荣，秋灵倏残休。
譬彼木槿花，繁华失回首。
悟此耽隐沦，一笑去挥手。
薄采商山芝，酣斟彭泽酒。
遥望涧底松，后彫谁与偶。

老渔

泛尽江湖水，飘然一叶舟。
不知秦汉日，安问武林秋。

---

[1] 王济安（生卒年不详），字剡舟，清武进人，邑内文士。

蟹簖开青眼，渔灯照白头。
桃源依旧在，垂钓快重游。

春晴

弹指阳春景物妍，一竿红日照晴烟。
花因旭晕争飞锦，柳为霞蒸竞脱绵。
南陌踏青人蚁聚，西郊拾翠客蝉联。
骚翁游宴归来晚，好趁当头月影圆。

春阴

养花天气最宜阴，亭院无人绿荫深。
莺语不来春寂寂，鸠声频唤昼沉沉。
千林雨暗红鹰湿，万缕烟迷翠不胜。
转盼新晴开丽景，十分韶景蝶先寻。

断碑

蔓草荒野里，披榛认断碑。
书难分篆隶，事莫辨皇羲。
荐福雷轰后，淮西谤毁时。
千金摹一字，岣嵝探神奇。

旧剑

旧铸传欧冶，千金价夙酬。
如何三尺剑，难割十分愁。
藏处锋芒射，磨时岁月流。
丰城邀赏识，终不跃沧洲。

破砚

旧制端溪石，曾封即墨侯。
风味余半角，龙尾破千秋。
昔庆玻璃贮，今嗟瓦砾投。
倘逢青眼赏，染翰振风流。

秃笔

不复江郎梦，空怀五色花。
锋藏毛颖宅，锐失管城家。
前度工修凤，今番拙画鸦。
中书君已老，埽阵让人夸。

曾铸词：

鹧鸪天　赠武进接头厂厂长谈志仁

六十春秋发未星，劳模榜上足先登。初当配角无人羡，独占鳌头四海惊。情察察，志铮铮，江南塞北任纵横。“接头五子”膺徽号，飞鸽金狮更擅名。

庄静飞[1]诗词：

【七律】咏梅 4 首，值庭中腊梅花开复次秦观佚诗梅花百咏“神真人尘春”韵

腊梅

冰霜久冱 [hù] 禀精神，欲雪时分看更真。元吉黄裳谪仙子，天寒翠袖倚栏人。
檀心点点吹芳馥，笔势骎骎 [qīn] 扫雾尘。腊月含章谁得见，自横玉笛报新春。

庭梅

手种梅花若有神，四时光景此中真。心仪松竹之间友，风度羲皇以上人。
庭院不虚山水趣，轩窗自障去来尘。更思明月清风夜，袅袅香萦绿萼春。

瓶梅

渊恬素处默心神，机妙其微赏愈真。且插纤枝添活水，合栖幺凤衬幽人。
胆瓶香植三千界，玉树光消万点尘。可信停云飞不去，我庐今日胜芳春。

书斋梅

无端钟爱缪斯神，幸伴梅花一树真。书室坐愁如解语，寒天持节恰奇人。
眼前冰雪开图画，腹底江山扫鹤尘。留照文光归箧 [qiè] 笥 [sì]，一窗明月未眠春。

---

[1] 庄静飞，女，1973 年 9 月生，汤墅谈家头谈健之妻，爱好古诗词、书法创作，网名木棉，书斋名砚雪楼，作品在《中国书画家》《中国诗赋》《中华诗刊》《毗陵二百年词选》等刊物书籍发表。

【五律】邓尉香雪海早春探梅得梅花诗 8 首

思梅

摇影身千亿，吹香萼绿华。时空飞绛雪，终古焕烟霞。
明月含珠浦，云林隐鹿车。春风已先觉，邀探万梅花。

访梅

江南灵秀地，遍野种梅花。空曲疑三弄，霞衣落九华。
风来香似海，云往鹤为家。半入游仙梦，游仙任迩遐。

望梅

山鬟连水佩，望望起卿云。槛外稀春曲，林间密藻文。
世多随薄俗，尔独在灵氛。此意酬知己，暗香如可闻。

对梅

梅花开古拙，客子动心魂。香沁停云渚，霞留挂月村。
清寒破霾雾，春气定乾坤。永忆江南好，山山有慧根。

探梅

登山怀古慕，浮海意空寥。高士诗中画，梅花雪后娇。
清风香染袂，云辇凤传箫。胜事长孤往，同心尚可招。

赏梅

万蝶栖琼树，云霞落锦瑶。梅花自千古，一望合魂销。
随处闻香馆，漫山漱玉潮。春愁先子破，吹彻邓林箫。

品梅

芳菲如化雪，心迹履冰霜。内美锺容德，修能许国香。
寒枝曾茹苦，新蕾正含章。落落风怀素，凭思古抱长。

月梅

妙高峰 [1] 上月，梅韵照清凉。渡鹤澜生水，飘香雾转廊。
蓬莱云幻蜃，故国海生桑。盟序春之曲，鸣琴在凤冈。

【水调歌头】乙未大寒龙城夜雪次日晨起踏雪寻梅雪景清绝如画

一夜晶莹意，如约访梅人。恍然迷走仙境，瑶圃接琼林。此际冰河入梦，看取玉壶天地，万象宴昆仑。平远潇湘浦，渺渺泊云津。咏吴盐，拟柳絮，叹芳魂。春风未抵，东君消息已相邻。世外仙姝若隐，高士山中谁在，鸾鹤固相亲。画境清如许，梅萼写精神。

---

[1] 丙申元宵前一日苏州光福邓尉山访梅，邓尉山北峰又称妙高峰。

【齐天乐】毗陵问菊雅集分韵得此[1]

振衣谁上高台去，凭栏一望云水。梅馆芳幽，宝林禅定，赋了江山多丽。星槎泛起。看烟火人间，杂然醒醉。渐紧西风，木兰坠露清霜里。黄华犹璨似此。正香摇玉影，风动瑶佩。欹石簪巾，疏篱把酒，自是南山情味。乾坤待洗。怕雾重霾深，艳妆虚绮。破闷孤愁，欲言还讳杞。

【行香子】小雪

袜净尘沙，衣缟仙霞。渡轻寒、漠漠天涯。水晶帘箔，梦影窗纱。认烟波澹，遥岑白，雁云遮。 底事情悭，未许秾华。小梅妆，香冷幽遐。飞琼舞袖，弄玉乘槎。散绡非彩，珠非绛，万瑶花。

【水龙吟】百丈 瀑布

垂云机杼谁成，白波百丈从天降。虹生霰起，山鸣谷应，风雷激荡。雪练长飞，素书高挂，梦惊昆阆。却珠帘未卷，鹤鸾待唤，灵槎隐，隔烟浪。 一曲青山无恙。伴烟霞，琴心迭唱。松涛籁合，林泉玉漱，妙高峰上。风吹连空，龙吟在耳，汇成清响。此中人，不觉予怀渺渺，乍离尘壤。

【念奴娇】秋日登紫金山[2]

金陵王气，看浮浮冉冉，古今腾束。华顶之云华表鹤，久绕梦中林麓。万里长江，六朝烟水，到此供愁目。桂枝香里，仲秋天气初肃。见说潮打孤城，金戈铁马，几度惊沉陆。商女不知亡国恨，添了后庭遗曲。桃扇春风，石花血雨，宛记人歌哭。江山如画，一枰谁绘棋局。（乙未中秋前二日登紫金山。）

---

[1] 乙未十月之望，红梅公园天宁寺宝塔下，《中吴诗刊》毗陵问菊雅集诸子以陶元亮句“怀此贞秀姿卓为霜下杰”分韵得此。

[2] 刘禹锡《西塞山怀古》：王浚楼船下益州，金陵王气黯然收。

张岱《陶庵梦忆·钟山》：钟山上有云气，浮浮冉冉，红紫间之，人言王气，龙蜕藏焉。

王安石《桂枝香·金陵怀古》：登临送目，正故国晚秋，天气初肃。

周邦彦《西河·金陵怀古》：怒潮寂寞打孤城，风樯遥度天际。

刘禹锡《石头城》：山围故国周遭在，潮打空城寂寞回。

杜牧《泊秦淮》：商女不知亡国恨，隔江犹唱后庭花。

莫愁湖胜棋楼见联语：粉黛江山留得半湖烟雨，王侯事业都如一局棋枰。

【满江红】丙申端阳旅欧机上赋

万里云程，奇天景，舷窗在望。波渺渺、仙人捧袂，露盘轻漾。故国山川如梦里，异乡明月扶轮上。唤重华、瑶圃与同游，翩然想。逢端午，哀宿莽;瞰浮世，多尘壤。漫招魂屈子，水龙吟唱。歌罢飞鸿白雪志，翻成沧海红桑怅。此云间、一夕望琼楼，何泱漭。

谈俊荣偶然得句：

铸梦

中国梦舟今启航，征程万里铸雄强。
法规精慧全民尚，万众一心圆华章。

家乡情思

艳艳桃花映紫阳，满园林果画诗廊。
常随年少祠堂影，归去相呼话短长。

圩墩春意（写在圩墩遗址公园桃花节）

桃花坡上映湖开，碧浪摇红拍岸来。
今日惟留遗址在，圩墩千载世人猜。

农家硕柿（家院门口柿子硕果累累留影）

去年柿熟墙门口，童稚前边把影留。
童稚不知何处去，柿丛依旧压枝头。

回乡

四方桃花映春开，万亩林园绕我回。
梦忆牌坊寻旧影，多情最是故乡来。

思成堂静景（汤墅谈氏宗祠落成）

半亩园林多丽日，一湾池水尽春晖。[1]
白沙源缘流长远，谈氏思成满翠微。

---

[1]“半亩园林多丽日，一湾池水尽春晖”出自田英章联句。

三、关于汤墅村的散文

旧式女人的幸福（作者　赵淑光[1]）

每年都去武进洛阳汤墅谈家头祭扫。桃红柳绿、菜花灿灿，大理石砌筑的西式墓碑下，我的公公婆婆就长眠在这片故乡的热土上。

故乡的土地叫作热土，连着前世今生的传承，带着父母先辈的体温，人世间有几人归得家园热土？

所以，我一直说，公公婆婆是有福之人。

更何况，他们的牌位还会双双供奉在威严的谈氏祠堂。

我的公公婆婆，何等圆满？何等荣耀！

我虽然出生于50年代，骨子里却是个旧式女人。旧到什么程度？描述三寸金莲不敢说，但至少我知道祠堂。

我的故乡在无锡，记得祭祀是一件大事，族人们备好酒菜，放在挂篮中，摇着船，浩浩荡荡从城里出发，到达赵氏祠堂时，叫做“根生”的家人（赵家的老佣人吧？祖母这样称他）早早备好祭品，祭拜时，跪对至高无上的祖先，男人在前，女人在后，黑压压一片头磕下去，简直是地动山摇。

从那时开始，便知道了祠堂，也接受了祠堂文化的道德规范——相夫教子、恪守妇道是女人的本分。我专注女红、绣花纳鞋、厨艺刀功样样精通，外加诗书琴棋也略知一二。嫁入谈家，自认为持家本事绰绰有余。围着锅台转，围着小家转，围着丈夫孩子转，日复一日年复一年，就这样老了。

旧式女人的悲哀在于她觉得这一切天经地义、心甘情愿，无怨无悔，不求回报。

我不要回报的付出，居然回报随后都悄悄来了。

从不求夫贵妻荣，我的丈夫却积极向上，事业有成。背后常对人说，我的成功有夫人的功劳。

从不求有房有车，从电梯走出来，家门口却停着自家的保时捷。不久，将坐在别墅的落地窗前，听园中花开的声音。

从不求金银在握，一生节俭。丈夫却总是对我说，不要亏待自己，你怎么花钱

---

[1] 赵淑光，谈钢之妻，1953年11月生于江苏无锡，1969年为常州牵引电机厂职工，1984年任常州群众艺术馆编辑，1989年南京大学中文系毕业，1990年任常州文化局剧目工作室编剧，2006年任月星集团企业文化营销企划部总监，为江苏省作家协会会员，曾在常州市、江苏、上海、全国的报刊上发表诗歌、散文、报告文学、剧本100余篇。课本剧《小脏手》获得1987年全国课本剧大奖赛二等奖。担任编剧的电视剧《夕阳中的风铃》在中央电视台电视剧频道播出，获得1996年江苏省“五个一”工程奖。

都不过分。

从不图我儿报恩，他却用澳洲赚的第一笔钱，带我走遍大堡礁、皇后镇、企鹅岛……

从不奢求公公婆婆那样的福分，不知道会不会热土长眠，但有一点却是肯定的，谈氏祠堂，一定会有我的归宿。

庄陈老农二三事（作者　臧祖林）

尘世的年华，悸动着时光的流转。其实，七十古稀的老人，更多时候回忆的是过去的那些感动的人和事。趁汤墅村编写村志的机会，陈说汤墅村臧家头的老农钱杏生的往事。

老农中等身材，性格随和，年轻时好胜争强，农闲时，一些小伙子聚在一块，搬张八仙桌往生产队的场中央一放，老农身轻如燕，他双手往八仙桌上一搭，身子就能从右台角跳向左台角。或在场边泥地，光着上身，提一把石锁从胯下拎起甩过左肩再从右边接住，或把石锁高高抛起，再用弯曲右臂接住。有时还用3个指头把一个上圆下方、表面光滑，重达三、四斤的石笋抓起。有时用3个指头把一只扣在台上的空海碗抓起放下。就这样，把身体练得棒棒的。

老农一手好农活。一是“固田埂”。我家与老农相邻，有天傍晚，只见他把铁锹在滚粮轴（碾子）上磨，问他不语，其实老农深谙“工欲善其事，必先利其器”的道理。第二天一早，我正好去上学，只见他赤着膊，甩开膀子，弓腰屈膝，把南秧田通向汤家岸里的一条田埂固好了。老农固的田埂，两边成75度斜坡，泥块堆砌次落有序，美观牢固。二是“耕田”。老农中年时曾经当过“牛头”（牛的买卖经纪人），精熟牛的脾气，老农用手伸入牛口一摸，就晓得牛的岁数，拉拉牛绳，拍拍牛肩肢，牛就会跪下前腿，让人坐骑或驼物。老农用树枝在牛肚子上划几下，牛会先翘尾巴，再到指定地点撒尿拉屎。驾牛耕田时，牛在前，老农在后，用3个指头操纵犁柄，所耕之地深浅均匀，没有“犁埂”，即犁过的田里不会出现像鱼背状的泥埂。三是“莳秧”。老农平时话语不多，但要是说起来都很经典，耐人寻味。特别是讲起莳秧来，讲的有鼻子有眼。村上人莳秧谁好谁坏，他一目了然。他说莳秧大凡有3种莳法：一种叫“铲刀秧”，莳秧时，秧手把左手指分出的秧苗，转接于右手五指并拢插入泥中；一种叫“烟斗秧”，秧手把左手指分出的秧苗，不管秧根是否齐整，转接于右手把曲似烟斗的秧苗插入泥中；还有一种叫“捻香秧”，秧手把左手指分出的秧苗，转接于右手由食指、中指夹住秧根插入泥中。莳秧还分莳“清水秧”和“浑水秧”。清水秧，即把耙好后的水田，等第二天后再莳；浑水秧即当天耙田当天莳。莳清水秧时，秧根入泥要深些。莳浑水秧时，秧根入泥可浅些，待田水澄清，泥浆沉积于秧根，秧苗容易活棵。遇到水深土板的田块，莳秧时要固牢秧根，避免秧苗漂浮——“吞穿条（像死去的小鱼飘浮在水面上）”。

莳秧的好坏快慢，还要拔秧者的密切配合。汤墅村臧家头要数海潮嫂和阿兴嫂拔的秧最好，她俩拔的秧均为3~4根秧为一拔，秧根整齐无泥，整把秧摊开后有秧门，秧手莳秧时得心应手。秧手最讨厌的是拔成“大蒜头”秧把，此大多是贪图多挣工分者的“杰作”，拔秧时一小把秧苗一拔，秧苗的根缠连一起，且常常带着泥块，直接影响秧手的莳秧速度。

如今，牛犁田、耙田、莳秧、拔秧的概念已经渐渐融入历史。

四、民歌、民谣

上梁吉利话

千年松柏两边栽，百木逢春花正开。金枝玉叶布锦绣，家上花梁送福来。

请梁　请梁请到华堂前，备办香烛请圣贤，两边多把金红照，金杯银壶玉相连。

浇梁　手接主人一把壶，天上主官拜师父。王母传丹，杜康造酒，李太白传杯，鲁班传艺，弟子浇梁。浇梁头，独占鳌头；浇梁中，连中三元；浇梁尾，五子登科。

拜梁　好时好日上正梁，和合双双喜洋洋，和合双双同下拜，富贵荣华福寿长。

洒酒：

第一杯　手拿银壶在手中，先洒一杯主人翁。主人翁接酒福无穷，寿比南山不老松。

第二杯　第二杯酒碧汪清，主人翁家中出金银。出了金银造院堂，前造院堂后造厅。

第三杯　第三杯酒状元翁，脚踏贵地遇兴隆，年月日时皆吉利，东南西北尽亨通。

第四杯　第四杯酒共福禄，主家福禄进高状。高状必有高官做，儿孙代代状元郎。

第五杯　第五杯酒好上梁。

上桁条　上梁上到半云中，摆头摆尾像金龙。八童神仙来经过，寿星坐落在其中。

传红　一阵风，一阵香，主人开宝箱，宝箱取出红罗缎，红罗丝上万年飘。左丝红罗生贵子，右丝红罗万年富。

好时好日上正梁，九宫八卦安阴阳。仙官照在仙梁上，八仙庆寿万年梁。

接宝　第一副糕团五味香，厨师父手段真高强。外有红罗酒白面，内有珍珠八宝样。第二副糕团二龙戏珠。第三副糕团连中三元。第四副糕团四品皇堂。第五副糕团五子登科。第六副糕团六六大顺，长生不老，不老长生，称心如意，主人收宝。

接宝好话：

天上掉下宝，主人接得好。一接十斤大元宝，夫妻面对哈哈笑。

亲戚朋友齐喝彩，羡慕主家好运道。二接八斤如意糕，十年事情一年了。

砌房造屋办喜事，牛背身上拔根毛。三接一把幸福糖，云里来了王母娘。

九天玉女齐来到，看中你家状元郎。四接一卷太阳经，危害除得干干净。

姜尚在此无禁忌，年年月月保太平。五接一把金和银，金银堆满聚宝盆。

金龙地上出凤凰，金龙屋里出麒麟，六接一个大金印，富贵双全佐朝廷。

三朝元老非小可，好比当年程咬金。

抛梁　抛梁先抛东，日出一点红，日光映照高粱上，儿孙代代官九重。抛梁抛到南，身穿红罗是状元，上有紫薇来高照，下有文武正当朝。抛梁抛到西，西方云星金鸡鸣，金鸡飞来连声叫，六部尚书出阁老。抛梁抛到北，新造华堂新堂堂，八童神仙坐一桌，儿孙代代享天福。四面八方都抛到，暂且抛下在堂中，刘海洒金钱满地抛。

做屋脊　新做屋脊两头高，二龙取珠安龙腰。上有八童神仙来经过，下有五路财神福来朝。

民歌、民谣

山歌引子

山歌好唱口难开，樱桃好吃树难栽。白米饭好吃田难种，鲜鱼汤好吃网难抬。

东南风起涨潮天

（1）东南风起涨潮天，雨水调匀好种田。高田种到阳山脚，低田种到太湖边。

（众和：高田种到阳山脚，低田种到太湖边。唉哟乐唉乐哟唉！）

（2）东南风起涨潮天，雨水调匀好种田。高田种到八角螺丝旋，低田种到着地眠。

（众和：高田种到八角螺丝旋，低田种到着地眠。唉哟乐唉乐哟唉！）

（3）东南风起涨潮天，雨水调匀好种田。糯稻种来做得千缸酒，晚稻种来纳官粮。

（众和：糯稻种来做得千缸酒，晚稻种来纳官粮。唉哟乐唉乐哟唉！）

（4）东南风起涨潮天，雨水调匀好种田。种田指望风调和雨顺，盼得国泰民安好过年。

（众和：种田指望风调和雨顺，盼得国泰民安好过年。唉哟乐唉乐哟唉！）

牵砻山歌

四角方方嗯一面场，老砻摆在哟场中央。三根楠木嗳高搭起，六条金索挂三夯。牵砻佬原是杨家将，拗砻佬还是吕纯阳。三百箩毛稻牵只二百九十九石九斗九升九合零九勺弯斛米，砻头稻还有二、三仓。

渔、樵、耕、读

渔：月出东方影婆娑，划了小船下大河。捕得鲜鱼满仓归，一枕黄粱笑呵呵。

樵：太阳一出亮堂堂，手拿镰刀上山岗，砍得柴草入市去，换得米粮度时光。

耕：日出而起日落回，春耕夏耨为何来，种出稻麦象黄金，一粒粮食一滴汗。

读：十年勤奋坐寒窗，天天攻读不敢荒。读书明理为报国，道德文章传四方。

劝君行善勿行凶

东方日出一点红，劝君行善勿行凶。万里长城今犹在，当年秦皇已无踪。

抗日歌《苏武牧羊》调[1]

矮子要想夺上海，几十只兵舰，开进黄埔滩，八一三，东洋兵，打进闸北来。大炮轰轰响，飞机投炸弹。杀我老百姓，炸我火车站。东洋鬼子杀人放火实在太野蛮。我们老百姓，大家一条心。不分老，不分小，一齐来拼命。有钱出铜钱，有力出力气。前有救国军，后有老百姓，军队百姓联合起来赶出东洋兵。

民谣 1 首

太阳出来山上山，广东广西上梁山。老鸦叫，长毛到，富人穿皮袄，穷人穿蒲包，叫化子拾着元宝，怎叫长毛不好。

十姐梳头

大姐呀梳头，爱呀爱贪红，刘备招亲东吴宫，哎唷、保驾赵子龙。
二姐呀梳头，爱呀爱贪花，隋炀皇帝看琼花，哎唷、荒淫失江山。
三姐呀梳头，开呀开桃花，吕布三战虎牢关，哎唷、王允献貂蝉。
四姐呀梳头，养呀养蚕忙，杨五郎出家当和尚，哎唷、守关杨六郎。
五姐呀梳头，莳呀莳黄秧，许仙遇着白娘娘，哎唷、小青青侍一旁。
六姐呀梳头，荷呀荷花红，盘肠大战是罗通，哎唷、可惜一命终。
七姐呀梳头，七呀七秋凉，诸葛亮隐居卧龙岗，哎唷、后做汉丞相。
八姐呀梳头，木呀木樨香，孟姜女万里去寻夫，哎唷、哭倒长城墙。
九姐呀梳头，菊呀菊花黄，陶渊明弃官回家乡，哎唷、做诗写文章。
十姐呀梳头，稻呀稻上场，梁山好汉是宋江，哎唷、一百零八将。

娘给女儿拣人家

南阳山上一朵花，娘给女儿拣人家，一心要拣好人家。女儿叫声好妈妈，我勿要拣好人家，只要小官人热爱劳动会当家。

阿娘勿要替我愁：

阿娘阿娘勿要替我愁，半夜三更来梳头，前头梳起盘龙髻，后头梳起插花柳。

---

[1] 此歌系 1939 年春江南抗日义勇军三路在本地活动时教老百姓所唱的，一直在民间流传。

花柳娘，会擀面。擀出面，像条线。下在锅里团团转，捞在碗里香又鲜。公一碗来婆一碗，小姑小叔各一碗，小夫妻俩合一碗，全家吃得欢又欢。

情歌（1）

结识私情隔条河，手攀杨柳望情哥。阿娘问我望点啥，水面鰵鲦实在多。

情歌（2）

洗白纱来涤白纱，白纱漂去白呼呼："摇船哥哥捞还我，请你家中吃香茶"。

"吃你茶来谢你茶，香茶吃得开心花""园里有条木香藤，送哥做条橹帮绳""木香藤来木香藤，愿你联着两颗心"。

对歌（1）

问：啥个弯弯天上天？啥个弯弯浮水面？啥个弯弯郎使用？啥个弯弯妹房中？

答：月钩弯弯天上天，菱角弯弯浮水面，镰刀弯弯郎使用，木梳弯弯妹房中。

问：啥个圆圆天上天？啥个圆圆浮水面？啥个圆圆郎使用？啥个圆圆妹房中？

答：月亮圆圆天上天，荷叶圆圆浮水面，提桶圆圆郎使用，明镜圆圆妹房中。

对歌（2）

问：啥格花开节节高？啥格花开象双刀？啥格花开顶倒挂？啥格花开一蓬毛？

答：芝麻花开节节高。扁豆花开象双刀。珠藤花开顶倒挂。玉米花开一蓬毛。

问：啥格鸟飞来节节高？啥格鸟飞来象双刀？啥格鸟飞来顶倒挂？啥格鸟飞来一蓬毛？

答:叫天子飞来节节高。燕子飞来象双刀。白眼鸟飞来顶倒挂。猫头鹰飞来一蓬毛。

问：啥格虫生来节节高？啥格虫生来象双刀？啥格虫生来顶倒挂？啥格虫生来一蓬毛？

答：骆驼虫生来节节高。螳螂生来有双刀。皮虫生来顶倒挂。刺毛生来一蓬毛。

问：啥样东西节节高？啥样东西象双刀？啥样东西顶倒挂？啥样东西一蓬毛？

答：木梯生来节节高。桑剪生来象双刀。洋伞生来顶倒挂。板刷生来一蓬毛。

对歌（3）

问：啥格圆圆天上挂？啥格圆圆浮水面？啥格圆圆人间用？啥格圆圆姐手中？

答：太阳圆圆天上挂。荷叶圆圆浮水面。银洋圆圆人间用。针线箍圆圆姐手中。

问：啥格尖尖天上挂？啥格尖尖在水面？啥格尖尖人间用？啥格尖尖姐手中？

答：月牙尖尖天上挂。红菱尖尖在水面。镰刀尖尖人间用。绣花针尖尖姐手中。

对歌（4）

男：姐来窗下织绫罗，情歌窗外削茄棵。

女：情哥情哥削茄棵，为何不唱好山歌？

男：开口叫声好妹妹，我哪有心想唱出来。日间田头忙劳动，夜间喁喁无人陪。

女：开口叫声好哥哥，你放心大胆唱山歌。日间劳动我帮你，夜间总会有人陪。

对歌（5）

男：新箍提桶滴溜圆，姐儿担水满端端，小脚伶仃挑不动，双手招郎挑一段。

女：一肩谢你一肩钱，二肩给你买酒钱，三肩给你鞋子做，四肩给你心里甜。

男：我不要你一肩给我一肩钱，我不要你二肩给我买酒钱，我不要你三肩给我鞋子做，我只要你给我心里甜。

对歌（6）

男:姐来河头洗衣裳，衣袖管上绣鸳鸯。郎我撑船游天下，从未见你这样好娇娘。

女：多谢情哥看我一枝花，水面撑船不能留你茶，等你生意兴隆回家转，我来做你内当家。

沥灰箩

女：妹在檐下沥灰箩，低声和气问情哥，看你衣衫多龌龊，必定家中少老婆。

男：妹妹说话真有理，那晓我家少亲妻，身上衣衫无人洗，要请小妹来洗衣。

女：要洗衣衫脱下来，现成灰汤勿难为。灰汤洗衣去龌龊，不知我郎阿中意？

男：勿中意来也中意，叫声小妹太客气，拿出铜钱三百文，送给小妹买东西。

女：接郎铜钱进香房，再贴七百送还郎。寒冬腊月钱难赚，送给情哥买衣装。

男：拍拍背来叫声妹，这种恩情哪里来！十三不来十四来，月半十六看小妹。

茶花担之一

红红太阳照村庄，情哥田中耥稻忙。妹妹家中烧清茶，清茶送给耥稻郎。

柳树成荫路旁栽，绿叶迎风惹人爱。边走边瞧心欢喜，蝴蝶飞来鲜花开。

轻轻茶担肩上晃，绕过村后到桥旁。小桥绿水汩汩流，白鹅一对游中央。

穿过小桥到果园，青松翠竹一行行。万紫千红风光好，果红叶绿拍鼻香。

垄上燕子双双飞，姐爱哥哥心里甜。自挑茶担情意深，亲把香茶送郎前。

茶花担之二

姐妹走进绿荫棚，棵棵蜜桃闪红光。顺手摘个水蜜桃，有心送给我情郎。

烈日临空当头照，蝉声沙沙在树梢。天热难挡送茶人，小小圆扇把风摇。

桃花含羞三月开，窈窕淑女惹人爱。躲开姐妹赴约会，见了情歌喜满怀。

农　歌

做天难做四月天

做天难做四月天，蚕要温柔麦要寒，秧田缺水要下雨，采桑娘子要晴干。

六月太阳似火烧（3首）

六月太阳热似火，久旱不雨枯田禾。河底向天水难取，农夫急得日夜愁。

烈日炎炎似火烧，田中禾苗尽枯槁。农夫心里似汤煮，公子王孙把扇摇。

六月太阳似火烧，冒着酷暑去耘稻。辛苦求得年成熟，一家老少肚皮饱。

为谁辛苦为谁忙

大伏天气热难当，农民田中把稻耨。辛辛苦苦做一世，为谁辛苦为谁忙。

龙灯马灯真好看

正月半，龙灯马灯真好看。

二月半，培土施肥麦苗管。

三月半，桃红柳绿天气暖。

四月半，抢黄小麦日夜干。

五月半，戽水栽秧忙不完。

六月半，除虫拔草满身汗。

七月半，芄芄黍苗要防旱。

八月半，做块月饼庆团圆。

九月半，黄稻上场心里欢。

十月半，打下谷子晒晒干。

十一月半，有人收租门口转。

十二月半，破衣旧裳御天寒。

农家新歌

正月里来是新春，元宵声中闹春耕。疏沟培土种化肥，争取“三麦”好收成。

二月里来杏花开，自留地上种蔬菜。争取商品早上市，以副养农大有为。

三月里来桃花红，麦田防病又治虫。多谢大队农技员，指导治虫到田中。

四月蔷薇花正香，采桑喂叶月上窗。小麦黄熟要抢收，夜间脱粒夺时光。

五月黄梅要莳秧，铁牛耕田真快当。电力灌溉水浆足，合理密植多打粮。

六月荷花开满塘，药物除草多灵光。防病治虫喷药水，田头管理不松放。

七月凤仙天初凉，秋前干稻记心上。稻苗孕穗水上足，看苗追肥要适当。

八月里来木樨香，天高气爽稻花扬。田间管理加把劲，丰收在望喜洋洋。

九月菊花香又黄，晚稻成熟要登场。男女老少齐动手，场上稻积堆成岗。

十月芙蓉映小春，抢收还得要抢耕。白天田间种小麦，场头脱粒夜黄昏。

十一月来算笔账，稻麦亩产一吨粮。土地承包就是好，连岁丰收党恩长。

十二月来天气冷，麦田压土保地温。块块田里施腊肥，地暖肥足麦苗青。

儿　歌

摇啊摇，摇到外婆桥。外婆见我哈哈笑，连声叫我好宝宝，我说外婆您真好。

宝宝起身早，背着书包上学校。见了老师说声“老师好”，老师说我有礼貌。

劈劈啪，劈劈啪，大家都来打大麦。大麦打得多，送你一大箩。

亮亮月，星星出，婆婆烧饭公公吃。公公吃着一粒沙，把婆婆打得扁剂渣。

斗斗虫，蓬蓬飞，合家劳动好风气。公公掮锄翻田土，婆婆打浆糊灯笼，儿子背包做长工，媳妇提袋捉眼虫。

燕子燕子（二首）

燕子燕子吱，借你门上生窠子。不吃你家汤和水，为啥毁窠掏我子。

燕子燕子吱，到我门上来生子，你为农家捉害虫，我们保护小燕子。

咽咽咽（二首）

咽咽咽、咽咽咽，日日田中害虫捉。保护田稻尽心力，捉掉害虫年丰熟。

咽咽咽、咽咽咽，辛辛苦苦害虫捉，可恨一些黑心人，捉我族类把皮剥。

第九节　广播　电影　电视

一、有线广播

1958 年 3 月，洛阳公社与大队利用电话线接通县站广播信号，安装电话机和广播喇叭，创始有线广播。1960 年，因国家经济困难，广播基本停止。

1965 年，洛阳开始架设公社至大队的广播主线，高音喇叭架到生产队的场上。

1970 年，各生产队开始安装用舌簧喇叭改装的田头土高音喇叭，用于田头广播。“文化大革命”期间是有线广播的黄金时期，村上家家户户都安装广播，冬天早上 6 时正、夏天 5 时 30 分广播开始，晚上 8 时 30 分停播。

1985 年起，开始安装两分频动圈式喇叭，用双线传输，使音质音量得到很大提高。各村装有扩大机，并安装田头广播高音喇叭。从公社到村、户的广播线路几经更新改造，全部换上水泥杆，更换导线，大大提高了建筑指标和传输性能，形成完整的广播网络。主要收听广播会议、公社通知，农业技术、科学卫生知识讲座、农事消息、好人好事、天气预报等县和公社的广播节目。在历次抗洪抢险和 1976 年的防震抗震中，有线广播都发挥了重要作用。2007 年全村仍通有线广播。随着无线电收音机的普及，有线广播渐渐退出历史舞台。

二、电　影

新中国成立之前，农村群众难以看到电影，有的农民甚至根本不知道什么叫“电影”。新中国成立后，中国共产党和人民政府十分关心群众的文化生活。20 世纪 50 至 60 年代，村民常常闻讯赶到周边的洛阳、岑村、东渠、左舍里等地看电影。那时因农村未通电，放映队备有放映船、发电机，到村里放电影靠燃油发电机发电。

1971 年，洛阳公社电影队常到大队巡回放映。当时放映的电影是《南江村的妇女》《奇袭》等。后又集中放映样板戏电影《红灯记》《沙家浜》《智取威虎山》等影片。20 世纪 80 年代，《渡江侦察记》《红楼梦》等许多优秀影片被禁锢后的重新放映，受到群众的欢迎。至 20 世纪 90 年代，随着卡拉 OK、歌舞厅等娱乐场所的兴起和电视机、录像机的普及，及有线电视的推广，群众对电影追捧的热潮渐渐冷淡。进入 21 世纪，村里的年轻人和孩子们喜欢到城里的娱乐场所观看 3D、4D 立体电影。

三、有线电视

1978 年，中共十一届三中全会召开后，随着农村经济的发展，农民经济收入有很大的提高，电视机逐步进入农家。到 1996 年已基本达到家家有电视机，有三分之一的家庭拥有两台以上的电视机，少数家庭拥有录像机、影碟机等。20 世纪 90 年代末，随着彩色电视机进入寻常人家，黑白电视机逐步被淘汰。大尺寸屏幕的高档彩色电视机成为年轻人结婚的首选物品。2016 年，农村家庭普遍拥有液晶平面彩电，年轻人则喜欢选用 LED 大屏幕彩电。农村普及有线电视，收看电视已成为人们生活中不可缺少的文化娱乐需求。

1994 年，洛阳广播电视站建设有线电视，输送 8~10 套有线电视节目，1996 年，庄陈和皇范大队开通有线电视。1997 年 5 月 15 日，洛阳与武进市有线电视台实施光缆联网。1998 年，有线网络延伸到每个村民小组。2005 年 5 月，广播电视宽带开通。2007 年 6 月，洛阳镇实施有线电视户户通工程，有线电视入户率达 95%。

2008年4月，洛阳镇开展有线电视数字化整体转换，域内有线电视用户实现由模拟向数字的整体转换，整转率达98%。有线广播电视信号同步覆盖全村，收视质量得到提高，用户能收看62套数字节目，还可以点播、订购套餐等个性化服务。2016年，有的村民家里的电视机已经升级到高清甚至4K电视机，信号传输也不限于来自有线电视，而是电信、移动等网络多元化。

第十节　群众体育

新中国成立前，体育活动都是群众自发组织的，主要是以强身和自卫为目的的拳术、举石担、甩石锁、抓石笋、舞大刀、舞马叉等。新中国成立后，中国共产党和人民政府重视体育事业，群众体育活动逐步发展。新中国成立之初至1958年，体育活动开展较普遍的是篮球、乒乓球、象棋等。2000—2016年，全村深入实施《全民健身计划纲要》，重视全民健身事业，加大对群众体育活动场所、设施的投入，群众健身意识提高，全民健身氛围浓厚，各项群众性体育活动开展得如火如荼。

一、篮　球

20世纪50年代中期，较大的自然村都自发组织篮球队，经常在农闲季节开展比赛活动。1959—1962年国民经济严重困难期间，篮球活动基本停止，1963年逐步恢复。“文化大革命”初期，篮球比赛比较频繁，域内较大的自然村都有球队。因当时物资缺乏，生产队收放稻麦的场上篮球架多由平田整地时挖出的棺木做成，很简易，篮球是队员们出份子钱买的。汤墅谈家头和皇范村的球队经常到戴溪、洛阳中学、东渠、欢塘桥等地参加比赛。2014年9月29日，江苏新洛凯机电有限公司承办的“美丽洛阳”2014洛阳镇“新洛凯杯”第二届职工篮球比赛在洛阳中学体育馆闭幕，洛阳镇的16支球队经过为期20天的激烈比赛，江苏新洛凯机电有限公司篮球队获得第三名。2016年，域内企业职工篮球队常有活动。

二、乒乓球

乒乓球被称为当之无愧的“国球”，是村民们最喜爱的运动之一，有着广泛的群众基础。20世纪80年代前，活动场地和设施都十分简陋，孩子们搁起门板当作乒乓球台，架上竹竿当作乒乓球网，锯一块木板就成乒乓球板，在狭窄的室内活动。之后，又有了用砖砌成的室外水泥乒乓球台。2016年，有条件的村民已经在家里购置品牌制式乒乓球台，用于自家健身和村民们乒乓球友谊比赛。

三、象　棋

象棋在各个自然村都有爱好者，以对弈娱乐为主，举行比赛较少，也是一些老年人老有所乐的娱乐活动项目之一。2016年，在村委的文化娱乐场所设有棋牌室。

四、舞　龙

新中国成立前和新中国成立初期，农村都有民间掉龙灯的习俗。每逢庙会、春节或重大节日庆典活动都有掉龙灯表演。新中国成立前，丁庄锣鼓全乡闻名，周边各村的龙灯队、马灯队每年春节前都要专程前往丁庄，请丁庄锣鼓队配合演出。正月十五元宵节过后，各龙灯队、马灯队的演出告一段落，还要专程到丁庄“谢锣鼓”。在“大跃进”、三年国民经济严重困难和“文化大革命”时期，舞龙被禁锢而停止活动。

改革开放以后，随着农村经济建设的发展和人民生活水平的提高，舞龙这项民间传统体育项目又逐渐恢复。2016 年，域内无舞龙队，但逢喜事时常请周边舞龙队到域内表演。

五、其他体育项目

武术　武术是传统的民族体育项目。它不仅能锻炼身体，增强体质，而且还能培养坚韧、顽强的意志。因此，深受群众的喜爱。20 世纪 70 年代前特别是新中国成立前，域内村民早已形成练武风尚，舞大刀、举石担、扔石锁、抓石笋等练武活动在农村较为普遍。

石笋（2018 年 6 月 29 日摄）

域内的武术以汤墅谈家头为最。20 世纪 20~40 年代，村民们兴武术，武术功夫四乡闻名。很多人都会打少林拳，还有人能打醉八仙，在场上演练，要连翻数十个跟斗。谈根海善舞大刀，谈瑞生使红缨枪，谈全林能表演倒大树、田鸡跳，谈锡林舞单刀、双刀，拳式也很漂亮，是后起之秀。其他能露一手的人也很多，20 世纪 70~80 年代村里还偶然能看到习武者。中华人民共和国成立前周边的庙会很多，村上的武术班子经常参加各地的庙会演出，有一次还被邀请到无锡荣巷表演拳术。庙会场面很大，如杨墅镇的宋帝庙，每年的农历二月廿八是庙会日，除搭台请戏班子唱戏外，还要将庙里的菩萨抬到外面出会，一路有骑轮车、吊手香、走高跷、三节连环棍、调大头等节目表演，耍棍弄棒，十分热闹。汤墅谈家头

石锁（2018 年 6 月 29 日摄）

与洛社上村合作表演调小鬼节目，要开花脸，穿行头（戏装），敲锣打鼓团场子。还有多种武术表演，如舞单刀、双刀、红缨枪、打拳、剜枱角、跳枱子等。多人能表演鲤鱼过坝，能腾空窜过三张半八仙桌。但庙会上也经常发生起哄及打群架，有一次在洛社庙会上发生打群架，场面混乱，不可收拾，后来有演京戏的武生演员在台上纵身跳入打架的人群之中，大喝一声:“有本事和我打”，方得制止。中华人民共和国成立后庙会取消，人们都忙着土地改革，成立互助组、合作社，建设新中国，不再有人理会武术之事。

舞大刀（2018 年 6 月 29 日摄）

汤墅谈家头的武术教习相传有二：一为安桥邵家头的老拳师所教，谈根海、谈耕余等人都是其徒弟。二为蛮先生所教，蛮先生为河南人，能文善武，在老家卖掉秀才名称两次，因打死人命逃走流落至此，在祠堂里私塾教书，临走时用毛笔在祠堂中廊西墙上书《留别安阳山》诗。村上拳术功夫最好的是谈耕余，武功及武德均佳，从不出手伤人。汤墅谈家头谈根海的武功乡里有名，能舞单刀、双刀、红缨枪，善拳腿，绝招飞腿能踢至对手眉心。1959 年中华人民共和国成立 10 周年大庆，洛阳公社组织各大队游行庆祝，村上组织小青年排练打拳、舞单刀等节目，教习一些如四平、腾步、单踢腿、双踢腿、转飞、地扫等拳术动作，但只是松散表现而已，终未入功。当时曾请谈根海舞单刀表演，虽年已 70 余岁，舞时似白光绕身，呼呼生风，然收刀时已站立不稳。

随着时光流逝，当年有拳术的前辈们逐渐故去，汤墅谈家头的武术后继乏人，濒于失传。虽然时过百年，但村中长者讲起前辈们的习武趣事，仍津津乐道，如数家珍。

太极拳 20 世纪 50 年代，身体欠佳的人才练此拳。20 世纪 60~70 年代练拳者无奈转入地下，80 年代到 2016 年成为很多人参与的全民健身运动。特别是邓小平题字“太极拳好”发表后，域内练太极拳的人越来越多，从 10 多岁的少年到 70 多岁的老年，练太极拳已成为一项很普及的健身运动。

游泳 域内地处水乡，到处是天然游泳场所，村民们把在河里游泳称为“洗冷浴”。每届暑夏，青少年都喜欢下河游泳。淘米洗菜的码头边，男孩子们脱掉衣服往河边一扔，用唾沫涂一下肚脐——据说这样不会肚子疼，光着屁股跳到河里，先学闷头游水，再学狗爬式、侧泳、仰泳。1966 年，毛泽东畅游长江消息发布后，男、女下河练习游泳的人数大增，一时形成热潮。到20世纪80年代，随着珍珠养殖业的兴起，大部分水面都挂满了珠蚌，有的变成了渔池，加上工业的兴起，河水水质受到污染，可以游泳的地方少了，游泳爱好者都到游泳池去锻炼。

钓鱼　域内河网密布，有着资源丰富的钓鱼条件，钓鱼又是一种自古以来的传统捕鱼方法，因此爱好者很多。在集体化种田时期，渔池、鱼塘严禁私人垂钓和捕捉。20世纪80年代至2016年，随着节假日的增多和钓鱼休闲活动的兴起，一些养鱼承包者为增加养鱼收入，纷纷开设钓鱼场所，使钓鱼活动普遍开展。在域内的五龙江边，每天都有从戚墅堰等地赶来垂钓野生鱼的钓鱼群体。

美丽传说中的五龙江成为天然钓鱼场所
(2017年3月27日摄)

放风筝　放风筝一般在春季清明节前后进行，小型风筝自行糊扎，农村街镇上商店亦有销售，大型风筝都是爱好者自行设计糊扎制作，功夫和成本较大，较大风筝放上天空须多人配合。中华人民共和国成立前，皇范陆家头有一只大风筝，线装一笆斗，夜间挂不少灯，十分壮观。2016年，域内已无放大型风筝者，小孩放的小型风筝都从商场或摊贩购买。

拔河　拔河比赛是机关、学校、企事业单位喜爱的体育活动。汤墅村组织男女拔河队参加洛阳镇每年全民健身运动会的拔河比赛。（2017年3月27日下午，江苏洛凯机电股份有限公司举行首届职工拔河比赛，各分工会组队的160多名职工参加角逐。新品（1）队获得第一名，装配（4）队获得第二名，技术中心队获得第三名。管理副总经理欧阳虎和生产副总经理陈明为获奖队员颁发奖牌和奖品。）

健身舞（操）20世纪90年代起，域内开始流行健身操，中老年人纷纷自发组建健身队。自2000年起，全村兴起跳健身舞热潮，晨晚练健身点成为中老年人的健身锻炼的主要活动场所。2016年1月，武进区洛阳中心小学赠予汤墅舞动风韵舞蹈健身队“热心舞蹈健身，弘扬精神文明”锦旗。2016年8月，汤墅村在洛阳镇第一届农民运动会健身操舞比赛中获得金奖，洛阳镇人民政府颁发奖牌。

【第十二章】 医疗卫生

YI LIAO WEI SHENG

新中国成立前，农村生产力低下，大多数农户仅能解决温饱。如遇水灾、旱灾等自然灾害，少数农户连温饱也无法保障，只能外出逃荒、讨饭。加上各种苛捐杂税，农民负担沉重，经济承受能力十分有限，要防治各种流行性传染病困难重重。广大农村医疗卫生条件十分落后，缺医少药。公共场所无卫生设施，村上露天茅厕不少，鸡鸭成群，禽粪满地。夏令时节蚊蝇遍地，各种传染病如天花、霍乱、鼠疫、麻疹、白喉、疟疾、伤寒、黄疸肝炎（旧称黄病）流行性脊椎膜炎（即流行性脑膜炎）、乙型肝炎等 10 多种传染病时有发生，甚至流行。一旦发生，村民都束手无策，严重威胁村民的身体健康，甚至生命。如：民国 34—36 年（1945—1947 年），域内发生霍乱流行，得病者很少得救。在这次霍乱流行中，丁庄村先后有 6 人得病死亡。据有关资料显示，当时江苏人均寿命只有 49 岁。新中国成立后，尤其是 1978 年以后，人民政府十分重视卫生防疫保健和医疗卫生工作。域内流行性疾病如天花、霍乱等已绝迹，非典、禽流感均未发生，卫生条件大为改善。普遍建立新型农村合作医疗制度，人人参加医保。

第一节　医疗卫生

一、私人诊所

民国期间，医疗卫生事业有所发展，民国 7 年（1918 年），常州县域内创建武进医院（常州市第一人民医院前身），民国 26 年（1937 年）又创建武进公立医院（常州市第二人民医院前身）。但广大农村仍是缺医少药，更无医疗卫生机构，农村医生寥寥无几，在洛阳镇域内开业行医的只有西医 2 人，为章勤甫，姚坤荣。中医 6 人为周百川（外科）、霍梓敬、叶产生、谈康民、蒋仲调等。普通村民要到病情严重危急时才去就医，当时药价昂贵。诊药金以大米计算，少则 5 升（1 升 1.5 斤），多则数斗（1 斗米 15 斤）。日伪期间，青霉素 1 支贵至 5 斗至一石（一石米 150 斤）。贫者只能望医兴叹，无法看病，只能听天由命，俗话讲“有钱钱当，无钱身当”。加上普通村民不懂科学，深受封建迷信毒害，只知焚香点烛，求神拜佛，许愿求签，退小鬼，请巫医“求仙水”或用土法治疗，以致延误诊断治疗。小病拖成大病，甚至危及生命，人财两空。当时在洛阳西街有私人诊所2家，西医章勤甫，中医周百川。谈康民为当时中医6人之一，汤墅村谈西村民小组人，师从上海名医单养和，学成归乡在家中开设私人诊所，挂牌行医。他精研医书，医术精湛，尤擅小儿科。其师传"健胃散"主治小儿疳积，俗称"食积"，十分有效。一般病例1~2帖都可治愈，深受当地及周边乡村村民的信任。1951年，谈康民进入洛阳联合诊所工作。

二、大队（村）医疗站

新中国成立后，中国共产党和人民政府十分重视关心广大人民的身体健康，大力发展医疗卫生事业。1951年，洛阳私人开业的医生在党的医疗方针指导下，办起洛阳联合诊所。当时有医务人员8名，西医3名，中医4名，助产士1名。1958年成立洛阳医院，添置医疗设施增加医务人员，此时有医务人员33名，公社医院初具规模。由于医疗医药水平的提高及医疗设施的改善，危害严重的流行性传染病得到有效的预防、治疗。天花、霍乱、鼠疫3种烈性传染病基本绝迹，其他传染病如流行性脑膜炎、乙型脑炎、伤寒麻疹、白喉、百日咳、肝炎、结核病等得到有效控制，不再形成大面积流行，人民不再受急慢性传染病的危害，人民的健康水平有较大的提高。

20世纪60年代，毛泽东主席号召把医疗卫生工作的重点放到农村去。1969年，洛阳公社全面推行农村合作医疗，皇范大队、庄陈大队分别成立合作医疗站，各有1名经公社医院培训的"赤脚医生"。皇范大队"赤脚医生"先后为张季生、黄荣昌、杨云珍。庄陈大队"赤脚医生"先后为谈丽英、谈志辉、张玉娥。"赤脚医生"在业务上受公社医院指导，定期或不定期参加业务培训，在行政上属于大队领导，报酬由大队记工分。医疗站的房屋、设备、经费均有大队承担。初设医疗站时，只有装常规药品的保健箱、血压计、听诊器、煤油炉（消毒用）、注射器、药柜桌等简单器具。大队医疗站本着预防为主的方针，对一些常见病多发病就地预防及治疗，如发生流行性疾病，及时上报医疗部门，控制疫情蔓延。配合上级医疗部门做好预防接种及

庄陈大队医疗站旧址（2018年6月27日摄）

左第一间为皇范大队医疗站旧址
（2017年3月27日摄）

查螺灭螺、钩蛔虫普查等工作。“赤脚医生”按坐诊与出诊、巡诊相结合的方式工作，对一些年迈行动不便的患者，都上门服务，方便群众，深受群众欢迎。医药费由大队、生产队、社员三级统筹，专款专用，大队、生产队、社员每人每年出资1元，不足部分由大队补贴。社员到医疗站看病，只需付挂号费、注射费、出诊费，免药费。医疗站不能诊治的疾病，社员凭医疗站证明去公社医院诊治，所发生的医药费，凭发票到大队按规定报销，累计数在30元以内全报，超过部分自理。1998年根据上级精神，各村医疗站与村脱钩，实行自负盈亏，村提供房屋（免收租金），原有医疗设备、药品无偿使用。2000年，根据上级要求，对村级医疗站进行整合，由于皇范、庄陈两村离镇区较近，决定撤销皇范医疗站，庄陈医疗站并入岑村医疗站。

三、农村合作医疗

1978年洛阳实行联办合作医疗，成立医疗管理委员会，资金由医疗管理委员会统一筹集，专款专用，任何单位和个人不得挪用。凡在大队医疗站、公社卫生院就诊的，医药费由大队的队管资金报销，在卫生院住院及按规定手续转院的病人，其医药费由社管资金报销，社管资金按发生的医药费60%报销，药费总额不设上限，队管资金报销累计在30元内全报，超过部分自理。1991年推行风险型合作医疗制度，资金来源于镇、村、个人三方面，报销办法是发生的门诊、住院的医药费可报50%，最高限额为250元。

1997年，武进范围实行的合作医疗制度，资金筹集实行社会统筹与个人相结合的办法，市财政按全村农业人口每人每年1元标准下拨，镇财政按农业人口每人每年2元列入镇财政年度预算。村委集体扶助经费按全村农业人口每人每年3元标准落实，村民以户为单位参加农村医疗保险，缴纳标准为每人每年25元。在村卫生所及其以上的医疗单位就诊的药费、手术费、住院费及常规检查费（检查费累计不超过700元）均属农村医疗保险补偿范围，补偿最高限额为1万元。

2004年，武进区实行新型农村合作医疗保险（简称新农合），按《常州市武进区新型农村合作医疗保险暂行办法》实施。资金筹集由市、区、镇三级财政进行补贴、个人交纳的方式进行。2004年，年度医保费总额每人每年为55元，分别为常州市财政每人每年补贴5元，武进区财政每人每年补贴15元，镇财政每人每年补贴10元，个人交纳25元。随着经济的发展，各级政府逐步提高补贴标准，个人交纳也进行适当调整，有条件的村也对村民进行适当补贴。具体情况见附表：

2004—2016 年新型农村合作医疗保险资金筹集情况一览表

表 12-1　　　　单位：元

年度	年筹资标准总额/人	省级补贴	常州市级补贴	武进区财政补贴	镇财政补贴	村级补贴	个人交纳
2004	55	—	5	15	10	—	25
2005	65	—	5	25	10	—	25
2006	90	—	10	35	15	—	30
2007	110	—	20	35	25	—	30
2008	130	—	20	45	35	—	30
2009	210	—	25	67.5	57.5	—	60
2010	260	—	20	87.5	72.5	20	60
2011	300	—	20	105	95	30	50
2012	400	28	20	142	130	30	50
2013	455	44	20	151	140	30	70
2014	535	44	20	176	165	30	100
2015	635	44	21	200	190	30	150
2016	800	44	21	195	190	50	300

自从实行“新农合”以来，充分体现其优越性，住院医药费补偿标准越来越高，使广大农村居民得到更多的经济补偿，尤其是经济条件较差的农户，基本上解决因病致贫的问题。极大地减轻农村居民的精神及经济负担，提高健康水平。部分年度住院补偿情况， 2004 年，住院医药费补偿标准（指可报销的医疗费用）分段计算，累计补偿，标准如下：300 元以下，不予补偿；300~2000 元，补偿 20%；2000~4000 元，补偿 30%；4000~6000 元 ，补偿 40%；6000~1 万元，补偿 50%；1 万 ~3 万元，补偿 60%；3 万元以上补偿 70%。参保人全年一次或多次累计补偿金额最高为 5 万元。

参保学生住院补偿标准（标准执行至 2015 年）：

100 元以下，不予补偿；100~1000 元补偿 50%；

1000~5000 元补偿 60%；5000~1 万元补偿 70%；

1 万 ~3 万元补偿 80%；3 万元以上补偿 90%。

全年住院一次或多次累计补偿金额最高为 6 万元。

2005 年，住院补偿在 2004 年各个档次上均提高 10%。

2010 年住院补偿（指可报销的医疗费用），分段计算累计补偿标准为：1. 在镇级医院住院超过 300 元部分按 70% 进行补偿；2. 在区级医院住院的 300 元以下，不予补偿；300~4000 元补偿 45%；4000~1 万元补偿 54%；1 万 ~3 万元补偿 63%；3 万元以上部分补偿 72%；最高补偿金额为 6 万元。3. 在区外定点医院就诊住院发生的医疗费标准为：300 元以下，不予补偿；300~4000 元补偿 30%;4000~1 万元补偿 36%；1 万 ~3 万元补偿 42%；3 万元以上部分补偿 48%。

2016 年参保人员医疗费用补偿标准情况一览表

表 12-2

医院等级	起付标准		补偿支付比例	
	老年居民及非从业人员	未成年居民 / 大学生	老年居民及非从业人员	未成年居民 / 大学生
一级二级	300 元 / 次	200 元 / 次	85%	95%
武进人民医院 武进中医院	300 元 / 次	200 元 / 次	85%	95%
四院新北医院	500 元 / 次	400 元 / 次	75%	85%
其他三级	800 元 / 次	400 元 / 次	75%	85%

2016年参保人员一次或多次医疗费用最高补偿金额为25万元，如个人连续参保5年以上者，最高补偿金额为30万元。实行新型农村医疗保险后，各级政府不断增加财政补贴。2016年各级政府财政补贴达每人每年450元，占每人每年医疗费筹集资金总额的56.25%，使患病农村居民得到更多的经济补偿。据调查资料汤墅村有关年度上缴的医疗保险总额及得到补偿金额如下：

2005年，全村上缴医疗费总额为51275元，得到住院补偿金为104489元。

2010年，全村上缴医疗费总额为119210元，得到住院补偿金为378958元。

2015年，全村上缴医疗费总额为259920元，得到住院补偿金为772189元。

自2016年1月1日起，原“新农合”更名为常州市武进区城乡居民基本医疗保险办法。

第二节　卫生防疫　妇幼保健

一、疾病预防

新中国成立后，中国共产党和人民政府高度重视农村医疗卫生工作，关心农村人民群众的身体健康。在防病治病方面采取一系列针对性措施。为了消灭天花，从1950年开始，域内新生儿及年龄段内的儿童全部免费接种牛痘。20世纪50年代初天花绝迹，其他传染病也得到有效控制。20世纪50年代开始，大队配合乡开展血吸虫病普查及查螺、灭螺工作，域内未发现钉螺及血吸虫病人。1954—1956年，全面开展除“四害”（苍蝇、蚊子、老鼠、麻雀）运动，广泛进行以“讲卫生为荣，不讲卫生为耻”的宣传教育。开展环境卫生管理，要求消灭露天粪缸，粪缸加盖，分塘用水，禁止在河内洗马桶，提倡喝开水，不喝生水，预防肠道传染病。1978年，大队配合乡，全面进行钩蛔虫普查。

1983年起，国家实施计划免疫，对0~7周岁的儿童接种5种预防传染病的疫苗（卡介苗、麻疹疫苗、百白破疫苗、乙肝疫苗、含服脊椎灰质炎糖丸）有效地预防结核病、麻疹、百日咳白喉、破伤风、乙型肝炎、小儿麻痹症的发生。

2003年4月，开展全面抗击“传染性非典型性肺炎”（一种严重的急性呼吸综合症，简称非典或“SARS”）。按上级紧急要求，汤墅村迅速构建村组两级防控网络，制订防控方案，抓控传染源，切断传播途径。村成立领导小组，各村民小组由各组长负责，发放非典防控资料，消毒药品，对外出未归人员，外来进入人员进行摸底调查，登记建立台账，外出归来人员及新进入本组人员，马上进行测量体温，如有发热，马上隔离观察，送镇发热门诊处诊治。村有专职体温测量员，皇范片为苏光华，庄陈片为秦林初。各村民小组每日下午2时前向村委汇报本组情况，由村会计负责汇总，形成书面报告，交村书记签字后在每日下午3时前送镇民政办，历时2个多月，成功抗击“非典”疫情，汤墅村未发生非典病例。

2005年11月，中国部分地区出现禽流感疫情，洛阳镇成立防治领导小组，召开动员大会，汤墅村相应成立防治领导小组，派人参加由镇组织的培训，了解疫情，掌握防控知识，以便采取防控措施。各村民小组由组长负责，入户调查登记村民所养的鸡、鸭、鹅等家禽，加强管理，严禁户外散养，发放宣传资料及泡腾片过氧乙酸等药品，配合镇兽医站对全村的家禽进行禽流感疫苗注射，全村未发生禽流感传染病例。

2016年，域内未发现疫情。

二、妇女保健

新中国成立前，妇女的社会地位低下，切身利益、权益得不到社会的重视与关心，严重影响妇女的身心健康，尤其是在妇女生育方面。那时妇女生育小孩，一般都在家中，处于自流状态，习惯请一老年妇女（俗称老娘或守生婆），进行老法接生。由于不懂科学接生知识，观念陈旧，剪刀等接生工具不消毒。新生儿破伤风，产妇产后出血，产褥感染等疾病时有发生，如遇难产，家人及老娘都束手无策，只能听天由命，轻者可能保一大人或小孩，重者产妇与胎儿一起身亡。

新中国成立后，中国共产党和人民政府对妇女保健工作十分重视，大队（村）协助上级有关部门做好妇女保健工作，推行新法接生，概括为“一躺三消毒”（即产妇躺在床上生产，产妇会阴消毒，接生者双手消毒、接生器械消毒），1956年起，全面实行新法接生，此时少数产妇到医院生产，大多数请医院助产士到家接生。20世纪70年代起，洛阳医院设立产房，实行产妇住院分娩。产妇产后出血、产褥感染及死亡率明显降低，新生儿破伤风、死亡率明显下降。2016年，洛阳卫生院不再接收产妇，但域内妇女有关健康问题可到卫生院妇产科检查咨询。

妇女劳动健康保健

1958年人民公社成立后，政府提倡对农村参加集体生产劳动的妇女进行“四期”（月经期、怀孕期、产褥期、哺乳期）保护，实行“三调三不调”（月经期调干不调湿，怀孕期调轻不调重，哺乳期调近不调远）。禁止安排妇女在“四期”喷洒农药。随着农村家庭联产承包制的实行，乡（镇）村企业的迅速发展，妇女到田间、工厂参加劳动的越来越多，因此加强妇女劳动保健，健康保健成为重要内容。2000年开始开展妇女病普查工作。由镇计生办、镇卫生院妇产科联合负责，村“妇代会”配合，按计划到各村对育龄妇女进行B超、心电图、宫颈等检查，每两年1次，对检出有疾患的妇女，提出建议，进行药物或手术治疗。2012年普查，全村受检妇女292人，检查结果：患肿瘤7人、附件炎6人、卵巢囊肿5人。2009年起，由镇卫生院妇产科负责，制定计划，分期分批对全镇年龄在35~60周岁以下的妇女进行“两癌”筛查（宫颈癌，乳腺癌）。据2016年筛查结果显示，汤墅村共受检270人，宫颈TCT初筛阳性8例、乳腺B超初筛阳性28例、宫颈癌癌前病变2例。通过检查，有效地控制两癌的发病率，使其早发现，早治疗，深受妇女欢迎。

婚姻保健

20世纪70年代起，域内登记结婚的男女青年到洛阳公社卫生院进行婚前健康检查，接受保健指导。1998年开始，婚前检查改为由市（区）妇幼保健专职机构负责检查指导。对发现异常者，据情况分类指导，作出不能结婚，不宜结婚，暂缓结婚或可以结婚但禁止生育或限制生育的结论。镇卫生院，村“妇代会”协助配合。

围产期保健

20世纪80年代起，域内开始实行孕妇围产期（指怀孕后第28周至产后7天）保健。由公社卫生院妇产科负责，对孕妇和胎儿进行系统检查，加强健康监测，对高危孕妇进行跟踪管理，采取必要的措施及指导意见，确保安全分娩，产妇分娩后做好产后访视和检查工作。

三、幼儿保健

1983年至2016年，对儿童实行系统保健和计划免疫，按年龄段进行健康检查登记，由镇卫生院防保办负责，村委配合。对0~7周岁儿童建立发放预防接种计划免疫登记手册，对儿童的身高、体重进行测量，宣讲口、眼、手、足等保健知识。并对血红蛋白、骨碱性磷性酶进行测定，一周岁以内的儿童每年检查5次，1~3岁儿童每半年检查1次。4~6岁儿童每年检查1次。村委接卫生院通知后及时送到有关农户家中，督促家长按时送幼儿到卫生院接受检查。计划免疫主要推行5种生物制品（卡介苗、脊柱灰质疫苗、无细胞百白破、麻疹疫苗、乙肝疫苗），通过接种疫苗能预防7种疾病，包括麻疹、脊柱灰质炎（俗称小儿麻痹症）、百日咳、白喉、破伤风、结核、乙型肝炎。学龄前儿童，每年在“六一”儿童节时，在幼儿园内进行一次体检。对体检时发现的疾病或不健康因素，及时转告家长，卫生院医生负责治疗或指导矫正。

【第十三章】 社会生活

SHE HUI SHENG HUO

新中国成立前，人民生活艰难困苦。域内经常遭受水灾、旱灾等自然灾害，造成农作物歉收。很多贫苦农民只能吃糠咽菜，在半饥半饱中度日，有的因无法养家糊口，被迫送儿弃女。除天灾外，还有战乱，日本帝国主义入侵中国，给域内人民带来深重灾难。一些地方恶势力趁战乱时强抢豪夺，“倒米囤”“拔财神”“关卡林立税务重重”，人民群众苦不堪言。

新中国成立后，经过土地改革，兴修阳湖大圩等水利工程，增强了抗御自然灾害的能力，粮食不断增产，人民逐步过上吃饱穿暖的生活。1958 年，农村搞平调，办食堂，生产上刮起浮夸风，瞎指挥，造成农业连年歉收。1959—1961 年，人民生活暂时困难，口粮严重不足，有些人得浮肿病。中共中央及时发现问题，纠正错误。域内人民经过多年艰苦奋斗，终于克服困难，生活逐步改善。

“文化大革命”期间，人民生活水平在艰难曲折中逐步提高。域内推广桑苗嫁接和河蚌育珠等副业生产，使生产队集体分配经济实力不断增强。1969 年，割“资本主义尾巴”，坌韭菜、砍桃树，影响农民正当家庭副业收入。

中共十一届三中全会以后，农村实行家庭联产承包责任制，从根本上解决农民吃饭问题。村工业开始快速发展，人民生活水平提高很快。

进入 21 世纪后，人民生活从温饱型走向小康型，有多种社会保障措施，大多数企业职工有职工社会保险，农村居民有“新农保”，土地被征用后人均不满 0.1 亩的村民小组有失地农民生活保障，个别困难户有最低生活保障，独生子女父母有养老保险和奖励，城镇老年居民有养老补贴，承包土地有涉农补贴，重大疾病有救助。

第一节　居民收入

新中国成立前，农民种田的耕作技术差，加上水灾、旱灾，粮食的单位面积产量很低，除少数拥有土地较多的农户外，大多数村民种田入不敷出。农业初级合作社时期，入社农户的土地合并，大农具折价入社，每年除生产成本和应交纳的农业税外，将余粮按各户入社时的份额分配（又称土地分红），实际收入不高。农业高级合作社和人民公社时期，取消土地分红，每年将产出的粮食按规定留足种子、口粮，副业及其他收入按各农户投入的劳动日编制分配方案，分配到户。1982年实行农业生产承包责任制，土地承包到户，农户除承担农业税（公粮）、公积金、公益金等费用外，其余均为个人收益。

据《洛阳镇志》记载，1956—1961年，农民人均收入在50元左右徘徊，1957年人均收入34元，1959年35元，1962—1963年上升至70元。1964—1971年的8年中，人均收入80—90元。1972—1978年在100元左右徘徊。

域内由于嫁接桑苗、蚌珠养殖等副业及村办工业起步早，1961—1971年的人均年收入略高于公社平均水平。1972—1978年，庄陈大队年人均收入135元，比公社年均收入100元高出35元。改革开放近40年来，汤墅村农副工全面发展，人均收入逐年提高，2001年汤墅村人均年收入5356元，2016年为28023元。

1961—1978年庄陈大队收入、分配情况一览表

表13-1　　单位：元、工日

年份	总收入			分配						
	农业	副业	合计	工分	单价	工资	总人口	人均收入		
								工资	投肥	合计
1962	97283	8140	105423	44285	1.31	57882	922	63	10	73
1963	110248	4595	114843	50720	1.25	63296	932	68	10	78
1964	124072	11253	135325	61520	1.17	71969	973	74	11	85
1965	125157	43416	168573	78901	1.12	88314	992	89	8	97
1966	139457	57116	196573	90838	0.97	88214	1004	88	9	97
1967	119987	47436	167423	85228	0.96	81995	1015	81	7	88
1968	105304	55320	160624	90466	0.90	81354	1036	79	9	88
1969	115664	70777	186441	95628	0.99	94834	1084	87	8	95
1970	111343	87846	199189	109455	0.90	98659	1103	89	10	99

续表 13-1

单位：元、工日

年份	总收入			分配						
	农业	副业	合计	工分	单价	工资	总人口	人均收入		
								工资	投肥	合计
1971	129140	78902	208042	104385	0.97	101510	1127	90	11	101
1972	134603	103179	237782	118882	0.99	117551	1133	104	12	116
1973	135880	119861	255741	138463	0.93	129125	1139	113	12	125
1974	144947	97626	242573	132317	0.85	111919	1145	98	15	113
1975	147749	138712	286461	176189	0.87	153667	1170	131	14	145
1976	113276	137771	251047	184733	0.87	161166	1187	136	13	149
1977	128401	192562	320963	202332	0.85	171033	1197	143	16	159
1978	168054	131749	299803	164702	0.89	146777	1212	121	14	135

1976 年庄陈大队干部补贴工情况一览表

表 13-2

单位：工

姓名	职务	生产队实做	大队补贴	合计
秦松焕	书记	5	475	480
谈洪荣	主任	50	420	470
秦锡兴	会计	10	460	470
秦洪大	治保主任	272	150	422
秦桃英	团书记	270	102	372
谈福兴	民兵营长	287	174	461
梅明珠	妇女主任	229	83	312

1991 年庄陈村主要干部工资情况表

表 13-3　　单位：元

姓名	职务	工资总额	基础工资				考核工资					
			基本工资	职务工资	工龄工资	小计	党务工作工资	农户工资	农业工资	副业工资	工业工资	小计
谈洪荣	书记	5290	912	240	264	1416	800	343	244	200	2287	3874
臧浩初	主任	4531	840	180	24	1044	—	—	—	—	—	3487
秦锡兴	会计	4879	840	180	372	1392	—	—	—	—	—	3487

说明：1991 年镇政府规定，主任、会计工资按书记的 90% 计算。

第二节　居民消费

新中国成立初期，域内村民生活水平很低，消费以口粮占首位，其次为穿、用、住的支出，很少有积蓄，即使需要购买必须的生活用品，也是以稻、麦、鸡蛋等以物易物居多。20 世纪 70 年代后期，农民逐步重视衣着、耐用消费品和住房的消费支出。1980 年起，随着家庭副业经济收入和家庭务工收入增加，消费结构发生较大变化，高档生活用品和住房建造支出大幅增加。进入 21 世纪后，村民收入不断增加，消费观念不断更新，消费结构也发生明显变化：食品、生产性投资增幅较大，另外，农民在住房、教育、医疗三方面消费增幅很大。住房消费急剧上升，农村不批宅基地，青年男女结婚要到街镇或城区买房，一套住房要 100~150 万元，普通工薪阶层难以承受。教育方面，尽管公办中小学已免除学杂费，但有不少家长迫于竞争压力，还是要出大钱让子女读民办学校，以期考上名牌高校。不算读幼儿园、小学、初中的支出，单算读高中、大学的开支，也得 10~20 万元。医疗方面，城乡居民合作医疗保险可报销一半以上医药费，大病也有救助，但随着医疗费用的涨价，自费部分开支仍较大。

一、衣 饰

新中国成立前，村民穿着沿袭清末民初的装束。富人长袍马褂，知识分子和商人等长衫棉袍为多。农民买不起洋布，不少农户自家用脚踏木织机织布做衣裳、床被和鞋帽。20世纪50年代，域内仍有一些农民自家织布做衣。从1954年到1984年，布票定量供应，人均每年一丈二尺到一丈六尺，最困难一年，人均一尺六寸。农民穿衣注重布质经久耐穿，对花样、款式不太讲究，一般都是请裁缝到家里缝制新衣。20世纪70年代轻薄牢固不易变形的“的确良”面料是年轻人的“抢手货”。男子流行中山装、列宁装、解放棉袄，女子一般穿一字领的春秋两用衫，布料多为厂布或粗纱布。当年提倡艰苦朴素，“新三年，旧三年，缝缝补补再三年”，经济条件较好的，结婚有派克大衣或呢制服。雨天，雨伞、雨衣、胶鞋分别代替箬帽，蓑衣、水钉鞋。

1957—1961 布票

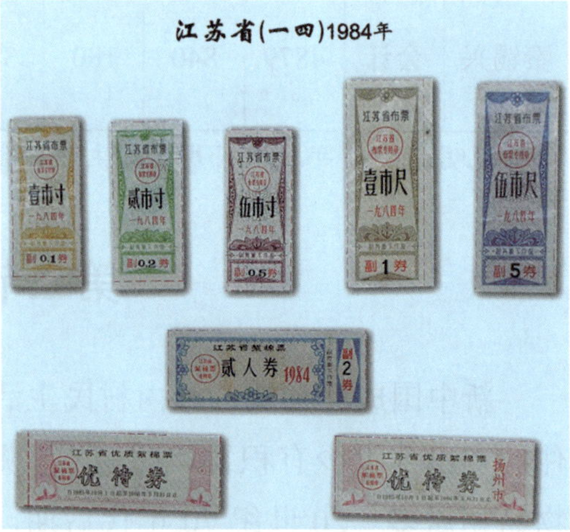

1984 布票

20世纪80年代初，中老年流行呢上装、茄克衫。到80年代中后期，猎装、西装在青年中流行，布料多为中长纤维、毛料、华达呢之类。女的大多数仍穿春秋两用衫，个别人开始穿西装，布料多为中长纤维、乔其纱之类。20世纪90年代开始，青年中盛行穿西装，中老年也开始接受西装，布料多为毛料、华达呢之类。中青年妇女也开始穿西装，流行裙子。进入21世纪，村里人穿衣很少请裁缝师傅到家里做，一般都到商店购买。经济条件好的，到大城市买名牌货，条件一般或较差的便在价格实惠的集市上购买。衬衣、汗衫讲究纯棉的，很少有人穿有补丁的衣服，只有一些老年人，舍不得子女将穿过的名牌货轻易丢掉，就拿来自己穿，但至少也是半新或子女穿过没几次的。

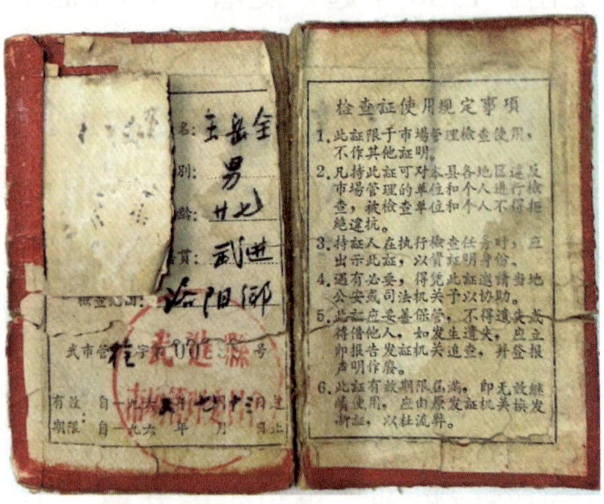

20世纪60年代市场管理证
(2018年9月3日摄)

二、饮　食

新中国成立前，大多数村民生活贫困。1951 年经过土地改革，村民生活逐步好转。一日三餐：早餐吃稀饭，有时吃糊粥，加上几块麸皮饼或“田鸡头”（用面粉做的“面疙瘩”），菜为自家腌制的咸菜、萝卜干。中午吃大米饭，晚上有一点饭，或泡饭、糊粥。过年过节，有些农户杀鸡杀猪，自己酿酒。1955 年粮食“三定”后，农民口粮略为紧张。1958 年农村开始办集体食堂，口号是“鼓足干劲生产，放开肚皮吃饭”，提倡少种多收，造成粮食大面积减产，最少时人均每天只有 3 两（150 克）主粮，山芋、萝卜、荷花郎（紫云英）、健康粉（糠、麸皮一类的粗粮）成为充饥的主食，个别农民因饥饿得了“浮肿病”。1961 年 3 月实行“三包一奖”，5 月食堂停办，人均口粮标准逐年提高。

粮票（2018 年 6 月 18 日摄）

20 世纪 80 年代武进县洛阳信用合作社股票（2018 年 9 月 3 日摄）

1958—1978 年域内农民口粮标准表

表 13-4　　　　单位：公斤

年份	口粮标准（公斤）	年份	口粮标准（公斤）
1958	201	1969	258.2
1959	138	1970	261.75
1960	195	1971	287.5
1961	180.5	1972	284.65
1962	252.5	1973	275.9
1963	275	1974	280.5
1964	280.3	1975	268.05
1965	293.8	1976	280
1966	297	1977	269.05
1967	281.85	1978	303.1
1968	258.5	—	—

20世纪80年代，口粮已渐渐富足，过年过节或干重活时，早餐有糯米团子加稀饭，中午有大米饭，有时为调口味，换成馄饨、面条、咸饭等，晚上有饭、有泡饭。20世纪90年代起，饭桌上常有鱼、肉、鸡等荤菜。逢年过节办喜事，冷盆、热炒齐上，名烟名酒齐备。进入21世纪，人们发现，荤菜吃得太多太好，反而对健康不利，容易出现“三高”（高血压、高血脂、高血糖），于是讲究饮食的科学合理渐成时尚：一天一袋牛奶，一天一斤蔬果，荤菜、素菜三七开，粗粮、细粮巧搭配，吃出健康长寿来。部分村民吃年夜饭，或婚嫁喜事开始在饭店包桌。

三、住 房

新中国成立前，域内农民的住房大多是砖、木、石结构的平屋，低矮潮湿。室内地面多为泥地，只有少数人家用青砖铺地。住房面积，中等人家人均7平方米。有些住房少的人家，兄弟成家后，3~4户从一个大门进出。一个灶间，有3~4座灶头烧饭，十分拥挤。少数经济条件好的人家有砖木结构的两层楼房，单门独院。1949年，域内有草房17.5间、平房743间、二层楼房53间。

新中国成立初期到20世纪60年代，住房条件改变不大。20世纪70年代开始，农村建房增多。20世纪80年代，开始富裕起来的农民建房迫切性增强，一般采用拆平屋，翻扩建楼房为主，大多数是两层楼，成排形，墙体是空斗墙，外墙涂石灰或汰黄沙，室内装饰还不讲究。20世纪90年代，农民经济实力渐强，建房注重

新中国成立前后的住房
（2017年3月27日摄于皇范村）

新中国成立前后条件较好人家的住房
（2017年3月29日摄）

20世纪70年代末80年代初兴建的住房
（2018年6月27日摄于汤墅谈家头）

商品房（2018年7月23日摄）

质量。开始砌实体墙，外墙贴墙砖，室内装潢考究，少数先富裕起来的农民开始到集镇购买、建造住房或店面房。进入21世纪，农民经济实力增强，住房要求宽敞、舒适、环保，还要考虑升值因素。少数经济实力雄厚的不仅村上有住房，城镇有别墅或店面房，而且在海南岛等地还有休闲房，贷款购房也渐成时尚。

连片住房（2017年4月1日摄）

据洛阳镇建设办公室统计，1980年庄陈大队有45户村民建房，平房、楼房共103间，合计3296平方米。1981年有46户村民建房，平房51间，楼房45间，合计4920平方米。1982年有39户村民建房，平房6间，楼房73间，合计2786平方米。1983年有65户村民建房，平房4间，楼房129间，合计6415平方米。皇范大队1980年有11户村民建房，平房、楼房共15间，合计526平方米。1981年有25户村民建楼房27间，合计2160平方米。1982年有15户村民建楼房18间，合计1424平方米。1983年有26户村民建房，平房2间，楼房25间，合计2080平方米。

别墅房（2018年6月29日摄于堵墅）

2016年，汤墅域内共有平房173.5间，二层楼房1775.5间，三层楼房197.5间，人均住房面积82.58平方米（其中人均商品房面积11.74平方米）。

四、出　行

新中国成立前，域内道路多为弯弯曲曲的泥土小路，雨天泥泞不堪，易滑易摔跤，只有汤墅谈家头、堵墅、皇范几个大的自然村通往洛阳镇的道路才有用青砖或块石铺成的砖石路。农民上洛阳镇全靠步行，上戚墅堰、常州或步行或乘人力班船。

新中国成立后，狭窄的乡间小道逐渐筑成宽阔的机耕大道或公路。20世纪70年代后期，农民出行开始骑自行车。洛阳、塘门桥、欢塘桥设有轮船码头，村民去戚墅堰、常州或无锡、宜兴、溧阳等地可以坐客运轮船。7吨以下的靠人力摇橹的小木船、铁皮船、水泥船是各生产队主要的运输工具。20世纪70年代末到80年代初，农民上常州、无锡等城市开始乘公交车。大队及个别生产队有用水泥船改装的柴油机挂桨机船。20世纪90年代，农村已有较多摩托车。

进入21世纪，家庭轿车、摩托车、电瓶车数量激增，村村通公交。客运轮船被公路交通替代而停运。农民出行，以车代步。2016年，汤墅村679户村民中共有轿车504辆。

2016年汤墅村各村民小组主要家庭电器统计情况一览表

表13-5　　单位：只、台

组别	人数	固定电话	手机	空调	彩电	电脑	冰箱	洗衣机
谈东	171	16	131	126	85	41	56	52
谈西	224	32	151	136	107	52	61	60
臧家头	164	1	116	85	85	20	40	39
陈家头	213	25	165	187	141	60	67	67
丁庄	186	27	142	115	88	49	48	52
堵东	151	34	112	107	109	40	38	34
堵市	124	16	98	85	76	29	45	43
堵西	93	11	69	74	61	25	25	28
陆家头	105	12	67	42	44	18	24	25
吴家头	138	21	94	88	81	37	40	40
前巷	153	32	119	100	94	41	47	46
西巷	133	20	100	103	79	36	48	50
中巷	95	11	64	48	45	23	26	32
北巷	89	18	74	74	59	18	32	34
南巷	143	18	111	98	84	30	45	45
欧窑	125	29	88	48	51	18	31	31
西窑	225	18	165	141	132	61	70	68
合计	2532	341	1866	1657	1421	598	743	746

2016年汤墅村各村民小组家庭交通车辆统计情况一览表

表13-6　　单位：辆

组别	户数	人数	家庭轿车	摩托车	电瓶车	自行车
谈东	52	171	38	30	63	33
谈西	56	224	44	9	81	9
臧家头	37	164	44	5	15	33
陈家头	54	213	66	26	57	21
丁庄	49	186	32	16	69	42
堵东	43	151	21	2	58	10
堵市	30	124	16	14	29	5
堵西	26	93	24	17	27	23
陆家头	31	105	20	10	26	7
吴家头	42	138	23	11	59	13
前巷	37	153	25	23	58	14
西巷	33	133	25	15	58	31
中巷	26	95	17	11	42	16
北巷	28	89	15	12	35	11
南巷	41	143	30	19	61	18
欧窑	32	125	20	2	52	8
西窑	62	225	44	31	90	41
合计	679	2532	504	253	880	335

第三节　社会保障

一、职工社会保险

根据武进区、洛阳镇统一部署，域内企业从1999年开始办理社会保险，2004年增加医疗保险征缴项目，2006年实行“养老、医疗、失业、工伤、生育”五个险种合为一体征缴。至2016年，汤墅村各企业累计参加城镇职工养老保险的有896人。

二、最低生活保障

洛阳镇从2000年开始，对农村人均年收入不足1200元的低保户发放保障金。2004年7月，武进区实行城乡低保一体化，低保标准统一提高到340元/人/月，若达不到此标准，差额部分由镇补足，按季发放。2016年，汤墅村有9户共11人，享受低保待遇，标准为上半年每人每月620元，下半年每人每月730元。

三、重残人员补助

从2009年起，政府对重残人员（按肢体、精神、智力、视力分为一级或二级），每月补助390元，汤墅村有2人享受。此后，补助金逐年调整。2016年，汤墅村有13人享受重残补助，标准提高至上半年每人每月730元，下半年每人每月760元。

四、重大疾病救助

从2009年起，武进区慈善总会每年对因发生重大疾病造成的困难户发放“慈善总会救助资金”（即重大疾病救助），标准为每人5000元。汤墅村历年获此救助的情况是：2010年4人，2011年6人，2012年6人，2013年6人，2014年8人，2015年7人，2016年8人。

五、独生子女父母养老保险和奖励

洛阳镇从1989年到1999年为独生子女父母办了养老保险。从2006年开始，又对年满60周岁无固定收入的发放每月50元奖励扶助金，至2016年提高到每月80元。汤墅村2016年有117位独生子女父母享受此待遇。此外，有社保退休的独生子女父母一次性奖励3600元。因病死亡或伤残的独生子女，其父母由政府给予特别扶助，该类家庭的独生子女的母亲年满49周岁时，其父亲和母亲可以每月享受500元特别扶助金，伤残的为每月400元；满60周岁时，父亲和母亲可以每月享受700元特别扶助金，伤残的为每月600元。

六、尊老金

洛阳镇从2011年10月开始为80周岁及以上老人发放尊老金，标准是80周岁以上每人每月50元，90周岁以上每人每月100元，100周岁以上每人每月300元。2016年，汤墅村享受尊老金待遇的有89人，其中80周岁以上老人77人，90周岁以上老人 12 人。

七、城镇老年居民养老补贴

2016 年 12 月，汤墅村有 365 人（男 60 周岁，女 55 周岁，无固定收入）享受老年补贴，标准为每人每月 230 元。

八、新型农村社会养老保险（简称“新农保”）

该项保险于 2009 年 7 月开始办理，2016 年，汤墅村参保人数为 517 人。

九、城乡居民合作医疗保险

该项保险于 2016 年 1 月 1 日起正式实施（2004 年至 2015 年为新型农村合作医疗保险，简称“新农合”，详见第十二章第一节），2016 年，汤墅村参保人数为 1216 人。

十、失地农民生活保障

因镇区及公路建设、工业园区和商品房居民小区建设不断发展，域内部分村民小组的土地已人均不满 0.1 亩，造成生活困难。自 2006 年起，按照武发〔2006〕37 号“关于建立被征地农民基本生活保障制度的意见”，村委先后于 2006 年 10 月、2006 年 11 月和 2012 年 8 月，为堵东、堵西、西窑 3 个村民小组办理了失地农民生活保障。

保障办法规定：以农村集体经济组织通过保障方案之日为基准日，将被征地农民划分为 4 个年龄阶段，分别实行生活补助、养老保险和保养 3 种办法。

第一年龄段（16 周岁以下）人员，实行一次性生活补助，每人补助 6000 元。

第二年龄段（男性 16 周岁以上到 50 周岁，女性 16 周岁以上到 45 周岁）人员，一次性补缴 15 年养老保险费，参加职工养老保险。同时，在办理养老保险的次月起，按月领取生活补助金 160 元，期限为 2 年。到达保养年龄（即退休年龄）时，按月领取养老金。

第三年龄段（男性 50 周岁以上至 60 周岁，女性 45 周岁以上至 55 周岁）人员一次性补缴 15 年养老保险费，参加职工社会保险。同时，在办理养老保险的次月起，按月领取生活费补助金 140 元，到达保养年龄（即退休年龄）时，按月领取养老金。

第四年龄段（保养年龄：男性 60 周岁以上，女性 55 周岁以上）按月领取保养金 200 元，今后随着经济社会发展再做适当调整。

堵东、堵西、西窑 3 个村民小组有保障对象 379 人，其中第一年龄段 46 人（堵东 22 人、堵西 11 人、西窑 13 人），第二年龄段 169 人（堵东 64 人、堵西 45 人、西窑 60 人），第三年龄段 59 人（堵东 32 人、堵西 19 人、西窑 8 人），第四年龄段 105 人（堵东 31 人、堵西 25 人、西窑 49 人）。

保障资金筹集，采取“集体土地征用费为主，各人按规定交费，财政适当补贴”的办法，其中第二、第三年龄段参加养老保险的人员个人缴费按上级规定标准一次性交纳，第一、第四年龄段享受补助和保养人员个人不需缴费。

第四节　已淘汰的生活用品

随着生活水平和生活质量的不断提高，域内居民不少生活用品、用具逐渐被淘汰。20 世纪 60 年代，橡胶鞋（雨鞋）等取代草鞋、钉鞋，70 年代普及电灯照明，油盏灯、桅灯成为历史。20 世纪 90 年代起，清洁方便的抽水马桶取代马桶、夜壶等。

汤墅村农村日常生活用品、用具消亡情况一览表

表 13-7

品名	主要用途	消亡年代
升箩、斗	量米器具（十升为一斗，十斗为一石，一石 75 公斤）	20 世纪 50 年代后逐渐被秤代替
16 两制老秤	计量	20 世纪 50 年代后期被 10 两制新秤代替
蓑衣、箬帽	防雨	20 世纪 60 年代后期被雨披、雨衣代替
水旱钉鞋	防滑雨鞋	20 世纪 50 年代被橡胶雨鞋代替
泥土行灶	烧饭、烧水、烧猪食等	20 世纪 70 年代后
风箱	鼓风	20 世纪 80 年代中期被小型鼓风机代替
豆油盏灯	夜间屋内照明	20 世纪 60 年代末期逐渐被电灯照明代替
美孚灯	夜间屋内照明	20 世纪 80 年代逐渐被电灯照明代替
桅灯 (马灯)	夜间行路照明	20 世纪 70 年代逐渐被手电筒代替
石磨	磨米粉、面粉	20 世纪 70 年代起被机器磨粉代替
磨坊	磨面粉	20 世纪 60 年代起被加工厂磨面粉代替
铜制脚炉、铜汤婆子	手、脚取暖	20 世纪 80 年代后被热水袋、取暖器等代替
夜壶 (陶制)	夜间盛放尿	21 世纪初开始逐渐消亡

1949—2016 年汤墅村民使用过的部分生活用品和用具

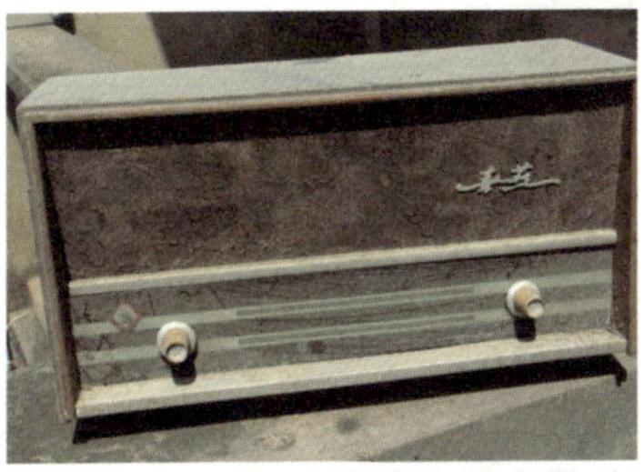

20 世纪 70 年代
使用的台式晶体管收音机

20 世纪 70 年代末
至 80 年代初使用的
便携式晶体管收音机

箬帽

竹柄油布伞

水钉鞋

蒲鞋

草鞋

行灶

风箱

气锅盖

竹蒸架

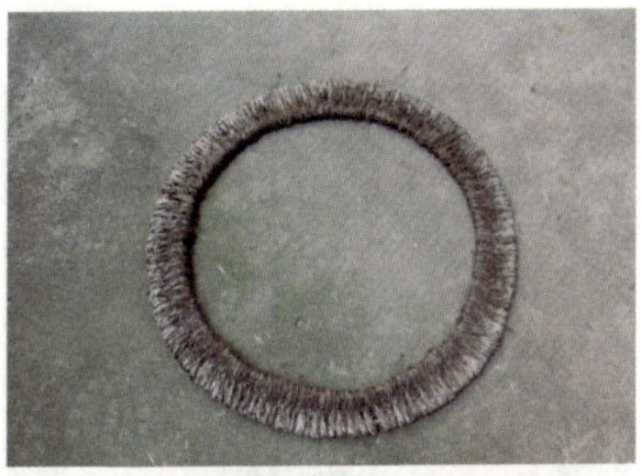

蒸腰

蒸笼

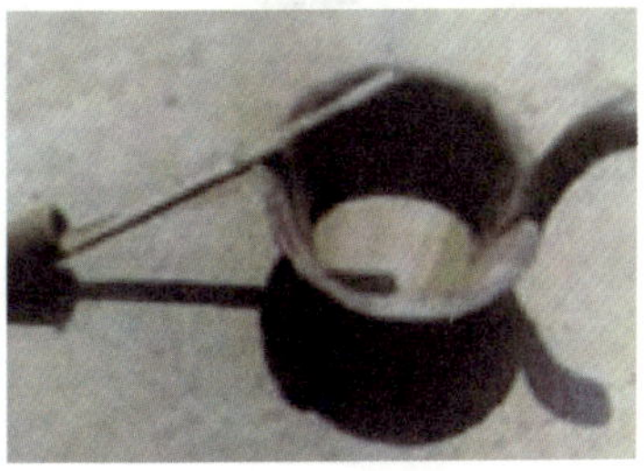

拗勺、酒端

睏桶

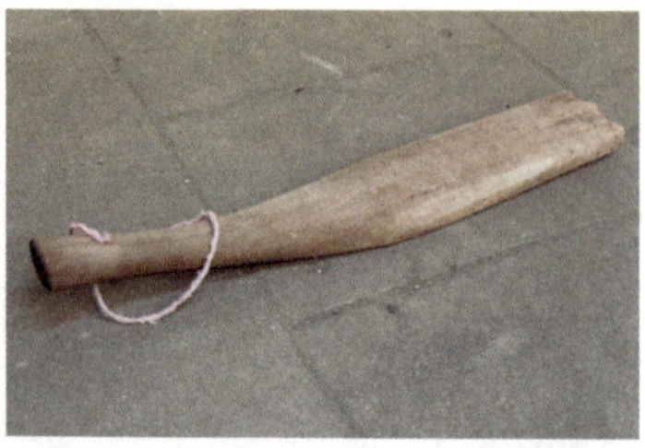
洗衣棒头

电筒

摇篮

三五牌台钟

凤凰牌缝纫机

石臼

拗桶

立桶

挂钟

汽油灯

美孚灯

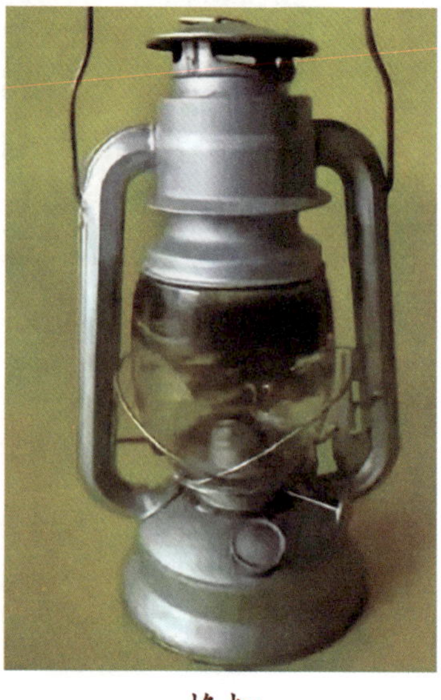
桅灯

老灶头

竹橱

提桶、挑水扁担

石磨

圆脚盆

长脚盆

粉桶

左：脚炉 右：汤婆子

马桶

夜壶

【第十四章】 风俗民情

FENG SU MIN QING

汤墅村的岁时祝祭、婚嫁喜庆、丧葬、生活习俗等风俗民情，具有浓淳的地方性传统特色。随着社会和经济的发展，这些社会风情有传承发展的，也有被摒弃的。男女平等，婚事新办，尊老爱幼，助人为乐，见义勇为，公益善举等一代社会新风尚正在形成，体现着这个时代的人文风貌。

第一节　方言　俗语　歇后语　农谚

一、方　言

你咕：你们。

我咕：我们。

哈昵家：咱们。

老子、阿爹：父亲。

姆妈、阿娘：母亲。

亲娘：祖母。

老小：男孩。

丫头：女孩。

小官人：男青年。

老倌：丈夫。

老姆：妻子。

叭叭：姑母。

小开：有钱有派头。

一昼时：一昼夜，24 小时。

空早头：早晨。夜来头：晚上。

前夜子：前天。昨头：昨天。

今早头（今啊头）：今天。

明朝：明天。后朝：后天。外后朝：后天的后一天。

一歇歇：形容时间很短暂。
濛松雨：毛毛细雨。
阵头响：打雷。阵头雨：雷雨。
忽忽显：指闪电。
月箍：月晕。
亮月：月亮。
亮星夜：有月亮的夜晚称亮星夜。
暗星夜：无月亮的夜晚称暗星夜。
好天：天好、晴天。
凌渎：冬天屋檐垂结的冰凌。
迷露：雾。
田鸡：青蛙。
河蚬：蚯蚓。
老虫：老鼠。
土灰蛇：蝮蛇。
甲鱼：鳖
相骂：吵架。相打：打架。
嚼舌头：搬弄是非。
翘辫子：咒人死了。
赤佬：鬼，骂人语。
断气：指人停止呼吸，死了。
蜡烛：意即不点不亮、不识时务。
掉抢花：转移目标、欺骗人。
杨树头：耳朵根子软、两面倒的人。
煨灶猫：精神不振、颓废的人。
王伯伯：为人办事不牢靠的人。
和调：指办事马虎。还有不负责任的意思。
晓开：揭开。
板板六十四：办事顶正。
老门槛：精明人。
掳掳堆：聚集散物。
修作：整理、收拾。
作齐：将物品齐整。

�东西：藏东西。

楞舌：口吃病。

心翻：指身体不舒适、伴有呕吐的感觉。

眼眵（chi）：指眼屎。

仙人头：眼瞳。

撩豆腐：买豆腐。

做生活：干活。

汰衣服：洗衣裳。

捉漏：瓦匠修理屋面，指漏雨的地方。

寻铜钱：指出外赚钱。

拗油：把油注入灯盏或其它须润滑的装置内。

勒酿得：在。

哆场唬：在什么地方。

拿夯：怎么样。

咕起：回家。

白相：耍玩。

掼跟斗：跌跤。

游水：游泳。

洗冷浴：在河里洗澡、游泳。

韧佬：指食物不脆了。

薄溜溜：形容粥较稀薄。

绽 [zhàn]：指农作物颗粒饱满。

十三点嘻嘻：主意飘忽不定，被人看不起。

明堂：天井。

荷花浪：红花草、紫云英。

电火：电灯。

绢头：手帕。

柴置：指堆放在屋外的柴垛。

拆空老寿星：希望落空。

钟桑：畜生。

佬小姑：男人。

女娘姑：女人。

喳须：小便。

拎弗清：不明白。
牵丝板凳：缓慢。
十革卵盘：唠叨、啰嗦。
奥佬：后悔。
揩面：洗脸。
摊冲：丢人。
纳塔：脏。
策勒老：食物中有沙子。
豪扫点：赶快。
青馒头：膝盖。
细薄落子：小孩。
弥勒：早着呢。
歇搁：停止。
宁奏奏：粘、糯。
眼皮急：羡慕。
乱脱嘻嘻：办事不牢靠。
精赤则：赤裸。
浇污壅：浇粪。
悠笃笃：不慌不忙。
嘿到则：喘气。
堰到则：指小孩爱动、调皮。
勿判则：舍不得。

二、俗　语

赌钱输空生窃计，输到无法便作贼。
沾毒三分苦，上瘾一生亡。
小洞不补，大洞吃苦。
一粒米，一滴汗。
人为一口气，佛为一炷香。
行得春风有夏雨。
秦琼不急不卖马。
成了龙还是蛇肚皮里出生。
瓮头里走不掉跛脚鳖。
吃勿落，兜着走。

人老筋出，树老根出，蚕老丝出，船老钉出。

天晴防雨落。

好么楼上楼，不好楼下搬砖头。

上了白米船，不要忘记吃糠团。

要做龙凤阁，不做就歇搁。

锣鼓听音，说话听声。

村上有个好嫂嫂，全村姑娘齐学好。

棒头上出孝子，筷头上出逆子。

一铁锹挖不出两口井。

心慌吃不得热粥。

冷在风里，穷在债里。

船到桥，直瞄瞄。

天作雨来，人作祸来。

新箍马桶三日香，过了三日臭彭彭。

绸不搭布，穷不搭富。

人情急如债，掮了锅子沿门卖。

三百六十行，种田头一行。

嘴像糖罐头，心像锥钻头。

面上笑呵呵，心里毒蛇窠。

吃不穷，穿不穷，算计不好一世穷。

吃一次亏，学一次乖。

打蛇要打在七寸里。

斩草不除根，逢春要发青。

人落路，天落塘。

身上穿得软披披，家里没有夜饭米。

同动动，随大众。

硬树自有硬虫钻。

忠厚的人勿吃亏。

杨树叶子落下来，怕砸开了头。

一个和尚一份斋。

一只碗不响，两只碗叮当。

一世骗人自骗自。

癞痢头儿子自己的好。

积谷防饥，养儿防老。

种田不离田头，开店不离店头。

种田不养猪，秀才不读书。

在家靠父母，出外靠朋友。

邻舍好，赛金宝。

若要好，老敬小。

大欺小，现眼宝。

欢欢喜喜成了人，气气恼恼成了病。

初学三年，天下无敌，再学三年，寸步难行。

做到老，学到老，学了一世学不了。

只要功夫深，铁杵磨成绣花针。

天下无难事，只怕用心人。

八月八，蚊子大如鸭；九月九，蚊子叮石臼。

人老珠黄不值钱。

丈母看女婿，越看越有趣。

菜饭饱，布衣暖。

种田钱，万万年。

瓜无滚圆，人无十全。

物要防烂，人要防懒。

针眼大的洞，盘篮大的风。

狗走千里要吃屎，狼走千里要吃人。

吃的盐和米，讲的情和理。

老鸦捉在树上，做不成窠。

狗急跳墙，人急挂梁。

落雪狗欢喜，麻雀肚里一包气。

听了千遍，不如一见。

有志不在年高，无志空活百岁。

一年之计在于春，一日之计在于晨，一家之计在于和，一生之计在于勤。

三、歇后语

嘴上涂石灰——白说（色）

瞎子吃馄饨——肚里有数目

骆驼睏在桥背上——两头勿着实

顶着石臼做戏——吃力勿讨好

癞蛤蟆跳在戥（děng）盘里——自称赞

蜻蜓吃尾巴——自吃自

城头上出棺材——远转

井栏圈上抛铜钱——危险

两个哑子睏一头——一无话说

四金刚的琵琶——谈（弹）都不要谈（弹）

叫花子唱莲花落——穷开心

箩里坐笆斗——稳笃定

弄堂里拔木头——直来直去

碗里的鱼头——拨一拨，动一动

瘌痢头上光秃秃——一无抓拿

白露里的雨——到一处坏一处

四大金刚摇船——大来大去

瞎子耥稻——拉倒

屋檐头上的洋葱——心不死

碗归碗，盘归盘——清清爽爽

黄鼠狼看鹅——段段消磨

黄鼠狼看鸡——越看越稀

煨焦鳗鱼——段段缩

老鼠钻风箱——两头受气

老鼠钻在书箱里——咬文嚼字

药里的甘草——少不掉

吃死人不吐骨头——心狠

严嵩庆寿——照单全收

寒天吃冷水——点点在心头

隔年蚊子——老口

兔子勿吃鸡——行景难看

横切萝卜竖切菜——终归一样

大年夜打浆——贴对

叫花子吃三鲜——要一样没一样

寿星唱曲——老调

和尚拜丈母——头一回

扳砖头磕脚背——自害自

磨盘底下的蛆——犟不穿
秤钩打钉——两扯一直
额角头上放扁担——头挑
程咬金的三斧头——来势凶
戴着笠帽亲嘴——碰不拢头
六月里吃薄荷——凉飕飕
急毛病碰上慢郎中——你急他不急
黑狗蹲在灰堆上——看不出
担绳穿针——意（移）不过
秧田里蚕豆——不到老
蜡烛——不点不亮
肉骨头敲鼓——昏（荤）咚咚
老和尚念经——噜哩噜苏
猫捉老鼠狗看门——本份事
猪鼻子里插葱——装象
下雨不撑伞——吝啬（淋湿）
小孩倒在娘怀里——靠福（腹）
白天公鸡叫——白提（啼）
棉花店里失火——不谈（弹）
猫儿勿吃鱼——假正经
水里拖稻草——越拖越重
瓮头里点火——瓮货
瓮头里捉甲鱼——逃不了
黄牛角、水牛角——各归各
吃过馒头洗蒸笼——过时
生油拌韭菜——各人心中爱
棒赶鸭子——刮刮叫
拉了牛尾巴过河——来不及
歪嘴吹喇叭——邪气上升
砻糠搓绳——起头难
高山上倒马桶——臭气远扬
板壁上插针——触目（木）
三个铜板放两头——一是一，二是二

瞎子摸弄堂——到处碰壁

四、农　谚

气象

早看东南，夜看西北。

东虹（虹，方音 hei）日头西虹雨。

日落胭脂红，不是雨来定是风。

鸡愁风，鸭愁雨。

雨天知了叫，晴天马上到。

庚勿落，辛滴笃。（庚、辛为雨日）

青蛙乱叫，大雨要到。

夜晴勿是好晴。

早糊涂，昼晒煞，夜日末。（天气正常）

上看初二三，下看十五六。

乌云接日头，连夜雨愁愁。

东北风，雨太公。

久晴必有久雨，久雨必有久晴。

交了处暑节，夜寒白天热。

发尽桃花水，必是旱黄梅。

晴天落旱雨。

迷雾毒日头，晒开瘌痢头。

一落一个泡，明朝就天好；一落一只钉，七日七夜落勿停。

雪落有晴天。

久雨见星光，明天雨更旺。

亮星照烂地，明朝转来落勿已。

日光朝上，料理场上；日光朝下，料理灶下。

东豁豁，西豁豁（闪电），明朝太阳辣豁豁。

乌头风，白头雨。（乌头、白头指云色）

南豁三年（晴），北豁眼前（雨）。

日出野猫眼（太阳呈野猫眼颜色），大雨勿过夜。

西风腰里硬，西风到夜绝。

东风两头尖。

春天

春风勿着肉，春天勿问路。

二月东风处处晴。

春冷剥老牛。

春二三月神鬼天。

未蛰（惊蛰）先蛰（雷响），一百廿日阴湿。

三月清明偏不青，二月清明偏要青。

三月三，穿件单布衫。

夏天

四月十六两头红，鳗鱼游到灶当中。

夏雨隔条线。

莳里挂条虹（方音 hei），拔落黄秧种赤豆。

黄梅迷露，雨在半路。

龙挂湖，白糊糊；龙挂江，晴堂堂。

黄梅寒，没竹竿；黄梅暖，井底干。

梅里西风莳里雨，莳里西风顿时雨。

黄梅天，十八变。

小暑头上一声雷，半个月黄梅倒转来。

小暑西南风，鲤鱼躲在深潭中。

六月初三一个阵，上昼耥稻下昼睏。

六月六，阵头（雷）咽落落，每亩田里少一斛。

六月六，猫狗洗冷浴。

小暑凉飕飕，大暑热煞鳅。

秋天

处暑，热煞老鼠。

白露身勿露。

八月廿四晴，一个稻草重几斤；八月廿四落，清白稻草干簌簌。

重阳拗不过十三。

九月十三晴，钉鞋挂断绳。（晴）

霜下东风一日晴。

未霜先霜，来年车埭当眠床。

冬天

两春隔一冬，无被暖烘烘。

落到冬至晴到年，晴到冬至落到年。

干净冬至邋遢年，邋遢冬至干净年。

夹雨夹雪，无休无歇。
立冬无雨一冬晴，立冬有雨一冬阴。
雪后寒，霜后暖。
冬至前后，滴水不走。
头九暖，二九寒，三九、四九冻掉八哥的卵。
腊月初三晴，来年阴湿到清明。
计时
九九八十一，离开清明廿四日。
春分秋分，昼夜两中平。
初二、初三月芽尖。
初八、廿三半夜月。
十七、八，快手婆婆扎只袜（指月出）。
十九、二十，天亮月直。
二十月上两更天。
廿一、二，月上二更二。
廿五、六，月上五更足。
夏至交时，冬至起九。
十月中，梳头吃饭工。
冬至百六是清明。
夏至难逢端阳日，百年难逢岁早春。
农事
大年初一黑秃秃，高低田稻一齐熟。
春打六九头，样样有得收；春到五九脚，样样收勿着。
正月二月白田，三月四月麦田。
腊雪是瑞，春雪是害。
雨水勿满碗，勿如种了旱（旱地作物）。
晒干杨柳好种田。
雨打百花心，百样无收成。
寸麦不怕尺水，尺麦却怕寸雨。
麦要三捞四削。
麦有穿山之力，只怕当头灰（草木灰）一遏。
九九勿通光（麦沟），麦用大箩装。
惊蛰闻雷米如泥。（丰收）

三月十六晴，桑叶吃断筋；三月十六阴，桑叶无人问。

春分有雨家家忙，先种瓜豆后下秧。

谷雨三朝蚕白头。

好蚕勿吃小满叶。

蚕老一刻，麦老一日。

四月十二一夜雨，麦如魖 [xū]（释义：古书上指能使财物虚耗的鬼。农民读 ju）。

立夏浸种，小满抛秧。

夏至前头格咚（一种水鸟）叫，勤的要给懒的笑，风调雨顺年景好。

五月初一云叇叇（叇读作 dài，表示云气浓厚的样子），长工无人爱；五月初一鸭蛋青，长工有人请。

头莳勿要抢，中莳勿要让，三莳不再误辰光。

三莳三送（下雨），低田白弄。

高田只怕拦莳雨，低田只怕送三莳。

黄梅无雨大荒年。

秧好稻好，娘好女好。

莳秧大稻棵，耥稻笑呵呵，牵砻打老婆。

六月十二团团风，十个盘篮九个空。

六月不热，五谷不结。

六月秋，旺薄一样收。

秋前勿搁稻，秋后要懊恼。

立秋三次雨，遍地出黄金。

千浇万浇，不及处暑头上一浇。

处暑不落交梅雨，纵然结谷也歉收。

处暑勿动泥。

夏干仓仓满，秋干断绝粮。

六月十二登田雨，七月初七洗车雨。

白露里的雨，到一处，坏一处。

中秋无月光，来年蚕豆荒。

八月廿四，有水开水，无水车水。

稻老养，麦老抢，稻上场，麦上仓。

秋分斫 [zhuó] 早稻，寒露带青樵，霜降一齐倒。

麦要胎里富。（要垩垫底灰）

闰年勿种十月麦。

小雪麦三莳。（小雪种麦好比三莳栽秧）

千浇万浇，勿及腊里一浇。（浇腊肥）

翻田翻得深，黄土变成金。

养猪勿赚钱，回头看看田。

合理密植勿误地，一季收成抵两季。

麦要早种，稻要垩壅。

鲜灰、宿粪、暴河泥。

穷人换稻种，年年钻夹弄。

人误地一时，地误人一年。

立冬种麦，种一瓮收一捧。

稻上场，麦进仓，黄豆挑在肩胛上。

冬垩金，春垩银，春肥腊施赛金银。

第二节　风俗习惯

一、节　日

春节　农历正月初一，俗称“大年初一”，从这天起到正月十六是传统的新春佳节，也是中华民族最重视最热闹的节日。晨起，域内家家燃放爆竹，以示“开门大吉”。尔后小辈向长辈拜年，旧时拜年，要先拜祖先神像，尔后依次向长辈行跪拜礼，后改作揖、鞠躬。平辈互致长揖，互道“新年快乐”，长辈向儿孙分发红包，称“压岁钱”。早餐一般吃糕团、馒头等，寓含团团圆圆。男女老少穿戴一新，串门走户拜年，均互致“拜年”“恭喜发财”之类吉祥语问候。主人则以香烟、茶、糖果、瓜子、花生、炒米等待客。中、晚餐一般吃除夕留下的“年夜饭”，取“年年有余”的吉兆，也有人家吃馄饨，称之“裹财”。年初一不扫地、不倒水、不动刀剪，初一至初三开门、关门都放炮仗。初四、初七一般不走亲访友，均含“祛凶趋吉”之意，现此习俗已自然消失。农历正月初五为路头（五路财神）生日，黎明，几乎家家户户爆竹之声不绝，有的人家设猪头三牲“请路头”（也有人家在大年夜下午“请路头”）。下午商店、工厂开门营业，争先抢利市，也称“抢路头”。年初二拜娘舅、年初三拜丈母，年初五起亲友互访互拜，请吃“年酒饭”，直至元宵节后方止，素有“拜年拜到年十六，新鲜团子腌咸肉”之说。

新中国成立后，春节定为国假日，假期 3 天。1996 年，全国规定周末改为双休后，将两头双休日共 4 天并入节假，形成 7 天长假。人们则利用长假走访亲友，或外出旅行。各地开展“拥军优属”“拥政爱民”“帮困扶贫”“新春联欢”“座谈”等活动，欢度春节。

元宵节　正月十五为元宵节，旧时也称“上元节”“灯节”。是日，圆月初上时，家家燃放鞭炮、焰火，户户吃糖圆，以示“日子红红火火、家家团团圆圆”，村村闹元宵放花灯，展现各式民间文艺，男女老幼争相围观，异常热闹。此习俗因种种原因，曾一度废止，20 世纪 80 年代，灯会又兴，除传统花灯外，还组织开展竞猜灯谜、舞龙、舞狮、荡湖船、马灯、大头娃娃等民间文艺巡游展演等文体活动项目，并举行广场健身舞展示、拔河等体育竞赛活动。

清明节　每年公历 4 月 5 日前后，农历 24 个节气中的清明节来临。是日，家家户户门插新柳。旧时，大户望族以男丁为主进祠堂，祭祖先，吃祠堂酒。平民百姓则扶老携幼去祖先坟头添加新泥，飘白纸，焚冥币，点香烛叩拜，以示对先祖的怀念。新中国成立后，上坟扫墓传统仍有保留。工厂、学校均在清明节前组织祭扫烈士陵墓，缅怀先烈，进行革命传统教育。清明时节，域内桃红柳绿、春光明媚，许多人常到野外散步休闲，赏阅春色，亦称“踏青”。2007 年 12 月 14 日，国务院决定，自 2008 年 1 月 1 日起将清明、端午为法定节假日，放假 1 天。

端午节　农历五月初五为“端午节”，也称“端阳节”。因时近夏日，气候温湿，虫豸繁衍，蚊蝇孳生，故家家户户于此日扫除门庭，挂钟馗像，贴符箓驱邪镇恶。插菖蒲、艾叶于门前，熏蒲艾以驱虫，饮雄黄以健身。此日，家家包粽子，煮咸鸭蛋。女婿、艺徒、寄儿、寄女等小辈则于节前备重礼探望孝敬长辈，俗称“张端阳”。2008 年起，端午节被国务院定为法定节假日，放假 1 天。

中秋节　农历八月十五为中秋节。节前，家家自制芝麻等多种馅心的面粉烤饼和糯米糍团饼，亲友互赠月饼。是日，中晚餐备丰盛酒菜，合家欢乐。近年，收入较丰者，则去酒店、餐馆订餐，合家前往享受美食和服务。入夜，月圆风清，村民呼朋唤友，结伴出户，或桥头或村口，尽情赏月嬉笑玩耍。节前艺徒、寄儿、寄女均备礼品探望孝敬长辈，更有已婚男女携礼盒、月饼、烟酒赴岳父岳母家探亲，新婚或恋人则礼品更多，还要馈送媒人，谓之“张八月半”。2008 年起，中秋节被国务院定为法定节假日，放假 1 天。

元旦　公历年首日（1 月 1 日）为元旦。新中国成立后，法定全国放假一天，政府和企事业单位举行庆祝活动，机关团体、企事业单位均以此为年限总结上年工作、汇总各类数据，并规划下年工作。从 20 世纪 80 年代起，乡镇企业及较大的私营企业也按照国家规定，放假庆祝。1995 年，国家实行双休制，将临近双休并入，一般可以休假 3 天，休假期间，大小商家营造新年气氛，进行促销活动。文化艺术团体组织展览和演出，使寒冬时节呈现出一派新春来临的勃勃生机。

情人节　2 月 14 日为情人节，是改革开放的泊来品。公元 270 年，罗马人认为约娜是罗马众神的皇后。当时，发生了很多凄美和香艳的爱情故事，故奉她为妇女和婚姻之神。是日，情侣、爱人之间相互赠送鲜花、礼品、或相携度假、旅游，以示对爱情的向往和忠贞。

国际妇女节 3月8日为“三八国际劳动妇女节”。1949年12月23日，中央人民政府政务院规定3月8日为中国劳动妇女节。妇女放假半天，妇女界集会庆贺，表彰先进。民间也于此日纷纷向妇女赠送礼品以示祝贺。

植树节 民国19年（1930年），国民政府规定孙中山先生逝世日3月12日为植树节。新中国成立后，此节自行消失。1979年2月23日，第五届全国人民代表大会常务委员会第六次会议决定3月12日为中国植树节。每年植树节前后，政府动员全民义务植树，机关、工厂、学校等均组织参加植树活动。

国际劳动节 5月1日为国际劳动节。清光绪十五年（1889年），在第二国际成立大会上，规定每年5月1日为国际劳动节。1949年12月，中央人民政府政务院规定5月1日为劳动节，放假1天，以示庆祝。1999年，改为放假3天，与前后两个双休日合并在一起作为假期，称为“五一”黄金周。劳动人民除特殊行业以外，都可以充分休息、走亲访友、或外出旅游。2008年，取消“五一”长假，假期由3天改为1天，增加清明、端午、中秋的假期各1天。为庆祝“五一”节，政府部门及企事业单位通常举行文艺联欢会、茶话会、劳模表彰大会等活动，体现政府对劳动人民的关怀和爱护。

中国青年节 5月4日为中国青年节。民国28年（1939年），陕甘宁边区西北青年救国会规定5月4日为中国青年节。新中国成立后，为纪念“五四”运动，1949年12月，中央人民政府政务院规定5月4日为中国青年节，中等学校以上的学生放假半天。每逢节日，政府和共青团机关、学校都开展多种形式的庆祝活动，如集会、讲座、演唱会和共青团团队活动、新团员入团仪式等，以继承、发扬“五四”运动的光荣传统。

国际护士节 5月12日为国际护士节。民国元年（1912年），国际护士会为纪念英国护理大师南丁•格尔，将其生日定为护士节。国际护士节的基本宗旨是倡导、继承和弘扬南丁•格尔不畏艰险、甘于奉献、救死扶伤、勇于献身的人道主义精神。

国际儿童节 6月1日为国际儿童节。1949年11月，国际民主妇女联合会执委会决定每年6月1日为国际儿童节。同年12月23日，中央人民政府政务院规定6月1日为中国儿童节，初中、小学放假半天。中、小学校、幼儿园均举行庆祝活动。学校主要开展以“少年先锋队”组织活动为主的校园文化艺术节，如歌舞表演、鼓号队比赛、新少先队员入队宣誓仪式等等。1980年以后，社会团体和企业于节日期间开展助学助教活动。各级“关心下一代工作委员会”开展传统道德教育和爱国主义教育，促进少年儿童德、智、体、美全面发展。

建党节　7月1日为中国共产党诞生纪念日。中国共产党于民国10年（1921年）7月诞生，民国30年（1941年）6月，中共中央确定7月1日为中国共产党诞生纪念日。各级党组织均于纪念日前后举行纪念会、座谈会、报告会、新党员入党宣誓、歌咏、展览、文艺演出等活动。

建军节　8月1日为中国人民解放军建军纪念日，也称"建军节"。民国16年（1927年）8月1日，周恩来、朱德、叶挺、贺龙等领导北伐军举行南昌起义并发表《八一起义宣言》。民国22年（1933年）6月30日，中共中央革命军事委员会发布《关于决定"八一"为中国工农红军成立纪念日的决定》。1949年12月23日，中央人民政府政务院规定8月1日为中国人民解放军建军节，2014年1月1日起施行现役军人放假半天。此后，全国军队举行庆祝纪念活动，开展拥政爱民活动，地方则开展拥军优属活动和军民联欢活动。

敬老节　1989年，国家把每年农历九月初九重阳节定为敬老节，这是传统节日和现代节日的巧妙结合，民间有吃"重阳糕"的习俗。每逢节日前后，社会各界纷纷组织敬老活动，到敬老院或老年公寓、干休所等老年人比较集中的场所进行慰问，义务服务等活动。各级领导携带慰问品、慰问金走访耄耋老人和百岁寿星，一些社团、民间组织精心组织活动庆贺节日。

教师节　1985年，第六届全国人大九次会议决定把每年9月10日定为教师节，以提高教师的社会地位和发扬我国尊师重教的传统美德。是日，学校和社会各界纷纷组织庆祝活动，领导慰问在职教师和离退休教育工作者，奖励优秀教师。学生们自发向老师赠送鲜花、贺卡等小礼物以示祝贺。

国庆节　10月1日是中华人民共和国成立纪念日，亦称"国庆节"。1949年10月1日，中华人民共和国、中央人民政府委员会在首都北京成立。同年12月2日，中央人民政府决定10月1日为国庆节。12月23日，政务院规定国庆纪念日全国放假2天。1999年，为了庆祝建国50周年大庆，国务院通过修改的《全国年节及纪念日放假办法》宣布，从1999年国庆节起，每年国庆节放假3天，但在实施中通过上移下借两个周末的形式形成每年长达7天的全国性长假，被称为"黄金周"。每年的国庆节，全国上下都以丰富多彩的形式进行庆祝活动，有国庆文艺晚会、国庆招待会、茶话会、国庆阅兵、国庆征文、成果展览等等。逢5周年和10周年国庆更为隆重，会有放焰火、游行、大型文艺活动。部分家庭会借此长假的机会外出旅游。

圣诞节　12月25日为圣诞节。始于公元336年的罗马教会。实际为耶稣教的宗教节日，是耶稣的诞辰，此节在国外犹如中国的春节。20世纪80年代后期，国内一些外资企业、涉外经济联合体在内部举行一些庆祝活动，后逐渐融入社会。21世纪后，部分企业、商场及娱乐场所，布置圣诞树、圣诞老人，过平安夜，祝圣诞快乐，渲染节日气氛。

二、岁时习俗

土地菩萨的生日 农历二月初二，农村群众至庙内以三牲向土地菩萨拜祭。新中国成立后，不存此习。

祠山大帝诞辰 农历二月初八，相传大帝有风、雨、雪三女，前后数日必有风雨交作，加之以雪，天气骤寒，象征迎送三女归乡探亲。俗有大帝吃冻狗肉之谚。

花朝节 农历二月十二日，是百花生日，在花木果树上贴上红纸，期望早日发芽生长，有些村上还有这种习俗。

马和尚过江之日 农历二月十八日，马和尚凶神，旧有“北风吹马过江南，则江南灾；南风吹马过江北，则江北灾”之说。常有冷空气侵袭。过了这个冷汛期，天气日渐暖和。

农历三月初三 旧俗有些人家用红纸条写上“三月三，不许蚂蚁上高山”，斜贴在灶脚处，以期蚂蚁不上灶头。民间还有“三月三，穿件单布衫”“三月三，吃了马兰游阳山”的顺口溜。

立夏 公历5月6日前后，意为夏天开始，此日有尝三鲜（地上三鲜：苋菜、青蚕豆、蒜苔；河中三鲜：蛳螺、鲥鱼、白虾；树上三鲜：樱桃、梅子、香椿头）之说。还有大人、小孩称体重之举，现此习俗已基本不存。

夏至 公历6月22日左右，此日均有吃馄饨之俗，传说吃了馄饨可避免疰夏（暑夏无食欲）。这天的白昼也是全年最长的，故有“长到夏至，短到冬至”之说。

农历六月初六 有“六月六，猫狗洗冷浴”之说。意思是从这天起，人也可以下河洗冷浴。养有猫、狗的人家，会把猫、狗抛入河中，由它们自己游上岸，据说可以防其身上生跳蚤和虱子。

斋灶日 农历六月廿四，是“灶君”生日，家家要斋灶吃素。俗话说“千斋万斋，不及廿四一斋”。

七巧日 农历七月初七，看巧云。有喜鹊搭桥，牛郎织女相会之说（后称为中国的情人节）。旧时，人们在正午时，以针轻浮水碗，视针形变幻象形，谓“乞巧”，图个心灵手巧。

中元节 农历七月十五日，俗称“鬼节”。旧时家家户户烙茄饼，备素斋于节前祭奠祖先亡灵，也有传说此日为地狱野鬼放风行走阳世之日。是日，翁妪诵经念佛，于道途焚化冥纸，请僧、道行法驱邪。新中国成立后，迷信活动均被废止，但域内在农历七月十五日前夕仍有保留烙茄饼、做更饭的祭祀祖先习俗，谓之“过七月半”。

地藏王生日 农历七月三十（月小为廿九），旧时该日晚上各家场上插棒香，善男信女还到庵庙里去念佛坐夜。

立秋　一般在公历8月7日或8日，旧时，有流行吃瓜的习惯，说是“立秋吃了瓜，不生热痘头”。

下元节　农历十月十五日，新谷登场，有吃新米团子的习俗，以祭祀“天尧、地舜、水禹”。

冬至　为农事节气（公历12月22日前后）。氏族开祠堂，举行大规模祭祀祖宗，吃“祠堂酒”，有“冬至大如年”之说。乡民中则有“若要富、冬至隔夜胡葱烧豆腐”之俗。是日为一年中白昼最短，黑夜最长，民间有“夏至不替人莳秧，冬至不为人看更”之说。

腊八　农历十二月初八谓“腊八”，相传为释迦牟尼成佛日，各寺庙庵以香豆、干果、蔬菜等煮米粥供之，称“腊八粥”，也称“咸粥”。此俗传入民间，至今仍有保留。是日，域内家家煮大锅菜粥，配料均在8种以上，邻里相互品尝。

灶神上天日　农历十二月廿四，旧时灶上供糕团，并附对联一副：“上天奏好事，下界保平安”。送走灶神，称“斋灶”。家家掸灰尘，进行大扫除，干干净净迎春节，此习俗延续至今。

除夕　农历十二月三十（小月廿九），俗称“大年夜”。此为一年之尾，家家户户忙忙碌碌，喜气洋洋，早在农历十二月十五以后，便筹办年货，一应吃、用之物至除夕基本办妥。是日，请路头，贴春联，贴福字，悬挂祖先遗像及各种字画、挂轴、筹备年夜饭，外出人丁多在晚饭前赶回，合家大小欢聚一堂吃“年夜饭”（也称“守岁酒”），然后燃放鞭炮、烟花，并敲锣打鼓，尽情营造欢乐气氛，以示“爆竹声声除旧，锣鼓喧天迎新”。旧时，因家贫负债之人，至岁末无力偿还，只得外出躲避，过年犹如“过关”，故又称“年关”。1983年起，中央电视台组织“春节联欢晚会”，集歌舞、说唱、杂技、戏曲、小品、相声等艺术形式于一台，向全国播放，成为每家每户除夕抢看的节目。人们用电话、手机、电脑的通讯功能，向远方的亲友拜年，互相祝福。

请路头　村里人有“请路头”的习俗，祭“五路财神”“路头菩萨”。据《无锡县志》载：“神姓何，名五路，明末御寇死。因祀之”。百姓把他当作武财神供奉。明末以后，民间习俗正月初五商铺新春开市，第一件事便是“请路头”（迎财神），祈求开市大吉，财源滚滚。

旧俗“请路头”，供品要用6只眼睛：1个猪头、1只公鸡、1条鲤鱼。煮、煎熟后，把猪头放在大木盘中，垫上1只猪手，5根肋条猪肉。整鸡则伏在猪头上，口中衔1根连根的全葱，颈间绕1条熟的猪大肠，称为财富(脏腑)。鸡屁股再插上3根鸡尾巴毛(宰杀时先拔下备用)。另一盘盛1条煎好的大鲤鱼，该鱼应背开成连在一起的两片。这样表示是全猪、全鸡、全鱼，称为“三牲”。

另一木盘放上两个年糕头和两只黄糖糕做的“金元宝”，及一些吉果，如长生果、福桔、雅梨、乌菱、柿饼、荔枝、桂圆、核桃、红枣等。把这些供品的谐音和形象连起来造句，就成为大吉大利，招财利市，早生贵子等好口彩。

祀神仪式，堂中的方桌上围以绣花红绸的台围，桌上红烛高烧，焚香缭绕。另一面放一个路头菩萨的纸马。纸马前斟 6 杯酒，1 碗年饭。年饭上要放芋头、荸荠和一小枝松柏。锣鼓伴奏，燃放爆竹烟花，以示“指日高升”。也有些人家不放爆竹，便说是“闷声大发财”。祀神以后，有的人家再祭祖。

在“请路头”民俗仪式中，需要供奉祭祀印有“路头菩萨”的纸马，现在有的人家用黄纸写上“五路大神之位”。此外，逢时过节，婚丧诸事也要“请路头”，即便民间发生纠纷，过错方也要以“请路头”的方式向对方致歉谢罪，相当于现在的请客吃饭，赔礼道歉。假如王家对不住李家，双方为了和解，李家就可以要求王家给他们请个“路头”，请“路头”的时候就是买一张“路头菩萨”的纸马，竖着卷起来，里面放上纸元宝，备好香烛、供品，由王家带着供到李家门口，点上香烛，把纸马化了，而供品就等于送给李家的礼了。旧时的供品也就是 1 条鲤鱼、2 根肋条肉，那时生活条件差，有这些供品家里就可以开荤了，而别人给自己请“路头”是扎面子、讨谶语的事。

三、喜　庆

婚嫁　旧时婚姻，遵从“父母之命，媒妁之言”，配亲讲究门当户对，所谓“绸不靠布、贫不搭富”，门第观念相当严重。一般要经过“求亲”“定亲”“迎亲”三道手续。先由男方央媒向女方求亲，取得女方姑娘的年庚八字（即出生年月日时辰），由媒人送交男方，请算命先生“掐八字”，推算有无冲克，合则定亲，不合退回庚帖；女方同意男方的求亲后，男方看定吉日，准备定亲。备好“花盘”聘礼、喜果、礼金、首饰送往女方，女方回以红蛋、喜糕等物，双方皆备酒肴款待亲友，定亲后，当年或隔年就可以选定吉日，写成“日帖”，请媒人送往女方。婚嫁前夕，男家有告祖之礼，即昭告先祖，某男于某日取某女为室。女方有辞祖开容之礼，即禀告祖宗，某女某日适某姓，并开容佩戴首饰。男方应发“帖子”，邀请亲朋好友赴宴。大喜之日，当日一早，男方先派人去女方搬嫁妆，然后由媒人、行官（男方迎新的）领着大红花轿去迎亲，花轿到女家门口，女方就关上大门，向媒人要“祭祖费”“抱轿钱”“开门钱”等等，名目较多。男方满足女方要求后才能开门让花轿进去。迎亲花轿回到男方，要新郎把新娘抱出轿来，然后到堂屋拜花烛，向尊长行礼，送入新房。还有“坐床”“撤帐”等规矩。举办婚礼当日，男家大摆筵席，热闹非凡。当晚洞房内灯烛辉煌，亲友一起“闹新房”。婚后第三天，新郎新娘去女家，吃“回门酒”，也称“双回门”。女家备酒席遍请铺箱礼的亲友、邻居，表示酬谢。

然而，极其贫苦之家，另有其他婚配形式。童养媳：男方为省婚娶费用，见有贫苦之女，把她领回带养，待成年后完婚。赘婿：有女无儿之家，经说合，赘婿上门。

寡妇招赘，被称为“招黄泥胖”。换婚：男女双方各以自己的女儿嫁给对方儿子，彩礼从免。抢亲：抢亲有两种情况，一是女子私下与男方有约，但女子长辈反对或全然不知，男方组织实施“抢”亲，把女子“抢”回家成亲。二是男女双方长辈同意，女子不同意，以“抢”成婚。

辛亥革命后，对婚礼略有改革。新中国成立后，废除包办婚姻，提倡婚姻自主，青年男女自由恋爱，达到法定年龄，办理结婚登记手续，领取结婚证书。20 世纪 80 年代，虽然婚俗发生很大变革，但仍保持一些传统礼仪，许多具有迷信色彩的陋习已成为历史。随着生活水平的提高，交通运输工具换代升级，曾经用的花轿、农船、机帆船、手扶拖拉机等被轿车装扮的彩车队所替代。婚照化妆拍摄、婚礼宴场景布置、节目表演、婚庆摄像等礼仪也雇用专业的婚庆公司操办。有些人家举行婚事摆阔气、讲排场，大办酒席，有铺张浪费之嫌。也有人家喜事新办，旅行结婚，也有的参加单位举办的集体婚礼。

“过五朝”“做满月”　新中国成立前，谁家生了孩子，不论男孩、女孩，到了第五天都要“过五朝”(一般只为第一胎“过五朝”或为男孩“过五朝”)，也称“办头生”。给新生婴儿洗浴、穿新衣，设宴招待亲朋好友。女方为孩子送来四季衣饰，如毛衫、马裤、尿布、灰袋、首饰及其他一些用品;亲友们赠送压岁钱或滋补食品或其它礼物等。旧时称“五朝酒”为“汤饼宴”，所以送礼也称“送汤”。也有的孩子满月剃去胎发，有吃面条的习惯，称为“满月面”，也有的满月时置酒邀集亲友庆贺，称为“满月酒”。也有的待孩子出生后满两个月时办酒的，称过“双满月”。20 世纪 70 年代起，政府严格实行计划生育，控制人口增长，号召一对夫妇只生一个孩子，不论在城市或农村，生了孩子，吃“五朝酒”或“满月酒”分外隆重。

过生日和做寿　旧时，多数人家，不论男女老少，只要碰上谁的生日，总要备些酒菜，全家吃顿长寿面，给在这天诞生的人庆贺一番，叫做“过生日”。对年纪大的，祝颂他健康长寿;对年纪小的，祝愿他幸福成长。有些人家，还要斋灶，焚烧经佛纸钱，吃素面素菜，为这人虔诚祝福。有钱人家，在小孩过生日时，要买衣服、玩具等，总之，过生日，吃寿面是极为普遍的一种风俗。

老年人，到 60、70、80 岁时，生日那天或年初一备酒请客，举行庆祝，叫做“做寿”或称“庆寿”(也有的信奉做九不做十，即 60 岁寿庆在 59 岁时就举行，依次类推)。做寿的排场各有不同，普通人家，只是买些酒菜，做些寿面，邀请至亲好友，来家团聚一番。老人也穿上新衣，接受亲友及家人的祝贺。富裕人家，给老人做寿时，家中铺设寿堂，场面阔绰，寿烛、寿香、寿酒、寿面、寿幛、寿联、寿诗、寿序都有人送，贺客盈门。拜寿吃酒时，乐班吹打唱戏，十分热闹。新中国成立以来，做寿请客的事还未改，不过拜寿的形式已经简化，不像以前那样有一套程式。

上梁祭拜
(2005 年 3 月 21 日摄)

抢抛梁
(2005 年 3 月 21 日摄)

上梁用的雕花糕团
(2005 年 3 月 21 日摄)

上梁乔迁 新建房屋上正梁称之为“上梁”。梁樽之喜。亲戚朋友前来贺喜，送喜幛或装饰考究的糕团、面、粽子、馒头、水果等礼品。旧时上梁还要请风水或算命先生看黄道吉日。正梁中间贴“太阳高照”“紫气东来”等红纸横幅并悬挂用红布缝制的“发落袋”，内装有枣、核桃、糖、桂圆、莲心等 6 种喜果，称为“六色”，以示吉祥，吉时一到，上正梁，鞭炮齐鸣，再把亲友送的糖果、糕团等食品从屋顶向下抛掷，称之“抛梁”，人们欢笑争抢，称之“抢抛梁”。中午主家设宴招待亲友及工匠，称之“待匠”。随着经济条件的好转，上梁请酒的排场比过去奢华。现在大多人家上梁不办酒，当新厦落成或乔迁新居时再设宴请客。有的购买商品房，在装修完毕，搬入新居时也办酒庆贺。

暖灶 吃暖灶酒是砌新灶或儿子分家时必须经历的传统习俗。砌灶前，请人看好日，以图吉利，然后备料（砖头、石灰、黄泥、铁锅、汤罐、铁扁担、火锨、火钳等），请来泥水匠，按时辰、方向起工（摆第一块砖）到最后灶山、烟囱砌完毕，涂抹上石灰，即告完成，户主须烧 8 大碗 1~3 桌，请亲朋好友来吃，被邀参加宴会者（吃暖灶酒），送礼者送 10 个鸡蛋放在米面篮里，米面上扎上红纸条，以表示吉利。现在全村通天然气，砌新灶烧柴禾的人家很少，暖灶的习俗渐渐淡出。

升学、入伍 近年来，子女考入大学，有些家长办“谢师宴”，宴请小学、初中、高中的老师及诸亲好友、同学等。青年应征入伍，在入伍前设席款待亲戚朋友。

四、丧　葬

旧俗葬礼 旧时的丧葬礼仪繁杂。人在弥留之际，即为之换“殓服”，俟气绝，将死者帐子卷起，丢在门前屋檐上，尸体放置门板上，白布盖脸，双脚用两块砖头夹住，称“小殓”。遗体旁放杆秤、筛子、镜子等物，头前放置供饭一盅，俗称“倒头羹饭”，点油灯 1 盏，称“七星灯”。遗体穿的衣服有五条领、七条领，最多的有十三条领。尔后到社庙“叫魂”，分赴亲友家“发孝”报丧（或讣告）。亲友、村上人得悉后，携带花圈、挽联、白纸钱至死者家中吊唁，称“送白份”“吊孝”。子女穿白布孝服，腰束“白束腰”，男戴白帽，女扎白包头，身披麻衣，称“披麻戴孝”。若死者有曾孙，即戴红帽，束红腰带。死者一般在第二天入殓，又称之为“转床”。由亲人陪伴孝子到邻近的 7 户人家门外跪求米谷、豆类等 7 种粮食，谓之“兜七家米”，投铜钱于河中，谓之“买水”。孝子以白布在死者胸前上下三擂，表示为死者洗浴，叫“拖三把”。随后将遗体移入棺内，是时鸣丧炮仗，妇辈号啕恸哭，孝子率亲属绕棺一周，与遗体告别，谓之“看宝贵”，盖棺前，剃取孝子发一撮，投入棺内，称为“挽丁”。盖棺时，灯光全暗，与死者同生肖者要回避。后将灵柩搁置长凳上，曰“登高”，灵柩前挂白幔，设灵堂，点“七星灯”，亲邻吃面条，称“树灯面”，孝男孝女坐在幔后灵柩两侧举哀守灵。请僧道做法事，男亡“破地狱”，女亡“破血湖”。主家办丧饭，俗称“吃硬饭”。葬期一般是 3 天。出殡时，孝子披麻衣，系麻绳，穿草鞋，执“丧哭棒”，由旁人搀扶，弯腰低头送殡，有两个小孩掮竹幡引路，后面是香亭（香亭供死者牌位），由一人一路上撒纸钱“买路”，一路放炮仗，亲属好友随棺相送，妇女一路嚎哭。有的还有乐队吹吹打打。出殡时，抬着棺材绕道行走，经过亲朋门口，由亲朋以供果设祭，棺材在祭处暂停，称为“祭茶”。

葬后，孝子兜“揪土”，称“发财土”，返家时不走原路；抵家门，跨火堆，吃糕，名“登高”；喝糖茶，称“甜心”；当日傍晚，去坟上烧纸钱，谓“种火”；葬后 3 天葬奠，谓“上坟”。死者入殓后 5~15 天（日期由道士或风水卜算）为死者“回家”，在灵台上供祭。亡后自首七起至终七，届期必设祭；第五个“七”，出嫁之女回娘家举行家祭，称之“做五七”。3 年孝满，除孝称“脱孝”。

现代葬礼　新中国成立后，破除封建迷信，丧葬提倡从简。

火化　20 世纪 70 年代起，死者不再用棺木土葬，一般在第二天下午火化，骨灰用红布包裹后，装入家属备好的骨灰盒内，回家举行礼仪安葬。

丧葬乐队　20 世纪 90 年代起，由民间丧葬乐队为丧家有偿服务，由出殡吹奏发展到全程服务，除吹奏哀乐外还吹奏现代歌曲、戏曲，还有的搭台唱戏。送死者到横林殡仪馆火化全程来回的放炮仗大部被礼炮车所替代。

追悼会　追悼会一般在殡仪馆举行，同时向遗体告别，由遗属或殡仪馆组织操办。

安葬　20 世纪 90 年代后，政府提倡移风易俗，骨灰盒一般安葬在本村的公墓，或寄放在“安息堂”“陵墓”，也有人家到陵园买墓穴安放。

五、庙会（节场）

庙会俗称节场，亦称庙市，是市集形式之一，在寺庙节日或规定日期举行，早在唐代已经存在。汤墅村民参与的庙会（节场）如下：

新中国成立前，洛阳本地有多个庙会，村民们多有赶庙会的习惯。农历三月十五为虞桥骨成墩“猛将庙”庙会；清明为烈帝庙庙会；农历七月三十日为兴教寺（胡桥寺）庙会。洛阳桥东有大圣庵、东岳庙，每年都有庙会。每逢庙会之日，寺庙里香烛烟火缭绕，善男信女，坐夜烧香磕头拜佛，通宵达旦。商人赶集，有铁器、竹、木等生产用具和生活用品出售。是日，游人云集，附近村庄留客吃饭。清明节还搭台演戏，演戏之年连演4台京剧，民国前演4年，歇4年。民国年间改为每年演两台。农历三月十五的骨成墩“猛将庙”庙会，有时还举行迎神赛会，俗称“出庙”。

新中国成立后，庙会变成大型物资交流会、节场。每年的农历三月十五虞桥骨成墩庙会移至马鞍街镇上称为马鞍节场。清明和农历七月三十日的节场便移到洛阳集镇上。汤墅村域内及周边的村民都会“留酒饭”或到亲戚朋友家“吃酒饭”、赶节场。

节场到来的前两天，附近各地的供销社和个体商贩便组织商品前往交流，街道两旁设临时货摊，各种商品琳琅满目。节场时节，路上人来人往，川流不息，街道上人流如潮，一片沸腾，繁荣、热闹盛况实为少见。一次节场，前后历时3天左右。

“文化大革命”时期，庙会被禁止。中共十一届三中全会以后，重新恢复节场，商贸交易又盛况空前。通过节场进行商品物资交流，既满足了群众需求，又活跃了农村经济。

每逢节场，附近的村民都置办丰盛的酒菜，宴请诸亲好友，有的干脆在饭店定置包桌，因此节场那几天，饭店酒楼宾客云集，生意特别兴隆。庙会成为聚亲会友，交流发家致富经验的好机会，但也有极少数人利用庙会期间进行聚众赌博，偷盗、酗酒吵架事件也偶有发生。

进入21世纪后，因现代商品流通更加快捷，农家致富信息交流电子网络化，该集市形式的功能渐以退化，再则集市引起交通阻塞、安全风险等，至2013年，洛阳先后停办农历七月三十、清明两大节场。

第三节　社会风尚

新中国成立后，社会制度发生根本的变化，社会道德和风尚也发生根本变化。从学习董存瑞、黄继光、邱少云、罗盛教等革命英雄，到学习雷锋精神，开展“五讲四美”（五讲：讲文明、讲礼貌、讲卫生、讲秩序、讲道德；四美：心灵美、语言美、行为美、环境美）活动，直至中共十八大后践行社会主义核心价值观，域内涌现许多喜事新办、尊老爱幼、拾金不昧、见义勇为、奉献爱心，帮困助贫、热心赞助公益事业等社会新风尚。

一、婚事新办

新中国成立前，域内青年在婚姻问题上无自主权，只能听从“父母之命”“媒妁之言”。有的贫苦农家的女儿被迫当“童养媳”。寡妇难以改嫁，赘婚受到歧视。新中国成立之后，1950 年 5 月实施《中华人民共和国婚姻法》，废除包办强迫、男尊女卑、漠视子女利益的封建主义婚姻制度。男女婚姻自由、一夫一妻，不论女到男家还是男到女家，都平等对待。

20 世纪 60 年代中期起，域内盛行集体结婚。当时结婚时间一般定在春节前后。将新婚夫妻全部集中，于年初一或年初二由大队负责人在一集体场所主持婚礼，场面十分热闹，婚礼前后，适当办几桌酒答谢双方亲朋好友。这样，既隆重又节省。20 世纪 90 年代起，有的夫妻选择旅行结婚。进入 21 世纪，婚庆请婚庆公司操办的逐渐增加，地点有的设在家里，有的设在饭店，有的设在个人或集体创办的喜宴堂。

二、丧葬新风

新中国成立前，丧葬讲排场、讲吃喝，大搞封建迷信，繁文缛节很多。新中国成立后，提倡移风易俗，旧习俗有很大变化。改土葬为火葬，形成风气，骨灰葬在公墓或存放到安息堂。

三、晚婚、晚育、独生子女

自中国共产党和人民政府提倡晚婚、晚育和计划生育以来，农村青年男女响应号召，改变了早婚早育的习惯，一般都在 25 岁以后结婚，婚后实行计划生育，有不少青年夫妇生养一胎后，不管是男是女，主动领取独生证。形成了一对夫妻只生一个孩子的风气。2015 年 12 月 27 日，中华人民共和国第十二届全国人民代表大会常务委员会第十八次会议通过《全国人民代表大会常务委员会关于修改〈中华人民共和国人口与计划生育法〉的决定》，自 2016 年 1 月 1 日起施行。其中第十八条规定：国家提倡一对夫妻生育两个子女。规定允许“二孩”而不是“二胎”，例如已经生育双胞胎的夫妻就不能再次生育。这是继 2013 年，中共十八届三中全会决定启动实施“单独二孩”政策之后，为适应经济社会发展形势，积极开展应对人口老龄化行动，中国人口与生育政策的又一次历史性调整。现在有的育龄夫妇已经按照规定孕育第二个孩子。

四、争服兵役

新中国成立前有句俗话：“好铁不打钉，好男不当兵”。国民党政府抽壮丁、抓壮丁，青年纷纷逃避。新中国成立初期，域内有庄南兴、谈沛荣、黄兴南、杨志成、陈荣大共 5 名青年自愿报名参加中国人民志愿军，赴朝作战，有 1 名牺牲在朝鲜战场，成为烈士。保卫祖国是每个公民的神圣职责和义务，域内适龄青年争相报名应征。体检

皇范前巷张惠荣援越抗美证书
(2017 年 7 月 24 日摄)

汤墅村丁庄村的中国人民志愿军战士庄南兴
（2018 年 5 月 9 日摄）

1971 年庄南兴获五好战士奖状

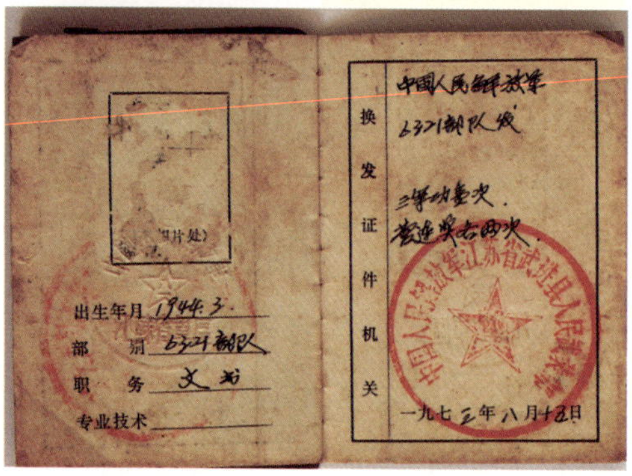

退伍军人证明书（2018 年 7 月 2 日摄）

合格收到入伍通知书之后，亲友赠送礼物表示祝贺。入伍那天，政府隆重召开新兵入伍欢送会，村干部带队敲锣打鼓欢送，父母也高高兴兴送子服兵役。一人参军，全家光荣。各级政府对现役军人家庭，多方给与关怀和照顾。从实行兵役制到 2016 年，域内共有 130 名青年参加义务兵。

五、尊老爱幼

婆媳之间和睦相处，儿女赡养父母，父母教养儿女已成为域内代代相传的社会美德。

获立牌坊的胡孺人　胡孺人，生于清康熙五十七年（1718 年）农历十一月十八日，为汤墅谈家头谈捷的第四个儿子谈峰之妻，刻苦且有志气，家中十分贫困，一无所有。其丈夫能写一手好文章，兼工翰墨，尤精山水画，但于 32 岁时不幸英年早逝，四方知名人士无不扼腕惜之。丈夫去世后，大儿子艮元和小儿子鲁生又都因患痘症而死亡，家庭的灾难给胡孺人以极大的精神打击。然而，胡孺人不畏艰难，坚持勤劳纺纱，以积余的钱赎田数亩，以粥糊口，亲族无不敬重她。后其事迹被采访者得知，符合建立牌坊的旌奖条件，于是在汤墅谈家头为其建立牌坊，并题刻“天恩旌节”青石牌匾。胡孺人终年 69 岁。（据《谈氏宗谱》记载编撰）

相夫教子的贤内助徐菊人　徐菊人，民国 9 年（1920 年）11 月生，与汤墅谈家头谈文彬结为夫妻，共生育 2 女 4 男。她的一生付出最多的是家庭和孩子们，为生育 6 个孩子几乎付出全部的青春年华。“文化大革命”中丈夫受到政治冲击时，徐菊人从不在孩子们面前流露悲伤和愤懑，呵护孩子们的心灵免受伤害。“文化大革命”期间有 4 个孩子先后“上山下乡”，她以一个母亲的执着上下奔波，以使他们尽早返城。她以灿烂的笑容面对生活，用爱关怀她的家庭和孩子们，孩子们长大了，在她看来都是优秀的。徐菊人常说，自己一生最大的骄傲就是她的 6 个孩子！“文化大革命”结束后，就在全家庆幸可以渡过劫难时，丈夫又罹患癌症，她带领全家找好医院、好医生，克服种种困难，终于手术成功。手术后又精心护理，丈夫终于得以康复。她为全家付出太多的心力，也付出了自身的健康！就在她本该享受安逸快乐的晚年生活时，却不幸遭受脑中风的折磨，她坚持与疾病抗争了 13 年，不幸于 1998 年 6 月 21 日在常州前北岸走完一个平常人不平凡的人生。

热心照料病妻的模范丈夫谈永泉 汤墅谈家头谈东村民小组谈永泉（1925—2000 年），新中国成立初期曾任村农会主任，阳湖乡民兵中队长等职，1971 年任庄陈大队农机厂第一任厂长，后调入乡粮管所工作。他的妻子王桂英中风数十年，后瘫痪在床，谈永泉耐心有加，给她端茶送饭，倒屎倒尿，洗脚洗澡，从无怨言，数十年如一日，直至妻子老去。村民们说，王桂英有谈永泉这样的好丈夫，虽然病瘫，还是好福气。武进县广播站在 20 世纪 70 年代中期专题报道谈永泉模范事迹。

长寿夫妻虞祥鳞、杨菊宝 皇范西巷的虞祥鳞（1919.2.10—）和杨菊宝（1918.9.17—），是汤墅域内的长寿夫妻。夫妻俩都是共产党员，虞祥鳞 1960 年入党，历任遥观镇供销社副主任、塘桥站站长等职；杨菊宝 1953 年入党，是无锡市国棉三厂（原丽新纺织厂）的挡车女工，在平凡的岗位上勤奋工作，是厂里的“老先进”。两位老人退休前认真工作，爱岗敬业，退休后含饴弄孙，做一些力所能及的家务农事，注意劳逸结合，清淡饮食，安享晚年。儿女辈、孙辈及外甥辈对老人都很孝顺，在生活上精神上各自尽力予以照顾体贴。虞祥鳞前几年曾患小中风 1 次，杨菊宝在 10 多年中曾因不慎跌交手臂骨折两次，都由儿女们及时送医院治疗，精心护理得以康复。对两位老人关心照顾最贴心的是居住在前巷的大女儿虞彩娥，虽然也已是 76 岁的古稀之龄，由于距娘家较近，多年来嘘寒问暖，无微不至，基本上每天都要到两位老人处看望照顾，以实际行动真正做到敬老爱亲，默默奉献，在村中拥有良好的口碑。

长寿夫妻虞祥鳞、杨菊宝
（2017 年 3 月 27 日摄）

2017年5月，女儿虞彩娥突发急性心肌梗塞，抢救无效去世，其丈夫张惠荣（又名张三毛，原洛阳卫生院院长）强忍悲痛，为防止老人在精神上受打击，和亲属商量后未予告知。西巷、前巷的村民们也因此对两位老人善意隐瞒。当老人问起“彩娥为什么不来看望”时，都以“彩娥在医院里看病”作掩饰。村民们都祝愿虞祥鳞、杨菊宝老人健康长寿，双超百岁。（杨菊宝，2018年1月8日病故。）

孝老爱亲度患难的坚强媳妇蒋琴英 1985年春节至1986年夏天，蒋琴英遭遇了她人生最大的挫折：结婚前一天，公公丁伯全突发心肌梗塞去世，之后在洛阳镇胶木厂工作的丈夫又因受不了突然丧父的刺激而精神忧郁，由单位送医院住院治疗。半年后病情反复，再次住院后无奈离职。一个年仅26岁的农家媳妇突然遭此厄难，蒋琴英不仅在经济上难以承受，精神上也几近崩溃。自幼患小儿麻痹症至腿部残疾的婆婆中年丧偶，能否撑得住；媳妇是否会带着刚出生的幼儿离开？这个家庭能否保全？邻居都十分关心。在此婆婆、丈夫、幼子祖孙三代的希望集于一身之时，蒋琴英在父母的支持下选择了坚强和坚持。“既然已结婚生子，就要对这个家庭负责！”是她最朴实的信念。她白天在大队厂上班，下班后起早摸黑种植2亩葡萄，以增加家庭收入。同时，她孝老爱亲，尊重体贴婆婆，悉心照料丈夫和儿子，终于使家庭慢慢走出困境。5年后，女儿丁华玲出生，给家庭增添欢乐和希望。婆婆陈佩菁也强忍着腿残的不便，全力协助操持家务。至亲好友也对蒋琴英家庭多年支持。现蒋琴英丈夫的身体已大有好转，儿女学有所成，儿子丁华忠南京邮电大学本科毕业，硕士生学历，现带班在国外工作。女儿丁华玲南京医科大学毕业，在医院工作。子女均已成家立业，全家其乐融融，和谐幸福，众邻称赞！

六、拾金不昧

汤墅域内，拾金不昧的好风尚蔚然成风，在老人和青壮年中不乏其例，连小孩都能做到。庄陈小学四年级学生谈献娟、三年级学生谈阿华在上学路上拾到一个钱包，内有人民币100多元，主动归还失主。

七、见义勇为

丁庄老人张浩良下井救人受表彰 2007年9月，丁庄老人张浩良不顾个人安危，下井救出外地小女孩，被武进区评为见义勇为积极分子，获奖金2000元。

皇范老人用镰刀割草绑接长树枝，捞起河里被淹的孩子 2015年3月29日下午4点半左右，皇范村67岁王荷琴和66岁的陈秀娟正在葡萄田里打理葡萄藤。只听见不远处传来“救命”的呼声，听到呼叫，她们便赶忙循声而去。到了老皇范桥附近时，看见呼叫救命的是邻居家的女儿苏晓红。晓红指着河里的孩子，说有小孩掉水里了，希望赶紧救人。陈秀娟和王荷琴看到孩子在水中挣扎了一会，呛了好几口水，就赶紧跑到河岸边上试图把孩子捞上来，但发现距离太远，根本没法着手。于是，她们急中生智，急忙用手上的镰刀，割下几根长树枝，随后又割一些草，用草把树枝接起来，然后用加长的树枝将孩子往岸上拨。事实证明，他们的办法是可行的。很快，孩子距离岸边越来越近，等靠近了，陈秀娟用镰刀钩住孩子的帽子，一把把他拉上来。由于折腾半天，小孩子昏厥过去。就在孩子打捞上来时，孩子的舅舅赶来了。孩子的舅舅给孩子采取急救措施，把孩子呛的水先弄出来。孩子的舅舅就按照大家说的，扛着孩子跳。很快，孩子吐了不少水和异物出来。然后被送到武进医院南院救治。

据第一个发现孩子落水的苏晓红说，当时她从母亲家出来，准备乘公交回常州市区。只看见两个小朋友突然靠近她，着急地说："阿姨，有人掉水里面。"苏晓红看孩子说时笑嘻嘻的，本以为是开玩笑，但转念想万一是真的，不救人的话，那就是一条命没了。便跟着孩子跑到河边一探究竟。到皇范河时，才发现原来孩子说的是真的，便先喊人救援。事后，她询问后才得知，原来孩子贪玩，跑到桥洞底下攀爬，结果手下打滑，就掉到水里。

溺水儿童康康读三年级，安徽人。因肺部感染，住院接受治疗。据康康讲，确实是和小伙伴爬桥洞不慎落水。康康的父母亲说，多亏热心的老人接力救起孩子。他们一定要好好感谢那些救起他们孩子的人。

汤墅村丁庄村民小组6岁男孩刘子欣智救5岁落水女孩 2016年10月6日下午，刘子欣看到5岁女孩落水，瞧着河水较深，刘子欣赶忙让表弟去通知大人来救希希。刘子欣瞧着希希在河里挣扎得厉害，离岸边也不是很远，担心救援来不及，他便小心翼翼地跑到码头边，试图伸手将希希拉上岸。刘子欣讲，当时他一边安慰希希不要怕，一边试着去拉希希的手。就这样，刘子欣终于拉到了希希的手，而后奋力将其拉拽上岸。大人赶来后，无一不为刘子欣的机智勇敢行为而赞扬。《常州晚报》、武进电视台相继报道这一事迹，在社会引起强烈反响。2016年11月，武进区见义勇为基金会在洛阳中心小学为刘子欣颁发武进区见义勇为积极分子荣誉证书和2000元见义勇为奖金。

八、慈善捐款

2008年，汤墅村捐赠汶川地震灾区共计11.27万元，其中党员交纳特殊党费7310元，个人捐款1.6万元，村各企业捐款8.93万元。

2014年，江苏洛凯机电有限公司捐助常州市武进区树人教育发展基金10万元；捐助常州市武进区红十字会1000元；捐助洛阳镇同心共建光彩基金20万元；捐助洛阳中心小学"六一"儿童节8000元；赞助洛阳镇篮球赛累计12.97万元。

2015年，江苏洛凯机电有限公司捐助常州市武进区树人教育发展基金20万元；捐助洛阳镇同心共建光彩基金20万元；捐助武进区洛阳镇商会光彩行动基金3万元。

2016年，江苏洛凯机电股份有限公司捐助常州市武进区树人教育发展基金10万元；捐助洛阳镇同心共建光彩基金20万元；捐助武进区光彩事业促进会洛小教育基金25万元；赞助江苏常奥体育发展有限公司（马拉松）1万元。汤墅村委组织参加“美德一元捐活动”，上缴常州市美德基金。

2017年5月，江苏南方通信科技有限公司捐资设立洛阳镇“教育共建”百万光彩基金，获常州市武进区光彩事业促进会颁发的捐赠证书。6月，汤墅村捐武进区慈善总会善款5万元。7月，江苏洛凯机电股份有限公司捐助武进区慈善总会8万元。至2017年，汤墅村委组织参加武进区“慈善一日捐”活动进入第十五个年头。

2018年1月，汤墅村设立“百万光彩基金”，南方通信控股有限公司捐款50万元。

汤墅村2008年四川汶川大地震捐款共计112652元。

1、企业捐款小计89262元。其中：

江苏洛凯机电股份有限公司	50000元
常州市兴汇塑料有限公司	12500元
常州市荣康阳湖塑料厂	8000元
常州永龙电器制造有限公司	3000元
常州市洛锐电器有限公司	3000元
常州市神兔电器有限公司	2800元
常州市洛阳压铸有限公司	1400元
常州市巨飞金属有限公司	600元
常州市科星塑料厂	512元
常州市中杰塑料厂	500元
常州市洛阳海绵厂	500元
常州市康盛车辆配件厂	500元
常州市益裕电机有限公司	500元
常州市申达电机有限公司	500元
常州市常乐冷藏设备厂	500元
常州市胡伟五金厂	500元
常州市科凌棉业有限公司	500元
常州市洛德机械数控加工有限公司	500元
常州市永伟冲压厂	500元
常州市洛信机械有限公司	500元
常州市洛正模具有限公司	500元
常州市华达恒祥电器有限公司	300元
常州市煌明钟表厂	300元
常州市方信塑料厂	300元

常州市庄陈塑料厂 200 元

常州市敏刚电器厂 150 元

常州市希蕾保温容器厂 200 元

2、个人捐款小计 16080 元。其中：

谈 行 1200 元	秦国兴 600 元	曹根培 600 元	臧文明 600 元
虞荣康 600 元	苏明娟 500 元	陆国忠 480 元	陈幸福 200 元
谈一平 200 元	黄荣昌 200 元	谈洪荣 200 元	秦全伟 200 元
秦宝良 200 元	吴维艳 200 元	秦东亮 200 元	秦松焕 200 元
苏志兆 200 元	孟 军 100 元	苏小平 100 元	臧惠芳 100 元
施志洪 100 元	姜永介 100 元	费敖兴 100 元	朱列健 100 元
秦林初 100 元	苏光华 100 元	谈兴根 100 元	虞亚红 100 元
姜 枫 100 元	詹国强 100 元	秦惠明 100 元	詹卫忠 50 元
詹伟明 50 元			

江苏洛凯机电股份有限公司个人捐款小计 8000 元

3、党员缴纳特殊党费小计 7310 元。其中：

王建平 1000 元	陈幸福 500 元	谈一平 500 元	黄荣昌 500 元
谈焕良 200 元	谈兴根 200 元	谈兴全 200 元	臧浩兴 200 元
钱晓明 200 元	虞炳焕 200 元	虞祥林 150 元	杨菊宝 150 元
虞仲良 110 元	张伯元 100 元	张伯泉 100 元	代培芝 100 元
苏志锡 100 元	苏建元 100 元	苏光华 100 元	秦锡兴 100 元
秦松焕 100 元	秦雄侠 100 元	秦惠明 100 元	秦建华 100 元
秦剑波 100 元	张玉良 100 元	秦加春 100 元	庄南兴 100 元
丁文忠 100 元	秦雪莲 100 元	谈洪荣 100 元	谈 健 100 元
谈伟俊 100 元	臧浩初 100 元	梅明珠 100 元	徐国英 100 元
朱永清 80 元	顾建良 50 元	秦泉佩 50 元	耿惠荣 50 元
陆元贤 50 元	丁永兴 50 元	朱加兴 50 元	张兆兴 50 元
虞龙贤 50 元	陈建良 50 元	苏 浩 50 元	张伯才 50 元
虞德伟 50 元	苏尚贤 30 元	丁伟方 25 元	丁爱华 25 元
虞杏宝 20 元	秦产锡 20 元	谈文忠 20 元	陆林海 20 元
陈金元 20 元	苏建平 20 元	谈友道 10 元	虞建华 10 元

九、热心公益事业

种片绿色暖乡亲——全国低碳明星家庭武进区洛阳镇汤墅村谈稼农、谈英华家庭。“自费营造村区公园，造福一方乡邻”是谈英华一家人工作之余的“消遣”。

当时，村里的集体经济并不富裕，也没有供村民休闲健身的场所。1998 年起，在丈夫的支持和帮助下，谈英华开始村后荒废土墩的绿化改造。2001 年又和村民小组签订承包合同，着手全面改造小公园。她和丈夫每天都要上班，就利用空闲时间见缝插针干活，光砍伐杂树、枯树、平整地形就花 3 年多时间。土墩平整后，先后自费 6000 多元，从夏溪花木市场选购多种花木，精心栽种。为使小公园环境怡人，她又出资在土墩上铺设水泥道板和石子小路，在水塘里种上荷花和睡莲。至 2006 年，终于建成一个面积 1000 多平方米，供村民休闲健身的小公园，内有香樟、广玉兰、棕榈、桂花、腊梅、雪松等 30 余个品种的观赏树木，曲径、小道相映成趣。多年来，谈英华家庭热心公益事业，受到四方乡邻的称赞。其家庭被评为洛阳镇“五好家庭标兵户”“和谐文明家庭标兵户”，2007 年被常州市、武进区分别评为绿色家庭和平安家庭。2010 年 11 月，谈英华家庭获中华全国妇联授予的“低碳生活，创新明星”称号。

2010 年 11 月，谈英华家庭获全国妇联授予的低碳生活、创新明星称号

汤墅谈家头村后的小公园

20 世纪 90 年代末至 2016 年，为筑公路、装路灯等集体公益事业，域内干部带头，村民自愿，踊跃捐款，少的 100~200 元，多的 1000~2000 元，合计 15 万元。吴家头有位小企业主顾永良，为村民小组装路灯慷慨捐助 9791 元。谈西籍在湖州工作的谈仁兴，为村民小组生活用水河塘建设捐助 5000 元。

谈东村民小组谈建新，从小乐于助人，学生时代是学校支援灾区、为贫困学生献爱心等活动的积极参与者。1999 年始，以自然人合伙投资常州三顶电机电器有限公司、常州谷轮冷库有限公司、常州凯斯特制冷设备有限公司、常州慧聪电动门配件科技有限公司。热心公益事业，2008 年至今，为支援四川汶川抗震救灾捐款 5000 元，多次为洛阳敬老院慰问活动捐款，为村委组织的公益慈善活动慷慨解囊。

谈建新

2018 年企业资助汤墅村公益事业情况一览表

表 14-1

序号	单位	负责人	金额（万元）
1	江苏洛凯机电股份有限公司	臧文明	10
2	江苏汉凌控股集团有限公司	汤国产	10
3	常州市洛锐电器有限公司	臧伟	8
4	常州三顶电机电器有限公司	秦晓钟	8
5	常州市兴汇塑料有限公司	费社兴	5
6	常州永龙电器制造有限公司	丁亚光	5
7	江苏广利投资管理有限公司	彭苗根	5
8	张祥龙	张祥龙	5
9	常州市洛阳压铸有限公司	谈军勇	5
10	常州市中杰塑料厂	吴维艳	3
11	常州市洛玺机械有限公司	谈屹峰	3
12	常州市神兔电器制造有限公司	苏小平	2
13	常州市科星塑料制品厂	陈建云	2.018
14	常州市康盛车辆配件厂	朱勤国	2
15	常州市巨飞金属制品有限公司	陆国中	2
16	常州市洛阳海绵厂	虞德康	2
17	常州市益裕电机有限公司	谈君	2
18	常州凯斯特制冷设备有限公司	耿伟强	2
19	常州市洛昕热处理有限公司	马刚	2
20	常州市洛金机械有限公司	钱正伟	2
21	翠绿纺织	施志洪	2
	合计		87.018

第四节　宗族　谱祠

一、姓　氏

汤墅村域内原以谈、秦、张、虞、陈、丁、臧、苏、王、朱等姓氏为主。由于周边及其他地区的人口不断嫁入和迁入，使汤墅村的姓氏逐渐增多。另外，随着该地经济全面快速发展，吸引不少外地人口到此打工，嫁进该村，因而出现一些如友、边、莳、申等罕见的姓氏。据统计，2016年年末，该村户籍人口为2527人，共有131个姓氏，按姓氏人数的多少为序，列表如下：

2016年汤墅村姓氏人口情况统计表

表14-2　　单位：人

姓氏	人数	姓氏	人数	姓氏	人数	姓氏	人数	姓氏	人数
谈	247	秦	242	张	213	虞	213	陈	149
丁	116	臧	114	苏	95	王	87	朱	85
詹	76	杨	72	顾	56	吴	53	陆	47
黄	40	费	36	沈	28	周	27	钱	25
刘	24	施	22	徐	21	庄	21	汤	20
李	20	许	18	姜	17	俞	16	蒋	15
曹	15	郑	12	马	12	戴	12	戈	11
梅	11	邵	11	於	10	章	8	孙	8
胡	7	上官	7	彭	7	蔡	7	何	6
姚	6	赵	6	唐	5	夏	5	范	4
胡	4	尤	4	贺	4	管	4	支	4
季	4	谢	3	殷	3	严	3	韦	3
孟	3	贾	3	叶	3	汪	3	强	3
杜	3	高	3	崔	3	耿	3	包	3
储	2	宦	2	邹	2	莫	2	宋	2
芮	2	于	2	郁	2	金	2	江	2

续表 14-2

姓氏	人数	姓氏	人数	姓氏	人数	姓氏	人数	姓氏	人数
瞿	2	韩	2	奚	2	盛	2	毛	2
龚	1	傅	1	潘	1	华	1	涂	1
覃	1	龙	1	尹	1	方	1	罗	1
冯	1	邓	1	薛	1	霍	1	郭	1
束	1	杭	1	应	1	友	1	万	1
陶	1	楚	1	郝	1	荣	1	余	1
庞	1	董	1	边	1	袁	1	莳	1
梁	1	魏	1	邗	1	吕	1	洪	1
籍	1	申	1	程	1	安	1	冷	1
常	1	林	1	干	1	肖	1	史	1
钟	1	-	-	-	-	-	-	-	-

二、姓氏选介

域内 11 个自然村的 15 个姓氏抽样调查，各姓氏始迁祖至 2016 年的世次计算平均每 1 世为 27 年，以此作为推算依据。

汤墅谈家头

谈氏　据《毗陵汤墅谈氏宗谱》记载，始迁祖谈贤二，字宗远，明洪武二年（1369 年）奉旨移民，自宜兴黄塘（今属宜兴市和桥镇北渠村委）拨迁武进安尚乡汤墅编籍居住，草创筑室，至三世而扩大其居，至今已 647 年。

王氏　据村民王保坤讲述，祖父王英台新中国成立前就在谈家头借房居住，1950 年秋土地改革时正式落户，原籍苏北兴化。

刘氏　刘荣福（已故）于新中国成立前来村上借房居住，1950 年秋土地改革时正式落户，原籍苏北东台时堰镇。

臧家头

臧氏　据《汤墅臧氏宗谱》记载，北宋庆历年间（1041—1048 年），史学家臧荣绪，山东兖州人，任京口（今镇江）教授，卜居安阳山干田里（今属无锡市惠山区阳山镇尹城村），其后第十六世臧轼，为西大房毗陵汤墅臧家头始迁祖，但该谱没有臧轼的始迁和生卒年份记载，其后第二十四世臧万峰生于清雍正七年（1729 年），臧万峰与臧轼间隔 3 世，以每世 27 年计算为 81 年，从臧万峰出生的清雍正七年（1729

年）向上推 81 年为清顺治五年（1648 年）。由此，推算清顺治五年（1648 年）为臧姓从干田里迁居臧家头的年份，距今约 368 年。

钱氏　据《钱氏宗谱》记载，始迁祖钱庭荣，字凤鸣，自北阳湖邱家岸（今属武进区横林镇北湖村委）迁居汤墅臧家头。谱载钱庭荣生于清康熙四十三年（1704 年），按照他 27 岁成年始迁臧家头推算，清雍正九年（1731 年）为钱姓始迁臧家头的年份，至今 285 年。

陈家头

陈氏　据《陈氏宗谱》记载，陈学文自无锡新塘里徙居安尚乡东陈里（今属洛东村委东陈村民小组），其后第六世陈述，字世德，自东陈迁居汤墅陈家头，但该宗谱没有陈述的生卒及始迁年份记载，到第十五世陈志文，生于清乾隆四年（1739 年），陈述到陈志文间隔 8 世，以每世 27 年计为 216 年，陈姓始迁到汤墅陈家头的年份推算为明嘉靖二年（1523 年），距今 493 年。

汤氏　据《汤氏宗谱》记载，汤姓以明初镇守常州的将领汤和为始祖，其后第十一世汤闻道从湖头村（今属遥观镇东方村委）迁居汤墅陈家头。但该宗谱没有汤闻道的始迁和生卒年份记载，其后第十四世汤胜盈生于清康熙三十二年（1693 年）。第十一世汤闻道与十四世汤胜盈间隔 2 世，以每世 27 年计算为 54 年，汤姓始迁陈家头的年份推算为明崇祯十二年（1639 年），距今 377 年。

施氏　陈家头施姓与洛阳镇洛东村委施家头施姓为同一始迁祖。据《施氏宗谱》记载，第十三世施宗器为汤墅陈家头始迁祖，但该宗谱没有施宗器的始迁和生卒年份记载，其后第十五世施汝拔生于清康熙六十年（1721 年）。第十三世施宗器与第十五世施汝拔间隔 1 世，以每世 27 年计算，施姓始迁陈家头的年份推算为康熙三十三年（1694 年），距今 322 年。

丁氏　据《丁氏宗谱》记载，陈家头丁姓和丁庄、欧窑的丁姓同属无锡华圻（今属无锡市惠山区洛社镇华圻村委）明泗派南巷分支，该村陈锡清生于清光绪四年（1878 年），入赘村西南丁家巷丁氏后改姓。

黄氏　据晋陵圻庄《黄氏宗谱》记载，陈家头黄姓和岑村圻庄街黄姓为同一始迁祖，第二十三世黄贡房自圻庄街迁居汤墅陈家头，但该宗谱没有黄贡房的始迁和生卒年份记载，其后第二十六世黄泉生于民国 19 年（1930 年），黄贡房和黄泉生间隔 2 世，以每世 27 年计算为 54 年，推算黄姓迁居陈家头的年份为清光绪二年（1876 年），距今约 140 年。

臧氏　陈家头臧姓和臧家头臧姓为同一始迁祖（详见臧家头臧姓）。

丁庄

丁氏　丁庄丁姓和欧窑丁姓同宗，同属无锡华圻（今属无锡市惠山区洛社镇华圻村委）明泗派南巷分支。据《丁氏宗谱》记载，第十六世丁君辅，字自诚，为丁庄始迁祖。但该谱没有丁君辅的始迁年份和生卒年份记载，其后第十八世丁佑珑生于清康熙四十二年（1703 年）。丁佑珑和丁君辅间隔 1 世，以每世 27 年计算，清康熙十五年（1676 年）为丁姓从欧窑迁居丁庄的年份，距今约 340 年。

曹氏　丁庄曹姓与岑村曹家头的曹姓同宗，据《曹氏宗谱》记载，第六世曹文宪，字士魁，为丁庄曹姓始迁祖，曹文宪生于清康熙二十三年（1684 年），但该谱没有他的始迁年份，按照他的生年至 27 岁成年始迁计算，推算清康熙五十年（1711 年）为曹姓迁居丁庄的年份，距今约 305 年。

苏氏　丁庄苏姓和皇范、西窑及东占桥的苏姓同宗同源，同属无锡青城乡兰溪里（今属无锡市惠山区洛社镇镇北工业区）小二房洛阳分支，第十七世苏万载自兰溪里迁居杨墅苏巷（今属无锡市惠山区洛社镇勤余村委），其后第二十世苏士隆，字子英，为丁庄始迁祖。但该谱没有苏士隆的始迁和生卒年份记载，其后第二十三世苏在孝生于清乾隆二十三年（1758 年），苏士隆和苏在孝间隔 2 世，以每世 27 年计算为 54 年，清康熙四十三年（1704 年）推算为苏姓迁居丁庄的年份，距今约 312 年。

朱氏　丁庄朱姓和欧窑、洛东曹巷里、高田上的朱姓同宗共祖，据《朱氏宗谱》记载，朱尚杰为丁庄始迁祖，生于清康熙二十四年（1685 年）。从曹巷里迁入。但该谱没有他始迁丁庄的年份记载，按照朱尚杰的生年到 27 岁，为清康熙五十一年（1712 年），推算为朱姓始迁丁庄的年份，距今约 304 年。

张氏　丁庄张姓之一，据该姓村民张玉良自编的近代世系记载，其曾祖父原住堵墅，有房屋和 2 亩官田，在清咸丰十年（1860 年）的兵燹中房屋烧毁后，迁居丁庄，至今约 157 年。

丁庄张姓之二，该张姓新中国成立前以打渔为生，1950 年秋土地改革时正式落户丁庄。

庄氏　据该村庄兆华讲述，他的高祖父庄叙福（生卒年失考）从坂上迁居丁庄，卒后葬村西北柏枝坟。庄姓迁居丁庄的年份以庄兆华的父亲庄盘兴生于民国 20 年（1931 年），上推 2 世，以每世 27 年计为 54 年。推算庄姓迁居丁庄的年份为清光绪三年（1877 年），距今约 139 年。

顾氏　丁庄顾姓中华人民共和国成立前在村东居住，1950 年秋土地改革时正式落户，原籍苏北东台。

彭氏　丁庄彭姓中华人民共和国成立前在村西居住，1950 年秋土地改革时正式落户，原籍苏北海州。

堵墅

秦氏　据世德堂《秦氏宗谱》《洛阳镇志》记载，始迁祖秦正鏽，字子仪，为秦观（字少游）第十二世孙，于元朝至正年间（1341—1368 年）自晋陵新塘乡秦村旧渎（今属武进区雪堰镇雪东村委）迁居堵墅，距今 675—648 年。

朱氏 据《朱氏宗谱》记载，始迁祖朱志仁自锡邑沙滩村（今属无锡市滨湖区胡埭镇龙延村）迁居堵墅。谱载朱志仁生于清康熙二十八年（1689 年），但没有迁居堵墅的年份记载。以朱志仁的生年至 27 岁迁居堵墅推算，朱志仁的始迁年份为清康熙五十五年（1716 年），距今约 300 年。

王氏 据槐荫堂晋陵《王氏宗谱》记载，宋绍兴年间（1131—1162 年），王有亭，字世伯，号东岭，任东昌府教授，恩封枢密院使，于宋靖康之难后扈驾南迁，定居于晋陵宋剑湖南岸之湖头（今属遥观镇东方村委），为晋陵王氏始迁祖，其后第二十七世孙王树林，字栋荪，为湖头祥五公派，于 1925 年自湖头迁居堵墅，距今 92 年。

季氏 堵墅季姓中华人民共和国成立前在村边居住，1950 年秋土地改革时正式落户，原籍苏北兴化。

欧窑

丁氏 据《丁氏宗谱》记载，始迁祖丁梦虎，字鹄，生于明万历十五年（1587 年），为无锡华圻（今属洛社镇华圻村委）明泗派南巷分支第十四世，丁梦虎的长孙丁君辅（第十六世）迁居丁庄，但该谱没有丁梦虎始迁欧窑的年份记载，按他 27 岁迁居欧窑的年份为明万历四十二年（1614 年），距今约 402 年。

朱氏 据《朱氏宗谱》记载，欧窑始迁祖朱道忠（字仲义），生于清乾隆三十九年（1774 年），但该谱没有他自洛东高田上迁居欧窑的年份记载。朱道义 27 岁时为清嘉庆六年（1801 年），推算为朱姓迁居欧窑的年份，至今 215 年。

陈氏 据《陈氏宗谱》记载，欧窑陈姓和皇范北巷陈姓同宗同源，欧窑始迁祖陈钦，字心蕃，为杜元湾第七世。皇范北巷始迁祖陈元祥为杜元湾第十四世。但该谱没有陈钦的始迁和生卒年份记载，其后第十五世陈洪生于清雍正元年（1723 年）出生，陈钦与陈洪生间隔 7 世，以每世 27 年计算为 189 年，推算陈姓从杜元湾迁居欧窑的年份为明嘉靖十三年（1534 年），距今约 454 年。

西窑

苏氏 据《苏氏宗谱》记载，西窑苏姓和皇范南巷、丁庄、东占桥的苏姓同属洛阳分支，同出自无锡青城乡兰溪里（今属无锡市惠山区洛社镇镇北工业区）小二房支，西窑始迁祖苏万里和其兄苏万方同为兰溪里第十七世，迁居皇范西窑距今约 407 年。

詹氏 据西窑村仅存 1 册的《詹氏宗谱》记载，詹昂为西窑詹姓始迁祖，号忠睦，曾任明抚州通判，兼福建知事，妻黄氏诰赠镇南安国夫人。但该谱没有詹昂的始迁和生卒年份记载，仅记载他为第三世，其后第十一世詹才佑生于清康熙二十五年（1686

年），詹才佑与詹昂间隔 7 世，以每世 27 年计为 189 年。以詹才佑出生年向上推算，詹姓始迁西窑的年份为明弘治十年（1497 年），距今约 519 年。

陆家头

陆氏　据《陆氏宗谱》记载，始迁祖陆润于明嘉靖年间自毗陵城南四十里之永昌里（今属礼嘉镇陆庄村委）迁居皇范陆家头，但该谱没有陆润始迁的年份和生卒记载，陆润的父亲陆岑生于明弘治四年（1491 年）。推算陆姓始迁到皇范陆家头的年份为明嘉靖二十四年（1545 年），距今约 471 年。

费氏　据《费氏宗谱》记载，明洪武元年（1368 年），始迁祖费彦臣于锡山泉渎迁毗陵安尚乡马鞍墩宣琦村，其后第五世费湖自宣琦迁居礼嘉塘岸桥，清康熙五十七年（1718 年），第十世费鲁臣从塘岸桥迁皇范陆家头，距今约 299 年。

姜氏　据《姜氏宗谱》记载，始迁祖姜昌化于明洪武年间从溧阳姜笪村迁安桥宙字岸，其后第三世姜孟常从宙字岸迁马鞍墩尖岸桥，第十三世姜映照又从尖岸桥迁皇范陆家头。但该谱没有姜映照的始迁和生卒年份记载。姜映照孙姜龙大生于清乾隆五十三年（1788 年），姜姓从尖岸桥迁居本村的年份为清乾隆二十六年（1761 年），距今约 255 年。

顾氏　据该姓村民顾三焕讲述，因暂无宗谱查考，其兄弟等人只知曾祖父辈已在陆家头居住，其始迁祖及始迁年份待考。

陈氏　原籍苏北兴化，1962 年从东渠村迁入。

吴家头和王家头

陈氏　据《陈氏宗谱》记载，吴家头陈姓和安桥陈姓为同祖同宗，安桥陈姓始迁祖陈绘，字士文，祖籍浙江海宁县，于明嘉靖年间迁居安桥。其后第十世陈鸣才迁居皇范吴家头，谱载陈鸣才生卒失考，其子陈明达生于清雍正十一年（1733 年）。推算陈姓始迁皇范吴家头距今约 283 年。

苏氏　据《苏氏宗谱》记载，吴家头苏姓和皇范西巷、南巷及西窑、丁庄的苏姓，同属无锡青城乡兰溪里（今无锡市惠山区洛社镇镇北工业区）小二房支。始迁祖苏万方迁居该村至今约 407 年。

张氏　吴家头张姓和皇范张姓同属东渠大房分皇范分支，始迁祖张有政，迁居该村约 439 年。

吴氏　据《吴氏宗谱》记载，吴家头吴姓和西杨葑吴姓同宗同源，杨葑始迁祖吴兴禄原籍苏州山塘，于元朝末年（1368 年）迁居常郡武邑安尚乡杨葑里（今洛阳镇朝安村东杨葑），其后第十世吴廷纲迁居皇范吴家头，但该谱没有吴廷纲的始迁及生卒年份，第十二世吴云祥生于清康熙三十一年（1692 年），吴云祥和吴廷纲间隔 1 世，以吴云祥出生年推算，吴姓始迁吴家头的年份为清康熙四年（1665 年），距今约 351 年。

顾氏 据《顾氏宗谱》记载，第二十一世顾廷相自小塘岸迁居皇范吴家头，谱载：吴廷相生于清道光十三年（1833 年），推算顾姓的始迁年份为清咸丰十年（1860 年），距今约 156 年。

黄氏、王氏 黄姓和王姓暂无宗谱查考，其始迁祖和始迁年份待考。

皇范村

虞氏 据《虞氏宗谱》记载，虞赐（字原勋）为皇范始迁祖，从东渠村迁入，但该谱没有他的出生及始迁年份。其父虞绎（字敏学，号尚志），生于明洪武十三年（1380 年）。推算虞姓始迁皇范的年份为明宣德九年（1434 年），距今约 582 年。

张氏 皇范张姓和吴家头张姓同属于东渠大房分皇范分支，据《张氏宗谱》记载，张有政，号环溪，为皇范始迁祖。但该谱没有张有政的始迁和生卒年份，其父张大纨(字庭珊)，生于明嘉靖二年（1523 年）。张有政始迁皇范的年份为明万历五年（1577 年），距今约 439 年。

苏氏 皇范（西巷、南巷、吴家头等）苏姓和西窑的苏姓同属无锡青城乡兰溪里（今无锡市惠山区洛社镇镇北工业区）小二房洛阳分支，兰溪里第十七世苏万方、苏万里同为皇范始迁祖。据《苏氏宗谱》卷八“皇范、西窑源流志”记载，“万方、万里迁居皇范……”但该谱没有苏万方、苏万里迁居皇范的年份和生卒记载，其后第十二世苏义利生于清康熙二年(1663 年)。推算苏姓迁居皇范的年份，至今约 407 年。

陈氏 皇范陈姓和欧窑陈姓均自杜元湾迁入，据《陈氏宗谱》记载，皇范始迁祖陈天祥生于清康熙四十六年（1707 年），推算陈天祥始迁到皇范的年份为清雍正十二年（1734 年），距今约 282 年。

俞氏 据《俞氏宗谱》记载，始迁祖俞文欢，字九绍，于清康熙年间自安阳山杨庄（今阳山镇新渎村委）迁居皇范。谱载俞文欢生于清康熙二十八年（1689 年），推算俞文欢始迁皇范的年份为清康熙五十五年（1716 年），距今约 300 年。

杨氏 皇范杨姓自阳山住基村迁入。据《杨氏宗谱》记载，住基村第三十一世杨天昇，字轩元，生于清康熙三十五年（1696 年），为皇范村杨姓始迁祖。推算杨姓始迁皇范的年份为清雍正元年（1723 年），距今约 293 年。

三、家　谱

家谱又称族谱、宗谱、家乘、世谱等，统称谱牒。《辞海》释义是：古代记述氏族世系的书籍。它是中华先民血缘相亲、守望相助的实录；是以文字形式出现的按辈份排列的血缘宗族内的人际关系网；

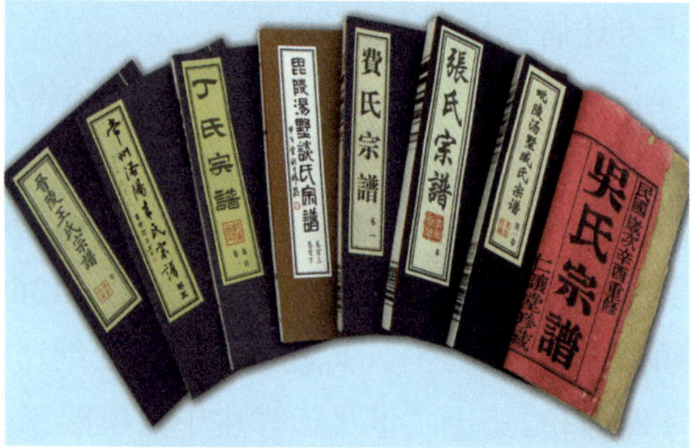

汤墅村部分家谱（2018 年 7 月 23 日摄）

是记载以父系为主体的家族的族源，繁衍生息的图集；是家史和宗族文化的重要载体。谱牒属于史学的范畴，是中国历史典籍和文化遗产的一个重要组成部分。

唐朝以前以官方修谱为主。五代以后，修谱之风日盛，从官方流行至民间。宋朝以后逐步出现各姓自修家谱，续修一般不超过30年。明清为修谱鼎盛时期。20世纪60年代，“文化大革命”的“破四旧”（破除旧思想、旧文化、旧风俗、旧习惯）中，家谱作为“四旧”大部分被付之一炬。到20世纪90年代，周边的天井吴氏、虎臣罗氏首开修谱之风，至2017年，汤墅村域内已有26个姓氏收藏有本族家谱或续修家谱。

秦氏（世德堂）　始祖秦观，字少游，号淮海居士，高邮武宁乡人。北宋大文豪，龙图阁大学士，墓在无锡惠山二茅峰南坡。其子秦湛，字处度，号济州，宋政和年间（1111—1118年）任常州府通判卜居晋陵新塘乡，以姓为村，遂名秦村（今属武进雪堰镇）。

秦观第五世孙秦宗贤，字思齐，在宋孝宗年间（1163—1189年）自晋陵新塘乡秦村迁居安尚乡永安里（今洛阳镇），为洛阳秦氏始迁祖。在洛阳镇人民政府大院南侧的淮海亭，亭内存有乾隆三十一年（1766年）《秦观祠碑记》石碑一块。

秦观第十二世孙秦正黼，字子仪，于元代至正年间（1341—1368年）自秦村、旧渎徙居安尚乡十九都七图堵墅，为域内堵墅秦氏始迁祖。《秦氏宗谱》载：秦村为东宅，旧渎为西宅。秦村、旧渎今均属武进雪堰镇雪东村委。

《毗陵秦氏宗谱》于明建文三年（1401年）始修，秦村、旧渎、洛阳、堵墅等各分支多次合修，后因族人增多等原因，于清宣统二年（1910年）分修。堵墅秦氏族人于2018年重修宗谱，主修秦国兴，主编邵裕生。

黄氏（中和堂）　始祖黄中，字通老，福建邵武人。宋绍兴五年乙卯（1135年）进士第二名，历官礼、兵二部尚书，端明殿大学士。朱熹曾投其门下。始迁祖黄叔旸，讳升，号玉林，其子灏为常州太守，遂自闽徙至毗陵圻庄里。

圻庄《黄氏宗谱》于民国25年（1936年）九修，2012年十修，重建宗祠，理事会名誉会长黄小平、会长黄海平、主编孙瑞和。

黄姓族人分别居住于圻庄街、小四房、回虏地、码头上、虞桥、东西田舍、墅上、汤墅陈家头等地。汤墅陈家头黄姓系由圻庄街第二十三世黄贡房徙居而来。

吴氏（仁让堂）　吴氏起源可溯至远古黄帝。黄帝娶西陵氏女嫘祖，生玄嚣和昌意。玄嚣生蟜极，蟜极生帝喾，帝喾娶原妃姜生后稷。后稷第二十一世古公亶父（即周太王），生三子，长泰伯（又作太伯）、次仲雍、三季历。泰伯三让王位予季历，与弟仲雍远涉千里，迁居梅里（今江苏无锡），建领地，号勾吴。泰伯第十八世寿梦在此地称王，建立吴国。开氏始祖为泰伯，墓在无锡县北梅里村。

杨葑始迁祖吴兴禄，原籍苏州山塘，于元朝末年（1368 年）因避战乱徙居常郡武邑安尚乡杨葑里（今属洛阳镇朝安村东杨葑、西杨葑），其后第十世吴廷纲自西杨葑迁居域内皇范吴家头。

《吴氏宗谱》创修于明万历三十五年（1607 年）至清康熙二年（1663 年）、清乾隆四十七年（1782 年）、清道光十二年（1832 年）、清光绪二年（1876 年）已修 5 次，民国 10 年（1921 年）第六次续修。

陈氏（楚宝堂） 出自妫姓，帝舜后裔。周初封先贤后人胡公满于陈地，建陈国，祀舜。后人以国为姓。尊胡公满为陈氏始祖。

安桥陈氏始迁祖陈绘，字士文，号素庵，祖籍浙江海宁县长平乡赵家桥，明嘉靖年间（1522—1566 年），为避倭寇之乱，迁至毗陵安桥。谱载，其第十世陈鸣才迁居域内皇范，为皇范陈氏始迁祖。康熙四十年（1701 年）安桥陈氏宗谱由陈玉音始修，2006 年完成第五次续修，陈春锡（安桥）、陈金明（皇范）主修，陈元泽纂修。

陈氏（星聚堂） 始祖陈妫满，陈国始君，谥号胡公。子孙以国为姓，陈历 600 余年，为楚所灭。

东汉陈实，字仲弓，颍川许人，为太邱长，修德清净，百姓为安。累见徵命，闭门悬车，不就。中平四年（187 年）卒于家，年 83 岁，海内赴吊祭者 3 万余人。蔡邕撰碑文，《汉书》有传，尊为陈氏始祖。

星聚堂典源于德星奎聚。传陈实祖孙三代在今许昌小西湖会聚，太史令夜观天象，见德星奎聚，奏明皇上。诏令陈实入京任三公，不赴。皇帝下旨在小西湖建德星亭。

南宋咸淳间，第四十世陈根培为避兵乱，自苏北皋梅徙居毘陵城东安尚乡杜元湾（即今洛阳镇友谊村杜元湾），为杜元湾始迁祖。

杜元湾陈氏（星聚堂）现分居杜元湾、东浜头、陈家头、欧窑、皇范、官庄头、岑村、瞿家、刘家村、宜兴等地。杜元湾陈氏第七世陈钦（字必蕃）为欧窑始迁祖。第十四世陈天祥为皇范陈氏（星聚堂）始迁祖。乾隆三十四年（1769 年），陈六德、陈士明、陈应龙等首创杜元湾《陈氏宗谱》，赵翼撰序。民国 18 年（1929 年）五修。2008 年由陈迪峰主持完成第六次续修。

陈氏（德星堂） 陈家头陈氏和杜元湾陈氏（星聚堂）为同一始祖。

德星堂陈氏由 2 个分支组成，其一为洛阳镇庙头分支，谱载陈肇六自平阳迁常州双凤里，其后裔陈侍尧、陈侍禹迁庙头（今属洛东村东街）。其二为东陈分支，宋仁宗天圣年间，陈伯修自淮阳迁无锡新塘里，登宋神宗熙宁进士第。宋高宗绍兴四年（1134 年），第十三世陈学文自新塘里迁武进安尚乡东陈里（今属洛东村委东陈村民小组），第十五世陈逑分居汤墅陈家头，为汤墅陈家头始迁祖。第二十世陈琮、陈瑜又自东陈迁浜头（今属洛东村委浜头村民小组）。

《陈氏宗谱》自明弘治至清康熙、道光、咸丰、光绪年间已修5次。民国29年（1940年）第六次续修。

陆氏（怀忠堂） 得姓始祖：陆通。齐宣王少子，分封于山东平原般县陆乡，因地得姓，被尊为陆氏始祖。常州始迁祖：陆盛四。谱载，陆通“至第五十九世茂一生五子，其四子盛四，讳颛，字性懋，谥号文亮，元末避张士诚乱卜居毗陵城南永昌里（今礼嘉镇陆庄）。

陆庄第七世陆润于明嘉靖年间迁居洛阳东黄坂（今属洛阳镇汤墅村陆家头村民小组），为皇范陆家头始迁祖。

《陆氏世谱》（怀忠堂）创谱于清康熙三十年（1691年），至民国8年（1919年）续修7次。2014年第八次续修，续修理事会会长陆其焕，皇范陆家头分支集稿核对负责人陆林海。

施氏（存仁堂） 施氏原姓姬。春秋鲁国君主鲁惠公，其子字施父，施父的孙子以祖父之字为姓，去父字为单姓施。

洛阳施姓始迁祖施灏（锦衣卫指挥使），字景程，明洪武元年（1368年）自苏州迁毗陵洛阳。子四：长子施祯，居马杭桥；次子施祥，居洛阳镇上路墩（今洛东村施家头）；三子施福，居礼嘉镇都浜大巷上；四子施祉，居邹区镇施桥。第十三世施宗器于清康熙年间自施家头迁居汤墅陈家头。

《施氏宗谱》于明崇祯十六年（1643年）始修，至民国36年（1947年）已修九次。2006年第十次续修，主编施焕文，汤墅陈家头分支负责人施志洪。

顾氏（永锡堂） 管城顾氏，系出春秋越王勾践，其第七世闽君摇因助汉有功，汉惠帝三年封为东瓯王，汉文帝封其子期视为顾余侯于乌程，因氏焉。

管城始迁祖顾秀（重八）（字国忠，号葛民），由毗陵永宁桥卜居安尚乡管城里（今属洛阳镇管城村委），其子孙分居于管城、杜元湾、黄圻岸、东尖、坝头村、青墩、徐仙桥、汤墅谈家头、西窑、虞桥、小塘岸、中家漕等地。其中第十一世顾志和于明万历年间（1573—1620年）自管城迁居小塘岸，第二十一世顾廷相自小塘岸迁居皇范吴家头。

清康熙五十一年（1712年），顾会嘉创修管城《顾氏宗谱》。2009年第九次续修，共16卷。续修理事会会长顾仲安，主修顾仲锡。

谈氏（思成堂） 谈氏为殷微子后裔，建谈国，亡于楚，后人以国为姓。另说，微子后人食采于郯，去邑加言为谈。

远祖谈希文，唐昭宗光化二年（899年）自九江徙安徽宣城白沙。传至第八世谈鄘，南唐交泰二年（959年）自白沙徙常郡宜兴归径。十六世谈伯从徙宜兴黄塘。

汤墅谈氏始迁祖谈贤二，字宗远，明洪武二年（1369年），奉拨武进县安尚乡编籍，自宜兴黄塘迁居洛阳桥东南汤墅。

汤墅谈氏由谈熙敏（槃谷）于明万历四十四年（1616年）创《汤墅谈氏宗谱》，鉴于黄塘合谱为火灾所毁，原稿佚失，汤墅本族另修。谱并用欧苏两式，宗支图用欧法，世表则用苏式。续修于康熙二十八年（1689年），三修于康熙五十八年（1719年），四修于乾隆二十八年（1763年），五修于乾隆五十七年（1792年），六修于嘉庆二十四年（1819年），七修于道光二十二年（1842年），以上诸修，汤墅、河墩仍与黄塘合谱，而阳墟则另修。八修于光绪十一年（1885年），与黄塘分修，而汤墅、河墩及阳墟合为一谱。九修于民国7年（1918年）。九修领谱字号曰："黄塘归迳旧声华，省识源流是白沙。农服先畴士食德，思成祖业是吾家"，为"思成堂"由来。2014年第十次续修，共10卷12册，续修委员会主任谈行，主编蒋伯华。

王氏（槐荫堂） 王氏远祖系周朝的23代国王周灵王的太子晋，食邑于王，以地为姓，子孙因之3代而下，世多贤达。宋绍兴年间（1131—1162年），王有亨（字世伯，号东岭），任东昌府教授，恩封枢密院使，于宋靖康之难后扈驾南迁，定居晋陵剑湖南岸之湖头（今属武进遥观镇东方村委），为晋陵王氏始迁祖。第二十七世王树林（字栋荪），为遥观湖头王祥五之后裔，于民国14年（1925年）自湖头迁居堵墅。王树林之父王焕尧（字培熙，号锡畴），清光绪年间曾任遥观青城桥临津书院院长，以"遗子孙以千金产，何如教子孙以万卷书"为传世家训。

晋陵《王氏宗谱》由王道久于明万历十六年（1588年）始修，其后至清及民国19年（1930年）续修8次。2017年第十次续修，主修王建平（堵墅），主编吴定玉。

朱氏（彝伦堂） 据《朱氏宗谱》（彝伦堂）2016年续修谱序载，彝伦堂族人为宋代著名理学大家朱熹的后裔，朱熹的第八世孙朱钶（号泰武）于明洪武二年（1369年）由宜兴徙居武进灵台西沿村。朱钶（号泰武）的第七世孙朱栗（字植周）于明嘉靖年间，自灵台徙居锡邑沙滩村（今属无锡市滨湖区胡埭镇龙延村委）。第三十世朱志仁于清康熙从沙滩村迁居堵墅。

《朱氏宗谱》（彝伦堂）于明万历四十年（1613年）由朱良玉创修，至民国5年（1916年）六修，2016年完成第七次续修，堵墅分支续修负责人朱伟。

朱氏（固德堂） 朱姓始成于西周，得姓始祖曹挟。朱氏出自曹姓，传周武王封曹挟于邾国，附于鲁。战国时邾国为楚所并，邾国的贵族四处逃散，为不忘祖国，因此去掉耳旁，改姓朱。

朱济，字逊夫，元初自婺源来常州任教，卜居安尚乡曹巷，为曹巷、高田上始迁祖。域内丁庄的始迁祖为朱尚杰，由曹巷迁入。欧窑的始迁祖为朱道忠，由高田上迁入。

固德堂朱氏宗谱创谱于清康熙六十年（1721年），民国20年（1931年）五修。

2010 年冬六修，理事会主管朱优国（高田上），丁庄朱云清为编修组人员，欧窑朱俊兴、朱振杰为编修协助人员。《常州洛阳朱氏宗谱》一函 8 卷。

曹氏（燕贻堂）

叔振铎为曹氏得姓始祖。周文王十三子叔振铎，武王时封于曹邑（今山东定陶县西南），建曹国，后人以国为氏，遂有曹姓。

北宋曹彬，谥武惠王，为曹氏始祖。明曹楷，字端所，曹彬第二十一世孙，由金坛建昌迁居常州殷薛板桥(今属武进区南夏墅街道)，为迁常始祖。曹楷四子曹元章（字友闻），为岑村曹氏始迁祖。其后第六世曹文宪（字士魁）为丁庄始迁祖。

岑村曹氏宗谱于清嘉庆十七年(1812 年)由曹圣发、曹瑞兴创修。至民国 7 年(1918 年）曹清华三修。2011 年四修，理事会会长曹建明，主编曹达兴，丁庄分支负责人曹根培。

丁氏（敦伦堂）　据《丁氏宗谱》记载：丁公，名伋。其先世为四岳，佐禹平水土有功，封于吕，故太公名吕尚，子伋名吕伋，嗣位为齐侯，卒谥可公其后，子孙以王父谥为氏，遂为丁氏。

丁姓华圻始迁祖丁道洪（讳通）。于明洪武六年（1373 年）自无锡迁居城北 15 公里之华圻（今属无锡市惠山区洛社镇华圻村委）。其后第十四世丁梦虎（字鹄）迁居欧窑，为欧窑始迁祖，第十六世丁君辅（字自诚）自欧窑迁居丁庄，为丁庄始迁祖。

《丁氏宗谱》于明弘治十一年（1498 年）由丁春暘创修，2014 年第九次续修，主修丁柯中，欧窑丁伯金为副主修，欧窑丁健生、丁庄丁文忠为协修。

苏氏（聚星堂）　得姓始祖：苏忿生。为颛顼高阳氏的后裔。颛顼玄孙吴回之子陆终有六子，长子樊居于昆吾，后发展为强大的部落，史称昆吾氏。周武王时，其后裔有司寇忿生，受封于苏国，称为苏忿生，后迁于温邑（今河南省温县西南），为史料中明确记载的苏姓第一人。春秋时，苏国被狄（我国古代对北方少数民族的统称）人攻灭。其国人便以国名为氏，称苏氏。

始祖苏轼（1036—1101 年），宋眉州眉山人（今四川省眉山市），字子瞻，自号东坡居士，宋嘉祐二年（1057 年）进士，官至翰林学士，端明殿侍读学士，礼部尚书。因“乌台诗案”被贬滴黄州、惠州、琼州，赦还后卒于常州，宋孝宗隆兴六年谥文忠。其文章纵横奔放，诗飘逸不群，词开豪放一派。后世称其父苏洵文章奇峭雄拔，苏轼之弟苏辙文章与轼齐名，合称“三苏”。

苏氏自东坡始，其后裔苏太和（字仲元，号五兰），元季授平江路通判，后弃官隐居于锡邑青城乡兰溪里(今无锡市惠山区洛社镇镇北工业区)。明万历年间，苏万方，苏万里自兰溪里迁居皇范，苏万里又迁西窑，苏万方，苏万里分别为皇范、西窑始迁祖。苏万载自兰溪里迁居杨墅园，其后裔苏士隆自杨墅园迁居丁庄，为丁庄始迁祖。

《苏氏族谱》自宋、明、清至民国三十七年（1948年），已修八次。2012年第九次续修，主修苏大年（杨墅苏巷），洛阳小二房皇范、西窑，东占桥、丁庄分支卷八分册主修苏海明（西窑人）。

臧氏（孝思堂） 得姓始祖：臧僖伯。源于姬姓，周桓王二年（公元前718年），鲁孝公姬称将自己的儿子姬彄（kōu）赐封到臧邑（山东郯城归昌乡一带），为子爵，称字子臧。后来，姬彄的后代子孙就用他的封邑名“臧”作为自己的姓氏，称臧孙氏，人们称为臧彄，在史籍《史记》中称为“臧僖伯”，此后就有了臧氏一族。据《通志·氏族略·以邑为氏》中记载：“臧氏，姬姓。鲁孝公之子彄，食采于臧，因以为氏。”

汤墅臧氏始迁祖：据《毗陵汤墅臧氏宗谱》载，北宋庆历元年（1041年）后，史学家臧荣绪（山东兖州人），任京口（今镇江）教授，遂卜居于安阳山之干田里，到第十五世臧弘轨之子臧轼，为西大房毗陵汤墅祖。孝思堂臧氏宗谱创谱于明万历二年（1574年），民国26年（1937年）十修。2009年毗陵汤墅臧氏孝思堂西大房毗陵汤墅分支首次另修，孝思堂《毗陵汤墅臧氏宗谱》一函4卷，续修理事会会长臧岳雷，主修臧祖林。

姜氏（敦伦堂） 姜姓源自炎帝神农氏，因炎帝生于陕西岐山姜水之滨（今宝鸡市域内），故以姜为姓。因此，炎帝的出生地就是姜氏的发源地。姜姓族人共尊炎帝为得姓始祖。春秋时期五霸之一的齐国，创建始祖是吕尚。史书记载：“吕尚，姓姜名牙。”吕尚，既为神农氏的后裔（又名姜太公、姜子牙），因其先祖尝为四岳，辅佐大禹治水有大功，被封于吕，故从封姓改叫吕尚。其子孙世袭齐国国君，历29世。后来齐国在战国时被田和所灭，齐国变为田氏政权，其子孙后代分居各地，多以姜为姓。

洛阳姜氏奉姜瑶仁（字德薄，号一泉）为远祖，第一世，据《姜氏宗谱》记载姜瑶仁世居汴，登宋博学宏词科，除集贤校理孔目九载弗调，蒙遣使江南主入朝，由金陵道经溧阳，居前河里（即溧阳姜笪村）。明洪武年间，姜昌化（字宗隆，号西华）自姜笪村徙居武进安尚乡宙字里（今属洛阳镇朝安村委），为宙字里始迁祖；其后裔姜孟常自宙字里徙居马鞍墩尖岸桥，为尖岸桥始迁祖。清乾隆年间，姜映照自尖岸桥徙居皇范（陆家头），为皇范（陆家头）始迁祖。

《姜氏宗谱》创修于元至正二十六年（1366年）明、清至民国续修多次，2011年再次续修，主修姜焕锡、姜志方，姜木立纂辑。

费氏（职思堂） 得姓始祖：《轩辕皇帝传》载，皇帝玄孙夏禹，其后裔费昌，受封于费国，即湖北省江夏（云梦县），以国为姓，称为费氏。

唐天宝四年（745年），费鸣玉从江夏迁居锡山，又徙居泉渎，为泉渎始迁祖。明洪武元年（1368年），费彦臣自泉渎迁居常州东安尚乡马鞍墩宣埼村，为宣埼村费氏始迁祖。明弘治六年（1493 年），费湖自宣埼村迁居礼嘉乡塘岸桥。清康熙五十七年（1718 年），费鲁臣从塘岸桥迁居洛阳皇范陆家头，为皇范始迁祖。

《费氏宗谱》（职思堂）创谱于明天顺八年（1464 年），至民国 37 年（1948 年）已五修。2011 年完成六修，理事会会长费俊逸，域内皇范陆家头费氏分支负责人费荣林。

虞氏（鹿野堂） 始祖虞谅，号养原，南唐初为都指挥使兼江南防御招讨使，始居镇江丹阳。其第六世孙虞众仲于宋末扈驾南渡，始居晋陵。第十世虞荐发（字君瑞，号薇山）。与弟虞应酉（字逸岩）同为宋咸淳乡贡进士，宋亡避居无锡惠山西溪。虞荐发元初时授兴国路儒学教授，赠承务郎常州路同知无锡州事，均不赴职。时有识人士因无锡学术久废，强荐他为儒学教官，招生讲学，培养人才。他仿效古代伯夷、叔齐不食周粟的故事，不受元代的俸禄，自号“薇山老人”，为锡邑硕儒，著述极丰，府县志有传。清顺治年间建有奉祀专祠，悬有“宋季完人”“守先待后”“学者津梁”等古匾。无锡市人民政府于 2012 年重修虞薇山先生专祠鹿野堂。

第十四世虞绎，字敏学，号尚志，生于明洪武十三年（1380 年），迁居武进安尚乡东渠。其长子虞赐，迁居域内皇范，为皇范始迁祖。

《虞氏宗谱》于元大德四年（1300 年）由虞薇山创修，此后明、清至民国 37 年（1948 年）共修 9 次。皇范分支九修谱稿负责人虞则郑。

俞氏（敦睦堂） 俞姓源于姬姓，出自黄帝属臣跗之后，属于以物事称谓为氏。

毗陵始祖俞紫芝，字福一，宋德祐景炎年间授光禄丞集贤校理等职，居无锡新安。第三世俞仁（字贵二），迁居安阳山堵村（今属无锡市阳山镇光明村委），第十世俞浩迁居杨庄（今属无锡市阳山镇新渎村委）。

第十六世俞文焕，字九绍，清康熙年间自杨庄迁居域内皇范。

《俞氏宗谱》自元、明、清至民国 18 年（1929 年），已修 10 次。2011 年第十一次续修，主修俞秋农，皇范分支续修负责人俞福英。

张氏（孝友堂） 得姓始祖张挥，号天禄，青阳之子，是古代重要武器弓矢的发明者。因弓箭的诞生对社会影响大，所以黄帝封挥为弓正，职掌弓矢制造。后又取弓长之意，赐姓张于濮阳，封地清河。后逝葬于帝丘（今河南省濮阳县）。

东渠张氏奉唐朝刺史张九皋为始祖。据《张氏宗谱》记载：“明洪武二年（1369 年），九皋公嫡传讳度，字躬履，自定兴守常州，深仁厚泽，浃髓沦肌，三载报绩擢礼部尚书，去之日民讴思之如爱召伯之棠而不忍剪也。公亦喜常之山水秀丽，风俗敦庞，遂命其子少东（字渠益）卜宅于城东之五十里东渠而居焉，地以人传也。”东渠村以始迁祖张少东的名和字各取一字合为村名，沿用至今。明万历年间，张有政（号环溪）自东渠迁居皇范（黄范），为皇范始迁祖。

《张氏宗谱》创修于明万历二十九年（1601 年），至民国 23 年（1934 年）已修 6 次，2018 年第七次续修，主修负责人张东（东渠人），主编邵裕生。皇范分支续修负责人张伯才、张文良、张进。

詹氏（而乐堂） 开氏始祖：周宣王庶子姬至弘封于詹，肇封詹侯，建詹国，封地詹成为氏号称詹氏。

域内西窑詹姓现仅存《詹氏宗谱》卷四之昂公派西窑支世表 1 册，其余皆失。谱载：詹昂（号忠睦），贡士，敕授兰陵寻陞抚州通判兼福建知事，配锡邑望仙桥黄氏，诰赠镇南安国夫人，合葬万安桥（皇范村西的皇范桥曾名万安桥）西首父塋。詹昂为西窑始迁祖，于明弘治年间迁居西窑。

钱氏（追远堂） 周文王时期的泉府上士钱孚（大彭国始祖篯铿的裔孙）为得姓始祖，去篯之竹头而为钱姓，形成于陕西。

北阳湖钱氏系出五代时期政治家钱鏐（Liú）之后。唐末之际，杭州临安人钱镠在剿灭地方叛臣的过程中，占有了两浙之地，维护大唐一统。唐昭宗天复二年（902 年），唐昭宗封钱镠为越王。天复四年（904 年），改封吴王。及朱温建梁，始封钱镠为吴越王。中国历史上第一个也是唯一一个钱氏王朝建立，从此开启长达近百年的吴越国治理、发展、繁荣时期，并与后来的赵宋结下不解之缘，太祖赐丹书铁卷，御制百家姓，纂钱姓为天下第二姓，“赵钱孙李”由此而来。其后人徙居嘉兴、湖州、新丰、鞍山、江阴塘村等地。明永乐年间（1403—1424 年），第十八世钱昱从江阴塘村徙居北阳湖邱家岸（今属武进区横林镇北阳湖村），建祠追远堂。明成化年间（1465—1487 年），第二十二世钱锡从鞍山徙居北阳湖邱家岸，建祠射潮堂。两支一脉。

第三十世钱庭荣，字凤鸣，于清康熙年间自北阳湖迁居汤墅里臧家头（今属汤墅村臧家头村民小组）。

钱氏追远堂谱始修于清乾隆四十二年（1777 年），民国 15 年（1926 年）五修。钱氏射潮堂谱始修于雍正壬子年（1732 年），民国丙寅年（1926 年）六修。2013 年追远堂和射潮堂合祠合谱，统一为追远堂。续修理事会会长钱树栋（北阳湖），主修钱沛金（北阳湖），汤墅臧家头分支负责人钱晓侦。

汤氏（怀德堂） 源于子姓，据《通志 • 氏族略》记载，汤氏得姓始祖为成汤。夏朝末年，居住在黄河下游的部落首领名契，本是黄帝曾孙帝喾之子，因辅佐大禹治水有功，被帝喾封于商(今河南商丘)，赐姓子氏，传第十四世成汤灭夏建商，汤王后裔以祖为姓，称汤氏。

始祖汤和(1326—1395 年)，字鼎臣。明初将领，安徽凤阳人，与朱元璋同乡，一同起兵，渡江后守常州。汤和有五子，三子汤鼐于明洪武七年（1374 年）随父守常，赐籍常州，第三世汤晔迁居蓉湖（今属武进横山桥镇）。第九世汤承启于嘉靖年间从蓉湖迁居中村（今属常州雕庄街道中村社区）。第十世汤宪昭由中村迁居湖头（今属遥观镇东方村委）。第十一世汤闻道从湖头迁居洛阳汤墅，先后在汤墅谈家头村南的汤家前头、陈家头村西南的丁家巷及陈家头居住。

汤氏宗谱（怀德堂）由第三世汤晔始修，至民国 18 年（1929 年）九修。2010 年第十次续修，续修委员会主任汤国忠（上店汤家村），名誉主任汤国产、汤国银（汤墅村陈家头人），主修汤浩清。

杨氏（四知堂）　杨氏，出于姬姓。最早源于春秋时期的杨国（今山西省洪洞县），为隋朝国姓。晋武公封次子伯侨于杨，称杨侯，成为杨氏得姓始祖。

安阳杨氏奉唐穆宗时累迁户部尚书杨於陵为统宗一世始祖。第十六世杨齐（字思贤），宋季时由浙江钱塘徙居安阳山住基村（今属无锡市惠山区阳山镇住基村委），为住基村杨氏始迁祖。清嘉庆五年 (1800 年) 建宗祠于村东，以东汉太尉杨震清廉拒贿事迹命名堂号为“四知堂”。（杨震任荆州刺史时，非常清廉。拒绝行贿者时说:“天知、地知、你知、我知，怎么说没人知道呢！”后世遂以“四知”为堂号。）宗祠于 20 世纪 80 年代被拆除。子衍日繁，散居于胡庄里、俞巷头、岑村莫家桥、坂上西火叉头、横林顺庄、域内皇范村、西漳庙后、东亭席祁、遥观前杨、运村、新塘葛巷、周桥等地。第三十一世杨天昇（字轩元），于康熙年间自住基村徙居皇范村，为域内皇范村杨姓始迁祖。

安阳杨氏宗谱始修于明嘉靖四十五年（1566 年），至民国 28 年（1939 年）续修 8 次。2014 年九修，续修理事会会长杨立群（阳山住基村），主修杨耀兴（阳山住基村），域内皇范分支负责人杨建国（会员）、杨国昌、杨卫平（采访校核）。

四、祠　堂

汤墅谈氏宗祠　谈氏宗祠原坐落于汤墅谈家头前巷，名思成堂。明万历四十五年（1617 年），谈氏通族捐银买地，建成平屋 3 间，供奉祖先牌位。康熙十九年（1680 年）为积雨所倾。乾隆二十一年（1756 年）冬，第十三世谈岡 (字苍崖) 率全族立誓重修，并带头捐银数十两（卖田 6 亩），通族响应，共捐银 200 余两。历时 3 年，至乾隆二十三年（1758 年）春，3 间 3 进的新祠落成。民国 7 年（1918 年），第十七世谈晋徵（字耕莘）主持第九次续修宗谱，并对该祠重新装修：“葺斯堂，易其朽败，修其颓废，门庭堂庑，悉加黝垩。”

谈氏宗祠大门口有遮阳，木栅栏，大门上方挂有一匾，上书“思成堂”金字。第一进的正中一间为通道，有东西侧厢，东侧厢为地板房。第二进为议事大厅，第三进为祭祀大厅，大厅内挂有“奉先思孝”“懿著爱存”等匾额 4 块。厅内神橱，拼梅图案遮隔，精雕祥云和双龙戏珠。供奉的祖先牌位均为木质阳刻、金字。

民国 25—28 年（1936—1939 年），宗祠内办私塾。1953 年办过民校（扫盲识字班）。1956 年，原办于汤墅庵的汤墅小学搬入（初级班 1~4 年级），又于 1969 年搬入新建的庄陈小学。1958—1960 年，谈家头的集体食堂也办在宗祠内。有多户村民因住房非常困难，先后在东西侧厢和第三进的大厅东侧居住。

谈氏宗祠的世系挂线牌
(2010 年 7 月 6 日摄)

1974 年，宗祠由谈东队和谈西队各自分拆，材料用于建造集体的仓库和蚕室，原址用于村民建房。

2013 年，汤墅谈家头谈东、谈西、岑村塘门桥、阳山大长圩、阳山丁庄等汤墅谈氏分支捐集资金，易址村北重建谈氏宗祠。于 2013 年 3 月 8 日破土动工，2014 年 1 月 16 日竣工。2014 年 4 月 4 日，举行落成仪式。

新建的谈氏宗祠由常州市园林设计院设计，戴溪建筑工程公司施工，五开间两进一天井，占地 660 平方米，建筑面积 608 平方米，耗资 210 万元。钢筋水泥结构，徽式仿古建筑，黛瓦粉墙，古色古香。选址村后，座北向阳。祠前大广场，可举行大型文体活动。右傍小公园，可游憩其间。场前村后，间隔太平莲池，驳岸护栏，绿树环绕。秋冬碧波荡漾，鱼潜水底。春夏荷叶田田，红莲绽放。环境之美，更胜于昔。

汤墅谈氏宗祠（2014 年 4 月 4 日摄）

陈氏宗祠（分祠） 陈氏宗祠位于陈家头村西南河边，由陈姓自东陈（现洛阳镇洛东村委东陈村民小组）迁来后建造，有 3 间两进。第一进中间的大门上方有“陈氏分祠”砖刻，东、西间为侧厢。第二进供奉祖先牌位。

民国 37 年（1948 年），陈氏宗祠办小学初级班（1~3 年级），一年后停办。新中国成立至 1969 年，村民曾在宗祠内宰牛、养猪、做豆腐，丁汉生等人曾在宗祠内居住多年。

1970 年，庄陈大队在宗祠内创办粮食加工厂，有轧米机、面粉机各 1 台。同年 11 月，庄陈大队农机具修配工场在此创办，后于 1973 年搬迁至新址（原庄陈小学西侧）。1971 年，庄陈大队扩建粮食加工厂，将宗祠第一进作价收购后拆除。1982 年，陈家头生产队拆除宗祠的第二进，地基由村民报批建房。

堵墅秦氏宗祠　堵墅《秦氏宗谱》卷六世表记载，秦氏宗祠为第九世秦文梅于明代创建。乾隆五十七年（1792 年）宗祠被焚，第十五世秦添熙（字顺玉）即倡议卜吉启工重建。

秦氏宗祠建于堵墅村前巷河边，名世德堂。有三开间前后两进，第一进的中间为过道，东西间为侧厢。大门两边有抱鼓石，上方挂“世德堂”金字牌匾。第二道门是砖雕花墙门，门楼、人物及花鸟等雕刻精美。第二进 3 间正厅前挂“秦氏宗祠”大匾，两边为抱柱长联，室内供奉秦氏先祖牌位，有素边、回字边、单福、五福等多种款式，其中始祖秦观的牌位雕刻尤为精美，雕有双龙戏珠图案，村民们称之为“龙牌”。

中华人民共和国成立初，宗祠活动暂停，宗祠房屋曾被村上的 3 个生产队作为堆放粮食的仓库分用，有一苏北籍换糖人在第一进的西厢房居住多年。

1967 年 8 月，庄陈大队首家大队办集体企业——庄陈五金胶木厂在秦氏宗祠内筹建并试产成功。后于 1970 年 8 月搬迁。1972 年，秦氏宗祠被拆除，材料被堵东、堵市（堵中）生产队用于建造蚕室、仓库，地基由村民批建住房。

堵墅秦氏牌位
（2018 年 7 月 2 日摄）

皇范虞氏宗祠　虞氏宗祠位于南巷西南河边，四开间前后两进，虞姓自明永乐年间从东渠村迁入后所建，具体始建年份不详。

据虞姓长者讲述，前辈们一代代口口相传，村东南方向的无锡惠山有虞氏祖先的祠堂，故村上的宗祠朝向是东南惠山方向。第一进的前面有小院，院墙大门两旁有青石抱鼓石。第一进、第二进各有 3 间为大厅，分别为族内议事及祭祀之用。前后共有“虞氏宗祠”“虞氏宗堂”“祭如在”匾额 3 块，分别挂在大门上方和第一进、第二进的大厅内 。第二进祭祀大厅设有神橱，供奉祖先牌位。皇范虞氏有大房、二房、三房 3 个分支，在大厅内每个分支 1 间，用木板分隔。

民国 34 年（1945 年），原办于村民家中的皇范初级小学搬入虞氏宗祠的第二进。1953 年，因学生增多扩班，第一进也作为教室使用。宗祠内还办过村民扫盲识字班（又称夜校）。1969 年，虞氏宗祠被全部拆除，由大队扩建成前后两排共 16 间平房，主要用于小学教室、教师办公室和宿舍，其余为大队医疗站、小店、大队办公室及大队办厂用房。

西窑詹氏宗祠 詹氏宗祠位于西窑前巷西，詹姓自明弘治年间迁入后所建，具体始建年份不详。有平屋3间，前面的1间为进出通道，后面的两间为全族议事及祭祀之用。建有神橱，供奉祖先牌位。1958年起，宗祠房屋被改用于集体养猪，1982年后被生产队全部拆除，现仅存地基。

五、牌 坊

汤墅谈家头原谈氏宗祠前有两座旌节牌坊，谈家头双牌楼，乡间闻名。谈氏宗谱有记载，一座建在谈氏宗祠西间檐下朝南，青石和金山石混建结构；一座耸立于谈氏宗祠门前数米处朝北，全金山石结构。“文化大革命”期间被作为“四旧”拆除，谈东、谈西小队各分一半，石料建砌于蚕室，今谈西队的蚕室已拆除，散落少量石块尚可辨认；谈东队的蚕室已大半拆除，仅剩数间，有一块题有“天恩旌節”字样的青石匾至今还砌在残留的蚕室墙上，部分残石由谈稼农收藏于今谈氏宗祠西侧的小公园。

其中一座牌坊是为谈瑞霖的第五个儿子谈道悠之妻杨氏而立，据光绪乙酉《谈氏宗谱》载：“道悠，字公裕，娶方庄杨氏。无出，继兄道高次子履鹤为嗣。女二，长适方庄杨，次适王家岸徐。公生康熙己巳年五月十二戌时，卒康熙五十七年正月廿一日。氏节操凛然，守节三十余年，建坊旌表。”

另外一座牌坊是为谈捷的第四个儿子谈峰之妻胡孺人而立，据民国戊午年（1918年）《谈氏宗谱》载：“峰，字苍嵋，号兰斋。娶虞桥陈宗孟公女，早世无出，继娶洛阳胡岐昌公女。生子二，名艮元，次乳名鲁生，俱痘殇。继长兄三子达献为嗣。公为人少聪颖，读书能悟，作文疏爽隽达，其天生笔妙也。兼工翰墨，山水尤精，绝可与董北苑黄鹤山樵等嗣音。惜赍（lài）志蹉跌而没，四方知名士无不扼腕惜之。生康熙戊子四十七年十一月十六子时，卒乾隆己未四年八月十五，年三十二岁，葬武城牟家村前次穆穴。胡孺人生康熙戊戌五十七年十一月十八亥时，刻苦自矢，家中四壁萧然，夫殁后又遭二子殇殒，勤纺绩以余赀（zī）赎田数亩供饘（zhān）粥，亲族无不敬礼焉。后因年例相符，采访者闻于当事，具题建坊旌奖。卒乾隆丙午五十一年十二月十四申时，寿六十九岁，葬檀树祖坟东南。”

【第十五章】 人物

RENWU

汤墅宝地，人文荟萃。

康熙年间，汤墅谈家头建两座高大的石牌坊，表彰汤墅两位女子贞节忠孝，勤俭持家，教子勤奋读书。她们的事迹与精神在汤墅大地代代相传，发扬光大。汤墅还有一些其他方面的历史名人，与汤墅大地上的先贤先民们一道共同谱写历史光辉篇章。至 2016 年，汤墅已涌现出大专及以上学历 467 人，其中本科 213 人，硕士 13 人，博士 8 人。

在抗日战争、解放战争和抗美援朝战争中，汤墅众多有志青年为解放祖国、保家卫国，不怕牺牲，浴血奋战，有 3 位烈士为国捐躯。国家实行义务兵役制以后，汤墅有 130 位青年应征入伍，在部队这座革命大熔炉中锻炼成长，作出贡献。

在建设国家四个现代化征程中，尤其是改革开放以来，汤墅众多优秀儿女立足本地，胸怀祖国，自强不息，刻苦努力，在建设家乡、建设祖国中敢于探索，勇于实践，为实现“中国梦”“家乡梦”作出非凡业绩。

人物章，以卒年为序，收录人物传略 41 人；收录人物名录 386 人。

第一节　传略（以卒年为序）

一、历史名人

汤思退　（1117—1164 年），字进之，号湘水。浙江景宁汤氏第七世祖，鹤溪人。宋绍兴十五年（1145 年）进士，同榜复中“博学宏词”第一名，参知政事，掌管军机。宰相秦桧曾赠黄金千两，思退谢而不受。绍兴二十七年（1157 年）升尚书右仆射，绍兴二十九年（1159 年）任左仆射。绍兴三十年（1160 年）冬，侍御史陈俊卿奏高宗，责思退进身乃秦桧之恩，曾罢相位。绍兴三十一年（1161 年）十一月，以汤思退为行宫留守。隆兴元年（1163 年）七月，孝宗复用为相；九月晋封岐国公。十二月，升左仆射。翌年，（1164 年）十一月，右仆射张浚反对割地议和，孝宗准奏。而思退仍上疏力主议和，许割地，致金兵大举，故受朝野强烈谴责，遂被罢官。两次罢相之间，曾在晋陵安尚乡永安里东南部（今洛阳镇汤墅村域内）建造别墅，以期安度晚年。并在别墅旁建孝思庵（《武阳合志》称汤墅庵），供其母叶氏念佛修身养心。

第二次罢相后，被责迁湖南永州。后太学生张观等72人联名上书，论思退议和误国。思退行之信州，愤悸而死（《汤氏家谱》称其享年49岁）。临死前写下《西江月·被谪怀感》："四十九年如梦，八千里路为家，思量骨肉在涯，暗觉盈盈洒泪。玉殿两度拜相，金旨七度宣麻。番思世事总如华，枉做一汤活靶。"

詹　昂（生卒年不详），汤墅西窑村始迁祖，号忠睦，明代贡士。曾任抚州通判，兼任福州知事。

谈熙敏　明嘉靖四十五年—明崇祯五年（1566—1632年），汤墅谈家头人，寿67岁。字毅卿、叔达，号盘谷。《谈氏宗谱》创谱人，终身以读书为务，兼工诗古翰墨，四方题请，常日不暇。

杨　氏　清康熙二十九年—乾隆二年（1690—1737年），享年48岁。汤墅谈家头谈道悠之妻。谈道悠，字公裕，生于清康熙二十八年（1689年），30岁病故。夫亡，杨氏节操凛然，守节至终，故建坊旌表。

胡　氏　清康熙五十八年—乾隆五十一年（1719—1786年），享年68岁。汤墅谈家头谈峰之妻。谈峰生于清康熙四十七年（1708年），32岁病故。家中四壁萧然，夫殁后，又遇二子殇殒。胡氏勤纺织，以余赀赎田数亩，供粥养活全家。亲族无不敬重，以礼相待，后因年例相符采访者闻于当事，具题建（牌）坊旌奖。

谈雪堂（1832—？）　汤墅谈家头人，又名观颐，字养和。赋性豪迈，博学多才，能文章，又善诗，著有《雪堂诗抄》，但郁郁不得志，后发愤出游，不知所终。

谈和生（1866—1905）　汤墅谈家头人，又称汝谐先生，晚清秀才。

二、革命烈士

苏文秀（1923.12—1946.11）　又名文仙、文星，汤墅村皇范吴家头人。民国33年（1944年）参加革命，随军北撤，后担任新四军某部排长。民国35年（1946年）11月，在苏北第一次涟水战役中牺牲。

苏福根（1924—1949）　又名荣丫头（世根），汤墅村西窑人。民国36年（1947年）参加革命。1949年在解放舟山群岛时牺牲。

黄兴南（1932—1953）　汤墅村欧窑人。1953年1月参加中国人民志愿军，同年6月牺牲于朝鲜。

三、党政军界

苏　超（1927.7—1976.5.14）　又名超霄、列群。民国16年（1927年）7月生，汤墅村西窑人。民国35年（1946年）1月加入中国共产党。自民国34年（1945年）

3月参加革命后，先后在中共苏浙两地委及中共胶东区党委秘书处、组织部、宣传部任文印组长、秘书。中华人民共和国成立后，历任中共苏南区党委办公厅机要秘书组长、三组组长，中共上海市委办公厅机要秘书，一室副主任、主任、办公厅副主任等职。“文化大革命”中，在江青反革命集团及其上海余党的迫害下，于1976年5月14日含恨去世。

彭银生（1909—1978） 武进洛阳汤墅丁庄人。祖籍江苏省连云港海州区，农民出身。新中国成立初，随兄彭全生落户丁庄。

20世纪30年代从连云港逃荒到江苏宜兴。曾参加粟裕领导的新四军，在浙江梅山、长兴等地进行抗日斗争。后因其母亲及其大哥突然同时去世，离开部队回家奔丧后，留在武进太滆游击队陆道南部下，以唱道情、磨剪刀、修洋伞为掩护从事地下交通工作，民国34年（1945年）抗日战争胜利后，苏南新四军及地方武装北撤，他留守在苏南地区继续坚持地下斗争。

新中国建立初期在无锡荣军疗养院工作，1958年前后被安排到常州市轧钢厂工作，1961年下放常州市潘家桥苗圃，1978年1月14日卒于常州市潘家桥苗圃。（由朱长寿、朱锡章、张美芳、张红玉、张金为提供整理）

苏文铨（1931.9—1986） 汤墅村吴家头人。曾任昆明军区109部队副师级干部。1986年病故，安葬于云南昆明。

谈伯兴（1928.3.24—1997.2.13） 汤墅村谈西村民小组人。历任村农委主任、虞桥乡民兵中队长、阳湖乡乡长，1954年加入中国共产党。1956年起历任洛阳乡副乡长、洛阳公社管委会副主任、洛阳镇副镇长、调研员等职。

谈伯兴长期分管洛阳乡（镇）的副业生产，大胆探索，积极实践，带领乡亲创出一条适合本地实际的致富之路。20世纪60年代中期，亲自从江苏省水产研究所引进淡水珍珠养殖技术，在本乡及周边地区率先取得成功并大力推广，洛阳乡由此成为“中国珍珠之乡”。20世纪70年代引进西德长毛兔品种，使洛阳乡成为省内外闻名的长毛兔养殖基地。20世纪80年代带领10余户乡亲率先引进巨峰葡萄种植，组织参观培训，为洛阳21世纪初成为武进著名的林果生产基地奠定了基础。他还组建水产、珍珠、长毛兔、林果4个专业研究会，推动科普工作，提高多种经营效益。在带领社员搞好多种经营特色项目的同时，还千方百计搞好嫁接桑苗，栽桑养蚕、养鱼、养猪等集体和家庭传统副业，为壮大集体经济，提高社员经济收入作出了不可磨灭的贡献。

1981年9月13日，《人民日报》二版头条以“副业通——谈伯兴”为题报道他的先进事迹，还加发《编者按》，号召全国干部向他学习；1985年被中国科协评为乡、大队“农村科普先进工作者”；1988年被江苏省科协评为科普先进个人。谈伯兴因患胃癌于1997年2月13日病逝，享年70岁，葬于汤墅谈西浜口公墓。

谈甫兴（1923—1997.8）　汤墅谈西人，出生于贫苦农民家庭，仅读过两年私塾。1955年担任初级社副社长，同年加入中国共产党，曾连续多年被评为“优秀共产党员”。1958—1962年任大队饲养场负责人。20世纪60年代后期，他被选为庄陈大队贫下中农代表，担任多所学校校外辅导员，常从拮据的口袋中自费购买一些书包、文具等学习用品送给学生，并用自己苦难的亲身经历教育孩子们发扬艰苦奋斗精神，热爱祖国，勤奋学习。1970—1972年，他担任中共庄陈大队支部负责人，为党的工作带头苦干，尽心尽力。在那个群众温饱问题尚未完全解决，生活必需品和生产工具非常缺乏的年代里，凡是公社分配到大队的棉被、铁耙柄等物品，他从不自己占有，都经集体研究，分配给最需要的人。1976年调庄陈农机厂工作，1983年退休。

1997年8月，谈甫兴因病医治无效而病故，享年74岁，葬谈西队公墓。

苏兰英（女）（1923—1997.8）　汤墅西窑人。民国35年（1946年）到上海某纱厂当学徒。新中国成立后，进上海国棉一厂工作。20世纪50年代初与皇范南巷虞国耒结婚。1952年加入中国共产党，后调上海无线电三厂工作，先后担任党支部书记、党总支书记。1964年调上海游丝厂工作，1966年3月响应毛泽东主席号召支援“大三线”建设到重庆，组建西南游丝厂，任党委书记。1990年退休，1992年回家乡居住，2003年1月20日因病去世，安葬于皇范南巷公墓。

虞才德（1930—2001.11）　汤墅皇范西巷人。1961年秋至1963年春任皇范大队大队长，兼任西巷队队长。后任皇范大队农机厂负责人，至1974年。2011年11月病故，葬西巷。

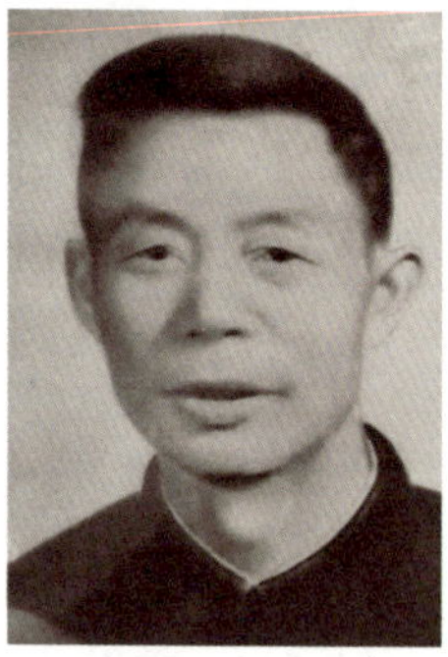

秦仲林（1922.9—2004.10）　汤墅堵墅人。1957—1958年任九星高级社社长，1959—1962年进常州锻造厂工作。1963—1966年任堵中生产队会计。1967.9—1982年任庄陈大队、洛阳公社胶木厂供销，吃过不少苦，对胶木厂的发展壮大作出较大贡献。60周岁退休后被常州冷藏设备厂留用至1996年，在供销战线上奔波整整30年。2004年10月病故后安葬在堵墅公墓。

苏金林（1946—2005.10）　汤墅皇范西巷人。1969—1978年任红卫大队会计，1978—1990.10任中共红卫大队（1981年10月改名为皇范大队）支部书记。1990年调任洛阳镇多种经营服务公司副总经理。2005年10月突发疾病不幸去世，葬西巷。

丁国兴（1924—2006.2.26）　出生于汤墅丁庄村，小学文化，1954—1958年任九星农业初级社副社长，1958—1961.9任阳湖高级合作社副社长，1961.9—1963年任庄陈大队大队长，1963—1967.8任洛东电灌站站长，1968.9—1971.3任洛阳农机厂厂长，1971.3—1975年任洛阳农机修造厂副厂长，1975—1980年任洛阳机械厂副厂长，1980—1985年任武进自行车配件厂副厂长。1985年退休。任电灌站站长期间，负责洛阳公社民工参加县水利建设（开河筑渠道），夺得红旗。带领洛阳民工参加常州机场建设受嘉奖。1967年仅靠6000元资金白手起家，克服种种困难，办起洛阳公社农机厂，为洛阳社队工业发展作出了积极贡献。2006年2月26日病故，葬于丁庄南公墓。

谈志金（1928.11.16—2007.11.26）　汤墅谈家头人，曾任洛阳供销社生产资料部负责人、供销社副主任。在20世纪60—70年代计划经济时期，他带领资料部人员千方百计为公社、大队采购化肥、农药等紧缺生产资料，为发展生产作出贡献，连续多年被武进县供销合作社系统评为先进工作者。2007年11月26日病故，葬于横山桥公墓。

陈金明（1927.2—2010.8.7）　汤墅皇范吴家头人，初中文化。1955年任皇范初级社会计，1956年任阳湖大队助理会计，1958年任阳湖大队会计，1961年4月任中共皇范大队支部书记，1962年8月任皇范大队会计，1969年任中共红卫大队支部书记，1977年调任洛阳乡用电站站长，1980年任中共洛阳乡农水支部书记、用电站站长。1985年2月办理退休保养，1987年正式退休。2010年8月病故，享年84岁。

虞仲金（1949.10—2013.8）　汤墅皇范西巷人，1958—1963年皇范小学读书；1963—1970年，洛阳中学读书。1972年任红卫大队共青团支部书记，兼农技员，1973—1990年9月在皇范村鱼池工作任会计及农技员等职，1988年任村办厂副厂长，1989年任海绵厂会计，1990年任皇范村委会计，1998年5月至2001年9月任皇范村委主任。2001年10月，调洛阳镇环卫所工作，至2009年退休。2013年8月病故，葬于西巷村民小组村东。

秦松焕（1938.11—2014.14）　汤墅堵墅堵东村民小组人。1952年7月洛阳小学毕业。1954—1958年11月在九星社任队会计，1958年12月至1961年任阳湖大队团支部书记，1961—1966年5月任堵东队队长，1966年6月至1968年4月任庄陈大队副大队长，1968年5月至1972年6月任庄陈大队革委会主任，1972年7月至1990年3月任中共庄陈大队支部书记，1990年8月至1999年3月任洛阳镇工业公司村办科科长，1999年4月退休。秦松焕一生为大队（村）农副工发展，尤其是村办企业发展作出较大贡献，为村办企业发展奠定良好基础。他一生俭朴，为政清廉，党性原则性强。多次调动工作，愉快服从组织决定。为人正派，严于律己，密切联系群众。2014 年 9 月病故，葬堵墅公墓。

陆元茂（1949.3.6—2014.10） 汤墅皇范陆家头人。1977—1978 年在乡里培育杂交稻种，1979—1990 年任皇范村农技员，并负责调解工作。1990—1992 年任村办电信厂厂长，1992 年 8 月至 1994 年 7 月任皇范村村委主任，1994 年 7 月至 2001 年 9 月任中共皇范村支部书记，2001 年 10 月至 2003 年 10 月任中共汤墅村支部副书记。2004—2009 年调洛阳镇环卫所工作。2014 年 10 月病故，葬陆家头公墓。

秦伯铨（荃）（1935.10.25—2016） 汤墅堵墅堵东村民小组人。初中文化，1953 年参加共青团，1957 年 10 月 1 日参加工作，1959 年 3 月被批准为中共正式党员。历任洛阳乡财粮委员、遥观乡粮食管理所副主任。1959 年 11 月调任中共遥观乡党委副宣传委员兼任共青团团委书记。1961 年调任遥观乡人武部部长。1965 年 3—9 月调 6323 部队师部排以上干部训练队学习。1965 年 9 月调任中共横林区工委人武部副部长、区工委委员、区革命生产领导小组副组长、区党的核心小组成员。1981 年 4 月任政协武进县第五届委员。1983 年冬调任中共戴溪乡委员会副书记。1985 年 6 月因年龄关系，组织照顾调任为区、乡调研员。1996 年 5 月退休。2016 年病故，葬村公墓。

四、科技及其他各界

谈其为（1905—1968.6） 汤墅谈西人。民国 16 年（1927 年）起任南通县公安局督查员，公安队分队长等职。民国 21 年（1932 年）5 月起，历任中国国民党陆军军官学校上尉事务副官运输处上尉事务员、少校、中校总务科长、印刷所副所长、中校战术教官兼印刷所所长。1949 年 12 月 25 日在四川郫县起义，1950 年 1 月参加中国人民解放军第十八兵团，1951 年 7 月 30 日川西军区复委会准予复员回原籍，享受复员军人待遇。

费焕大（1915—1969.5） 汤墅皇范陆家头人。16 岁到上海当学徒，后进上海英美颐中烟厂印刷车间当工人。上海烟草工业印刷厂后改名为上海烟草印刷有限责任公司。1968 年，费焕大被选为上海工人代表赴北京参加国庆观礼，在中南海受到毛泽东主席接见。回沪后，应邀到各企业、单位介绍赴北京国庆观礼和毛泽东主席接见的情况。1969 年 5 月因患肝癌病故，葬上海浦东新区滨海果园。

谈康民（1916.10.26—1974） 汤墅谈家头人，名永瑞，字康民。从小聪颖悟性高。24 岁起到上海拜单养和先生为师，学习医技。学成后在洛阳街桥西和家中行医。新中国成立后，他积极参与创办洛阳乡联合诊所，1959—1960 年被派往常州市第一人民医院进修儿科。他对医疗技术精益求精，对病人态度和蔼。洛阳及周边病人都喜爱找他看病。20世纪60—70年代，农村医疗条件差、生活水平低，卫生条件也较差，麻疹病、乙型脑炎、流行性脑膜炎等时有发生。这些疾病在当时的医疗条件下，治疗风险大、病死率较高，有的还会留下后遗症。谈康民医师迎难而上，只要病人需要，他随叫随到，20世纪60年代中期，每年要收治流行性脑膜炎患者数十个，还有大量麻疹、乙型脑炎病孩，但经他精心治疗，几乎无死亡病例。

谈康民医师恪守医德，不谋私利，还常为困难病人垫付医药费。由于长期超负荷工作，与传染病患者密切接触，自己也患上肺结核、肺气肿、肺心病，但他仍坚持带病为病人治疗，把抢救病人看作比医治本人疾病更重要。终因肺源性心脏病于1974年正月十六病逝，享年仅59岁，葬于谈西队浜口公墓。为纪念其精神与业绩，洛阳医院、庄陈村委专门为谈康民先生举行追悼会。

朱元发（1903—1977） 汤墅堵墅村堵西村民小组人，小学文化。少年时因家宅失火致贫，借房居住，曾以做忙月（短工）及塾师谋生。民国18年（1929年）到上海私营布店当学徒，做事勤快，满师后在店主帮助下，靠摆地摊零售棉布等小生意起家，民国20年（1931年）创办恒丰发棉布行，经销的棉布畅销江浙沪地区，在上海商界颇有影响。据堵墅彝伦堂《朱氏宗谱》记载，朱元发事业有成后，与国民党元老、中国近现代文化学术名人吴稚晖先生交往甚密。受吴稚晖热心兴办教育、培养人才的思想影响，朱元发为建造雪堰桥道南中学慷慨捐资，并与时任洛阳镇镇长的秦全金等人筹建洛阳中学，利用洛阳镇东的大圣庵改建校舍，建校资金主要由他本人筹措。惜当年仅在大圣庵的西墙外建造了学校大门，建校的资金和建筑材料后因战争等原因散失。朱元发兴办教育、造福家乡的愿望未能实现。1977年春，朱元发因病医治无效，卒于上海，享年75岁，葬于堵西西沟湾祖坟。

占（詹）金祥（1926—1994） 出生于汤墅西窑。民国34年（1945年）1月参加新四军，曾任部队卫生员。新中国建立后被派往南京第五军医大学进修。完成学业后先后被派往镇江市第一人民医院、常州市第一人民医院担任医务工作，后下放到高淳县固城乡医院当医生，后又调往武进奔牛医院、武进第二人民医院当医生。1986年在戚墅堰区医院门诊部主任岗位上离休。1994年病故，安葬于常州麒麟山公墓。

谈锡坤（1907.2.3—1995） 汤墅谈东村民小组人。13岁到上海拜师学瓦工。由于他肯苦勤学，师傅悉心传教，学得一手砌清水墙的绝艺。所谓清水墙，即用水泥灰砂嵌缝，内外不加任何粉刷，而墙体外形或笔直或圆整，质量坚固，经数十年甚至数百年不变。谈锡坤砌清水墙，不用弹线，全凭感觉和熟练的手艺。他还练就一手砌高烟囱的绝技，砌数十米、上百米的高烟囱，不少人站上去就心惊脚软，而谈锡坤却镇静自若，在常武地区颇有名气。1964年，谈锡坤应聘于武进建筑公司，其间被评为武进建筑行业一级清水瓦工。后因年高安排他到雕庄预制板厂当师傅。

1982年退休时，年已76岁。他一生当63年瓦工，且有一手清水墙绝活，成为汤墅及周边地区瓦工中的佼佼者，受到同行及村民们的敬慕。谈锡坤于1995年农历十二月廿六与世长逝，享年89岁，葬于汤墅谈东慈山堂公墓。

谈文彬（1917.1.25—1996.3.1） 名益和，字文彬。生于汤墅谈家头，毕业于常州愷乐小学。民国26年（1937年），常州大成纺织染公司三厂织部保全工；民国27年（1938年），四川北碚大明纺织染厂保全车间主任；民国35年（1946年），任四川北碚大明纺织染厂工程师、副总工程师；1957年，任国家纺织工业部西南纺织管理局工程师（纺织专员）；1958年，任四川省轻工业厅纺织工业局纺织专员；1962年，任江苏省靖江新纶布厂技术顾问；1963年常州低压电器厂技术负责人；1965年，常州手工技校（七一电机厂）任技术厂长；1973年，常州第二电机厂工程师；1984年退休，在庄陈大队所办的工厂担任技术顾问；1996年3月1日去世，葬于汤墅谈家头浜口谈西公墓。

在抗战期间负责大成三厂的机械设备搬迁工作，他跋山涉水，历尽艰辛，最终圆满完成设备的迁移任务。1956年11月，参加全国第一次职工科学技术普及积极分子大会，受到国家领导人毛泽东、朱德、邓小平等接见并合影留念。《光明日报》专门刊发“从工人到工程师”的报道，详细介绍他的先进事迹。在新中国成立后多次政治运动中，仍专心致志技术改进，为工厂改善劳动条件等做了许多创造性的工作，多次被选为重庆北碚区政协委员和人大代表。

谈文彬虽然年少离家在外拼搏多年，却始终关注和挂念着家乡。在家乡创办人民公社之初，就无偿捐献灌溉用的水泵和马达。尤其是在20世纪的60—70年代，为振兴家乡社队工业，充分利用自己的专业技术特长、创新能力和广泛的社会人脉资源，两次为家乡创办集体工厂出谋划策，帮助企业成功开业。特别在帮助工厂后续的产品开发、人才培养、市场开拓和企业管理方面做出了重要贡献。退休后的12年内，一边养病，一边仍然为家乡工厂解决难题，培养技术人才和开发产品，是家乡工业蓬勃发展的有功之臣。

1996年3月1日，谈文彬因病去世。时任中共庄陈大队支部书记谈洪荣参加追悼大会，代表庄陈企业与人民为谈文彬先生致悼词，对其为庄陈作出的贡献作出高度评价。谈文彬的骨灰安葬于汤墅谈家头浜口谈西公墓。其妻徐菊人，三年后病故，骨灰与其夫合葬于谈西公墓。徐菊人也为支持庄陈企业的创始与发展作出过很大的贡献。

朱福祥（1940.5—1996.4.15） 生于汤墅丁庄村。1964年毕业于江苏师范学院（现苏州大学）外语系，先后工作于徐州市二十四中学、十六中学，任外语教师，教研组组长。中学外语高级教师。后担任校办工厂厂长，曾被评为校、局先进工作者。病故后安葬于丁庄公墓。

谈志仁（1931.9.13—1996.9.1） 汤墅谈西村民小组人，江苏省劳动模范、全国乡镇企业家。

谈志仁1956年加入中国共产党，历任农村初级社会计、洛阳乡铁木业社主任、洛阳农机厂厂长等职。1981年任武进自行车配件厂党支部书记兼厂长。

谈志仁创办武进自行车配件厂时，仅靠10万元固定资产和近100名惯于抡铁锤拉大锯的工人，四处求援，筹措资金，安装设备，成功搞出自行车接头系列产品，步入“接头大王”的艰难历程。为试制橡胶棒凸型新工艺中接头，购置冲力315吨的大冲床，他现场指挥，七天七夜没睡一个囫囵觉。继又奔赴上海、合肥等地解决资金、材料问题，终使成套的高质量的多种接头在1982年10月投入批量生产。他瞄准国际市场，吸取日本、台湾的先进工艺，在国内率先开发成功“氩弧焊”“无氧化焊接”新工艺接头新品，产品达八大系列260多个品种，为“凤凰”“永久”“金狮”等名牌自行车集团配套，打入东南亚六国市场。该厂生产项目被国家轻工部列入“八五”期间自行车行业改组改造技术重点项目和定点企业。谈志仁被誉为“接头大王”。1990年全厂产值1400万元，完成利税百万元。杨尚昆、李鹏等党和国家领导人和联合国有关专家考察组先后到厂视察，并给予好评。

1988年、1990年，谈志仁被江苏省人民政府授予乡镇企业家荣誉称号；1991年12月，被江苏省人民政府授予劳动模范称号；1994年10月起，连续两届被农业部授予全国乡镇企业家称号；1995年起，连续3次获江苏省人民政府乡镇企业家奖杯；1995年8月，获中国自行车协会“为中国自行车工业作出突出贡献”奖。1996年9月1日去世，9月23日葬于汤墅谈西浜口公墓。

苏超行（1921.8.18—1999.12.2） 汤墅村西窑人。民国26年（1937年），到上海学手艺；民国32年（1943年），跟师傅到南京开裁缝店；民国37年（1948年），跟师傅到北京开裁缝店；1950年，参加北京市东城区服装行业工会；1954年，加入中国共产党；1956年，北京市干部进修大学历史专业毕业；1958年，脱产任北京市东城区工会干部，任服装行业工会干事；1960年，任东城区服装行业工会主席；1964年，兼任东城区工会副主席；1966年，任东城区工会主席；1967年，下放到东城区五七干校劳动；1976年，落实政策返回北京，重操旧业做裁缝，应聘到东华服装公司任服装高级讲师、高级技师；1981年退休。1991年，发现食管病变，渐重。78岁切除食道肿瘤，1999年初旧病复发，9月回老家西窑，12月2日8时45分去世，终年79岁。

谈伯起（1928.5.8—2004.2.22） 又名祥大，汤墅谈西村民小组人，无锡县匡村高级中学毕业，后到重庆工作。历任重庆市大明纺织印染厂高级工程师等职。享寿 77 岁，葬于重庆市北碚公墓。

苏超野（1924.8—2004.5） 汤墅村西窑人。历任村农会主任、阳湖乡副乡长、洛阳乡副乡长、洛阳信用社主任、洛阳、横林农业银行营业厅主任、中共戴溪公社委员会副书记、中共遥观公社委员会副书记、横林区农行营业厅主任。2004 年 5 月病故，葬西窑公墓。

曹根欣（1939.11—2006.2） 汤墅丁庄村人。1958 年 5 月进堵墅的春季班任代课教师，先被批准为民办教师，后转正为公办教师，职称为小学高级教师。在庄陈小学担任教师、学校负责人，岑村小学教务主任。1999 年退休，2006 年 2 月病故，安葬于丁庄公墓。

丁浩中（1941.2—2013.9） 汤墅丁庄村人，九三学社成员。1965 年毕业于南京医学院（现南京医科大学）。先后工作在江苏医院、南医大附院、江苏省肿瘤医院和无锡第四人民医院，历任麻醉科住院医师、主治医师、副主任医师、主任医师、麻醉科主任。并被徐州医学院聘为麻醉学教授、硕士生导师；任江苏医学会麻醉学会委员、江苏医院管理学会麻醉质控中心委员、江苏省麻醉学研究所副所长、国家及省药物遴选委员、无锡医学会理事、无锡麻醉学会主任委员、无锡市人民政府医疗事故鉴定专家、《无锡医学》杂志编委，为四院麻醉科建设做出重大贡献，成为省、市级重点临床专科，先后共发表论文 10 余篇，技术全面，擅长心血管手术麻醉和危重病人的抢救。获国家专利一项及无锡市人民政府科技进步三等奖。病故后安葬于无锡青龙山公墓。

朱连鑫（1937—2014.6） 祖籍洛阳汤墅堵墅村，生于上海。上海华东师范大学毕业，曾任潍坊中学校长。退休后定居上海。2014 年 6 月病故。

谈沛烈（1928.9.13—2014.9.25） 生于汤墅谈西。1951 年 12 月考入贵阳矿山机械厂工作，从学徒工做起，工作认真负责，进厂不久即被提拔为车间统计员，后又被提升为工段、车间计划调度员。在统计工作中勤于思考，取得三大突出成绩：一是劳动业绩早公布，全车间职工每天的劳动业绩，第二天上午 9 时前就能公布，对促进生产起到了较大的激励作用；二是统计方法先进，珠算及心算方法相结合；三是帮助车间优化工序，集小批为大批，节省工时，提高工效。1956 年被贵州省人民政府评为劳动模范。后又提升为车间主任、生产科科长，1985 年任全厂总调度长（县团级）。1987 年 12 月退休。2004 年 9 月 25 日因病去世，享年 87 岁。葬贵阳市惠水县青岩镇公墓。

第二节　名录（以生年为序）

名录一

党政军界

谈焕良（1935.8.5—）　汤墅谈家头人，大专文化。1951年任阳湖乡第十行政村农会主任，1954年任初级社社长，1956年任阳湖高级合作社副主任，1958年任阳湖大队副大队长，1960年10月中国农业科学院江苏分院红专大学稻作系毕业，1961年春任庄陈大队党支部书记。其间于1967年创办庄陈大队胶木厂。1971年谈焕良任洛阳农机厂、胶木厂、皮鞋厂、并线厂四厂一体制厂长，1973年任洛阳公社工交办公室主任，1983年任中共洛阳乡工业公司支部书记，兼副经理，主持日常工作。1988年被中共武进县委评为优秀共产党员，1995年退休。

张兆兴（1938.6—）　汤墅皇范中巷人，小学文化。1959—1963年任阳湖大队13队生产队会计，1964—1972年在家务农，1973—1979年任皇范中巷队队长，1980—1992年7月任皇范村村委会主任，1992年7月至1999年10月调洛阳镇环卫所工作至退休。

占（詹）红光（1940.7—）　汤墅皇范西窑村人。先后在汤墅小学、洛阳小学、苏州市一中，苏州市工业职业子弟中学、南京农学院（经济科）就读。1964年毕业后响应国家支边建设号召，分配至广西壮族自治区政府统计局工作。1967年下放至广西金城江百货站任会计、统计、计划科负责人、主管会计。1980年调回自治区统计局从事农业基建统计、投入产业调查等职务，任工交处处长，参加全国第二、第三次工业普查，任全国工业普查广西工业普查办公室常务副主任。

在全国第二、第三次工业普查中被评为全国先进工作者，第三次工业普查中被评为自治区先进工作者，1987年全国投入产出调整中被评为自治区先进工作者，1994年获国家统计局工业生产评价考核指标体系科学研讨论文奖。

谈洪荣（1941.1.20—） 汤墅谈东人。幼时好学上进，但因家境贫寒，小学毕业即辍学务农。曾任谈东队会计、队长多年，1970 年起任庄陈大队副主任、主任，1990 年 3 月至 1998 年 3 月任中共洛阳镇庄陈村党支部书记。期间，成功推进村办企业股份制改革。村级企业由此蓬勃发展，江苏洛凯机电有限公司为最，村级集体经济有保障，并惠及广大村民。1993 年当选武进县第十一届人大代表。1998 年退养，2001 年退休。

费金根（1942.6.15—） 汤墅皇范陆家头人。中共党员，大专文化，政工师，中共上海烟草机械有限责任公司委员会书记、上海市浦东新区首届人大代表，退休后享受正处级待遇和军人补贴。

1961 年 8 月入伍，任某部电台无线电通信报务员，1964 年 8 月入党，1965 年 4 月提干任电台通信报务主任，多次获“技术能手”等称号及嘉奖。1969 年 9 月转业于上海烟草工业机械厂，当选为厂党委委员、团委书记、厂工代会副主任。1974 年 5 月起，先后担任厂革委会副主任、政治处副主任、主任、厂党委副书记兼纪委书记等职务。1983 年 8 月调入原上海市轻工业装备公司任教卫科副科长。1986 年 4 月，调回上海烟草工业机械厂任厂党委书记，1997 年 12 月当选上海市浦东新区第一届人大代表，2002 年 4 月，上海烟草工业机械厂改制为上海烟草机械有限责任公司，费金根担任公司党委书记，至 2002 年 6 月退休。

谈志诚（1942.12.19—） 汤墅谈家头人。1961 年 8 月入伍。1965—1966 年，参加援越抗美战斗，获三等功 1 次。1978 年 10 月，转业至山东省高级人民法院工作，担任法庭管理科科长、助理审判员、正处级审判员、三级高级法官。山东省人大常委会内务司法委员会法律咨询员。

谈仁兴（1943.1.8—） 汤墅谈西人。毕业于武进奔牛高级中学。1963 年 9 月考入北京中央财经大学，是中华人民共和国成立后汤墅谈家头第一个大学生。1968 年任职于浙江省长兴县财政局、湖州市财政局，任党组成员、副局长等职。1999 年任湖州市信托投资公司总经理。任职期间编写教科书 6 册，撰写并发表论文近 100 篇，其中《乡镇财政的管理》论文被财政部评为一等奖。

谈焕兴（1943.10.21—）　汤墅谈西人。1959年洛阳中学第一届初中毕业生，毕业后考取南京地质学校。1961年8月应征入伍，因表现出色，多次提升，曾任中国人民解放军陆军导弹学院训练部副主任等职，被评为技术四级（相当于正军级）。

丁兆华（1946.8—）　汤墅丁庄人。1965—1970年上海交通大学机械热处理系毕业。1970年8月分配至山东省工业局驻县拖拉机厂生产技术部工作。1983年调武进地方工业生产技术科负责质量技术认证工作，高级工程师，副处级。

谈　行（1952.3.2—）　汤墅谈西人。现任江苏汉凌控股有限公司、江苏洛凯机电股份有限公司、江苏凯隆电器有限公司董事长。当选武进区第十四届、第十五届人大代表。1969年，响应国家知识青年上山下乡号召，到原籍汤墅谈西队插队落户务农。1970年11月，被庄陈大队选调参与创办庄陈大队农机厂（大队集体企业，今江苏汉凌控股集团前身），先后任技术员、技术科长、技术厂长，1976年始任厂长。

1978年12月，落实“知青”返城政策，进常州柴油机厂调速器分厂工作，先后担任厂技术员、技术科科长、技术厂长等职。期间多次获常州市、江苏省技术管理、设备管理和质量管理嘉奖。1980年考入中央广播电视大学机械专业学习，1983年毕业。1992年，接受庄陈大队负责人邀请，谈行回到自己的家乡——曾经插队落户的庄陈村，积极参与村办农机厂的所有制改革，企业由集体性质转制为民营股份制性质，更名为常州洛阳开关厂。1995年企业第二次股权调整，谈行始任企业董事长。谈行任董事长后，在村委的支持和同事的共同努力下，企业持续快速发展，取得显著成绩。2016年，集团有员工1600人，销售收入10.3亿元，上交国家税收5600万元。2012—2016年，公司捐助洛阳镇“同心共建光彩活动”600万元，捐助洛阳小学“新洛凯”机器人工作室30多万元。

谈行重视创建企业和谐的劳动关系，凝聚员工对公司的向心力。公司先后为职工办理农村社会保险，解决职工养老、生病等后顾之忧，对补交社保有较大困难的老职工给予经济补偿。每年端午、中秋、春节，为职工安排慰问品和慰问券，重阳节还为退休老员工送上重阳糕和慰问金。

2006年，谈行被选为武进洛阳商会副会长，2016年被选为武进洛阳机电商会会长、武进工商联副主席、常州市工商联执委。（2017年任武进机械装备业商会副会长）

谈俊荣（1952.8.29—） 汤墅谈东人。历任常州市戚墅堰区总工会主席等职，享受副处级待遇。经济师职称。中国书法家协会会员。2009年4月获江苏省五一劳动奖章。

1970年12月应征入伍，1974年7月加入中国共产党，毕业于中国人民解放军后勤工程学院弹药专业，历任第二十一集团军61师弹药技师、师军械仓库主任、师后勤部正营职助理员等职。1985年转业，历任常州市戚墅堰区政府办公室秘书、副主任、区总工会主席等职，并当选中共常州市戚墅堰区委候补委员、委员；戚墅堰区四届政协委员、专委副主任；戚墅堰区十三届、十四届人大代表、人大常委会委员。

在常州市创新的“12351”热线维权平台和“区域联合职代会职工代表常任制”等经验做法在全省推广。多篇论文获省、市优秀论文奖，有4篇被收录于国家有关大型理论文库。多次被评为省、市优秀工会工作者、协调劳动关系三方机制工作先进个人，并获常州市工运功勋奖章和江苏省五一劳动奖章。

张文伟（1952.10—） 汤墅村皇范北巷人。中国人民公安大学毕业，历任常州市交巡警支队副支队长、机动大队大队长、钟楼大队大队长，常州交巡警支队副处级侦查员。

费　斌（1952.10—） 汤墅村皇范陆家头人。1969年入伍，任战士、班长。1970年被选拔进海军工程学院学习，任学员、区队长，1974年毕业。1974—1975年，4204部队政治部任干事，1975—1978年，38531部队任参谋，1978—1999年，邮电部电信科学第一研究所部门主任，1999—2003年上海飞利通信科技实业总公司任副总经理，2003—2012年，信息产业部电信科学技术第一研究所产业处处长，副高职称，兼任上海润声信息产业有限公司等公司的董事。

谈伟杰（1952.11.06—） 洛阳汤墅谈西人，大学本科学历。1968年11月参加工作，1971年11月加入中国共产党。

1968.11—1970.12在上海拖拉机厂工作；1971.1—1987.3在海军航空兵部队服役，历任机械员、机械师、指导员、师政治部干事、团政治处副主任；1987.3—2008.5在上海畜产进出口公司工作，历任副科长、科长、工会主席、副总经理、党委副书记、总经理兼党委书记；2008.5—2013.9 任上海兰生集团人员资产管理中心主任、党委书记。2013 年 9 月退休。

陈幸福（1955.3.12—） 汤墅陈家头人。中共汤墅村总支部书记。

1962.9—1965.7 庄陈小学读书；1965.9—1968.7 洛阳中心小学读书；1968.9—1974.7，洛阳中学初中、高中毕业；1974.8—1975.8 在家务农。

1975.9—1995.3 在庄陈大队、村委工作，其中 1975.9—1976.9 在武进农业技术学校学习。

1995.4—1998.3 任庄陈村委主任；1998.4—2001.9 任中共庄陈村支部书记；2001.10—2007.4 任汤墅村党支部书记，兼任汤墅村联合工会主席；2007.4—2013.7 任中共汤墅村总支部书记。2013.8—2015.3 继续在村委工作。其中，2010 年起任常州润凯投资发展有限公司执行董事兼经理；2014—2015.10 任常州市农副产品专业合作社理事长；2011.7—2016 年任中共洛凯支部书记。2011 年，获武进区政府村干部三十年耕耘奖。

苏海国（1955—） 汤墅村皇范西窑人。先后就读于皇范小学、洛阳小学、洛阳初中。初中毕业时被选拔至全国人大常委会办公厅人民大会堂管理局工作。后中央党校本科毕业，任机要处副处长。2015 年退休。

谈伟新（1958.3.15—） 汤墅谈西人。任中共武进区湖塘镇委员会副书记、湖塘镇人大主席。

1976 年 3 月至 1979 年 12 月在中国人民解放军 54831 部队服役，1980 年 10 月任职于武进县农业生产资料公司，1983 年 3 月任武进县商业局办事员、科长，1995 年 9 月任中共武进县湖塘镇委员会副书记，2007 年 3 月任武进区湖塘镇人大主席，期间多次被评为先进，2012 年 2 月任调研员。

庄振亚（1958.8—） 汤墅丁庄村人。1978 年 2 月参加中国人民解放军，1982 年 7 月武汉海军工程学院毕业。2000 年由部队副团职转业至温州市经委法规处任副处长，后历任温州市经贸会安全生产监察处处长，温州市安监局副局长。

谈伟整（1962.1） 洛阳汤墅谈西人，大学本科学历。1980年10月进入宝山钢铁总厂。1985—1992年在宝钢炼钢厂工作；1993—1996年在宝钢职工大学机械教研室工作；1996—2001年负责宝钢新进大学生培训工作；2001—2011年负责宝钢的培训计划编制及培训运行管理；2011—2017年8月担任宝钢人才开发院培训管理部副部长；2017年8月担任宝武管理学院在线学习中心副主任。

2017年10月加入“九三学社”。

虞小平（1962.9—） 汤墅皇范村人。1986年重庆建筑工程学院（现重庆大学）大学毕业。1983年12月加入中国共产党。1986年7月到江苏省建设委员会抗震人防办工作。2004—2005年任淮安市金湖县副县长。现任江苏省建设信息中心总工程师，高级工程师。

秦建法（1969.8—） 汤墅堵西人，1988年考入中国人民解放军电子技术学院，1990年加入中国共产党，毕业后历任南京军区某部参谋、股长、营教导员、团政治处主任、副政治委员。2006年转业至中共武进区委、区人民政府，历任区机关工委办公室主任、武进区拆迁安置工作指挥部副总、中共鸣凰街道委员会书记。

彭琴芬（1964.1.23—） 女，汤墅村丁庄人。1978年12月参加工作，中共党员，江苏省委党校社会主义法律研究方向专业研究生毕业。

1991.3—1999年，任常州市园林局共青团委副书记（不设正职），1996年7月兼任常州市环境绿化咨询服务中心副书记、副主任；1999年5月任常州市文学艺术联合会办公室主任；2005年起任常州市文联副秘书长、事业处处长；2013年起任常州市文学艺术研究院院长、常州翠苑杂志社社长兼主编、常州市文联第十届委员会副秘书长；2015年兼任常州市青少年艺术协会主席。

执编《常州文联志》，获江苏省档案精品三等奖；组织编辑出版《翠苑》杂志创刊35周年优秀作品选（小说集、散文集、诗歌集、纪实评论集）6卷。

2014年被常州市妇女联合委员会授予常州市三八红旗手称号。

谈群玉（1967.11—） 男，汤墅谈西人，中共党员。1989年7月毕业于黑龙江工程学院工业财务会计专业。先后担任黑龙江省乡镇企业开发公司总经理秘书、哈尔滨市人民检察院反贪污贿赂工作局侦查一处书记员、黑龙江省乡镇企业管理局财审处主任科员、黑龙江省中小企业局综合法规处副处长等职，现任黑龙江省工业和信息化委员会综合处处长。编写《中国农村工业化必由之路》一书的部分章节，参与《快速珠算》《内部审计原理与实务》等书的撰写与编审工作，并在《中国乡镇企业会计》等刊物发表数篇论文。1992年参加全国统考取得会计专业技术职称；1998年被审计署评为全国内部审计先进工作者、被中共哈尔滨市委、市政府授予“促进农村工作先进工作队员”称号；2000年获中央电视台“全国乡镇企业知识电视大赛优秀选手”称号；2001年被农业部评为全国财务统计先进工作者并取得中国注册资产评估师资格；2002年被中共黑龙江省委、省政府办公厅授予“贯彻落实党的十五届六中全会精神专项推进工作先进个人”称号；多次获机关党委“优秀共产党员”称号；多次被评为省直机关优秀国家公务员，2017年记三等功一次，同时被评为省直机关“三个好把式”。

黄忠茂（1965.5—） 汤墅皇范吴家头人。1988年毕业于江西财经学院农业经济管理专业，大学本科、经济学学士。现任江苏省财政厅税政处处长，高级会计师，中共党员。1988年至今在江苏省财政厅工作，先后从事农业税收征管、《乡镇财政》编辑部编辑、记者、农业财政财务管理、注册会计师行业管理、税政业务等工作。1999年参加中共江苏省委驻滨海县新港乡扶贫工作队，2002—2004年，挂任盐城市财政局副局长。先后获得“盐城市荣誉市民”“全国农业产业化先进工作者”等荣誉称号。

谈军峰（1975.5.20—） 汤墅谈西人。1994年9月考入中国人民解放军南京通信工程学院，1998年7月至2000年7月任73698部队四连分队长，1999年5月加入中国共产党，2000年7月至2004年6月，任该连副政治指导员、政治指导员、连长，2004年6月至2012年3月，任73698部队业务处参谋、后勤处处长、部队副处长，期间立三等功4次。2012年12月转业至武进国税局工作。

王建平（1966.2.17—） 汤墅村堵墅人。中共党员，本科学历，工程师、药师，CCAA-IATCAQMS国家注册审核员，江苏省助理社会工作师。中共洛阳镇第三、四次代表大会代表，中共常州市武进区第十二次代表大会代表。现任中共常州市武进区洛阳镇汤墅村总支部书记。

1985年9月—1988年8月洛阳镇阳湖小学任教；1988年9月—2011年6月，先后担任常州第二染料化工厂化验员、武进县第二生物化工厂质监科长兼化验室主任、常州运莱生物化工有限公司管理者代表、质监部经理兼化验室主任、常州运莱药业有限公司管理者代表兼质监部经理及化验室主任、常州精科实业有限公司管理者代表兼副总经理及质监部部长。在企业任职期间，多次被常州市医药管理局评为质量管理先进工作者、常州市进出口商品检验检疫局先进个人及洛阳镇优秀党员；1996年获江苏省乡镇企业科技进步三等奖，2000年获武进区政府科技进步一等奖，2008年获武进区政府科技进步二等奖。

2011年7月起，到汤墅村工作，先后担任汤墅村会计、村监委主席、村联合工会主席、村综合党支部书记、村党总支书记等职务。在村任职期间，分别获2011年、2012年度洛阳镇优秀共产党员及2015年、2016年度洛阳镇优秀党务工作者称号。

臧文明（1970.6.14—） 汤墅陈家头人。江苏洛凯机电股份有限公司总经理。

1989年，洛阳高中毕业；2013年就读郑州大学机电一体化专业（大专），2016年毕业；2004—2005年，东南大学经济学系工商管理高级研修班（EMBA课程）进修；2008年参加清华大学继续教育学院的“经济管理”高级研修班培训；2011—2012年中国人民大学“国学智慧和现代管理”研究生进修。

1989年10月，常州市洛阳庄陈压铸厂当工人；1993年1月，任压铸厂技术科技术员；1995年1月，任洛阳开关厂技术员；1996年6月，任常州市洛锐电器有限公司技术科科长；2001年9月，任常州市洛锐电器有限公司总经理；2007年10月，任江苏洛凯机电制造有限公司总经理助理；2009年1月，任江苏洛凯机电制造有限公司总经理；2011年10月，任江苏新洛凯机电有限公司总经理；2015年7月，任江苏洛凯机电股份有限公司总经理。

2014年被评为优秀共产党员，2015年被武进区总工会授予“五一劳动奖章”，同年被评为首届常州市“百名诚信之星”。

谈　斌（1979.10.16—）　汤墅谈家头人。中国人民解放军某部副参谋长，博士后。

1998 年 7 月，洛阳中学高中毕业考入中国人民解放军军械工程学院；2009 年 1 月，获导航、制导与控制专业博士学位；2016 年 3 月，西北核技术研究所核科学与技术学科博士后流动站出站。2005 年 4 月起，到西北某基地工作，立个人三等功一次，现为中国人民解放军 32026 部队副参谋长，上校军衔。

科技界

张志良（1930.1.8—），字晖，汤墅皇范北巷人。中国第一代雷达操纵员。

任站长后调华东军政大学学习，毕业后留校任教。转业后从事新品研制，工程师职称，曾多次赴欧美国家作技术考察。20 世纪 80 年代随调迁居苏州。

顾敬善（1934.12—）　汤墅皇范吴家头人。上海钢铁研究所高级工程师。民国 37 年（1948 年）毕业于洛阳小学，1953 年、1956 年先后毕业于无锡县中初中部、高中部，1960 年 8 月毕业于山东工学院机械系压力加工工艺及设备制造专业，留校任教。

1962 年调国防科委 625 研究所工作。负责研究成舰船钢壳防止海水腐蚀的防腐蚀保护装置。1966 年调到上海钢铁研究所工作兼任中国发明协会、中国机械工程学会、上海市金属学会和上海市模具技术协会会员，先后在全国和上海市科技刊物上发表多篇学术论文。长期从事模具钢、不锈钢等特殊钢的研究开发和应用，多次获得国家和部、市级奖励。1972 年参加援助阿尔巴尼亚爱尔巴桑钢铁联合企业生产的钢种化学成份设计及生产和应用工艺研究。

1977 年负责冶金工业部和农业机械部联合下达的提高柴油机喷油嘴攻关工作，研究成柴油机喷油嘴用钢，1983 年获冶金工业部科研成果三等奖；同时研究成舰船用高压油泵针阀体用钢，1986 年获中国船舶工业总公司科研成果三等奖。1988 年获得国家发明四等奖，上海市发明三等奖，1987 年上海市冶金局二等奖。1989 年获上海市优秀新产品三等奖。1995 年获国家发明专利，1996 年获上海市优秀发明一等奖，填补我国军用飞机无“黑匣子”的空白，达到国际先进水平。个人科研成果被收入“中国当代发明家大辞典”，被誉为“中国当代发明家”。1995 年退休。

朱鳌鑫（1938.12.19—）　祖籍汤墅村堵墅，出生于上海。1956 年 9 月考入复旦大学数学系，1960 年 4 月提前毕业，分配到航天部工作，1998 年 12 月退休。历任技术员、助工、工程师、高级工程师、研究员。中国宇航学会会员、中国电子学会会员。

秦国昌（1940.10—） 汤墅村堵墅人。国家一级注册建筑师。1959年考入同济大学建筑系建筑学专业，毕业后分配至解放军总后建筑设计研究院，历任设计室主任工程师、院副总工程师、总工程师、总建筑师。40年来，秦国昌主持设计了大量的军队民用建筑工程与军需工厂、驻外使馆、对外军援工程等。其中建成的某通信枢纽、济南军区青岛第一疗养院海水理体疗中心工程、第四军医大学科技综合楼建设均获军队优秀工程设计一等奖。青岛第一疗养院海水理体疗楼设计与其他7项工程设计分别被登录在《中国建筑设计精品集》第一集及《中国当代注册建筑师概览》（1998年版）。退休后被原单位聘用，继续为军队与国防的现代化建设作贡献。

秦伯胜（1942.8—） 生于汤墅堵墅村，大学文化，中共党员。

1949.9—1959.8先后在汤墅小学、洛阳中心小学、洛阳初级中学学习，担任班长、学生会干部等职，1959年加入共青团。1959.9—1963.8在江苏省常州高级中学学习，任班团支部书记，1963.9—1968.7入南京邮电学院（现南京邮电大学）三系学习，任班团支部书记。1969.4—1970.9，安排至浙江金华6297部队农场学生连队劳动锻炼，1969年11月加入中国共产党。1970年10月分配至南昌邮电540厂工作，1971.2—1984.6先后任该厂行政办公室、党委办公室秘书（副科级、正科级）和副主任。1984.7—1985.2，参加邮电部学习培训，1984.11—1995年任540厂党委副书记（副处级），1985.6—1995.4任该厂党委副书记兼纪委书记。1991年11月被评为高级政工师。1996.7—1999.11任厂工会主席。退休后受聘于江西省邮电管理局、省电信局、南昌电信局，编纂《江西省邮电志》《南昌邮电志》及《南昌电信年鉴》。

秦加昌（1942.12—） 汤墅堵墅人。上海同济大学路桥系铁道工程专业毕业。1968年9月分配到铁道部第三铁路工程局三段工作，先后参加宝成复线改造工程、陕西省域内阳安线、梅七线、西延线等新线铁路、沈阳绕城高速公路工程，大连金州开发区跨海特大桥、广东省深圳市东部引水工程F-1标段引水隧道工程、江苏省扬中长江二桥工程施工，退休后继续受聘。1988—2007年间，秦加昌先后被沈阳铁路局评为优秀知识分子，基建工程质量管理先进个人、优秀共产党员。

谈坚行（1943.2.12—） 汤墅谈西人。妻高德华，1944年7月14日生。谈坚行和高德华同为四川工业大学铸造系教授。

朱永清（1944.3—）　汤墅丁庄人。1950—1961 年，先后在丁庄小学、洛阳中心小学、洛阳初中、横林高中就读。1961—1968 年，在 6321 部队服役，任过电话兵、侦察兵、文书，立过三等功 1 次，营连嘉奖 2 次，在《无锡日报》《人民前线》《解放军报》发表过数十篇文章，被军内外报社评为积极、优秀通讯员。1971 年 12 月—2004 年 7 月，先后在洛阳乡（镇）小学、中学任语文教师共 33 年。2004 年退休。1979—1982 年南京师范学院中文系函授毕业。1987 年被评为中学一级教师，1997 年被评为中学语文高级教师。教育、教学论文分获国家教会教育教学理论刊物研究所二、三等奖；辅导两名学生参加全国作文竞赛获全国最佳奖，本人被评为优秀辅导员，4 名学生获省二、三等奖；开展中学少先队活动，被共青团中央学少部评为最佳活动奖；本人获评全国优秀辅导员；被《武进日报》《常州日报》《新华日报》、市县电台、原武进市公安局（特约）、江苏教育报刊社（特约）聘为通讯员，发表通讯报道数百篇。

退休后被洛阳成校聘用，上过一年职高语文课，2007 年被洛阳镇政府聘用，花 5 年时间，完成《洛阳镇志》主编任务。花 1 年时间完成中共武进党史的洛阳镇党史资料采编任务。完成《汤墅村志》主编任务。为汤墅谈氏、陆区张氏完成家谱人物篇采编任务。2016 年 9 月，获教育部、人力资源和社会保障部颁发的“从事乡村教育工作满三十年，为我国乡村教育发展作出积极贡献”荣誉证书。

虞国良（1946.3—）　汤墅皇范南巷村人。1970 年上海理工大学本科毕业，分配到贵阳市第六砂轮厂工作，后调至常州牵引电机厂任工程师、高级工程师、常州市质量办公室主任。长期从事数学研究，并取得一系列成果：1977 年发现方程的普遍求根公式，从而为解决黎曼猜测、哥德巴赫猜测、林德略夫猜测等奠定了基础。1985 年在已发现求根公式的基础上完成了黎曼猜测（1989）的试证，同年还完成费尔马大定现的试证。1998 年又在黎曼猜测证明的基础上完成哥德巴赫猜测（1742）之倡数猜测的试证，同年还完成地图四色定理（1982）的试证。以上数学问题都有 140 年以上历史，特别是方程的求根公式已具有 3000~5000 年以上历史（见埃及 Ahmes 草片文书）、理论意义和实用意义都在第一位。

2000 年起，从事电机的研究，已取得专利成果：1、旋转磁场开关磁阴电机，该电机与传统电机相比、定子结构简单（集中统组），转子更简单（元光组）且可反装，具有转子轻、坚固、加减速性能（伺服性能）好，比功率大，调速范围广，效率高，调速系统简单、可靠、成本低等优点；2、正时代电动机，该电机核心发明为正时器、简单、巧妙；3、鼠笼转子直流电机。

秦玉法（1948.11—） 汤墅堵墅人。1966年洛阳初中毕业，1970年高中毕业。1970—1975年，兰州军区服役，曾担任过班长、团支委。1973年加入中国共产党。1975—1978年，南京师范大学物理系学习，任班长，党支部副书记。1978—2008年，任洛阳中学物理教师、物理教研组长、物理高级教师。2008年12月退休，现任武进区退教协会洛阳初中部退教会长。

在开展“实验教学搞好仪器管理”中被评为优秀个人；获“十五”届初中应用物理知识竞赛优秀指导员奖（江苏省教育学会）；1996年、1999年两次分获武进优秀教师嘉奖（武进市人民政府）；在第三届华中地区科学技术推广大会上获优秀论文二等奖；全国第八届中学物理教学改革研讨会上，论文“加强实验，改进教法”获全国优秀论文二等奖；1996年被聘为“镇江师范专科学校”物理系93级学生实习指导老师。2016年获评武进区退教工作先进工作者，同年9月获教育部、人力资源和社会保障部颁发的“从事乡村教育工作满三十年，为我国乡村教育发展作出积极贡献”荣誉证书。

谈　岭（1950.7.23—） 汤墅谈西谈文彬长子。生于重庆市北碚区。1962年随父母回故乡常州。1968年常州第一初级中学毕业后，响应国家知识青年上山下乡号召，插队到武进薛家乡务农。1975年回城在街道厂、区办厂工作。1982年常州电大电子专业毕业，后任常州家电总厂技术员、测试中心主任、总工程师。期间，于1987年公派赴日，进修1年模具技术，1991年任中港合资常州勤丰电子公司总工程师。1993年起自办工厂、广告公司，业绩斐然。2010年退休。

苏志扬（1952—） 出生于汤墅皇范西窑村。先后就读于皇范小学、洛阳中心小学、洛阳中学，1985年毕业于甘肃工业大学工业电气与自动化系自动控制专业。1990年被聘为电网控制系统远动工程师，1997年被聘为电网自动化系统高级工程师，2002年取得计算机系统集成注册项目经理资格。

获得省级电力科技进步奖两项；在国家级及省级专业杂志发表科技论文45篇；出版50万字科普专著《理性之光》一书；在加拿大、美国、英国、瑞士及中国香港等相关机构接受过培训和实施过项目，并在蒙特利尔、渥太华、温哥华、纽约、洛杉矶、旧金山、日内瓦、伦敦等多地游历与学习；对电网运行，调度体制，数据通信及自动化系统有具体深入的知识，管理过总额3亿人民币的多个省级以上EMS和TMS涉外项目。

苏小元（1957.2—） 汤墅皇范西窑人。出生在上海，1963—1969年读小学，1969—1975年读中学，1975年考取上海铁道学院，1979年毕业。毕业后留校任教，后晋升为副教授，定居加拿大渥太华。

陈金昌（1962.5—） 出生于汤墅陈家头。先后在洛阳中学、江苏镇江医疗专科学校毕业。1982—1987年在湖塘中心卫生院工作，1987年在常州第一人民医院学习一年，1994年在江苏省第一人民医院神经外科学习，一年后回武进中医院（原湖塘中心卫生院）工作。

2002年被评为武进中医院神经外科副主任医师，后任武进中医院脑外科主任。

秦建俊（1963.8.12—） 生于汤墅堵墅村堵东，1971.2—1984.7先后在洛阳公社庄陈小学、洛阳中学初中部、武进前黄中学高中部学生；1980.9—1984.7，西北电讯工程学院信息工程系无线电通信专业学习。1984年7月进入南京国营第九二四厂第一研究所工作，主要从事卫星通信地面站、雷达通信接收站等研究、设计工作，参与和主持设计的产品曾获得国家银质奖、南京科技进步三等奖，工程师职称。后调该厂科技部，主要从事军、民品新产品的科技管理、生产工艺管理、情报资料管理工作，历任科技部副部长、部长等职，高级工程师职称。又至南京科瑞达军威科技有限公司，任总经理助理，主要从事科技管理工作；南京晨曦航空有限公司任副总经理，主要从事科技管理工作；南京特信超导技术有限公司总经理，负责公司全面工作。

虞秋亚（1963.9—） 生于戴溪，1987年与汤墅丁庄庄振国结婚。南京师范大学英语系本科毕业。1984年8月起，先后在洛阳马鞍中学、戴溪中学、横林高级职业高中、横林中学、横林初级中学任教英语，任班主任、英语教研组组长，所教班级中考成绩优秀。中学英语高级教师。

2000—2001、2003—2004、2005—2006、2012—2013、2016年度获武进区人民政府嘉奖，2008年3月获武进区妇女儿童工作委员会、武进区教育局、武进区妇女联合会颁发的武进区“十佳女教师提名奖”荣誉称号。

陈三海（1963.11—） 汤墅皇范吴家头人，高级经济师。1974—1976年苏州电力学校毕业。1976—1990年江苏徐州发电厂，从工人做起，先后任技术员、班长、车间主任、物资科长。1990—2008年任江苏利港电力有限公司物资部经理、副总经济师、副总经理、党委副书记。2003—2006年，任吉林新力热电有限公司副总经理、党委书记。2006—2008年，任无锡太湖抽水蓄电有限公司总经理。2009—2013年任江苏利电能源集团公司副总经理、上海中信轮船公司总经理。其间 1979—1983 年上海电力学院（函授）大专，1998—2000 年中央党校（函授）本科，2001—2003 年江苏行政学院（省党校）研究生。

秦国良（1963.12—） 汤墅堵墅人。先后毕业于洛阳中学、海军医学高等专科学校、南京医科大学。大学本科学历，卫生管理专业研究员职称。

1981 年入伍，先后任海军航空兵某部卫生队军医、医疗所所长。2001 年转业，历任常州市卫生局医政处副处长、常州市医疗急救中心主任。在部队及地方获三等功两次，嘉奖多次，获江苏省卫生厅优秀共产党员称号，发表管理论文 7 篇。

占伊扬（1964.3—） 汤墅村西窑人。1980 年江苏省常州高级中学毕业，同年考取南京医科大学医学院，1985 年毕业。现任江苏省人民医院副院长、党委委员；教授、主任医师、博士生导师。

长期从事老年医学、老年心血管疾病的临床诊治、科研、教学和医院管理工作，获江苏省科学技术进步二等奖、中华医学科技进步三等奖、中国医院协会科技创新三等奖及江苏省医学科技一等奖各一项，发表学术论文多篇。长期开展老年疾病健康教育工作，擅长老年常见疾病及老年心血管疾病防治讲座。曾赴哈佛大学医学院、新加坡国际管理学院、日本千叶市放射线医学综合研究所、瑞士巴塞尔大学医院等进行学术交流。

兼任中国医师协会全科医学分会常委、中国医师协会全科医生教育培训专家委员会副主任委员、江苏省医学会全科医学分会主任委员、中国医院协会医保分会常务委员、中国医院协会医保分会专家委员会副主任委员、江苏省医疗保险研究会医院医保专业委员会主任委员、江苏省医院协会医院医保分会副主任委员、江苏省中西医结合学会心血管专业副主任委员、江苏省健康教育协会副会长、江苏省健康教育协会医院专委会主任委员、《中华全科医学杂志》编委、《中华健康管理学杂志》编委。

陆亚仙（1965.2—） 女，汤墅皇范陆家头人。1986 年毕业于镇江师范专科学校后在武进崔桥卫星初中任教语文，1993 年调至剑湖初级中学，其间函授于江苏省教育学院汉语言文学系，获本科学历。2008 年起任教于剑湖实验学校。先后 3 次获武进教育局嘉奖。有关教育教学论文分获江苏省中小学师陶杯教学科研论文三等奖、武进区教学论文一等奖。中学语文高级教师。

臧少波（1968.12.28—） 生于常州，祖籍汤墅臧家头。1986年考入镇江船舶学院（现江苏科技大学），1990年毕业。2000年进入上海金茂大厦中石化公司工作，2003年被评为高级工程师、电脑主管。

谈建国（1969.05.22—） 汤墅谈家头人。1987年毕业于洛阳中学，1991年毕业于南京气象学院，1994年毕业于中国气象科学研究院，2008年毕业于南京信息工程大学，获理学博士学位。1994年起先后任职于上海市气象局气象科学研究所、上海大气科学研究发展中心和上海市浦东新区气象局上海市环境气象中心、上海市气候中心，从事农业气象、遥感和GIS、城市气象、健康气象等方面的研究、业务工作。2001年11月被评聘为副研究员，2006年11月获评教授级高级工程师职称，2006年4月任上海市气候中心副主任，主持工作。2011年4月任上海市气象科学研究所所长。2013年12月被聘为专业技术三级岗位，兼任国际、国内有关气候、气象、环境、灾害防御等研究的专家委员和领导职务。

主持多项有关城市气象、环境气象和生物气象领域的研究项目，包括国家自然科学基金、公益性气象行业专项、科技部世博专项、上海市科委项目、中国气象局新技术推广项目、中国中医学业管理局项目等。曾获上海市科技兴农一等奖1项，上海市科技进步二等奖3项和上海市医学科技进步奖SARS专题奖1项。在国内外学术刊物发表文章100余篇。2002年被评为全国优秀青年气象科技工作者，2003年获上海市气象局嘉奖和上海市气象局优秀青年工作成就二等奖，2010年被中国气象局评为“世博气象服务”先进个人。

谈小虎（1969.10.17—） 汤墅谈家头人。1988年毕业于洛阳中学高中部，1991年毕业于上海科技专科学校，1998年毕业于核工业理化工程研究院，获工学硕士学位，2011年获天津大学工学博士学位。其间先后任职于上海光学精密机械研究所、核工业理化工程研究院，负责参与多项科研项目，担任专题组长。多项科研成果获部级科技进步奖，其中获中国人民解放军装备部军队科技进步一等奖2项，国防科技进步一等奖1项，国防科技进步二等奖1项，国防科技进步三等奖5项。

谈小虎现为研究员、高级工程师、教授，激光技术研究所科技委副主任。

臧少俊（1970.8.20—） 生于常州，父籍汤墅臧家头，1988年考入中国科技大学。1990年毕业，分配至广州白云机场工作。2001年在广州被评为高级工程师，现任中南民航空管通信网络公司副总经理。

谈建平（1970.7—） 汤墅谈家头人。1989 年洛阳高中毕业后进入庄陈农机厂工作，先后担任车工、技术科科长、装备车间主任、技术副总经理。2008 年获扬州大学电子、机电专业大专文凭，2011 年被评为高级经济师，2012 年被评为高级经营师，个人信息载入国家人才网。

2003 年起，谈建平参加上海电气科学研究所组织的低压电器行业骨干生产企业和专业协作配件的专业技术主管、工程师联合设计团队，设计开发中国第一代数字化、智能化、小型化、万能式 DW450 断路器，2007 年，该产品被国家机械部评为一等奖。谈建平作为该项目负责人，获中国机械工业联合会、中国机械工程学会颁发的中国机械工业科技一等奖。

2010—2011 年，谈建平被评为武进区优秀专业技术工作者，带领技术团队不断开发新产品，申请 20 项专利，为企业发展作出贡献。

苏晓南（1970.7.21—） 汤墅村西窑人。先后就读于皇范小学、洛阳中学、常州工学院。毕业后先后在戚机厂、常州德资企业、常州恒立油缸公司工作，高级工程师。

苏 骏（1978.10—） 出生于汤墅村皇范西窑。1986—1998 年，先后就读于洛阳中心小学、戚墅堰小学、戚墅堰四中、江苏省常州高级中学，1998—2002 年，上海复旦大学计算机系学习。大学毕业后到上海微软亚太科技有限公司工作，后任微软中国云计算创新中心云计算与企业事业部首席软件开发经理、高级工程师。

张立君（1979.11—） 女，生于洛阳镇阳湖村，2005 年与汤墅陈家头施俊杰结婚。先后毕业于洛阳中学、常州技术师范学院（本科）。2001 年起，先后在九里初中、戴溪初中、洛阳初级中学任物理教师。2005 年被评为常州市教坛新秀，2007 年获武进区人民政府嘉奖，2008 年获武进区中青年物理教师基本功竞赛二等奖，2009 年获武进区信息技术在学科教学中的有效应用课课堂教学评比二等奖，2010 年被评为武进区骨干教师，2011 年武进区考核优秀，2013 年获武进区物理教师教学基本功竞赛一等奖、常州市实验技能操作大赛三等奖，2015 年获武进区人民政府嘉奖，同年被评为中学物理高级教师，2016 年获武进区物理评优课二等奖。7 篇论文在省级期刊发表并分别获奖。2010 年所带班级被评为常州市先进集体，2009 年和 2013 年所带班级被评为武进区先进集体。

谈云飞（1980.11.13—）　汤墅村汤墅谈家头人，1995 年 7 月洛阳中学初中毕业，1987 年 7 月江苏省常州高级中学毕业，2002 年 7 月上海交通大学工商管理学院、计算机信息学院本科毕业，2004 年上海交通大学国际金融学院硕士研究生毕业，2006 年考获注册金融分析师职称，现任上海海富通基金管理有限公司投资部基金经理。

朱敏昊（1987.9.13—）　汤墅村丁庄人。1994 年 9 月至 2006 年 6 月先后就读于汤墅小学、洛阳中学、江苏省前黄高级中学。2006 年 9 月—2010 年 6 月天津大学获光电信息工程工学学士学位。2010 年 9 月—2015 年 6 月获清华大学光学工程博士学位，2012 年 9 月—2013 年 8 月获国家留学基金委资助访问美国罗切斯特大学，发表 SCI 论文 8 篇，授权发明专利 2 项。

2015 年 7 月担任 KLA—Tencor 半导体设备技术（上海）有限公司系统总体工程师职务，负责 Si 及 SiC 晶元检测设备的研发。

先进、模范、功臣

秦桂春（1929.9—）　汤墅村堵墅人。民国 36 年（1947 年）2 月起到上海新安电机厂学工读夜校，1954 年 5 月加入中国共产党，1955 年被上海市人民委员会评为上海市工业建筑业交通运输业劳动模范。

1955—1979 年，先后担任上海市电材工业公司技术科长，上海市电机公司技术科、军工科科长，上海市电机公司技术组、军工组组长，上海第一汽车附件厂党委副书记（负责飞机发动机研制并筹建发动机制造厂）等职，为中越边境自卫反击战的物资设备供应作出贡献。1980 年 4 月至 1985 年 1 月，任上海市电机技术研究所党总支书记兼副所长，1981 年评为电机工程师，期间研究成果获部级三等奖一次，浙江省三等奖一次。1985—1994 年，先后担任上海市电动车船公司经理，兼任中国电动车辆研究会副主任，上海市电机行业协会副秘书长、技术咨询部经理、上海精工机电公司副总经理。

谈志福（1934.7.19—）　汤墅谈家头人，1954 年南京地质学校毕业，任职于华北地质局测绘大队，期间转辗于内蒙、宁夏、山西、河北等地崇山峻岭。由于工作突出有创新，1956 年被地质部、国务院评为部级先进工作者和全国先进工作者，享受全国劳动模范待遇。1958 年任河北地质局测绘大队技术科检查员，1960 年任大队党委办公室秘书，同年省直机关夜校大学语文专业结业。1966 年因“文化大革命”，离开原岗位，从事野外地质测绘工作。1969 年任野外分队长、党支部书记，1973 年 8 月任大队政治处副主任兼党委秘书。1975年9月—1979年3月，任河北地质局第六地质大队党委副书记，主管政治工作，经历了拨乱反正的风风雨雨，有一段刻骨铭心的难忘经历。1979年3月—1988年，任河北地质局第二区域地质调查大队党委副书记。1983年11月任河北地质局测绘大队党委书记，业绩显著。1988年7月任河北地质局物理探矿大队纪委书记(正处级)。1994年12月退休。期间被评为高级政工师和地方优秀纪检干部。

丁寿生(1935.10.4—) 生于汤墅村欧窑。民国36年(1947年)汤墅小学毕业。后当过阳湖乡财粮员，1956年参军至浙江海军陆战队。当年12月任陆军防空军司令部通讯团战士，从事无线电通讯工作。1958年10月调北京空军司令部（属南京军区三营二连）学习低空导弹发射，当技师。1963年调二营当技师，1964年11月调第三基地当教员，在空军三院学习后调空军检验团201部队，任司令部正营级产品检测股股长。1979年转业至常州第三无线电厂，后调电声器材厂，任厂党支部书记兼工会主席。1995年退休。

1964年7月7日，在福建漳州机场，丁寿生任控制发射班班长时，因击落美国U2高空侦察机，受到毛泽东主席及中央军委领导接见，所在班独立营立集体一等功，个人提前由班长晋级至正排长。

张惠荣（又名三毛）(1938.3—) 生于汤墅村皇范前巷。1956年12月在家乡入伍至北京军区空军空炮某部学习一年，1958年到高炮524团7连任中士班长、副排长，1960年任副政治指导员，1961—1962年任政治指导员。1962年调空军上海某部政治学校学习一年半。1964年调北京空军高炮7师师部指挥连任政治指导员。参加援越抗美战斗10个月后回北京空军3851部队，任政治部干事。1969年“文化大革命”期间清理阶级队伍回家务农。1969年7月5日到洛阳乡卫生院任院长，后调横林镇医院当院长。1981年，落实党的政策将复员改为转业，安排到武进医院二院任总务科长，直至退休。1964年，张惠荣被选为四好连队、神枪手、神炮手的先进代表，出席北京军区学习毛泽东著作积极分子、四好连队、神枪手、神炮手代表大会，5月25日受到中央军委领导杨尚昆、聂荣臻、贺龙、刘伯承的接见。

臧祖林 (1940.6—) 生于汤墅村臧家头，字宜南。1953年洛阳小学毕业后在家务农，1958年进常州锻焊厂工作，1959年上半年下放回家务农。1959年10月在谏壁开运河时应征入伍到海军部队，1963年3月进舟山海洋渔业公司下海捕鱼。1979年7月调入舟山日报社当记者，从事渔业采访，足迹踏遍舟山群岛97个住人岛屿并留下墨迹，采写见报稿件近4000篇400万字，被评为中级记者，是足迹踏遍舟山群岛住人岛并留下见报稿件的第一人。采写的新闻稿有30篇在省、市获好新闻奖，其中通讯《让墨鱼子孙满堂》获1983年浙江省好新闻一等奖，照片《放归中华鲟鱼》获1983年中国记者杂志好新闻三等奖。获全国新闻工作者协会会员荣誉证书。

2000年退休，2002年叶落归根定居常州。2007年，从历年见报稿件中精选出30万字，出版《大海萍迹》新闻集。为《汤墅村志》编写汤墅村民间故事资料。为常州市谱牒研究会会员，常州市名人研究会会员，常州市吴文化研究会会员。

丁福华（1942—） 汤墅村丁庄人。水利电力部荣誉证书获得者。1958年10月参加武进东区水利工程测量总队。1966年，镇江供电局、常州供电所电工考核达二级优秀。1983年9月，经江苏省水利厅组织的江苏省乡级水利技术员统一考试合格，获武进洛阳水利站农水工程证。1989年，经常州市职称改革领导小组批准具备农田水利助理工程师任职资格。任职期间，为洛阳乡镇的河道、桥梁、灌溉站、排涝站、闸、乡村级公路、市镇规划、吨粮田建设、三山港、德胜河、大运河、武进港等援外工程做过大量工作。1988年、1992年、1997年获武进县、市水利局先进生产工作者奖状、证书。1985年12月30日获水利电力部“献身水利，水保事业二十七年”荣誉证书。

秦兆良（1953.3—） 汤墅村堵墅人。1992年9月起任武进聋哑学校校长，1988年获“全国特色教育先进工作者”称号。

谈 钢（1954.6.19—） 汤墅谈家头人。1968年常州市解放西路小学毕业；1970年常州市第一中学毕业；1970—1983年在常州市卜弋煤矿工作。

1983年考入常州电视台，从事电视摄像、记者、编辑、导演等工作。1984年起多部作品获江苏省电视新闻、专题、文艺、晚会节目一等奖。电视广告《长龄装载机》获1992年国家政府“印象奖”一等奖（该奖与电视剧“百花奖”齐名，属国家级大奖）。1996年负责制片的电视剧《夕阳中的风铃》在中央电视台电视剧频道播出，获江苏省“五个一”（一部好的戏剧作品，一部好的电视剧或电影作品，一部好的图书，一部好的理论文章，一部好电影）工程奖。1998年进江苏电视台，任江苏省电视工作者协会会员、理事。2000年离职创办江苏赫蓝文化传媒公司，主业为营销策划、全案代理、媒介购买。经历了江苏及全国电视广告市场改革与发展，其经营规模一度列全省前茅。

谈英华（1955.9—） 女，汤墅谈家头人。1973年武进洛阳中学高中毕业。1976.9—1983.12在洛阳皮鞋厂、针织厂工作，1984.1—1997.5在洛阳环球羊毛衫厂工作，任副厂长，1997.5—1999.10在镇企管站工作，1999.10—2001.9在镇三产办工作，2001.9—2003.9任洛阳镇居委会主任、党支部书记，2003.9—2010年任洛阳镇市管委主任、党支部书记，2010年退休。

2000年加入中国共产党。当选武进区第十四届人大代表，中共常州市武进区第十次代表大会代表。2004—2005年，2007—2008年两次被评为武进区模范共产党员；2007年被评为武进区、常州市平安家庭示范户；2008年9月被评为江苏省节能环保家庭；2009年被评为武进区“三八”红旗手、百优文明家庭；2010年获武进区十大杰出女性提名奖；2011年3月8日被全国妇联授予全国低碳生活创新明星家庭；2011—2017年，被评为武进区十佳和谐家庭、十佳爱花家庭、最美家庭、第一届常州市文明家庭。

谈　欣（1956.1—） 汤墅谈西人，生于四川重庆，1962年随父母回常州。1972年毕业于常州初中；1972—1977年任常州影剧公司美工；1980年毕业于南京艺术学院油画专业；后任职于常州市群众艺术馆美术部；1995年合作创办“佳思达实业公司”并担任室内设计；1998年创办“诗居装饰艺术公司”从事室内门制造；2007年创办“归来艺术装饰工作室”专业从事室内移门制造。

自幼习画，艺校深造，绘画功底扎实。1980年南京艺术学院毕业创作《打谷场》，以创新手法为校内瞩目。绘画作品多次在省市美展、报刊展览或刊登，以兰陵电影院大型壁画《诗·华夏颂》为代表作。“诗居”品牌木移门为常州市知名品牌，创新突出，业内闻名，中央电视台2套曾专题介绍。

谈一平（1964.4.16—） 汤墅谈家头人，大专学历。1981年7月洛阳中学高中毕业。1982.11—1985.11部队服役，1986.1—1998.4洛阳镇多种经营服务公司工作，1998.4—2003.8从事种养殖多种经营生产，2003.9—2009.6任洛阳镇汤墅村委主任，2007—2009任洛凯党支部书记，2009.7—2010.6任洛阳镇农林技术推广站站长，2010年7月起任洛阳镇农技农机站站长，获助理农艺师职称。担任站长以来，把依靠科技进步，带领全镇群众共同致富作为自己的头等大事。通过传、帮、带加快全镇的技术更新步伐，增加可观的种植效益，深受广大农民信赖，创建优质葡萄基地，成立合作社，搭建为农服务平台，推进技术研发和示范推广工程。

2010 年 6 月，被评为武进区优秀专业技术工工作者；2011 年 1 月，被评为武进区劳动模范；2012 年 4 月当选为武进区第十三届、十四届政协委员；被评为武进区农业系统优秀科技站长、武进区科普工作先进个人，获武进区人民政府嘉奖、常州市五一劳动奖章等。为武进区科学技术协会“科普讲师团”成员。

王振方（1977.2—）　女，崔桥人，1993 年与皇范陆家头陆冬明结婚。中小学高级教师。1998 年起任洛阳中心小学教导主任。2004 年被评为武进区优秀工作者。2008 年评为武进区数学学科带头人。

苏雪华（1977.11—）　女，汤墅村皇范南巷人。1998 年 7 月毕业于常州工业技术学院。1998 年 9 月在洛阳镇用电站工作，现任洛阳供电所所长兼党支部书记。

2007 年，在国家电网公司的营业业务类调考中，获个人第二名；同年被江苏省电力公司评为“知识型员工”先进个人；2008 年，被江苏省电力公司评为“江苏省电力公司创新能手”；2015 年，被国网江苏省电力公司评为“2015 年度乡镇供电所管理提升劳动竞赛先进农电员工”。

名录二

谈志瑞(1930.7.16—)　汤墅谈西人。曾任上海振动器厂党支部书记、厂长、经理。

苏海大（1937—）　汤墅西窑人。1971 年由部队连级干部转业至常州供电局任政工科干部。

苏志锡（1937.8—）　汤墅西窑人。1959 年 9 月毕业于苏州建筑工程学校工业与民用建筑专业，分配至新疆哈密二建司、乌鲁木齐一建司。1984 年起任洛阳乡修建站副站长。1988 年起任建筑公司经理，晋升为建筑工程师。2000 年退休。

臧秋荣（1944.8—）　汤墅臧家头人。洛阳中心小学高级教师。

丁勤生（1946.11—）　汤墅欧窑人。横林镇副镇长，经联会主任（正科）。

苏海兴（1947—）　汤墅西窑人。常州钟楼区检察院正科级干部。

张仲法（1949.3—）　汤墅南巷人。武进区公安局治保股副股长。

陆元春（1956.1—）　汤墅陆家头人。曾任洛阳镇、遥观镇党委副书记。

吴回农（1963.2—）　汤墅吴家头人。连级干部，立过三等功。

谈华锋（1965.2.1—）　汤墅谈西人。曾任常州市农业局种子站经理，后自办企业任总经理。

吴国强（1966.8—）　汤墅吴家头人。无锡新洁能股份有限公司副总经理。

陈海明（1967.2—）　汤墅吴家头人，任武进区体育局副局长。

庄静飞（1973.9—） 女，汤墅谈西人。武进国税局稽查局副局长，经济师。

苏　惠（1982.10—） 汤墅南巷人。新北区魏村派出所所长、教导员、镇党委委员。

陆元松（1936.12—） 汤墅陆家头人，小学高级教师。

金秀英（1939.11—） 女，汤墅南巷人，小学高级教师。

苏敖元（1941.5—） 汤墅西窑人，中学一级教师。

许国珍（1942.3—） 女，汤墅南巷人，小学高级教师。

陈求真（1944.8—） 女，汤墅陆家头人，小学高级教师。

詹玉珍（1947.8—） 女，汤墅南巷人，小学高级教师。

贺巧娣（1948.1—） 女，汤墅欧窑人，小学高级教师。

黄忠叶（1967.8—） 汤墅吴家头人，常州交通技师学院高级讲师。

苏　彤（1971.12.24—） 汤墅西窑人，常州二院泌尿科主治医师。

施俊杰（1980.11—） 汤墅陈家头人，电器工程师。

苏　鹤（1981.1—） 汤墅西窑人，中小学一级教师。

谈牧远（1984.1.30—） 祖籍汤墅谈西，悉尼大学硕士，江苏洛凯机电股份有限公司总经理助理。

名录三

一、先进集体和先进个人

1949—2016 年汤墅籍服兵役人员情况一览表

表 15-1

姓　名	出生年月	服役时间	服役单位	现　况
谈东村民小组				
谈成林	1987.6.27	2005.12-2007.12	61251 部队	退伍　汤墅村委工作
王宝金	1949.8.2	1969.12-1972.3	6409 部队	招女婿至洛社勤余
谈俊宇	1977.9.2			失联
谈全荣	1940.5.6	1961.3-1968.3	7341 部队	退伍　2015 年病故
谈俊荣	1952.8.29	1970.12-1985.12	兰州军区 21 军 61 师后勤部	转业戚墅堰区机关，退休
谈涤虎	1965.2.6	1983.4-1998.9	84701 部队	转业戚墅堰电厂工作
谈西村民小组				
谈　健	1970.10.14	1990.3-1992.12	57003 部队	退伍　本村申达电机
谈一平	1964.4.16	1982.11-1985.11	32840 部队	退伍　洛阳镇农机农技站
谈明荣	1963.1.7	1982.12-1986.11	3284 部队航运大队	退伍　在洛阳助剂厂等工作
谈兴全	1950.8.7	1972.12-1977.3	38393 部队	退伍　退休

续表 15-1

姓　名	出生年月	服役时间	服役单位	现　况
谈文忠	1968.4.25	1987.10-1991.12	87371 部队	退伍　洛凯股份工作
谈志辉	1949.7.26	1968.1-1970.1	6403 部队	退伍　退休
谈伟平	1964.2.22	1983.10-1986.10	84506 部队	退伍　洛凯
谈佳磊	1988.1.25	2008.12-2010.12	68211 部队	退伍　洛凯
谈军峰	1975.5.20	1994.9-2012.10	73698 部队	转业至武进国税局
谈　斌	1979.10.16	1998.7-2016.12	石家庄军械工程学院	在职
谈沛荣	1935.3.21	1953.1.14-1954.3.30	中国人民志愿军直 541 部队 707 大队三支队	已故
谈有道	1941.7.5	1961.3-1968.3	7341 部队	退伍　已故
谈焕兴	1943.10.21	1961.8-2003.12	廊坊导弹部队	退休
谈志诚	1942.11.12	1961.8-1978.10	中国人民解放军高炮 67 师 626 团	转业　曾在山东省司法厅工作退休
谈伟新	1958.3.15	1976.3-1979.12	54831 部队	退伍　湖塘镇政府
臧家头村民小组				
臧浩兴	1953.5.8	1973.1-1976.4	38393 部队	退伍　退休在家
臧燕俊	1971.12.18	1990.3-1992.12	84863 部队	1992.12 月退伍洛阳派出所
臧祖林	1940 年五月初七	1959.10-1962	东海舰队	转业退休住常州
陈家头村民小组				
陈国伟	1960.9.25	1980.1-1983.1	83051 部队	退伍
陈益明	1960.11.15	1978.12-1981.4	86001 部队	退伍
汤国浩	1958.3.3	1978.1-1983.1	86005 部队	退伍
陈敏刚	1988.5.31	2006.12-2008.12	73036 部队	退伍
汤琪峰	1990.11.9	2009.12-2011.11	93275 部队	退伍
陈燕潮	1989.6.4	2013-	现役（海南）	
陈云宜	1941.12	1958-1965	南京、兰州部队	退伍
丁庄村民小组				
庄南兴	1931.9.23	1951.12-1952.5 1953.1-1957.7 1966.08-1971.3	礼嘉区中队四川江油 01 部队 5 大队 72 分队志愿军 68 军 202 师 606 团三营炮连	转业　退休

续表 15-1

姓　名	出生年月	服役时间	服役单位	现　况
朱永清	1944.3.14	1961.8-1968.3	6321 部队	退伍　退休
张玉良	1946.2.01	1965.9-1970.2	南京 560 分队	退伍　退休
苏正东	1990.10	2010.12-2012.12	69313 部队 67 分队	退伍　洛凯股份
丁撷云	1996.1.9	2015.9-	辽宁边卫	现役
顾荣兴	1936.4.8	1953.4-1958.7	宜兴	退伍　已故
庄振亚	1958.8	1978.2-2000	海军某部	转业提干正处
堵东村民小组				
秦　波	1975.7.22	1994.12-1997.11	83422 部队	退伍
秦雄侠	1970.5.28	1990.3-1993.12	87338 部队	退伍
秦晓良	1976.9.27	1995.12-1998.12		退伍
秦　涛	1988.6.6	2008.12-2010.12	92718 部队	退伍
秦亚平	1947.8.26	1964.12-1970.3	6499 部队	退伍　退休
秦泉敏	1945.10.8	1963.9-1969.3	福州军区	退伍　退休
秦海兴	1955.6.26	1976.2-1983.1	54831 部队	退伍
秦林初	1952.8.26	1969.11-1973.3	9693 部队	退伍
秦泉培	1950.4	1969.12-1975.3	9687 部队	退伍
秦伯林	1949.5.13	1970.12-1976.3	陕西某部	退伍　退休
秦全庆	1964.1.5	1984.10-1987.11	36188 部队	退伍
秦耀祥	1964.9.29	1982.1-1985.12	38672 部队	退伍
秦仁良	1960.6.22	1978.4-1981.10	37591 部队	退伍
堵市村民小组				
秦林泉	1937	1956-1961	上海	退伍　2014 年已故
王岳泉	1940.8.20	1960.3-1964.2	6410 部队	退伍　退休
秦洪兴	1951.5.10	1969.12-1973.2	济南军区 9687 部队	退伍　退休
秦福全	1950.10.29	1972-1976	南海舰队	退伍　退休
秦加春	1957.2.9	1977-1982	87330 部队	退伍　退休
秦荣昶	1963.10.27	1980.10-1983.1	沈阳军区 81189 部队	退伍
秦玉法	1948.11.19	1970.12-1975.3	兰州 5254 部队	退伍　退休

续表 15-1

姓 名	出生年月	服役时间	服役单位	现 况
秦洪刚	1991	2010 年入伍	火箭军	2018 年退役
秦国良	1963.12	1981.12-2001	海军航空兵某部	转业
堵西村民小组				
秦伟林	1961.3.8	1979.12-1982.11	83051 部队	退伍
秦建华	1996.11.20	1996.12-1999.12	83446 部队	退伍
秦惠明	1951.8.21	1972.12-1977.3	南海舰队 38393 部队	退伍
秦建波	1978.10.23	1996.12-1999.12	83446 部队	退伍
秦建法	1969.8.4	1988.9-2006	郑州电子技术学院	转业
陆家头村民小组				
陆元贤	1944.9.27	1961.8-1969.3	3728 部队	退伍 退休
费国英	1958.8.16	1978.4-1984.11	37602 部队	退伍
吴家头村民小组				
张珺磊	1998.8.13	2016.9-	十三军	现役
吴回农	1963.2.28	1981.12-1988	蚌埠士官学校	转业
苏建林	1958.7.9	1979.1-1983.1	86001 部队	退伍
苏建平	1957.3.26	1976.3-1980.1	54831 部队	退伍
黄忠玉	1964.10.6	1982.10-1985	32846 部队	退伍
黄荣昌	1952.10.15	1970.12-1975.3	兰州 5257 部队	退伍 退休
吴阿金	1923.1.4	1946-1950	新四军	退伍 伍残疾军人 2016.8.11 病故
张红华	1972.3.23	1991.12-1994.12	83012 部队	退伍
吴晓龙	1988.8.12	2007.12-2009.12	高炮旅	退伍
前巷村民小组				
张燕忠	1972.5.19	1991.12-1994.12	83013 部队	退伍
虞国平	1955.9.9	1975.1-1977.3	山东 54939 部队	退伍
虞正平	1963.1.12	1980.12-1983.3	海军航空学院 38672 部队	退伍
虞建华	1954.1.3	1972.12-1977.3	广东 38393 部队	退伍
张翼翔	1980.3.25	1998.12-2000.12	宁波镇海武警	退伍

续表 15-1

姓　名	出生年月	服役时间	服役单位	现　况	
张惠荣	1938.3.15	1956-1969.4	北京 2851 部队	转业	
张建法	1966.12.15	1986.11.20-1990.3	83013 部队	退伍	
张伯泉	1951.12.14	1972.12-1976.3	广东 38400 部队	退伍	
杨志龙	1989.11.21	2007.12-2009.11	92493 辽宁	退伍	
虞金昌	1938.5.16	1956-1960	北京 3759 部队	退伍	已故
张　斌	1993.5.21	2016.9.20-	浙江	现役	
张岳兴	1948	1969-1971	20 军	退伍	2015 年病故
西巷村民小组					
张伯元	1952.5.12	1970.1-1975.3	9693 部队	退伍	退休
虞　忠	1971.12.2	1989.3-1991.12	山东莱芜 54885 部队	退伍	
苏伟林	1952.8.16	1972.12-1976.3	广东 38400 部队	退伍	退休
虞德伟	1954.1.23	1974.12-1980.1	山东蓬莱 54943 部队	退伍	退休
虞惠明	1944.12.18	1964.12-1970.2	5317 部队	退伍	退休
虞仲谋	1938.2	—	—	已故	
虞兴清	1948	—	—	转业	
北巷村民小组					
杨生兴	1959.7.3	1979.1-1983.1	86001 部队	退伍	
张　勇	1965.10.2	1983.11-1986.11	84565 部队	退伍	
虞龙贤	1952.3.30	1970.12-1976.3	84804 部队	退伍	
杨　晶	1993.8	2014-	26 军山东济南	现役	
杨立春	1993.5	2015.9-	总装 21 基地新疆	现役	
虞龙兴	1950.6	1969-1971.3	20 军	退伍	已故
张文伟	1952.10	1969.12-1985.12	济南军守备 10 团	转业	退休
中巷村民小组					
虞炳焕		1963-1966	宁波武警	退伍	2014 年已故
虞德海	1949.12.10	1969.2-1973.3	8671 部队	退伍	
陈建良	1958.2.3	1976.3-1981.1	济南军区 54831 部队	退伍	
杨祥生	1948.7	1968.3-1970.2	6864 部队	1970.2 退伍	

续表 15-1

姓　名	出生年月	服役时间	服役单位	现　况
杨志成	1926.12	1953.1-1957.7	志愿军	退伍　抗美援朝 2013.9.24 已故
南巷村民小组				
虞正良	1951.11.28	1969.2-1973.1	2081 部队	退伍　在家务农
虞洁	1978.8.9	1998-2001	83422 部队	退伍　自办企业
虞志才	1942	1965-1968	苏北部队	退伍　2000 年病故
西窑村民小组				
苏海大	1937	—	大连	连级转业
苏海兴	1947.7	1968.3-1971.4	6408 部队	退伍　退休
苏志欣	1943	1963-1970	上海二军大	转业　退休住常州
詹洪祥	1950	1968.3-1981	6408 部队	转业　已故
占焕勤	1950	1969.1-1970	杭州部队	退伍　已故
苏　浩	1959.10.24	1976.12-1980.1	87330 部队 济南军区空军后勤	退伍　江苏中天钢铁集团
苏晓明	1959.9.6	1996.12-1980.1	87330 部队 济南军区空军后勤	退伍　神兔公司
苏光华	1965.5.22	1984.11-1988.1	总参三部　36188 部队	退伍　汤墅村委
苏敏良	1967.10.25	1986.11-1991.12	83012 部队	退伍　曾在保险公司做保安
苏　鹏	1972.10.2	1990.11-1993.12	80411 部队	退伍　自由职业
苏　淼	1987.10.2	2006.2011		退伍　洛阳开锁店
苏　燚	1992.10.25	2010.12-2012.12	66019 部队	退伍　遥观邮政局
欧窑村民小组				
丁元中	1949.8.1	1970.12-1976.3	5257 部队	退伍　退休
朱加兴	1954.3.3	1973.12-1979.3	北空 39641 部队	退伍　退休
耿卫荣	1972.8.2	1990.3-1992.12	甘肃平凉 84863 部队	退伍　自由职业
丁伟方	1944.5.6	1964.1-1969.3	6182 部队	退伍　退休
朱锡林	1948.12	1970.1-1986.12	烟威警备区	转业　退休
丁勤生	1946.1	1964-1970.10	苏北 12 军工程兵 139 团 1 营	转业　退休
丁寿生	1935.5.9	1956.1-1989.9	西安空军检验团 201 部队	转业　退休

附 录

FU LU

一、先进集体和先进个人

改革开放以来，汤墅村党总支、村委认真实践马克思列宁主义、毛泽东思想、邓小平理论、“三个代表”重要思想、科学发展观，深入贯彻习近平新时代中国特色社会主义思想，推动物质文明、政治文明、精神文明、社会文明、生态文明协调发展，积极培育社会主义核心价值观，倡导富强、民主、文明、和谐，倡导自由、平等、公正、法治，倡导爱国、敬业、诚信、友善。大力弘扬新时期常州市民精神，扎实开展文明行业、文明村、文明单位（标兵）创建活动，涌现一批先进集体和先进个人。

先进集体

1993 年度，庄陈村被武进县评为“村级工作先进单位”。

1994 年度，庄陈村被武进县人民政府评为“社会治安五无村和先进集体”。

1995 年，庄陈村被武进县授予“农业现代化试点村”。

1997 年，庄陈村党支部被中共武进市委评为“五好村党支部”。

1999 年，庄陈村党支部被中共洛阳镇委员会评为“先进党支部”。

2002 年，汤墅村被武进区社会治安综合治理委员会评为安全文明村。

2005 年 3 月，汤墅村工会联合会被洛阳镇工会联合会评为“合格村工会”。

2006 年，汤墅村被中共常州市武进区委员会、常州市武进区人民政府评为 2005—2006 年度文明村。

2006 年 1 月，汤墅村被常州市武进区安全生产委员会评为 2005 年度“安全生产工作先进村”。

2008 年，汤墅村被评为 2007—2008 年度武进区文明村。

2008 年，常州市洛凯机电制造有限公司被评为 2007—2008 年度武进区文明单位。

2009 年 4 月，汤墅村档案工作通过等级认定，达到武进区合格标准，获得中共常州市武进区委农村工作办公室、常州市武进区民政局、常州市武进区档案局颁发的荣誉证书。

2007—2009 年度，汤墅村被中共武进区委统战部、武进区农工部评为“千企联百村共建新农村活动先进单位”。

2009—2010 年度，汤墅村被中共常州市武进区委员会、常州市武进区人民政府评为文明单位。

2009—2010 年度，汤墅村被中共常州市武进区委员会、常州市武进区人民政府评为文明村。

2009 年 4 月，汤墅村档案工作通过等级认定，达到武进区合格标准，获得中共常州市武进区委农村工作办公室、常州市武进区民政局、常州市武进区档案局颁发的荣誉证书。

2010 年 1 月，汤墅村被中共常州市武进区委员会、常州市武进区人民政府评为 2009 年度生态创建先进村。

2010 年 1 月，汤墅村被武进区环境保护委员会评为武进区生态文明（示范）村。

2011 年 5 月 3 日，汤墅村被常州市依法治市领导小组办公室、常州市法制宣传教育领导小组办公室、常州市民政局、常州市司法局命名为市级“民主法治村（社区）”。

2013 年 1 月，汤墅村被常州市武进区精神文明建设指导委员会办公室、中共常州市武进区委农村工作办公室评为“武进区 2012 年度和谐村庄达标村”。

2015 年 3 月，汤墅村被常州市武进区司法局授予 2014 年度人民调解工作先进村（社区）称号。

2015 年 8 月，汤墅村被中共洛阳镇委员会、洛阳镇人民政府评为“2015 年度洛阳镇抗洪救灾先进集体”。

2016 年 1 月，武进区洛阳中心小学赠予汤墅舞动风韵舞蹈健身队“热心舞蹈健身，弘扬精神文明”锦旗。

2016 年 7 月，汤墅村被中共洛阳镇委员会、洛阳镇人民政府评为“2016 年度洛阳镇抗洪抢险先进集体”。

2016 年 8 月，汤墅舞动风韵健身队《开门红》、汤墅村健身队《红红的中国》参加洛阳镇第一届农民运动会健身操舞比赛中获得金奖，洛阳镇人民政府颁发奖牌。

2016 年 11 月，汤墅村在 2016 年“美丽洛阳”——“赢在中层”主题辩论赛中荣获优秀奖，获得洛阳镇人民政府颁发的荣誉证书。

2017 年 4 月，江苏洛凯机电股份有限公司获得“2016 年度江苏省五一劳动奖状”。

2017 年 6 月，汤墅村党总支被中共常州市武进区委员会授予 2016—2017 年度先进基层党组织称号。

2017 年 6 月，江苏洛凯机电股份有限公司获 2016 年度区长质量奖奖牌。

2017 年 6 月 29 日，常州电视台采访汤墅村党总支书记王建平“三个参股”，电视台授予采访留念牌。

汤墅村工会联合会被常州市武进区总工会授予 2017 年度武进区“模范职工之家”

称号。

先进个人

2003年，汤墅村谈建平、秦全伟、虞惠忠家庭被评为本年度洛阳镇“五好文明家庭”。

汤墅村谈建平、秦全伟、虞惠忠家庭被评为2007年度洛阳镇“和谐文明家庭标兵户”。

2007年，汤墅村谈西村民小组谈稼农、谈英华家庭被评为常州市绿色家庭。

2007年，汤墅村谈西村民小组谈稼农、谈英华家庭被评为武进区平安家庭。

2015年，汤墅村谈西村民小组谈剑波被共青团江苏省委、江苏省农委评为江苏省农村青年致富带头人。

2016年2月，谈行获武进区“优秀企业家”荣誉称号。

2016年3月，谈行被武进区评为“爱国敬业创新诚信守法贡献”先进。

2016年5月，汤墅村谈西村民小组谈英华家庭被评为武进区最美家庭。

2016年11月，武进区见义勇为基金会在洛阳中心小学为汤墅丁庄村刘子欣颁发武进区见义勇为积极分子荣誉证书和2000元见义勇为奖金。常州晚报、武进电视台曾相继报道汤墅村丁庄村民小组6岁男孩刘子欣智救5岁落水女孩的事迹。

2017年2月，谈行在常州市企业“创市争星、做强做优”活动中，荣获“常州市明星企业家”称号。

2017年3月，汤墅村谈西村民小组谈英华家庭被评为常州市文明家庭。

2017年，汤墅村谈西村民小组谈剑波被中共江苏省委组织部等8个部门评定为江苏省乡土人才“三带”（带领技艺传承、带强产业发展、带动群众致富）新秀。

2017年4月，谈行被授予“武进区第二届优秀中国特色社会主义事业建设者”称号。

2017年4月，江苏洛凯机电股份有限公司工具车间主任谢燕林获得“2016年度江苏省五一劳动奖章”。

2017年4月，江苏洛凯机电股份有限公司质量副总姜国栋获得“武进区2014-2016年度劳动模范”。

二、新闻集萃

“副业通”——谈伯兴（1981年9月13日《人民日报》第二版）

谈伯兴同志虚心好学，许多养猪、养兔、种瓜、种菜的老把式都是他的老师；他细心观察，做有心人，为观察河蚌的活动规律，在鱼池边一蹲就是一两个钟头；他注重实践，经常和社员一起喂猪、喂鱼、喂兔，一起搞桑树嫁接，搞河蚌接种。

到过江苏武进县洛阳公社的人，都知道这里有个“副业通”。他给你讲起副业生产来，比如怎样养鱼、育蚌珠啦，怎样养兔、养蚕啦，怎样种蘑菇、养地鳖虫啦……. 头头是道，津津有味。

“副业通”名叫谈伯兴，今年 54 岁。他是公社管委会副主任，从 1963 年开始，就分管抓副业生产，把洛阳公社的副业生产搞得很有生气。养鱼，全县数它老大；河蚌育珠，全县首屈一指；养兔，全县又是多年夺魁；养蚕，在全县也是数一数二；其他诸如养蜂、育蘑菇等等，在全县都颇有名气。去年，这个公社集体副业总收入达到 310 万元，占农副业总收入的 41%，平均每人可得 100 多元。220 多个生产队，有三分之一副业收入超万元。全社人均分配收入达到 202 元，其中副业收入占了 70 多元。在集体副业生产大发展的同时，社员家庭副业也发展很快。去年，全公社社员家庭副业收入达到 135 万多元，平均每人达到四、五十元。

谈伯兴常说：“副业副业，集体和社员尽快致富之业。但要搞好副业，不掌握科学技术，话说不到点子上，副业生产就搞不好。”他平时外出参观开会，看到哪里有什么有关的技术书籍，总要买回来学习；看到报纸杂志上介绍养鱼经验、养兔经验之类，总要剪下来；为了掌握知识，他还细心观察，做有心人，努力把自己变成行家里手。

有一次，老谈身体不好，医生要他在家里休息，可是，他怎么也歇不住，每天一早，他就到鱼池边，蹲在那里看吊在线上育珍珠的河蚌的活动情况，一蹲就是一两个钟头。有一回，他忽然发现河蚌在吃食时，有的直在河中打旋，而有的却很安稳。他感到新奇极了，为了弄清原因，他坐只脚盆，划到河中，把转旋的和不转旋的河蚌一个个取下来仔细比较，发现转旋的蚌，头部都是被吊得向上的，不转旋的，都是尾部向上。他再仔细观察普通的河蚌在水中生活的特点，发现一般的蚌都是头部向下尾部朝上。他恍然大悟了：吊在那里的河蚌，之所以打旋，是因为吊线时破坏了它的生活规律、把它的头部吊得朝上了，进食时，它从尾部出水孔里喷射出来的水力量较大，自然引起了蚌体的转动。从中，他明白了结蚌时吊线的部位一定要合乎它的生活习性，才能使蚌安静生活，育好蚌珠。根据他的意见，社员们对吊蚌时钻洞吊线的部位开始讲究起来，

谈伯兴虚心好学，许多养猪、养兔、种瓜、种菜的老把式都是他的老师。洛阳公社养鱼，是出了名的，可是发展很不平衡。有的地方养得好，有的地方却养得不好。这是什么原因呢？谈伯兴跑遍了全公社大大小小几百个鱼池，走访了几十个养鱼能手。又到外参观学习。许多人告诉他，鱼养得好不好，池塘是条件，鱼种是基础，饲料是保证。他听了很受启发。根据群众中的智慧和经验，他和大家一起逐步摸索和总结出一套养鱼的经验，并对全公社的鱼池、鱼种进行了重大改进，把浅塘改深塘、小塘改大塘、外塘改内塘，把小规格鱼种改为大规格鱼种，春季放养改为冬季放养，

购买商品鱼种改为自己繁殖鱼种、单一品种改为多品种混养。紧接着又发动群众通过各种途径解决饲料，又根据鱼的大小和季节、气候等不同因素，进行科学喂料。去年，产鱼量达到90多万斤，比1966年增加65万多斤。

谈伯兴到一处看一处，问一处，干一处。他和社员一起搞桑树嫁接，一起搞河蚌接种，一起喂猪喂鱼喂兔。在多次的喂兔中，老谈发现，兔子放在缸里饲养，缸里潮湿、闷热，兔子长不好；放在竹棚里饲养，竹棚又容易被兔子咬坏。看到这种情况，老谈走在路上，睡在床上都在动脑筋，要把兔棚解决好。从来没有学过画图纸的谈伯兴，克服困难，根据平时的观察、思考，自行设计了兔棚的图纸，给木工做木模，一共搞了5次，终于把通风、阴凉、干燥、宽敞、经久耐用、能拼能拆、又可重叠的水泥兔棚搞出来了。这个价廉物美适应农村家家户户养兔的兔棚受到了社员群众的欢迎。去年，400个兔棚一生产出来就“抢”光了。在实践中，老谈的知识越来越多。有一次，他到一个鱼池，问了一下塘里放了多少鱼种，喂了多少螺丝、青草，马上一口说出这个鱼池可收多少斤成鱼。这个数字一出口，许多养鱼人吃了一惊，因为与他们实收的数字相差无几。还有一次，他到一个生产队，转了一下桑田，看了下桑叶的长势，马上就估算出可收多少斤蚕茧，结果收下来的茧子跟他估算的真的差不多。干部社员赞佩地说：“老谈不愧是个副业通”。

谈伯兴走到哪里，哪里的干部社员都热情欢迎他。张家坝生产队田少人多，过去只搞粮食单一经营，“听听产量蛮高，分配没有钞票”，后来，谈伯兴到这里蹲点，他和队长商量，发动群众，在搞农业的同时把副业搞起来，零星地上发展桑苗，河塘里养鱼、养蚌，洼地里种上荸荠、茭白，旱田埂上种瓜点豆，这样一来，生产队面貌迅速改观，开始跃入全公社的富队行列。东方红大队过去社员收入也不高，谈伯兴3次去蹲点，帮助他们大搞科学养鱼的同时又大搞科学养蚌，不仅沟沟塘塘全部养，亩亩产鱼超千斤，而且去年全大队珍珠还收了300来斤。近三年来，这个大队粮食产量始终在全公社名列前茅，去年人均分配收入超过了300元，成为全公社有名的一个富大队。

（匡启键　黄国平　徐福鑫）

今天这个栏目里，我们向读者介绍江苏武进县洛阳公社管委会副主任谈伯兴在领导社队发展多种经营中，勤学苦钻，成为“副业通”的事迹。谈伯兴同志抓副业生产，不满足于一般号召和布置，而是真正钻进去，学习和掌握各项副业生产的知识，使自己成为内行。这样，他就真正取得了领导权。谈伯兴同志的这种钻研精神，值得提倡。

党中央为发展农业制定了一系列方针政策，农村形势一天比一天好。现在，摆在广大农村干部面前的一个新任务，就是要认真下功夫去钻研有关的业务，使自己成为一个真正懂得本行业务的干部。目前，有许多新的工作我们还不懂得或不完全懂得。不懂，这并不可怕。可怕的是自以为懂，不去虚心学习新的知识，照旧按老框框老套套办事。这几年，农村已经有不少干部为适应农村新形势，钻研农业技术，钻研经营管理，取得了可喜成绩。本报从今天起，准备在这个栏目里，向读者介绍这方面的一些好干部。为了把这个栏目办好，欢迎大家来稿推荐。

（编 者）

洛阳乡庄陈村多种经营情况

解放初，庄陈村农民利用旱垟地栽植桑树和桃树，每户栽0.5到1亩左右，水蜜桃曾成批运销上海等地。1964年后，全村8个生产队，队队办起集体养猪场，户户饲养肥猪，最多的是堵东队饲养46头。1967年开始鱼蚌混养试验，平均亩产鱼500多斤，蚌珠1斤左右。接着，各队又积极发展嫁接桑苗生产，全村共育嫁接桑苗80多亩，年产60多万株，曾远销河南、安徽、江西、宁夏等地。

70年代初，该村顶住“左”的路线干扰，对养殖鱼、蚌采取了浅塘改深塘，外塘改内塘，小塘改大塘，鱼种小规格改大规格，单一品种饲养改为多品种混养，因而养鱼、育蚌仍有较大发展。

1978年，全村经济作物面积95亩，占农田总面积的9%;养鱼、养蚌水面80亩，占总水面的48%。1985年，全村经济作物面积达143亩，占农田总面积的13.7%；196亩水面基本上利用起来了。

1980年以后，随着联产承包责任制的全面推行，庄陈村才真正放开手脚，把“天上飞的（鹌鹑）、水里游的（鱼）、地上爬的（地鳖虫）、匾里养的（蚕）、废壳上长的（蘑菇）、树上结的（桃、梨）”统统搞起来。村领导从资金、技术、种苗、销路等方面扶持农户搞起了养猪、养兔、养家禽、养鱼、育蚌、栽果树（桃、梨、葡萄）、种瓜菜、育蘑菇、平菇等20多种副业。1985年，谈西村民小组鱼蚌混养18亩，产成鱼1.3万斤，蚌珠120斤，小蚌10万只，总收入10万元。这年，全村共养鱼120亩，产成鱼7.35万斤，蚌珠525斤，小蚌150万只，养猪424头，兔4600只，栽桃树500株，梨树250株，全年副业总产值86万元，占农工副3业总产值（589.4万元）的14.59%，人（全村1108人）均副业产值776元，较1983年的409元增367元。

庄陈村近几年来农工副协调发展：农业生产稳定，三麦亩产450斤左右，水稻亩产1100斤上下；工业产值迅猛上升，1983年为190.4万元，1985年为481万元；副业产值持续增长，1983年为48.1万元，1985年为86万元。全村人均收入由1978年的200元，到1985年的1038元，增加了4倍多。

庄陈村在发展多种经营过程中，还锻炼培养出一批行家“里手”。1985年，外出作育珠接种手术的有50人，劳务收入7.5万元。堵墅村农民秦岳林夫妻俩和一个女儿，1983年饲养68只毛兔，一次剪毛10多斤，仅兔毛收入一年就有5000多元。由于政策落实，产业结构调整，自然资源已得到较好的利用。较多农户，既有人务农，又有人务工、经商。同时，有的白天进厂做工，早晚在家搞副业;有的农忙突击务农，农闲务工、经商，农业劳力安排上的良性循环业已形成。

（原载1988年出版的《武进县志》附录）

洛凯股份昨在上交所挂牌上市（2017年8月28日《江苏经济报》A4版）系武进区第26家主板上市企业，实现洛阳镇“零的突破”

本报讯（记者张军）昨天上午，江苏洛凯机电股份有限公司在上海证券交易所上市。据悉，这是我区第26家主板上市企业，也是洛阳镇A股上市第一家。市、区领导丁纯、曹佳中、戴士福、陆秋明参加挂牌仪式。

江苏洛凯机电股份有限公司发行前注册资本1.2亿元，股票简称“洛凯股份”，股票代码“603829”，本次发行股票4000万股，发行价格7.23元/股，市盈率22.99倍，募集资金2.892亿元。公司主要从事断路器关键部件、附件、零部件及其他输配电开关设备配套产品的研发、生产和销售，产品包括低压及中高压断路器配套用框(抽)架和操作机构，主要用于电力系统的配电设施。此次募投资金将用于断路器配套设备生产基地建设项目、研发中心建设项目、营销与服务网络建设项目和偿还银行贷款及补充流动资金。

近年来，我区把助推企业上市作为培育骨干企业、促进经济转型的关键举措，强化服务引导，狠抓企业股改，培植上市资源，成立区资本市场发展协会，设立股改基金，培育了一批成长性好、发展潜力大、行业带动性强的上市公司。除洛凯机电外，今年以来我区已有5家企业上市。目前，新三板挂牌企业已达33家，资本市场的武进板块不断扩大。

市长丁纯表示，洛凯股份成功登陆上交所主板，这既是公司发展史上的里程碑，也是公司做大做强、做精做优的新起点。希望洛凯股份继续发扬开拓进取精神，科学运用资本市场，全面提升企业的品牌影响力、美誉度和知名度，以更加辉煌的业绩回报社会和广大投资者。希望全市广大企业对标看齐，积极抢抓多层次资本市场蓬勃发展的机遇，主动拥抱资本市场，加快股改上市步伐。市委、市政府将一如既往地支持上市公司及上市后备企业的发展，用心当好“店小二”，围绕企业需求提供精准化、具体化服务，促进更多优质企业借助资本市场实现裂变发展。

汤墅村：趟出农村产业融合发展新路（2017年10月18日《武进日报》2版）

村企摘获“全国模范职工之家”殊荣，村民喜获“全国低碳生活创新明星家庭”称号，村委农村改革试验超前探索，赢得全国农村改革试验区专家组首肯……一份份沉甸甸的“国字头”荣誉，一次次国家及省市多级领导实地调研，近年来，常州市武进区洛阳汤墅村始终以村、企、民联动激活力，以产、学、研对接增动力，充分发挥区域优势和资源禀赋，敢于变中求新、变中求进、变中突破，因村制宜探索强村富民新路径，有力促进了一产与二产深度融合发展。

借企强村，龙头带动。汤墅村充分发挥全国模范职工之家、拟上市企业——洛凯机电的示范带动作用，着力完善小微企业发展环境，帮助小微企业走规范化发展之路，逐步成为支撑全村经济内生增长的重要力量。同时，充分利用村级闲置资金，多方注资参股发展，先后吸引村民和企业员工入股多家成长型中小企业，使驻村企业真正与现代企业对接，真正实现了提质增效。目前，全村 60 多家中小企业发展顺畅，村里每年可获股权分红约 400 万元，其中村组集体分红 140 万元、入股农民分红 260 多万元。

村企联促，发展共谋。2013 年，汤墅村率先成立村级农地股份合作社，统一将 603.41 亩流转承包地实行折股量化，不断创新农业发展模式，土地流转费则按每年每亩 300~400 斤的大米作价计算，作为农户土地承包权保底收益。2014 年 3 月，村、企共同出资 1000 万元成立农副产品专业合作社，村里 650 户农户全部入社，以土地承包经营权获取合作社股权收益，真正实现了“一地两股双赢”。去年，合作社盈利 100 余万元，其中农户可获利 60 万元。

农业供给侧结构性改革主要是调优产品结构、调好生产方式、调顺产业体系。汤墅农业产业园致力探索发展有机农业新业态，积极推行绿色生产方式，突出农产品“特色优势”，持续优化“禽—桑—鱼”循环种养模式，努力为经济林果、生态桑、无公害蔬菜、水产养殖等生产经营赢得了发展机遇，其发展模式也得到了各级部门的肯定。今年 6 月，全国农村改革试验区专家组一行四人实地考察了汤墅村土地经营权入股发展农业产业化经营试点情况，纷纷称赞其试点改革工作有制度、有进展、有创新，具有较高的推广价值。

共建共享，惠泽百姓。这些年来，汤墅村始终把发展经济与造福百姓联系起来，一方面千方百计盘活存量资源，通过收购经营不善企业厂房、建造标准厂房的方式，增强村级集体经济“造血功能”，夯实百姓幸福生活基石，促进发展共享；另一方面鼓励和动员社会力量参与新农村建设，通过采用多渠道、多层次的投入，让老百姓得到的实惠越来越多。

“我们汤墅最值得提的还是谈英华、谈稼农夫妇，10 多年来，他们几乎利用所有业余时间，靠一把洋锹、一把铁耙，刨土墩，整平地，搞绿化，前前后后投入了数万元，最终把占地一亩半荒土墩建成老少皆宜的小公园。曾先后被评为常州市绿色家庭、江苏省节能环保家庭、全国低碳生活创新明星家庭。”热衷于休闲锻炼的村民无不竖起大拇指连声称赞，就是这样的“热心肠”让村庄变得更有温度，我们现在走着水泥路、饮着长江水、用着天然气、休闲在绿色场所，平时若家中需要集体聚餐，家门口新建的农村家宴服务中心既安全，又方便，以后再也不要自家搭建土厨房了。“无论是‘国字头’荣誉的获得，还是各级领导的肯定，这对于我们整个汤墅村来说都是一种鞭策。”村党总支书记王建平说，汤墅村今后党员干部将一如既往当好企业发展的“店小二”，当好民生福祉的贴心人，时刻擦亮“国字号”金名片，充分释放优势，打造发展亮点，趟出了一条闪耀着汤墅特色特有光芒的产业化道路。（杨桂林）

洛凯机电董事长谈行：铸就中国制造“强国梦”

2017 年 10 月 26 日武进新闻网讯 (见习记者范玉贤、记者鞠燎原)“成为国内行业的翘楚不是我们的最终目标，我们希望通过不断创新转型，能够在全球化竞争中赢得一席之地。”江苏洛凯机电股份有限公司董事长谈行始终坚持“风物长宜放眼量”，将目光瞄准国际一流的制造企业，不断赶超。

洛凯机电是国内中低压断路器操作机构、抽 (框) 架及其附件的专业生产企业。上世纪 70 年代，洛凯团队开始创业，于 1986 年涉足低压电器关键部件制造 ;2001 年，为神舟五号飞船提供配套产品 ;2001 年开始，与第一家跨国公司合作，为其提供断路器机构及框架。

凭借“洛凯”品牌的知名度，国际电工业几大跨国公司主动找到洛凯公司采购产品……洛凯成为美国通用电气和伊顿电气、德国西门子电气和 ABB 电气、法国施耐德电气和阿海珐电气等国际电工业巨头的战略供应商，跨出了走向国际的坚实步伐。

“中共中央、国务院发布了《关于营造企业家健康成长环境弘扬优秀企业家精神更好发挥企业家作用的意见》，这无疑给广大企业家带来了鼓舞和激励。”谈行表示，“作为企业家，我将牢记历史使命，勇敢直面挑战，抓住难得机遇，勇担时代重任，加大创新力度，加快企业转型，把企业做好做强，创造更好的经济效益，回馈社会、回馈员工、回馈股东。同时，继续发扬企业家精神，带领企业团队和全体员工，坚定贯彻‘中国制造 2025’国家战略，持续深化企业管理，不断提高产品质量，大力推进自动化改造，增强企业核心竞争力，在更高层次参与国际竞争，为实现从制造大国到制造强国的‘强国梦’做出贡献。”

武进洛阳一农田挖出石马——可能为南北朝文物（2018 年 8 月 5 日《常州日报》第一版小波、高岷图文报道）

本报讯 武进区洛阳镇汤墅村村民谈海元日前在承包地里挖树时，发现一匹青石材质的石马残件。

经专业人士现场拼凑，该石马除马头和马尾缺失外，身躯及四足完整，缺失的马头与 30 多年前该村村民谈稼农发现的石马马头基本吻合，材质也相同。

记者 3 日在现场看到，两座石器中，一座小些的像马头，另一座大些的像马的身躯，都是青石材质。两座石器缺失均较严重，仔细辨认可以看出马鞍上的花纹和马头上的缰绳等，马鞍雕刻精美。经洛阳镇文体科负责人测量，马身与马头基本吻合，但口径和长短有所不符，显然是被人为切削过。

记者将石马照片发给文物管理部门相关专家查看，证实石马为石像生，即帝王和重臣陵墓前安设的石兽，以壮排场和声威。根据这个石像生的外形和配饰来推测，陵墓的主人可能为五品左右的官员，年代则可能早至南北朝时期。根据相关文物保护条例规定，在保证文物得到妥善保管和保护的前提下，该石马可在当地保存。

三、有关规定

关于汤墅村占用农村宅基地有偿使用管理办法

根据洛阳镇人民政府《常州市武进区洛阳镇宅基地保障对象认定办法（试行）》及《常州市武进区洛阳镇农村宅基地有偿使用制度和自愿有偿退出机制实施意见（试行）》文件，为进一步规范我村宅基地管理，保障农村集体经济组织成员利益，经集体协商一致决议，特制定本村宅基地有偿使用管理办法。

1、非本集体经济组织成员通过继承、购买、转让以及其他方式占用本村宅基地（集体土地）的，必须有偿使用。

2、有偿使用的宅基地按每年 10 元 / 平方米收取，为方便宅基地（集体土地）占用人，有偿使用费按期支付，每期为 30 年，一次付清。30 年期满需延续占用的，继续按标准收取有偿使用费。有偿使用标准实行动态调整，根据上级政府部门的相关规定，村集体协商一致后进行执行。本村股份经济合作社社员，1 户 1 宅，每户不超过 140 平方米，每人不超过 30 平方米。低于 140 平方米，超过每人 30 平方米的每年每平方米收 5 元，超过 140 平方米，每年每平方米收 10 元。鼓励有偿退出。

3、域外人员宅基地有偿使用面积以实际建筑占地面积为准。1 户 1 宅，每户最多不超过 140 平方米，每人不超过 30 平方米。

4、宅基地有偿使用费收取后，如因不可抗力等因素退出宅基地占用，收取的有偿使用费一律不退。

5、交费使用期内，如涉及到镇村规划，有偿占用人应无条件配合，房屋等拆迁补偿费按相关规定执行，土地补偿费归村组集体所有。

6、交费使用期内，宅基地有偿退出以上级相关文件执行。

7、本管理办法自发布之日起执行。

汤墅村委

2017 年 12 月 18 日

后　记

《汤墅村志》编纂工作从开始到最后修改定稿，历时两年半。这部村志，由中共汤墅村总支部、汤墅村村民委员会直接领导和组织的编委会具体编纂。全书共15章，章前有序、集中图照、贺信、大事记，章后有附录、后记，60余万字，430幅图照。全书客观真实记录汤墅村1000余年的社会变革、经济发展和民生、民俗等方方面面的情况，突出记录改革开放40年来的巨大变化。手捧此书，倍加亲切，尤感欣喜。

《汤墅村志》的编纂过程分三个阶段。第一阶段，2016年6月12日至2017年2月4日，组织动员，收集汇总资料。组建以中共汤墅村总支部书记王建平为主任、汤墅村村民委员会主任陆玉石为副主任的编纂委员会，朱永清任主编，谈焕良等原大队（村）党支部书记、主任、会计为顾问。聘请江苏省地方志办公室市县指导处原处长张尚金、常州市地方志办公室二处处长杜仁彬为特约编审。召开《汤墅村志》编写推进会，下发各种统计资料。第二阶段，2017年2月5日至2018年8月7日，边写边改，形成初稿、二稿送审稿。初稿由责任编辑在主编指导下完成，二稿经编委集体讨论修改后完成，送审稿吸收村民小组长、顾问以及有关知情人士意见修改后形成。第三阶段，2018年8月8日至2019年2月，评审修改定稿。2018年9月，收到方志出版社修改意见。2018年11月10日，召开《汤墅村志》评审会，洛阳镇副镇长朱国清、江苏省地方志办公室市县指导处原处长张尚金、常州市地方志办公室二处处长杜仁彬、武进区地方志办公室地方志科科长万向阳、常州市谱牒与祠堂文化研究会副会长上官鹤锦以及《汤墅村志》编纂领导及全体编委人员参加。方志出版社和评审会认为，《汤墅村志》是一部质量较高的地方志，经过修改后可以出版。编委会根据出版社和有关专家的意见建议，多次认真修改、校对，然后正式定稿。

中共洛阳镇委员会、洛阳镇人民政府十分关心、支持洛阳镇的首部村志—《汤墅村志》编纂出版。镇党委书记朱红兴亲笔写贺词，副书记张群亲自在《汤墅村志》推进会上作动员报告，镇党委组织委员、宣传委员协助查阅资料。

为考证汤墅之名起源与汤思退800多年前在此建造别墅的传说和文字记载，我们于2018年11月中旬特意赴宋故相汤思退出生地浙江丽水市景宁畲族自治县实地查证考察。景宁畲族自治县档案局副局长蓝德余周密安排我们查阅《景宁县志》、汤北村《汤氏家谱》，察看鹤溪歧国公宗祠旧址和汤家弄汤氏聚居地。中共汤墅村总支部书记王建平利用周六赶到汤思退后裔聚居的东坑镇汤北村，在山村里与我们一起考证。丽水市地方志办公室、青田县档案局地方志办公室给予大力支持。中共青田县章村乡黄肚村支部书记汤碧林亲自驾车陪同我们到风化村汤思退墓地和离丽水市48公里的深山沟——汤氏后裔聚居之地黄肚村查阅《青田度川汤氏宗谱》，察看位于村中的上祠堂和下祠堂两座汤氏宗祠。

在《汤墅村志》出版之时，我们谨向他们表示崇高的敬意和衷心的感谢。与此同时，我们对关心帮助编纂出版《汤墅村志》的领导、专家、出版社编审以及村民和各位朋友表示诚挚的谢意。

由于我们知识水平有限，经验缺乏，书中定有不少不足之处，恳请专家、读者批评指正。

《汤墅村志》编委会

2019年2月

本次修志的部分参考资料

志、史、年鉴、档案等资料（2018 年 7 月 2 日摄）

1961—1995 年任庄陈大队（村）会计秦锡兴记录方方面面数据的 3 本资料（2018 年 7 月 2 日摄）